Les Chemins retrouvés
de Gabrielle Roy

DU MÊME AUTEUR

« Gabrielle Roy et le nationalisme québécois », Montréal, *L'Action nationale*, automne 2004.

Traduction et adaptation de l'anglais de Sir Arthur Conan Doyle, *Les Réfugiés*, Montréal, Stanké, 2003.

« L'Œuvre de Gabrielle Roy : entre un Manitoba mythique et un Québec incertain », Montréal, *L'Action nationale*, mai 2002 (Certificat du Conseil international des études canadiennes).

« Louis Riel ou le rêve inachevé », Montréal, *L'Action nationale*, novembre 2001 (Certificat d'histoire nationale du Québec).

« Gabrielle Roy, un cœur multiple », Montréal, *L'Action nationale*, mai 2000.

Louis Riel, le bison de cristal, Montréal, Stanké, 2000 (Plume d'aigle métisse du Manitoba).

« La Littérature d'expression française dans l'Ouest canadien : Trois siècles d'écriture » et « Portraits d'écrivains québécois, canadiens-français et métis de l'Ouest », *L'Encyclopédie du Canada 2000*, Montréal, Stanké, 2000 (prix André-Laurendeau).

Les Chemins secrets de Gabrielle Roy – Témoins d'occasions, Montréal, Stanké, 1999.

Propos d'image (avec Pierre Fénard), textes sur une manifestation paysanne en Bretagne, Paris, Musée national de la Photographie, 1998.

Une visite guidée de Saint-Boniface par Louis Riel et Gabrielle Roy, Nantes, *Sol'Air*, mai 1995.

L'Homme et la nature dans l'œuvre de Gabrielle Roy, mémoire de D.E.A., Rennes, Université de Rennes II Haute-Bretagne, 1987 ; repris dans Ottawa, *Études canadiennes : Publications étrangères*, collection « Canadiana » de la Bibliothèque nationale du Canada, 1995.

L'Homme et la nature dans l'œuvre de Gabrielle Roy, thèse de doctorat de 3e cycle, Meiller, Centre de documentation historique et littéraire, 1994 (Bourses du Conseil international des études canadiennes).

Les journalistes chrysalides deviennent parfois des auteurs papillons : Articles et chroniques 1980-1989, Saint-Brieuc, La Liberté des Côtes d'Armor ; repris dans Guingamp, Les Écrits du Château du Bois, 1992.

L'Île Gabrielle-Roy – Horizons Gabrielle Roy – Ma rencontre avec Saint-Henri, reportages photographiques, Montréal, chez l'auteur, 1989-1999.

Dante et Pétrarque dans Les Années de Pèlerinage de Franz Liszt, mémoire de maîtrise, Rennes, Bibliothèque de l'Université de Rennes II Haute-Bretagne, 1987.

Chant à la nuit (avec Jean Carfantan), scénario de court métrage sur le poète romantique Aloysius Bertrand, Paris, Studio L'Oiseau de Nuit, 1982.

Contes du Château du Bois, Guingamp, Les Écrits du Château du Bois, 1975.

Ismène Toussaint

Les Chemins retrouvés de Gabrielle Roy

Témoins d'occasions au Québec

Préface de Réginald Hamel

Stanké
QUEBECOR MEDIA

Données de catalogage avant publication

Vedette principale au titre :

Les chemins retrouvés de Gabrielle Roy : témoins d'occasions au Québec

ISBN 2-7604-0966-X

1. Roy, Gabrielle, 1909-1983 — Appréciation — Québec (Province). 2. Roy, Gabrielle, 1909-1983 — Amis et relations. 3. Roy, Gabrielle, 1909-1983 — Critique et interprétation. 4. Roy, Gabrielle, 1909-1983 — Correspondance. I. Toussaint, Ismène.

PS8535.O95Z615 2004   C843'.54   C2004-940525-X
PS9535.O95Z615 2004

Mise en pages : Édiscript enr.
Maquette de la couverture : Barabbas Design

Les Éditions internationales Alain Stanké remercie le ministère du Patrimoine canadien, le Conseil des arts du Canada, la Société de développement des entreprises culturelles du Québec (SODEC) et le Programme de crédit d'impôt du Gouvernement du Québec du soutien accordé à son programme de publication.

Les Éditions internationales Alain Stanké   Stanké international, Paris
7, chemin Bates   Tél. : 01.40.26.33.60
Outremont (Québec) H2V 4V7   Téléc. : 01.40.26.33.60
Tél. : 396-5151
Téléc. : 396-0440
editions@stanke.com

Dépôt légal :
3ᵉ trimestre 2004

ISBN : 2-7604-0966-X

Diffusion au Canada : Québec-Livres
Diffusion hors Canada : Vivendi (VUP'S)

Dimanche, Marie Dubuc m'a emmenée faire une promenade qui m'a enchantée, par un vieux petit chemin secret tel qu'en connaissent les initiés seulement d'un pays.

Gabrielle Roy (New Smyrna Beach, Floride, le 10 janvier 1968 – *Mon cher grand fou* – *Lettres à Marcel Carbotte*)

J'imagine que nos frères de langue au Manitoba pourraient devenir solidaires du Québec et le Québec de ces vies qu'il a trop longtemps ignorées ou laissées à elles-mêmes.

Gabrielle Roy, « Le Manitoba », *Fragiles Lumières de la terre*, 1978.

Gabrielle Roy était une visionnaire ou une « voyante » à la manière d'Arthur Rimbaud. À Petite-Rivière-Saint-François, elle apercevait le Manitoba au-dessus du fleuve, dans les nuages, par-delà les montagnes, un peu partout autour d'elle. Elle refaisait le paysage natal, le défaisait à nouveau, puis le recomposait. Ainsi Altamont est-il devenu un village de rêve, un village fantôme…

Henri Bergeron, homme de médias, à Ismène Toussaint, auteur, Montréal, le 11 février 1999

PRÉFACE

Il est toujours délicat de mêler son nom à un ouvrage qui ne vous regarde pas intimement. Comme le démontre avec compétence Ismène Toussaint, je fus impliqué contre mon gré dans une histoire de famille, c'est-à-dire les relations orageuses entre Gabrielle Roy et sa sœur aînée, Marie-Anna.

Cela, d'ailleurs, m'a créé quelques ennuis universitaires dont je me serais passé, alors que je remplissais tout simplement des fonctions clairement définies par mon contrat avec l'Université de Montréal : « mettre sur pied un centre de recherche, de documentation et d'archives sur la littérature canadienne-française ». C'est ainsi que l'on nommait jadis la chose, devenue québécoise avec cette prise de conscience de la spécificité de plusieurs millions de francophones, dont 60 000 défaits en 1759, et qui s'entêtaient à survivre, que dis-je, à s'affirmer culturellement dans cet océan anglo-saxon. J'ai encore bien des choses à écrire sur « ce centre de recherche » qui réjouiront certains petits messieurs qui participèrent activement à son saccage, le 14 juillet de l'an tant et tant[1].

Comme ces deux sœurs étaient des littéraires et que je les appréciais, en tant qu'historien de la littérature, j'ai soigneusement évité de jouer les Salomon et de prendre parti pour l'une ou pour l'autre. Ce n'était pas mon rôle, et je n'avais pas à assumer cette responsabilité. En d'autres termes, en plus de trente années de carrière, je m'en suis tenu à défendre l'écriture québécoise de toutes les tendances, sans appartenir à aucune chapelle. Dieu sait si elles se sont multipliées depuis l'abbé Casgrain[2] en passant par l'abbé Camille Roy[3], cela jusqu'à nos jours. S'il y a un endroit sur la planète où l'on peut dévorer avec hargne, avec haine, du « littéraire », c'est au Québec, bref une fête de l'esprit…

Je ne saurais d'autre part, en aucune manière, m'appesantir sur mon rôle d'animateur en histoire littéraire dans les années 1970. À l'époque de l'Exposition universelle de 1967, j'étais à la télévision de Radio-Canada avec Michel Desrochers[4]. L'on aurait voulu que je me mette au diapason de la morbidité, et que je massacre systématiquement les écrivains. Pour paraphraser Miron[5] *qui déclarait : « La poésie n'a pas à rougir de moi », j'ajouterai que l'histoire littéraire du Québec n'a pas non plus à rougir de mes travaux. J'ai dérangé « les assis ». Si c'était à refaire, je dérangerais encore plus... cette fois avec frénésie.*

Revenons au texte d'Ismène Toussaint. Il est remarquable par son objectivité, car il ne se classe pas dans une chapelle particulière. Il ne dénonce aucune tendance : parfois folle, parfois excessive et même exclusive de toute forme de pensée, de toute approbation du sujet et de l'objet. Il n'y a rien de tout cela dans son tour d'horizon. Il nous livre avec une intégrité remarquable, dans un style également remarquable, une synthèse de tout ce qui fut rédigé avant et après le décès des protagonistes : Gabrielle et Marie-Anna. Les propos colligés par Ismène ne laissent pas de place aux interprétations les plus tarabiscotées afin de soutenir telle ou telle thèse, indépendamment du gros bon sens.

À cet égard, je voudrais citer les paroles d'André Brochu[6], *l'un des plus brillants critiques du Québec, dont j'avais signalé le talent exceptionnel il y a plus de trente ans, avec les « ex-cathédristes patentés » d'ici.*

« Je ne me suis fabriqué aucune image de Gabrielle Roy, déclare-t-il. Ou plutôt, je m'en suis fabriqué plusieurs, inconstantes et contradictoires, au gré des lectures que j'ai faites d'elle et sur elle. Mais les écrivains m'intéressent dans la mesure où ils se détachent d'eux-mêmes pour écrire, exister autrement par l'écriture [...]. »

Ces propos trouvent leur complémentarité dans ces judicieuses remarques de Jacques Allard[7] *: « Quoi qu'il en soit du dépôt biographique, chez elle, l'intérêt ethnologique, collectif au fond, triomphe. »*

Évidemment, cela nous ramène à deux écoles de pensée : celle qui voulait, selon l'expression de Stendhal, « un miroir le long d'un chemin », et l'autre, « le reflet véridique d'une réalité plus ou moins lointaine » du discours de l'auteur. Marie-Anna de son côté aurait aimé que tout ce que sa sœur écrivait fut la vérité « vraie », bref non plus interprétée à travers le miroir déformant de l'activité créatrice (chez Gabrielle), mais le résultat inéluctable d'une chimie de la vie, des amitiés, des haines, etc., avec cette terrible conclusion que l'écriture = la vie, C.Q.F.D. ! Et je ne me donne même pas la peine de relever que Marie-Anna prétendait que Gabrielle lui volait ses idées.

Ainsi, avec ce retour d'Europe, cette génération de la critique nouvelle et moderne s'opposait à ceux qui pratiquaient les techniques prônées par l'école lansonienne[8] *(qui avait ses mérites) et proposait une approche fondée sur le texte lui-même, c'est-à-dire celle de Brochu citée plus haut. Chercher sous chaque ligne, sous chaque virgule un souffle de vérité historique et datable, c'était absurde, c'était faire un affront au génie créateur.*

De cette manière, en disséquant le pour et le contre de l'œuvre de Gabrielle Roy, Ismène Toussaint permet à la critique moderne, d'une part, la prudence de ne point s'embarquer sur de gros contresens et, d'autre part, de laisser à l'esthétique de l'œuvre tout l'espace qu'elle mérite. Les deux approches se complètent et ne s'opposent pas.

RÉGINALD HAMEL
Professeur de lettres à l'Université de Montréal

AVANT-PROPOS

UN BOUQUET DE FLEURS, DE COQUILLAGES ET DE GALETS POUR GABRIELLE ROY

> « Vous avez écrit un recueil de témoignages de Manitobains sur Gabrielle Roy… Mais nous, alors, les Québécois ? »
>
> Combien de fois ai-je entendu cette remarque dans la bouche des lecteurs de mon ouvrage, *Les Chemins secrets de Gabrielle Roy – Témoins d'occasions*[1]!

En fait, la première personne à m'avoir incitée à partir en quête des derniers témoins de la vie de Gabrielle Roy au Québec est mon amie, sœur Yolande Crépeau, enseignante et directrice de la communauté des religieuses des Saints Noms de Jésus et de Marie, à Outremont[2] (SNJM, ouest de Montréal). La romancière ayant résidé en ce pays depuis l'âge de trente ans jusqu'à son décès, dans sa soixante-quatorzième année, je me devais, selon elle, de lui rendre cet hommage. Elle n'a d'ailleurs eu de cesse de me harceler – le mot n'est pas trop fort – jusqu'à ce que j'accomplisse ma mission.

Par la suite, l'accueil enthousiaste fait à mon livre, tant par le grand public que par le public plus savant et les journalistes, les messages encourageants d'écrivains célèbres (Anne Hébert, Antonine Maillet, Jacques Poulin, Henri Troyat, etc.), de grands chercheurs en littérature francophone (Réginald Hamel, Réjean Robidoux, Jacques Allard, Gilles Dorion, David Hayne, etc.) et des spécialistes de la romancière (André Brochu, Paul Socken, Richard Chadbourne, Louis et Marie Francœur, Paul et Monique

Genuist, pour n'en citer que quelques-uns) achevaient de me convaincre de lui donner une suite « québécoise ».

Avant tout, je tiens à rappeler que je ne me suis jamais intéressée à Gabrielle Roy pour suivre une mode quelconque ou pour répondre aux exigences du « politiquement correct ».

Primo, enfant spirituel des Petits Romantiques français, mon indépendance d'esprit m'a toujours poussée à effectuer mes propres choix dans le domaine de mes amitiés et de mes modèles littéraires. Cela, en dehors des influences du moment : des gourous universitaires de la génération pseudo « lyrique » – celle de mai 1968, en France, de la Révolution tranquille, au Québec –, prompts à imposer à la jeunesse le moule de leurs théories et de leurs schémas encore plus terrorisants que ceux de leurs prédécesseurs, les « mandarins » et, enfin, des voies agréées, balisées et reconnues par les instances culturelles officielles.

Secundo, en dépit du fait qu'elle a reçu le prix Fémina pour *Bonheur d'occasion* en 1947, Gabrielle Roy demeure mal connue dans mon pays d'origine, où seuls les enseignants-chercheurs et les étudiants des dix-huit centres d'études canadiennes, les amateurs de littérature québécoise et quelques poignées de curieux lisent encore ses œuvres.

Tertio, mon intérêt pour elle remonte à l'époque déjà un peu éloignée où je suivais un cours de littérature canadienne-française à l'université, tout en poursuivant des activités de journaliste et de chef de rédaction dans un hebdomadaire : reçue à deux reprises première boursière du Manitoba à un concours de recherches organisé par le ministère des Affaires étrangères (Paris), en collaboration avec le Centre culturel canadien (Paris) et le Conseil international des Études canadiennes (Ottawa), des allocations m'ont permis de poursuivre, au Manitoba puis en France, un doctorat en lettres françaises et canadiennes-françaises sur l'écrivain[*]. Mes études achevées, ayant choisi de faire carrière dans l'écriture plutôt qu'à l'université, j'ai consacré à la romancière, en plus de l'ouvrage précédemment cité, de nombreux articles, émissions, conférences, expositions et albums de photographies.

***

Me plaçant au-dessus des vaines querelles qui divisent le Manitoba et le Québec au sujet de la « propriété » intellectuelle de Gabrielle Roy

---

[*]   Je signale au passage que j'utiliserai tout au long de cet ouvrage les termes « écrivain » et « auteur », et non pas « écrivaine » et « auteure » (encore moins « authoresse » !) pour désigner Gabrielle Roy, cette dernière ayant toujours eu une sainte horreur de ces néologismes.

– querelle un peu atténuée, il est vrai, depuis que la Société Saint-Jean-Baptiste de Montréal a octroyé, à mon instigation, un prêt de 40 000 $ à la Corporation Maison Gabrielle-Roy Inc., de Saint-Boniface, en faveur du rachat de la demeure natale de l'écrivain et de son aménagement en musée –, j'ai donc repris la route et la plume à la recherche des survivants de l'époque de l'écrivain.

Cette entreprise pouvait apparaître chimérique ou d'une témérité un peu folle : en effet, non seulement le Québec est quatre fois plus peuplé que le Manitoba, mais il faut savoir que la plupart des contemporains de Gabrielle Roy sont aujourd'hui décédés : membres de sa famille, amis, voisins, relations professionnelles, confrères et consœurs, journalistes, etc.

Si les bibliographies de thèses, d'ouvrages et d'articles dressés par différents chercheurs[3], des ouvrages de références tels que *L'Inventaire des archives personnelles de Gabrielle Roy conservées à la Bibliothèque nationale du Canada*[4], sa biographie[5] et sa correspondance avec son mari, *Mon cher grand fou – Lettres à Marcel Carbotte, 1947-1979*[6], parue en 2001, m'ont débroussaillé quelques pistes non négligeables, le bouche à oreille reste le système qui a le mieux fonctionné. À ce sujet, feu mon ami Henri Bergeron, le célèbre annonceur radio, sa femme, Yvonne Mercier, ainsi que leurs proches, les familles Bergeron-Le Grand et Mercier, compatriotes de Gabrielle Roy établis depuis près de cinquante ans au Québec, m'ont été d'une aide très précieuse.

J'ai procédé méthodiquement en rencontrant des personnes-ressources, en écrivant des centaines de lettres, de télécopies et de courriers électroniques, en passant autant de coups de téléphone, en contactant de nombreux organismes (voir la liste en fin d'ouvrage) et en visitant les principaux endroits où la romancière avait vécu ou séjourné : Montréal et Saint-Henri, Rawdon (Laurentides) et ses environs, Port-Daniel et Percé (Gaspésie), Québec, Baie-Saint-Paul et Petite-Rivière-Saint-François (Charlevoix).

Les difficultés que j'ai éprouvées sont venues du fait que Gabrielle Roy, on le sait, vivait et écrivait beaucoup chez elle, fréquentant peu d'endroits, peu de milieux et donc peu de gens – du moins intimement. En outre, certains témoins retrouvés étaient malades, mourants, incapables de faire appel à leur mémoire ou victimes de circonstances malheureuses (j'ai renoncé notamment à rendre visite à Pierre-Elliott Trudeau, ancien premier ministre du Canada, en deuil de son fils[7]). D'autres, ayant déménagé dans des parties éloignées du Canada ou à l'étranger, sont demeurés introuvables. D'autres encore avaient correspondu avec la romancière ou écrit sur elle sans jamais la rencontrer.

J'ai bien évidemment écarté ceux qui n'ont pas eu la politesse de me répondre ou de rappeler. J'ai aussi rayé impitoyablement de ma liste les individus désagréables, versatiles ou velléitaires; les journalistes et les critiques d'occasion qui masquaient leur méconnaissance de l'œuvre de Gabrielle Roy derrière des répondeurs téléphoniques ou des courriers électroniques, ainsi que certains spécialistes renommés de la romancière, en raison de leur insupportable pédantisme.

À ce propos, je ne résiste pas au plaisir de partager avec le lecteur quelques anecdotes qui lui révéleront le niveau de ridicule et de mauvaise foi de ces potentats culturels autoproclamés : un premier enseignant, grand mamamouchi de la littérature québécoise, affirme ne plus s'intéresser à Gabrielle Roy depuis la publication, il y a quelques années, d'un ouvrage la concernant, alors qu'il continue à diriger et à faire paraître des travaux sur elle. Un second, professeur à l'Université Laval de Québec, me fait déplacer de Montréal à deux reprises pour rien : effrayé à l'idée de « perdre » une parcelle de son précieux savoir, il me soutient mordicus qu'il ne m'a jamais donné rendez-vous ces jours-là. Un troisième, professeur à l'Université de Montréal, m'adresse, dans une enveloppe de format 7,5 cm x 7,5 cm (il est même surprenant que Postes Canada me l'ait acheminée) un billet de deux lignes, sans en-tête ni adresse, me signifiant qu'il ne connaît pas Gabrielle Roy, même si, de source sûre, il l'a rencontrée deux ou trois fois au cours de sa carrière. Un quatrième, professeur dans le même établissement, me fixe d'un œil torve durant toute ma matinée de recherches au Centre d'études québécoises (CETUQ), comme si j'étais quelque insecte répugnant. Un cinquième, professeur à la retraite, me chuchote au téléphone, l'air terrorisé, qu'il me recevrait bien, mais que « cela risquerait de déplaire à un certain spécialiste de Gabrielle Roy ». (Il existerait donc un Al Capone des études royennes ? Formidable !) Un sixième, professeur à l'Université du Québec à Montréal (UQÀM), reporte sans cesse notre rendez-vous, prétextant successivement une maladie, un voyage, un rendez-vous chez le coiffeur, un paquet de copies à corriger, l'arrivée de sa tante, le départ de son frère, que sais-je encore ? Un septième, professeur à l'Université d'Ottawa, à qui je demande un résumé de carrière comme à tout un chacun, me répond sur le ton le plus snob : « Eh bien, allez donc voir dans le *Who's Who* ! » Je pourrais multiplier les exemples à volonté.

Pour finir, une dizaine de personnes, dont de vieilles amies de Gabrielle Roy, ont refusé de m'accorder une entrevue pour la simple raison que des spécialistes de l'écrivain (toujours les mêmes, d'ailleurs) les avaient traitées naguère de façon éhontée, allant jusqu'à les injurier et à dénaturer leurs propos dans certains ouvrages et articles.

***

Si l'on excepte ces incidents qui, pour amusants qu'ils soient, n'en privent pas moins le public d'informations utiles pour la connaissance de la romancière, mes efforts ont été couronnés par une riche moisson de rencontres et de renseignements. Grâce à Gabrielle Roy, j'ai fait la connaissance de gens passionnants, noué des contacts fructueux et même des amitiés durables. Toutes fioritures littéraires mises à part, j'ai été frappée de constater à quel point le nom de l'écrivain suscitait la sympathie dans tout le Québec, allumant une pointe de fierté dans un regard, un sourire sur un visage, une étincelle de joie d'un cœur à l'autre. Pourquoi Gabrielle Roy, qui fut une extraordinaire « créatrice de liens » – pour reprendre l'expression de Jean Cocteau –, affirmait-elle, à la fin de sa vie, qu'elle avait échoué dans sa mission : celle d'agrandir le « cercle enfin uni des hommes [8] » ? Pourquoi s'était-elle mis en tête que les Québécois ne l'avaient pas adoptée ? Quel dommage qu'elle n'ait pu assister aux centaines, aux milliers de petits miracles que son œuvre et sa mémoire produisaient encore au début des années 2000 !

Afin de mener à bien ma tâche, j'ai « convoqué dans [mon] atelier de sculpteur [cette] pléiade d'artistes du souvenir » – comme l'écrivait le professeur Réginald Hamel au sujet des *Chemins secrets de Gabrielle Roy – Témoins d'occasions* dans la revue *The Toronto Quarterly* [9]. Une image aussi juste que flatteuse lorsqu'on saura que je travaille effectivement à la manière des petits-maîtres du XIXe siècle. En d'autres termes, j'ai appliqué, pour cet ouvrage, la même méthode que pour le précédent : interviews des témoins sur les circonstances de leur rencontre avec la romancière, leurs relations avec elle, leurs sujets de conversation, son aspect physique, son caractère, sa vie quotidienne, son œuvre… ; vérification de leurs dires en les confrontant, chaque fois que cela a été possible, avec les écrits intimes de l'auteur, sa biographie, des témoignages précédents, des archives ; mise en forme et rédaction de ces interviews de manière chronologique et vivante.

J'ai dû, pour des raisons de contraintes éditoriales, me limiter à la présentation d'une quarantaine de témoignages émanant de la sœur aînée de Gabrielle Roy, Marie-Anna, d'amis, de relations, d'auteurs, de journalistes, d'enseignants, de cinéastes, de comédiens, de lecteurs… Comme l'explique si poétiquement Réginald Hamel, « ces artistes [m']ont aidée à dégager […] petit à petit, un portrait inédit de la romancière, chacun d'eux donn[ant] au bloc monumental le coup de ciseau qui précise l'image sans l'épuiser entièrement […]. Ce sont des myriades de faisceaux lumineux qui viennent éclairer le monument durant son érection [10]. »

Effectivement, la compréhension de Gabrielle Roy, en tant que femme et écrivain, serait demeurée insuffisante sans le concours des élèves de mon atelier québécois, qui ont jeté sur elle un regard neuf, vrai, sincère. Peut-être plus exigeants et plus perçants que leurs prédécesseurs manitobains, ils dévoilent ici une statue de Gabrielle Roy aux mille traits qu'ils n'ont pas voulue parfaite – leur modèle n'était pas, loin de là, sans défauts –, mais aussi ressemblante et proche de la vérité que possible. En l'examinant, le lecteur constatera que bien des lignes se croisent mais aussi s'évitent, se fuient ou, au contraire, se heurtent, se choquent, ne coïncident pas. L'on se retrouve face à « un portrait qui ne craint pas de se contredire », tel que l'aurait défini André Gide : aigu, ambigu, insolite, le visage de Gabrielle Roy apparaît dans toute sa nudité comme pour se draper d'encore plus de mystère.

De même, ces statuaires d'occasion livrent-ils une autre lecture, une autre interprétation de l'œuvre de la romancière. Critiques littéraires perspicaces, ils ont tenté de libérer de la matière « l'ange » de Gabrielle, comme Michel-Ange lui-même appelait l'âme de ses sculptures : « l'autre » personne, profonde et dissimulée qui compose les livres, qui se révèle à certaines images, à certains thèmes récurrents, à des personnages favoris ; le double de l'écrivain, celui qui vit entre les pages, comme une présence dominante, quasi insaisissable.

Certes, leur contribution est avant tout de caractère anecdotique et fragmentaire. Elle apparaîtra donc dépourvue d'intérêt aux lecteurs qui considèrent qu'il n'existe aucun lien entre le « moi » de l'œuvre et celui de la vie. En revanche, elle sera peut-être utile à ceux qui estiment que ces deux « moi » s'enchevêtrent et s'éclairent l'un l'autre, surtout dans une littérature qui se donne généreusement en faveur de la narration, de la transposition et de la valorisation du vécu.

***

L'on s'étonnera peut-être de l'absence de plusieurs noms parmi mes interviewés. Ou plutôt l'on ne s'en étonnera pas : un certain nombre de spécialistes de Gabrielle Roy (il y a des exceptions notoires, Dieu merci !) et de leurs affidés – dont des membres de la Maison Corporation Gabrielle-Roy Inc. – forment une maffia, d'ailleurs divisée, dont les ramifications s'étendent depuis le Manitoba jusqu'au Québec, en passant par les universités de Winnipeg, de Saint-Boniface, d'Ottawa, de Toronto, de Waterloo, de Montréal et de Québec. Encore le terme de « maffia » ne convient-il pas vraiment ici, cette dernière obéissant, dans une certaine mesure, à un code d'honneur. Alors que ces gens-là n'en ont aucun.

Étudiante au Manitoba dans les années 1990, il m'avait fallu très peu de temps pour comprendre que « Gabrielle Roy » était un terrain de chasse privé, miné et jalousement gardé par une clique d'universitaires rompus à toutes les turpitudes, qui prétendaient avoir barre sur elle sous prétexte qu'elle était « d'ici ». D'ici ou d'ailleurs, je ne sais trop, la même déplorable mentalité sévissant au Québec. Si elle vivait encore, Gabrielle Roy serait la première à condamner cet état de fait, elle qui se considérait comme un maillon de la chaîne littéraire mondiale.

Fort heureusement, mes ressources personnelles m'ont permis de poursuivre mon œuvre à l'écart de ce milieu mesquin et envieux, plus soucieux de gagner de l'argent, du galon universitaire, et de pratiquer un égotisme de bon aloi, que de faire rayonner l'œuvre de Gabrielle Roy à l'échelle internationale. Je ne saurai trop recommander au chercheur, surtout s'il est jeune, étranger et brillant, de n'aborder ce marécage fétide qu'avec la plus extrême prudence : rien ne lui sera épargné pour l'empêcher de travailler, salir sa réputation et tenter de lui faire mordre la poussière.

Cette mise au point étant faite, je précise qu'au cours de ce travail, je me suis abstenue de tout jugement de valeur sur la romancière, comme sur mes interlocuteurs : mon but était de les laisser exprimer librement leur opinion, non de me mettre en vedette. Toutefois, il m'est arrivé d'intervenir – généralement par le truchement d'une note – pour corriger une erreur, nuancer un propos ou expliquer un fait. Je décline par ailleurs toute responsabilité quant à la teneur de certains dires : ils ne reflètent pas nécessairement mon point de vue. J'ai conservé l'anonymat des personnes qui me l'avaient demandé et indiqué en italique les expressions typiques qui ornent la langue canadienne-française de manière pittoresque et poétique.

Ce recueil est divisé en six parties correspondant chacune à l'endroit où mes témoins ont rencontré Gabrielle Roy pour la première fois. Elles sont précédées d'une courte analyse des liens l'unissant à ces lieux et à ces personnes. En annexe, j'ai placé une dizaine d'articles inédits, offerts par des spécialistes de Gabrielle Roy coopératifs. Des photographies, des lettres inédites de l'auteur, une chronologie des principaux événements de son existence, des notes et une bibliographie complètent ce travail.

Pas plus que *Les Chemins secrets de Gabrielle Roy – Témoins d'occasions*, cet ouvrage ne saurait être confondu avec une biographie. Il n'a pas été écrit non plus pour parachever, concurrencer ou corriger les biographies parues sur Gabrielle Roy au fil des années. Il s'agit d'un recueil de témoignages indépendants dont l'objectif, la méthode, le ton et le style diffèrent totalement. Quelles que soient leurs qualités, les biographies de l'écrivain ne représentent d'ailleurs pour moi qu'une source de références parmi d'autres. En effet, il serait pure stupidité ou vanité de s'imaginer que la vérité sur quelqu'un peut être arrêtée une bonne fois pour toutes. Les biographies « officielles » n'existent pas, non plus que les recueils de témoignages définitifs : je souhaite sincèrement que d'autres vies de Gabrielle Roy voient le jour dans l'avenir, tout comme le dernier volet de ma trilogie fera des révélations surprenantes sur la romancière, prenant le contre-pied d'un certain nombre d'idées reçues à son sujet.

Ce livre, le voici tel que je l'ai voulu et non tel que d'autres le voudront. Je n'ai aucune prétention à « faire autorité », selon une expression courante dans le milieu universitaire (comme si un domaine aussi libre que la littérature était compatible avec l'autorité !), ne revendiquant que le plaisir de l'avoir écrit et de l'offrir à mes lecteurs, pareil à l'un de ces bouquets de fleurs, de coquillages et de galets que Gabrielle affectionnait tant [11].

I. T.

I

DERNIERS REFLETS MANITOBAINS

Le Manitoba[1] a occupé une place si importante dans la vie, le cœur, les pensées et l'œuvre de Gabrielle Roy, qu'avant de rejoindre le Québec, j'ai tenu à retourner sur ses « petits chemins de terre », en quête des derniers contemporains de la romancière.

Il en reste fort peu aujourd'hui : aussi, hormis trois natifs de cette province, sont-ce des visiteurs ayant rencontré l'écrivain lors d'un séjour dans son pays que j'ai retrouvés. Enseignants pour la plupart, grands lecteurs de Gabrielle Roy, ils ont effectué, chacun à sa manière, un pèlerinage sur ses traces littéraires : visite de sa maison natale[2], rue Deschambault, à Saint-Boniface[3] ; randonnées sur ses lieux de vacances et d'enseignement, dans le sud-ouest ; cours, conférences et publications sur son œuvre ; prière pour son âme et l'immortalité de ses écrits.

Au printemps 1998, soit quelques semaines avant son décès, survenu dans sa cent-cinquième année, Marie-Anna Roy, sœur de la romancière et elle-même auteur, m'accordait un ultime entretien. Je précise ici qu'en dépit de son grand âge, elle avait conservé son entière lucidité. Au cours de son existence, une véritable compétition littéraire s'était engagée entre elle et Gabrielle, dont cette dernière remporta systématiquement toutes les manches. Après avoir harcelé quarante ans durant son adversaire de sa hargne et de sa jalousie, un peu comme le musicien Salieri, Mozart, Marie-Anna passa le reste de sa vie à faire son *mea culpa*. Le portrait amer, mais non dénué de vérité, qu'elle nous peint d'une Gabrielle capricieuse, égoïste, ingrate, profiteuse et ambitieuse au point de sacrifier sa santé, est en partie racheté par ses nombreuses tentatives pour se réconcilier avec sa célèbre sœur.

Suivent les témoignages d'une poignée de religieuses SNJM de l'Académie Saint-Joseph de Saint-Boniface (aujourd'hui Résidence Jésus-Marie), où Gabrielle poursuivit ses études, et de la maison-mère de cette communauté à Outremont. Étonnamment, tous mettent en valeur les qualités et les traits de caractère que les Manitobains interrogés dans le cadre de mon précédent ouvrage avaient signalés : sa simplicité et sa sociabilité ; son amour de la famille – en particulier ses sœurs Bernadette[4] et Clémence[5] –, du pays natal et de la nature ; son attirance pour la solitude et la songerie ; sa force morale ; ses dons de conteuse et de pédagogue. Le lecteur retrouvera, au fil de ces pages, les autres particularités de Gabrielle.

Néanmoins, « l'instabilité » émotionnelle et géographique de l'écrivain n'a pas échappé aux regards les plus aiguisés : en effet, Gabrielle Roy donne l'impression d'une femme perpétuellement en voyage ou à la poursuite d'un but inconnu. Après quel mystérieux dessein court-elle donc ainsi ? Le sait-elle d'ailleurs elle-même ? Est-ce le bonheur ? Dieu ou un Absolu qui lui ressemblerait ? Un paradis imaginaire ? Ses origines ? Le pays de son enfance, cet horizon qui, capté avec tant de justesse par sa plume, « sans cesse nous appell[e], sans cesse se dérob[e][6] » ? Une dimension agrandie d'elle-même ? De nouveaux sujets d'inspiration ? Ou tout cela à la fois ?

En outre, un professeur d'histoire, sœur Thérèse Leduc, a percé au premier coup d'œil le « double visage » de Gabrielle, tel que ses proches, ses biographes et les commentateurs de son œuvre l'ont souvent évoqué[7] : à la fois assuré et plein de doute, rêveur et déterminé, mélancolique et gai, sauvage et avide de contacts.

Mais c'est Myo Kapetanovitch, un professeur de lettres d'origine serbe exilé dans l'Ouest, qui nous fournit l'éclairage le plus complet sur la personnalité de Gabrielle, singulier mélange d'ambiguïtés, de paradoxes, d'impossibilités, d'insatisfactions… Contrastant avec les louanges parfois ingénues des religieuses, son témoignage foudroyant n'hésite pas à nous la présenter comme « le reflet d'une appartenance frustrante à une minorité canadienne-française qui se complaît dans sa marginalité[8] ».

Voilà qui ne fera évidemment guère plaisir à nos amis manitobains : je signale toutefois qu'il s'agit d'une interprétation parmi d'autres.

Dans cette partie consacrée au Manitoba, une exception a été commise en faveur d'un Albertain, éminent spécialiste de Gabrielle Roy. En effet, si l'Alberta[9] n'a pas joué un rôle majeur dans la vie ni dans l'œuvre de la romancière, Richard Chadbourne, professeur de lettres à l'Université de Calgary, nous rappelle que cette province est souvent associée, chez elle, à la vision du paradis tant convoité.

∗∗∗

Tous les familiers de l'écrivain savent qu'elle a vécu au Manitoba jusqu'à l'âge de vingt-huit ans, avant de céder au mirage d'une carrière théâtrale en Europe, puis de s'installer au Québec. Mais contrairement à une légende selon laquelle, au cours de l'été 1937, elle aurait tourné définitivement le dos à ses terres natales, elle y est revenue à de nombreuses reprises entre 1942 et 1975, pour ressourcer son inspiration, rendre visite à sa famille et prendre soin de ses sœurs malades.

Aussi étrange que cela puisse paraître, Gabrielle avait besoin de s'éloigner du Manitoba pour s'en rapprocher par l'imagination et nous le restituer dans toute la fraîcheur de ses impressions premières. Ses écrits nous révèlent les sentiments contradictoires – amour, aversion – qu'elle éprouvait à l'égard de cette province offrant deux visages à la fois complémentaires et opposés : le premier, bienveillant, idyllique, paradisiaque ; le second, repoussant, hostile, divisé.

Terre originelle, le Manitoba est le lieu de sa naissance, mais devient, sous sa plume, la source de l'humanité en général et du peuple manitobain en particulier. Il va jusqu'à se confondre avec la genèse de son œuvre : le roman *La Petite Poule d'eau* ne lui a-t-il pas été inspiré par son séjour d'enseignement, à l'été 1937, dans une presqu'île [10] du Nord « à peine sorti[e] des songes du créateur [11] » ?

Terre mythique, le Manitoba est cette « Terre promise » à des milliers de pionniers, venus de tous les horizons (Europe, Québec, États-Unis), au XIXe et au début du XXe siècle, y semer le blé de l'espoir. Terre multicolore, le Manitoba est aussi une terre multiculturelle.

Terre mystique, le Manitoba est le royaume du dieu amérindien Manito, à la fois Grand Esprit et souffle du vent, qui sait si bien accorder au diapason « l'âme [12] » des habitants « à l'infini [13] » du ciel et de la plaine. Peut-être est-ce lui qui insufflera son rythme incantatoire à l'un des tout premiers textes de Gabrielle : *La Légende du cerf ancien*.

Terre d'accueil, le Manitoba est le pays d'adoption de ses grands-parents maternels, les agriculteurs Élie Landry et Émilie Jeansonne, de son père, Léon Roy [14], agent d'immigration et de sa mère, Mélina [15]. *La Route d'Altamont, Fragiles Lumières de la terre, La Détresse et l'Enchantement, La Saga d'Éveline…* Gabrielle brodera sans fin la tapisserie de l'épopée familiale : cette grande traversée des Prairies, effectuée jadis en chariot, dans la plus pure tradition de la conquête de l'Ouest américain.

Terre de l'enfance, le Manitoba demeurera toujours associé, dans son esprit, à ce sentiment de « sécurité profonde [16] » qui enveloppe sa maison natale, « sorte de petit temple grec [17] » érigé sur la champêtre rue Deschambault, et ses refuges secrets : le grenier à la lucarne, la cabane du jardin, le champ de maïs, le petit bois de chênes…

Toute sa vie, Gabrielle sera hantée par le thème du foyer, symbolisé par un texte rare, *La Maison rose près du bac* (années 1960), où elle rêve de s'installer avec sa mère (hélas ! depuis longtemps défunte) et ses sœurs Anna [18] et Marie-Anna [19] – qui, dans la réalité, ne s'entendront jamais avec elle. De même, toute son œuvre et tous ses personnages ne cesseront de poursuivre des images de bonheur, de paix et de liberté, liées à la nostalgie du paradis perdu de l'enfance.

Terre de l'amour, le Manitoba lui a fait don de cette « générosité de sentiments » qu'elle éprouve pour sa famille (quoi qu'on en dise), ses amis, ses élèves, le petit peuple des paysans, mais aussi pour le flot varié et bigarré des immigrants. Plus tard, sous l'influence du philosophe Teilhard de Chardin [20] et d'amis communistes ou socialistes, elle étendra son rêve utopique de « fraternité universelle » à tous les « enfants de la planète Terre [21] ».

Terre de création, le Manitoba a vu éclore sa vocation d'écrivain. Tous les lecteurs de Gabrielle Roy se rappellent que c'est en écoutant le champ des grenouilles, par la lucarne de son grenier, que l'adolescente Christine, son double romanesque, entend l'appel de l'écriture dans « La Voix des étangs » (*Rue Deschambault*).

Même si son enquête autobiographique ne débutera véritablement qu'au milieu des années 1950, je ne crois pas exagéré de dire que le Manitoba a toujours été la principale source d'inspiration de Gabrielle Roy, son sujet de prédilection. Depuis ses premiers textes parus dans les journaux locaux [22], jusqu'à la seconde partie de son autobiographie, *Le Temps qui m'a manqué*, en passant par ses romans majeurs, *La Petite Poule d'eau*, *Rue Deschambault*, *La Route d'Altamont*, *Ces enfants de ma vie*, son écriture exprime une seule et même obsession : le pays natal. Partout, elle emporte la patrie à la semelle de ses escarpins. Même entre deux romans situés au Québec, elle ne pourra s'empêcher d'écrire des textes ayant pour toile de fond le Manitoba.

Fresques immenses de ciels et de plaines, délicates aquarelles de lacs et de marais, petites touches de neige blanche ou de nuages noirs, pittoresques silhouettes de pionniers… un peu à la manière de Proust, écrivain auquel on l'a parfois comparée, l'art de Gabrielle Roy s'apparente à un vaste projet de reconquête du pays de sa jeunesse. De cette longue et patiente extraction de la mémoire émerge un Manitoba non pas réel ou réaliste, mais recréé, comme filtré par un vitrail aux couleurs du souvenir, de la nostalgie, de l'imagination ; un Manitoba épuré des ombres du passé, enrichi des lumière du rêve et des désirs ; un Manitoba littéraire, intérieur, un Manitoba de l'être et de l'âme, dont la plume de l'auteur ourle subtilement chaque contour, nuance ou reflet.

Terre symbolique, le Manitoba apparaît surtout, aux yeux de Gabrielle Roy, comme une gigantesque métaphore de la destinée humaine, chaque élément de la nature marquant comme une étape de notre progression terrestre. Ainsi, l'horizon est-il appel au voyage, promesse d'inconnu, découverte de soi ; la plaine, foisonnement des désirs, foi dans l'avenir ; les collines, l'œuvre d'art à bâtir, l'enfance retrouvée ; le lac, le « rêve d'une éternelle jeunesse [23] ». L'on pourrait multiplier les exemples à plaisir.

***

Antagonique, mais indissociable de son versant positif, est la face sombre, secrète, négative, du Manitoba : celle que Gabrielle déteste, fuit, allant parfois jusqu'à occulter le nom de son pays dans ses romans.

Terre sauvage, le Manitoba est ce « Monstre nature » – selon l'expression de l'écrivain canadien-anglais Margaret Atwood[24] – qui dévore ses enfants ou les abandonne à leurs ennemis extérieurs (températures extrêmes, espaces vertigineux, sol ingrat) et intérieurs (solitude, ennui, questionnements métaphysiques).

Terre de démesure, le Manitoba sert de repoussoir à la petitesse et à la fragilité des êtres, réduits au rang de « minuscules silhouettes[25] », condamnés à errer inlassablement en quête d'une fortune, d'un bonheur ou d'une identité qui, pareil à l'horizon fuyant, sans cesse leur échappe. À chaque page, les lecteurs se heurtent aux adjectifs « immense, infini, haut, vide, nu, désolé, monotone, accablant... » qui servent à peindre le décor.

Terre de répression, le Manitoba du XIXᵉ siècle a livré à la corde des extrémistes canadiens-anglais celui qui était à la fois son père et son fils le plus dévoué : Louis Riel[26]. Plus près de nous, il a laissé le patriote Georges Forest[27] mourir au champ d'honneur de la francophonie, après un épuisant combat pour la liberté de la langue de ses compatriotes.

Terre d'oppression, le Manitoba, représenté par son arrogante capitale, Winnipeg[28], est cette mer anglophone cernant par sa supériorité démographique, économique et linguistique, le ridicule îlot que forme Saint-Boniface. La première phrase de *La Détresse et l'Enchantement* est présente dans toutes les mémoires : « Quand donc ai-je pris conscience pour la première fois que j'étais, dans mon pays, d'une espèce destinée à être traitée en inférieure ? » L'enfance de Gabrielle Roy s'est écoulée sous le signe de l'humiliation : la sensation pénible d'être une étrangère dans son propre pays ; l'interdiction d'étudier le français à l'école[29] ; la perte d'emploi de son père (pour des raisons politiques) ; les difficultés matérielles ; l'enfermement dans un ghetto replié sur ses propres valeurs, la prière et l'éducation.

Terre d'initiation, le Manitoba est aussi ce théâtre où Christine, alias l'auteur, fait le douloureux apprentissage de la solitude, de l'abandon, de l'amour déçu, de la vocation contrariée, de la vieillesse et de la mort : *La Route d'Altamont, Rue Deschambault*. De ces précoces expériences lui viennent peut-être ce refus du malheur individuel et cette révolte contre la souffrance universelle qui impriment à ses livres un ton de compassion si personnel.

Terre d'étouffement, le Manitoba est encore cette contrée où les femmes sont prises en étau entre les obligations familiales et les prêtres, le joug professionnel et la pression sociale. Toutes choses que Gabrielle rejettera au nom de cette «liberté intérieure» que, cinquante ans avant elle, un autre écrivain avait déjà revendiquée : Louis Riel.

Terre infernale, le Manitoba vit sous l'empire d'un mystérieux démon, Windigo, l'esprit du «vent mauvais», qui, les jours de grand froid, prend possession des âmes. Il fait miroiter au futur auteur l'existence dorée d'une star et prendra tantôt la forme d'un horizon tentateur, tantôt la voix de ses ancêtres, pour l'éloigner de sa mère, qui vit dans une situation précaire.

Terre de contrastes, le Manitoba, divisé entre ses plaines et ses collines [30], son ciel et ses lacs, a façonné à son image la double personnalité de Gabrielle Roy, à la fois sereine et tourmentée, que, bien avant tout le monde, son compatriote Albert Le Grand [31] avait mise au jour. Dans un article resté étonnamment d'actualité, «Gabrielle Roy ou l'être partagé» (1965), ce professeur de lettres de l'Université de Montréal a scruté à la loupe les innombrables oppositions qui déchirent et unissent en même temps son œuvre, ses personnages, son esprit : le jour et la nuit ; le rêve et la réalité ; l'ici et l'ailleurs ; la sécurité et l'instabilité ; la solitude et la communication ; l'espoir et les regret ; l'ancrage et le voyage ; l'exil et le retour, etc.

$$***$$

Si, comme on l'a souvent souligné, l'œuvre de Gabrielle Roy se résume à une tentative désespérée pour comprendre son destin, résoudre ses conflits et se purger de toute culpabilité envers sa mère, un texte d'elle, peu connu du public, me semble vouloir dépasser cette démarche : « Ma Petite rue qui m'a menée autour du monde » (1978, environ, dans *Le Pays de Bonheur d'occasion*). Son importance n'est d'ailleurs pas passée inaperçue, puisque des éditeurs différents ont éprouvé le besoin de le publier à quatre reprises [32].

Dans ce fragment autobiographique – apparemment détaché de *La Détresse et l'Enchantement* –, Gabrielle Roy, soucieuse de faire le point sur elle-même à quelques années de sa mort, explique son choix d'une vie dédiée à l'écriture, ses paradoxes et ses sources d'inspiration : la petite rue manitobaine qui l'a vue naître. Métaphore de la condition humaine, celle-ci joue le rôle de synthétiseur de tous les thèmes, mythes et symboles de son œuvre. Comme si, en un ultime essai pour rassembler le puzzle de son «moi» et les antinomies de l'existence, l'écrivain avait enfin découvert la «profonde unité du monde [33]», des êtres et des choses.

J'invite vivement le lecteur à prendre connaissance de ce bilan : confession sur sa vie, cœur de sa création, peut-être est-il la clé de l'énigme Gabrielle Roy.

MARIE-ANNA ROY (1893-1998) : « GABRIELLE ROY AU CRIBLE DU *MIROIR DU PASSÉ* »

J'étais avec Adèle dans ma chambre. Une petite brise s'était levée, que nous cueillions avidement, assises près de la fenêtre. Clémence n'est pas venue. Seulement Adèle. Elle a été très gentille pour moi. Et j'ai réfléchi au bizarre clan que nous formons. Toujours ou presque toujours aux prises quand nous sommes ensemble, et cependant, périssant d'ennui quand nous sommes séparées.

Kenora, Ontario, le 17 juillet 1947
(*Mon cher grand fou – Lettres à Marcel Carbotte*)

Un « bon petit diable »

Ah, pauvre Gabrielle ! Il faut que la Mort nous éclaire de sa funeste lumière pour comprendre combien nous nous aimions, elle et moi !

Quand elle est venue au monde, le 22 mars 1909, maman était souffrante : elle a eu une *déficience*, son lait s'est fait rare. Maladive, Gabrielle est restée toute sa vie avec un système nerveux fragile et un besoin morbide d'affection. Notre mère aurait dû la faire soigner, mais on était pauvre. Et puis il y avait de l'atavisme, de la *loufoquerie*, une branche de folie du côté maternel : Gabrielle a hérité de ce penchant à l'exagération et développé un orgueil incommensurable.

Marie-Anna Roy, sœur rebelle et écrivain maudit, avec laquelle Gabrielle eut tant de démêlés. (Archives Marie-Anna Roy)

À deux ou trois ans, c'était une fillette à la mignonne tête de poupée ronde, au teint de porcelaine, aux cheveux châtain-roux, aux yeux bleu foncé, au joli petit nez, à la bouche minuscule. Tout le monde fondait littéralement devant ce frêle et délicat bouton de rose. Mais comédienne née, elle savait déjà user de son petit air triste et fiévreux. Un jour, lors d'une promenade, elle a levé vers moi des yeux si implorants en me suppliant : « Porte-moi ! » que, touchée jusqu'aux racines de l'âme, je me suis promis d'être toujours un appui, un réconfort et un refuge pour cet « oisillon ramassé hors de son nid [1] ».

Enfant solitaire, rêveuse, indolente, elle était attirée par les poupées, les fleurs, les livres de contes et les interminables histoires que maman lui racontait. Ainsi, vers l'âge de quatre ou cinq ans, son imagination s'est-elle éveillée, en même temps que son précoce et remarquable talent d'écrivain. L'arrière-cour de notre maison est devenue un minuscule royaume qu'elle peuplait de fées, de nains, de géants, de rois et de reines. Les arbres se sont transformés en forteresses, en châteaux magiques, en forêts enchantées.

Les démons de l'ange

Toute sa vie, Gabrielle devait s'identifier à une image d'ange de bonté, de charité et de désintéressement, image créée de toutes pièces dans ses livres et que chercheurs et médias ont allègrement colportée d'ouvrages en articles. En réalité, si ma filleule possédait de grandes qualités (la beauté, le charme, la séduction, l'intelligence, la culture), elle était aussi affligée de gros défauts.

Le drame, c'est que nous l'avons trop gâtée : maman, en particulier, qui la couvait, cédait à tous ses caprices et l'élevait comme une petite princesse. En dépit des difficultés qui accablaient les nôtres – mon père ayant perdu son emploi en 1915 –, Gabrielle, à l'adolescence, s'est révélée une jeune personne exigeante, insatisfaite et difficile à contenter. Lorsqu'elle avait envie d'une nouvelle robe ou d'une paire de souliers, elle recourait aux larmes et à toutes sortes de finasseries auprès de notre mère pour les obtenir. Un jour, elle a même gardé l'argent que je lui avais envoyé de la Saskatchewan [2] pour acheter une paire de pantoufles à papa. Apprenant le forfait de Gabrielle, le pauvre homme en a conçu un vif chagrin.

Bien qu'elle ait grandi dans une atmosphère favorable à sa réussite scolaire, elle ne cessait de critiquer nos parents. Pour elle, notre père était un individu « triste, irritable, morose, au regard froid chargé de reproches [3] », notre mère, une « achaleuse, donneuse de conseils et de leçons de morale [4] ». En septembre 1953, lors d'une visite chez moi, à Tangent (vallée de Rivière-la-Paix, en Alberta), elle a piqué une colère en lisant le portrait que j'avais effectué de Charles-Léonce Morin, alias papa, dans mon roman *Le Pain de chez nous* : celui d'un être cachant sous les aspérités de son caractère « bonté, sensibilité, droiture et sens de la justice ». « Je n'ai pas connu cet homme ! » m'a-t-elle jeté sèchement. Quant à Mélanie Morin, qui représentait maman, je l'avais décrite comme « une femme de devoir et de sacrifice, une épouse humble et docile, une mère douce et dévouée ».

À écouter Gabrielle, elle avait vécu « une enfance malheureuse, pauvre petite fille maladive, non désirée et délaissée, entre deux vieillards qui se chamaillaient tout le temps [5] ». Dès qu'il s'agissait de se faire plaindre ou d'enjôler quelqu'un pour arriver à ses fins, elle resservait ce couplet. C'est de cette manière qu'elle a séduit Henri Girard [6], le journaliste qui l'a embauchée peu de temps après son installation à Montréal, l'été 1939, tout comme son futur mari, Marcel Carbotte, ses amis et ses nombreux lecteurs.

Le fantasme de « l'enfant rejetée » puisait ses racines dans le surnom que notre père lui avait jadis attribué, attendri par son apparence chétive, et sans la moindre malignité : « Petite Misère [7] » et, aussi, dans une malencontreuse remarque lancée, il y a bien longtemps, par notre frère Rodolphe [8], son parrain. Mais ces maladresses avaient pris des proportions démesurées dans le cerveau enfiévré de Gabrielle. Il a fallu attendre la mort de Rodolphe, en 1971, pour que s'estompe l'antipathie de notre filleule à l'égard de son père. Avant son départ de cette terre, mon frère a éprouvé le besoin de m'écrire une lettre évoquant la naissance de notre benjamine et la tendresse avec laquelle papa l'avait accueillie dans notre maison, rue Deschambault. Aussitôt, je la faisais parvenir à l'intéressée, avec quelques travaux personnels.

Permettez-moi de vous offrir, chère consœur et amie, un dossier de correspondances inédit intitulé par mes soins *Lettres de Gabrielle à sa sœur Adèle*. Je vous autorise d'ailleurs à le porter à la connaissance du public. Vous y trouverez la réaction de Gabrielle au message de Rodolphe :

(sans date)

Chère Adèle,

Je viens de recevoir ta lettre et ton manuscrit relatant la mort de nos chers frères et sœurs, et accompagné de photographies et de copies de lettres infiniment émouvantes. Le tout m'a bouleversée. C'est un document de premier ordre. La mort des nôtres y est relatée avec une tendresse qui tire les larmes.

Je t'envie, toi qui a sans doute un grand nombre de lettres de notre frère : moi il n'avait pas eu l'occasion d'écrire, pauvre cher homme. Pour ce qui est de la lettre de Rodolphe rétablissant ce qu'il dit être la vérité au sujet de ma naissance, elle m'a soulagée d'un poids qui pesait sur mon cœur depuis des années. Dieu fasse qu'il ait dit la vérité cette fois-ci. Et je te remercie cent mille fois d'avoir obtenu cette lettre qui ne me fait pas aimer davantage notre père – je l'ai toujours aimé quoique craint peut-être dans mon enfance – mais qui embellit plus les souvenirs que j'ai de lui [...].

Gabrielle

Elle prétendait maintenant avoir aimé papa. Pourtant, à sa mort, le 22 février 1929, elle n'avait paru préoccupée que de futilités : ses toilettes, ses séances de patin à glace, ses cavaliers, auxquels elle se gardait bien, d'ailleurs, de faire la moindre promesse de mariage. Dans *Le Pain de chez nous*, le personnage de Gaétane, jeune fille coquette et un peu superficielle, doit beaucoup à ma jeune sœur.

Une ambition aveugle

Après la disparition de notre père, la véritable nature de Gabrielle a fait surface : égoïste, ingrate, pingre. Devenue institutrice, elle traitait notre sœur Clémence comme sa domestique, laissait traîner ses affaires en désordre, ne donnait jamais un coup de main pour les tâches ménagères. Elle a même réclamé à notre mère, qui avait tant de mal à joindre les deux bouts, un nouvel ameublement pour recevoir ses amis.

Lassée de l'enseignement, encouragée par ses petits succès au théâtre local, animée d'une ambition extraordinaire, elle s'était prise à rêver d'une carrière artistique internationale. Économisant sou à sou pour aller compléter sa formation dramatique en Europe, elle ne versait qu'une modeste pension à notre mère. Pourtant, si elle avait fait montre d'un peu plus de générosité, maman, qui était cousue de dettes, n'aurait pas été obligée de vendre sa maison ni de louer une chambre en ville, encore moins d'aller travailler l'été, à soixante-dix ans passés, chez son frère à la campagne.

En octobre 1936, sa chute sur le verglas n'a en rien détourné ma sœur de ses projets. « À mon retour, je gagnerai beaucoup d'argent pour vous faire vivre ! » répétait-elle en manière d'excuse. La « comédie des adieux[9] » décrite par Gabrielle dans *La Détresse et l'Enchantement* a de quoi soulever le cœur : même si elle souffrait intérieurement du départ de sa fille – il a eu lieu le 29 août 1937 –, jamais ma mère, qui était « pudique et fière », ne se serait livrée à un tel « étalage de sentiments, de réflexions sur la douleur et de pleurnicheries[10] ».

Le temps des regrets

Enfin libérée de ses entraves, Gabrielle se sentait aussi heureuse que « l'oiseau qui, au bord du nid, ouvre ses ailes gonflées d'espérance pour s'envoler vers l'espace illimité[11] ». Mais sa désaffection ne devait guère lui porter chance… À l'été 1942, lors d'un séjour chez moi, à Tangent, elle me confiait avoir perdu deux ans à la poursuite d'une vaine chimère : son accent franco-manitobain, sa voix, qui manquait de souplesse et de volume depuis son opération des amygdales, et sa faible constitution l'avaient contrainte à renoncer au métier de comédienne. Surtout, elle regrettait amèrement de ne pas avoir secouru notre malheureuse mère dans le besoin. Ainsi, quelques jours après la mort de cette dernière, le 26 juin 1943, m'adressait-elle cette lettre déchirante de regrets :

(sans date)

Ma chère Adèle,

[…] *Si j'avais mieux compris les choses, j'aurais fait en sorte que la mère pût garder sa maison dans la sérénité de ses vieux jours. Il me semblait qu'elle vivrait jusqu'au jour où ma situation financière s'étant améliorée, je serais capable de lui faire une vie douce et paisible. C'était trop espérer que de vouloir lui épargner les souffrances et la combler de toutes les choses qu'elle aimait. Dieu ! Que j'aurais voulu entourer sa vieillesse de soins affectueux et lui donner à elle qui demandait si peu, tout ce qu'elle eût désiré. C'est stérile de s'adonner à de telles pensées, mais que veux-tu ? Je ne cesse de le faire. Voilà le véritable regret ! Voilà le pire, le plus terrible des regrets.*

Je comprends maintenant l'angoisse, la suprême douleur de notre mère le jour où elle dut quitter, abandonner pour toujours sa maison. Elle prenait un air brave et serrait les lèvres pour mieux dissimuler le déchirement de son cœur. Que de fois j'ai songé à ce jour en me faisant d'amers reproches !
[…]

Dès lors, le remords et la culpabilité allaient être les compagnons de chacun de ses jours.

Fausse route

Entraînée par son imagination *dévoyée*, ma pauvre sœur a passé sa vie en quête d'un bonheur illusoire. Manquant d'équilibre et de clairvoyance, elle s'est leurrée non seulement sur elle-même, mais sur son œuvre, sa vie sentimentale, ses relations avec les autres. Ce qu'elle désirait par-dessus tout, c'étaient la gloire, l'argent, l'admiration éperdue d'autrui. Le succès lui a fait perdre le sens de la mesure. À son arrivée à Montréal au printemps 1939, elle a connu des moments de gêne et d'embarras ; jamais la misère qu'elle a prétendue. Elle a eu la chance insigne de rencontrer un mentor en la personne d'Henri Girard, qui l'a prise sous son aile et, à grand renfort de battage médiatique, lui a offert la réussite tant escomptée.

Dans *Bonheur d'occasion*, « monument expiatoire [12] » érigé à la mémoire de notre mère, Gabrielle avait trouvé de belles paroles, des phrases touchantes pour nous parler de la tendresse humaine, de la délicatesse des sentiments. En réalité, « hélas, il lui manquait le génie du cœur ! Et le cœur ne s'apprend pas. Celui qui aime véritablement connaît, sait, agit. Le cœur est la source des grandes pensées [13] ».

Son triomphe obtenu, Gabrielle a laissé tomber froidement Henri Girard, qui ne s'en est jamais remis, pour l'amour préfabriqué de Marcel Carbotte, lequel n'en voulait qu'à son argent. Lors de son passage à Saint-Boniface, à l'été 1947, son air, son langage, ses manières attestaient les changements survenus en elle. Redoutant maladivement la cupidité de son entourage, elle lardait notre sœur Anna de propos cinglants sur sa prétendue convoitise. Quant à moi, devenue inapte à l'enseignement à la suite des brûlures causées par l'incendie de ma maison de Tangent, au printemps 1946, elle me refusait une place de gouvernante et de secrétaire chez elle.

La gorge serrée, j'ai compris qu'un fossé infranchissable était en train de se creuser entre nous…

Le pain de la discorde

Il y a, dans la vie, des actes, des paroles, des pensées même, que rien ne répare… Lors de nos précédentes entrevues, je vous ai raconté les circonstances qui ont présidé à notre brouille, à l'automne 1953, en mon humble logis de Tangent.

Étant donné l'exiguïté des lieux, Gabrielle a eu tôt fait de mettre la main sur mon manuscrit, *Le Pain de chez nous* : un roman élaboré avec peine, patience et persévérance, dans lequel je révélais le vrai visage, les mérites et les valeurs des membres de notre famille. « Ah, ce *Pain de chez nous* ! Provenant du blé semé par grand-père au prix de tant de sueurs et de peines, il avait quelque chose de sacré [14]. » Mon travail aussi.

Sous prétexte de me montrer comment faire d'utiles corrections, Gabrielle s'est mise à biffer, à rayer rageusement des mots, des phrases, à sabrer des alinéas, des chapitres entiers de mon œuvre. « Ton roman est trop confus, m'a-t-elle déclaré d'un ton tranchant, il est trop long, enlève toute la fin ! » Et d'ajouter : « Ne prends pas ton nom ! Ne publie pas, ne publie pas ! » Enfin, ivre de fureur et d'orgueil, elle tentait désespérément de déchirer mon manuscrit.

J'étais atterrée, désespérée, prête à pleurer, incapable d'arrêter le saccage de mon jardin littéraire. Je crois que cette offense a été la plus cruelle, la plus brûlante et la plus inguérissable blessure de toute ma vie…

Les « méfaits » de Gabrielle

En 1955, soit un an après la publication du *Pain de chez nous* – qui n'avait remporté qu'un succès d'estime –, Gabrielle faisait paraître avec éclat *Rue Deschambault*, un « démarquage éhonté [15] » de mon œuvre. Habile à exploiter mes connaissances, elle s'était appropriée la substance de mes récits, les gestes et les paroles de mes personnages, enveloppant ses phrases d'effusions sentimentales, de réflexions morales, de promesses fallacieuses, de visions loufoques… Lorsque les gens de Saint-Boniface ont lu son livre, ils se sont récriés : « Gabrielle vous a volé vos idées ! Tout ce qu'elle raconte, nous l'avons lu dans *Le Pain de chez nous* ! »

Dès lors, Gabrielle n'a jamais cessé de se mettre en travers de ma route : égocentrique, elle voulait être l'unique écrivain de la famille… Chacun de ses livres était comme une riposte cinglante aux miens, une tentative pour couvrir ma voix, un fer rouge qu'elle m'enfonçait un peu plus profondément dans la chair.

Dans les années 1960, alors que je me lançais sur les traces des premiers pionniers manitobains en vue d'écrire *La Montagne Pembina au temps des colons*, Gabrielle, marchant sur mes brisées, signait en 1966 *La Route d'Altamont*, la relation d'un voyage farfelu effectué avec sa mère sur des routes de campagne imaginaires. On y découvre ma sœur – qui n'a jamais pu conduire une automobile à cause de sa nervosité – en train de faire des chevauchées sur un chemin de terre. On la voit promener la mère dans un tacot sur des collines jaillissant de toutes parts, tels des feux follets. Maman, qui était plutôt une femme d'action, apparaît comme une rêveuse à l'esprit perdu dans de vagues souvenirs, ballottée cahin-caha sur des buttes, prêtant une oreille distraite aux divagations brumeuses de sa fille…

Au fil du temps, Gabrielle devait créer des histoires de plus en plus bizarres, des situations invraisemblables, des univers de fantaisie. « [Son] imagination délirante et débridée cherchait un exutoire dans des images irréelles qu'elle inventait et dans lesquelles elle vivait une existence supplétive en quête d'un bonheur impossible. Elle nageait dans les eaux troublées du mensonge et de l'onirisme [16]. »

L'étoile et le vermisseau

Dans les années 1970, tandis que je peinais, inconnue du public, sur des recherches généalogiques destinées à rétablir la vérité sur l'histoire de notre parenté, elle atteignait l'apogée de la célébrité, « brillant dans les cercles littéraires telle une étoile de première grandeur dans le firmament [17] ». Elle était admirée, adulée, encensée par ses confrères, ses nombreux lecteurs [18]. Était-ce enfin pour elle le « Bonheur rêvé [19] » ? Pensait-elle seulement à moi, pauvre vieille ? Non, non… Elle m'ignorait prudemment, car, de son point de vue, je n'existais pas comme écrivain. Elle n'aurait pas osé m'inviter dans son salon, me présenter à ses amis, leur montrer mes écrits. « Aveuglée par les rayons de sa gloire [20] », comment aurait-elle pu se pencher sur ma misère, recommander mes humbles travaux à un éditeur consciencieux ?

Surtout, elle refusait de regarder en face la vérité sur notre famille et sur elle-même : elle lui faisait peur, elle lui faisait honte. Aussi préférait-elle la déguiser sous des masques avantageux, souvent grotesques.

Malgré le mur « hostile et récalcitrant [21] » que Gabrielle avait dressé entre nous, j'ai continué à correspondre avec elle et à lui envoyer mes écrits. En 1976, une évocation du visage de notre sœur Bernadette, décédée six ans plus tôt, éveillait en son âme d'émouvants souvenirs – preuve qu'il y avait encore en elle une réserve de tendresse et de bonté :

(sans date)

Chère Adèle,

Je te remercie de ton envoi composé de lettres et de photos inédites, pour une bonne part, et de pages de douleur, où elle se meut, pour ainsi dire, peu à peu en l'espoir de la Résurrection. Je prie souvent Dédette (Bernadette) pour qu'elle nous obtienne, du moins, de ne pas partir de ce monde ni toi ni moi avant Clémence que j'aurais tant de peine à laisser seule en cette vie. Mais Dieu ne prend-il pas soin même des oiseaux [22] ?

Tâche donc de bien veiller sur Clémence, tout en te reposant toi-même. Tu trouveras en sœur Berthe Valcourt [23] une amie de grand cœur toute dévouée à Clémence et un être des plus discrets.

Je te souhaite un bon séjour au Manitoba et d'y retrouver parmi tous nos souvenirs ceux qui jamais ne perdront leur pouvoir d'alléger nos cœurs, ne serait-ce que le doux sourire heureux de maman quand nous faisions quelque chose de nature à lui plaire.

Gabrielle

De la même manière, le portrait que j'avais esquissé de notre mère lui inspirait une poignante réflexion sur le sens de notre destinée :

Petite-Rivière-Saint-François, le 15 août 1977

Chère Adèle,

J'ai lu avec émotion ta bonne longue lettre… [Elle] a guéri des blessures qui longtemps ont été vives dans mon cœur. Je ne blâme personne – un peu moi-même peut-être – et encore – Qui blâmer ? Celle que je suis aujourd'hui n'est pas celle que j'étais hier.

Pauvres créatures mouvementées que nous sommes, partiellement aveugles toutes, toutes un peu semblables aux autres. Comme c'est difficile de nous rejoindre parfois enfin, pour un moment au moins, mais à ce moment parfois vaut la vie, parce qu'il y a des vies qui ne le possèdent pas ce moment d'union et de douceur !

[…] je lis et relis ces pages émouvantes :

« On n'arrive à comprendre un homme qu'après sa mort. Il meurt, il mûrit, il renaît dans notre mémoire. Ah ! C'est vous. Je vous ai si peu connu. »

On ne peut dire mieux en moins de mots avec plus de force et de jugement. Ainsi on [n']apprend à dire vite et fort qu'à la presque fin des longs efforts surhumains pour apprendre à écrire. Étonnant, n'est-ce pas ? Ou plutôt magnifique mystère de la vie […].

Je te souhaite que ton pauvre œil te serve le mieux possible et longtemps encore, avec un brin de vision tu accomplis plus que des milliers d'autres avec leurs deux yeux. Ce n'est tout de même pas le courage qui t'a manqué jamais […]. Pour ce qui est de mes livres, je ne sais moi-même ce qu'ils valent. L'avenir le dira.

Bien affectueusement

Gabrielle

Puis, je lui envoyais la première partie de mon journal intime : *Reflets d'une âme dans le miroir du passé*[24]. J'espérais toujours qu'elle me tende un

« rameau d'olivier ». Mais au lieu de faire un geste qui m'aurait arraché à la pauvreté, à la solitude, elle m'adressait, dans son incurable narcissisme, un exemplaire de *La Petite Poule d'eau* et de *Ces enfants de ma vie* : ouvrages qui rappelaient d'ailleurs étrangement les miens…

Le passé dans un miroir

En 1979, je décidais alors de publier une biographie de Gabrielle, *Le Miroir du passé*[25], mettant en lumière les aspects négatifs de son caractère : son peu de générosité, son égoïsme, sa mesquinerie envers nos parents, son manque de compréhension à l'égard de mon œuvre. Aussitôt, elle tentait de racheter tous les exemplaires disponibles de cet ouvrage et de payer l'imprimeur pour que le texte cesse de paraître.

On m'a longtemps fait croire, pour me culpabiliser, que cet écrit était à l'origine de son premier infarctus, survenu l'année même de sa parution. Je sais, j'ai eu tort d'agir ainsi. Mais j'ai payé de mes souffrances, de mes tourments, le prix de ma dette.

La Détresse et l'Enchantement était une réplique au *Miroir du passé*. Cette autobiographie est truffée d'erreurs, de souvenirs déformés, d'épisodes amplifiés. Gabrielle y décrit les êtres chers à travers le prisme de son imagination débridée et se justifie abondamment afin de préserver l'image de « sainte » qu'elle voulait transmettre à la postérité.

La montagne d'orgueil

Au soir de sa vie, après un dur apprentissage et une inlassable activité, Gabrielle était parvenue au sommet de la « montagne difficile » ou de la « montagne du rêve » : saluée comme l'un des meilleurs écrivains canadiens-français, elle était devenue ni plus ni moins… un mythe. Elle aurait dû s'arrêter, se reposer, se recueillir davantage en elle-même. Au lieu de cela, gonflée d'importance, enivrée de son succès, éblouie par les pièces d'or qui lui tombaient dans la main, elle tendait ses dernières forces pour arracher au destin d'ultimes triomphes : l'édition de son œuvre en format de poche aux Éditions internationales Alain Stanké, l'adaptation au cinéma de *Bonheur d'occasion* par Claude Fournier et Marie-José Raymond, la publication d'histoires encore plus incroyables les unes que les autres…

Les lettres, les manuscrits et les photos que je lui expédiais fidèlement demeuraient désormais sans réponse. Un Noël – c'était au tout début des années 1980 –, je décidais de lui téléphoner. Sa voix rauque, râpeuse, gutturale, trahissait la maladie, les luttes, la fatigue. Elle se demandait au bout du compte si les louanges, le talent et la fortune péniblement acquis valaient les sacrifices consentis et les douloureux efforts qui l'avaient épuisée.

À présent, elle envoyait de l'argent à notre sœur Clémence qui l'avait pour ainsi dire élevée, soignée, servie, protégée dans son enfance et son adolescence, sans jamais recevoir la moindre récompense. Elle était en train de prendre conscience que, pareille à « un aveugle marchant vers l'Abîme, elle s'engageait sur un chemin de perdition, sacrifiant son sommeil, sa santé, la paix de l'Âme, son dernier souffle pour des bulles de savon [26] ».

Je lui demandais un rendez-vous : « Cela va dépendre de ma santé », m'a-t-elle répondu évasivement. En fait, je savais depuis longtemps qu'elle ne voulait plus me revoir : « Elle m'a fait trop de mal », avait-elle confié à son entourage, au temps du *Miroir du passé*.

Elle est morte le 13 juillet 1983 sans m'avoir accordé son pardon. Et en m'infligeant un ultime affront : je n'ai pas été invitée à ses funérailles. De plus, elle s'est fait incinérer, ce qui, chez nous, constituait une insulte à nos défunts : la plupart d'entre eux sont inhumés dans la terre maternelle et sacrée du vieux Saint-Boniface.

Une réconciliation *post-mortem*

Non, je n'ai pas connu la gloire de mon vivant. Tout cela, parce que Gabrielle ne l'a pas voulu…

Oh ! il y a longtemps que je ne lui en veux plus… Elle avait été si mal élevée dans sa jeunesse ! Personne ne lui avait appris le partage. Et puis, c'était un grand écrivain…

Aujourd'hui, elle est plus près de moi qu'auparavant. Son âme, délivrée de la servitude de la chair, attend que je lui porte secours par la prière et la pensée. Je ne cesserai de le faire tant que je vivrai, car je crois à la Communion des Saints.

Enflammée par la poésie, j'ai consacré ma vie à mon œuvre. Selon les critiques, la tendresse en est la qualité maîtresse. Auteur méconnu, incompris, oublié, délaissé, je souhaite néanmoins qu'une fois morte, mon œuvre demeure comme celle des autres écrivains ; je souhaite enfin bénéficier d'un peu de gloire.

J'ai vécu la plus grande partie de mon existence au contact d'élèves et de gens grossiers, incultes, paresseux, mais « la beauté et la pureté de la nature, la plainte mélodieuse du vent dans la forêt, le chant des oiseaux, le murmure des vagues sur le lac, le grand silence autour de moi m'ont permis de lire et de compléter l'œuvre que j'avais sur le métier [27] ». Suprême consolation !

Non, je n'ai pas connu la célébrité… Mais j'ai rencontré des esprits d'élite qui m'ont donné la force, le courage de poursuivre ma tâche d'écrivain, et dont l'amitié m'a été plus précieuse que l'or et l'encens. Lors de mon périple en Europe, dans les années 1959-1962, les Français ont compris ce qu'il y avait de sacré dans mon œuvre[28]. Pas les gens d'ici. Notre littérature, c'est le Moyen Âge : la Conquête[29] a fait de nous des esclaves.

Aujourd'hui, à cent cinq ans, je suis arrivée au sommet, un peu comme un alpiniste qui gravit lentement la pente. Quand on arrive là-haut, on ne voit rien : Dieu ne parle pas, le silence de Dieu est éternel. Mais tous les écrivains ne brûlent-ils pas de remonter un jour à la Source ?

***

Troisième des enfants Roy, Adèle, dite Marie-Anna, naquit à Saint-Léon (sud-ouest du Manitoba). Rebelle, érudite, dotée d'une volonté de fer, elle passa avec succès son baccalauréat ès Lettres (licence), malgré l'opposition de son entourage à son accès à la culture. Trente-cinq ans durant, elle traîna l'existence pauvre et itinérante d'une institutrice pionnière à travers les immenses plaines du Manitoba, de la Saskatchewan et de l'Alberta.

Auteur d'une œuvre littéraire et historique considérable (voir bibliographie en fin d'ouvrage) ayant pour thèmes la vie de sa propre famille (*Le Pain de chez nous*[30], 1954 ; *À l'ombre des chemins de l'enfance*[31], 1990) et celle des pionniers de l'Ouest dans les années 1885 et 1930-1940 (*Valcourt ou la dernière étape*[32], 1958 ; *La Montagne Pembina au temps des colons*[33], 1969 ; *Les Visages du vieux Saint-Boniface*[34], 1970 ; *Les Capucins de Toutes-Aides*[35], 1977), elle demeura longtemps un écrivain maudit dans son pays. Ses dons de conteuse, de chroniqueuse, d'historienne et de biographe furent néanmoins salués par de grands écrivains français. Aujourd'hui, le rêve de gloire de Marie-Anna est en partie exaucé puisqu'une biographie lui a été consacrée[36] et qu'un article vient de l'immortaliser dans *L'Encyclopédie du Canada* 2000[37].

Toute sa vie, elle entretint des rapports tumultueux et passionnels avec Gabrielle, qu'elle considérait comme une rivale en écriture (*Le Miroir du passé*, 1979), l'accusant de lui voler des idées, des thèmes littéraires, et de trahir la biographie des Roy-Landry par des affabulations romanesques. Une guerre fratricide que le journaliste franco-manitobain Jean-Pierre Dubé a résumée en un titre éloquent : « Le rêve en couleurs contre le réalisme linéaire[38] ». Toutefois, si Gabrielle a effectivement emprunté de nombreux éléments à son aînée, il est difficile, devant l'ampleur de son imagination et de son souffle créateur, devant sa sensibilité et son style si personnels, de l'accuser de « plagiat ».

En retour, Gabrielle a projeté sa « sœur infernale » dans le personnage de Georgianna de la nouvelle « Pour empêcher un mariage » (*Rue Deschambault*) et brossé maints portraits d'elle, tantôt acerbes, tantôt attendris, dans *La Détresse et l'Enchantement*, suivi du *Temps qui m'a manqué*, *Ma chère petite sœur – Lettres à Bernadette, 1943-1970, Mon cher grand fou – Lettres à Marcel Carbotte, 1947-1979*, ainsi que dans divers articles et récits, dont *La Maison rose près du bac*.

Le présent témoignage constitue comme le testament de Marie-Anna Roy. À la lumière de ses souvenirs et de son œuvre – dont elle cite des passages entiers de mémoire –, elle nous entraîne « de l'autre côté du miroir », à la découverte de la véritable histoire de Gabrielle : son enfance et son adolescence trop choyées, son ingratitude envers sa famille, sa course folle au succès, à l'argent, à la célébrité, ses tentatives pour empêcher son aînée de publier, ses désillusions… Si le propos de Marie-Anna apparaît, comme toujours, excessif, acide et désabusé, si elle-même a accumulé bien des torts envers sa sœur, l'on ne peut nier que la grande Gabrielle péchait par bien des petits travers. Seul, l'amour quasi mystique de la littérature, de la nature et de la religion qui animait Marie-Anna lui permit de transcender les blessures que lui infligea sa benjamine.

UNE ADMINISTRATRICE :
« GABRIELLE ROY, ANGE GARDIEN
DE SES SŒURS BERNADETTE
ET CLÉMENCE »

> [...] *toutes les heures en fait que j'ai passées près de toi au cours de ces trois semaines sont pour moi maintenant comme un grand livre plein d'enseignement et de riches souvenirs – ou si tu veux comme un ruban sonore où tout est inscrit de ce que nous avons échangé de propos et de confidences.*
>
> Québec, le 8 avril 1970
> (*Ma chère petite sœur – Lettres à Bernadette*)

Une piètre musicienne

Avant la mort de sa sœur Bernadette, ou sœur Léon-de-la Croix, Gabrielle Roy venait rarement à Saint-Boniface, pour n'y demeurer que quelques jours. Elle descendait au Tourist Hotel, sur le boulevard Provencher, à Saint-Boniface, ou bien à Winnipeg.

Je l'ai rencontrée une fois à l'Académie Saint-Joseph (actuelle Résidence Jésus-Marie), à la fin du mois de mars 1970. Elle était assise au piano, dans la petite salle de musique de la communauté, où elle essayait de jouer d'anciens airs de mémoire. Mais elle n'y parvenait pas. Plus tard, j'ai appris qu'en dépit de la profonde musicalité qui se dégage de son œuvre, elle n'était pas très douée dans ce domaine et qu'elle manquait d'oreille[1].

Pour les religieuses SNJM, c'était toujours un grand honneur de la recevoir, même si, malgré le succès phénoménal de *Bonheur d'occasion*, elle n'avait pas encore acquis la renommée qu'elle a atteinte par la suite. N'étant pas manitobaine et ne dirigeant l'économat de la congrégation que depuis un an et demi, j'avais peu entendu parler d'elle et, par conséquent, n'étais *alertée* ni *à* sa présence ni *à* celle des siens.

C'était une femme vieillissante : elle venait de fêter ses soixante-neuf ans quelques jours plus tôt à l'Académie [2]. Elle n'avait pas autant de rides que les dernières années de sa vie, mais paraissait très fatiguée. Elle m'a donné l'impression d'une dame réservée, secrète, mystérieuse même – un peu comme on la décrit généralement. En fait, ce sont sa biographie, puis votre livre de témoignages, *Les Chemins secrets de Gabrielle Roy – Témoins d'occasions*, qui nous ont révélé les différentes facettes de sa personnalité et ses sources d'inspiration.

Gabrielle et la mort de Bernadette

Gabrielle Roy et moi avons échangé les politesses d'usage, ainsi que quelques mots sur la santé de ses sœurs, Bernadette et Clémence. La romancière se faisait beaucoup de soucis à leur sujet, d'où, j'imagine, sa mine lasse et ses traits tirés.

Bernadette était hospitalisée à l'infirmerie de notre couvent, victime du cancer du rein qui allait l'emporter deux mois plus tard. À mon arrivée à Saint-Boniface, en octobre 1968, j'avais eu l'occasion de la rencontrer dans un cadre strictement professionnel. Elle avait pris sa retraite de l'enseignement deux ans auparavant, mais brûlait de se rendre utile autour d'elle.

C'était une sœur de taille moyenne, maigre, au teint jaune-brun, aux gestes lents : la maladie la rongeait déjà. Elle avait la réputation d'avoir un caractère difficile, comme tous ces gens de Saint-Boniface, êtres chaleureux, solidaires, assurément plus ouverts et plus libres dans leurs propos que les Québécois, mais qui ont l'habitude de se battre pour leur survivance, pour leur Manitoba et pour la cause du français.

Cependant, c'était une compagne plaisante, très dévouée envers sa communauté et ses proches. En revanche, elle ne parlait jamais de sa sœur Marie-Anna, qui passait pour le « mouton noir » de la famille.

La pauvre sœur Léon-de-la Croix ne voulait pas quitter cette terre et luttait de toutes ses faibles forces contre les affres de la mort. En effet, non seulement elle savait que sa sœur Clémence, une handicapée mentale, n'avait plus de parenté au Manitoba, mais que Gabrielle comptait sur elle pour s'en occuper. Sentant sa dernière heure arriver, Bernadette a alors supplié sœur Berthe Valcourt, notre directrice, de prendre soin de la malade après son décès. La supérieure l'ayant rassurée, elle s'est éteinte en paix le 25 mai 1970.

Gabrielle et la détresse de Clémence

Clémence était l'autre sujet de tourment de Gabrielle. Je sentais la romancière impuissante à faire quoi que ce soit pour sa sœur, si ce n'est lui envoyer de l'argent.

Je n'ai conservé qu'un vague souvenir de cette petite personne courte, perdue dans un autre monde. Vivotant de foyer en foyer, elle était pareille à une enfant : incapable de penser par elle-même et de subvenir à ses propres besoins. Elle venait régulièrement à Saint-Boniface : sœur Berthe lui achetait du linge et l'invitait à manger au couvent afin qu'elle puisse *échanger avec* les religieuses. Je me souviens que la malheureuse nous racontait toujours avec émerveillement le séjour de vacances qu'elle avait effectué à l'été 1965 avec Bernadette à Petite-Rivière-Saint-François [3] (Charlevoix, Québec).

Un auteur auquel s'identifier

Cette fois-là, en raison de la dégradation de la santé de sœur Léon-de-la-Croix, Gabrielle Roy est restée trois semaines à Saint-Boniface. Après son départ, je ne l'ai jamais revue, car j'ai moi-même dû retourner au Québec.

Néanmoins, une marche m'a conduite un jour jusqu'à sa maison natale, rue Deschambault. Et sans doute est-ce ma rencontre avec elle qui m'a incitée à lire quelques-uns de ses livres : *Bonheur d'occasion*, *La Petite Poule d'eau*, *La Route d'Altamont*, *Ces enfants de ma vie* et *Cet été qui chantait*. Ses intrigues ne sont pas fortes, mais son style est rigoureux, et ses sentiments, clairement énoncés. À mon avis, sa plus grande qualité réside dans la facilité avec laquelle elle nous fait partager son être...

***

Soigneusement entretenue par Anna et Marie-Anna, deux des sœurs de la romancière, comme par certains Franco-Manitobains, une légende tenace a accrédité l'image d'une Gabrielle indifférente, peu serviable et avare envers ses proches, moins favorisés qu'elle par la fortune.

Cependant, joint aux témoignages de la famille Roy-Landry que le lecteur a pu découvrir dans mon ouvrage précédent, celui de la sœur économe de l'Académie Saint-Joseph de Saint-Boniface, une Québécoise étrangère à la province, vient contredire la rumeur.

En effet, quoique sa rencontre avec Gabrielle Roy n'ait pas laissé un souvenir impérissable à cette administratrice à l'esprit pratique, peu portée aux effusions sentimentales et aux fioritures romanesques, elle nous présente ici une romancière désemparée face à la mort prochaine de Bernadette et à la misère matérielle de Clémence.

Plus profondément, en lisant ces courts portraits, l'on ne peut s'empêcher de songer aux *Trois Sœurs* de Tchekhov, mystérieusement unies, telles des poupées gigognes, par un égal sentiment d'amour, de sollicitude et de compassion.

UN PROFESSEUR DE LETTRES :
« GABRIELLE ROY
OU L'ODYSSÉE D'UNE ÂME »

Je suis contente que sœur [...] fasse valoir mon texte « Terre des Hommes » auquel j'ai tant travaillé et qui est loin d'avoir eu le rayonnement qu'il aurait peut-être dû avoir. J'ai joué de malheur dans cet effort et le chagrin que j'en ai éprouvé a été d'autant plus fort que je pense que ce texte est de nature à inspirer bien des gens.

New-Smyrna Beach, Floride, le 22 janvier 1969
(*Ma chère petite sœur – Lettres à Bernadette*)

Rencontre de la « Montagne secrète »

J'ai rencontré Gabrielle Roy au printemps 1970 à l'Académie Saint-Joseph de Saint-Boniface, peu avant le décès de sa sœur Bernadette ou sœur Léon-de-la-Croix. Professeur de français et de rhétorique fraîchement débarquée du Québec, je ne la connaissais alors que grâce à ses livres, que j'étudiais et enseignais. La romancière, quant à elle, avait entendu parler de moi par Bernadette [1].

Chaque matin, elle s'asseyait sur un petit banc, devant l'infirmerie de la communauté, pour y attendre sa sœur. Nerveuse, inquiète, fébrile même, elle s'efforçait de paraître calme et sereine afin de ne pas l'effrayer ni de lui faire de la peine.

Un beau jour, une religieuse nous a présentées l'une à l'autre et durant la quinzaine qui a suivi, nous avons pris l'habitude de jaser chaque jour une demi-heure ou trois quarts d'heure avant la visite quotidienne de l'écrivain à Bernadette. Sans aucune prétention de ma part, elle paraissait heureuse et flattée d'avoir rencontré quelqu'un qui enseignait ses œuvres.

Personnellement, je me refuse à brosser un portrait de cette charmante dame, tant par crainte de dénaturer son souvenir que par respect pour son esprit, auquel, il faut bien l'avouer, j'avais été davantage sensible qu'à son physique. Aussi me contenterai-je de signaler que c'était une dame d'âge mûr, à la mise sobre et soignée. Avenante et communicative, sa simplicité se manifestait également dans sa manière de s'exprimer et de se comporter vis-à-vis de son interlocuteur.

Nous échangions une foule d'idées sur le monde, sur la littérature et bien entendu sur ses livres, dont *La Montagne secrète*, mon favori. Mon opinion sur ce roman correspondait exactement à la sienne. Lorsque je lui ai raconté qu'un de mes élèves m'avait remis une dissertation sur le « symbolisme spirituel » de sa démarche, des larmes d'émotion lui sont montées aux yeux. En effet, elle avait été cruellement blessée par les sarcasmes grossiers dont certains critiques québécois avaient accablé ce très beau livre lors de sa parution, neuf ans auparavant.

Dans une de ses études, le romancier Gérard Bessette [2] était même allé jusqu'à prétendre qu'elle n'aimait pas son père [3] ! Aussi, en 1969, en prévision des fêtes du centenaire de l'entrée du Manitoba dans la Confédération, avait-elle consacré un article officiel aux grandes réalisations des pionniers de l'Ouest. En manière de réponse à Gérard Bessette, elle ne s'était pas privée de rappeler que c'était le contremaître Léon Roy qui avait dirigé toute la main-d'œuvre étrangère sur les chantiers de construction du chemin de fer Canadian National [4].

Le plus grand amour de Gabrielle Roy

Elle m'a montré le brouillon de son texte qui témoigne de son attachement quasi viscéral à sa province natale. Gabrielle était restée profondément une fille de Saint-Boniface. Toutefois, elle n'aurait jamais pu vivre au sein de ce petit univers au demeurant sympathique et accueillant, mais qu'elle jugeait étroit et confiné : il ne répondait pas à ses aspirations, et la poésie de son écriture n'y aurait pas trouvé de terrain favorable à son éclosion.

Au départ, sa vision de l'existence était assez floue, son idéal, imprécis et nébuleux : elle poursuivait un but mystérieux. Le Canada, le Québec, la France, elle a tout essayé avant de trouver sa voie. Petit à petit, ses succès lui ont permis de quitter ce chemin laborieux, de développer son inspiration, d'accéder à une vie meilleure, entourée de l'affection et de l'admiration de ses lecteurs, de ses amis. Sans doute le couronnement de *Bonheur d'occasion* par le prix Fémina en France, à l'automne 1947, a-t-il constitué l'une de ses plus grandes récompenses.

Mais malgré tout, ses racines étaient demeurées au Manitoba…

Portrait de Bernadette

De la même manière, ni le temps ni la distance n'ont jamais affecté les liens qui, depuis sa plus tendre enfance, l'unissaient à sa sœur Bernadette. Il faut reconnaître que cette religieuse débordait de qualités.

C'était une petite personne fluette mais bien proportionnée, aussi nerveuse que sa benjamine. Sur le plan intellectuel, cultivée, perfection-niste et douée d'exceptionnelles facultés de communication, elle avait poursuivi des études de lettres à un haut niveau de formation. Sur le plan humain, douce, charitable et passant aisément sur les petits travers d'au-trui, elle aimait passionnément sa communauté et sa famille, surtout son frère Rodolphe, qui vivait à Vancouver.

En outre, si on l'avait écoutée, elle m'aurait entretenue de Gabrielle du matin au soir et du soir au matin ! Quelque temps avant son hospitalisa-tion, elle m'a emmenée marcher rue Deschambault. Parvenue devant la maison familiale, elle a pointé du doigt une lucarne située juste sous le toit : « C'est par cette fenêtre que Gabrielle observait la route et trouvait des sujets d'inspiration ! » m'a-t-elle déclaré, les yeux brillants de fierté.

Un autre jour, lors d'une visite au Camp Morton (près de Gimli), le chalet d'été des sœurs, elle a attiré mon attention sur un promontoire rocheux qui dominait le lac Winnipeg de toute sa hauteur : « C'est là-haut que Gabrielle a juché Isaac, le vieil infirme de la nouvelle « Le Fauteuil roulant », dans *La Rivière sans repos*. Elle ne manque pas d'humour, ma petite sœur ! »

Cependant, autant sœur Léon-de-La-Croix pouvait se révéler ouverte et enjouée, autant elle pouvait parfois faire preuve d'un esprit conserva-teur. Je précise au passage qu'une génération nous séparait. Ainsi, avant son départ de ce monde, m'a-t-elle formellement interdit de déposer des fleurs sur sa dépouille et autour de son cercueil. « Cette coutume est contraire à mes principes d'humilité et aux règles de la communauté ! » ne cessait-elle de répéter. Mais en dépit de ses objurgations, j'ai mis un point d'honneur à lui offrir une sépulture abondamment fleurie.

Par-delà la mort, Bernadette est toujours restée la sœur préférée de Gabrielle. Lors de ses séjours au Manitoba, l'écrivain descendait à l'hôtel plutôt que chez sa sœur Marie-Anna, qui vivait à Winnipeg. Personnelle-ment, je ne l'ai pas connue, mais on la disait peu brillante et manquant de jugeotte[5]. Elle racontait des histoires terribles sur sa filleule, dont elle a exagérément amplifié les défauts dans son ouvrage *Le Pain de chez nous*.

Retour « à l'œuvre »

Quelque temps après ma rencontre avec Gabrielle, je l'ai invitée à l'exposition qu'à son instigation j'avais organisée avec mes élèves sur les auteurs francophones de l'Ouest. Comme elle repartait pour le Québec, elle n'a pu y répondre par l'affirmative mais m'a adressé une gentille lettre qu'à ma grande honte j'avoue avoir égarée.

Comme toutes les sœurs SNJM, j'aime, j'admire et je voue une sorte de vénération à Gabrielle Roy. Bien qu'occasionnelles, nos relations se sont avérées très cordiales et très enrichissantes. Rencontrer l'auteur dont vous affectionnez et professez l'œuvre représente un événement, un don, une grâce inoubliables dans votre vie.

Des années plus tard, lorsque j'ai appris l'homosexualité de son mari – du moins est-ce son biographe qui l'affirme –, j'ai davantage compris le désir d'indépendance, de solitude et de liberté qu'exprime son œuvre. En effet, même si la romancière ne ressentait certainement ni honte ni rancune à l'égard du Dr Carbotte, ses souffrances de femme l'ont poussée à s'adonner et à s'abandonner totalement à son art.

La beauté de son style est tellement évidente et profonde que j'éprouve quelque peine à le définir ; toutefois, le symbolisme de *La Montagne secrète* m'apparaît particulièrement significatif de l'ascension d'une âme. Gabrielle avait mené une vie très mouvementée, aussi sent-on chez elle une recherche du retour aux sources, une montée vers quelque chose… un Absolu ?

Elle entretenait également des rapports privilégiés avec la nature. Dans *La Petite Poule d'eau*, les descriptions de l'île que l'institutrice fait découvrir à ses élèves sont de pures merveilles, de véritables joyaux. *La Rivière sans repos* abonde en petits tableaux de la même eau, si je puis m'exprimer ainsi. Seul, *Bonheur d'occasion* s'éloigne de la nature pour revenir aux problèmes « essentiels » de l'être humain…

***

Auteur d'une thèse tout à la fois sensible et rigoureuse sur *L'Hiver dans le roman canadien-français*[6] (1962), ainsi que de biographies d'Henriette Céré et de Mélodie Dufresne, cofondatrices de la congrégation SNJM, cette religieuse québécoise compte au nombre des plus ardentes admiratrices – adoratrices, suis-je presque tentée d'écrire – de l'œuvre de Gabrielle Roy.

Durant toute sa carrière de professeur de lettres, elle ne cessa de l'enseigner et d'en transmettre l'amour à ses élèves. Aussi sa plus grande récompense fut-elle sans doute sa rencontre inattendue avec l'écrivain, par une belle matinée de printemps manitobain.

Malgré les circonstances douloureuses qui l'entouraient – la maladie de Bernadette –, une amitié ne pouvait que naître entre ces deux intellectuelles, proches par la finesse et la spiritualité, auteurs et grandes dévoreuses de livres devant l'Éternel.

Trente ans après cet échange, la religieuse conserve au fond des yeux comme une petite flamme qui continue d'éclairer sa vie intérieure. Sa réserve et sa modestie naturelles ne l'empêchent nullement d'évoquer les relations paisibles ou agitées, parfois les deux, qui unissaient Gabrielle à sa famille, à son pays, à son métier – «trinité» classique chez l'écrivain.

Pour sa part, dans *Ma chère petite sœur – Lettres à Bernadette, 1943-1970*, Gabrielle n'a pas manqué de souligner à plusieurs reprises l'attachement constant que cette trop brève relation porta à son œuvre.

UNE INSTITUTRICE :
« GABRIELLE ROY,
UN PÈLERINAGE EN MÉMOIRE »

*Je pense sans fin […] à tes chères sœurs au couvent, combien
elles m'ont entourée de sollicitude, combien différentes elles
sont en fait de ce que l'on imagine dans le monde. Combien
leur vie est pleine, riche, généreuse, donneuse, contrairement
à ce que l'on en dit quelquefois.*

Québec, le 9 avril 1970
(*Ma chère petite sœur – Lettres à Bernadette*)

De couvents en souvenirs

Dans les années 1970-1975, Gabrielle Roy a séjourné régulièrement au
Manitoba. Elle rendait visite à sœur Berthe Valcourt à l'Académie Saint-
Joseph de Saint-Boniface ou bien accompagnait sa grande amie dans sa
tournée des couvents que les religieuses SNJM possédaient dans tout le
pays : à Somerset (sud-ouest du Manitoba), à Saint-Pierre-Jolys (sud de la
province), où leur établissement a été transformé depuis en musée, et à
Saint-Jean-Baptiste (sud de Winnipeg).

La romancière éprouvait un faible pour le premier, car il se trouvait
non loin des lieux qui lui étaient chers : le village de Saint-Léon [1] (sud-
ouest du Manitoba), où ses parents avaient vécu à la fin du XIXᵉ siècle ; la
ferme de son oncle maternel, Excide Landry, aux environs de Somerset [2] ;

la « Petite Montagne » Pembina (même région), où elle s'est amusée à perdre les deux héroïnes de *La Route d'Altamont*, Christine et sa mère, Éveline ; le mont de Babcock [...], qu'elle ressuscite dans *La Détresse et l'Enchantement* avec la candeur de ses impressions d'enfant ; enfin, le village d'Altamont [...] qui a donné son nom au roman.

Pour ma part, j'ai demeuré à trois reprises dans le couvent de Somerset, un long bâtiment blanc flanqué de deux gros sapins : ce séjour constituait une agréable distraction avant la traditionnelle visite à la « Petite Montagne ». La première fois, j'y ai rencontré une dizaine de religieuses ; la seconde, cinq ou six ; la troisième, seulement deux, dont sœur Françoise Carignan, professeur de lettres à Saint-Boniface. J'ai même dû loger dans une *roulotte* (caravane) ! Quelque temps plus tard, cet établissement fermait définitivement ses portes.

Moments de détente et de partage

J'ai rencontré Gabrielle Roy dans les trois maisons religieuses. À chacune de ses visites, nous échangions les propos d'usage, des nouvelles de sa sœur Clémence et des considérations sur ses voyages au Manitoba.

Elle était plutôt belle pour une dame de son âge et, contrairement aux bruits qui couraient sur son compte, paraissait en bonne santé. C'était une grande dame par sa simplicité, son ouverture d'esprit et sa faculté d'émerveillement. Douée d'une excellente mémoire, elle observait toutes les scènes qui se déroulaient autour d'elle et les enregistrait dans le moindre détail.

Par reconnaissance envers les sœurs qui l'accueillaient, elle prenait ses repas en leur compagnie. D'un abord facile, elle les mettait toutes à l'aise et avait toujours un mot gentil pour chacune d'elles. Je n'en connais aucune qui se soit sentie gênée en sa présence.

Clémence n'était pas celle que l'on croit

Généralement, l'écrivain demeurait moins longtemps à Saint-Jean-Baptiste que dans les autres *places* : en effet, c'était le couvent le plus éloigné de la Résidence Sainte-Thérèse d'Otterburne[3] (sud du Manitoba), propriété des sœurs de la Providence, où *pensionnait* Clémence. Sœur Berthe Valcourt, qui dirigeait à cette époque notre maison de Saint-Pierre-Jolys, arrangeait les rendez-vous entre Gabrielle et sa parente.

À ce sujet, il est grand temps de détruire l'image de la « pauvre folle » que trop de livres nous ont donnée de Clémence, et de rendre justice à cette personne extraordinaire dont j'ai eu le privilège d'être l'amie.

Physiquement, c'était une demoiselle de petite taille, au visage menu et aux yeux perçants. Malheureusement, les vilains habits foncés que sœur

Berthe lui achetait avec l'argent de Gabrielle lui conférait une allure de petite « mémère », tout en accentuant son teint naturellement grisâtre. Cependant, elle dégageait un charme magnétique et j'éprouvais pour elle une sorte d'attirance.

Dès qu'elle m'apercevait dans un couloir, elle m'appelait par mon nom de famille : « Eh, la petite M… ! » Aussitôt, je m'informais de sa santé, mais, en règle générale, mieux valait ne pas ne pas aborder le sujet : elle allait toujours mal ! De nature *bougonneuse*, elle se plaignait volontiers de tout et de rien, mais une fois qu'on avait passé le cap, on se sentait tout disposé à l'aimer.

Sur le plan intellectuel, son don de conteuse, qu'elle partageait avec tous les autres membres de sa famille, me fascinait littéralement. Dotée d'une mémoire stupéfiante, elle puisait quantité d'anecdotes dans le passé ou dans l'actualité. Elle était toujours au courant de tout ce qu'il se passait, non seulement à Saint-Boniface, mais dans le monde. Et comme elle suivait attentivement les nouvelles à la radio, à la télévision et dans les journaux, elle n'avait nul besoin d'inventer : toutes ses histoires étaient vraies.

Clémence était aussi brillante que ses sœurs Gabrielle, Bernadette et Marie-Anna, mais des troubles nerveux avaient obscurci son intelligence et ses facultés mentales.

Gabrielle Roy, pédagogue et naturaliste

Après les adieux de Gabrielle au Manitoba, c'est grâce à ses écrits que j'ai approfondi ma connaissance de sa personnalité : en effet, elle ne craint pas d'en laisser filtrer certains aspects.

J'ai lu *La Petite Poule d'eau*, *La Route d'Altamont*, *Ces enfants de ma vie*, ainsi que la biographie qui lui a été consacrée. Le premier demeure mon préféré pour l'expérience d'enseignement qu'il relate. Franchement, j'admire l'auteur d'avoir eu le courage de partir vivre dans cette brousse !

Dans la même lignée, le second m'a offert une véritable leçon de pédagogie. Dans le portrait de ses élèves ou de la jeune institutrice qui la représente, d'une certaine manière, j'ai retrouvé avec émotion certaines petites personnalités, certains petits caractères que j'ai, moi aussi, bien connus. Ce roman m'a appris à aimer et à comprendre davantage les jeunes.

Enfin, les dons d'observation et d'émerveillement que j'avais décelés chez Gabrielle, lors de nos entretiens, se reflètent dans ses descriptions de la nature, intenses, colorées, chatoyantes. Elle en fait un univers personnel où rien n'est banal, insignifiant ou fortuit, où chaque animal, chaque arbre, chaque fleur trouve sa place, sa valeur, sa signification. Et son style, simple et accessible, possède cette qualité rare de rendre vivant tout ce qu'il évoque : la musique du vent, le chant des oiseaux, le murmure des eaux…

***

Enseignante au niveau primaire, cette religieuse franco-manitobaine séduit par son naturel expansif, son enthousiasme communicatif et sa joie de vivre. De fait, il n'est pas surprenant que la romancière ait sympathisé spontanément avec elle et pris plaisir à la revoir à chacun de ses passages au Manitoba.

En sa compagnie, que, ou plus exactement, qui découvrons-nous ? Gabrielle, l'ancienne élève des sœurs SNJM, toujours épanouie en leur sérail, en dépit de la crise religieuse qui se profile : la fermeture progressive des couvents ; Gabrielle, la femme de liens, aussi fidèle aux fantômes du passé qu'aux paysages de son inspiration – ou vice versa ; « l'autre Clémence », celle dont les livres, la légende, peut-être aussi la trop forte carrure de ses sœurs ont enseveli la personnalité véritable ; enfin, Gabrielle, l'écrivain, qui, mieux qu'aucun autre, aura su incarner le célèbre mot du naturaliste français Buffon [4], ici parodié : « Le style, c'est la femme ! »

SŒUR FRANÇOISE CARIGNAN :
« GABRIELLE ROY
OU LA RELIGION DE LA NATURE »

La joie radieuse toute pareille à l'émouvante beauté d'une journée d'été au bord du grand lac Winnipeg ! La joie infinie qui transparaît parfois sur un visage humain ! La joie du cœur humain quand à travers les étranges merveilles de la création il entend un appel vers Dieu !

Québec, le 6 mai 1970
(*Ma chère petite sœur – Lettres à Bernadette*)

L'ancienne élève

C'est à l'occasion du grand succès de *Bonheur d'occasion* que j'ai entendu parler pour la première fois de Gabrielle Roy. J'ai commencé à m'intéresser à elle, non seulement parce que sa sœur Bernadette, en religion sœur Léon-de-la-Croix, appartenait à notre congrégation, mais parce qu'elle avait étudié dans notre Académie. De douze ans mon aînée environ, elle y avait effectué toute sa scolarité. J'ai moi-même poursuivi mes études secondaires dans cette institution. La partie de l'édifice qui abritait les classes depuis 1911 a été démolie en 1974. L'autre partie sert de résidence aux religieuses : c'est là que je demeure. La maison dans laquelle l'écrivain a vécu, rue Deschambault, existe toujours aussi, au sud-est de chez nous.

Sœur Marie-Diomède (au centre), professeur de lettres et essayiste,
eut une influence déterminante sur la vocation de Gabrielle.
(Archives des Sœurs SNJM, Saint-Boniface)

Hommage à un « Maître »

En 1958, lors de la préparation de mon mémoire de maîtrise sur
*L'Apport de la congrégation des sœurs SNJM à l'enseignement du français au
Manitoba*[1], j'ai écrit à Gabrielle Roy pour lui demander si elle acceptait de
produire un témoignage sur sœur Marie-Diomède[2] : en effet, je désirais
consacrer un chapitre à cette religieuse qui avait été son professeur de
littérature en douzième année. À la page 114 de ma thèse, j'ai reproduit la
lettre que la romancière m'a adressée en retour[3]. Lisez-là ! : c'est le portrait
le plus vivant, le plus émouvant, le plus vrai qu'on m'ait jamais brossé de
sœur Marie-Diomède. En quelques coups de plume renaissent sa sensibilité, son amour pour la littérature, ses qualités exceptionnelles de pédagogue et de communicatrice.

Cette missive est le seul contact direct que j'ai eu avec l'auteur, n'ayant
moi-même jamais logé dans les couvents de Saint-Jean-Baptiste (sud de
Winnipeg) ou d'Otterburne (sud du Manitoba) où elle descendait lors de
ses séjours dans la province.

Une apparition

Toutefois, j'ai eu l'occasion de la croiser à l'été 1974, à l'occasion d'une
visite qu'elle a faite avec sa sœur Clémence au Camp Morton (Gimli, au

nord du Manitoba), le chalet de vacances de la communauté, où j'étais en villégiature. C'est sœur A… qui les avait amenées pour la journée dans cette propriété située au bord du lac Winnipeg, à une centaine de kilomètres de la capitale.

La romancière avait alors acquis une renommée universelle et toutes mes compagnes étaient à la fois excitées et impressionnées par sa venue. Elle était bien telle que nous l'avait révélée la couverture de ses livres, les journaux et la télévision : assez grande, blonde, de beaux yeux clairs, un sourire agréable. À son arrivée, elle a brièvement salué les religieuses, puis est partie se promener deux longues heures durant sur la grève, aspirant l'air salubre de tous ses poumons, jouissant des beautés de la nature et de la vaste étendue du lac. Bien entendu, c'était là le point culminant de sa randonnée[4] !

Personnellement, j'aurais beaucoup aimé me rappeler à son bon souvenir, mais pour rien au monde n'aurais osé troubler sa méditation au sein de la nature…

***

Née à Saint-Claude (sud-ouest du Manitoba), de parents québécois, Françoise Carignan fréquenta l'Académie Saint-Joseph de Saint-Boniface, dirigée par les sœurs SNJM, puis l'École normale de Winnipeg, avant d'entrer dans la communauté de ses éducatrices. Devenue sœur Anna-Josèphe, elle poursuivit des études de littérature à l'Université de Montréal et revint enseigner le français à l'Académie Saint-Joseph. « Vive la retraite ! » s'exclame aujourd'hui, non sans ironie, cette travailleuse impénitente qui partage son temps entre des travaux de traduction et de comptabilité.

Sœur Françoise Carignan figure parmi les innombrables relations épistolières de Gabrielle Roy. En dépit de sa brièveté, son témoignage met en valeur deux aspects bien connus de la romancière : son attachement aux religieuses SNJM, en particulier sœur Marie-Diomède, son ancien professeur de lettres au niveau secondaire, qui contribua notablement à façonner sa sensibilité littéraire ; son amour pour la nature, source inépuisable de plénitude et d'apaisement.

SŒUR THÉRÈSE LEDUC (1919-2002) : « GABRIELLE ROY, DES SOURIRES ET DES LARMES »

Mon cœur balance tout le temps ces jours-ci entre ces deux pôles de notre vie, la joie et la peine, l'ombre et la lumière, la pluie et le soleil.

Québec, le 30 avril 1970
(*Ma chère petite sœur – Lettres à Bernadette*)

Une visiteuse inattendue

À l'automne 1970, un congrès de l'Association canadienne d'éducation en langue française [1] (ACELF) sur l'utilisation des nouveaux médias de masse m'a amenée de Québec à Saint-Boniface avec quelques-unes de mes compagnes. Nous logions à l'Académie Saint-Joseph, qui était alors dirigée par sœur Berthe Valcourt. Un soir, cette dernière a fait irruption dans notre petit groupe, l'air mystérieux : « Voulez-vous venir au couvent SNJM de Saint-Jean-Baptiste ? a-t-elle lancé à la cantonade, vous pourrez y rencontrer… devinez qui… Gabrielle Roy ! » Bien entendu, nous avons immédiatement accepté avec des transports d'enthousiasme.

Ce jour-là, sœur Berthe était allée chercher la romancière à l'aéroport de Winnipeg et l'avait directement conduite à Saint-Jean-Baptiste (sud de la capitale) : en effet, elle désirait séjourner incognito dans sa province natale[2]. La résidence des sœurs la protégeait des importuns : seuls les invités étaient autorisés à y pénétrer.

Dès notre arrivée à l'institution religieuse, nous nous sommes réunies dans la cour autour de Gabrielle Roy. Il faisait un temps superbe pour la saison. La romancière était une dame d'assez haute taille, mince, vêtue avec goût. Son sourire allumait une pointe de complicité malicieuse dans ses yeux. On la sentait parfaitement à l'aise parmi les sœurs SNJM qui avaient été ses premières éducatrices. Signe de sa grande délicatesse et de sa vive curiosité intellectuelle, elle s'est informée auprès de chacune d'entre nous du métier que nous exercions. Elle ne m'a pas parlé en particulier, mais m'a posé quelques questions sur mes activités de professeur d'histoire.

Noces cocasses à Petite-Rivière-Saint-François

Nous sommes restées plus d'une heure à converser avec l'auteur. Toutes les sœurs étaient suspendues à ses lèvres, attentives à ne perdre aucune miette de son discours. Il est vrai que son élocution était très agréable.

Ce qui m'a frappée chez elle, c'était l'intensité, mais plus encore la profondeur de son regard gris, ainsi que son talent de conteuse. Comme d'autres, je puis témoigner de ses dons de comédienne : elle subjuguait, au sens propre du terme, son auditoire.

Ainsi s'est-elle lancée dans une description pour le moins savoureuse des mariages auxquels elle avait eu l'occasion d'assister à Petite-Rivière-Saint-François. L'été, comme elle se rendait à la messe le dimanche matin plutôt que le samedi soir, elle se retrouvait inévitablement mêlée à ces événements officiels. Et c'est avec des yeux pleins d'humour qu'elle regardait les couples défiler devant elle : « Il y en avait des jeunes, des vieux, des beaux, des laids, des gros, des maigres, des timides, de plus hardis... », énumérait-elle en pouffant de rire. Curieusement, au fur et à mesure de sa narration, ses yeux s'agrandissaient, s'arrondissaient et embellissaient.

Elle a ajouté qu'elle essayait de deviner à l'avance quel genre de témoin allait entrer dans l'église. À cette époque-là, c'était généralement le père du marié ou de la mariée qui en faisait office. C'était un gage de sécurité, en quelque sorte. S'il se présentait dans la Maison de Dieu, cela signifiait qu'il bénissait l'union ; par contre, son absence constituait une grave insulte envers les futurs époux.

Mais ce qui amusait le plus Gabrielle Roy, c'était l'aspect bigarré et endimanché des cortèges de noces. Elle en faisait ressortir le grotesque avec des mimiques et des gestes d'un comique irrésistible.

Manitobaine de cœur et d'âme

Cependant, autant l'écrivain a-t-elle ri de bon cœur avec nous, autant est-elle subitement redevenue grave et sérieuse. Elle nous a demandé si nous nous plaisions au Manitoba : l'on sentait qu'elle était restée profondément attachée à son pays natal, dont elle a évoqué les vastes plaines, par opposition avec les hautes montagnes de Petite-Rivière-Saint-François. C'était une personne nerveuse, impulsive, qui vibrait à chacune de nos réponses.

L'on sentait aussi que c'était une femme qui avait beaucoup souffert. Je crois que c'est seulement lors de son entrée comme journaliste à *La Revue moderne*[3] de Montréal que sa *condition* avait commencé à s'améliorer. En attendant, la vie n'avait pas été tendre avec elle : un grand souffle de pessimisme traverse *La Détresse et l'Enchantement*. Elle avait hérité de l'idéal de vie bourgeoise de sa mère, mais aussi compris très tôt que Saint-Boniface ne lui donnerait pas les moyens de le réaliser. Son père avait perdu son emploi. La nouvelle « Les deux nègres » (*Rue Deschambault*) nous apprend également que la mère de la narratrice avait été contrainte de prendre des locataires pour s'assurer un revenu.

Elle-même, Gabrielle, était un peu à l'image de sa communauté : la lutte domine son parcours. Les efforts que les Franco-Manitobains ont dû déployer pour instruire leurs enfants dans leur langue maternelle me remplissent à la fois d'admiration et de pitié. Dans des ouvrages comme *La Route d'Altamont* et *Ces enfants de ma vie*, Gabrielle Roy, l'institutrice et l'écrivain, pose d'ailleurs un certain nombre de questions sur l'éducation et l'avenir du français dans cette province.

Notre rencontre avec la romancière s'est close sur le souvenir de sa sœur Bernadette, décédée quelques mois plus tôt à l'Académie Saint-Joseph. Personnellement, je n'ai pas connu cette religieuse, mais j'ai su que, tout comme Gabrielle, elle avait une fort belle plume, tenait les chroniques de la communauté, et que l'on faisait régulièrement appel à elle pour les travaux d'écriture les plus importants.

Dans les pas du passé

De retour à Saint-Boniface, j'ai tenu absolument à aller voir l'œil-de-bœuf de la maison natale de l'écrivain. J'avais lu bon nombre de ses livres, mais *Rue Deschambault*, dans lequel apparaît cette émouvante lucarne[4], demeure mon préféré. Je l'enseignais à mes élèves de onzième année : l'explication du texte servait de support à mes cours d'histoire et de culture générale.

Durant mon séjour, je me suis également promenée dans la petite ville de Saint-Boniface qui m'a littéralement séduite. Au moins, une fois que l'on avait quitté Winnipeg, la barrière de la langue tombait-elle : on se retrouvait en pays francophone, on pouvait demander sa route et tout ce qu'on voulait en français !

Enfin, sœur Françoise Carignan, qui était professeur de lettres à l'Académie Saint-Joseph, nous a conduites un jour, mes compagnes et moi-même, jusqu'au village d'Altamont (sud-ouest du Manitoba). Nous avons pris une photo en souvenir de Gabrielle Roy et de son roman, *La Route d'Altamont*, qui montre de manière symbolique que les langues française et anglaise se croisent sans jamais vraiment se rencontrer...

***

Née à Beauharnois (Montérégie, Québec) dans une famille de commerçants très pieux, Thérèse Leduc entra en 1954 dans la communauté des sœurs SNJM. Elle effectua une carrière de professeur d'histoire dans différents pensionnats de Montréal et de la Rive-Sud, avant de devenir tour à tour animatrice, secrétaire du Comité des fondateurs de l'Église du Canada [5] et bibliothécaire. Ses compagnes et moi-même conservons d'elle le souvenir d'une femme à la fois secrète et ouverte, discrète et présente, savante et humble, prompte à jouir du moindre petit bonheur de la vie quotidienne.

Une seule rencontre avec Gabrielle Roy a suffi à Thérèse Leduc pour comprendre la sensibilité de la romancière. Il est vrai qu'en pays de connaissance – en l'occurrence ici, chez les sœurs SNJM –, l'écrivain ne craignait pas de dévoiler son véritable visage intérieur : celui d'un être divisé entre ténèbres et lumière, joie et tristesse, paix et tourment. Révélé par maints chercheurs et témoins de la vie de l'auteur, le paradoxe est trop connu pour que je m'y arrête. En outre, l'on retrouve cette constante opposition entre ciel et terre, soleil et brume, orage et accalmie, dans son écriture même, dans ses descriptions de la nature, et jusque dans le rythme de ses phrases.

Il fallait le regard extérieur de cette religieuse, à la fois tendre et psychologue, pour nous rappeler aussi que c'est lors de ses retours aux sources que Gabrielle Roy redevenait le plus pleinement elle-même : un petit crocus [6] poussé en pleine terre manitobaine, dont les fleurs s'étaient épanouies au Québec (personnalité, carrière littéraire, rencontres...), mais dont les racines puisaient encore et toujours à la sève maternelle.

MYO KAPETANOVICH:
« GABRIELLE ROY,
UNE IDOLE À BRISER… »

Il me faut aller de plus en plus loin dans la solitude […].
Genève, le 23 janvier 1948
(*Mon cher grand fou – Lettres à Marcel Carbotte*)

Un rendez-vous manqué

J'ai croisé Gabrielle Roy dans les années 1970 à Saint-Boniface ou à Winnipeg – je ne m'en souviens plus précisément –, à la faveur d'une réception qui avait été organisée en son honneur.

Ce qui frappait de prime abord chez elle, c'étaient ses rides : elle paraissait beaucoup plus âgée qu'elle ne l'était en réalité. Mis à part ce léger défaut, elle m'a fait plutôt bonne impression : c'était une vieille dame discrète, réservée, pleine de modestie et de dignité. Bien entendu, j'aurais beaucoup aimé lui parler, mais quantité d'admirateurs se pressaient autour d'elle, il était difficile de l'atteindre et je ne voulais pas m'imposer.

Tout bien pesé, cette rencontre ratée est sans importance : ce n'est pas un événement qui a beaucoup compté dans mon existence…

Une femme asexuée

En septembre 1968, lors de ma nomination au poste de professeur à l'Université de l'Alberta, le directeur du département de lettres m'avait demandé d'enseigner la littérature canadienne-française. En effet, nous étions dans une université francophone dont la politique accordait une place privilégiée aux auteurs d'expression française dans l'Ouest. Même si je n'étais pas spécialisé dans ce domaine, j'ai inscrit Gabrielle Roy à mon programme de cours et ai enseigné son œuvre pendant près de vingt ans.

Je ne peux pas dire que je n'aime pas Gabrielle Roy : je m'élève simplement contre le message que ses romans véhiculent. Cependant, j'estime qu'il est important d'étudier ses opposés afin de consolider ses propres opinions et conceptions, intellectuelles, politiques, spirituelles ou autres.

Ce qui m'est totalement étranger chez elle, c'est son jansénisme ou son puritanisme à la François Mauriac, où le sexe fait figure d'épouvantail pour les bonnes âmes, et ne mettez pas de guillemets, s'il vous plaît ! Pour moi, le sexe est la plus élémentaire, la plus belle chose dans la vie ; or, Gabrielle Roy le rend laid et odieux. C'est le principal reproche que j'ai à lui faire. Regardez : il n'y a pas une seule scène d'amour digne de ce nom dans toute son œuvre ! Cette absence est flagrante, symptomatique même...

Je n'irai pas jusqu'à affirmer qu'elle avait des tendances lesbiennes, mais elle souffrait certainement de problèmes psychologiques. Je n'aime pas les gens qui ont peur du sexe, il faut s'en méfier, évidemment : l'homosexualité ne se développerait pas à un tel point si nombre de ses représentants n'étaient pas imprégnés, dès leur plus jeune âge, par une politique farouchement anti-sexuelle. Ne pas aimer le sexe rend trop perplexe.

Peut-être, comme l'affirment certaines de mes consœurs, Gabrielle Roy était-elle féministe... Toutefois, cet engagement me paraît artificiel, car il puise ses racines dans les bas-fonds de son inspiration. Dans ses romans, les personnages féminins sont toujours supérieurs aux personnages masculins : les mères de famille, les institutrices, les agricultrices... Certes, l'on y croise bien quelques représentants du sexe mâle plutôt sympathiques – le menuisier Azarius dans *Bonheur d'occasion*, l'instituteur Armand Dubreuil dans La *Petite Poule d'eau*, le peintre Pierre Cadorai dans *La Montagne secrète* –, mais l'auteur en fait systématiquement des ratés. L'antipathie viscérale qu'elle éprouvait à l'égard des hommes éclate surtout dans le portrait de l'ouvrier arriviste Jean Lévesque, à mon avis le personnage le plus intéressant de *Bonheur d'occasion*, qu'elle laisse inachevé...

Gabrielle Roy, miroir d'un monde...

Ce qui saute aux yeux, dans l'œuvre de Gabrielle Roy, ce sont cette solitude, cet isolement dramatiques qui éloignent les personnages les uns des autres. Ainsi, Pierre Cadorai, le principal protagoniste de *La Montagne secrète*, est-il totalement asexué. Dans *La Rivière sans repos*, Elsa Kumachuk, la jeune Inuit, se fait violer par un soldat américain. *Alexandre Chenevert*, quant à lui, est le type même du misanthrope : l'enfermement et le complexe d'infériorité dont il souffre le rendent agressif envers les autres. En fait, ce personnage est représentatif de la mentalité québécoise et canadienne-française tout entière : elle se caractérise par sa marginalisation, délibérée ou non. Certes, depuis vingt ou trente ans, elle est devenue plus « bavarde », mais il fut un temps où l'on n'osait même pas parler français dans les milieux manitobains et albertains. Ces minorités m'ont toujours un peu agacé, car elles n'ont pas conscience de leur valeur. Pourtant, par leur bilinguisme, ne sont-elles pas supérieures à la majorité anglophone ?

… et reflet de « sa » société

Ce que je n'aime pas non plus chez Gabrielle Roy, ce sont l'espèce de réticence et l'excès de modestie derrière lesquelles elle se cloisonnait. Or, nous rappelle le philosophe Schopenhauer [1], « la modestie est la vertu de ceux qui n'en ont pas d'autres ». En fait, il existait chez elle une sorte d'anti-intellectualisme primaire. Ayant développé des complexes vis-à-vis de ceux qu'à tort ou à raison elle considérait supérieurs à elle, elle se tenait radicalement à l'écart des milieux pensants : elle était comme noyée sur le plan idéologique [2].

De ce fait, en dépit d'indéniables qualités poétiques, toute son œuvre baigne dans une orientation dépassée de l'écriture qui date du XIXe siècle [3]. Gabrielle Roy écrivait exactement comme si elle ignorait que la littérature avait évolué. Certes, un auteur doit conserver une certaine intégrité personnelle sur le plan du style, mais aussi s'ouvrir à l'actualité littéraire.

À mon avis, ces défauts s'expliquent par le fait que la romancière vivait repliée sur son propre domaine géopolitique. Son pays de naissance, son éducation, le milieu ambiant lui avaient barré l'horizon d'un certain modernisme. Elle était très franco-manitobaine. À un point tel que l'on sent percer une pointe de racisme dans sa peinture des Canadiens d'origine ukrainienne et indienne. Ainsi, dans *La Petite Poule d'eau*, brosse-t-elle un portrait négatif, dépréciatif et presque cruel du cocher Nick Sluzick [4]. De même, présente-t-elle ses élèves métis comme de « petits sauvages [5] ». Voyez, rien ne m'échappe lorsque l'envie me prend d'attaquer quelqu'un : je m'en prive d'autant moins, d'ailleurs, que je supporte très aisément la critique. De toute façon, quoi qu'on dise, quoi qu'on fasse, « on est toujours le salaud de quelqu'un », remarquait Jean-Paul Sartre.

La contradiction la plus étonnante que l'on relève dans la personnalité de Gabrielle Roy est ce mélange de distance aristocratique et de soumission frileuse, caractéristique des minoritaires. Dans le même ordre d'idées, décèle-t-on dans son œuvre une certaine complaisance envers le spectacle de la misère : il alimente généreusement son art. Par exemple, dans *Bonheur d'occasion*, elle ne s'intéresse à la guerre que dans la mesure où elle lui permet d'approfondir son pessimisme morbide.

Complaisance aussi envers certains êtres, qu'elle rabaisse ou humilie presque à plaisir sous sa plume. Chez elle, le complexe d'infériorité s'accompagne d'un fort sentiment de supériorité. Observez, dans *La Détresse et l'Enchantement*, la manière dont elle se comporte selon qu'elle se trouve dans un environnement francophone ou un environnement anglophone. Regardez la différence qu'elle établit entre les deux et le mépris dont elle accable le premier...

Dans un sens, cette façon de procéder n'a rien de surprenant : elle est un paradoxe de l'âme québécoise. L'écrivain Jacques Godbout[6] lui-même n'a-t-il pas dénoncé le fait que les Québécois déblatèrent sans cesse contre les anglophones, alors qu'ils en ont avantageusement adopté l'*american way of life* (le mode de vie américain), et contre les Français auxquels ils vouent, dans le fond, une admiration sans réserve ?

Une religiosité discutable

Enfin, mon athéisme se heurte aux croyances et à la spiritualité que prône Gabrielle Roy. Une forme d'hypocrisie catholique transparaît autant dans les antinomies du personnage que dans son œuvre elle-même. La grandeur d'âme qu'elle manifeste sur le plan de l'expression jure avec son avarice, qui était proverbiale[7]. Elle se disait panthéiste, mais peut-on être à la fois panthéiste et croyant ? Certes, la nature est la seule divinité, mais même si l'auteur l'a dépeinte avec un art consommé, je m'explique difficilement comment une personne aussi puritaine pouvait la comprendre et l'aimer. Sans doute parce que je suis trop matérialiste et écologiste au vrai sens panthéiste du terme.

Reine d'un jeu d'échecs

Ici, au Québec et au Canada français, Gabrielle Roy est une icône... Pour ma part, si je considère que son œuvre a échoué sur les plans politique et spirituel, je n'en admire pas moins la haute tenue de son écriture : son français reste une langue artistique, poétique plus simplement. J'éprouve aussi un peu de pitié pour elle, sans doute à cause de la condescendance dont elle-même faisait preuve vis-à-vis de certaines catégories de gens. En conclusion, Gabrielle Roy, en tant que personne, demeurera un pion indispensable sur l'échiquier de l'identité québécoise. Comprenne qui pourra...

***

Originaire du Monténégro (Serbie-Croatie), Miodrag, dit Myo, Kapetanovich poursuivit des études de lettres à l'université de Belgrade, avant de soutenir une brillante thèse de doctorat sur *L'Esprit de disponibilité chez André Gide* à la Sorbonne (1968). La même année, il fut nommé professeur à la faculté Saint-Jean d'Edmonton (Alberta), où il enseigna la littérature canadienne-française durant une vingtaine d'années.

Auteur de nombreux ouvrages, dont *Le Défi de l'impossible chez Mimmo Morina*, poète italien contemporain, et d'articles sur André Gide, André Malraux, Albert Camus, Senghor, les écrivains serbes, Anne Hébert[8], Georges Bugnet[9] et Gabrielle Roy (voir bibliographie succincte en fin d'ouvrage), ce fervent disciple des existentialistes s'est imposé comme l'un des grands critiques littéraires de l'Ouest canadien. Toutefois, son essai majeur, *Gabrielle Roy, une romance franco-canadienne*[10] (1987), qui pourfend le «pessimisme janséniste», le «misérabilisme» et même le «masochisme» de l'œuvre de la romancière, n'a pas encore trouvé d'éditeur en raison de son caractère précurseur et trop iconoclaste.

Polyglotte, Myo Kapetanovich vit actuellement entre le Canada, le Mexique et la France, où il participe à des congrès internationaux de poésie et interviewe les lauréats du prix Nobel de littérature pour la revue luxembourgeoise *Nouvelle Europe*.

Il est sans doute heureux que Gabrielle Roy et Myo Kapetanovich n'aient fait que se croiser dans l'existence. Difficile, en effet, d'imaginer êtres plus dissemblables: une rencontre entre deux personnalités aussi affirmées n'eut pas manqué de produire… quelques étincelles!

Fidèle à sa réputation de briseur d'idoles, Myo Kapetanovich jette à bas les idées reçues sur la romancière, prenant prétexte de notre entrevue pour faire le procès, sans doute non dénué de vérité, de son caractère, de son œuvre, et de la société canadienne-française dans son ensemble.

Toutefois, au-delà de ses propos quelque peu outrés, l'on sent percer chez cet «enchanteur morose» – tel que le définit un critique français –, un authentique respect, une admiration sincère pour son souffre-douleur. En effet, l'étrange paradoxe de Myo Kapetanovich n'est-il pas d'avoir enseigné vingt ans durant un écrivain situé aux antipodes de sa personnalité, avec lequel il entretint une relation passionnée?

RICHARD CHADBOURNE :
« EN QUÊTE D'ÉMOTIONS AVEC GABRIELLE ROY »

Tout de même, je suis un peu déçue, car je m'étais assez naïvement imaginé que je serais pour ainsi dire remise comme neuve en remettant le pied ici, comme je l'ai été à Calgary. Mais peut-être aussi que le bienfait n'aurait pas duré à Calgary.

Hollywood, Floride, le 14 décembre 1978
(*Mon cher grand fou – Lettres à Marcel Carbotte*)

[…] je rêve toujours à quelque Eldorado et les conditions que je trouve ne correspondent pas, fatalement, à ce que j'espérais.

Hollywood, Floride, le 20 décembre 1978
(*Mon cher grand fou – Lettres à Marcel Carbotte*)

Une illumination

Ma première et unique rencontre avec Gabrielle Roy s'est déroulée au mois de février 1978 dans la bibliothèque du Département des langues romanes de l'Université de Calgary, où j'enseignais. Elle nous avait rendu visite non seulement dans le dessein de vendre certains de ses manuscrits au service des archives [1], mais aussi de participer au colloque sur le roman canadien que son éditeur anglophone, Jack McClelland[2], avait organisé en son honneur et celui du vingtième anniversaire de la collection de poche « New Canadian Library ».

En apercevant pour la première fois la romancière, j'ai ressenti un véritable choc : son visage était aussi ravagé de rides que celui d'une vieille aïeule ! Avec un pincement au cœur, je me suis remémoré combien elle avait été belle dans sa jeunesse, surtout sur ses photos de promotion.

Cependant, le premier moment de stupeur passé, je suis littéralement tombé sous le charme : en un clin d'œil, la voix de Gabrielle Roy, une magnifique voix de contralto, m'a révélé toute la beauté, toute la profondeur de son âme. Face à cette petite femme, j'ai soudain pris conscience que j'étais en présence d'un être extraordinaire…

Pour commencer, elle m'a posé quelques questions sur mes cours, puis sur les travaux que j'avais consacrés à son œuvre. Bien entendu, je lui ai immédiatement proposé de lui en faire parvenir quelques exemplaires. Ensuite, nous avons échangé nos impressions sur Paris[3], que je venais de visiter. Enfin, nous avons terminé par des considérations plus générales sur son séjour en Alberta.

Évidemment, j'aurais beaucoup aimé m'entretenir davantage avec elle, mais, par politesse, je me suis effacé afin de la laisser traiter ses affaires avec les bibliothécaires. Néanmoins, avant de m'éclipser, à la fois ému et embarrassé, je n'ai pu m'empêcher de lui saisir les mains et un cri m'a échappé du cœur : « Madame Roy, vous êtes un grand écrivain ! »

Le lendemain ou le surlendemain, je l'ai revue dans la salle du colloque, mais une telle foule de professeurs et d'étudiants se bousculait autour d'elle que je n'ai pu l'approcher. J'ai appris par la suite qu'elle s'était révélée très sensible à l'accueil que notre établissement lui avait réservé ; en revanche, j'ignore pour quelle raison elle est repartie pour le Québec sans avoir remis de papiers personnels à la bibliothèque.

« Correspondances » littéraires

Fidèle à ma promesse, je lui ai expédié quelques mois plus tard deux de mes articles : « *Two Visions of the Prairies in the Work of Willa Cather and Gabrielle Roy*[4] » (L'œuvre de Willa Cather et de Gabrielle Roy : deux visions des Prairies) et « *The Journey in Gabrielle Roy's Work : Travel, Quest and Pilgrimage as a Literary Thema*[5] » (Un périple dans l'œuvre de Gabrielle Roy : le thème du voyage, de la quête et du pèlerinage).

Le premier met en valeur les similitudes de caractère, de vie et de style qui réunissent ces deux écrivains non contemporains. Les thèmes qu'elles ont en commun sont l'évasion hors des Prairies et « la quête des émotions élémentaires, clé de la vie », telle que la définit l'Américaine Willa Cather[6].

Le second montre comment Gabrielle Roy transforme le thème traditionnel du conflit entre gens de la terre et coureurs de bois en mythe universel de l'opposition entre amour du pays natal et appel des horizons sans limites, voyage et sédentarisation, exil et ancrage.

Voici la lettre que Gabrielle Roy m'a adressée en retour :

Petite-Rivière Saint-François

Le 18 juillet 1978

Cher Monsieur Chadbourne,

J'ai pris connaissance avec beaucoup d'intérêt de vos deux textes sur moi :
« Two visions of the Prairies » et « Travel, Quest and Pilgrimage as a Literary
Thema », que vous avez eu la bonté de m'envoyer. Tous deux me paraissent
excellents. J'ai peut-être une prédilection pour « Travel, Quest » uniquement, il
se peut, parce que j'ai tellement l'esprit de la « Quest » chevillé au corps. En fait,
ce sont deux études remarquables, très poussées ; je me demande parfois com-
ment un professeur, chargé de cours, infiniment occupé, comme c'est sûrement
votre cas, peut consentir à consacrer tant d'heures de sa vie à écrire sur un au-
teur. Il faut que ce soit sur un auteur qu'il aime – ou déteste – à fond, j'imagine.

Depuis notre rencontre à Calgary, j'avais hâte de lire les études que vous
m'avez consacrées. Vous savez, j'ai parfois comme un « fleeting desire » (désir
éphémère) de retourner un jour à Calgary, cette fois pour (mot illisible)
séjourner un mois ou deux peut-être, tellement je me suis sentie mieux durant
mes quatre jours là-bas, en février dernier. Je voudrais de nouveau essayer
l'air de Calgary, si pur, si léger, avec l'espoir qu'il m'apporterait peut-être un
bienfait permanent, ou du moins un soulagement marqué de mes troubles
respiratoires. J'y pense de temps à autre, en me demandant si j'aimerais rester
à l'hôtel tout ce temps, ou s'il n'y aurait pas une autre solution ; par exemple,
loger dans quelque petite auberge à la porte de la ville, là où l'air est encore
meilleur ; ou encore trouver en ville un petit appartement meublé que l'on
peut prendre au mois. Si vous aviez quelque idée à ce sujet qui pourrait m'être
utile, je vous serais reconnaissante de m'en faire part. L'altitude des environs
de Calgary, 2 500 j'imagine, me convient parfaitement. C'est juste ce qu'il me
faut, ni trop haut ni trop bas.

En tout cas, si je devais jamais me décider à essayer de nouveau l'air pur
de Calgary, j'aurais sans doute le plaisir de vous revoir. Je vous prie d'accepter
mon souvenir le meilleur.

Gabrielle Roy

Un improbable paradis

Inutile d'ajouter à quel point cette épître m'a bouleversé et conforté dans mon travail de chercheur : s'entendre dire par l'auteur auquel on a sacrifié des années de sa vie que ses interprétations ont touché leur but, n'est-ce pas la récompense la plus gratifiante ?

De même, ai-je considéré comme une grande marque d'attention le fait que Gabrielle Roy me confie rechercher désespérément un lieu idéal où elle aurait pu vivre en communion avec la nature ou un milieu propice à la guérison de son asthme. L'un de mes plus grands regrets est de n'avoir pu répondre à son *fleeting desire* de dénicher ce paradis en Alberta...

Au service de Gabrielle Roy

Néanmoins, après la réception de ce message, je crois être devenu un lecteur encore plus acharné de Gabrielle Roy. Durant plus de vingt ans, tant avec mes étudiants qu'avec mes confrères et des lecteurs inconnus, j'ai tenté de partager mes connaissances, les jugements critiques et la longue expérience que j'avais de son œuvre.

Aujourd'hui, il ne me reste plus qu'un souhait à formuler : « Que les royens se multiplient, en se mettant joyeusement à la recherche des secrets de ses écrits, à la fois simples et énigmatiques ! »

C'est sans doute ma manière personnelle d'exprimer l'amitié que j'ai vécue avec Gabrielle Roy ; amitié peu ordinaire, j'en conviens...

***

Le rêve, le voyage, la quête, la nostalgie du paradis perdu – qui revêt ici un visage nouveau et inattendu : l'Alberta –, plusieurs thèmes chers à Gabrielle Roy apparaissent en filigrane dans cet émouvant témoignage. Né à Providence (Rhode Island, États-Unis), Américain naturalisé Canadien, Richard Chadbourne effectua des études de lettres à l'université de Brown (même État), puis de Yale (New Haven, Connecticut), où il soutint une thèse de doctorat sur *Ernest Renan as an Essayist*[7] (Ernest Renan, essayiste). Après avoir enseigné dans différentes institutions américaines, il fut nommé en 1971 à l'Université de Calgary (Alberta).

Spécialiste du XIXᵉ siècle et de littérature québécoise, auteur d'essais sur Montaigne, Sainte-Beuve[8], Ernest Renan, il collabora à divers ouvrages savants, dont la monumentale *Encyclopædia of the Essay* (*Encyclopédie des Essais*, 1998). Ses nombreux articles sur Gabrielle Roy (voir bibliographie succincte en fin d'ouvrage), dont il a révélé la modernité littéraire, le caractère visionnaire et les préoccupations écologiques, en font l'un des spécialistes de la romancière les plus respectés, au Canada anglais comme dans les milieux universitaires francophones.

Belle rencontre, en vérité, que celle de Gabrielle Roy et de Richard Chadbourne, dont on déplore, évidemment, qu'elle n'ait pu se prolonger! En effet, sensible, chaleureux, rayonnant, passionné de littérature, notre professeur réunissait toutes les qualités requises pour être admis dans le cercle à la fois très ouvert et très fermé des amis de la romancière.

Toutefois, les exigences de la vie, le travail et les distances ne lui auront permis de vivre cette amitié que par procuration. Un regret dont le console le souvenir d'avoir puisé quelques instants à la « source lumineuse » qui devait lui inspirer sa vie durant une multitude d'écrits, de conférences, et un dévouement sans bornes envers l'œuvre de Gabrielle Roy.

II

OMBRES ET LUMIÈRES SUR MONTRÉAL

La Maison Québec

Gabrielle Roy a vécu quarante-quatre ans au Québec.

Débrouiller l'écheveau de ses relations avec ce pays et de ses sentiments à son égard relève de la gageure. Néanmoins, l'on peut distinguer trois étapes dans son cheminement géographique et mental : le rêve du Québec ; la fusion avec la réalité du Québec ; la fuite du Québec.

Gabrielle Roy est née et a grandi dans une atmosphère profondément québécoise. Ses ancêtres et ses parents sont québécois. Ses maîtresses d'école sont des religieuses québécoises qui entretiennent une certaine émulation entre les élèves des deux provinces. La vie à Saint-Boniface, écrira plus tard Gabrielle, est alors « très semblable à celle d'une petite ville du Québec[1] ». Les villages franco-manitobains sont « les répliques presque exactes du Québec éparpillées dans la plaine[2] ». Quant aux maisons de son enfance – celles de la rue Deschambault, de son oncle Excide Landry[3], à Somerset, de sa grand-mère, à Saint-Léon –, elles rappellent, par leur architecture et leur mobilier, les demeures laurentiennes ou riveraines du Saint-Laurent[4].

Toute la jeunesse de Gabrielle s'écoule dans l'ambiance d'un Québec rêvé, d'un Québec imaginaire. En effet, jusqu'au printemps 1939, époque de son arrivée à Montréal, c'est à travers le regard et les états d'âme de son entourage qu'elle fait connaissance avec la province de ses origines et se forge son propre mythe.

Au début du XXᵉ siècle, l'obsession des immigrants est de « prolonger le Québec jusqu'à l'autre bout du pays[5] » en opposant à « l'envahisseur canadien-anglais[6] » le respect du passé, la fierté du sol natal, la fidélité aux valeurs ancestrales, à la religion, à la langue française. De fait, Gabrielle Roy se sentira toujours « solidaire » du peuple québécois. Si son œuvre rompt en apparence avec les thèmes traditionnels de la survivance, on les retrouve en filigrane, modernisés et adaptés à la sensibilité de ses contemporains.

De la même manière, toute sa famille vit dans la nostalgie de la « mère colonie » – pour reprendre l'expression de Louis Riel –, cultivant un éternel sentiment d'« exil », d'« ennui », de « regret » : autant de termes que l'on retrouvera gravés dans sa prose. Mélina Roy-Landry, en particulier, porte, comme imprimée dans la chair de son âme, le souvenir des petites collines bleutées de Saint-Alphonse-de-Rodriguez (Laurentides), son village natal. Sa fille les lui rendra un jour, sous la forme d'un voyage symbolique à la montagne Pembina : *La Route d'Altamont*.

Sous l'effet du temps et de l'éloignement, les pionniers franco-manitobains vouent un véritable culte à la Vieille Province. Magnifiée, elle prend des dimensions légendaires dans leur esprit, au point de devenir une sorte de patrie du bonheur inaccessible. Nombreux sont les personnages de Gabrielle Roy qui mourront, les yeux ou « l'âme tournée [...] vers [la] source[7] » lointaine, jamais revue ou jamais atteinte.

Conditionnée par ce lourd héritage de passions et de frustrations, il n'est donc pas surprenant que Gabrielle ait développé une irrésistible attirance pour le Québec, à la fois pays des racines et Terre promise, et attendu le moment propice pour s'y établir.

***

Est-ce seulement par « fidélité » à ses ancêtres, à son « peuple retrouvé[8] » et à la langue canadienne-française, comme elle le proclamera plus tard, que Gabrielle décide de s'installer au Québec au mois d'avril 1939 ? Si pleine de bonnes intentions soit-elle, il est permis d'émettre quelques réserves à ce sujet.

En effet, la publication des écrits de sa sœur, Marie-Anna Roy, et de certains chercheurs, dont le professeur Paul Genuist[9], de l'Université de Saskatoon (Saskatchewan), a révélé que Gabrielle Roy excellait dans l'art de fabuler et de se composer un personnage. Dans le cas présent, ne s'invente-t-elle pas un destin et un idéal pour camoufler un peu l'image de la jeune fille pauvre, chassée d'Europe par l'approche de la guerre, échouée, quasi suicidaire, telle une mouette blessée sur le rivage mont-réalais[10] ?

De plus, il lui faut une excuse pour ne pas retourner au Manitoba : « l'air français raréfié[11] » de Saint-Boniface, la rusticité de certains habitants, son métier d'institutrice et surtout le fait d'avoir à entretenir sa mère et sa sœur Clémence lui sont devenus insupportables.

Enfin, elle sait pertinemment que sa seule chance de trouver du travail et peut-être de publier ses premiers essais littéraires réside au Québec.

Par conséquent, c'est autant par intérêt ou par nécessité que pour répondre à « l'appel de la race », que Gabrielle choisit de se fixer sur la terre originelle.

***

Jusque dans les années 1945-1947, période du triomphe de *Bonheur d'occasion*, l'on peut parler d'une véritable histoire d'amour entre Gabrielle et le Québec. Cette province « jumelle du Manitoba », telle que la définissait Louis Riel, répond pleinement à cet « esprit de quête[12] » qui caractérise Gabrielle. En l'occurrence va-t-elle faire la conquête d'un pays, d'un peuple, d'une langue – partant, de soi-même.

Tout d'abord, en posant le pied sur le sol québécois, Gabrielle éprouve la curieuse sensation de rentrer au bercail. Dans ses romans, comme dans ses écrits en général, le Québec apparaît toujours comme une métaphore de la « maison ». Au fil de ses voyages à travers la Belle Province, elle se tissera d'ailleurs plusieurs cocons d'écriture et de tranquillité, dont Rawdon (Laurentides), Port-Daniel (Gaspésie) et Petite-Rivière-Saint-François (Charlevoix). En outre, ne passera-t-elle pas sa vie à poursuivre un foyer inatteignable, à tenter vainement de recréer la chaleur maternelle et hospitalière de sa demeure natale ?

Son rêve de devenir journaliste à peine réalisé, elle se lance à la découverte de sa nouvelle patrie. « J'en avais le plus grand besoin, écrira-t-elle dans « Le Pays de *Bonheur d'occasion* », article extrait de l'ouvrage éponyme. Retenue là […] par je ne sais quel signe du destin, tout m'appelait, tout me fascinait. » De l'île de Montréal à la Gaspésie, de l'Estrie à l'Abitibi, de l'Outaouais à la Mauricie, elle sillonne, par tous les temps et toutes les saisons, les plus beaux paysages, les plus belles régions – avec une préférence, bien sûr, pour les Laurentides, le fief maternel, où elle conservera longtemps un pied-à-terre. En suivant le détail de ses déplacements dans sa biographie, l'on se dit qu'aucun écrivain québécois n'aura jamais autant pérégriné qu'elle à travers sa province.

En même temps, elle plonge en pleine « pâte humaine », vantant les qualités de cœur des Québécois, s'enthousiasmant pour leur politique sociale, prônant le progrès économique et industriel[13]. À cette jeune femme dont la blonde chevelure de blé, les yeux bleus de lac et le sourire confiant font rêver du lointain Manitoba, les gens réservent partout le meilleur accueil. À cet écrivain qui, par le lancement de la « bombe » *Bonheur d'occasion*, va leur révéler leur identité de « peuple distinct », ils consacreront, dans quelques années, un hommage délirant. Près de soixante ans après la parution de son roman, il n'est pas exagéré de dire que Gabrielle Roy demeure « l'un des plus beaux fleurons de la littérature et de la fierté nationales[14] ».

C'est aussi au Québec que Gabrielle Roy pénètre intimement le génie de la langue canadienne-française. En abordant à Montréal, elle a l'impression de redécouvrir un parler familier : « C'étaient paroles, c'étaient expressions des miens, de ma mère, de ma grand-mère, et je m'en sentais réconfortée [15]. » Elle, qui, jusqu'à présent, a étudié et vécu dans un milieu essentiellement anglophone, en partie privée de sa langue maternelle, choisit alors le français comme langue d'écriture. Ses engagements dans différents journaux sont autant d'occasions de se faire la plume – si l'on peut dire. L'on a peine à imaginer combien elle dut en user avant de nous offrir ses plus beaux chefs-d'œuvre d'inspiration québécoise : *Bonheur d'occasion*, *Alexandre Chenevert*, *La Rivière sans repos*, *Cet été qui chantait*.

Enfin, c'est au Québec que Gabrielle va effectuer son vrai voyage initiatique, que la chance unique d'explorer ses paysages intérieurs lui est offerte. Ainsi, grâce à la misère d'une certaine catégorie de gens prend-elle peu à peu conscience de son identité : celle d'une fille du peuple canadien-français, sensible à la condition des ouvriers, mais aussi à celle des pauvres, des marginaux, des exclus. Ainsi, grâce à la splendeur des espaces, s'ouvre-t-elle totalement à sa vocation : la littérature.

***

Étrangère au Manitoba, étrangère en Europe, il semble que Gabrielle Roy ait enfin trouvé, au Québec, sa véritable patrie. Mais l'aimait-elle ? S'y sentait-elle aussi bien qu'on puisse l'imaginer ? La célébration qu'elle en fait dans *La Détresse et l'Enchantement* est-elle aussi sincère qu'il y paraît : « mon infini amour pour cette terre » ; « j'[y] vis heureuse – en tout cas plus heureuse que nulle part ailleurs dans ce monde [...] ; honorée de la plus haute récompense littéraire [...], de mille bons témoignages d'affection » ? Sans remettre en question son profond attachement à ce pays, on la soupçonne d'exagérer quelque peu et de flatter secrètement ici son lectorat. Cette opinion n'engage évidemment que la signataire des présentes lignes.

En se penchant sur sa vie et ses écrits, l'on se rend compte que, tout comme envers le Manitoba et le reste du monde, elle a toujours manifesté une attitude ambiguë et entretenu des sentiments ambivalents à l'égard du Québec.

Toute petite déjà, elle a compris que ses grands-parents maternels et ses parents en avaient été chassés par la misère. Elle s'est alors juré de partir un jour là-bas pour les « venger [16] ». Certains spécialistes de Gabrielle Roy contestent l'anecdote, mais il n'est pas impossible que la fillette ait senti germer confusément ce désir en elle et eu la prescience de son destin.

Quoi qu'il en soit, elle n'oubliera jamais que ce pays « plus riche de cailloux que de pâturages [17] » a transformé nombre de ses enfants en apatrides, en itinérants (voir, par exemple, « Un vagabond frappe à notre porte » dans *Un jardin au bout du monde*), en oiseaux migrateurs condamnés à voleter, comme elle, de nid en nid.

Jeune fille, son premier séjour dans l'Est la déçoit. Alors qu'elle s'attend à un accueil enthousiaste, elle est reçue par des cousins avec une « curiosité condescendante » qui heurte sa « susceptibilité » et son « hypersensibilité [18] ». « J'ai beaucoup souffert de cette distance que les Québécois mettaient alors et mettent encore entre eux et leurs frères du Canada français », confiera-t-elle un jour dans *La Détresse et l'Enchantement*.

Pour toutes ces raisons, conservera-t-elle sa vie durant, quoique refoulée, une rancœur à l'égard du Québec.

Si, les premiers temps de son établissement sur « la terre paternelle », ses relations avec les lieux et les gens relèvent d'un authentique coup de foudre, elles ne vont guère tarder à se dégrader.

Instable par nature, de santé fragile, se lassant vite des mêmes endroits, Gabrielle passera d'une ville à l'autre, d'un logement à l'autre, d'une villégiature à l'autre, sans jamais parvenir à se fixer. L'on verra d'ailleurs, dans le prochain chapitre, que ses rapports avec Montréal connurent plus de bas que de hauts. Malheureusement, elle étendra à l'ensemble du territoire son sentiment d'inadaptation à cette grande ville.

De la même manière, en dehors d'un cercle d'amis et de relations triés sur le volet, s'accommodera-t-elle de plus en plus difficilement des contacts humains.

Il faut avouer qu'une foule de choses la sépare de la grande famille québécoise : ses origines franco-manitobaines, que son entourage ne se prive pas de lui rappeler ; les caractéristiques inhérentes aux natifs de sa province : timidité, fond de sauvagerie, réserve outrancière, repli sur soi ; sa double culture, francophone et anglophone ; son statut de femme, œuvrant dans un domaine où la gent masculine prédomine ; son milieu social, qui la rapproche davantage des humbles que de ses confrères et de ses lecteurs plus bourgeois ; son absence de cursus universitaire, l'éloignant des enseignants et des intellectuels ; son comportement d'enfant gâté, incompatible avec la célébrité et les exigences du métier d'auteur : mépris des autres, dédain (apparent) des honneurs, rejet des médias, absences notoires des manifestations officielles.

Il n'est pas jusqu'à son refus de prendre position et de soutenir le combat de ses pairs, lors du réveil nationaliste des années 1960-1970, en se barricadant derrière ce rêve utopique de réconciliation entre les Canadiens français et les Canadiens anglais. Le « slogan » qu'elle brandira des années plus tard dans *La Détresse et l'Enchantement* – « solidaire comme je le suis du Québec » – est-il provocation ou pure naïveté de sa part ? Dans les faits, Gabrielle Roy demeure l'exemple le plus flagrant d'aliénation au Canada anglais.

***

Qui croirait que l'auteur le plus chéri de la province en est aussi le plus malheureux? Lors d'une interview, en 1968, l'écrivain Gérard Bessette parviendra à lui arracher cet aveu à propos du Québec: «Ce pays... je m'y sentais ce premier jour, étrangère, comme si je n'y avais jamais mis les pieds. En fait, je ne me suis jamais sentie souvent chez moi au monde [19]... »

En d'autres termes, le premier élan de passion pour sa nouvelle patrie retombé, la vraie Gabrielle, insatisfaite, changeante, atteinte du mal de l'exil, la Gabrielle étrangère au monde, aux autres, à soi-même, a refait surface. Sans doute son enfance, son éducation, le poids de l'histoire des pionniers, trop pesant pour ses frêles épaules, en sont-ils les principaux responsables. Sans doute aussi l'introspection constante à laquelle la livre son travail d'écrivain accuse-t-elle son mal-être. Ni l'amour (de son mari, le docteur Marcel Carbotte [20], de sa sœur Bernadette, de ses amis, de son lectorat), ni le succès, ni l'argent, ni les récompenses, ni la reconnaissance internationale ne parviendront jamais à combler cette absence dont elle souffre: celle du pays natal.

Avec le temps, le fossé qui, dès son arrivée au Québec, a commencé à se creuser entre cette terre, les gens et elle-même, n'ira qu'en s'élargissant. À tel point que, pendant près de deux décennies (1960-1970), elle subira, de la part du milieu journalistique, de ses confrères et même d'un certain nombre de lecteurs, une véritable mise en quarantaine.

Tout au long de son existence, Gabrielle traînera une éternelle nostalgie de sa province, une incurable «maladie du clocher [21]», un invincible sentiment de culpabilité d'avoir quitté ce Manitoba qui se mêle, dans son âme, au regret de sa mère. Sa vie intérieure, son œuvre ne révèlent-elles pas d'ailleurs une perpétuelle oscillation entre le Québec et le Manitoba, une impossibilité de choisir entre ces deux terres?

Ce malaise, Gabrielle pensera l'atténuer – sans succès, bien sûr – en fuyant le Québec... Paradoxalement, elle ne pourra jamais le quitter autrement qu'en imagination ou en voyageant. Non seulement elle est incapable de se réadapter à sa région natale, mais elle sait parfaitement où résident ses intérêts: carrière, lectorat, biens matériels, etc.

Les premiers symptômes de cette manie de la fugue [22] apparaissent dès la formidable percée de *Bonheur d'occasion*. Alors que le tout-Québec fait à son héroïne un accueil hystérique, excessif, lui offrant sa plus belle occasion de revanche, la consacrant quasiment citoyenne d'honneur de la province, coup de théâtre! Elle prend la poudre d'escampette. Sous prétexte de visiter le monde – le Nord québécois, le Manitoba, l'Ouest canadien, les États-Unis, la France – et de se reposer. La «fatigue» sera l'excuse à laquelle elle aura systématiquement recours pour masquer ses carences : fragilité de petite fille, trac, manque de confiance en elle, impuissance à assumer sa célébrité, terreur des critiques et des médias.

Sa notoriété grandissant, et la curiosité du public à son égard, les souffrances de Gabrielle, bien entendu, vont encore empirer : dès lors, son existence ne sera plus que tentatives d'évasion, dérobades, échappées. Non seulement du Québec, mais de tout ce qui, selon elle, « porte atteinte » à sa vie intérieure et à son écriture : son mari, avec lequel elle entretient des relations en dents de scie, sa famille, ses amis ou les lecteurs trop envahissants, le milieu éditorial et littéraire, les médias, certains spécialistes de son œuvre et leurs étudiants. Est-il utile de préciser que c'est elle-même qu'elle s'efforce désespérément de fuir ?

Fuite dans la nature ou dans des villages cachés, fuite au Manitoba, fuite à l'étranger... mais aussi, fort heureusement, refuges épisodiques dans ce havre qui constitue à lui tout seul un petit Québec dans le grand, un Québec miniaturisé, à la mesure de Gabrielle, sécurisant, réconfortant, un Québec de l'âme : son chalet de Petite-Rivière-Saint-François. Celui à l'intérieur duquel la petite Franco-Manitobaine retrouve enfin le Québec imaginaire qui « l'appelait » jadis par la lucarne de son grenier. Le seul Québec qu'elle aime, comprenne et sache mieux que quiconque dessiner de sa plume : ce Québec de papier qui se confond si étroitement avec son œuvre.

Montréal, la ville-pieuvre

Gabrielle Roy a vécu à Montréal de 1939 à 1947 et de 1950 à 1952, avant de s'établir définitivement à Québec. D'âme villageoise (son Saint-Boniface natal est une petite commune séparée du grand Winnipeg par un pont), jamais elle n'aimera vraiment cette ville, jamais elle ne s'y plaira ni ne s'y adaptera. À partir des années 1960, elle n'y reviendra que très épisodiquement, pour des raisons professionnelles ou pour rendre visite à des amis – puis, plus jamais.

Dans *La Détresse et l'Enchantement*, l'écrivain confie être rentrée d'Europe quelques mois avant la déclaration de guerre, par l'« une [des] portes les plus désolées » du pays : Montréal. Le moins qu'on puisse dire, c'est que ses relations avec la métropole débutent mal. Et réciproquement d'ailleurs : cette dernière lui réserve un accueil plutôt... froid : neige (en plein mois d'avril), pluie, *sloche* (gadoue).

À peine la jeune Franco-Manitobaine a-t-elle posé le pied dans le centre-ville qu'elle s'y sent « étrangère[23] » et n'éprouve qu'une hâte : s'en aller. Paradoxalement, c'est « l'atmosphère de voyage et de départ[24] » caractéristique de cette plaque tournante qui va la retenir. La proximité de

la gare calme ses appréhensions : ainsi, en prenant le train pour ses reportages en banlieue ou pour les vastes contrées du Nord, aura-t-elle
toujours l'illusion de s'enfuir. De même, le canal Lachine, d'où les bateaux
s'élancent vers le port, deviendra-t-il son lieu de promenade favori : elle y
mènera les personnages de *Bonheur d'occasion*, tous avides de changement,
d'évasion, d'un ailleurs.

Montréal demeurera avant tout associée, dans l'esprit de Gabrielle, à
un lieu de travail, d'affaires, de contraintes. Dans *La Détresse et
l'Enchantement*, suivie du *Temps qui m'a manqué*, et dans *Le Pays de
Bonheur d'occasion*, elle s'y décrit comme une jeune fille « pauvre, errante
et solitaire ». Elle exagère, selon son habitude : malgré des débuts difficiles
(comme tout le monde), elle occupe une chambre dans le meilleur
quartier, au pied de Westmount, gagne honnêtement sa vie en qualité de
reporter et entretient une liaison clandestine avec Henri Girard, un
journaliste confirmé qui lui présente tout le gratin littéraire, artistique et
politique du temps.

Cependant, Gabrielle éprouve quelque peine à se lier avec les Montréalais. Timidité ? Complexes ? Méfiance excessive ? Absence d'affinités ?
Sentiment de sa différence ? De sa supériorité ? Ou tout cela à la fois ? Ceux
qui l'ont rencontrée ou fréquentée dans la Ville mère et que j'ai eu la
chance de retrouver, la jugent souvent sans complaisance : René Soulard,
son ancien chef de rédaction ; le peintre Jori Smith ; les journalistes Yvonne
Morissette-Riallan et Jean-Louis Morgan ; une infirmière-radiologue de la
communauté SNJM d'Outremont ; le professeur Réginald Hamel, qui a
fait sa connaissance à Ottawa, mais à laquelle un différend de taille
l'opposera à l'Université de Montréal, provoqué par Marie-Anna Roy.

Si ces témoins lui reconnaissent des qualités (intellectuelles essentiellement), tous ou presque insistent sur son caractère peu accommodant, sa
manie de profiter des autres sans rien donner en échange, son ingratitude,
son égoïsme, son éducation d'enfant gâté… Travers peut-être en partie
imputables au déracinement, à la précarité de sa situation financière.
Toutefois, dans *Les Chemins secrets de Gabrielle Roy – Témoins d'occasions*,
certains Manitobains n'avaient-ils pas déjà décelé chez elle les prémices de
cet égocentrisme ?

À écouter mes interviewés, l'on se demande s'il n'était pas préférable
de s'en tenir à des rapports épisodiques ou épistolaires avec Gabrielle : tels
sœur Mariette Léger, une enseignante SNJM d'Outremont ; un professeur
de physique de la même congrégation, et l'écrivain Paul-Émile Roy qui, de
ce fait, n'eurent qu'à se louer d'elle.

***

Henri Girard, l'âme sœur trop vite abandonnée… (dessin de Guy Faidy)

Face, comme toute néo-citadine, à «l'ennui», à «l'indifférence», à «l'anonymat[25]», la jeune femme de lettres rejette systématiquement ses problèmes de communication sur Montréal. Dans son cerveau esseulé, torturé, porté à l'hyperbole, la capitale économique du Québec prend les proportions d'une véritable «ville tentaculaire[26]», selon l'expression de l'écrivain Margaret Atwood. «Frénétique, surpeuplée, énorme, trépidante, hystérique» ne sont que quelques-uns des adjectifs dont l'épistolière bombarde, dans *Ma chère petite sœur – Lettres à Bernadette, 1943-1970*, cette malheureuse cité qui fait pourtant figure de gros village à côté de Paris ou de New York.

En fait, ce que Gabrielle recherche désespérément dans cette ville, c'est sa campagne. Encore une autre de ses contradictions ! À peine installée à Montréal, déniche-t-elle une anse, au creux du canal Lachine, où, étendue des heures durant, elle écoute le cœur de l'agglomération battre au rythme du fleuve Saint-Laurent, du vent et du chant des oiseaux. Lors de son second retour d'Europe, en 1950, elle loue un appartement à LaSalle (banlieue sud de Montréal), si proche de la nature qu'on l'imagine trempant sa plume dans le fleuve, le soleil, les nuages, pour écrire de poétiques lettres à son mari, qui travaille à Québec. Dans ses romans urbains, partout elle sème des arbres, des jardins, des bosquets. Encore que la nature, pareille aux êtres humains, apparaisse déplacée en ville et incapable de s'y accoutumer : dans *Bonheur d'occasion*, les arbres sont aussi chétifs que la santé du petit Daniel, atteint de leucémie ; les fleurs, artificielles ; l'herbe, éternellement poussiéreuse. Dans *Alexandre Chenevert*, les jardins sont parqués comme des prisonniers, noyés parmi la circulation, les gratte-ciel, les néons.

Tout en s'efforçant d'atténuer sa vision manichéenne du monde, Gabrielle Roy opposera toujours nettement, dans son œuvre, la ville à la campagne. Sous l'influence des théories de Jean-Jacques Rousseau, l'un de ses écrivains préférés, la première se révèle source de tous les maux, la seconde, liée à un âge d'or, à un état d'innocence et d'apaisement quasi édénique. Ainsi, participant à l'effort de guerre et au développement industriel, Montréal fait des ruraux transplantés dans le ghetto de *Bonheur d'occasion*, des êtres déboussolés, misérables, malades, parfois arrivistes et corrompus. Rendus à leur milieu naturel, ils redeviennent tels qu'ils étaient du temps de leur enfance à la campagne : heureux, naïfs, créatifs, en bonne santé, honnêtes, aimants.

Dans *Alexandre Chenevert*, la romancière durcit encore son portrait de Montréal : métaphore de toutes les grandes villes du monde, elle devient synonyme de concentration, de bétonnage, de laideur, de pollution, d'étouffement, d'abrutissement publicitaire, de cruauté et, par conséquent, d'isolement, de stress et de dépression. Avec une ironie un tantinet sadique, l'auteur laisse la mégalopole, à la fois meurtrière et prison, tuer à petit feu son personnage, cet employé de banque aliéné au point de ne plus pouvoir se passer d'elle. Cette victime ne nous fait-elle pas songer, nous, lecteurs du début du XXIe siècle, à Grégoire Samsa, le protagoniste de *La Métamorphose* de Kafka, ravalé, par la civilisation mécaniste de l'Absurde, au rang d'un insecte invisible et inutile ?

Toutefois, bien qu'elle soit, elle aussi à sa façon, une petite sœur de Grégoire Samsa et de sa propre création, *Alexandre Chenevert*, Gabrielle ne laissera jamais Montréal avoir raison d'elle. Contre le cafard, contre l'angoisse, contre l'effroi que cette ville-araignée lui inspire, toujours elle luttera de toute son âme : par l'écriture. Dès ses premières années de journalisme, elle se lance à l'assaut de la bête pour l'explorer de sa plume, la terrasser sur le papier pour la décrire. De cet étrange corps à corps, elle tirera des reportages si intéressants et originaux [27] que les Montréalais eux-mêmes auront l'impression de découvrir leur cité pour la première fois.

À défaut d'une ville d'adoption, Gabrielle Roy trouvera en Montréal une ville littéraire, une ville d'inspiration, une ville d'écriture. Est-ce parce qu'elle l'a définitivement conquis que le monstre lui a aussi ouvert son cœur : Saint-Henri ?

Le petit monde de Saint-Henri [28]

Dans *La Détresse et l'Enchantement*, suivi du *Temps qui m'a manqué*, tout comme dans *Le Pays de Bonheur d'occasion* et dans divers articles [29], Gabrielle Roy raconte sa rencontre émerveillée avec Saint-Henri par une orageuse soirée de printemps 1940. Qu'est-ce qui peut bien pousser une jeune journaliste alors en pleine ascension à descendre la paisible montagne Westmount pour se plonger dans cet ancien village de tanneurs devenu un « enfer de concentration urbaine [30] » ? « L'ennui, la solitude, la chaleur, mais aussi la curiosité, la recherche de nouveaux reportages et ce besoin fondamental d'échange fraternel et humain », répondra-t-elle simplement.

Aussitôt, c'est le coup de foudre : « Ce ne fut qu'un éclat de lumière, semblable à un éclair qui illumine, dans la nuit noire, les moindres sous-bois d'une forêt profonde, les laissant gravés à tout jamais dans la mémoire » écrit-elle dans « Ma rencontre avec les gens de Saint-Henri [31] », l'argumentaire qui accompagna, en 1947, la présentation de *Bonheur d'occasion* à son éditeur américain, Reynald & Hitchcock. Tout la séduit dans ce faubourg animé, pittoresque et un brin exotique : la vue d'un tramway filant à vive allure devant l'église Saint-Henri, des cheminées d'usines dressées en une inextricable « forêt », des ouvriers et des serveuses « déferlant hors des bâtiments » ; le souffle du vent « charriant » le tintement grêle des barrières de sécurité, les accords d'une guitare échappés d'un immeuble, une volée de cloches ; les senteurs « d'épices, de bananes et de bois fraîchement coupé » émanant des fabriques et des entrepôts le long du canal Lachine ; la respiration haletante des machines et des locomotives crachant leur fumée sur « les petites maisons en bois » ; somme toute, l'atmosphère grouillante d'humanité d'un village situé au carrefour de l'industrialisation.

« Les gens aimaient venir à Saint-Henri, car ils avaient l'impression d'être à la campagne, me confiait, lors d'une interview, Mme Ida Grégoire, une ancienne piqueuse et brodeuse de lingerie fine. C'était un quartier très vivant. Il y avait des voies ferrées partout : la fumée des trains salissait les maisons, les jardins et le linge étendu sur les cordes, mais on était habitué à eux, ils faisaient partie de notre quotidien. À la belle saison, on se déplaçait en voiture à chevaux : elles allaient et venaient, transportant des *canisses* (bidons) de lait, des *cassots* (petits cageots) de fruits ou les meubles d'un déménagement. L'hiver, on voyageait en *barlot* (traîneau), des briques chauffantes sous les pieds.

« Quantité de commerces florissaient en ce temps-là : le Syndicat Saint-Henri, un grand magasin qui était comme le cœur même du quartier ; l'épicerie ; la boulangerie, où on faisait cuire des fèves au lard ; Le Clos du Bois, le charbonnier ; des boutiques de bonbons à une *cenne* (un sou) ; Alepin-Stober, un Juif qui vendait des vêtements pour dames ; Chez Chapdelaine et La Guenillope, qui bradaient, l'un, des coupons, l'autre, des chutes de tissu ; le *Shoe shine*, le cireur de chaussures ; le *nettoyeur* (teinturier) chinois ; le sculpteur de corbillards. Il y avait aussi des théâtres, Le Colonna, Le Lido, et un cinéma bon marché, Le Star.

« Une certaine solidarité régnait entre les gens : tout le monde se connaissait et se parlait. Dans la rue, on rencontrait des femmes qui allaient puiser de l'eau avec leur seau au canal ; des hommes qui sortaient du petit *club* (bar) du coin après un dernier verre de vin de blé ; les "filles de la sweet" portant le *smoke* (blouse) rose ou vert de l'Imperial Tobacco, la fabrique de cigarettes ; celles de "la coton", le Dominion Textile, reconnaissables aux fils blancs sur leurs manteaux noirs ; des *guenilloux* (chiffonniers) qui frappaient de porte en porte en criant : "Guenille à vendre ! guenille à vendre !" ; des *peddlers* (colporteurs), des curés en soutane, des *quêteux* (mendiants), des soldats, des bandes de jeunes gens rieurs, des gamins courant nu-pieds... »

Mais le premier enthousiasme passé, Gabrielle découvre, horrifiée, la profonde misère qui se dissimule derrière cette ambiance d'effervescence villageoise : une foule d'hommes sans emploi ou abrutis par le travail à l'usine, des femmes affligées d'une nombreuse progéniture, rêvant à une autre vie, des enfants sous-alimentés, un air irrespirable, des rues mal éclairées, des bâtiments lépreux affichant « Logement à louer », des taudis construits de bric et de broc dans des fonds de cours, où s'entassent parfois jusqu'à une dizaine de familles...

« À cette époque-là, l'omnipotence des cartels américains, la domination des patrons anglophones qui contrôlaient plus de 85 % de la production et le nationalisme conservateur de Maurice Duplessis[32] accablaient le peuple canadien-français, m'expliquait Pierre Bibeau, journaliste au *Point Communiste*, rencontré au café La Petite Gaule. Entre la période de la Dépression et la guerre, les usines ont progressivement licencié leur personnel et fonctionnaient au ralenti. Le chômage est devenu endémique. En revanche, dans les années 1940, la propagande pour l'effort de guerre a provoqué un afflux massif de gens des campagnes dans les usines à munitions. Afin d'attirer les femmes, on leur faisait croire qu'il était mauvais pour la santé de rester allaiter des enfants à la maison... Les conditions de travail étaient très difficiles ; les emplois, précaires, sous-payés ; les logements, surpeuplés, insalubres ; l'hygiène, déficiente ; le taux d'analphabétisme, élevé. Les gens se sentaient déracinés et peu de travailleurs avaient la possibilité de s'élever dans la hiérarchie. »

À ces fléaux s'ajoutent encore le vacarme incessant des trains, des sirènes, des machines, et cette épaisse fumée noire qui masque Saint-Henri du reste du monde, allant jusqu'à confisquer aux habitants les rayons du soleil et la brise printanière.

« Tout le drame venait de la Rotonde, cette gare de triage située au bas de Saint-Henri, à l'angle des rues Saint-Rémi et Saint-Jacques, où l'on réparait les trains à vapeur, me racontait Adrien Dubuc [33], l'ancien photographe de la rue Notre-Dame, à la fois l'œil et la mémoire du quartier. Parfois, ils étaient tous stationnés là : imaginez la pollution que pouvaient créer trente-cinq locomotives crachant leur fumée en même temps ! S'y mêlait celle des cheminées des fabriques échelonnées le long de la voie ferrée : Simmons Bed, la manufacture de matelas, Coke, Jenkin Valve, le constructeur de soupapes, Johnson Wire, la câblerie, etc. Pour 15 cents de l'heure, les gens travaillaient dans une crasse et une puanteur indescriptibles. Jean-Jacques Mercier, le directeur du journal *La Voix populaire*, et moi-même étions tellement révoltés que nous avons fondé l'Aide sociale anonyme afin d'essayer de faire reculer la misère et la fumée. »

Gabrielle Roy, pour sa part, s'emploiera à lutter contre cette déchéance par un autre moyen : l'écriture, bien entendu. Dans Saint-Henri et ses « imposantes constructions [34] » paroissiales, la journaliste hypersensible revoit son Saint-Boniface natal, humble ghetto relégué de l'autre côté de la rivière Rouge par la capitale manitobaine. Dans l'immense plainte qui s'élève de cette « termitière [35] » humaine, elle entend comme l'appel de la petite rue Deschambault, là où un peuple (les Franco-Manitobains), une mosaïque d'ethnies (les immigrants), une famille (la sienne) ploient sous le joug anglophone. Dans les hommes, les femmes et les enfants qu'elle croise, elle retrouve ses parents, ses frères et sœurs, ses anciens élèves, ostracisés par les difficultés économiques. Dans une jeune serveuse aperçue par la fenêtre d'un restaurant – la future Florentine Lacasse, héroïne de *Bonheur d'occasion* –, elle va jusqu'à reconnaître sa propre image : celle d'une fille du peuple « moitié printemps, moitié misère [36] », avide d'amour, de reconnaissance sociale et d'argent. Le professeur Albert Le Grand, qui a si bien compris sa compatriote, sera le premier à voir dans *Bonheur d'occasion* « un témoignage éloquent de notre survivance dans l'Ouest [37] ».

Aussi étonnant que cela puisse paraître, c'est en se penchant sur le destin d'un village étranger et inconnu que Gabrielle a la révélation brutale de sa mission : témoigner de la détresse des siens.

« Parce qu'elle était communiste [38], Gabrielle Roy a perçu bien avant les autres l'éveil de la conscience ouvrière et sociale, me faisait remarquer

Pierre Bibeau. Chez elle, Saint-Henri devient le symbole de la fraternité humaine universelle, le symbole de toutes les villes du monde où vivent, peinent et souffrent des milliers de travailleurs. Il exprime une vision personnelle de l'aliénation de l'homme, de sa perte d'identité, l'essence même de l'humanité. »

Très vite, le décor de *Bonheur d'occasion* se met en place dans l'esprit de celle qui croit encore ne tenir qu'un « bon sujet de reportage ». Les biographes et les spécialistes de la romancière ont analysé ses méthodes de travail qui rappellent celles des écrivains naturalistes de la fin du XIXᵉ siècle et du début du XXᵉ siècle : elle avouera avoir reproduit le quartier avec une précision quasi photographique. Soucieuse d'approfondir son enquête, elle se mêle aux habitants, les interroge sans relâche, les observe, les écoute, pénètre dans leurs maisons, prend des notes, compatit. Nés d'une « rencontre de hasard [39] » ou de son imagination, des personnages surgissent déjà, s'apprêtant à voler de leurs propres ailes.

Mais, en dépit de l'inclination qu'elle éprouve pour Saint-Henri, jamais la future romancière n'envisagera un seul instant de s'y installer : elle a trop besoin de calme pour écrire ! C'est d'ailleurs la raison pour laquelle aucun résident du quartier n'a gardé de souvenir d'elle. En revanche, pendant des semaines et des mois, à toute heure du jour et de la nuit, par tous les temps et toutes les saisons, elle va en sillonner les rues et en explorer les moindres recoins. Jusqu'au moment où, forte de plusieurs centaines de pages de notes, elle se sent enfin prête à relever le défi de son existence : écrire un roman [40].

∗∗∗

Il existe peu de renseignements sur la genèse de *Bonheur d'occasion*, l'auteur ayant brûlé toute sa correspondance avec son collaborateur, Henri Girard. On sait seulement qu'elle y travailla plusieurs mois par an entre 1941 et 1945, et qu'il en existe au moins trois versions, aujourd'hui conservées aux Archives nationales du Canada.

Retirée dans ses « thébaïdes d'écriture » – sa mansarde montréalaise, Rawdon, Port-Daniel –, Gabrielle plonge au fond d'elle-même pour tenter de retrouver ce faubourg d'une laide beauté. Certes, le diamant qu'elle extrait péniblement de sa mine intérieure n'est pas le Saint-Henri de la réalité, mais un village plus vrai que nature, à la fois magnifié et dramatisé, où naissent, vivent et meurent des personnages en qui s'agitent toutes les passions, toutes les douleurs, toutes les aspirations humaines ; un village que la fumée des trains et la suie imprègnent d'une atmosphère unique de pesanteur, de souffrance et de mélancolie.

Gérard Dagenais, l'éditeur de *Bonheur d'occasion*.
(Archives des Éditions Hurtubise H.M.H.)

Le Saint-Henri de Gabrielle Roy n'est pas le cadre d'une action ou d'une intrigue au sens classique du terme, mais une architecture en dentelle, un miroir, un reflet, une vision, une juxtaposition ou une succession de sentiments, d'émotions, d'états d'âme, un battement de cœur. Il est déjà la projection des contradictions de l'auteur, qui s'expriment en de fortes oppositions entre la couleur et la grisaille, l'ombre et la lumière, le silence et la cacophonie, les parfums et la puanteur, la richesse et la pauvreté, le rêve et la réalité, la liberté et l'enfermement, la force et la faiblesse, la douceur et la violence, la guerre et la paix...

Ainsi, en peignant presque un autoportrait, Gabrielle Roy évite-t-elle d'adopter le roman à thèse ou le réquisitoire engagé. Elle a su admirablement contrôler son indignation face au gaspillage des forces vives de la nation et lancer un appel subtil à la solidarité. La vérité sobre et poignante de l'écriture apostrophe les indifférents sans attaquer pour autant un système responsable de l'inadmissible condition humaine. Il est vrai qu'en ces temps d'un duplessisme sourcilleux, mieux valait faire attention à ce que l'on écrivait.

En juin 1945, Gabrielle accouche enfin de ce Saint-Henri tout palpitant de chaleur humaine, de misères et de mystères. Le succès, quasi immédiat, n'ira qu'en grandissant – sans toutefois apporter le bonheur à sa bénéficiaire –, pour se poursuivre encore de nos jours. Dans son article « *Ces enfants de ma vie* : Le testament littéraire de Gabrielle Roy [41] », Myrna Delson-Karan, professeur à l'université Fordham de New York et l'une des plus importantes spécialistes de la romancière aux États-Unis, nous en expose les raisons en termes simples et clairs :

« L'énorme succès de *Bonheur d'occasion* fut en grande partie dû au fait que ce fut le premier roman social écrit au Québec qui se déroulait dans une ville. Il décrivait les répercussions profondes des événements économiques, politiques et sociaux de l'époque sur les êtres humains. La Dépression et la crise financière des années 1930, l'appauvrissement lié à l'urbanisation des Canadiens français des zones rurales, la participation du Canada à la Deuxième Guerre mondiale –, tous ces éléments fournirent à Gabrielle Roy un cadre puissant pour décrire les conflits psychologiques de ses personnages. »

Dans un autre article intitulé « L'art de Gabrielle Roy : *Bonheur d'occasion* [42] », elle fait ressortir avec finesse les qualités stylistiques qui font de ce livre un chef-d'œuvre immortel :

« *Bonheur d'occasion* est composé de chapitres autonomes. Chacun représente une entité artistique parce qu'il relate une histoire complète ou décrit un événement précis. Les chapitres se superposent dans l'imagination du lecteur et forment un kaléidoscope d'expériences qui se complètent simultanément. De cette mosaïque émergent les thèmes, les personnages, l'intrigue et le décor. Ces chapitres sont loin d'être des événements sans liens : de la même façon que les peintres, dont la technique consiste à rendre la forme des objets par la juxtaposition de minuscules coups de pinceaux, Gabrielle Roy crée la forme artistique et l'unité par la juxtaposition des scènes à partir desquelles le lecteur fait la synthèse du roman. »

Je tiens cependant à rappeler que ce livre n'a pu vivre qu'au prix du sacrifice de celui qui l'avait relu, corrigé, voire même entièrement réécrit selon certains témoignages, lancé et promu avec un admirable dévouement : Henri Girard. Abandonné au printemps 1947 par une Gabrielle Roy au faîte de la célébrité, le malheureux conseiller littéraire n'aura d'autre ressource que de se laisser sombrer dans l'alcool, jusqu'à la mort. Une réédition honnête de *Bonheur d'occasion* devrait désormais porter les deux noms de Gabrielle Roy et Henri Girard, du moins la mention « en collaboration avec Henri Girard ».

***

Comme l'on s'en doute, *Bonheur d'occasion* et le discours militant[43] que prononce Gabrielle Roy lors de sa réception à la Société royale du Canada le 27 septembre 1947, n'ont que peu d'impact sur les pouvoirs publics : il faudra encore attendre une quinzaine d'années avant que la Rotonde, ses convois, ses fumées ne disparaissent et que les Henrivillageois puissent enfin jouir comme les autres du calme, du ciel bleu et du vent printanier.

Blessée par les réactions négatives que *Bonheur d'occasion* suscite chez nombre d'entre eux, la romancière elle-même décide de ne plus remettre les pieds à Saint-Henri. Comme pour ses personnages, Florentine Lacasse et Jean-Lévesque, l'ambitieux ouvrier, ce pauvre quartier ne lui aurait-il servi que de tremplin pour accéder à une vie supérieure ? En dépit du complexe de ses origines sociales qu'elle traînera toute sa vie, Gabrielle apprend très vite son rôle de femme d'un notable et de bourgeoise respectable, couverte de gloire, d'honneurs et d'argent. À son corps défendant, on opposera qu'elle était lasse d'entendre constamment parler de *Bonheur d'occasion* – qui, pour une large part, fut monté en épingle par les médias « branchés » de son époque – et surtout de se voir accoler l'étiquette réductrice d'« écrivain social ».

Aujourd'hui encore, Saint-Henri, ce « Saint-Boniface du Québec », comme je l'ai baptisé dès ma première visite, traverse des jours difficiles. En dépit des efforts entrepris depuis l'après-guerre pour y construire des HLM, améliorer la voirie, les communications, et développer des services médico-sociaux, ses taudis sont encore loin d'avoir disparu. Une nouvelle misère, moins visible et plus sournoise, a remplacé l'ancienne, flanquée de son inséparable corollaire : la délinquance. La crise économique des trois dernières décennies ayant entraîné la fermeture de nombreux magasins, la faillite ou l'émigration progressive des usines et des licenciements massifs, des secteurs entiers de population sont condamnés à vivre du chômage et du bien-être social.

Saint-Henri n'est plus qu'un quartier engourdi, que le photographe Adrien Dubuc et une poignée d'habitants s'efforcent courageusement de faire revivre. Depuis quelques temps, le secteur du canal Lachine devient à la mode, les condos luxueux y fleurissent. De plus en plus de gens de la classe moyenne fuient les quartiers du centre-ville, tel le Plateau-Mont-Royal devenu inabordable, et dont la population a bien changé.

Toutefois, il est regrettable que la Ville de Montréal n'ait pas encore songé à créer, en hommage à la romancière, un circuit touristique « Gabrielle-Roy » digne de ce nom : seul, un petit Parc-du-Bonheur-d'occasion, abandonné dans un état de saleté éhonté près d'un affreux mur, à l'angle des rues Notre-Dame et Rose-de-Lima, rappelle le souvenir du seul écrivain à avoir tenté d'attirer l'attention du monde sur Saint-Henri.

En effet, nonobstant les pinaillages des spécialistes de Gabrielle Roy, dont la plupart n'ont jamais daigné mettre le pied dans le quartier, il est utile de savoir qu'à l'exception du restaurant Les Deux-Records[44], une pure invention de l'auteur, de la gare, de l'église Saint-Henri, de la seconde maison des Lacasse et du pont tournant, aujourd'hui détruits, tous les lieux et les monuments que Gabrielle Roy a décrits dans son roman existent encore : depuis le cinéma Cartier jusqu'au marché Atwater, en passant par le restaurant Le Quinze cents, rue Notre-Dame (devenu le bazar Dollarama), l'église Saint-Zotique, sur la même rue ; la première maison des Lacasse, rue Baudouin ; la maison des parents du fiancé de Florentine, Emmanuel Létourneau, square Georges-Étienne Cartier ; la maison du médecin et l'église Saint-Thomas d'Aquin (rebaptisée église Saint-Henri), rue du Couvent ; le restaurant de la mère Philibert (reconverti en dépanneur), rue Saint-Ferdinand ; la demeure (à présent en ruine) des parents de Marguerite, l'amie de Florentine, rue Louis-Cyr (antérieurement, ruelle Sainte-Zoé) ; la mignonne maisonnette en bois de Jean Lévesque, à l'angle des rues Saint-Ambroise et Saint-Augustin ; enfin, l'usine où il travaillait, au coin des rues Saint-Jacques et Rose-de-Lima. Quoi qu'on en dise, Saint-Henri vaut son coup d'œil !

RENÉ SOULARD :
« GABRIELLE ROY, CŒUR D'ENCRE,
ÂME DE PAPIER »

Arrivée au Bulletin, j'avais été avertie que le rédacteur en chef désirait me parler et priée d'attendre un peu. Ils étaient assez contents, je pense, à la revue, de mes articles et me rémunéraient bien, à ce qu'il me semble, pour ce temps-là, me versant cinquante dollars pour les reportages et me prenant tout ce que j'apportais.

Le Temps qui m'a manqué

La débutante

Il y a soixante ans, j'ai employé Gabrielle Roy en qualité de journaliste au *Bulletin des agriculteurs*[1]. Cela paraît à peine croyable, n'est-ce pas ? C'était au printemps 1940, si mes souvenirs sont exacts. Un matin, elle a surgi, comme cela, dans mon bureau de l'édifice Drummond[2], à Montréal, un petit cartable bourré de liasses de papiers et de coupures de journaux sous le bras. Elle faisait le tour des salles de rédaction de la ville dans l'espoir de décrocher, sinon un emploi stable, du moins quelques articles à la pige.

À cette époque, elle était à l'opposé de la femme mûre et séduisante que les photos publicitaires allaient diffuser d'elle quelques années plus tard, lors du lancement de *Bonheur d'occasion*. Elle avait à peine trente ans et en paraissait dix de moins. C'était une petite fille à l'air et timide et naïf, aux grands yeux bleus implorants, au sourire un peu triste. Certes, elle était jolie, mais il y avait quantité de femmes bien plus belles à Montréal ! Personnellement, il ne me serait jamais venu à l'esprit de l'inviter à sortir avec moi…

D'une voix un peu craintive, elle m'a demandé si j'acceptais de jeter un coup d'œil sur les articles qu'elle avait déjà publiés au Manitoba et en France[3]. J'avoue avoir été assez séduit par leur qualité et leur pertinence. Au fur et à mesure de notre entretien, les propos de mon interlocutrice ont pris de l'assurance, jusqu'à devenir tout à fait captivants. Elle semblait savoir exactement ce qu'elle voulait. « Que proposez-vous ? » ai-je fini par lui demander. « Je voudrais aller en Gaspésie[4] ! » m'a-t-elle répliqué sans l'ombre d'une hésitation. « Mais c'est une région archi-connue et le sujet a été mille fois rebattu ! » ai-je protesté. « Peut-être, s'est-elle récriée, mais moi, je ne la connais pas et je vous en rapporterai ma vision personnelle ! » Cette fois, elle m'avait battu à plate couture. Définitivement conquis, je l'engageais.

La passion de témoigner

Cinq ans durant, en quête de reportages inédits, Gabrielle a parcouru le Québec et l'Ouest du Canada dans des conditions extrêmement difficiles et périlleuses, mais sans jamais se plaindre. Il est possible que ce dur métier ait contribué à altérer sa santé et à lui aigrir le caractère…

Grâce au *Bulletin des agriculteurs*, elle a acquis la maîtrise de la langue française, développé ses talents d'écriture, qui n'étaient encore qu'à l'état latent, et s'est forgé un nom.

C'était une journaliste consciencieuse et compétente qui réunissait toutes les qualités requises pour exercer une telle profession : la curiosité, le sens de l'observation, la rapidité d'esprit, un jugement solide, une touche d'originalité. Sans oublier ces indispensables qualités de style que l'on exigeait des journalistes de l'époque et qui se sont beaucoup perdues depuis.

Comme je la savais incapable de travailler sous la contrainte, je lui laissais pleine et entière liberté. Je lui ai toujours fait confiance et elle ne m'a jamais déçue. C'était une fille courageuse, motivée, passionnée même, qui menait son travail jusqu'au bout. En d'autres termes, elle avait l'ambition de réussir dans notre métier.

Outre les articles sur l'agriculture que les lecteurs attendaient, elle me fournissait des papiers sur les sujets les plus variés : l'industrie, le commerce, la pêche, la *drave* (transport du bois par flottaison), les mines, la colonisation, les villes, les autochtones, les différentes ethnies qui

Place Saint-Henri, en 1945. Le coup de foudre eut lieu sur cette place.
(Conrad Poirier – Archives nationales du Québec)

Taudis à Saint-Henri. (S.H.S.H.)

« Première maison des Lacasse », à Saint-Henri.
(Conrad Poirier – A.N.Q.)

Le Quinze Cents de Saint-Henri, où travaillait Florentine.
(S.H.S.H.)

Le « restaurant de la mère Philibert », à Saint-Henri.
(Conrad Poirier – A.N.Q.)

La petite « maison de Jean Lévesque », à Saint-Henri.
(Conrad Poirier – A.N.Q.)

La même, dans les années 2000. (photo de l'auteur)

L'usine qui servit de modèle à celle où travaillait Jean Lévesque,
à Saint-Henri. (photo de l'auteur)

La « maison de Marguerite », l'amie de Florentine, à Saint-Henri.
(photo de l'auteur)

Le cinéma Cartier,
à Saint-Henri,
où Florentine attendit
vainement Jean Lévesque.
(photo de l'auteur)

La « maison du médecin »,
à Saint-Henri.
(photo de l'auteur)

La « maison d'Emmanuel Létourneau », le fiancé de Florentine,
à Saint-Henri. (photo de l'auteur)

constituent le Canada[5], et j'en oublie. L'aspect socioéconomique de ces reportages a été particulièrement bien analysé dans sa biographie.

Elle m'offrait également des histoires, des nouvelles, des contes inspirés par les gens qu'elle avait connus dans sa jeunesse ou qu'elle rencontrait lors de ses voyages[6]. Les êtres humains demeuraient son thème de prédilection : elle l'a amplement démontré par la suite. Les portraits physiques et psychologiques dont elle truffait ses descriptions débordaient le cadre de simples articles. De fait, elle était davantage écrivain que journaliste...

Insaisissable Gabrielle

Bien que très cordiales, nos relations n'ont jamais excédé le stade purement professionnel[7]. Comme je ne faisais que croiser Gabrielle, il m'était impossible de connaître le fond de sa pensée et de son caractère. Cette fille était un véritable courant d'air : elle allait, venait, repartait... Nul n'aurait pu la retenir ! Elle arrivait généralement le matin au bureau, me proposait un ou plusieurs sujets dont nous discutions en tête-à-tête, puis disparaissait parfois pendant plusieurs mois sans donner de nouvelles. Il lui fallait de l'espace, de la solitude et du temps pour écrire. Un beau jour, elle débarquait de nouveau sans prévenir, nous passions ses textes en revue, puis je la payais et elle rentrait chez elle.

Je savais qu'elle habitait rue Dorchester, mais elle ne m'a jamais invité à venir lui rendre visite. Son logis était, paraît-il, très humble. Sur le plan de la vie privée, elle était secrète, pudique, quasi renfermée. Il devait être difficile de se lier d'amitié avec elle : elle riait peu et ne se confiait jamais. Elle et moi parlions « boulot », un point, c'était tout. Figurez-vous que je n'ai même jamais su que, parallèlement à ses articles, elle écrivait *Bonheur d'occasion* !

Le seul qui soit parvenu à l'apprivoiser était mon collègue Henri Girard, l'ancien rédacteur adjoint du quotidien *Le Canada*[8], devenu directeur littéraire de *La Revue moderne*. Dans notre milieu, tout le monde savait que Gabrielle et lui entretenaient une liaison, mais ils ne l'affichaient pas ouvertement. J'ai assez bien connu Henri : je le rencontrais régulièrement lorsque je travaillais au *Canada*. C'était un petit gros, mais qui avait beaucoup *d'allure*, un visage rond et jovial, un grand cœur, un esprit vif et spirituel. Très cultivé, il a sûrement été d'une aide très précieuse à sa protégée lors de la préparation de son maître-roman.

« L'ingrate »

La collaboration de Gabrielle à notre magazine a pris fin à l'hiver 1945 : non seulement nous éprouvions des difficultés à payer nos correspondants au tarif qu'ils exigeaient, mais la jeune fille était très fatiguée et avait envie de passer à autre chose. Et puis le succès est arrivé très vite pour elle.

Après son départ de notre publication, je ne l'ai plus jamais revue : elle prétendait m'estimer, mais n'est jamais venue me montrer un exemplaire de *Bonheur d'occasion* ni même simplement m'entretenir de sa réussite. Au contraire, ce succès semblait lui avoir complètement tourné la tête : quelques mois après la publication de son roman, son avocat, Me Jean-Marie Nadeau[9], et elle-même ont commencé à me chercher des ennuis, je ne sais plus pour quelle raison... peut-être à cause d'un article demeuré impayé ou payé en retard. Cela a été comme un coup de poignard en plein cœur : vous comprenez, je l'aimais bien, Gabrielle, et ma revue lui avait tout appris... Enfin, mieux vaut oublier cet incident : c'est le seul qui ait entaché la bonne marche de mes relations avec ma collaboratrice, et je préfère demeurer sur une impression agréable.

Quelque temps plus tard, j'ai su qu'elle était partie se reposer à Saint-Joseph-de-la-Rive (Charlevoix) du tapage médiatique qui avait accompagné la parution de son livre. Ensuite, je n'ai plus jamais entendu parler d'elle, si ce n'est par la presse. Que voulez-vous ? Sans doute était-ce mieux ainsi, sans doute était-elle plus heureuse sans moi...

∗∗∗

Âgé de quatre-vingt-dix ans passés, René Soulard est l'un des derniers survivants de la presse québécoise d'avant-guerre. Même s'il n'aime guère se retourner vers le passé – il n'a conservé aucune photo, hormis celle de sa femme, Lise, décédée il y a quelques années –, même s'il accuse une mauvaise santé, une grande solitude et une certaine lassitude de vivre, il a accepté d'exhumer de sa mémoire le frais souvenir de Gabrielle à ses débuts dans le journalisme. Qu'il en soit, par conséquent, vivement remercié.

Né à Montréal, René Soulard devint, dès l'âge de vingt ans, journaliste au quotidien *Le Canada*, dont il prit la tête à partir de 1934. Éditorialiste spécialisé dans la politique et l'agriculture, chroniqueur, reporter, il entra deux ans plus tard au *Bulletin des agriculteurs* (organe d'Arthur Fontaine, conseiller au Parti libéral), qu'il dirigea à son tour de 1938 à 1948. La même année, il décidait de se lancer dans la publicité, un domaine plus rémunérateur à ses yeux, où il effectua le reste de sa carrière.

Le témoignage de René Soulard pourrait faire suite à ceux des « amis reniés », réunis dans *Les Chemins secrets de Gabrielle Roy – Témoins d'occasions*. En effet, après cinq ans d'étroite et fructueuse collaboration,

Gabrielle, de manière incompréhensible, tourna le dos à l'homme qui lui avait offert sa première vraie chance professionnelle, comme au journal qui lui avait permis de se faire un nom et d'aiguiser son talent d'écrivain.

Si le « doyen » du *Bulletin des agriculteurs* garde au cœur une secrète amertume, il n'en exprime pas moins une fierté bien légitime d'avoir contribué à l'affinage d'une des plus belles plumes du pays.

De ce fait, méritait-il le portrait dénué de chaleur et d'aménité que Gabrielle a brossé de lui dans *Le Temps qui m'a manqué*, le réduisant à une simple « relation d'affaires » ?

JORI SMITH :
« GABRIELLE ROY, UN CŒUR NOIR
SUR UNE TOILE BLANCHE »

Jori passe aussi tout l'été dans sa maison, à côté de chez moi, et peint cette année des portraits d'enfants, très beaux, très réussis. Sa santé est meilleure, son humeur gaie et elle donne de temps à autre de petites parties charmantes où elle convie des amis de Baie-Saint-Paul, des Éboulements [...].
Petite-Rivière-Saint-François, le 25 août 1968
(*Ma chère petite sœur – Lettres à Bernadette*)

Un portrait au vinaigre

J'étais une amie intime de Gabrielle Roy. Notre rencontre remonte au début de l'année 1940, à Montréal. À cette époque, mon compagnon, le peintre Jean Palardy[1], et moi-même organisions régulièrement chez nous, le vendredi ou le samedi, des soupers réunissant les artistes peintres, les sculpteurs, les écrivains et les journalistes du pays.

Un soir, l'un de nos familiers, Henri Girard, directeur littéraire de *La Revue moderne*, est arrivé tout excité à la maison : « J'ai fait la connaissance de la femme la plus charmante, la plus intelligente, la plus merveilleuse qui soit ! » nous a-t-il annoncé. Il paraissait éperdument amoureux.

Une semaine plus tard, il nous présentait Gabrielle : elle travaillait en qualité de journaliste pour son magazine. Certes, elle était jolie, intéressante et pleine d'esprit, mais c'était aussi la plus grande égoïste que j'aie jamais rencontrée de ma vie : elle avait mauvais caractère, ne se liait d'amitié qu'avec les gens susceptibles de lui apporter quelque chose et rejetait ceux qui ne lui étaient d'aucune utilité.

En ce temps-là, elle résidait en semaine rue Dorchester[2], et certains week-ends à Rawdon (nord de Montréal). Elle cherchait des endroits retirés à la campagne pour pouvoir écrire, et de petites familles pour l'aider sur le plan matériel : elle ne savait rien faire de ses mains ! Elle se rapprochait uniquement des gens afin de se sentir moins seule et de les observer tout à son aise.

Très vite, Henri et Gabrielle sont devenus amants. Hélas ! Lui était marié à une certaine Hélène, une hystérique, disait-on, qui le rendait malheureux, mais dont il n'est jamais parvenu à se séparer. C'était un petit bonhomme un peu grassouillet, alcoolique et grand joueur de billard, mais d'une gentillesse exemplaire et d'une rare générosité. Il n'était pas très riche, mais sa protégée a largement profité de ses bienfaits.

Le « mythe » écorné

Tous deux se joignaient fréquemment à nos réunions, dont ils appréciaient l'atmosphère de simplicité chaleureuse et conviviale. Mon Dieu, comme j'en garde de bons souvenirs, moi aussi ! Nous formions un petit groupe d'avant-garde, aux idées libérales et progressistes. Ainsi, Jean et moi vivions-nous en union libre, une situation peu courante à l'époque. Tous nos invités étaient fascinés par la personnalité de mon compagnon, un être drôle, cultivé, brillant causeur et si gentil ! Gabrielle aimait beaucoup discuter avec lui.

Toutefois, en société, elle se révélait particulièrement pénible et d'un égocentrisme insupportable. Alors que nous recevions quantité de gens passionnants, il fallait qu'elle attire systématiquement l'attention sur elle. Elle avait besoin d'un public pour *faire son show*…

L'ennui, c'est qu'elle racontait toujours les mêmes sempiternelles histoires : Jean avait beau disparaître dans son fauteuil en se cachant la tête entre les mains, un de nos invités pousser un « beurk ! » ou un « pouah ! » éloquent, et moi, faire la grimace, elle poursuivait, imperturbable. Un soir, le peintre Jean-Paul Lemieux[3] lui a carrément demandé de se taire. Mais elle a continué quand même…

Un témoin gênant à plus d'une « occasion »

C'est au printemps 1940 que la jeune journaliste a commencé à effectuer des recherches en vue d'écrire *Bonheur d'occasion*. Tous les vendredis et samedis soirs, avant notre traditionnel souper, son chevalier servant l'accompagnait jusqu'à Saint-Henri. Ensemble, en grand secret, ils ont composé cette histoire et, à l'été 1944, Gabrielle a mis au point le manuscrit final à Rawdon. Henri a tout relu, corrigé et réécrit. C'est également lui qui a aidé la romancière à trouver un titre accrocheur.

Toutefois, le succès venu, en 1947, elle a laissé tomber ce pauvre garçon sans un mot d'explication. Henri en a terriblement souffert : il ne l'a jamais revue, elle n'a jamais rien écrit sur lui, elle n'a jamais voulu reconnaître qu'il lui avait donné toutes ses idées. En fait, elle l'avait dominé, exploité pendant toute la durée de leur relation et, à présent, s'attribuait la victoire à elle seule.

Elle est partie fêter sa réussite dans l'Ouest avec sa famille et toute la ville de Saint-Boniface. C'est là qu'elle a retrouvé un certain Marcel Carbotte, de cinq ans son cadet, qu'elle avait connu autrefois lorsqu'il était collégien[4]. Il est tombé fou amoureux d'elle. Toutefois, elle ne l'a pas épousé pour faire l'amour avec lui, mais pour en faire son esclave. Elle voulait à la fois un agent d'affaires pour s'occuper de ses papiers, un compagnon pour se désennuyer lorsqu'elle se sentait seule, et un homme à tout faire dans la maison.

Mort d'amour ?

Pendant ce temps, rayé comme d'un vulgaire trait de plume de l'existence de Gabrielle, notre ami Henri est tombé malade de chagrin. Après sa mort, quelques années plus tard, on a retrouvé un portrait de sa maîtresse dans l'un de ses tiroirs et, sur son bureau, une bouteille. On a penché pour de l'eau : c'était du gin. Le malheureux n'avait jamais dû se remettre de son abandon. Il a connu une fin misérable… Par la suite, le propre mari de la romancière a confié au quotidien *Le Devoir* qu'elle avait très mal agi en déniant à Henri Girard la part de crédit qui lui revenait dans le succès de *Bonheur d'occasion*[5]…

Des noces de papier… froissé

En septembre 1947, avant son départ pour l'Europe – où elle a demeuré trois ans avec son époux –, Gabrielle est venue nous présenter Marcel Carbotte. Au cours de la soirée qui nous a réunis tous les quatre, Jean et moi avons eu tout le loisir d'apprécier les qualités humaines de son nouveau compagnon.

Un an plus tard, soit le 30 août 1948, le couple décidait de fêter son premier anniversaire de mariage en Bretagne : depuis un mois déjà, Gabrielle y passait des vacances en célibataire[6]. À cette occasion, tous deux ont invité Jean-Paul Lemieux et son épouse Madeleine, alors de passage en France, à les rejoindre à Concarneau, dans le Finistère. Plus tard, ceux-ci

Un couple de peintres peu conformistes :
Jori Smith et Jean Palardy.
(Archives nationales du Canada)

nous ont confié que leur séjour avait été lamentablement gâché par les disputes incessantes des Carbotte.

Le soir de la réception, Marcel a porté un toast en l'honneur de son union avec la romancière. « Ma chérie, pour la circonstance, tu prendras bien un peu de champagne… », lui a-t-il tendrement suggéré. Mais, du fait de son régime, elle s'interdisait l'alcool. « Non ! » a-t-elle répondu sur un ton qui n'admettait pas de réplique. Marcel insistant, elle a fini par céder, mais le champagne l'a rendue malade comme un chien. Et les reproches de pleuvoir, et les querelles de reprendre de plus belle… Les Lemieux n'en pouvaient plus !

La ménagère inapprivoisée

Au fil des années, Jean et moi avons assisté, à la fois impuissants et affligés, à la dégradation progressive du couple Carbotte. Marcel était trop gentil : Gabrielle en a fait un homme profondément malheureux. La tristesse qui se peignait en permanence sur son visage faisait peine à voir.

Un jour, il a confié à Madeleine Bergeron [7], une amie commune, qu'il était follement épris de sa femme, mais qu'elle ne lui avait jamais laissé partager son lit. Ce devait être une torture pour lui. Il avait très vite compris qu'elle l'avait épousé uniquement pour avoir un *agent d'affaires* et un homme de service sous la main. De fait, c'est lui qui faisait tout à la maison : le ménage, les courses, la cuisine, la vaisselle… Elle ne préparait jamais le repas et, en l'absence de son mari, se contentait d'un steak ou d'un sandwich, de desserts sucrés ou d'un pudding.

De ce médecin plein de talent, réputé et respecté dans sa profession, elle avait fait son prisonnier et son domestique. L'été, elle exigeait qu'il la rejoigne à Petite-Rivière-Saint-François – où, depuis 1940, Jean et moi possédions un chalet voisin du leur –, afin de vaquer aux tâches ménagères, de la promener en voiture et de sacrifier à ses caprices : ainsi était-il prié d'apporter de la viande pour toute la semaine. Chaque vendredi soir, le pauvre Marcel arrivait épuisé de Québec après ses consultations.

Une anecdote est particulièrement révélatrice de la manière dont Gabrielle le manipulait : un soir, alors que nous étions réunis chez eux avec Berthe Simard, leur voisine, la romancière a été prise d'une soudaine lubie. Toute câline, elle s'est approchée de Marcel et, d'une petite voix mielleuse, lui a susurré en se frottant contre lui : « Mon chéri, tu nous feras bien un petit pudding… » Une fois de plus, le « chéri » fondait devant les minauderies de sa compagne : comme il n'existait pas encore de dépanneur à Petite-Rivière-Saint-François, il a dû parcourir je ne sais combien de kilomètres dans la nuit avant de trouver les ingrédients qui manquaient ! Oh, je détestais Gabrielle dans ces moments-là ! Était-ce donc là la sainte qu'on s'évertuait à nous présenter dans tout le pays ?

Un été tragique

D'une désolante trivialité, la vie privée des Carbotte était jalonnée de scènes, de cris, de chamailleries. Ils se disputaient devant leurs amis, l'un ou l'autre partait, puis revenait, ils se reprenaient de nouveau, se réconciliaient, et le cycle infernal recommençait. J'ai relaté les péripéties de cette débâcle conjugale dans de multiples lettres à des amis, aux Lemieux, aux Carbotte eux-mêmes [8]. Comble d'ironie, Gabrielle et Marcel nous écrivaient, chacun de son côté, pour nous conter leurs malheurs !

À l'été 1968, j'ai été témoin de la crise la plus grave qu'ait traversé leur mariage. Elle s'est déroulée à Petite-Rivière-Saint-François. Un soir, après une dispute plus violente que de coutume, Marcel a quitté la maison en claquant la porte. D'une pâleur mortelle, Gabrielle se tenait debout dans l'embrasure d'une fenêtre. Tout à coup, elle a éclaté en pleurs et s'est mise à trembler, à trépigner : « Il veut me quitter ! J'ai besoin de lui ! J'ai besoin de lui ! » gémissait-elle. C'était pitoyable !

Un autre soir, alors que je m'apprêtais à leur rendre visite, j'ai aperçu Marcel, assis sur les marches extérieures du chalet et sanglotant comme un enfant, le visage entre les mains. Gabrielle avait encore dû faire des siennes, peut-être même le flanquer à la porte. C'était un spectacle poignant. Par discrétion, bien sûr, j'ai rebroussé chemin : la pénombre a facilité ma retraite.

L'amitié selon deux « monstres sacrés »

Bien que Gabrielle et moi nous soyons fréquentées tout au long de notre vie, nous n'avons jamais eu la moindre querelle. Pour ma part, faisant fi de son sale caractère, je me montrais toujours patiente et polie envers elle : que voulez-vous ? J'étais civilisée ! C'est sans doute la raison pour laquelle nous sommes parvenues à sauvegarder une certaine qualité de relation. Toutefois, je ne faisais jamais de compromis avec elle : très indépendante de nature, je ne l'ai jamais autorisée à profiter de moi.

Ainsi, lors de nos séjours à Petite-Rivière-Saint-François, travaillait-elle le matin tandis que je faisais de l'exercice ; l'après-midi, je m'installais devant mon chevalet pendant qu'elle effectuait sa promenade journalière. Cependant, si je ne me permettais jamais d'aller la déranger lorsqu'elle écrivait, elle, par contre, ne se gênait pas pour venir me distraire lorsque je peignais. Elle débarquait chez moi aux environs de 14 heures, tentant de me persuader par tous les moyens de l'accompagner dans sa randonnée. Je refusais systématiquement. Piquée au vif, elle affectait de ne pas comprendre, mais je ne cédais jamais.

Cela dit, je reconnais qu'elle était un véritable écrivain ; elle travaillait beaucoup, et bien. J'ai lu toute son œuvre : elle avait du talent, du style, et les souvenirs d'enfance qu'elle a transposés dans *Rue Deschambault* dégagent un charme original et désuet. Mais je ne la relirai jamais, cela ne m'intéresse pas : j'ai trop connu la personne qui se cache derrière, et l'image que Gabrielle a voulu donner d'elle est à l'opposé de ce qu'elle était en réalité, au fond de son être.

Son dernier biographe a prétendu que j'étais jalouse d'elle à cause des aléas de ma carrière. J'ignore où il est allé pêcher pareille information ! Comment aurais-je pu envier une femme aussi mal dans sa peau que

Gabrielle? Une personne qui n'exerçait pas le même art que moi? Enfin, un écrivain ayant connu, elle aussi, de nombreuses traversées du désert?

L'ermite de Petite-Rivière-Saint-François

Contrairement à ce que l'on croit, Gabrielle n'aimait pas les gens : elle les utilisait. Ainsi ignorait-elle les habitants de Petite-Rivière-Saint-François[9], pourtant si gentils, excepté la famille de Berthe Simard : elle savait le parti qu'elle pouvait en tirer. Cette dernière était une très brave femme qui l'adorait et lui était toute dévouée. Sans Berthe, Gabrielle était incapable de se débrouiller dans la vie quotidienne : elle s'affolait, devenait complètement perdue. Après la mort de l'écrivain, je lui ai demandé ce qu'elle pensait franchement de son amie et elle, la sainte, si gentille, si drôle, si pleine d'humour, qui ne disait jamais de mal de personne, a soupiré ces quelques mots : « Ah! Malheureusement, la pauvre Gabrielle, elle avait si mauvais caractère! J'avais pitié d'elle... »

Comme beaucoup d'artistes, je suis égoïste, mais j'aime les gens et je pense être bien plus humaine que ne l'était Gabrielle. Jean et moi recevions quantité d'amis à Petite-Rivière-Saint-François : la maison résonnait de rires, de discussions, de chansons. À l'inverse de l'écrivain, qui n'aimait que son travail, j'ai mené une vie riche, heureuse, intense, entourée de gens charmants et intéressants. Elle, Gabrielle, était juste intéressée : par exemple, invitait-elle uniquement Madeleine Bergeron et Madeleine Chassé[10], « les Madeleines », comme nous les appelions, pour qu'elles l'emmènent faire de petites *tournées* en auto.

Régnant en souveraine et en despote, elle était faite pour fréquenter les grands de ce monde : pas de simples mortels comme nous... Une autre anecdote vous le démontrera : un soir, à Petite-Rivière-Saint-François, nous étions en train de prendre un verre avec Marcel Carbotte et Berthe Simard, pendant que Gabrielle se préparait dans sa chambre. Tout à coup, elle a entendu, à travers la cloison, une réflexion qui lui a déplu. Elle est sortie en furie, s'efforçant avec tant de passion de nous convaincre du mal-fondé de nos propos que le feu semblait jaillir de ses yeux et de sa bouche. Quand elle avait quelque chose à dire, elle n'y allait pas par quatre chemins : on avait intérêt à comprendre, et vite!

Gabrielle, insincère?

Si Gabrielle n'aimait pas les gens, je pense qu'elle n'aimait pas davantage la nature[11]. Du moins pas autant que moi, qui n'ai jamais cessé de la peindre. Elle s'ennuyait souvent à la campagne. Ce qu'elle recherchait avant tout, c'étaient des endroits calmes pour écrire, se ressourcer et se couper des autres.

Déjà, lors de son séjour en Angleterre, dans les années 1937-1939, elle avait trouvé une famille d'accueil à l'extérieur de Londres, les Perfect, pour s'occuper d'elle [12]. En ce temps-là, elle ambitionnait de devenir comédienne, mais sa voix ne portait pas. C'est également à la même époque qu'elle avait rencontré Stephen, son soi-disant unique amour... Pensez donc ! Elle a abandonné ce garçon sincèrement épris d'elle [13] : quand quelqu'un ne l'intéressait plus, elle le jetait...

Elle s'est servie de ces gens, comme elle se servait de tout le monde... Tout au long de sa vie, elle a manifesté le même comportement de profiteuse. Ainsi, lors de son dernier voyage en France, à l'hiver 1972, s'était-elle fait inviter à Tourrettes-sur-Loup (en Provence) chez une artiste et spécialiste d'art d'origine belge, Mme Suzanne Boland. Cette dame aurait bien aimé lui raconter l'histoire de sa ville d'adoption, comme celle du peintre Bonnard [14], qui avait autrefois peint en Provence. Mais l'écrivain ne s'intéressait ni aux vieilles pierres ni aux œuvres d'art... Ce qu'elle voulait, c'était que son hôtesse prenne soin d'elle : loin de Berthe, elle se sentait perdue.

Ce n'est qu'à l'article de la mort que Gabrielle a reconnu ne pas avoir accordé assez de temps, dans sa vie, à l'amour et à l'amitié. Il était un peu tard : depuis quinze ans déjà, Marcel était parti vivre de son côté ; quant à moi, un tantinet lassée, je m'étais également éloignée.

***

Née à Montréal, d'un père irlandais et d'une mère canadienne-anglaise, Marjorie, dite Jori, Smith prit très tôt conscience de sa vocation de peintre. En dépit de l'opposition de son père qui lui déniait tout talent, elle effectua, de 1923 à 1928, de brillantes études à l'École des beaux-arts de sa ville. À sa sortie, elle rencontra le peintre Jean Palardy, qu'elle devait épouser quelques années plus tard.

Membre du Groupe de l'Est [15] (1938) et de la Société d'art contemporain [16] (1939), elle participa activement au renouveau de la peinture québécoise, exposant, entre autres, à l'Association d'art de Montréal (1928-1934), au premier Salon des Indépendants (1941), au Musée d'art contemporain (1952) et au Musée des beaux-arts de Montréal (1955). À cette artiste « maudite », dont l'originalité ne fut reconnue que dans les années 1980, deux rétrospectives ont été récemment consacrées à la galerie Dominion de Montréal (1988) et à l'Université Concordia (1997). Elle a reçu l'Ordre du Canada en 2002.

Paysages québécois, natures mortes, visages mélancoliques de femmes et d'enfants, chats dans des intérieurs désuets aux éclairages nostalgiques, Jori Smith peint aussi, dans des couleurs vives, lumineuses, symboliques, de véritables « portraits » de fleurs, de fruits et de légumes. Pour leur part, mes yeux n'ont jamais « goûté » de plus belles pommes que les fruits de son atelier !

Ici, à la manière de Picasso, l'artiste décompose en un kaléidoscope sans complaisance les différentes facettes de la personnalité de Gabrielle Roy, la seule, parmi ses relations, qui ne parvint jamais à étancher sa soif d'amitié. Selon elle, incapable d'aimer, sinon dans ses livres, la romancière n'eut d'autre choix, dans la vie, que de se replier dans la solitude et l'écriture. Pourtant, dans *Ma chère petite sœur – Lettres à Bernadette, 1943-1970*, comme dans *Mon cher grand fou – Lettres à Marcel Carbotte, 1947-1970*, le croquis qu'elle effectue de la fidèle Jori, en petites touches sensibles et enjouées, ne reflète-t-il pas la plus sincère des affections ?

UNE INFIRMIÈRE RADIOLOGUE : « PORTRAIT DE GABRIELLE ROY EN TECHNICIENNE DE LABORATOIRE »

> *Je crois que j'aurais eu moi-même une véritable passion*
> *pour le travail de recherche et de laboratoire ; si la vie m'en*
> *eut rapprochée.*
>
> Ville LaSalle, Québec, le 10 mars 1952
> (*Mon cher grand fou – Lettres à Marcel Carbotte*)

❧

Un « vilain petit canard »

En septembre 1943, alors fraîchement opérée d'un goitre, je me suis mise en quête d'une École de technologie médicale où je pourrais étudier la radiologie. Malheureusement, il n'en existait aucune au Québec. Un peu découragée, j'étais sur le point de partir pour l'Ontario, lorsqu'une religieuse m'a annoncé l'ouverture imminente d'un établissement équipé de laboratoires et de rayons X à l'hôpital Saint-Jean-de-Dieu, à Montréal. Je m'y suis donc inscrite, et c'est là que j'ai rencontré Gabrielle Roy[1].

Elle suivait des cours théoriques et pratiques dans la même classe que moi. Vous vous demandez évidemment ce qu'elle venait faire dans pareil endroit… Je vais vous répondre : elle cherchait un gagne-pain. Et plus exactement, elle se cherchait.

Durant les trois mois passés dans notre école, elle s'est révélée pour moi une délicieuse compagne. À cette époque, elle devait avoir trente-quatre ans, mais n'en paraissait guère plus de dix-sept ou vingt. De taille moyenne, vêtue avec soin, elle n'était pas spécialement jolie – j'entends par là qu'elle n'avait rien d'exceptionnel ni de très attirant. Un grand chagrin se peignait sur son petit visage, pâle et pensif. Mais jamais elle ne s'en est ouverte à quiconque. Ce n'est que quarante ans plus tard, en lisant son autobiographie, que j'en ai compris les raisons : l'échec professionnel de son père, que les conservateurs avaient renvoyé de son travail parce qu'il soutenait le ministre Laurier[2] ; les différends qui l'opposaient depuis sa petite enfance à sa sœur aînée, Marie-Anna, laquelle l'a persécutée jusque dans un livre, Le Miroir du passé.

Seule élève originaire des plaines de l'Ouest, elle était très différente des autres : secrète, solitaire, repliée sur elle-même, elle semblait un peu perdue au milieu de cette volière de jeunes filles, de religieuses et d'infirmières qui l'accablaient de questions. Elle fuyait leur inlassable curiosité pour se réfugier auprès de moi qui, par égard pour elle, ne lui faisais jamais la moindre remarque, ne l'interrogeais jamais. « Au moins, quand je mange avec vous, j'ai la paix ! » soupirait-elle.

Nos conversations portaient exclusivement sur nos cours. Jamais elle ne m'a parlé de son passé, ni de sa famille, ni de sa vie personnelle – ainsi ignorais-je qu'elle avait un amant à Montréal[3] –, ni du métier de journaliste qu'elle exerçait en parallèle à ses études, ni de ses projets d'écriture. Toutefois, je la sentais comme absorbée par un rêve mystérieux. C'était une fille très sensible : chaque matin, elle s'extasiait devant les coloris changeants de l'automne.

La fuite et l'envol du « petit canard »

En classe, elle se distinguait par son intelligence, son application et sa débrouillardise. Notre travail consistait à effectuer des analyses de sang, de sérum et de bactéries. Ma camarade se montrait fort habile dans sa manière de se déplacer, de manipuler les objets, d'effectuer chaque opération. En un mot : elle n'avait pas les deux pieds dans la même bottine ! Certes, elle manifestait de réelles dispositions pour notre futur métier et y aurait sans doute fort bien réussi, mais… vous imaginez Gabrielle passant toute sa vie à examiner des urines, des selles et des sécrétions glandulaires ?…

Trois mois plus tard, elle disparaissait de l'école. Sans un mot d'explication. J'imagine qu'elle a informé les religieuses de son départ, mais elle n'est venue dire au revoir à aucune de nos enseignantes, à aucune de nos compagnes. Pas même à moi. Il est vrai qu'elle ne s'était liée d'amitié avec personne. Je ne l'ai jamais revue et elle n'a jamais écrit une seule ligne sur son expérience de laborantine.

Dans un sens, cette désaffection ne m'a nullement étonnée : elle n'était pas dans son élément parmi nous, elle poursuivait d'autres ambitions ; surtout, elle se cherchait, encore et toujours…

Deux ans plus tard, le talent d'écrivain qu'elle s'était découvert lors de son séjour en Angleterre[4], en 1938-1939, a émergé avec la publication de *Bonheur d'occasion*. Si cet ouvrage a fait grand bruit, il a aussi soulevé la polémique dans certains journaux et à la radio : la romancière avait cru faire œuvre sociale en dépeignant la pauvreté qui régnait à Saint-Henri, mais les habitants de ce quartier s'étaient sentis attaqués, heurtés, humiliés par le réalisme noir de ses descriptions.

Pour ma part, j'ai persévéré avec un certain succès dans la voie que Gabrielle avait abandonnée. Ma route a quelquefois croisé celle de ses livres : ainsi, *La Détresse et l'Enchantement* m'a-t-il éclairée sur sa personnalité qui m'avait tellement frappée autrefois, et sur son cheminement. Il est évident qu'elle n'aurait jamais pu faire carrière dans le domaine paramédical : elle était trop intellectuelle… Sa vocation, c'était de s'envoler sur les ailes de l'écriture, non d'emprunter les chemins des laboratoires !

***

Après ses études à l'École de technologie médicale de l'hôpital Saint-Jean-de-Dieu (actuel hôpital Hippolyte-Lafontaine), à Montréal, cette religieuse SNJM devint infirmière radiologue dans le même établissement, puis à l'Université de Great Falls (Ontario). Enseignante titulaire d'une licence en hygiène, elle exerça trente ans durant aux côtés de médecins et de chirurgiens réputés, avant d'achever sa carrière comme chef du service de radiologie de la maison mère SNJM, à Outremont (Québec).

Personnalité marquée, volontaire, positive, cette sœur m'a abordée avec la ferme certitude de détenir un « scoop ». En effet, qui, en dehors de la dernière survivante des étudiantes de l'École de technologie médicale, peut se vanter de connaître l'un des secrets les mieux gardés de Gabrielle Roy : ses tentatives infructueuses pour faire carrière dans le domaine de la santé[5] ?

Une atmosphère automnale et cafardeuse de rentrée des classes… Un petit huard[5] sauvage, échoué dans la cour d'une école et cherchant le refuge d'une aile protectrice pour cacher ses faiblesses : inadaptation au groupe, mal de vivre, incommunicabilité, fond de sauvagerie se traduisant par une fugue, instabilité professionnelle… Gabrielle ne fait-elle pas songer à *L'Albatros*[6] de Baudelaire, au *Petit Chose*[7] d'Alphonse Daudet, ou bien encore à cette cohorte de poètes et d'écrivains romantiques qui, au fil des siècles, « crevèrent d'ennui au collège[8] » ?

L'enseignement, le théâtre, le journalisme, la radio, le travail en laboratoire… Gabrielle aura tout essayé avant de trouver sa véritable voie. Toutefois, sans doute par orgueil, la femme de lettres s'est abstenue d'évoquer les «petits boulots» qu'elle dut parfois effectuer pour survivre ou les formations qu'elle suivit dans l'espoir de décrocher un emploi durable.

YVONNE MORISSETTE-RIALLAN (1912-2001) : « GABRIELLE ROY, L'ANTI-SYMBOLE NATIONAL »

À côté de chez Miss Tardif habitent dans une petite maison louée pour la saison Léo-Paul Desrosiers et sa femme, Michelle Lenormand, dont j'ai fait la connaissance sur la grève, et depuis je les ai accompagnés dans plusieurs de leurs excursions [...]. Ensemble, nous avons cherché des agates.

Percé, le 19 août 1962
(*Mon cher grand fou – Lettres à Marcel Carbotte*)

Une « créature de rêve »

J'ai fait la connaissance de Gabrielle Roy durant l'été 1945 à Montréal, lors de la publication de *Bonheur d'occasion*. À cette époque, je travaillais comme assistante dans le cabinet de Mᵉ Jean-Marie Nadeau, son homme d'affaires et avocat : il m'avait confié la responsabilité des dossiers confidentiels de tous ses clients.

Un beau matin, la romancière est entrée dans notre bureau et mon patron nous a présentées l'une à l'autre. Évidemment, nos relations se sont limitées à un simple échange de politesses, mais, mon Dieu, comme je l'avais trouvée belle !... Ces cheveux ! Ces yeux ! Ce sourire !... Elle irradiait la joie de son succès tout neuf : pensez, son livre, qui décrivait la réalité quotidienne du petit peuple de Saint-Henri, était lu dans tout le Québec et le Canada français !

La rançon de la gloire

C'est une femme sensiblement différente que j'ai retrouvée dix-sept ans plus tard, soit en 1962, à la faveur d'un séjour de vacances à Percé (Gaspésie). Cet été-là, Julien, mon mari, et moi-même avions été invités à passer trois semaines dans le chalet de Léo-Paul Richer[1], le propriétaire du journal *Notre Temps*, et de son épouse Julia[2], chroniqueuse. Un couple d'amis, les écrivains Léo-Paul Desrosiers[3] et Michelle Lenormand[4], nous accompagnait dans notre villégiature.

Un matin, en descendant en ville, nous sommes tombés nez à nez avec l'une de nos voisines, Miss Tardif, une Irlandaise entre deux âges qui louait les chambres de son cottage à des vacanciers. « J'aimerais beaucoup vous présenter quelqu'un, nous a-t-elle déclaré avec son accent irrésistible, j'ai chez moi un charmant auteur canadien-français. » « Eh bien, dites-lui de passer nous voir ! » nous sommes-nous exclamés tous en chœur.

Ce « charmant auteur canadien-français », c'était Gabrielle Roy. Une ou deux heures plus tard, elle frappait à notre porte et durant les trois semaines qui ont suivi, elle s'est arrêtée chaque matin prendre le café avec nous, au retour de sa promenade dans la montagne rocailleuse.

Une rencontre-coup de foudre en Gaspésie :
les écrivains Léo-Paul Desrosiers et Michelle Lenormand.
(coll. part.)

Les Desrosiers et nous-mêmes avons sympathisé spontanément avec elle. C'était une personne simple, sans cérémonies, sans détours. Fréquentant les mêmes milieux qu'elle, nous avions forcément beaucoup de points communs, dont la passion de la littérature.

Toutefois, je me suis vite aperçue que Gabrielle avait des tendances dépressives. Sa conversation n'était jamais gaie ni optimiste, mais, au contraire, toujours grave et sérieuse. Un jour, elle a même confié à Julien qu'étant petite fille, elle aimait aller jouer dans le cimetière de Saint-Boniface. Personnellement, à cet âge, il ne me serait jamais venu une idée pareille !

L'amour des contes

Parfois, elle s'asseyait sur le rebord de la galerie du chalet et jasait avec Julien pendant que je faisais un brin de ménage [5]. À d'autres moments, elle me priait de lui raconter une histoire, toujours la même, qui remontait à ma plus tendre enfance au Manitoba. La voici :

« En 1912, mon père, qui était ébéniste d'art à Winnipeg, s'est retrouvé au chômage. Aussi, le lendemain de ma naissance, n'a-t-il pas hésité à prendre la route de Camperville (nord du Manitoba), où les missionnaires Oblats cherchaient un artisan capable de bâtir l'intérieur de leur église. À peine avait-il quitté la maison que ma mère décidait de le rejoindre.

« En ce temps-là, il fallait plus d'une journée de voyage en charrette pour se rendre dans le Nord. Par conséquent, maman a dû faire appel aux services d'un guide. C'était un Indien de la tribu des Saulteux qui ne connaissait pas un traître mot de français ni d'anglais : tout juste savait-il balbutier *Ave Maria*, la seule expression latine qu'il ait retenue de ses contacts avec les missionnaires.

« Aux environs de midi, ne voilà-t-il pas que notre conducteur arrête l'équipage, saute à bas de son siège et s'installe sous une tente pour déjeuner, abandonnant ma mère, affamée, à son triste sort ! Fort heureusement, la femme de ce "sauvage" a eu la présence d'esprit de nous offrir un peu de lait.

« Le soir, même scénario : arrivé à Pine Creek, où nous devions faire halte, notre cocher descend de charrette, desselle les chevaux et s'en va dormir sous son abri, sans même un regard pour la pauvre voyageuse et son enfant. De nouveau, son épouse est intervenue en faisant signe à maman de la rejoindre sous son tipi. Elle était flanquée de toute une ribambelle de mioches. L'aîné a pris ses lacets et, une demi-heure plus tard, rapportait toute une *trollée* de petits oiseaux qu'il a lui-même fait cuire pour l'invitée. Au fur et à mesure que la soirée avançait, maman, rassérénée, découvrait une famille charmante, généreuse, hospitalière.

« Le lendemain, nous sommes enfin parvenues à destination. À peine maman avait-elle mis pied à terre qu'une nuée de petites Amérindiennes, élèves des religieuses, faisaient cercle autour de moi en s'exclamant : "C'est le petit Jésus ! C'est le petit Jésus !" C'était la première fois qu'elles voyaient un bébé blanc. Voilà comment j'ai fait ma première entrée dans les relations publiques !... »

Gabrielle adorait cette anecdote que je tenais bien évidemment de ma mère : non seulement elle lui rappelait son pays natal, mais le temps où elle enseignait à de jeunes Amérindiens à La Poule d'Eau.

La grande absente

Après notre voyage en Gaspésie, nous n'avons plus jamais revu l'écrivain. Cela ne m'a nullement surprise, vous savez : pour elle, Julien et moi ne représentions tout au plus qu'une rencontre de vacances, une distraction comme une autre… Je l'avais sentie solitaire, très individualiste, incapable de se livrer et d'entretenir des relations intimes avec qui que ce soit. Même si notre échange s'était avéré chaleureux et cordial, elle n'en était pas pour autant devenue une amie. De toute manière, il ne me serait jamais venu à l'esprit de forcer son affection…

Toutefois, nous avons reçu plusieurs lettres d'elle – c'était sa seule façon de communiquer. À la mort de Julien, elle m'a également adressé un message de condoléances qui m'a touchée aux larmes. Vous me permettrez de ne pas communiquer au public ces documents trop personnels.

Par la suite, les seules nouvelles que j'ai eues d'elle provenaient d'une amie d'enfance, Laurence Harel [6], la femme de Paul-Marie Paquin, le directeur littéraire de Gabrielle aux Éditions Beauchemin (Montréal).

L'envers du portrait

Je ne voudrais en rien ternir la mémoire de Gabrielle ni détruire l'image idéale que les lecteurs se font d'elle. Cependant, il importe de savoir qu'elle n'était pas aussi « sainte » qu'il y paraissait.

Ma cousine, Mme X [7], de Saint-Boniface, l'a bien connue à l'époque où elle faisait du théâtre au Cercle Molière. Elle ne l'aimait guère : selon elle, Gabrielle se conduisait parfois comme une petite peste, jouant à la « star » et s'arrangeant toujours pour monopoliser l'attention.

Après le succès de *Bonheur d'occasion*, elle a « soufflé » le docteur Carbotte à sa fiancée, Mlle K., une infirmière, ainsi qu'aux autres filles de Saint-Boniface dont il était la coqueluche. Lorsque Henri Bergeron a annoncé leur mariage à la radio, ma cousine a eu un petit sourire qui en disait long. D'ailleurs, cette union peu conventionnelle n'a pas porté chance à la « ravisseuse » : je pense même qu'elle a accusé sa propension à la solitude et au retrait en soi.

Les journalistes Julien et Yvonne Morissette
eurent de la peine à conquérir l'amitié de Gabrielle.
(coll. part.)

De la même manière, si *Bonheur d'occasion* a apporté un peu de gloire aux gens de Saint-Boniface, son auteur n'a pas pour autant remonté dans leur estime. En effet, nombre d'entre eux savaient qu'elle s'était révélée ingrate envers ses parents[8], particulièrement envers sa mère à qui elle versait une pension dérisoire au temps où elle enseignait à l'école Provencher. Plus tard, lorsqu'elle est revenue au Manitoba, elle n'a jamais

Gabrielle à Percé, en compagnie
du journaliste Julien Morissette.
(coll. part.)

donné signe de vie aux siens. Elle les a ni plus ni moins abandonnés : c'est une attitude épouvantable, d'un égoïsme inqualifiable[9] !

Une « honte nationale »

Pour ma part, j'ai mis beaucoup de temps avant de lui pardonner d'avoir projeté à l'étranger une image négative et erronée des Canadiens français. En 1945, la lecture de *Bonheur d'occasion* m'avait horrifiée – le mot n'est pas trop fort. Bien sûr qu'à cette époque, il existait des gens pauvres, sans instruction et arriérés sur le plan religieux, mais pas plus à Montréal qu'ailleurs, au Canada ou dans le monde ! Si le livre n'a pas fait scandale au Québec, les gens du quartier Saint-Henri, pour leur part, ont plutôt mal réagi[10] : « Pourquoi a-t-elle voulu faire son petit Balzac ? » se demandaient-ils.

Deux ans plus tard, en apprenant que l'ouvrage allait être diffusé en Europe, j'ai crié à la catastrophe. Me Jean-Marie Nadeau lui-même avait flairé le risque : « En France, les lecteurs sont cultivés et s'expriment dans un français soigné… Que va-t-il advenir de *Bonheur d'occasion* ? » Comble d'ironie, c'est lui qui a remporté le Fémina !

Le jour de la remise du prix, je crois n'avoir jamais éprouvé autant de honte dans ma vie : « Cette fois, beaucoup de Français vont lire ce livre, me suis-je dit. Voilà l'image qu'ils vont se faire des Québécois et des Canadiens français ! Ils vont nous critiquer et se moquer de nous ! »

Certes, *Bonheur d'occasion* possède d'indiscutables qualités humaines et littéraires, sans doute même est-il digne de l'auteur de la *Comédie humaine*, mais pourquoi avoir étalé ainsi nos plaies au grand jour ? Pourquoi avoir mis en valeur une famille telle que les Lacasse, alors que tant de braves et honnêtes gens de Saint-Henri auraient pu servir de modèles à des personnages ? Pourquoi avoir présenté le Québec sous cet angle ?

Peut-être *Bonheur d'occasion* est-il, comme Gabrielle l'a reconnu par la suite, « le livre d'une époque et d'un lieu[11] », mais le drame est qu'il a franchi les frontières du Canada pour se propager en France, en Europe, aux États-Unis, et dans d'autres pays. Et voilà qu'on recommence aujourd'hui avec Michel Tremblay[12], dont les pièces en joual (langue populaire) sont représentées jusqu'à Paris !

L'apaisement

À présent, je me suis mentalement réconciliée avec Gabrielle. Le temps a mûri en elle le grand écrivain : son français a atteint une perfection quasi inégalée au Québec et ses descriptions sont d'une rare justesse de précision.

Ainsi, sa rencontre avec l'île de *La Petite Poule d'eau* est-elle particulièrement réaliste. J'ai retrouvé dans ce livre les paysages du nord du Manitoba que ma mère me décrivait[13]. La romancière était dotée d'une sensibilité suraiguë : c'est elle qui la rendait aussi sauvage, qui la faisait se replier sur elle-même. Il ne doit pas être facile de vivre en ce bas monde lorsque l'on est affligé de ce « handicap »…

J'ai lu une grande partie de son œuvre : elle est à son image, dénuée de tout optimisme. Il semble qu'elle ait rencontré davantage de succès au Québec qu'au Manitoba, où on l'a accueillie avec amusement. C'est un peu normal : Gabrielle n'est-elle pas toujours restée un peu là-bas la « petite fille du pays » ?

***

Née « par accident », selon sa propre expression – sa mère étant arrivée enceinte au Canada –, Yvonne Riallan, d'origine bretonne, passa sa jeunesse entre le Manitoba, la Bretagne et le Québec. Après l'obtention de son diplôme en journalisme à l'Université de Montréal, elle devint tour à tour secrétaire, chroniqueuse, chargée des relations publiques et traductrice. Elle acheva sa carrière comme chef de service de la presse française et présidente de la Société des traducteurs du Québec.

De son mariage heureux avec Julien Morissette (1906-1973), journaliste à *Notre Temps* (Sherbrooke, Estrie), puis à *Montréal Matin*, naquit un fils, Yves-Marie, aujourd'hui professeur de droit à l'Université McGill (même ville). Également directrice des Services bénévoles de Montréal, cette dame au grand cœur a œuvré au sein de nombreuses associations à caractère social et culturel, s'attirant les hommages unanimes de la presse.

Énergique, active, combative, Yvonne Morissette était tout l'opposé de Gabrielle Roy. Cette différence explique-t-elle que la romancière ait pris ses distances après le séjour qu'elle effectua auprès d'elle et de son mari en Gaspésie, à l'été 1962? Le spectacle du bonheur conjugal de ses amis lui était-il insupportable? Difficile de savoir ce qui se passait dans la tête de Gabrielle lorsqu'elle avait décidé, inconsciemment ou non, de s'éloigner. Si, dans *Mon cher grand fou – Lettres à Marcel Carbotte, 1947-1979*, elle ne fait aucune allusion aux Morissette, en revanche, consacre-t-elle presque toute une lettre à l'évocation de sa rencontre coup de foudre avec un autre couple, les écrivains Léo-Paul Desrosiers et Michelle Lenormand, dans un décor paradisiaque de grèves, d'«immenses rouleaux blancs», d'«agates» et de «jaspes».

Néanmoins, c'est davantage par ignorance de la psychologie complexe de Gabrielle Roy que par amertume ou désir de vengeance qu'Yvonne Morissette porte un jugement quelque peu sévère et tranché sur elle. En profitant, au passage, pour régler quelques vieux comptes avec *Bonheur d'occasion*, qu'à l'encontre de bien des lecteurs, elle a toujours considéré, non comme un objet de fierté nationale, mais comme un sujet de honte ayant terni le rayonnement du Québec à l'étranger.

SIX LETTRES DE GABRIELLE ROY
À PAUL-MARIE PAQUIN [1]
(don de Mme Laurence Harel-Paquin)

Directeur littéraire aux Éditions Beauchemin, rédacteur, réviseur, traducteur d'italien et d'espagnol, Paul-Marie Paquin (1921-1994), d'origine montréalaise, fut l'un des conseillers éditoriaux les plus compétents de sa génération. Si sa famille conserve de lui l'image d'un être secret, fermé et peu communicatif, son entourage professionnel, en revanche, sourit encore au souvenir de l'homme extraverti, excentrique et un brin farfelu qu'il était.

Pendant près de dix ans, soit entre 1966 et 1975, année de l'entrée de la romancière aux Éditions internationales Alain Stanké, ce passionné de langue française accompagna fidèlement Gabrielle Roy dans son travail, mettant au monde chacun de ses livres avec autant de discrétion que d'efficacité. Ainsi, peut-on presque le considérer comme le « père » de son œuvre.

Pour l'écrivain, Paul-Marie Paquin fut bien davantage qu'un simple correcteur : un véritable ami, auquel elle n'hésitait pas à confier des tâches promotionnelles délicates, dont celle de la représenter lors des événements officiels, et qu'elle traita toujours avec aménité et considération. Cependant, en dépit de leur proximité, le conseiller littéraire reconnaissait volontiers que Gabrielle Roy « ne s'était jamais entièrement livrée. Pas plus dans la vie que dans son œuvre. À la fois présente et absente, familière et distante, elle possédait un caractère sauvage et renfermé qui éloignait les gens. Il était difficile de travailler avec elle, mais je l'aimais malgré tout ». Et de confier dans son poétique hommage, « Gabrielle Roy, romancière [2] ? » : « Un jour, peut-être, pourrons-nous percer le secret que masquait ce regard au reflet de mer étale ! »

Les six lettres qui suivent sont précieuses à plus d'un titre : elles surprennent – fait plutôt rare – l'écrivain en plein travail. Commandes d'ouvrages, éditions, réimpressions, corrections d'épreuves, démêlés avec le milieu cinématographique... Tout en rêvant, comme à son habitude, d'être « ailleurs », Gabrielle se soumet aux exigences âpres du métier. Contrairement à ce que l'on croit parfois, sa vie fut loin d'être de tout repos !

À la fois émouvante et prosaïque, cette correspondance révèle aussi les « trois Gabrielle Roy » qui coexistaient en elle : l'écrivain méticuleux, polissant et repolissant ses textes jusqu'à ce que perfection s'ensuive ; la femme d'affaires avisée, veillant jalousement à la bonne marche de ses intérêts ; la mère possessive, soucieuse de la présentation, de la réception et de l'avenir de ses enfants-livres.

***

De la fin décembre à la mi-mars 1969, Gabrielle Roy séjourne à New Smyrna Beach, en Floride. Elle souffre de dépression, non seulement en raison du refus de son éditeur américain, Harcourt Brace, de publier *La Rivière sans repos* aux États-Unis, mais des malentendus qui l'opposent à son mari et à sa sœur aînée, Marie-Anna.

En dépit de sa tonalité un peu triste et lasse, cette lettre nous apprend que l'écrivain, toujours bouillonnante d'idées, songe déjà à une diffusion plus large de son œuvre par le biais d'une édition de poche. Ce projet ne se concrétisera que dix ans plus tard, dans le cadre des Éditions internationales Alain Stanké.

New Smyrna Beach, le 25 février 1969

Cher Monsieur Paquin,

Mon mari vient de me faire parvenir votre bonne lettre du 13 février. Je vous remercie de me représenter auprès de l'Éducation de l'Ontario[3] avec la même vigueur que vous l'avez fait la première fois, pour ce chapitre de Rue Deschambault, et j'espère que vous aurez le même succès. Si vous deviez descendre un peu je n'en serais pas trop affligée, mais je vous laisse entièrement le soin de décider. Toutefois, si la vente devait se faire je tiens à ce que vous déduisiez à la source, cette fois, le dix pour cent de commission qui vous revient.

Je vous serais donc obligée de bien vouloir déduire cette somme vous-même advenant que le ministère de l'Ontario vous envoie à vous-même un chèque en règlement de cette affaire. Tout sera ainsi simplifié, pour vous et pour moi.

Je déplore comme vous que nous ayons à hausser sans cesse le prix de mes livres, alors qu'avec le temps ce prix devrait plutôt baisser. Mais je sais bien

Paul-Marie Paquin, le fidèle correcteur et conseiller littéraire.
(coll. part.)

que vous ne pouvez faire autrement. À moins que Beauchemin envisage jamais une édition genre « pocket book ». N'y avez-vous jamais songé ?

Je prolongerai sans doute mon séjour en Floride jusqu'à la fin de mars, en dépit de moments de nostalgie du pays, car de vivre au soleil et au grand air me fait un grand bien.

Votre bras est-il maintenant tout à fait guéri ? J'imagine combien quelques semaines en Floride vous feraient du bien à vous aussi, et je voudrais avoir le pouvoir de les accorder à qui je veux.

Je crois avoir oublié de vous écrire que j'ai bien reçu le chèque de Beauchemin de cinq mille quelque dollars il y a déjà quelques semaines, et je vous en remercie.

Prenez soin de vous-même et veuillez croire à mes sentiments sympathiques.

Gabrielle Roy

Voici un exemple de « bon à imprimer » à la manière de Gabrielle Roy. Ce billet nous informe que, dès cette année-là, la romancière manifeste le désir de récupérer les droits cinématographiques de *Bonheur d'occasion*, cédés en 1947 à la Universal Pictures d'Hollywood : le tournage n'eut jamais lieu.

Cette fois encore, la tractation ne se conclura que dans dix ans, grâce aux soins conjugués de l'éditeur Alain Stanké et de Marie-José Raymond, productrice du film québécois *Bonheur d'occasion* (1983).

Petite-Rivière-Saint-François, le 4 août 1969

Monsieur Paul-Marie Paquin
Directeur des Éditions littéraires
Librairie Beauchemin

Cher Monsieur,

Pour faire suite à notre conversation au téléphone, j'autorise la Librairie Beauchemin, à une réimpression de cinq mille exemplaires de Bonheur d'occasion. *Je vous autoriserais bien à une réimpression de dix mille, mais j'espère trouver le temps de corriger encore quelques passages du texte avant que ne soient écoulés ces premiers cinq mille. En tout cas, je l'espère bien.*

Donc, j'ai enfin compris que vous alliez partir en vacances. À mon tour je vous en souhaite de reposantes et agréables. Septembre est un beau mois pour aller en France.

Mes bons vœux vous accompagneront, ainsi que mon amical souvenir.

Gabrielle Roy

P.S. Avez-vous enfin obtenu une reprise d'Universal International ? Qu'en est-il du projet de la Société de Montréal[4] ? Est-ce tombé à l'eau ?

***

Juin 1970 : réfugiée en son chalet de Petite-Rivière-Saint-François, Gabrielle Roy se remet péniblement du décès de sa sœur Bernadette, survenu un mois auparavant. Même si son entrée dans les anthologies de textes littéraires la consacre désormais comme un grand écrivain « classique », elle doit faire face à une multitude de tracas : l'abandon du projet d'illustration de couverture de *La Rivière sans repos* par son ami, le peintre René Richard[5] ; un flot de corrections d'épreuves ; le remplacement, à l'Office national du film, du tournage du long métrage *La Petite Poule d'eau* par celui d'un court métrage.

Anxieuse et déçue, elle émet beaucoup de réserves quant au nouveau scénario qu'on lui soumet. *Un siècle d'hommes* de Stanley Jackson[6], une projection multimédia de diapositives, de films et de dessins, se révélera pourtant un petit chef-d'œuvre du genre.

Petite-Rivière Saint-François, le 26 juin 1970

Cher Monsieur,

J'ai reçu votre bonne lettre du 11 juin et j'ai immédiatement écrit à Mademoiselle Nemmi[7] lui accordant la permission d'utiliser leur texte tiré de Rue Deschambault *puisqu'il est présenté comme un texte « d'après » des pages de* Rue Deschambault. *J'ai passablement hésité puis j'ai cédé voyant qu'il s'agit d'une anthologie pour gens au tout début de leur apprentissage du français.*

M. Broussard[8] et M. Jackson de l'Office national du film sont venus pour une après-midi chez moi et m'ont rendu compte d'un scénario maintenant terminé et assez satisfaisant. Ce qui est regrettable, toutefois, et je le leur ai dit, c'est que l'Office a dépensé pour faire ce court métrage une somme qui aurait suffi à en faire un long de grande qualité.

On me dit que les images sont magnifiques, mais il me faudrait aller à Montréal pour voir le film et ce n'est d'ailleurs même pas sûr qu'on pourrait me le montrer. Il est bien difficile dans ces circonstances d'accorder des droits à perpétuité. Je voudrais surtout ne pas gâter la possibilité de faire plus tard un long métrage tiré de cette œuvre.

De toute façon, j'ai redit à M. Broussard et à M. Jackson qu'ils devraient débattre avec nous la question affaire. J'ai cru comprendre que l'Office national du film faisait ce film pour le compte du gouvernement canadien qui lui le donnait au gouvernement du Manitoba à l'occasion du centenaire de cette province. Aussi que le film allait être montré à plusieurs occasions en diverses régions du Manitoba. Donc il ne s'agit pas du tout de deux représentations.

Toutefois, comme c'est pour le centenaire de ma province natale, je n'ai pas l'intention de réclamer davantage. Ce qui me paraît insensé de leur part, c'est de demander la perpétuité. Pour cela, il faudrait que je voie le film, que je le trouve indubitablement très beau et que je sois assurée que ce court métrage ne nuirait pas à un éventuel long métrage tiré de La Petite Poule d'eau.

J'imagine que vos vacances approchent et j'espère qu'à vous aussi elles apporteront détente et repos.

J'ai vu René Richard au sujet d'un dessin pour la couverture de la Rivière[9]... *Il n'a dit ni oui ni non. Il songe sans doute au projet et peut-être a-t-il un peu peur de se lancer à faire une tête. De toute façon nous ferons une couverture blanche si nous n'avons pas un dessin de première force.*

À propos, vers quelle date pensez-vous venir en Charlevoix? Je serai infiniment heureuse que vous vous arrêtiez chez moi en passant. À bientôt, j'espère.

Avec mon amical souvenir.

Gabrielle Roy

(dans la marge, à gauche) *Je vous renouvelle à la mémoire mon numéro de téléphone ici: 418 632-5481.*

P.S. Tout est-il bien en ordre maintenant et parfait dans la mise en page de La Rivière sans repos? *Après tant d'alertes j'ai quelque peine à me persuader que tout est enfin réglé de ce côté.*

Quand vous viendrez, aurez-vous l'obligeance de me rapporter cette photo de ma chère sœur disparue?
Merci
G. Roy

***

À cette époque, le deuil de Gabrielle Roy vient de donner naissance à l'un de ses plus beaux livres: *Cet été qui chantait.* Mais elle ne songe qu'à fuir, tant mentalement que géographiquement, le climat d'effervescence nationaliste qui embrase le Québec... Dans cette lettre, on la sent cette fois pressée d'échapper aux tracasseries inhérentes à son métier d'écrivain. Le Manitoba s'avèrera un prétexte idéal.

Petite-Rivière-Saint-François, le 21 juillet 1971

Cher ami,

Je vous retourne aujourd'hui, sous pli séparé, les épreuves en placard de La Montagne [10]. *Dans l'ensemble tout va bien. J'ai réindiqué les doubles espaces au temps d'arrêt à observer au cours du récit.*

Il faudra veiller en [sic] *autant que possible à les placer dans le corps du texte, c'est-à-dire ni tout à fait en haut ou en bas de page, mais les faire précéder ou suivre, s'ils sont en haut ou en bas de page, d'au moins une ligne de texte.*

Pensez-vous pouvoir m'envoyer les pages d'ici le sept ou huit août au plus tard. Cela m'arrangerait au cas où j'irais au Manitoba.

Je vous envoie aussi un exemplaire corrigé de la Rivière.

Ce sont de très petites fautes, mais je crois qu'il faudra les corriger avant la réimpression. Comme j'ai hâte que tout cela soit fini!

Si vous aviez l'occasion de venir ici avec des amis en auto, j'en serais enchantée.

À ne pas oublier non plus dans La Montagne, *de commencer les chapitres sur une page de droite. Depuis la déconvenue avec* La Rivière, *vous obligeant à recommencer la mise en page, je m'aperçois qu'il faut penser à tout.*

Au plaisir de vous lire – et mieux encore – de vous revoir, dans Charlevoix, peut-être.

Bien amicalement

Gabrielle Roy

J'ai entouré de cercles certains passages où l'encre a marqué, mais c'est à vérifier, n'est-ce pas.

✳✳✳

Dans ces deux dernières lettres, Gabrielle transmet ses ultimes consignes à Paul-Marie Paquin, avant de partir pour son voyage annuel au Manitoba : l'y attend sa sœur Clémence, de moins en moins autonome. En dépit du souci des préparatifs, l'incorrigible Gabrielle retouchera son œuvre jusqu'à la dernière minute…

Petite-Rivière-Saint-François, le 17 août 1972

Cher Monsieur,

    J'ai reçu votre bonne lettre et la coupure que vous avez pris la peine de m'envoyer. Je vous en remercie de tout cœur. Ici, non plus, l'été n'a pas été très réussi. Le temps semble un peu meilleur ces jours-ci, mais cela va-t-il durer?

    Je compte partir pour un voyage au Manitoba afin de passer quelque temps auprès de la dernière de mes sœurs qui me reste là-bas, et dont la santé est très mauvaise.

    Lorsque je serai de retour, en octobre sans doute, si vous venez à Québec vers ce temps-là, je serais heureuse de vous accueillir chez moi pour une bonne conversation de quelques heures.

    D'ici là, je vous prie d'accepter mon souvenir amical.

Gabrielle Roy

***

Petite-Rivière-Saint-François, le 25 août 1972
Monsieur P-M Paquin
Directeur des éditions littéraires
Librairie Beauchemin

Cher Monsieur,

    Je m'empresse avant mon départ, de vous donner par écrit l'autorisation d'une réimpression de 5000 exemplaires de Bonheur d'occasion, *après toutefois la correction que vous me signalez, page 47. Je me demande comment, si grossière, cette faute a pu nous échapper à tous. Je vous félicite pour le mariage de vos enfants[11]. Tout cela doit apporter un heureux branle-bas dans la maison. Au retour, l'escale à Montréal est trop courte pour faire quoi que ce soit; en allant, c'est presque la même chose. Mais j'irai une autre fois à Montréal ou vous-même viendrez peut-être à Québec quand il s'agira de mettre au point le travail de Marc Gagné[12]. J'espère vraiment que tout de ce côté-là marchera à souhait, et pour vous-même et pour lui.*

    Au cas où quelque chose d'urgent surviendrait pendant mon absence, vous pouvez toujours me joindre soit à l'hôtel Westminster où je séjournerai vraisemblablement deux semaines, peut-être un peu plus, soit au soin de ma belle-sœur[13] :

Madame Antonia Roy
25 Langside street, apt 6
Winnipeg. Tél. : 1-04-783-4615
   Soit par courrier soit par téléphone, elle saura toujours me joindre là où je serai.
   Je vous prie d'accepter mon souvenir le plus amical

Gabrielle Roy

   En faisant corriger page 47, voulez-vous veiller que l'on ne fasse pas de fautes ailleurs, si l'on déplace des lignes.
   G. R.

SŒUR MARIETTE LÉGER:
« GABRIELLE ROY OU LA ROSE
AU SOURIRE BLESSÉ »

[…] j'ai dû […] au reste, et même prendre la collation en
grand style, au réfectoire de la visite importante. Tout cela
était charmant, amusant, mais assez éreintant.

Port-Daniel, Québec, le 1er juillet 1952
(Mon cher grand fou – Lettres à Marcel Carbotte)

Les roses de Gabrielle

Entre les années 1950 et 1952, Bernadette ou sœur Léon-de-La-Croix, qui vivait au Manitoba, venait régulièrement séjourner dans notre communauté, à Outremont. Elle résidait au pensionnat du Saint-Nom-de-Marie, au 628, chemin de la Côte-Sainte-Catherine, et se rendait chaque jour à l'Université de Montréal pour suivre des cours de français, de phonétique et de diction [1].

Un dimanche après-midi – ce devait être pendant les vacances d'été –, elle nous a annoncé la visite de sa sœur Gabrielle. Par le plus grand des hasards, c'est moi qui ai été chargée de préparer la *collation*. L'invitée étant un auteur, une femme littéraire importante, j'ai mis un soin tout particulier à décorer la table du petit réfectoire. J'ai choisi un centre à la fois fantaisiste et délicat, susceptible de plaire à un poète : un vase orné de tiges en forme de serpentins de différentes hauteurs et terminé par des boules

Sœur Mariette Léger, peu de temps avant sa rencontre avec Gabrielle.
(Archives Mariette Léger)

de verre dans lesquelles j'ai piqué un bouquet de roses[2]. C'était une composition superbe : j'étais très fière de moi !

Deux portes permettaient d'accéder à la salle de réception du pensionnat : celle d'entrée et celle de service. Au moment où je pénétrais par
la seconde, Gabrielle franchissait le seuil de la première. Aussi sommes-
nous tombées littéralement nez à nez.

En découvrant la romancière, je suis restée saisie de stupeur : en effet,
alors que je m'attendais à rencontrer une dame distinguée, élégante et

raffinée, je me suis retrouvée face à une petite femme toute menue, échevelée et plutôt mal habillée. Elle portait un béret noir, une robe très ordinaire, ainsi que de gros *bas* de laine grise repliés sous le genou et des chaussures de marche. Certes, mes compagnes m'avaient prévenue qu'elle était simple, mais à ce point ! J'ai failli en lâcher mon plateau !

Un portrait pastel de l'écrivain

À peine revenue de ma surprise, j'ai accueilli Gabrielle avec les formules d'usage. Comme toute personne bien élevée qui se respecte, elle s'est enquise à son tour de mon nom et de mes fonctions au sein de la congrégation. Très vite, j'ai compris qu'elle préférait écouter ses interlocuteurs plutôt que se livrer.

Ce qui m'a frappée chez elle, c'était son beau grand sourire qui contrastait avec ses yeux remplis de tristesse et de mélancolie. Sans doute avait-elle du mal à joindre les deux bouts[3]... Sa voix, au timbre mi-clair mi-sourd, était douce et musicale. Tout en *jasant*, elle jetait de fréquents coups d'œil à mon centre de table. Lorsque le moment des félicitations est arrivé, je crois bien avoir rougi jusqu'aux oreilles.

Impressionnante Bernadette

À peine Gabrielle avait-elle fini de me complimenter que sa sœur Bernadette faisait son apparition dans la pièce. Elle était encore plus petite que sa benjamine. Personnellement, je l'ai peu connue : plus âgée que moi, un brin distante et encore revêtue du traditionnel habit religieux, elle fréquentait essentiellement les sœurs qui avaient pris le voile à la même époque qu'elle. Sous son amabilité naturelle, l'on sentait poindre une gêne légère, probablement due à l'écart de génération qui la séparait des autres religieuses. Chaque soir, elle revenait épuisée de ses cours, travaillait encore tard dans la nuit et repartait de bonne heure le lendemain. On la disait très studieuse, très appliquée.

Afin de ne pas troubler les retrouvailles entre les deux sœurs, je me suis éclipsée discrètement, non sans avoir adressé un dernier salut à Gabrielle. Ce bref contact est le seul que j'aie jamais eu avec elle, mais je ne regrette pas d'avoir fait la connaissance d'une femme aussi brillante, aussi délicate, aussi diplomate.

Anges et démons littéraires

J'ai d'ailleurs prolongé et entretenu ce lien par la lecture de ses œuvres : chez elle, les histoires de famille, les relations avec sa mère et ses sœurs, son amour pour Bernadette, les correspondances, etc., constituent un document psychologique de première main.

J'ai également relu à plusieurs reprises mon livre préféré, *Ces enfants de ma vie*, tant il est à la fois émouvant et attrayant, proche de la vérité et riche d'enseignements. J'admire la sérénité avec laquelle Gabrielle ou son héroïne abordait les situations scolaires les plus difficiles. Bien des péda-gogues d'aujourd'hui devraient s'en inspirer!

En revanche, j'ai abandonné en cours de route son autobiographie au titre si triste, *La Détresse et l'Enchantement*: le fond de désespérance qui la tapisse l'apparente presque à un roman d'angoisse. Quant au *Miroir du passé*, l'ouvrage dans lequel Marie-Anna Roy critique sa jeune sœur, c'est un véritable tissu de bêtises et d'horreurs: je suis persuadée qu'à une époque, c'était lui, le responsable de mes cauchemars!

***

Née à Valleyfield (sud-ouest de Montréal), d'un père comptable et d'une mère enseignante, Mariette Léger grandit au sein d'une famille nombreuse et entra à l'âge de vingt ans dans la congrégation des sœurs SNJM. Trente ans durant, elle poursuivit une carrière d'institutrice et de professeur de lettres qui lui permit d'affiner ses dons de pédagogue, de lectrice et de critique littéraire. Elle acheva sa carrière comme secrétaire et standardiste à la maison mère d'Outremont (Montréal).

Sœur Mariette Léger fait partie de ces témoins qui, même s'ils n'ont pas eu la chance d'approfondir leur relation avec Gabrielle Roy, assurent n'avoir jamais pu l'oublier. La romancière était-elle donc, comme certains me l'ont affirmé, une sorte de fée capable d'ensorceler les plus récalcitrants par la seule vertu de son charme? «Elle disait qu'elle pouvait fasciner avec ses yeux» écrira sa sœur Marie-Anna Roy dans *Le Miroir du passé*.

Quoi qu'il en soit, femme aux pouvoirs magiques, aux sortilèges en-chanteurs, ou le contraire, Gabrielle n'en conserva pas moins cette fragilité de fleur que la perspicace Mariette «effeuilla» dès le premier regard. «Son beau grand sourire contrastait avec ses yeux remplis de tristesse et de mélancolie», nous confie la religieuse.

Cette seule phrase ne renferme-t-elle pas tout le secret de son être et de son art?

UN PROFESSEUR DE PHYSIQUE : « GABRIELLE ROY OU LE DOUBLE VISAGE D'UNE ÂME [1] »

Dédette a tenu à me présenter à [...] sœur ceci et sœur cela [...], car, ainsi qu'elle le dit, le pensionnat du chemin Sainte-Catherine groupe l'été « la crème de l'intelluactile [sic] de l'ordre.

Port-Daniel, Québec, le 1er juillet 1952
(*Mon cher grand fou – Lettres à Marcel Carbotte*)

Un déjeuner trop solennel

Au tout début des années 1950, Bernadette ou sœur Léon-de-La Croix, qui résidait au Manitoba, venait suivre chaque été des sessions de cours à l'Université du Manitoba, en vue de préparer sa maîtrise. Elle logeait au pensionnat du Saint-Nom-de-Marie, accompagnée d'autres religieuses de sa province.

Un beau jour, la communauté SNJM a décidé d'inviter sa sœur Gabrielle à *dîner*. À cette époque, je ne devais avoir guère plus d'une trentaine d'années ; aussi me suis-je sentie particulièrement flattée lorsque la supérieure m'a désignée pour préparer la *collation*. Non seulement par rapport à Bernadette, que j'appréciais beaucoup, mais parce que je savais quel grand écrivain était sa benjamine : le titre de son premier roman, *Bonheur d'occasion*, était sur toutes les lèvres.

Afin qu'elle puisse s'entretenir librement avec sa sœur, nous avions donné rendez-vous à Gabrielle dans un petit parloir, et non dans la cafétéria où nous recevions ordinairement les visiteurs.

À l'heure convenue, elle *s'est présentée* dans cette pièce en compagnie de Bernadette et d'une autre religieuse manitobaine. C'était une femme d'une quarantaine d'années, mais dont la réserve et le sérieux lui en faisaient paraître plus de cinquante. Néanmoins, souriante et détendue, elle semblait très à son aise dans l'univers à la fois familial et familier du pensionnat. Nous avons échangé quelques phrases, mais, ne me connaissant pas, elle se creusait vainement la tête pour tenter de trouver un sujet de conversation. Si j'avais été professeur de littérature, sans doute en aurait-il été autrement. De plus, je la sentais impatiente de se retrouver seule avec sa sœur.

Toujours est-il que le repas ne s'est pas déroulé dans une ambiance particulièrement drôle : pour ma part, je me suis faite aussi discrète que possible, servant les convives et disparaissant à la cuisine dès qu'elles n'avaient plus besoin de moi. Gabrielle écoutait sagement son aînée, l'air un peu triste et rêveur. En effet, ravie de déjeuner en tête-à-tête avec sa sœur, Bernadette occupait tout le terrain de la discussion, ne laissant guère à son interlocutrice le loisir de s'exprimer.

Bernadette en vedette

De nature pourtant secrète et solitaire, sœur Léon-de-la-Croix pouvait se révéler, en certaines circonstances, d'une exubérance débordante. Je l'ai bien connue : c'était une femme de tête, très travailleuse, qui jouissait d'une excellente réputation d'enseignante. Elle était également très simple, gaie et animée d'une foi sincère. En lisant votre livre, *Les Chemins secrets de Gabrielle Roy – Témoins d'occasions*, j'ai été un peu surprise de découvrir que c'était en grande partie la nécessité qui avait précipité son entrée en religion et, par la même occasion, ruiné ses ambitions théâtrales. En effet, elle ne m'a jamais donné l'impression d'une personne aigrie ou malheureuse, mais, au contraire, pleinement épanouie dans sa spiritualité et dans l'enseignement de son art.

Reflet de Gabrielle Roy dans *La Petite Poule d'eau*

Le contact rapide que j'ai eu avec Gabrielle Roy ne m'a pas empêchée de lire par la suite quelques-unes de ses œuvres. Comme tout le monde, je me suis laissée envoûter par le portrait à la fois réaliste et très personnel que *Bonheur d'occasion* offre de Montréal. Si la romancière n'avait pas vécu à proximité de Saint-Henri [2], sans doute n'aurait-elle pas pu rendre en d'aussi vigoureux contrastes l'opposition qui existait, qui existe toujours, entre ce quartier prolétaire et celui de Westmount, réservé aux riches.

Surtout, après ma rencontre avec l'auteur, j'ai davantage compris *La Petite Poule d'eau*, qui illustre avec force images et comparaisons poétiques l'aspect positif des relations entre les êtres humains et la nature. Ce livre lui ressemble : il est mélancolique et lumineux comme une après-midi d'automne.

∗∗∗

Professeur de physique-chimie, cette religieuse SNJM enseigna durant près de trente ans aux niveaux secondaire et pré-universitaire, notamment dans la prestigieuse institution Marguerite Bourgeoys, dirigée par les sœurs de la Congrégation de Notre-Dame, à Montréal. Malheureusement, son domaine de spécialisation la tint le plus souvent éloignée de la littérature. Comme nous le confie, non sans humour, l'intéressée elle-même : « C'est le temps qui m'a manqué… » Son témoignage vaut surtout en ce qu'il justifie cette affirmation partagée par de nombreux critiques : « La vie et l'œuvre des écrivains sont indissociables[3]. » N'en déplaise aux sceptiques !

JEAN-LOUIS MORGAN,
L'ÉMULE DE TINTIN :
« GABRIELLE ROY :
INTERVIEW INACHEVÉE »

[…] j'entrepris la tournée de quelques hebdos et revues. En tout et pour tout, je n'avais à montrer pour indiquer un peu de talent que mes pauvres articles publiés ça et là.
La Détresse et l'Enchantement

Elle n'aimait peut-être pas sortir de son mystère et de son silence; elle lui en voudrait peut-être de faire son image, surtout s'il ne la réussissait pas.
La Montagne secrète

Les tribulations d'un petit reporter

Nous étions en plein milieu de l'hiver 1952. Immigrant reçu de fraîche date, je poursuivais mes études à l'université en espérant bien un jour faire carrière, sinon dans le journalisme, du moins dans la traduction – la seule voie qui menait alors au premier ou à la publicité. Il n'était pas question de travailler régulièrement pour quelque station de radio que ce soit: à la manière américaine, l'Union des artistes excluait impitoyablement les étrangers !

Les hurluberlus « importés » qui avaient la mauvaise idée de se lancer dans un domaine aussi aléatoire pouvaient toujours proposer leurs

Le jeune journaliste Jean-Louis Morgan se heurta à la porte de Gabrielle.
(Archives Jean-Louis Morgan)

services à des hebdos… Rédaction ou vente d'annonces pour le compte du concessionnaire Ford Pagé & Sons, du célèbre restaurant Kostas Fish & Chips ou des supermarchés Steinberg's, je n'échappais pas à ces pis-aller, rémunérés en monnaie de singe par des feuilles de chou qui n'étaient, au fond, que des circulaires.

Pour varier l'ordinaire, qui consistait en des contrats occasionnels à la *British United Press* ou à la *Presse canadienne* – ces agences faisant office, à l'époque, de grandes écoles de journalisme pratique –, je travaillais entre autres comme pigiste pour le Réseau international de Radio-Canada : je lui vendais des textes qu'il fallait rédiger, faire approuver et lire à l'antenne sous la houlette de deux mentors exceptionnels mais peu connus du grand public dans ces années-là : René Lévesque et Judith Jasmin [1].

Cette collaboration rapportait 12 dollars par texte. Un seul papier par semaine permettait de payer sa chambre et sa nourriture. Avec deux, on payait le reste. Pour un étudiant sans prêt ni bourse, c'était Byzance ! Le Réseau international ne gênait pas l'Union des artistes puisqu'il s'adressait aux étrangers et que ses collaborateurs faméliques se recrutaient parmi une foule de nationalités. On comptait par exemple un professeur de lycée libanais, un philosophe belge, d'éternels *stringers* ou correspondants à temps partiel, des rôdeurs d'agence de presse dans mon genre et même un jeune chef d'orchestre sans bâton.

Politique de grands préparatifs

C'est par Judith Jasmin que j'ai entendu parler pour la première fois de Gabrielle Roy, dont elle était, semblait-il, assez proche [2]. Après avoir effectué plusieurs reportages sur des sujets canadiens plus ou moins passionnants – l'aréopage d'experts internationaux réunis à Montréal pour discuter de la future canalisation du Saint-Laurent ; le Congrès des coloristes industriels, émules du célèbre esthéticien américain Raymond Loewy ; la réunion de l'American Society for Metals (Association des métallurgistes américains) ; les fêtes indiennes de Caughnawaga (à l'ouest de Montréal), un sujet très prisé des Français qui nous voyaient, à peine moins qu'aujourd'hui, affublés de plumes –, il était temps de traiter d'un thème littéraire sous un angle inédit. Voilà pourquoi j'ai demandé à Judith Jasmin si elle était prête à me présenter à la grande dame. « C'est une personne très secrète, à la santé fragile, m'a-t-elle répondu. Je ne peux rien vous promettre... »

Mais auparavant, je devais faire mes devoirs. Il fallait donc que je lise *Bonheur d'occasion*, titre que j'avais aperçu dans la bibliothèque bien garnie de la mère d'une amie étudiante, et dont on disait le plus grand bien. Cette bourgeoise lettrée, qui me prêtait habituellement des livres avec gentillesse, a manifesté cette fois quelque réticence à me laisser consulter *Bonheur d'occasion*. « En toute conscience, je ne crois pas que ce soit une lecture pour vous, m'a-t-elle déclaré. L'auteur se complaît dans la misère et il y a des scènes plutôt scabreuses... »

Peu désireux de la contrarier, je me suis gardé de discuter. Après tout, je n'avais que dix-huit ans et demi et j'étais mineur. Je me suis donc procuré le volume litigieux par d'autres sources et l'ai dévoré. Ce n'est pas tant la brève scène d'érotisme un peu sinistre qui m'a frappé que l'atmosphère tristounette très particulière qui régnait dans ce roman, où les personnages me rappelaient ceux d'un peintre que je venais également de découvrir : un certain Jean-Paul Lemieux... J'ai également décidé d'aller me promener dans Saint-Henri, que les Anglais appelaient *Smoke Valley*, et, histoire de m'encanailler, un ami m'a même traîné un soir dans un *blind pig*, l'un de ces débits de boisson clandestins connus de tous les chauffeurs de taxi.

La grogne

Ce quartier m'a collé le cafard et fait comprendre bien des choses. Il semblait que le livre de Gabrielle Roy ait été mal reçu dans cette collectivité de travailleurs. Des porte-parole de notables du coin dénonçaient *Bonheur d'occasion* comme une insulte. Pourquoi avoir choisi Saint-Henri plutôt que Pointe-Saint-Charles ou Griffintown, autres quartiers populaires situés dans le centre sud-ouest de Montréal ? Quant au petit peuple, aux journaliers, aux bacheliers de troisième année d'école primaire, ils n'avaient rien à dire : plus de cinquante pour cent de ces ouvriers besogneux auraient eu des difficultés à déchiffrer *La Voix populaire*, la circulaire locale vantant les mérites du Syndicat Saint-Henri, un *magasin à rayons*, ou encore les côtes de porc graisseuses des boucheries locales...

Une interviewée peu coopérante

C'est donc avec *Bonheur d'occasion* que j'ai pris contact avec la littérature qu'on appelait à l'époque « canadienne-française », et dont Saint-Henri se contrefichait.

Ayant relancé Judith Jasmin, la réponse que j'ai obtenue de Gabrielle Roy a été celle-ci : « Envoyez-moi toujours votre petit reporter ! On verra... » Je n'avais pas de rendez-vous et, à la demande de l'auteur, on ne m'avait pas communiqué son numéro de téléphone – rien que son adresse : 5, rue Alepin, à LaSalle (banlieue sud). Cela tombait à pic. Je résidais alors à Verdun, à pratiquement un jet de pierre. Il me restait donc à faire une interview « à froid ».

Après avoir pris l'autobus Bannantyne et fait un bout de chemin à pied sous une petite neige sournoise, j'ai sonné en tremblant à la porte d'un appartement modeste mais donnant sur le fleuve. La personne qui m'a ouvert n'avait rien des auteurs à succès encensés par les gazettes : j'ai découvert quelqu'un de profondément malheureux, mal à l'aise, avec ce que l'on appelait alors un « air 39-40 », cette attitude défaitiste du début de la guerre que l'on connaissait bien en Europe. « Écoutez... Vous tombez là comme un cheveu sur la soupe ! s'est exclamée Gabrielle Roy. J'ai des ennuis avec ma bonne, une Anglaise[3] qui déteste ce pays et qui ne va pas tarder à rentrer chez elle si ça continue. Et puis, je n'ai pas l'habitude d'accorder des interviews à la presse… »

Je me suis excusé, tout en lui faisant remarquer que, faute d'avoir son numéro de téléphone, il m'avait été impossible de prendre rendez-vous et que j'avais donc risqué une visite « sauvage », comme cela m'arrivait parfois. J'ai ajouté que si tous les journalistes attendaient l'occasion idéale, les interviews diminueraient substantiellement…

« En somme, vous faites votre Tintin, a-t-elle rétorqué. Il est vrai que vous êtes si jeune… » C'était exact. Presque imberbe, on aurait pu me donner quinze ou seize ans. Bref, je faisais figure de petit emmerdeur dérangeant un auteur important. Je précise que les journalistes des années 1950 étaient souvent des gens qui avaient le double ou le triple de mon âge.

« Et puis, vous savez, je suis très lasse en ce moment, a-t-elle poursuivi. Mon mari travaille à l'extérieur et j'ai un autre roman en chantier qui ne débloque pas[4]. J'aime bien vivre ici, au bord du fleuve, mais l'hiver est long, la santé n'est pas au rendez-vous et le moral non plus… J'espère que vous comprenez. »

Je regardais cette femme encore jeune[5] mais qui, malgré son air assez bourgeois, semblait porter toutes les souffrances, les lassitudes, les frustrations des pauvres gens des années 1950. C'est alors que j'ai tenté de lui fixer un autre rendez-vous. Peine perdue ! Elle, qui avait pourtant été journaliste, m'a réitéré son horreur de tous les organes d'information, sans parler de la critique bien-pensante…

« Cela n'a rien de personnel, mais lorsqu'on est auteur, trop de journalistes, de commentateurs, de spécialistes essaient de nous faire dire des choses que nous n'avons jamais dites, nous attirent dans des pièges, utilisent un langage pédant après avoir analysé chacune de nos tournures de phrases, de nos virgules. Parfois, je ne me reconnais pas dans leur langage. J'ai toujours l'impression de me faire utiliser. Quand ce n'est pas le sensationnalisme de la dynamique du succès qui les intéresse, ce sont les procès d'intention sur votre travail. Voilà pourquoi je n'aime guère discuter de tout cela. Voilà… »

Double refus

J'ai sorti de ma serviette un appareil photo, un 35 mm d'occasion acheté chez Simon's Camera Exchange, pour prendre au moins un portrait-souvenir. « Pas question, monsieur ! Pas de photo, s'il vous plaît !… » m'a-t-elle arrêté d'un ton sans réplique.

Deuxième échec. Soudain, j'ai réalisé que j'étais resté dans ce qui servait d'entrée à son petit appartement et qu'elle ne m'avait même pas invité à m'asseoir. J'avais subi le traitement que l'on réserve aux colporteurs... Qu'allais-je alors raconter au micro de Radio-Canada international ? Rien. Je n'avais à peu près rien appris sur elle, sinon des histoires de boniche et de sainte horreur des curieux. J'allais donc devoir me rabattre sur quelque bénédiction de pont par le *gauleiter* Duplessis ou encore sur un congrès eucharistique dont les auditeurs d'outre-Atlantique se balançaient royalement – et que René Lévesque refuserait. Cette interview ratée symbolisait toute l'époque d'après-guerre au Québec : un contexte congelé, hiératique, toujours comme dans une toile de Lemieux.

Je suis donc rentré à Verdun dans le petit vent aigre qui transperçait mes vêtements européens inadaptés à ce climat.

Trente ans plus tard, j'ai eu l'occasion de toucher un mot de cette interview ratée à Gabrielle Roy, en compagnie de son éditeur, Alain Stanké. Cette évocation l'a amusée. Avec un grand sourire, elle s'est esclaffée : « Oui, ce n'était pas une époque facile pour moi, mais, dans le fond, vous savez, je n'ai jamais changé envers la presse : je déteste toujours autant les interviews !... »

***

Né à Paris, Jean-Louis Morgan émigra à l'âge de dix-huit ans au Québec. Jeune homme « bohème, romantique, indépendant et solitaire » – tel que le décrit l'éditeur Alain Stanké dans le second volume de ses souvenirs, *Mon chien avait un z'an*[6] –, il fit ses premières armes dans le journalisme tout en suivant des études de lettres à l'Université de Montréal.

Collaborateur à de nombreux journaux et magazines (*Le Petit Journal*, *Photo Journal*, *La Presse*, *L'Actualité*, *L'Information médicale*, *Le Reader's Digest*, etc.), il poursuivit parallèlement des activités de rédacteur ou de chef de rédaction (Bell Canada, La Presse canadienne, *La Presse*, L'Éditeur officiel du Québec), de chef de collection (section « Communication » des *Cahiers du Québec*, aux Éditions Hurtubise HMH) et de conseiller éditorial (McLelland & Stewart, Sogides, *La Presse*, Stanké international), qui lui valurent plusieurs prix d'excellence en communication. Il fut d'ailleurs choisi pour diriger *L'Encyclopédie du Canada* (1987 ; 2000) aux Éditions internationales Alain Stanké.

Traducteur d'une soixantaine d'ouvrages (Isaac Asimov, Krisnamurti, Lobsang Rampa, le professeur Peter, le docteur « Patch » Adams, le général Roméo Dallaire, etc.), spécialiste de la police et des truands, Jean-Louis Morgan est également l'auteur de plusieurs livres-reportages : *Et qu'ça saute !* (1996), l'épopée du braqueur Marcel Talon ; *Roch Thériault, dit*

Moïse (1997), la saga d'un gourou de secte ; *La Police* (1998), un panorama du service de la police de Montréal des débuts jusqu'à nos jours[7]. Il est actuellement chargé de projets en édition.

Gabrielle Roy se révéla particulièrement injuste envers ce jeune journaliste – presque un enfant – qui ne cherchait en aucune manière à jouer les paparazzi. En lui refusant une interview, savait-elle qu'elle allait le priver de son gagne-pain ? Était-elle terrifiée à ce point par les médias ? Avait-elle un peu trop vite oublié ses propres débuts de pigiste ? Ou voulait-elle profiter de l'inexpérience de son visiteur pour affirmer sa supériorité ?

Au cours de cette « non-interview », telle que la juge Jean-Louis Morgan, ce dernier parvint néanmoins à lui arracher quelques confidences ; mais Radio-Canada s'avéra à son tour sans pitié en rejetant son papier.

Gabrielle Roy est morte sans savoir que le petit reporter qu'elle avait si mal accueilli, allait être un jour salué par le quotidien *La Presse* comme « le plus grand *ghost writer* (écrivain fantôme) du Québec[8] ».

PAUL-ÉMILE ROY :
« GABRIELLE ROY, LA TRISTESSE ET L'ÉMERVEILLEMENT »

> *Le chagrin a des yeux pour mieux voir à quel point ce monde est beau.*
>
> « Petite Misère » (*Rue Deschambault*)

> *La curiosité de nous connaître, peut-être est-ce là ce qui nous tire le mieux en avant.*
>
> « La Voix des Étangs » (*Rue Deschambault*)

Une grande mystique

Le 18 novembre 1964, Gabrielle Roy m'adressait des remerciements pour un article que je venais de publier sur elle : « Gabrielle Roy ou la difficulté de s'ajuster à la réalité [1] ».

Cher Monsieur Paul-Émile Roy,

L'étude de mes livres dans le dernier numéro de Lectures me plaît beaucoup […]. Votre article est pénétrant et de très belle qualité. Avec mes meilleurs souhaits.

Gabrielle Roy

Ce message témoignant d'une étroite communion de pensée entre l'auteur et moi-même me remplissait de joie et de fierté. Dans mon analyse, je m'étais penché sur le malaise existentiel, identitaire, familial et social dont souffrent les personnages de ses quatre premiers romans : *Bonheur d'occasion*, *La Petite Poule d'eau*, *Alexandre Chenevert* et *Rue Deschambault*. J'avais tenté de démontrer que leurs difficultés d'ajustement à la réalité et à leur propre individualité ne trouvaient de réponse que dans la foi. Une foi qui n'ôte pas le tragique de leur existence, mais permet à ces hommes et ces femmes « à l'état de recherche et de désir », perpétuellement tendus « vers la générosité et la lumière », d'accéder à une certaine paix intérieure. Personne n'avait encore jamais envisagé l'œuvre de Gabrielle Roy sous cet angle.

En fait, j'avais voulu montrer comment elle se situait par rapport au monde et aux gens. C'était une femme profondément humaine, chrétienne [2] et spirituelle. Ainsi, en se plongeant dans l'enfer du quartier Saint-Henri, avait-elle eu comme des visions du paradis : au chapitre XXV de *Bonheur d'occasion*, le soldat Emmanuel Létourneau fait une expérience quasi mystique de la beauté et de l'éternité du monde :

« Un soir tel qu'il n'y en a pas deux par année dans le faubourg, tel qu'il ne s'en trouve nulle part ailleurs dans les quartiers environnants que ne visitent point ces odeurs d'épices ou ces souffles d'illusions. Un soir composé d'éléments familiers et d'éléments exotiques si bien interposés qu'on ne sait plus où commence le mirage et où, la réalité. Et cependant, un soir tel qu'Emmanuel croyait en retrouver une multitude au fond de son enfance vagabonde. Un des ces soirs où le peuple besogneux de fileurs, de lamineurs, de puddleurs (colporteurs), d'ouvrières, semble avoir déserté les maisons d'un commun accord et s'être mis en route, rue Notre-Dame, vers quelque aventure. Lui aussi, souvent avait erré par des nuits pareilles, cherchant il ne savait quelle mystérieuse joie à la mesure du ciel étendu sur sa tête comme un envoûtement.

« Il s'aventura jusqu'au bout du quai. Et là, bien planté en pleine odeur et vision familière, il leva les yeux vers le faubourg. Son village dans la grande ville ! car nul quartier de Montréal n'a conservé ses limites précises, sa vie de village, particulière, étroite, caractérisée, comme Saint-Henri. »

N'est-ce pas un texte d'une exceptionnelle poésie ? Gabrielle Roy s'y révèle pénétrée de la grandeur de l'âme humaine, du destin humain, de la splendeur du réel.

Chez elle, il existait un fossé, un abîme que seul l'amour pouvait combler. Ses personnages sont isolés sur des îlots : c'est uniquement par la tendresse qu'ils donnent ou reçoivent que leur existence devient supportable. Du moins est-ce mon interprétation. Pour moi, la littérature doit parler des êtres humains, des relations qu'ils entretiennent entre eux, des grands problèmes métaphysiques: la vie, la mort, la réalité, etc. Gabrielle Roy l'a fait et c'est en ce sens qu'elle est un grand écrivain.

Rétrospective

J'ai découvert *Bonheur d'occasion* en 1945, à la fin de mon cours classique (baccalauréat ou licence): ce roman faisait grand bruit au Québec. Il m'a tellement intéressé que j'ai décidé de suivre l'évolution de la carrière de Gabrielle Roy, de lire toute son œuvre et d'écrire sur elle.

Devenu professeur au cégep de Saint-Laurent (classe préparatoire à l'université, dans l'est de Montréal), j'ai également enseigné quelques-uns de ses ouvrages: *Bonheur d'occasion, Alexandre Chenevert, Rue Deschambault, La Route d'Altamont* et *Ces enfants de ma vie*. Malgré la charge émotive qu'il véhicule, *Bonheur d'occasion* posait problème à mes élèves en raison de sa longueur. En revanche, les autres romans les prenaient totalement: dix ans après son départ de l'école, l'un d'entre eux m'a confié que *La Route d'Altamont* lui avait donné envie de lire tous les livres de Gabrielle Roy.

La ville ou la campagne?

Dans mes cours, je privilégiais la lecture subjective, proche du texte, situant les œuvres dans leur contexte. Je me suis toujours tenu éloigné de la littérature trop savante et des grilles d'interprétation (sociologiques, psychanalytiques, structuralistes, etc.) que l'on applique sur les écrits: aussi intéressantes soient-elles, elle demeurent le plus souvent très artificielles.

L'un des thèmes les plus importants de l'œuvre de Gabrielle Roy est celui de la nature. *La Petite Poule d'eau*, un roman à la fois plein de chaleur et de fraîcheur paradisiaques, met en scène une vie proche des arbres, de l'eau, du vent. Cette nature s'oppose à la ville de *Bonheur d'occasion* et d'*Alexandre Chenevert*. Florentine Lacasse, l'héroïne du premier livre, est comme prisonnière de Saint-Henri: elle rêve d'en partir et de vivre une existence plus épanouie. Alexandre Chenevert, quant à lui, fait une vaine tentative pour quitter Montréal: il gagne la campagne, mais très vite, se met à regretter la ville; il ne peut plus s'en passer.

Toute l'œuvre de Gabrielle Roy est construite sur une double anti-thèse: la réalité, opprimante, étouffante, et le rêve [3]; le monde naturel et la ville [4]. Dans *La Route d'Altamont*, la nouvelle « Le Vieillard et l'Enfant » nous emmène au bord du « grand lac Winnipeg », loin du stress des démé-nagements; *Ces enfants de ma vie* déroule des descriptions de plaines contrastant avec les taudis de banlieue; *Cet été qui chantait* nous promène à des milles au nord de Québec, dans un jardin enchanté, peuplé d'ani-maux doués de parole.

La Route d'Altamont ou la route du rêve

Chez Gabrielle Roy, il y a une difficulté d'acceptation de la modernité et de la vie citadine ; une difficulté, comme je l'ai écrit dans mon article, de « s'ajuster à la réalité ». C'est une femme du XXᵉ siècle, mais qui se sent mal dans son époque : elle éprouve la nostalgie du monde d'antan, du monde rural. Dans « Le Vieillard et l'Enfant », la petite Christine, qui ressemble à l'auteur enfant, évoque les premiers explorateurs du Manitoba, au XVIIIᵉ siècle : elle regrette que le lac Winnipeg ait perdu son aspect primitif au profit d'un espace envahi par les baigneurs, les publicités et les papiers gras. À l'adolescence, elle retrouve son oncle Excide à la campagne pour évoquer des souvenirs. Une grande souffrance habite *La Route d'Altamont* qui décrit les réactions de Gabrielle Roy par rapport au monde moderne, à la technologie, à la vie actuelle, tout comme son aspiration à la pureté perdue. En même temps, l'écrivain est parfaitement consciente qu'on ne peut plus vivre comme autrefois.

Le livre catalyseur

Le meilleur livre de Gabrielle Roy – et celui que je préfère – est *La Détresse et l'Enchantement* [5]. Ce titre résume toute son œuvre. En effet, la « détresse » est le terme qui définit le mieux ses personnages, surtout les femmes – Rose-Anna, Florentine, Éveline, etc. –, aux prises avec des choix de vie difficiles. L'« enchantement » fait allusion à la beauté et au caractère inépuisable du monde que tous ses ouvrages mettent en valeur. Une nouvelle comme « Ma Coqueluche » (*Rue Deschambault*), dans laquelle la petite Christine observe son environnement du haut d'un hamac, nous rappelle que notre univers familier est infiniment plus beau que l'image que nous nous en faisons.

Le style de *La Détresse et l'Enchantement* paraît simpliste à force d'être simple, naturel, spontané – on n'y trouve pas une once d'intellectualisme. Pourtant, que de rigueur, de finesse et de précision dans la composition ! En relisant cet ouvrage porteur d'une extraordinaire charge d'humanité, l'on découvre toujours un élément nouveau : ainsi, la scène dans laquelle Gabrielle Roy et sa mère jouent aux riches dans les magasins alors qu'elles sont pauvres, et font semblant de parler anglais quand elles n'en connaissent pas un traître mot, produit-elle un effet tragi-comique.

Mère et fille

Il serait intéressant d'étudier en profondeur les relations qui unissaient l'auteur et sa mère, ainsi que les répercussions qu'elles ont eu sur son œuvre [6]. Gabrielle Roy ne s'était jamais remise d'avoir abandonné Mélina Roy au Manitoba pour partir en Europe. N'est-il pas regrettable que cette dernière n'ait jamais vu *Bonheur d'occasion*? Elle est morte deux ans avant sa parution. Grâce au personnage de Rose-Anna, Gabrielle règle un problème avec sa maman: elle l'admirait autant qu'elle la repoussait, car ruinée et esseulée, la malheureuse s'accrochait à elle. La douleur que la narratrice éprouve envers sa mère transparaît aussi dans *De quoi t'ennuies-tu, Éveline?*, une œuvre triste sous son apparente légèreté. Enfin, dans *La Détresse et l'Enchantement*, Gabrielle Roy fait le point sur leurs difficultés relationnelles tout en portant sur elle-même un regard sans complaisance.

Gabrielle Roy, qui êtes-vous?

Dans sa biographie, François Ricard a présenté Gabrielle Roy comme une personne très dure. L'était-elle autant que cela? Je n'ai jamais rencontré l'écrivain en chair et en os: d'une certaine façon, j'étais impressionné par la petite femme maigre, fragile et timide que la journaliste Judith Jasmin nous avait présentée à la télévision au début des années 1960. Étant par nature un grand épistolier, j'aurais aimé correspondre avec elle, mais la lettre que j'avais reçue d'elle ne semblait pas vraiment appeler de réponse…

Je vois Gabrielle Roy comme un être très humain, sensible, généreux: son œuvre exprime une profonde compassion envers la misère d'autrui, un grand respect des petites gens. Elle était également très attachée à ses proches en dépit du conflit qui l'opposait à sa sœur Marie-Anna. Ambitieuse, hantée par le besoin de créer, son obsession de la réussite littéraire était telle qu'elle a laissé tomber sa mère et sa famille pour suivre ses désirs. Avait-elle le choix? Il fallait bien qu'elle fasse sa vie… Néanmoins, elle se sentait coupable de cet abandon. La tristesse, la souffrance et la solitude dominent toute son œuvre. Dans ses lettres à sa sœur Bernadette, qu'elle aimait d'une immense affection, l'on sent qu'elle cherche à réparer ses torts vis-à-vis de sa parenté.

Une anti-séparatiste convaincue

Tout me séduit chez Gabrielle Roy, excepté son inconséquence sur le plan du nationalisme. Puisqu'elle était revenue au Québec, elle aurait dû épouser la cause du pays! Elle partageait avec son ami, l'écrivain Félix-Antoine Savard[7], le rêve d'un Canada français s'étendant d'une extrémité à l'autre du continent – un rêve impossible qui datait du XVIIIe siècle. Mais tous deux avaient peur et ne sont jamais allés jusqu'au bout de leur idéal.

Gabrielle Roy avait la mentalité d'une colonisée: elle manquait de force, de courage et de confiance en elle. Sans doute se demandait-elle ce qu'elle deviendrait sans les Anglais… Dans mon article « Le nationalisme de Gabrielle Roy[8] », je lance pour la première fois le thème de sa fatigue, de son épuisement, de son découragement. Elle venait d'une minorité exsangue à force de résistances, de luttes, de combats. Comme nombre de Canadiens français, elle était lasse de se battre et refusait de passer pour une revendicatrice. Elle préférait se réfugier à Petite-Rivière-Saint-François pour écrire dans la paix et le silence, loin du bruit, de la fureur, et de cette agitation nationaliste qui l'effrayait. C'est regrettable, mais sans doute connaissait-elle mieux que quiconque ses faiblesses et ses limites.

***

Né à Saint-Cyprien (comté de Rivière-du-Loup, Québec), d'un père menuisier et d'une mère très pieuse, Paul-Émile Roy grandit à Edmunston (Nouveau-Brunswick) avant d'entamer des études au séminaire de Ville Saint-Laurent (Montréal), dirigé par les pères de Sainte-Croix. Reçu docteur ès lettres de l'Université de Montréal pour une thèse sur *L'Évolution religieuse du Québec d'après le roman*[9] (1981), il effectua une carrière de professeur de français au cégep de Saint-Laurent.

Interprète de la pensée de l'écrivain québécois Pierre Vadeboncœur[10], philosophe (*Les Intellectuels dans la cité*, 1963 ; *Une Révolution avortée : l'enseignement au Québec depuis 1960*, 1991 ; *L'Homme nouveau : ruptures et permanence*, 2002 ; *L'Indéfectible espérance*, 2003), essayiste (*Claudel, poète mystique de la Bible*, 1958 ; *Libres dans la foi*, 1968 ; *Études littéraires : Germaine Guévremont, Gabrielle Roy, Réjean Ducharme*[11], 1989 ; *Lectures québécoises et indépendance*, 1999 ; *Le Temps d'agir*, 2002), poète (*Rêveries dans les Laurentides*, 1998), biographe (*Pierre Vadeboncœur, un homme attentif*, 1999), journaliste polémiste, diariste, épistolier, conférencier, Paul-Émile Roy poursuit depuis plus de quarante ans une œuvre profondément engagée, à la fois discrète et très présente dans le monde de la littérature québécoise.

Ce « marginal des lettres » – comme il se qualifie lui-même – s'interroge particulièrement sur le destin de l'homme, la transformation de la société et l'évolution du Québec à travers son histoire et sa littérature. *L'Encyclopédie du Canada 2000*[12] a consacré un article à cet auteur qui espère laisser un grand ouvrage posthume sur l'écrivain français Paul Claudel.

Même s'il n'a vécu qu'une brève relation épistolaire et spirituelle avec Gabrielle Roy – difficile d'imaginer une rencontre entre deux personnalités aussi pudiques et réservées –, Paul-Émile Roy est peut-être l'un de ceux qui ont le mieux compris la romancière. Esprit critique et perçant, il a en effet mis au jour, dans ses écrits (voir bibliographie succincte en fin d'ouvrage), des aspects peu connus de la personnalité de Gabrielle Roy et renouvelé l'approche de ses thèmes littéraires : la foi, seule valeur capable de garantir le salut des êtres déchirés entre leur crise spirituelle et leur désir de vivre en harmonie avec le Divin ; la fuite du réel par le biais du rêve et de la contemplation ; le refus de la ville et de la société contemporaine ; l'anti-nationalisme québécois, lié aux rapports ambigus que l'écrivain entretint toute sa vie avec le Canada anglais.

RÉGINALD HAMEL, LE MONTE-CRISTO DE LA LITTÉRATURE QUÉBÉCOISE : « GABRIELLE ROY OU LE MANUSCRIT MAUDIT »

Autres précisions : le manuscrit accompagné d'une lettre d'Adèle ou déposé par elle en personne, je ne sais trop, est à l'Université de X. À ce que me disent des amis, le directeur [Réginald Hamel] n'aurait jamais dû, pour commencer, accepter ce manuscrit [1].

Québec, le 17 mai 1969
(*Ma chère petite sœur – Lettres à Bernadette*)

Apparitions publiques

J'ai rencontré Gabrielle Roy à deux reprises, dans des circonstances très officielles qui m'ont privé du plaisir de faire plus ample connaissance avec elle. Pour le reste, son souvenir demeure lié à un incident douloureux, à un malentendu regrettable qui a sans doute mis définitivement terme aux relations cordiales que nous aurions pu entretenir.

Mon premier contact avec elle remonte en octobre 1957, au département d'études françaises de l'Université d'Ottawa, où je préparais mon doctorat de lettres sur Gaétane de Montreuil, la première journaliste québécoise [2]. À l'invitation d'un de nos professeurs, Gabrielle Roy était venue prononcer devant la classe une conférence d'une demi-heure : un portrait d'elle, doublé d'une énième évocation de *Bonheur d'occasion*.

Sa prestation achevée, mon condisciple Pierre Savard [3], futur historien, et moi-même, sommes allés la féliciter. Elle m'a posé quelques questions sur mes études. En retour, je l'ai interrogée sur le séjour qu'elle avait effectué en Angleterre, dans les années 1937-1939 : à cette occasion, elle s'était sérieusement accrochée avec le grand acteur Laurence Olivier.

C'était une femme réservée qui en imposait. Pas du genre de celle à qui l'on tape sur les fesses dès le premier abord ou à qui l'on propose, comme dans la chanson : « Voulez-vous coucher avec moi, ce soir ? » Voyez ce que je veux dire ! (*Rires*) Enfin, c'est l'impression qu'elle m'a donnée... Depuis le succès de *Bonheur d'occasion*, elle était devenue *tout un personnage* que nous admirions et respections. Personnellement, je la lisais et connaissais, bien entendu, le chef d'œuvre qui l'avait rendue célèbre...

Un ou deux mois plus tard, je la retrouvais à la bibliothèque municipale de Québec, lors du lancement du recueil du poète Alain Grandbois [4], *L'Étoile pourpre*. Les Carbotte vivaient depuis 1952 au Château Saint-Louis, sur la Grande Allée de la Vieille Capitale. Tous les notables et les universitaires de la région assistaient à cet événement : ils se tenaient ensemble, unis par une sorte d'esprit collégial.

Ce soir-là, je n'ai échangé que quelques paroles avec Gabrielle Roy, histoire de me rappeler à son bon souvenir. En effet, elle était accaparée par une véritable cour qui la bombardait de questions du genre : « Que pensez-vous du nationalisme ? Que pensez-vous du fédéralisme ? Que pensez-vous de l'indépendantisme ? » Elle était profondément « anti-nationaliste québécois » : naïve, elle s'imaginait que les Anglais étaient bons, alors qu'on les sait viscéralement impérialistes et qu'elle avait souffert de leur oppression dans sa jeunesse [5] !

La tour de garde des lettres canadiennes-françaises

À présent, je vais vous conter l'histoire invraisemblable à laquelle je me suis retrouvé mêlé, bien malgré moi, sept ans plus tard ; une histoire qui a frisé le drame, la démence... Tout cela en grande partie à cause de Gabrielle Roy !

En 1964, j'avais fondé, dans la tour de l'Université de Montréal [6], un Centre de documentation ayant la double mission de faire rayonner la littérature canadienne-française et de conserver les manuscrits de nos écrivains. Mon travail consistait à leur écrire, afin qu'ils me confient leurs documents, leurs correspondances et leurs inédits.

À l'automne 1965, je recevais une lettre d'un professeur de lettres franco-manitobain m'informant que la propre sœur de Gabrielle Roy,

Marie-Anna, elle-même écrivain, souhaitait me remettre un manuscrit relatif à la romancière. J'ai pris ma plus belle plume et suis donc entré en contact avec elle.

Drôle de « Mary Poppins » !

Par une pluvieuse matinée d'octobre 1968, alors que j'étais en train de faire cours au sommet de ma tour, la quiétude de ma classe a été soudainement interrompue par l'irruption bruyante et intempestive d'un personnage pour le moins insolite : une petite vieille coiffée d'un chapeau mennonite[7], toute habillée de gris, l'air sec et autoritaire. « Vous êtes Réginald Hamel ? » m'a-t-elle apostrophé en plantant ses yeux de manière presque effrontée dans les miens. À chaque syllabe, elle martelait le plancher d'un vigoureux coup de parapluie. « Euh… oui ! » ai-je dû balbutier, interloqué. « Je suis Marie-Anna Roy et j'ai quelque chose à vous remettre ! » a-t-elle poursuivi devant mes étudiants, ébahis, en brandissant une sorte de dossier bourré de feuillets en désordre.

Très calmement, je l'ai priée d'aller m'attendre quelques instants dans mon bureau. J'ai expédié le reste de mon cours et, à la fois surpris, excédé et curieux d'en savoir plus, l'y ai rejoint.

À peine en avais-je franchi le seuil qu'elle se lançait dans une virulente diatribe contre sa sœur, dénonçant son caractère, ses défauts, l'accusant de lui avoir volé ses manuscrits et ses idées[8], déblatérant contre elle, vitupérant à tue-tête !

J'ai pris le document qu'elle me tendait : il contenait un écrit venimeux de fraîche date, *Les Deux Sources de l'inspiration : l'imagination et le cœur*[9]. Toute l'histoire de Gabrielle s'y étalait avec force détails sordides et fielleux. Sous le prénom de Cad, elle était dépeinte comme une fillette, puis une jeune femme enjôleuse, capricieuse, égoïste, ingrate et profiteuse. Par conséquent, je proposais immédiatement à Marie-Anna de mettre ce réquisitoire sous scellé.

En agissant ainsi, je croyais bien faire : d'une part, la vocation de mon centre étant d'accueillir le plus grand nombre de manuscrits possibles, j'effectuais mon métier de chercheur et de conservateur ; de l'autre, je protégeais cette apostasie des yeux indiscrets, et par là-même Gabrielle Roy, qui était directement impliquée. Enfin, je m'engageais envers Marie-Anna à ne laisser personne la consulter sans son autorisation. Mon honnêteté et mon désintéressement n'allaient guère me porter chance…

Dans l'ombre, un rôdeur…

Sur ces entrefaites, un certain X., professeur à l'Université de Y., qui s'était forgé une réputation de fouilleur de poubelles, a eu vent de l'existence de ce manuscrit. Il a immédiatement appelé la secrétaire de notre centre : « Vous avez un document sur Gabrielle Roy ? Ça m'intéresse, j'arrive ! »

Fort de son prestige universitaire, de ses titres ronflants et… de son culot, il n'a éprouvé aucune peine à séduire mon employée qui, outrepassant mes consignes, le lui a, hélas, remis ! Sans plus de gêne ni de scrupules, le prédateur a brisé le sceau de l'enveloppe qui le renfermait et est reparti à son université en l'emportant sous son bras. J'étais scandalisé ! Ce dossier comprenait des pièces on ne peut plus brûlantes : les lettres d'un amant de Gabrielle Roy [10], sa carte d'affiliation au Parti communiste de Londres, le récit de ses *chicanes* avec sa sœur, avec toute sa famille… En un éclair, le danger que représentait cette diffamation m'a sauté aux yeux…

Trop tard !

C'est alors que le scandale a éclaté ! Je suis devenu proprement l'otage d'une histoire familiale épouvantable, avec laquelle je n'avais pourtant rien à voir…

Après avoir lu cette attaque haineuse, X. a pris contact non seulement avec Marie-Anna, qui résidait à l'époque chez des religieuses, à Montréal, mais avec Gabrielle Roy elle-même, à Québec. Mise au fait des agissements de son aînée, la romancière a aussitôt appelé le doyen de la Faculté, René de Chantal, qui a débarqué en catastrophe dans mon bureau. « Hamel, vous avez un document de Gabrielle Roy dans votre Centre ? » « Non, Monsieur, ai-je répondu en toute candeur, *sur* Gabrielle Roy. » Il a littéralement explosé : « Eh bien, débrouillez-vous pour le récupérer ! Elle veut nous poursuivre ! Faites quelque chose ! »

J'ai immédiatement téléphoné à ce *maudit* X. : il a renvoyé le document au doyen, lequel l'a fait réexpédier à Marie-Anna. En écrivant pareil pamphlet, elle s'était véritablement défoulée, déchaînée !

Coup de théâtre ! J'ai appris au même moment qu'elle en avait distribué des exemplaires dans toute la ville : dans les bibliothèques, les centres de recherche, les universités, chez des éditeurs… Et le scandale de rééclater, plus fort que jamais ! Gabrielle Roy m'abreuvait de lettres d'invectives, harcelait M. de Chantal de coups de téléphone, qui, lui, voulait me faire f… à la porte de l'université… Ce fut une histoire infernale : tout cela à cause d'un *maudit* manuscrit !

Depuis son adolescence, Marie-Anna, qui avait moins de talent littéraire que sa sœur, lui vouait une jalousie féroce. De toute façon, tout le monde *se chicanait dans c'te cabane-là* ! Hélas, j'ai dû faire les frais de cette paranoïa familiale !

L'œuvre réconciliatrice

Bien entendu, mes relations avec la romancière en ont profondément souffert. Vous comprenez à présent pourquoi nous ne nous sommes jamais revus et que je n'ai jamais rien écrit sur elle. Je lui en ai assez longtemps voulu. Dans sa correspondance, elle a confié les détails de cette sale histoire à sa sœur Bernadette, mais, étonnamment, évoque mon rôle sans animosité. Son biographe, quant à lui, effleure le sujet et arrange les faits à sa façon.

Ainsi, avec Gabrielle Roy, peut-on presque parler de rencontre « par accident »… Pourtant, j'ai lu toute son œuvre : non seulement je l'admire, mais je l'aime, je l'adore. Elle est d'autant plus remarquable qu'elle « colle » à la réalité canadienne-française. La psychologie de ses personnages n'est pas figée ni coulée dans le béton dès le début : ils évoluent et nous font pénétrer dans l'intimité de leur créateur.

L'on assiste au pelage d'une âme par couches successives, jusqu'à atteindre le cœur des choses. Gabrielle Roy ne dilue pas son propos, elle procède par petites touches presque impressionnistes, rehaussées d'éclairages très divers. L'on découvre tout un univers intérieur : elle était davantage tournée vers le dedans d'elle-même que vers l'extérieur.

À aucun moment, les descriptions n'écrasent son œuvre : le décor est minimaliste, elle va à l'essentiel. Le grand romanesque de *Bonheur d'occasion* et d'*Alexandre Chenevert* réside dans cette manière. Toutefois, ses tableaux ne manquent pas de poésie lorsqu'elle évoque les prairies ou les rivières.

C'est une œuvre qui se prête admirablement à l'art cinématographique : elle donne peu d'indications, laissant au réalisateur la plus grande liberté.

***

Né à Frampton (Beauce-Nord, Québec), d'un père médecin et d'une mère pianiste de concert, Réginald Hamel manifesta dès son plus jeune âge une insatiable curiosité. Tour à tour officier d'artillerie, explorateur, anthropologue, archéologue, globe-trotter, conseiller au Musée national du Canada (Ottawa) et conservateur du Musée historique des archives (même ville), ses expériences peu communes font de lui l'un des derniers héritiers des érudits du XIXe et du début du XXe siècle.

Reçu docteur ès Lettres en 1971 pour une thèse sur *Gaétane de Montreuil (1867-1951), première femme journaliste au Québec*, nommé professeur à l'Université de Montréal, il fonda, en 1964, le Centre de documentation de Lettres canadiennes-françaises – disparu cinq ans plus tard pour des raisons politiques – et enseigna dans plusieurs pays étrangers.

Fils spirituel d'Alexandre Dumas, dont il devint un spécialiste reconnu dans le monde entier (*Dumas insolite*, 1988 ; *Le Dictionnaire Dumas*, 1990 ; présentation des *Voleurs d'or*, drame inédit, 2003), il est l'auteur d'une œuvre considérable, dont je ne donne ici qu'un aperçu succinct : bibliographies (*Le Préromantisme au Canada français, 1744-1864*, 1965 ; *Cahiers bibliographiques des lettres québécoises, 1966-1969*), histoires de la littérature (*La Louisiane créole littéraire, politique et sociale, 1762-1900*, 1984 ; *Panorama de la littérature québécoise contemporaine*, 1997), éditions critiques (*La Correspondance de Charles Gill, 1885-1918*, 1969 ; *Charles Gill, œuvres poétiques complètes*, 1996 ; *Charles Gill : Contes, chroniques, critiques, prose annotée*, 2000), ouvrages de références (*Dictionnaire des auteurs de langue française en Amérique du Nord*, 1985 ; *Dictionnaire des poètes d'ici de 1600 à nos jours*, 2001), essais (*La Littérature et l'érotisme*, 1969), récits de voyages (*Voyages extraordinaires*, à paraître), correspondances, articles en français, anglais, allemand, hébreu et chinois. Membre de l'Ordre des francophones d'Amérique, figure de *L'Encyclopédie du Canada 2000*[11], il a été le seul Canadien officiellement invité par le gouvernement français pour accompagner le transfert des cendres d'Alexandre Dumas au Panthéon le 29 novembre 2002.

Apprécié pour sa sensibilité, sa générosité, sa truculence et sa puissance de travail « dumassiennes », hélas jalousé par des cliques d'universitaires retorses, ce grand chercheur en littérature francophone fut entraîné, dans les années 1960-1970, dans la spirale infernale de ce qu'il appelle encore un peu tristement aujourd'hui « L'affaire Gabrielle et Marie-Anna Roy ». Cette histoire, qui dura près de dix ans, faillit lui coûter son poste à l'université et ruina injustement ses relations amicales avec la romancière. Tout cela, à cause d'un « manuscrit maudit », demeuré célèbre dans certaines annales littéraires !

Pour sa part, dans *Ma chère petite sœur – Lettres à Bernadette, 1943-1970*, Gabrielle relate les péripéties rocambolesques de cette aventure, sans accabler, toutefois, celui qu'elle croyait, bien à tort, être son ennemi.

L'AFFAIRE DU « MAUDIT MANUSCRIT »
(racontée à partir de *La Correspondance* de Réginald Hamel, 4 tomes, 1965-1973)

À la lumière du véritable chassé-croisé de correspondances, uniques dans nos annales littéraires, auquel Gabrielle Roy, Marie-Anna Roy, Bernadette Roy, M. X., Réginald Hamel et quelques autres se livrèrent entre les années 1965 et 1973, il m'a été loisible de reconstituer en détail la « petite grande Affaire du *maudit* manuscrit » – pour reprendre une antithèse chère à Victor Hugo –, et d'en suivre les multiples rebondissements. Cependant, comme il est impossible de rendre compte, en l'espace de quelques pages, de la centaine de lettres qui furent échangées entre les acteurs de cette histoire, je me limiterai ici à en commenter les aspects les plus révélateurs. Tenant à la fois de la comédie de boulevard, de la farce burlesque, de la tragédie grecque et du drame cornélien, elles sont la preuve que les grands esprits de leur temps ne sont pas toujours exempts de petites mesquineries. J'ai volontairement changé les noms de certains bibliothécaires mêlés à cette affaire. Les lettres de Gabrielle Roy à Réginald Hamel ont malheureusement disparu en 1969, lors du transfert du Centre de documentation de lettres canadiennes-françaises de l'Université de Montréal au domicile du chercheur.

Premier épisode : l'homme par qui le scandale arrive…

Fin octobre début novembre 1965, s'engage sous les meilleurs auspices, entre Marie-Anna Roy, écrivain de soixante-douze ans, et Réginald Hamel, jeune directeur du Centre de documentation de l'Université de Montréal, une correspondance qui durera près de dix ans. Au fil du temps, la première va confier au second de nombreux inédits et manuscrits, dont ceux de ses œuvres principales : *Le Pain de chez nous*, *Valcourt ou la dernière étape*, *La Montagne Pembina au temps des colons*, *Les Visages du Vieux Saint-Boniface* et *Les Capucins de Toutes-Aides*.

Tout en signalant en note qu'elle est «l'ennemie jurée de Gabrielle Roy» (le 30 juin 1969), Réginald Hamel accuse réception de ses textes. Il pare ses phrases de cette touche de grandiloquence qui sied dans une lettre adressée à l'un des derniers écrivains héritiers du XIXᵉ siècle: «La postérité littéraire saura sans doute vous remercier d'avoir conservé dans nos archives des textes significatifs et aussi rigoureux» (le 24 octobre 1968).

C'est vraisemblablement le 15 octobre 1968 que Marie-Anna effectue son entrée fracassante dans la classe de Réginald Hamel (voir son témoignage). Le professeur fait enregistrer son manuscrit, *Les Deux Sources de l'inspiration: l'imagination et le cœur*, par Mᵐᵉ Beauchemin, la secrétaire du Centre de documentation, en lui recommandant de ne pas le laisser consulter sans sa permission.

Le lendemain, Gabrielle Roy écrit à sa sœur Bernadette que, selon des employés de bibliothèque, Marie-Anna serait en train de déposer dans toute la ville un écrit représentant «une sorte de menace» pour elle: en conséquence, elle lui demande de le récupérer et de convaincre son auteur de le détruire.

Peine perdue! Moins de quinze jours plus tard, M. X., professeur à l'Université de Y., s'empare de l'original: *se prévalant d'une autorisation verbale de Marie-Anna**, il obtient tout d'abord de Mᵐᵉ Beauchemin, la secrétaire du Centre de documentation, plusieurs documents compromettants; ensuite, la permission de faire une copie du manuscrit; enfin, celle de le citer dans le livre qu'il est en train d'écrire sur le roman canadien-français (Mᵐᵉ Beauchemin à M. X., les 29 octobre et 22 novembre 1968). «X profite de mon absence pour tromper ma secrétaire» inscrit Réginald Hamel en note.

Fin novembre, le scandale éclate: «attisant la violence de l'amour» qui oppose les deux sœurs, M. X. a informé Gabrielle Roy de l'existence, à l'Université de Montréal, de cette «sorte de réquisitoire», de «cette attaque très laide et très haineuse, aboutissement d'une vengeance longuement préparée» (la romancière à Bernadette, les 2 et 7 mai 1969).

Aussitôt, le malheureux Réginald Hamel essuie un feu nourri de tirs:
- de Gabrielle Roy, qui menace de «traîner l'affaire devant les tribunaux» (Réginald Hamel à M. X., le 20 mai);
- de Bernadette, qui le fait passer pour «un monstre et pire», dénué de toute «éthique professionnelle» (le même à Marie-Anna, le 16 mars);
- de René de Chantal, le doyen de la Faculté, qui lui reproche d'avoir accepté ce manuscrit déjà déposé dans dix autres endroits en ville.

---

*   Il eût été plus prudent, de la part du Centre de documentation, de vérifier le bien-fondé de ces dires et d'exiger au préalable une autorisation écrite.

Mais… comment Réginald Hamel aurait-il pu le savoir ? « Le doyen de Chantal, poussé par je ne sais quelle force occulte (vous savez, il y a beaucoup de forces occultes, ici, au Québec), s'est mis le nez dans cette affaire et a exigé que je renvoie ces documents à Mlle Roy. » (Réginald Hamel à M. X., le 26 juin 1969) ;

- enfin, de Marie-Anna elle-même, qui l'accuse d'avoir trahi son serment. Stupéfait, Réginald Hamel lui rappelle alors « qu'elle a accordé à M. X. la permission de consulter son manuscrit ». Il ajoute ironiquement qu'« en fils obéissant de Sa Majesté l'Autorité », il se voit dans l'obligation de le lui retourner (à Marie-Anna, le 16 mars).

Le 16 mai, Marie-Anna nous livre enfin la clé de l'énigme : non seulement M. X. ne lui a jamais écrit ni téléphoné, *mais elle ne lui a jamais délivré la moindre autorisation d'accès à son manuscrit !* (à Réginald Hamel).

Deuxième épisode : la « réfutation »

Entre-temps, l'affaire connaît un nouveau rebondissement : M. X. annonce à qui veut l'entendre qu'il va apporter, par le biais de son propre livre et d'un article, un démenti aux accusations portées par Marie-Anna Roy contre sa sœur dans *Les Deux Sources de l'inspiration : l'imagination et le cœur*. Réactions des principaux protagonistes de l'histoire :

- Marie-Anna : « Réfuter quoi ? s'exclame-t-elle, furieuse, en marge d'une lettre de Bernadette datée du 10 mai, mon manuscrit n'est pas un écrit personnel, mais réservé à des gens à l'esprit ouvert et à des esprits partiaux ! » Tout en reconnaissant « le brillant talent » de Gabrielle, elle considère être mieux placée que M. X., « professeur indigné, incompétent et idolâtre », pour juger du caractère de sa benjamine. Selon elle, il est de son devoir de dénoncer ses travers : « X. a construit un mythe : le mythe de la célèbre romancière, appuyé par la presse à grand tirage. Aujourd'hui que la contestation s'établit partout, que les cadres éclatent, que les prêtres renversent l'autel de leur Dieu, la Vérité peut et doit être déclarée ! » tonne-t-elle dans une lettre du 13 mai à Réginald Hamel. Hors de ses gonds, elle menace M. X. de le poursuivre en justice s'il « viole le secret de ce manuscrit », lui ordonne de le lui restituer et lui interdit désormais tout accès à ses écrits.
- Gabrielle Roy : début mai, elle reçoit la visite de M. X. À cette occasion, elle le conjure de renoncer à son projet d'article qui risquerait « d'attirer l'attention » sur le funeste manuscrit (à Bernadette, le 7 mai). Le professeur la rassure, tout en demeurant très évasif.

Profondément affectée, la romancière supplie alors la religieuse de récupérer auprès de lui une copie de ce réquisitoire qui « respire la haine d'un bout à l'autre » (le 17 mai).

- Bernadette : aussitôt, elle entre en contact avec M. X. Tous deux se rencontrent, s'écrivent, se téléphonent. Petit à petit, l'universitaire se laisse apitoyer. Colère de Marie-Anna en apprenant leurs échanges. Le 10 mai, au nom de sa « grandeur d'âme » et de ses « sentiments chrétiens », Bernadette implore son aînée de retirer son manuscrit du Centre de documentation. Excédée, Marie-Anna envoie vertement promener « cette religieuse confite en dévotion et ignorante » (à Réginald Hamel, le 13 mai). Les deux sœurs ne se reverront plus pendant un an.

- Réginald Hamel : faisant contre mauvaise fortune bon cœur, il affecte depuis le début de traiter cette affaire avec détachement et dérision. Hélas ! Elle a porté un sérieux coup à sa réputation et à son intégrité professionnelle. À plusieurs reprises, entre mars et juin, il prie poliment M. X. de lui renvoyer l'écrit néfaste, lui faisant valoir, d'une part, que la diffusion de propos malveillants risquerait de nuire à l'intérêt général, d'autre part, que ses intentions de « contredire » Marie-Anna ont froissé la susceptibilité de cet auteur.

Troisième épisode : les mensonges

Piqué au vif, M. X. monte sur ses grands chevaux et s'enferre dans des explications pour le moins tortueuses. Le 21 mai, il rétorque froidement et en toute mauvaise foi à Réginald Hamel :

- qu'il n'a « *jamais prétendu s'être adressé à Marie-Anna* », ni avoir *obtenu d'elle la moindre permission pour lire son manuscrit*; que c'est lui, Réginald Hamel, qui lui avait parlé de l'existence de ce dossier lors d'un colloque et promis de le lui faire parvenir. Il cite comme preuves les lettres de Mme Beauchemin, la secrétaire du Centre de documentation, des 29 octobre et 22 novembre 1968. Dans un encadré, Réginald Hamel précise que M. X. ment : nul ne lui aurait confié le moindre document s'il ne s'était targué de détenir une autorisation de Marie-Anna.

- qu'il « *ne possède pas le manuscrit en question, mais seulement une copie* ». Ce qui est faux, bien entendu. Il s'étonne des « accusations exagérées » de Marie-Anna et pousse le cynisme jusqu'à inviter Réginald Hamel à « corriger auprès d'elle la fausse impression qu'elle a de [lui] » !

- qu'il n'a « *jamais eu l'intention de publier quoi que ce soit tiré de ce texte* ». Or, toutes les lettres qu'il adresse à cette époque aux acteurs de ce mini-drame font allusion à un projet d'article de controverse.

Finalement, à bout d'arguments, M. X. retourne le manuscrit fatidique à Réginald Hamel, et son double à Bernadette. Est-il utile de préciser qu'il en conserve un troisième exemplaire pour ses fins personnelles ?

Quatrième épisode : où sont passés les « feuillets sataniques » ?

Nous sommes à la mi-juin 1969. Tout va-t-il enfin rentrer dans l'ordre ?

Sollicité par Gabrielle Roy, un de ses amis obtient du Centre de documentation que les pièces litigieuses soient enfin mises sous scellé. Non moins bouleversée, la romancière s'en prend de nouveau à René de Chantal, doyen de la Faculté, et, ainsi qu'on l'aura deviné, à ce pauvre Réginald Hamel.

D'un côté, la romancière sait pertinemment que tant que ces papiers nuisibles ne seront pas détruits, n'importe quel « assoiffé de sensation » pourra les exhumer un jour des archives (à Bernadette, le 16 juin). De l'autre, la copie récupérée par sœur Léon-de-la Croix demeurant la propriété exclusive de M. X., il lui faut encore obtenir la permission de ce chercheur avant de la brûler.

Toutefois, ignorant la double nature de cet homme, Gabrielle est convaincue que le « malheureux professeur » n'en révélera pas le contenu au public (à Bernadette, le 17 août). Enfin, d'autres exemplaires du sordide écrit continuent de circuler dans les bibliothèques, les centres de documentation, les écoles et les services d'archives de Montréal. Préférant jouer de prudence, l'écrivain conseille au bout du compte à Bernadette (dans la même lettre) de ne plus intervenir : « Il ne faut surtout pas avoir l'air de trop [...] craindre [le manuscrit]. »

Redoutant de nouvelles foudres de Gabrielle Roy, le doyen René de Chantal ordonne alors au Centre de documentation de renvoyer l'original à son auteur, Marie-Anna Roy. Seulement, il y a un hic... À force de jouer à cache-cache avec l'affreux grimoire, il est devenu totalement introuvable ! Littéralement pris de panique, le doyen sonne l'alarme. Dans les couloirs, il poursuit son bouc émissaire favori de ses imprécations fulminatoires : « Hamel, je vais vous faire f... à la porte de l'Université ! » Cinq mois durant, les employés de bibliothèque vont s'affairer à chercher le dossier maléfique dans les moindres recoins de l'établissement. Une série de notes de service permet de suivre les péripéties de cette farce grotesque qui va se jouer encore pendant trois ans.

Cinquième épisode : « Une tempête sous certains crânes »

Le 18 janvier 1970, Mme Terreau, directrice adjointe de la Bibliothèque générale de l'Université de Montréal, met enfin la main sur le manuscrit diabolique : il moisissait sous une épaisse couche de livres et de poussière, au vingt et unième étage de la fameuse « tour de garde des lettres canadiennes-françaises » ! À la fois gênée et soulagée, Mme Terreau explique à Mlle Desrosiers, chef bibliothécaire du Centre de documentation, qu'elle a eu beaucoup de difficultés pour le trouver à cause « des mauvaises conditions de rangement et du désordre ».

Réginald Hamel va-t-il enfin pouvoir goûter un repos bien mérité ?

Le 12 janvier 1971, c'est-à-dire un an plus tard (comme chacun sait, on prend son temps à l'Université !), M. Lafleur, sous-bibliothécaire du Centre de documentation, doit rendre compte, hiérarchie oblige, à M. Desjardins, directeur général des bibliothèques, de la disparition du manuscrit et de sa mystérieuse présence en haut de la tour. Explication de l'intéressé : il l'a remis à la bibliothèque centrale de l'université « parce qu'il ne savait qu'en faire ! » On croit rêver… Petit fonctionnaire pris en défaut, il s'empêtre dans des excuses alambiquées et, pour finir, rejette la faute sur Marie-Anna elle-même.

Deux jours plus tard, Mlle Desrosiers demande à Mme Terreau de faire livrer l'objet délictueux à son étage. On la comprend : prendre l'ascenseur, c'est tellement fatigant !

Le 26 janvier, M. Desjardins, le « boss des boss », enjoint à Mlle Desrosiers de « garder cette fois le document en lieu sûr. » Sans perdre une seconde, en parfaite fonctionnaire qu'elle est, elle aussi, Mlle Desrosiers lui « assure qu'il est en lieu sûr et qu'on rassure Marie-Anna Roy » !

Sixième épisode : affaire classée ? Eh bien, non !

Mais il est dit que Réginald Hamel n'est pas tout à fait au bout de ses peines…

Le 15 mars 1973, soit deux ans après la clôture de ce mélodrame, la trop diligente Mlle Desrosiers décide d'ouvrir une enquête afin d'établir si, à tout hasard, d'autres copies du manuscrit ne se promèneraient pas dans l'université. Sans doute n'a-t-elle rien de mieux à faire… Elle écrit à M. Desjardins, le plus « haut gradé » des bibliothécaires, qu'elle est en train d'écrire à Réginald Hamel : une information on ne peut plus passionnante ; une initiative qui ne manquera pas d'éveiller d'agréables souvenirs chez le directeur du Centre de documentation… Afin de se faire encore mieux voir, elle rappelle pour la énième fois à M. Desjardins qu'elle a réexpédié le manuscrit à Marie-Anna Roy. Je précise tout de même : sept mois après réception dudit manuscrit. Un véritable exploit !

Le 26 avril – décidément, on a tout son temps dans cette université ! –, Mlle Desrosiers adresse à M. Laplante, adjoint de M. Desjardins, copie de la réponse de Réginald Hamel : « Mademoiselle, n'avez-vous pas déjà renvoyé à Marie-Anna Roy l'unique exemplaire de ce manuscrit ? » Visiblement, le grinçant du propos a échappé à cette brave demoiselle...

Le 1er mai, réponse exaspérée de M. Laplante à Mlle Desrosiers : « Je souhaite que l'affaire soit classée. Elle l'est pour moi. » Voilà ce que c'est que de vouloir faire du zèle ! Afin d'atténuer la sécheresse de son message, le bibliothécaire ajoute toutefois qu'il « espère que Marie-Anna va offrir ses services à l'Archiviste national du Québec afin de lui causer quelques bonnes crises de céphalgie... » Enfin une brise d'humour dans cette austère administration !

Ultime rebondissement

Conclusion (véridique) de l'histoire : trois mois plus tard, soit le 5 août 1973, à 9 heures du matin, Réginald Hamel reçoit une lettre de Marie-Anna lui annonçant qu'*il manque quelques pages à son manuscrit !* Comble d'ironie, elles s'intitulent : « Le rayonnement d'une œuvre » !

9 h 1 (on imagine) : Réginald Hamel gît sous son bureau, en proie à une crise de nerfs...

Le 25 août, Marie-Anna accuse réception, auprès de Réginald Hamel, des dernières pages du « maudit manuscrit »...

III

PETITES RACINES
DE RAWDON

Rawdon, petite municipalité située à cinquante kilomètres de Montréal, aux premiers contreforts des Laurentides, fut l'un des lieux préférés de Gabrielle Roy et sut la capturer comme nul autre au monde dans les filets de son charme. En effet, la romancière vagabonde y séjourna fidèlement entre 1942 et 1959 : de manière régulière les premières années – le week-end, parfois une ou plusieurs semaines d'affilée et jusqu'à deux trimestres par an ; plus épisodiquement à son retour d'Europe, au début des années 1950 ; une dernière fois en 1959, soit deux ans après l'achat du chalet de Petite-Rivière-Saint-François.

La première question qui vient spontanément à l'esprit est le choix singulier de cette villégiature quasi inconnue, dont les attraits touristiques n'étaient pas développés comme aujourd'hui.

Dans *Le Temps qui m'a manqué*, l'écrivain explique qu'elle souhaitait avant tout se rapprocher du pays de sa mère. L'on se rappelle que Mélina Roy-Landry était née à Saint-Alphonse-de-Rodriguez, à une quinzaine de kilomètres de Rawdon, et qu'elle avait élevé sa fille dans le culte de sa région natale. Ainsi, très souvent, Gabrielle bat-elle la campagne sur les traces de l'enfance perdue de sa mère : elle l'imagine, la revit, la recrée, tente de la comprendre – et, à travers elle, sa propre enfance. Elle va jusqu'à s'identifier à la petite fille qui, « au-dessus de la crête [...] avait dû venir regarder le monde, la vie, et tâcher de percevoir ce qu'elle deviendrait ». Au point que l'on se demande parfois qui, de Mélina ou de Gabrielle, projeta sur l'autre ses rêves d'avenir et son goût des départs. Un jour, les collines mi-songe mi-réalité dont sa mère lui a transmis l'obsédante nostalgie, son image et la sienne fusionneront en un mythe qui animera les écrits autobiographiques de la romancière d'un souffle original et séduisant.

Tout, dans le paysage maternel et accueillant qui environne « le Village ensoleillé » – autre nom de Rawdon – ramène à l'exilée le souvenir de sa mère : non seulement les fameuses petites collines « au doux profil bleuté », plongées dans « un silence émouvant, sous la teinte du ciel d'un mauve délicat », mais aussi la chevelure d'ébène des arbres, les lacs aux yeux d'eau souriante, les chutes aux courbes harmonieuses, les rivières volubiles...

À Rawdon même, Gabrielle baigne plus ou moins inconsciemment dans le liquide amniotique de sa mère. Les maisons de ses différentes logeuses – les demoiselles Paré, sur la 6ᵉ Avenue; Mᵐᵉ Tinkler, puis Mᵐᵉ Bamback, à l'angle de la 9ᵉ Avenue et de Lake Morgan Road[1] – ne recréent-elles pas, chacune à sa façon, l'ambiance intime et chaleureuse de la demeure familiale? Toutes ces dames ne sont-elles pas des mères de substitution, attentives à prendre soin d'elle et à veiller à ce qu'elle ne manque de rien? Comme par hasard, Gabrielle Roy quittera définitivement les lieux lors de la disparition des chambres d'hôtes…

***

Sans doute Rawdon lui remémore-t-il aussi son lointain Saint-Boniface. Gaie, animée, pleine de bonhomie, cette agglomération cosmopolite – où, depuis le XIXᵉ siècle, Canadiens français, Irlandais, Allemands, Polonais, Hongrois, Ukrainiens et Russes vivent en bonne intelligence – ne peut manquer de réveiller en elle les réminiscences colorées des immigrants de la rue Deschambault. Pour sa part, l'historien régional Gérard Brady plaide en faveur d'une ressemblance avec Saint-Henri : « C'est peut-être parce que son roman [*Bonheur d'occasion*] se déroule dans des familles qui vivent pauvrement dans un quartier populaire, tout en nourrissant un vif espoir d'une vie meilleure, qu'elle avait choisi d'habiter […] dans un village plein de vie, doté d'une riche nature capable assurément de susciter l'espoir et la joie », écrit-il dans son article « Gabrielle Roy et ses amies de Rawdon[2] ».

Quoi qu'il en soit, les rares survivants de l'époque de Gabrielle Roy ayant accepté de s'exprimer ici – Laurence et Dominique Pelletier, des amis de jeunesse; l'abbé François Lanoue, qui considère sa paroisse comme les véritables racines de la romancière – la décrivent comme une jeune femme très « à l'aise » parmi la population et « inspirée pour se livrer à l'écriture[3]. Au contraire, Gérard Brady, qui ne l'a pas connue personnellement mais qui a enquêté sur son cas auprès d'autres habitants, aujourd'hui décédés, confie dans les pages du journal local qu'« introvertie, presque renfermée sur elle-même, […] se racontait peu et se confiait encore plus difficilement. Peu de gens, à Rawdon, ont su que *Bonheur d'occasion* avait été écrit pour une bonne part dans leur village[4] ».

Toujours ces éternelles contradictions, difficiles à saisir, impossibles à démêler, révélatrices d'un tempérament cyclothymique et fantasque dont notre troisième interviewée, Jeannette Payette-Plante, une jeune cantatrice que Gabrielle Roy rencontra au début des années 1950 dans une autre partie des Laurentides, fit quelque peu les frais… S'il est hors de doute que Gabrielle était bien intégrée à Rawdon, en revanche, l'on peut comprendre qu'un écrivain débutant et encore peu sûr de soi évitait les confidences et dérobait ses manuscrits aux yeux trop indiscrets.

***

Une autre des raisons qui ont incité Gabrielle Roy à se fixer à Rawdon est la paix et la solitude que cette localité lui offre : « deux conditions indispensables » à son bien-être et à son travail d'auteur, précise-t-elle dans une lettre à sa sœur Bernadette du 4 janvier 1946[5]. Au contact de la nature et de la « vie authentique de habitants[6] », le stress de la grande ville dispa- raît : elle peut goûter un repos complet, lire, se promener, faire du sport, contempler les métamorphoses de la campagne. Dans *Le Temps qui m'a manqué*, l'on découvre – même si ce texte a été écrit avec une trentaine d'années de recul – une Gabrielle heureuse, détendue, enthousiaste de la vie et confiante dans son avenir littéraire.

En 1952 et 1953, c'est également à Rawdon qu'elle viendra soigner ses nerfs mis à rude épreuve par l'écriture d'*Alexandre Chenevert* et par la vie en général. À son mari, elle dépeint le village comme un endroit si calme qu'elle a « l'impression que le temps ne s' [y] écoule pas comme ailleurs[7] ». Même en 1959, lors de ses dernières vacances dans la région, elle en recon- naîtra l'effet bienfaisant et presque magique sur sa santé.

Rawdon, c'est aussi ce refuge, cet espace de liberté où sa vie privée lui appartient pleinement. À l'époque de la rédaction de *Bonheur d'occasion*, elle peut y recevoir de temps à autre Henri Girard sans rendre de comptes à personne. Hélas ! comme on le sait, Gabrielle s'est soigneusement ingé- niée à gommer toute trace de l'ami-amant.

Même encore au début des années 1950, le bourg de Rawdon constitue-t-il une retraite idéale pour une célébrité fuyant toute publicité : Gabrielle songe à y acheter une maisonnette et s'imagine déjà coulant au- près de Marcel Carbotte une vie paisible entièrement vouée à l'écriture.

Mais Rawdon, c'est surtout ce « sanctuaire d'écriture[9] » – selon l'expression de Juliette Godin-Forget, une amie rawdonienne de la roman- cière, aujourd'hui disparue – où Gabrielle peut s'adonner à son activité favorite. Au fil des années, la petite municipalité va devenir inséparable de cette religion de l'art qu'à l'imitation de Balzac ou de Flaubert, la jeune journaliste a totalement embrassée, et qui se traduit par un travail acharné : articles, reportages, contes, nouvelles, etc. Plus encore, Rawdon va être à la fois le théâtre et le témoin privilégié de la naissance d'un grand écrivain, Gabrielle Roy, qui, pareille à un volcan, jette sur sa machine à écrire tout ce que sa prodigieuse mémoire lui dicte : souvenirs, rêves, événements, expériences vécues, anecdotes, qu'elle mêle, fond, modifie, transforme et mystérieusement recompose, jusqu'à ce que des chefs-d'œuvre s'ensuivent : *Bonheur d'occasion, Alexandre Chenevert*.

***

Si l'on connaît les raisons de l'attachement de Gabrielle Roy à Rawdon, à l'inverse, celles de son départ de la petite cité demeurent quelque peu énigmatiques. Comme toujours, la femme de lettres est restée assez discrète sur son changement d'existence.

Dans *Mon cher grand fou – Lettres à Marcel Carbotte, 1947-1979*, elle invoque à plusieurs reprises, aux printemps 1952 et 1953, « l'ennui » que lui inspire désormais son repaire. Elle qui se hâtait toujours vers lui avec l'empressement d'une amoureuse rejoignant son fiancé avoue à présent qu'elle ne l'aime pas – ou plus –, lui préférant de loin les chemins « solitaires ». Bien sûr, l'on peut imputer ce revirement à son humeur capricieuse, mais n'est-ce pas plutôt la dépression découlant de ses problèmes cardiaques et pulmonaires qui lui peint son univers tout en noir ? Hypersensible et absorbée par sa vie intérieure, Gabrielle perçoit de manière régulière comme des « appels » qui lui font reprendre la route vers un monde qu'elle imagine toujours plus beau, toujours meilleur, toujours plus bénéfique pour sa santé, et qui, inévitablement, la déçoit à plus ou moins brève échéance…

Les années passant, sa lassitude de Rawdon n'ira qu'en augmentant. Il faut dire aussi que ses anciennes connaissances disparaissent les unes après les autres, que les jeunes émigrent vers les capitales, que ses amitiés se distendent avec le temps. Sa notoriété grandissante n'arrange pas les choses non plus : en 1959, soit quatorze ans après la publication de *Bonheur d'occasion*, elle n'est plus « la petite fille qui pensionne chez la mère Tinkler », comme elle se décrivait fièrement, mais une personnalité en vue que les hôteliers traitent comme « une sorte de potentat ou de reine [11] », et à laquelle les nouveaux villageois se croient obligés de faire des ronds de jambe. Entre parenthèses, une attitude qu'elle déteste autant qu'elle en est flattée. Surtout, l'écrivain possède maintenant son chez-soi, à Petite Rivière-Saint-François, et ne voit plus très bien l'intérêt de courir une ou deux fois par an à Rawdon.

Pour le reste, l'on peut avancer sans crainte de se tromper qu'à partir de la fin des années 1950, Gabrielle ne retrouve plus le climat de convivialité joyeuse qui caractérisait sa retraite, en raison de l'apparition de la télévision dans les foyers, du repli des gens sur une vie de plus en plus matérialiste et de la compétition entre les ménages. L'avenante auberge Rawdon Inn – aujourd'hui tenu par M. Jean-Pierre Godin, le fils du docteur Lucien Godin [12] et de Juliette Forget, des amis de Gabrielle –, sera le dernier témoin de son passage et de ses écrits : l'écrivain fuit désormais le flot de touristes et de snobs qui menacent sérieusement sa tranquillité.

***

Même si Gabrielle Roy tourna définitivement la page Rawdon à l'aube des années 1960, elle lui demeura toute sa vie autant attachée qu'à sa ville natale par le cœur, le souvenir et la pensée. L'on peut avancer pour preuves les lignes pleines de nostalgie attendrie qu'elle lui consacre dans *Le Temps qui m'a manqué*, alors que bien d'autres lieux sont passés sous silence. Non seulement elle était parfaitement consciente d'avoir vécu une seconde naissance « en écriture » dans ce petit endroit méconnu de la terre, mais aussi reconnaissante à ses habitants de lui avoir créé les conditions favorables à la genèse et à l'éclosion de son premier roman. Quant à Mélina Roy-Landry, nul doute que, depuis juin 1943, son esprit avait rejoint ses chères collines de Saint-Alphonse-de-Rodriguez ; de là, elle pouvait tout à loisir inspirer et veiller sur le génie de sa benjamine.

LAURENCE ET DOMINIQUE PELLETIER : « GABRIELLE ROY, LA CHRYSALIDE ET LE PAPILLON »

Après trois mois de séjour à Montréal, j'étais contente de rentrer à Rawdon où du moins je peux travailler dans la solitude et la paix, deux conditions qui me sont absolument indispensables.

Rawdon, le 4 janvier 1946
(*Ma chère petite sœur – Lettres à Bernadette*)

Inaccessible Gabrielle

Dominique : Au début des années 1940, Gabrielle Roy séjournait régulièrement à Rawdon : la tranquillité de notre petite ville la reposait de la vie trépidante de Montréal. Elle louait un meublé chez les demoiselles Paré[1] – Thérèse, Simone et Gertrude – trois vieilles filles qui vivaient sur la 6ᵉ Avenue. Lorsque je passais leur donner un coup de main dans la maison ou au jardin, je faisais un brin de causette avec Gabrielle. Le plus souvent, elle était en train de rédiger ses articles dans une belle chambre claire, spacieuse et confortable.

La jeune journaliste était assez jolie, mais sans plus, maigre et de taille moyenne. Sur le plan du caractère, c'était une *bonne fille*, pas fière, mais tout de même un peu *snobinette* : elle ne parlait pas plus qu'il ne fallait et gardait ses distances…

Laurence : Forcément, toi, tu ne cherchais qu'à lui *faire des becs* ! (l'embrasser)

Dominique : Mais non, voyons, je ne me serais jamais permis de la toucher ni même de l'approcher ! D'ailleurs, elle était plus âgée que moi : c'était une copine, rien de plus…

L'oiseau ouvre ses ailes…

Laurence : C'est toujours ce qu'on dit ! Avec moi, elle ne s'est jamais montrée lointaine : elle était simple, ouverte, communicative. Elle venait me chercher à la maison pour *prendre de grandes marches* dans la campagne ou se baigner dans la rivière Ouareau. Gaie, enthousiaste de la vie, babillant comme un oiseau, c'était un véritable plaisir de la regarder, de l'écouter, de la suivre dans ses promenades. Elle me confiait qu'elle était heureuse parce qu'elle s'attachait facilement aux gens. Il faut reconnaître qu'elle traitait tout le monde, à Rawdon, avec une délicieuse gentillesse : depuis les notables en vue jusqu'aux simples gens de la rue. Elle s'était fait beaucoup d'amis dans notre ville.

Dominique : Alors, tu ne la trouvais pas un peu mystérieuse, toi ?

Laurence : Non, pas vraiment… Enfin, il est vrai qu'elle ne me faisait pas beaucoup de confidences sur son passé, sa famille ou sa vie privée ! Son compagnon, Henri Girard, la rejoignait parfois ici : elle le faisait passer pour son frère. En ce temps-là, on respectait les convenances, sinon les ragots allaient bon train. Ainsi, les demoiselles Paré n'auraient-elles jamais accepté que cet homme couche dans la chambre de Gabrielle ni même dans la maison. Il était obligé d'aller loger chez d'autres gens, les Lacasse : un nom assez répandu, que la romancière leur a peut-être emprunté au profit des personnages de *Bonheur d'occasion*…

J'ai rencontré Henri Girard à plusieurs reprises. J'ignore pourquoi tout le monde s'obstine à le décrire comme « un petit gros » : pour ma part, je l'ai toujours trouvé grand et maigre – peut-être suivait-il un régime en prévision de ses visites à Rawdon… (*Rires.*) C'était un monsieur de la ville, élégant, distingué, mais très accessible, toujours affable et souriant. Il s'intéressait à tout le monde au village : cultivé et *beau jaseur*, il était capable de disserter sur n'importe quel sujet. L'été, Gabrielle et lui partaient se promener dans la forêt ou au bord de la rivière ; l'hiver, tous deux pratiquaient la raquette et le ski.

L'éclosion de la première œuvre

Dominique : Lorsqu'il faisait trop mauvais dehors, Gabrielle, qui considérait les demoiselles Paré comme des amies, les aidait de son mieux dans la maison. Mais elle n'était pas manuelle pour deux sous…

Laurence : Ah, je regrette, elle était *très bonne des mains* ! Tu ne te rappelles donc plus les couvre-lits en *patchwork* et les belles robes qu'elle cousait le soir pour ses sœurs[2] ? Elle disait que ce passe-temps la délassait...

Dominique : Je me souviens surtout qu'elle lisait et qu'elle écrivait beaucoup ! Mais pas bien : ses articles n'avaient pas tous une grande valeur...

Laurence : Comment peux-tu dire une chose pareille ? Au contraire, elle écrivait déjà très bien ! Lorsqu'elle venait chez papa et maman, elle apportait ses papiers afin que je lui donne un avis et corrige ses fautes : je n'en trouvais jamais une seule !

Dominique : Quoi qu'il en soit, elle a eu tout le temps de perfectionner son style à Rawdon : elle travaillait du matin au soir ! C'est ici qu'elle a commencé à écrire *Bonheur d'occasion*...

Laurence : ... elle y a non seulement poursuivi la rédaction de certains chapitres, mais aussi corrigé le manuscrit final. À cette période de son existence, elle ne me parlait plus du tout de ses écrits : littéralement plongée dans son sujet, elle s'enfermait des heures entières et ne venait plus me chercher pour nos balades habituelles. Certes, je me doutais bien qu'elle s'était attelée à un gros projet, mais j'en ignorais totalement la teneur. De toute façon, il ne me serait jamais venu à l'esprit de lui poser des questions indiscrètes. Seul son ami Henri avait un droit de regard sur ses manuscrits : c'était leur bébé.

L'œuvre séparatrice

Dominique : Après la publication de son livre, en 1945, Gabrielle a quitté ses nouveaux logeurs – le couple Tinkler, qui habitait à l'angle de la 9e Avenue et de Lake Morgan Road – pour emménager à l'auberge Rawdon Inn : elle était trop sollicitée par les visiteurs. Le jeune écrivain occupait la chambre située à l'extrême gauche, au premier étage. Elle gardait les rideaux baissés et écrivait toute la journée. Aujourd'hui, le propriétaire, M. Jean-Pierre Godin, l'un des fils du docteur, fait visiter cette pièce avec beaucoup de fierté aux touristes. Moi aussi, je suis fier de Gabrielle, de l'avoir connue, d'avoir été son ami. Savez-vous ce qui m'a fait le plus plaisir au monde ? Eh bien, de voir pour la première fois sa maison natale ! C'était en octobre 1998, à la télévision. Elle va être transformée en musée.

Laurence : Pour en revenir au succès de Gabrielle, il ne l'avait pas du tout changée. Comme par le passé, elle a continué à nous parler, à nous fréquenter, mes parents et moi, et même à me lire certains de ses articles. Dans les années 1950, elle est venue me présenter son mari, le docteur Marcel Carbotte. Au premier abord, ce monsieur m'a fortement impressionnée : très grand, très maigre, d'allure distinguée, il s'exprimait dans un français châtié. Puis, au fil de notre conversation, je me suis rendu compte qu'il était très proche des gens.

Juste avant ses noces, Gabrielle avait éconduit ce pauvre M. Girard, qui n'a jamais remis les pieds à Rawdon : on le disait alcoolique et malade. Quarante ans plus tard, la biographie de la romancière nous a appris que c'était un homme marié : ce genre de situation ne faisait alors plus guère scandale.

Bien que Gabrielle soit revenue se ressourcer à plusieurs reprises dans notre cité, nous nous sommes petit à petit éloignées l'une de l'autre. Non pas pour des motifs de discorde, mais parce que nous étions trop accaparées, elle, par son art, moi, par mon métier d'enseignante. Aussi, parce qu'elle a commencé à vieillir de bonne heure, à souffrir de problèmes de santé : elle se repliait de plus en plus sur elle-même.

Je vous avouerai néanmoins que Gabrielle Roy est la personne que j'ai le plus admirée au cours de ma vie. Pourquoi ? Pour une raison très simple : elle ne critiquait jamais les gens. Cette qualité exceptionnelle transparaît dans toute son œuvre.

***

Enfants d'un cordonnier et d'une monitrice de travaux manuels, Dominique et Laurence Pelletier sont les plus anciens témoins de la vie de Gabrielle Roy à Rawdon. Le premier effectua toute sa carrière dans les transports, à Montréal, avant de devenir le chauffeur particulier du Dr Lucien Godin, médecin de Rawdon et ami de la romancière. La seconde enseigna en qualité d'institutrice, puis de professeur de français et d'anglais à l'École normale, ainsi qu'au couvent Sainte-Anne de cette même ville.

Le frère et la sœur rencontrèrent Gabrielle qui se trouvait à la croisée des chemins : la jeune femme abandonnait progressivement sa peau de journaliste pour celle de l'écrivain. Toutefois, en dépit de l'affection et de la confiance qu'elle portait à ses jeunes amis – elle leur lisait volontiers le brouillon de ses articles –, ni l'un ni l'autre ne furent jamais admis à assister à la genèse de *Bonheur d'occasion*. Ils ne pénétrèrent jamais non plus dans l'« antre » où se concoctait le mystérieux roman.

Si l'auteur ne leur a consacré aucune ligne dans les textes publiés à ce jour, elle leur demeura néanmoins fidèle jusqu'à ce que l'écriture, devenue trop exigeante, la sépare définitivement d'eux.

En dépit de leur grand âge et d'une santé précaire, Laurence et Dominique Pelletier m'ont accueillie avec une hospitalité généreuse dans leur humble demeure. Qu'ils en soient aujourd'hui remerciés.

ABBÉ FRANÇOIS LANOUE :
« GABRIELLE ROY OU UNE ACADIE DANS LA MÉMOIRE[1] »

À bout de forces, je n'en poursuivais pas moins ma petite idée qu'un jour je la vengerais. Je vengerais aussi mon père et ceux de Beaumont, et ceux de Saint-Jacques-de-l'Achigan […]. Je m'en allais loin dans le passé chercher la misère dont j'étais issue, et je m'en faisais une volonté qui parvenait à me faire avancer.

La Détresse et l'Enchantement

Une Acadienne qui s'ignore…

Avec quelle joie j'accepte d'évoquer la figure de Gabrielle Roy ! À l'époque de notre rencontre, j'étais à cent lieues d'imaginer la renommée qu'elle acquerrait un jour… Ce qui m'avait ému le plus chez elle, c'étaient ses origines acadiennes de Saint-Jacques-de-l'Achigan, mon village natal, dont j'étais en train d'écrire l'histoire[2]…

Mon destin a croisé celui de la romancière dans des circonstances totalement fortuites. Par un beau soir de juillet 1945, alors que je me promenais dans Rawdon en compagnie d'un de mes élèves de rhétorique du Séminaire de Joliette, André Brien, je l'ai aperçue sur le perron d'une maison, à la sortie du Pont-Neuf[3]. Lors de ses séjours, elle y louait une chambre. « Et si nous allions la saluer ? » ai-je proposé à mon disciple.

L'abbé François Lanoue, de Rawdon, travailla sur les origines acadiennes de Gabrielle.
(Archives abbé Lanoue)

Nous nous sommes donc présentés à elle, nous excusant de l'importuner. « Mais vous ne me dérangez pas du tout ! » s'est-elle exclamée avec un grand sourire. Et de commencer à *jaser* avec nous comme si nous étions de vieilles connaissances… N'était-ce pas extraordinaire ?

Plus que son physique, qui n'avait rien de spécial, ce sont son exquise gentillesse et son extrême simplicité qui m'ont frappé. Aussi, sa franchise. Elle venait de publier B*onheur d'occasion*, dont une grande partie avait été écrite à Rawdon. Après l'avoir félicitée pour son succès et la qualité de son œuvre, je lui ai demandé de quelle manière elle avait mené son enquête dans Saint-Henri. Elle n'a pas fait mystère de sa méthode : certains jours, elle entrait directement dans les maisons ou les immeubles affichant « À louer », afin de s'informer des conditions de location ; certains autres, elle abordait franchement les gens dans la rue et, l'air de rien, s'enquérait de leurs difficultés pour trouver un emploi.

J'ai été profondément touché d'apprendre que ses ancêtres maternels étaient originaires de Saint-Jacques, ma patrie bien-aimée : c'étaient les habitants de Saint-Alphonse-de-Rodriguez qui, en 1840, avaient fondé cette commune à cinquante kilomètres de chez eux. Si l'heure de rentrer au Séminaire n'avait sonné et si je n'avais craint d'abuser de la patience de Gabrielle Roy, je serais resté des heures à épiloguer sur cette heureuse coïncidence…

Gabrielle Roy, un « œil » hors du commun

De cette unique rencontre avec la romancière, j'ai conservé un souvenir précieux, que j'ai relaté dans *Joliette Journal*. Malheureusement, je n'ai pas retrouvé trace de cet article ; le journal non plus.

Par la suite, je ne l'ai plus fréquentée autrement que par ses écrits : je les ai savourés au complet, je crois. Ce que j'aime, dans son œuvre, ce sont non seulement la douceur et la suavité de son style, mais la profondeur de sa vision des événements et des sentiments humains. Ses réflexions sur le monde et sur les êtres engendrent de véritables aphorismes classiques. Elle fait montre d'une remarquable psychologie dans son approche des élèves d'école primaire, qu'elle avait tant aimés.

Sa simplicité transparaît dans le regard qu'elle porte sur « l'intérieur » des gens de la ville ou sur l'ordonnance de la nature ; dans les émotions « vraies » qu'elle ressent devant un paysage, aussi banal soit-il ; dans son évocation des lieux qu'elle chérissait le plus au monde : Somerset, le village d'été de son enfance, au Manitoba ; Upshire, au nord de Londres ; Rawdon, bien sûr ; et Petite-Rivière-Saint-François, où elle possédait un chalet.

Toutefois, combien j'aurais aimé qu'elle parle davantage de Saint-Jacques-de-l'Achigan dans son œuvre [4] !

Une famille simple, mais illustre

Plus tard, la joie née de mon entrevue inespérée avec Gabrielle Roy m'a encouragé à effectuer quelques recherches sur sa parenté. Avec l'aide de mon grand ami, le généalogiste Louis-Guy Gauthier, j'ai compulsé une foule d'archives et de documents. Nombre de dates échappent aux registres paroissiaux : cependant, nous avons découvert qu'un certain William Johnson (1680-?), soldat écossais, dont le nom a été francisé par la suite en « Jansonne » ou « Jeansonne », s'était établi en 1710 en Acadie. Cinq ans après son arrivée, il épousait Élizabeth Corporon, qui lui donnait trois fils : Jean-Baptiste (1716-?), Thomas (1720-?) et Guillaume (dates inconnues).

Lors de la Déportation de 1755, les deux premiers ont été exilés dans le Connecticut (États-Unis). De retour au pays en 1767, ils se sont réfugiés à l'Assomption (Nouvelle-Acadie), où ils ont acquis une concession au Bas-du-Ruisseau-Vacher, sur la seigneurie de Saint-Sulpice.

C'est le petit-fils de Jean-Baptiste, Charles (dates inconnues), qui s'est installé en 1824 à Saint-Alphonse peu après son mariage avec Zoé Provost (dates inconnues). En 1861, leur fille, Emilie (1831-1917), épousait Elie Landry (1835-1912), originaire de Saint-Jacques-de-l'Achigan. Vingt ans plus tard, tous deux immigraient au Manitoba avec leurs sept enfants, dont Mélina, la future mère de Gabrielle Roy.

Dans son ouvrage, *La Montagne Pembina au temps des colons* [5], Marie-Anna, la sœur de Gabrielle, décrit ses aïeux comme des gens « trempés de vaillance et d'énergie ». Il est vrai qu'au pays les Jeansonne ont la réputation d'être de « grands voyageurs devant l'Éternel » : outre une aventurière comme Émilie, l'on dénombre dans cette famille des constructeurs, des forgerons, des chercheurs d'or, des mineurs, des défricheurs et des éleveurs, qui, presque tous, s'en sont allés chercher fortune au Canada ou aux États-Unis.

Concernant les Landry, l'autre branche maternelle de Gabrielle Roy, mon collaborateur et moi-même n'avons pas réussi à remonter au-delà de

1774, année où un certain Germain Landry (dates inconnues) a convolé en secondes noces avec Marie-Marthe Miraud (ou Mireault ; 1752-1792). Les registres paroissiaux ne font aucune mention de leurs parents respectifs. On sait seulement qu'ils étaient « Acadiens ». Hélas, on ne trouve aucune trace d'eux non plus dans les ouvrages généalogiques ayant trait à cette région !

C'est Paul Landry (1769-1864), le fils de Germain et de sa première femme, Marguerite Benoît (1738-1774), qui s'est établi à Saint-Jacques-de-l'Achigan. Son petit-fils Élie, que j'ai cité précédemment, est devenu le grand-père de la romancière.

Du côté de Beaumont...

Permettez-moi d'ouvrir quand même une parenthèse à propos de la famille paternelle de Gabrielle Roy. Saviez-vous que notre célèbre écrivain descendait d'un ancêtre humble mais attachant : Nicolas Leroy ? Fils de Louis Leroy et d'Anne Lemestre, il était né en 1638 à Dieppe, en Normandie. À l'âge de vingt-ans, il avait épousé Jeanne Lelièvre, qui allait lui donner huit enfants.

Est-ce la mort de son père, la misère ou la situation de son beau-père, Guillaume Lelièvre, alors établi comme agriculteur en Nouvelle-France, qui l'avait poussé à émigrer au Canada ? Nul ne l'a jamais su. Toujours est-il qu'en 1661, il débarquait à L'Ange-Gardien (Montérégie)[6]. Trois ans plus tard, il acquérait une terre à l'est du Sault-Morency (actuel village de Boischatel, Côte-de-Beaupré) pour devenir à la fois agriculteur, *poigneur* (garde-pêche) et éleveur.

En 1681, il s'embarquait avec toute sa famille sur le fleuve Saint-Laurent, pour aller s'installer sur l'une des terres du seigneur Olivier Morel, située à la Durantaie, aux limites de Beaumont (Lévis, Chaudière-Appalaches). Jusqu'à sa mort, en 1690 ou 1691 – on ne sait exactement –, il devait l'exploiter avec succès.

Je ne m'attarderai pas davantage sur leur histoire, mais sachez qu'outre par leur courage et leur esprit d'entreprise, Les Leroy ou Roy se sont distingués à travers les siècles par leur sens du travail et leur goût de la recherche. Le Québec peut s'honorer d'avoir compté parmi eux un archiviste remarquable, Pierre-Georges Roy[7], et l'Église, un archevêque, Mgr Paul-Eugène Roy[8], ainsi qu'un cardinal, Mgr Maurice Roy[9].

Une devise pour Gabrielle Roy : « Tête de fer mais cœur d'or »

À la lumière de ce que j'ai observé et lu de Gabrielle Roy, j'affirme qu'elle était avant tout d'âme acadienne. Sans doute n'en avait-elle que confusément conscience. Voici comment je décris les gens de mon peuple dans mon ouvrage, *Une Nouvelle Acadie, Saint-Jacques-de-l'Achigan, 1772-1972*[10] :

« Dans les veines des Acadiens coulait le plus pur sang français. *Sobres*, se contentant de peu, capables de supporter les plus grandes privations, ils étaient des gens doués de *ténacité* et de *persévérance* que l'adversité ne pouvait réduire. Bons, *affables*, hospitaliers, d'une grande vigueur musculaire, leur *probité* et la *simplicité de leurs mœurs* étaient proverbiales. S'ils étaient soumis aux ordres de leurs chefs spirituels et temporels, ils n'en étaient pas moins *courageux* et *opiniâtres* dans leurs entreprises, au point qu'on leur applique cette expression presque passée en dicton : *Tête de fer mais cœur d'or.* [...] Était-ce par charité chrétienne ou peur des Anglais qu'ils *ne parlaient jamais ou si peu de leur passé*? »

Dans ce portrait ne retrouve-t-on pas certains traits de caractère de Gabrielle Roy, mais aussi de sa mère, Mélina Landry, et de façon plus large, de la famille Jeansonne ?

Au XIXe siècle, Mgr Ignace Bourget[11], évêque de Montréal, disait qu'on reconnaissait les Acadiens à leur simplicité (ils ne suivaient pas la mode), leur maintien, leur sobriété, leur piété (mariale, je précise), et au fait qu'ils ne juraient pas.

Dans mon livre, j'ajoute encore ceci : « De ces premières heures héroïques (la fondation de la Nouvelle-Acadie, au Québec, après la perte du pays originel) provient notre intense *amour paroissial.* » Cette caractéristique commune aux Acadiens ne fait-elle pas songer à l'attachement farouche, quasi atavique, que Mélina Roy-Landry portait à son Saint-Alphonse natal ? Ou bien encore à celui de Gabrielle pour le Manitoba et les trois ou quatre petits paradis que j'ai cités auparavant ?

L'anecdote que je vais vous conter est particulièrement révélatrice de l'affection qui unit de manière héréditaire les gens de notre race à leur sol natal.

Pour des raisons que j'ai oubliées aujourd'hui, mon arrière-grand-tante, Lida Lanoue, plus connue sous le nom de Mme Camille Jansonne, était partie vivre avec son mari à Lorette (sud-est de Winnipeg). Néanmoins, tous les cinq ans, quelles que soient les circonstances et faisant fi des distances, ma parente effectuait un pèlerinage à Saint-Jacques-de-l'Achigan : c'était un véritable rituel. Lors de son dernier voyage – elle avait plus de quatre-vingts ans –, elle s'est fait conduire au sommet de la colline qui domine Saint-Jacques. Campée près de la voiture, le visage tourné vers les clochers de l'église, elle a adressé comme une prière muette à son village. Puis elle a murmuré ces quelques mots : « C'est fini, partons ! » Ce geste symbolique ne résume-t-il pas la nostalgie qu'elle avait éprouvée toute sa vie de sa paroisse natale ? Elle est morte dès son retour au Manitoba.

Par un étrange phénomène de mimétisme, Mélina Roy-Landry, qui était sa petite-cousine par les Jansonne, a vécu une expérience très proche de la sienne. *La Détresse et l'Enchantement*, suivi de *Le Temps qui m'a manqué*, révèle l'ennui dont elle souffrait, loin des collines de Saint-Alphonse : dès que sa tâche de mère de famille lui laissait un peu de répit, elle « se sauvait » au Québec. Dans *La Route d'Altamont*, Éveline, son reflet, grimpe tout en haut d'une montagne, comme Tante Camille, dans l'espoir d'apercevoir une dernière fois son enfance évanouie. L'heure de la mort approchant, elle fait, elle aussi, ses adieux au village tant aimé. Cette similitude de destin entre ma tante et la maman de l'écrivain est-il le seul fruit du hasard ?

L'« empêcheuse » d'écrire en rond

Si je n'ai, hélas, jamais revu Gabrielle Roy de toute ma vie, en revanche, j'ai rencontré à deux reprises sa sœur Marie-Anna, à la fin des années 1960 et dans les années 1980.

La première fois, c'était à Saint-Jacques-de-l'Achigan : venue, à l'exemple de Gabrielle, sur les pas de ses aïeux, elle m'a confié avoir lu mon ouvrage sur la patrie de sa mère. Elle vociférait contre sa sœur qui réussissait mieux qu'elle dans le domaine littéraire.

La seconde fois, c'était rue Dorchester, à Montréal, où elle louait un minuscule entresol. Après m'avoir servi les habituelles récriminations contre Gabrielle et son mari, elle m'a prêté une dizaine de manuscrits : des nouvelles, fort belles, intéressantes et d'un style agréable. Elle écrivait aussi bien que sa benjamine, mais dans un autre genre.

Ces histoires une fois lues, je les lui ai retournées, accompagnées de commentaires plutôt positifs. Quelques mois plus tard, à la veille de son départ pour l'Ouest, elle m'a écrit pour me les réclamer : sans doute par étourderie, puisqu'elle les a retrouvées, paraît-il, quelque temps plus tard.

Toutefois, après cet incident, elle ne m'a plus jamais donné signe de vie. Oh, c'est sans importance ! Cultivée, érudite même, l'on se serait volontiers lié d'amitié avec elle : toutefois, comme elle faisait tout pour se rendre antipathique, on s'empressait de l'oublier. J'ai su qu'elle était morte à Saint-Boniface, à l'âge de cent cinq ans. Elle avait tenté par tous les moyens de se faire connaître et reconnaître : la chance n'était pas au rendez-vous. On la réhabilite seulement aujourd'hui.

⁂

Né à Saint-Jacques-de-l'Achigan (nord-ouest de Joliette, Laurentides, Québec), d'ascendance acadienne, François Lanoue effectua des études de théologie au Séminaire de Joliette, à celui de Montréal, et au Scolasticat Saint-Charles de Joliette, avant d'être ordonné prêtre en 1943. Professeur au Séminaire et à l'École normale de cette ville, aumônier d'école, vicaire, curé de Saint-Alexis (même région) de 1973 à 1985, sa vie est une « fresque » – comme il se plaît à la décrire –, peinte en hommage à Dieu, à l'humanité et à l'Histoire.

Chevalier commandeur de l'Ordre du Saint-Sépulcre de Jérusalem, président du Comité des fondateurs de l'Église canadienne et prêtre profondément engagé dans sa communauté, il participa à la restauration de différentes églises, fonda le Musée d'art et la Société d'histoire de Joliette-Lanaudière, organisa les fêtes du Bicentenaire de la déportation des Acadiens (1955) et celles du 150ᵉ anniversaire de la paroisse-cathédrale de Joliette (1992-1993).

Également écrivain, conférencier radiophonique et photographe, il est l'auteur de nombreux ouvrages, parmi lesquels des biographies d'hommes d'Église (*Pierre-Joseph Michaud, homme de science et architecte*, 1991 ; *Adolphe Chatillon, routier de la joie communautaire*, 1992 ; *Saint-Jacques et ses prêtres*, 1990) et des monographies (*Une Nouvelle Acadie, Saint-Jacques de l'Achigan, 1772-1972*, 1972 ; *Joliette Delanaudière, guide touristique*, 1972 ; *Saint-Émile d'Entrelacs, son église, fruit de beaucoup d'espérance*, 1990 ; *Notre-Dame de la Merci, son église, fruit de beaucoup d'espérance*, 1990 ; *Saint-Damien de Brandon*, 1994).

Le portrait que notre érudit abbé dresse de Gabrielle Roy, rencontrée à Rawdon peu après la parution de *Bonheur d'occasion*, la rendra assurément plus sympathique, plus attachante et plus proche aux gens de l'Est. Selon lui, l'attirance mystérieuse qu'elle éprouvait pour sa ville d'adoption, voisine de la patrie de ses ancêtres, s'explique par le lointain sang acadien qui coulait dans ses veines.

JEANNETTE PAYETTE-PLANTE :
« GABRIELLE ROY,
LA REINE DES NEIGES »

Il fait beau soleil, une neige très fine, une poussière de neige,
dirait-on, flotte dans ce pâle soleil.

Lac Guindon, le 8 janvier 1951
(*Mon cher grand fou – Lettres à Marcel Carbotte*)

Une surprise de taille

En janvier 1951, soit quelques semaines après nos fiançailles, le
réalisateur de radio Armand Plante [1] et moi avons effectué une escapade à
La Villa du Soleil, une sympathique et accueillante petite auberge située au
bord du lac des Seigneurs (Sainte-Anne-des-Lacs, Laurentides). Plusieurs
couples d'amis, dont Henri Vaudreuil [2], réalisateur à Radio-Canada, et son
épouse, nous accompagnaient. À l'époque, cet endroit était un peu le
rendez-vous du « tout-Montréal » artistique, journalistique et littéraire. Il y
régnait en permanence une atmosphère de fête et de joyeuse camaraderie.

Par une splendide fin d'après-midi, toute notre petite bande est partie
en promenade. Main dans la main, Armand et moi traversions des
paysages féeriques. De petits sentiers se perdaient entre les sapins et les
bancs de neige molle ; les derniers rayons du soleil faisaient scintiller des
cristaux sur le lac ; seuls les cris de joie des skieurs, dans le lointain,
venaient rompre le silence. Nous étions comme hors du monde, hors du

temps, dans une sorte de cocon où, en dépit d'une température de − 30 °C, nous nous lovions chaudement. Ce cadre enchanteur était propice à une rencontre unique, mémorable, extraordinaire : celle de Gabrielle Roy !

En revenant à l'auberge, Armand et moi avons aperçu tout à coup la romancière qui lisait à l'écart, dans un petit salon. Nous sommes restés stupéfaits : étant donné son penchant pour la solitude, c'était bien la dernière personne que nous nous attendions à croiser dans ce lieu à la mode ! En nous entendant entrer, elle a levé les yeux de son livre et, à la vue d'Armand, son visage s'est éclairé d'un large sourire : tous deux se connaissaient depuis la publication de *Bonheur d'occasion*. « Je ne voudrais pas vous paraître indiscret, s'est excusé mon fiancé, je sais que vous êtes ici incognito, mais je vous ai reconnue… » « Vous ne me dérangez pas du tout, bien au contraire ! » s'est-elle récriée en nous invitant, d'un geste, à nous asseoir à ses côtés.

Une sociable asociale

Elle avait la réputation d'un être peu sociable : pourtant, elle nous a gardés deux ou trois heures à *jaser* avec elle. C'était une femme dans la plénitude de la quarantaine, mais qui en paraissait plus de cinquante : sans doute à cause de ses vêtements et de sa coiffure, restés très classiques. Certes, elles était correctement vêtue, mais ne brillait pas par la coquetterie : ne vivant que pour son œuvre, selon les dires, elle avait tendance à se replier sur elle-même et ne s'embarrassait guère de « futilités ».

Je n'irai pas jusqu'à affirmer qu'elle était belle, mais on voyait qu'elle l'avait été. Mince et de taille moyenne, les cheveux légèrement grisonnants, elle avait un sourire émouvant, attachant même, une belle voix claire, une expression limpide : on sentait qu'elle avait travaillé son élocution au théâtre et à la radio. Mais ce qui détonnait chez elle – j'emploie volontairement ce terme –, c'était son regard, d'une profondeur insondable.

L'inlassable curiosité qu'elle manifestait envers autrui m'a estomaquée. Ainsi, posait-elle une foule de questions à Armand, l'écoutant avec une attention soutenue l'entretenir de son métier, de ses rencontres, de ses relations avec les comédiens. En ce temps-là, les émissions de radio-théâtre de mon futur mari connaissaient un large succès. L'écrivain nous a confié son amour pour le théâtre, les interprètes et les artistes dans leur ensemble : elle-même avait entamé une carrière d'actrice par le passé. Comme nous, elle admirait toutes les célébrités de l'époque : Jean Maubourg [3], Pierre Durand [4], Gilles Pelletier [5], sa sœur Denise [6]…

De la même façon, l'intérêt qu'elle a paru porter à mes études, comme à mes modestes débuts de chanteuse lyrique, m'a tout à la fois émue et flattée. En effet, non seulement j'étais beaucoup plus jeune qu'elle, mais je n'avais rien d'une femme de carrière. Elle avouait un faible pour la musique, le chant et l'art vocal en général.

Elle m'a fait l'impression d'une personne habitée d'une intense vie intérieure : elle se reflétait dans sa manière de s'exprimer et dans l'intensité de ses propos. On la sentait pleinement épanouie dans son art : dès qu'elle parlait écriture, un sourire de bonheur illuminait son visage. Alors plongée dans l'écriture d'*Alexandre Chenevert*, elle évoquait son personnage comme s'il avait réellement existé, comme s'il s'agissait d'une vieille connaissance. Plus tard, j'ai appris que c'était son préféré.

Au bout de quelques heures, à la fois éblouis et ravis par cette conversation, Armand et moi nous sommes retirés afin de la laisser en compagnie de son mari qui arrivait de Montréal : je me rappelle un homme grand, distingué, à la forte prestance.

Une mystérieuse fugue

Cependant, autant Gabrielle s'était révélée chaleureuse et humaine, autant nous est-elle très vite apparue comme une personne farouche et imprévisible. En effet, alors que nous avions repris rendez-vous avec elle pour le soir, n'est-elle pas descendue nous rejoindre dans la salle à manger de l'auberge : Mme Fortunate, la propriétaire, lui a monté un plateau-repas dans sa chambre. D'un côté, je la comprends : venue à La Villa du Soleil pour se reposer, elle fuyait le bruit, le monde, la publicité ; elle ne voulait pas courir le risque de se voir mise en vedette à table ou bien se croire obligée de briller en société. De l'autre, je pense qu'elle était incapable de s'intégrer dans un groupe, aussi convivial fût-il.

De la même manière, bien qu'elle ait annoncé son intention de prolonger d'une huitaine son séjour à La Villa du Soleil, a-t-elle brusquement quitté les lieux, de bonne heure le lendemain matin. Sans la plus petite explication, sans même prendre la peine de nous saluer dans la salle du petit déjeuner. N'avait-elle plus envie de nous adresser la parole ou se sentait-elle mal à l'aise en compagnie des autres pensionnaires ? Voulait-elle nous signifier qu'elle n'avait plus rien à nous dire et que nos relations devaient s'arrêter là ?

Si Armand et moi nous sommes abstenus de porter le moindre jugement sur elle – nous n'attendions rien de spécial de sa part –, en revanche, j'imagine qu'elle a dû vexer bien des gens au cours de sa vie. En effet, ce genre d'attitude s'apparentait ni plus ni moins à de l'impolitesse.

Gabrielle Roy en cadeau de fiançailles

Néanmoins, je n'ai jamais regretté cette rencontre inattendue, dans ce décor somptueux, avec l'une de nos célébrités naissantes. Toujours aussi présente dans ma mémoire, Gabrielle Roy demeure associée au souvenir idyllique et merveilleux de mon premier week-end avec Armand.

J'ignore si nous aurions pu devenir amies : de dix-sept ans mon aînée, elle m'impressionnait énormément. De plus, son comportement laissait soupçonner un être un peu sauvage et paranoïaque. En revanche, Armand, qui passait facilement sur les caprices et les sautes d'humeur des artistes, a apprécié chacun de ses échanges avec elle. Amoureux de son talent, il reconnaissait qu'elle apportait beaucoup aux gens de théâtre.

À la différence de mon mari, je ne l'ai jamais revue. Toutefois, j'ai lu une grande partie de ses ouvrages : *La Détresse et l'Enchantement* est celui qui a laissé le plus de traces en moi. Il m'a bouleversée, car l'auteur peint ses paysages intérieurs avec des mots justes et vrais. Si elle ne s'ouvrait guère dans le quotidien, à la lumière de ce livre, on apprend à la connaître, à l'aimer davantage et à se mettre au diapason de son humanité. L'on découvre aussi qu'elle avait cruellement souffert de vivre éloignée des siens, mais qu'en même temps cette distance lui était indispensable pour mener à bien son œuvre. Elle a le don de rendre attachant son univers, tant intérieur qu'extérieur, et de communiquer ses émotions par le biais d'une fort belle langue, claire, agréable, accessible à n'importe quel lecteur. Plus j'avance en âge, plus j'apprécie cette œuvre : il est amusant de voir les différentes approches qu'on peut avoir d'un même livre au cours de sa vie.

***

Jeannette Payette naquit sous le signe de la musique à Saint-Paul l'Ermite (Le-Bout-de-l'Île, banlieue est de Montréal), au sein d'une famille d'agriculteurs qui se réunissait volontiers pour jouer d'un instrument et chanter. À l'âge de onze ans, elle devint soliste dans une église. Après avoir effectué sa scolarité chez les sœurs SNJM, elle étudia le chant sous la direction d'Aline Chapska, une musicienne polonaise de renom, qui l'initia aux grands morceaux du répertoire. Par la suite, elle entama une carrière solo de soprano lyrique, tout en se joignant aux meilleurs chœurs et chorales du pays.

En 1950, la jeune fille rencontra Armand Plante, réalisateur à Radio-Canada, qu'elle épousa l'année suivante. Dès lors, se sentant incapable de concilier vie professionnelle et vie familiale, elle choisit d'abandonner son art pour se consacrer à l'éducation de ses trois enfants. Dix ans plus tard, à l'instigation de son mari, elle reprenait le chant dans le cadre de la chorale montréalaise Les Disciples de Massenet, qui se produit depuis 1928 au Québec.

Débutée sous les meilleurs auspices un week-end de janvier 1951, la rencontre entre Gabrielle Roy, Jeannette Payette et Armand Plante fut irrémédiablement gâchée par le comportement déroutant et pour le moins inexplicable de la romancière : celui-là même qui devait si souvent surprendre son entourage au cours de sa vie. Campée dans ce décor de conte de fées comme une femme à la fois captivante et impressionnante, chaleureuse et glaciale, communicative et hautaine, familière et fuyante, jamais ne fait-elle autant songer qu'ici aux héroïnes lointaines et inaccessibles du conteur Hans Christian Andersen.

Toutefois, dans le cas présent, ses réactions ne sont pas exemptes de circonstances atténuantes : les aléas d'une santé influant sournoisement sur son humeur, la pesanteur d'une célébrité mal assumée, l'incompréhension à laquelle s'était heurtée *La Petite Poule d'eau* à sa sortie, la gestation douloureuse d'*Alexandre Chenevert*...

Dans *Mon cher grand fou – Lettres à Marcel Carbotte, 1943-1979*, deux billets écrits à la hâte nous renseignent sur le déroulement de ce séjour néanmoins agréable et reposant à La Villa du Soleil. Sans doute la romancière a-t-elle passé volontairement sous silence les liens qu'elle noua, mais surtout dénoua, avec les deux jeunes admirateurs de son œuvre.

IV

UN OISEAU SE POSE À PERCÉ

La Gaspésie fut pour Gabrielle Roy un autre « bienheureux havre à [sa] barque ballottée [1] ». Cette région exerça sur elle un attrait si puissant qu'elle y séjourna à de multiples reprises, l'été, entre 1960 et 1964.

Son éloignement géographique – l'on connaît la prédilection de Gabrielle pour les contrées perdues à l'autre bout du monde, voire oubliées des cartes géographiques –, sa sauvagerie et l'authenticité rustique de ses habitants en font un port d'attache idéal pour la romancière à l'âme nomade. Y abordant pour la première fois à la faveur d'un reportage, elle a l'impression de la connaître depuis toujours : « Ainsi existent des pays qui correspondent à nos rêves les moins explicables » écrira-t-elle dans *Le Temps qui m'a manqué*. À croire que ces paysages dormaient depuis longtemps au fond d'elle-même, attendant d'être réveillés par le baiser magique de sa plume…

De fait, la rencontre de Gabrielle Roy avec la Gaspésie relève d'un véritable coup de foudre. Dans le même ouvrage, décrira-t-elle jamais un homme de manière aussi sensuelle que cet espace « de plus en plus attirant », arrosé de petits lacs, de rivières, de ruisseaux, et « largement ouvert sur la mer » à la « profonde échancrure des champs » ? Ici, à une quinzaine de kilomètres de Chandler, le village de Port-Daniel surgit de la baie des Chaleurs, pareil à un prince revêtu d'une armure « éblouissante de lumière ». Là, le village de Percé, à la beauté « sauvage et raffinée [2] », brandit fièrement, tel un héros de légende, sa roche-épée au-dessus des flots mêlant leur « voix d'éternité [3] » – une image que n'aurait pas reniée Chateaubriand ou Victor Hugo – au cri mélancolique des goélands. Un soir de tempête, réfugiée dans une grotte pour y pleurer la mort de sa mère, la jeune femme va jusqu'à fusionner avec les éléments de la nature en une sorte de vertige érotique : « […] à l'abri des vents, presque au chaud, pendant des heures, sans m'en lasser, je participai à leur clameur, à leur folle douleur, à tout ce que […] l'eau, le tonnerre, les vagues, le vent jettent parfois comme de véhémentes protestations à la face du ciel [4] ».

L'on peut se demander si, dans cette région toute en contrastes, « en partie ensoleillée, en partie pluvieuse [5] », ce n'est pas le pays de ses lointains ancêtres – la Normandie – que Gabrielle recherche inconsciemment ; ou bien celui de ses aïeux plus proches, l'Acadie, dont le vent du large lui apporte la brise parfumée ; à moins que ce ne soit plutôt elle-même qu'elle retrouve dans ce territoire au climat changeant, dans ce ciel-miroir qui lui renvoie l'image d'une jeune femme hésitant entre la « joie » et la « douleur[6] » de vivre.

Ce qui nous frappe, en tout cas, à la lecture de ces textes, c'est qu'elle y poursuit inlassablement le souvenir de sa patrie d'origine. Toujours domine, chez Gabrielle Roy, cette inguérissable nostalgie de l'enfance, jointe à la volonté de renouer avec son passé et au besoin presque instinctif de recréer l'ambiance disparue de la maison de la rue Deschambault – sorte de cocon protecteur ouvrant sur un paradis de roses, de parfums, de couleurs, de chants d'oiseaux, et plus loin, sur d'immenses plaines-ciels ou ciels-plaines invitant à d'infinies rêveries.

Aussi différentes ces deux régions soient-elles l'une de l'autre, la Gaspésie et le Manitoba se rejoignent, dans l'imagination de l'auteur, par leurs « horizons ouverts », leur « campagne » et leurs habitants « sans détours[7] ». C'est à Port-Daniel que Gabrielle Roy écrira une partie de *Bonheur d'occasion* – une transposition de son histoire familiale – et quelques-uns de ses textes sur son pays natal.

De la même manière, à chacun de ses séjours sur cette terre marine, Gabrielle redevient la petite fille fragile et naïve qu'elle fut, adorant se faire dorloter par les femmes de pêcheurs ou les hôtelières du coin : Mme MacKenzie et Mme Langlois, à Port-Daniel ; Mlle Tardif, à Percé. L'été 1962 surprend même la romancière, alors âgée de cinquante-trois ans, en train de récolter une pleine moisson de coquillages et de galets sur la plage de ce village. C'est à cette époque qu'elle y noue, avec la comédienne Françoise Graton – la seule personne à avoir conservé le souvenir de Gabrielle Roy en Gaspésie –, une étrange relation faite de silences et de regards espiègles.

En outre, ces lieux demeurent indissociables, dans l'esprit de Gabrielle, de l'image de Mélina Roy-Landry. Partout, elle la voit, elle l'entend, elle ressent sa présence réconfortante, incapable d'admirer un paysage autrement qu'à travers les yeux de cette mère québécoise : « […] j'aime avec la même passion, je crois bien, que notre chère maman, confie-t-elle à sa sœur Bernadette dans une lettre du 15 septembre 1943[8]. Tous les printemps, j'éprouve comme elle un besoin de humer la terre fraîche et de me réveiller sur une grande route de campagne s'en allant paisiblement vers l'horizon ».

Après sa mort, son souvenir obsède tellement l'écrivain qu'il envahit, de manière explicite et implicite, la moindre de ses descriptions. Dans une page du *Temps qui m'a manqué* digne de Chateaubriand – cet être partagé, comme Gabrielle Roy, entre « l'exaltation la plus grande et une attitude désabusée », selon l'un de ses biographes, l'ambassadeur français Jacques-Alain de Sédouy [9] –, la nature tout entière se met au diapason de la douleur de l'orpheline et pleure la disparition de Mélina. L'autobiographie de Gabrielle Roy s'achève sur un tableau grandiose et saisissant dans lequel la tempête naturelle se confond totalement avec sa tourmente intérieure : « Il me semblait que criaient pour moi, ou avec moi [...], les vents, les vagues, les goélands réveillés et en déroute, et que tous ensemble, les vagues, l'écume, les vents, les oiseaux dérangés plaignaient à n'en plus finir la douleur du monde [10]. » L'on notera cet étrange paradoxe chez l'auteur : c'est dans la violence des éléments qu'elle trouve un peu d'apaisement à son chagrin, à sa révolte, et parvient à exorciser son deuil.

***

À sa sœur Bernadette et à son mari, Gabrielle Roy présente la Gaspésie comme le meilleur remède à sa santé chancelante. Se gardant bien de préciser qu'elle y vient aussi pour fuir ses problèmes conjugaux, relationnels et éditoriaux : voir, entre autres, les lettres du 15 juillet 1951 et du 6 août 1952 dans *Mon cher grand fou – Lettres à Marcel Carbotte, 1947-1979*. En quelques jours à peine, le soleil, le grand air, le spectacle de la mer et les champs de marguerites la requinquent. Elle peut alors s'adonner à ses activités favorites : la marche, le vélo, la lecture, la correspondance, les parties de pêche en mer avec son inséparable ami, le vieil Élias Langlois, dont elle fera une allégorie de la Gaspésie au visage « luisant de perles de pluie [11] », en même temps qu'un symbole de l'amour de la belle ouvrage et de l'universelle joie de vivre. Je signale au passage que, sollicitée à plusieurs reprises par mes soins, la famille du pêcheur n'a malheureusement jamais daigné se manifester.

Comme sur son corps et sur son psychisme, les éléments de la nature exercent un effet bénéfique sur le style de Gabrielle Roy. D'agité et de heurté, il devient souple, ample, onduleux, rythmé, apaisé ; perdant toute trace de la nervosité dont l'auteur prétend souffrir. Depuis ce nid que la jeune femme s'est confectionné chez les MacKenzie, son imagination et ses idées s'élancent, pareilles à un vol de goélands parcourant de leurs ailes blanches « le bleu ardent du ciel [12] ». Si Gabrielle Roy n'a pas consacré énormément de pages à son pays-hôte, en revanche, ce dernier a joué le rôle important d'un révélateur en la confortant dans sa mission d'écrivain : « La vraie vie de plus en plus était pour moi dans ce que je racontais ou racontais à quelqu'un », lit-on dans *Le Temps qui m'a manqué*.

Au fil du temps, elle s'essaie à plusieurs genres : articles, contes, romans, pages autobiographiques. Ses premiers textes [13] – qui manifestent un intérêt certain pour le développement économique et social du secteur : pêche, agriculture, exploitation forestière et minière, tourisme, etc. – relèvent davantage du reportage que de l'œuvre littéraire à proprement parler. Mais ils annoncent déjà l'écrivain qu'elle sera par leurs qualités (maîtrise du style, sens de la narration, du dialogue et de l'observation, art de camper des personnages fortement typés, sensibilité aux êtres et aux moindres détails environnants, puissance des contrastes) et leurs thèmes (le départ, le voyage, la vie humble et quotidienne, la fraternité humaine). On les retrouvera, largement exploités, non seulement dans *Bonheur d'occasion*, mais aussi dans *Alexandre Chenevert*, dont l'auteur rédigera aussi une partie sur place.

Avec la maturité, l'écriture de Gabrielle Roy évolue davantage vers le journal intime. Dans son courrier, elle consigne minutieusement ses impressions de vacances, ses occupations, ses rencontres, ses lectures, associées à des considérations météorologiques et leur influence sur sa santé et sur ses états d'âme. Parfois aussi, elle s'amuse à peindre des marines ou de petits tableaux bucoliques, telle cette poétique aquarelle à la manière de Colette : « De beaux nuages tout blancs flottaient à travers le ciel – et le vent, en retournant les feuillages, exposait le vert si tendre, gris-vert de leur envers. Il creusait aussi, dans le champ de seigle, devant la maison, des vagues et des replis [14]. »

Cependant, est-ce lors d'une de ses équipées en mer qu'elle rapportera dans les filets de son écriture, le brouillard et la tempête mêlés aux rayons du soleil ?...

✳✳✳

Comme de coutume, il est difficile de savoir pour quelle raison exactement, au début des années 1960, Gabrielle choisit de quitter définitivement la Gaspésie. Lassitude ? Déception quelconque ? Crise de la cinquantaine (mais ne vit-elle pas d'une crise à l'autre) ? Caprice d'écrivain-star ? Est-ce son instabilité foncière qui refait surface ou bien ne sait-elle pas encore ce qu'elle veut ? Depuis dix ans déjà, sa correspondance avec son mari révèle une véritable humeur de girouette : ses opinions sur son état général, sur le monde et sur les gens varient constamment d'une lettre à l'autre.

Apparus au cours des années 1950, les symptômes d'une dépression, caractérisée par un sentiment d'« ennui », d'« exil », et par un désintérêt progressif pour son environnement, n'iront qu'en empirant, pour aboutir à un départ sans retour. Même les « rouleaux de vague [15] » qu'elle aimait tant, avec « leur beau fracas » et leur « inlassable bruit de tonnerre [16] » ne parviendront-ils ni à la retenir ni à la guérir de l'affreuse « nostalgie [17] » dont elle souffre : l'absence du Manitoba, liée au regret de sa mère et de sa jeunesse ; ce torturant désir d'être « autre part », dans une sorte de paradis désespérément inaccessible.

Il faut dire aussi que, jointe à ses problèmes de santé, l'écriture d'*Alexandre Chenevert* – qu'elle aura tant de mal à terminer – absorbe une grande part de son énergie. Or, le climat balnéaire ne lui réussit plus comme avant et, l'âge venant, elle met davantage de temps pour recouvrer ses forces. Enfin, tout comme à Rawdon, ses amis meurent les uns après les autres, et elle déteste autant l'atmosphère impersonnelle des hôtels que le bruyant étalage des touristes : son chalet de Petite-Rivière-Saint-François lui manque de plus en plus.

Comme nous le rappelle fort justement Françoise Graton, Gabrielle aurait sans doute amélioré sa condition physique et renouvelé son inspiration en se mêlant davantage à la vie sociale, culturelle et théâtrale de la Gaspésie. Mais jamais n'est-elle apparue aussi solitaire que dans cette région du Québec où, en dehors de ses hôtes et de quelques petites gens, elle ne fréquentait personne. Du portrait que nous en esquisse l'actrice, se dégage une femme sympathique et attachante, certes, mais aussi sauvage que la côte gaspésienne, d'une timidité maladive, ne sortant de sa tanière que pour effectuer ses promenades rituelles. Méprisait-elle les gens ? Les contacts la paralysaient-elles à ce point ? Craignait-elle que des inconnus lui posent des questions embarrassantes sur son œuvre ou sur sa vie privée ? Avait-elle besoin de tout son temps, de toute sa concentration et d'une retraite absolue pour écrire ? Autant de questions condamnées à demeurer sans réponse... En dépit des élans de gentillesse qui poussaient parfois l'écrivain vers les autres estivants, l'on se rappelle les difficultés que la journaliste Yvonne Morissette-Riallan (voir son témoignage dans cet ouvrage), de passage à Percé, éprouva pour conquérir son amitié.

***

Gabrielle Roy a beau écrire que « dès qu'[elle] a décidé de quitter un endroit, [elle] ne s'y sent plus attaché [18] », c'est sans aucun doute le cœur serré qu'à la fin de l'été 1964, elle abandonne pour toujours sa résidence favorite. Emporte-t-elle dans les bagages de sa mémoire cette phrase extraite de son article « Une Voile dans la nuit » (*Fragiles Lumières de la terre*) : « Elle est au fond de mon souvenir comme ces doux paysages entrevus en des moments de fatigue, d'espoir peut-être, qui jamais ne se précisent et qui pourtant jamais non plus ne s'effacent [...] » ? Quoique méconnues, ces pages sur la Gaspésie demeurent parmi les plus belles et les plus fortes qu'elle ait jamais écrites… Il faut relire en particulier la fin du *Temps qui m'a manqué* pour s'imprégner de la puissance mystique, de la foi panthéiste et du symbolisme passionné émanant de cette terre qui, l'espace d'un instant, réalisa ce miracle de réconcilier le ciel et la mer, la nuit et la lumière, Gabrielle avec Dieu, avec le monde, avec elle-même.

FRANÇOISE GRATON :
« AU THÉÂTRE GABRIELLE ROY »

La petite troupe d'acteurs du théâtre de Percé semble fréquenter le « Bleu, Blanc, Rouge ». J'y ai revu Françoise Graton, en vêtement de pluie, très attrayant, un ciré et un chapeau de pêcheur bleu ciel et de grandes bottes noires.

Guernsey Cottage, Percé, le 12 août 1962
(*Mon cher grand fou – Lettres à Marcel Carbotte*)

Une célébrité se cache à Percé

Quelle surprise de découvrir que Gabrielle Roy m'a citée dans sa correspondance avec son mari ! Effectivement, j'étais bien à Percé en 1962 : je jouais au Centre d'art dans *La Ménagerie de verre* de Tennessee Williams [1]. Au village, j'entendais dire que la romancière était en vacances parmi nous. Elle louait une chambre chez Miss Tardif, une vieille Irlandaise, non loin de l'auberge Bleu, Blanc, Rouge où je prenais à l'occasion mes repas.

Un matin, en traversant le village, j'ai aperçu Gabrielle Roy assise sur la galerie de la pension. À son sourire et au léger signe de tête qu'elle m'a adressé, j'ai compris qu'elle m'avait reconnue : sans doute m'avait-elle vue au théâtre ou à la télévision.

Plusieurs fois, j'ai croisé Gabrielle Roy cet été-là : sans jamais lui parler. Elle se tenait invariablement à la même place. Moi, en revanche, je passais chaque jour devant elle dans une tenue différente : tantôt à pied, mon *sac à glace* (glacière) sur l'épaule ; tantôt à bicyclette, en short ou en pantalon ; tantôt encore, quand il pleuvait, l'imperméable ouvert sur un tricot de marin et des bottes de pêcheur... Sans doute cette allure un peu originale a-t-elle amusé la romancière, au point qu'elle l'ait décrite dans ses lettres à son mari.

Lors de ces « rencontres », Gabrielle Roy esquissait à mon endroit un sourire chaleureux mais réservé, accompagné d'un bref mouvement de tête. Sans jamais me parler non plus. Nous échangions un « Bonjour ! » et c'était tout. Lorsqu'elle m'a adressé la parole, ça a été pour me dire : « Vous avez là un beau moyen de locomotion ! » en montrant mon vélo du doigt.

Je la percevais comme une femme un peu secrète, fermée. C'est d'ailleurs la raison pour laquelle je n'ai jamais noué le dialogue. Mais une sorte de complicité du regard et du sourire avait fini par s'instaurer entre nous. Elle avait de très beaux yeux, des yeux qui vous parlaient[2]...

L'œuvre communicatrice

Je ne l'ai jamais revue. Désormais, la connaissance que j'ai eue d'elle s'est effectuée à travers son œuvre : particulièrement *Ces enfants de ma vie*, roman dans lequel elle parvient à pénétrer dans l'âme de tous ces enfants de nationalités différentes, à nous décrire leurs sentiments avec humanité, à nous faire partager ce qu'ils vivent.

Ce livre, en fait mon favori, m'a permis de l'imaginer là-bas, au Manitoba, jeune enseignante parmi ses élèves : enthousiasmée par eux, réceptive, communicative. Différente, en somme, de la femme mûre et pleine de retenue qui séjournait à Percé.

Un rôle dans *Bonheur d'occasion*

En 1982, Claude Fournier, le réalisateur de *Bonheur d'occasion*, m'a proposé de jouer le rôle de Mme Létourneau, la belle-mère de Florentine Lacasse, une dame guindée de Saint-Henri. Le tournage ne manquait pas de piquant : jouer un rôle de composition me plaisait. Il régnait une ambiance agréable sur le plateau : nous nous sentions solidement encadrés par Claude Fournier qui faisait à la fois fonction de réalisateur, de metteur en scène, de directeur de la photographie, de cameraman, etc. Et puis, les comédiens étaient tellement chaleureux ! Claude Jutra[3], dans le rôle de mon mari, Mireille Deyglun[4], qui jouait Florentine, Pierre Chagnon[5], incarnant Jean Lévesque...

Nous avons tourné l'épisode de la soirée d'Emmanuel Létourneau dans une belle maison bourgeoise, à Outremont (ouest de Montréal) ; celui de son mariage avec Florentine, dans une église de Saint-Henri. Le costumier m'avait habillée et maquillée d'une telle façon que, le soir de la première, mes camarades de Radio-Canada ne m'ont même pas reconnue à l'écran !

Encore une rencontre manquée !

Un jour d'été 1983, soit un an après le tournage, alors que mon mari et moi traversions la région de Charlevoix en voiture, nous avons fait un détour par Petite-Rivière-Saint-François. N'était-ce pas l'occasion idéale pour rendre une petite visite à Gabrielle Roy ? Quelles belles retrouvailles en perspective ! Enfin, nous allions pouvoir parler !...

Le chalet de l'écrivain était d'un accès malaisé : aucun sentier n'y conduisait. Livré au foin et aux herbes folles, le jardin paraissait quasi abandonné. Les volets de la maison étaient clos et Gabrielle... absente[6] !

J'avais rêvé d'un véritable échange avec elle : aujourd'hui, seul reste le souvenir...

***

Françoise Graton et Gilles Pelletier forment un couple de théâtre célèbre au Québec qui rappelle les regrettés Renaud-Barrault[7], en France.

Enfant de la balle d'origine montréalaise, Françoise Graton fit ses premières armes dans la Compagnie du Masque, avant de se produire dans les grands théâtres du pays : La Compagnie Jean-Duceppe, Le Rideau Vert, La Poudrière, le Théâtre Denise-Pelletier. Elle a tout joué : du répertoire classique aux créations contemporaines, en passant par le théâtre de l'Absurde[8] et les productions québécoises. Directrice du théâtre du Centre d'art de Percé (Gaspésie, Québec) au début des années 1960, elle fonda en 1964 avec son mari la Nouvelle Compagnie théâtrale, dont elle supervisa quelque quatre-vingt-dix pièces. À deux reprises, elle fut élue « Femme de l'année » par le Salon de la femme du Québec.

Très appréciée du grand public et des enfants pour son naturel plein de charme, de chaleur humaine et de drôlerie, elle s'illustra également au cinéma, mais plus encore à la télévision : *Cap aux Sorciers* de Guy Dufresne (1955-1958), *L'Héritage* de Victor-Lévy Beaulieu (mêmes années), *Terre humaine* de Mia Riddez (1978-1984), *Scoop* de Fabienne Larouche et Réjean Tremblay (1992-1995), *This is my father* de Paul Quinn aux États-Unis. Aujourd'hui, on lui confie volontiers des rôles de mères de personnages célèbres (*Simone et Chartrand* d'Alain Chartrand, 1999 ; 2003) et de grands-mères (*La Vie, la vie* de Patrick Sauvé, 2001-2002).

À quoi pouvait bien donc songer Gabrielle Roy en regardant passer chaque jour Françoise Graton dans les rues de Percé ? À la jeune comédienne qu'elle-même avait été au temps du Cercle Molière, à Saint-

Boniface[9]? À sa carrière d'actrice manquée? Difficile de le savoir. Le « défaut » commun aux deux artistes – la réserve – les priva à jamais de partager leur principale qualité : l'humour.

Néanmoins, n'entrait-il pas un brin de comédie dans l'attitude embarrassée de Gabrielle Roy, campée sur la galerie de sa logeuse comme sur une scène? Et Françoise Graton, comédienne dans la vie comme au théâtre, n'entretint-elle pas un peu ce que l'on pourrait appeler ces « jeux du sourire et du regard »? Dans *Mon cher grand fou – Lettres à Marcel Carbotte, 1947-1979*, la romancière croque en quelques traits de plume la silhouette originale de cette jeune actrice en pleine ascension, ignorant qu'elle jouera dans vingt ans un rôle de composition dans *Bonheur d'occasion* : Mme Létourneau, une dame bon chic, bon genre de Saint-Henri.

V

CES ENFANTS TERRIBLES
DE QUÉBEC

Bien qu'elle y ait vécu un peu plus de trente ans, Gabrielle Roy n'a jamais aimé Québec.

Si elle s'y est établie en 1952, ce n'est ni par choix ni par goût, mais par lassitude de son appartement de LaSalle, de l'ambiance bruyante, étouffante et trop anglicisée de Montréal, et surtout parce que son mari y a obtenu un poste de médecin permanent à l'Hôtel-Dieu. Quoique logée au Château Saint-Louis, dans un quartier privilégié de la Haute-Ville, elle ne s'y plaira guère : la Vieille Capitale ne représentera jamais, à ses yeux, que le lieu de travail du docteur Carbotte.

Incapable de s'adapter à son environnement, elle réagira, comme à l'accoutumée, par la fugue : nombreux voyages à l'étranger (voir chronologie en fin d'ouvrage) ; séjours prolongés à Petite-Rivière-Saint-François ; contemplation de la nature ; refuge dans la prière et l'écriture – ces deux activités tendant à se confondre avec le temps.

✳✳✳

Entre la romancière et cette capitale provinciale snob, bourgeoise, claquemurée derrière ses hauts murs, le courant, décidément, ne passe pas ! « Je sais que je vais me plaire ici, à la longue, maintenant que je commence à m'habituer [1] » écrit-elle du bout de la plume à Bernadette, le 25 juin 1963 – soit plus de dix ans après son installation ! Seul, l'aspect « campagne » de Québec la rassérène un peu : sa correspondance avec sa sœur fourmille de notations sur le fleuve qui coule sous ses fenêtres, le ciel, le soleil, la pluie, la neige, les oiseaux, les jardins… De la ville, elle ne dit rien ou presque rien. Aux austères fortifications, elle préfère, tout comme Baudelaire, « l'architecture mobile des nuages [2] » ; aux gens, la compagnie du Saint-Laurent, avec lequel elle développe une relation d'amitié que le professeur Richard Chadbourne, de l'Université de Calgary, a analysée avec finesse et sensibilité dans ses articles « L'écologie dans l'œuvre de Gabrielle Roy [3] » et « Le Saint-Laurent dans *Bonheur d'occasion* [4] ».

En fait, la seule chose que Gabrielle aimera jamais à Québec, ce sont les arbres. Ses lettres sont tissées d'un rideau verdoyant d'allusions aux « forts arbres qui se découvrent tout autour de nos fenêtres, le vent agitant leurs feuillages », aux « signes de vie renouvelée à l'extrême pointe des branches », à « leur douce verdure [...] qui attei[nt] les carreaux », aux « feuilles nouvelles de l'année [qui] forment tout autour de [sa] chambre un beau fond de paysage, mouvant avec le vent, vert tendre et soyeux[5] ».

Comme elle ne connaît personne dans son nouveau milieu et qu'elle n'a ni enfants ni vie professionnelle ou sociale, très vite, l'ennui s'installe : selon son habitude, elle se replie sur elle-même et plonge dans la déprime. Sa vie intérieure, très riche, fait d'elle une inadaptée au monde en lui interdisant les relations trop banales. Une phrase, extraite de *Ma chère petite sœur – Lettres à Bernadette, 1943-1970*, résume admirablement son état d'esprit : « Mon cœur balance tout le temps [...] entre ces deux pôles de notre vie, la joie et la peine, l'ombre et la lumière, la pluie et le soleil[6]. » Écartelée entre des sentiments extrêmes, livrée à d'interminables intro-spections, impuissante à tirer son âme au clair et refusant de se faire soi-gner, Gabrielle souffrira durant toute son existence à Québec de troubles psychologiques, voire d'une certaine confusion mentale : on en retrouve les marques dans les multiples contradictions qui parfilent sa personnalité, dans les obsessions qui rongent son œuvre, dans son comportement parfois bizarre qui surprendra l'écrivain Jean O'Neil, Yolande Boucher, une infirmière, et le jeune Éric Bergeron, fils du célèbre annonceur Henri Bergeron, interviewés dans la présente partie.

Cinq ans après l'arrivée de Gabrielle à Québec, son allergie à sa ville d'accueil précipite l'achat du chalet de Petite-Rivière-Saint-François. Sans doute la romancière s'y serait-elle définitivement fixée s'il n'avait été aussi éloigné des magasins, aussi mal isolé contre le froid, et si l'absence de son mari ne s'était faite par moments durement ressentir. Toujours est-il qu'elle ne passera plus, désormais, qu'une partie de ses hivers au Château Saint-Louis, l'autre étant consacrée au voyage.

***

L'emploi du temps de Gabrielle dans la cité de Samuel de Champlain[7] demeure assez mystérieux. Ses lettres à Bernadette, qui relèvent plus de « l'exercice d'écriture » que du journal intime ou de la confidence, nous renseignent relativement peu sur sa vie personnelle, ses relations conju-gales, ses amitiés, ses occupations – peut-être la publication de nouveaux inédits nous en apprendra-t-elle davantage. À cette religieuse passionnée de nature et de poésie, Gabrielle évoque surtout ses promenades et son travail littéraire. En effet, pour tuer le spleen et les hivers sans fin, elle n'a d'autre recours que de se plonger dans le labeur : si, selon l'avis de ses proches et des experts, elle trouve dans sa résidence d'été les idées, l'inspiration et le courage indispensables à la mise en chantier de ses romans, c'est souvent l'hiver, à Québec, qu'elle les rédige ou les peaufine. S'y ajoutent les tâches matérielles inhérentes au métier d'auteur : dactylographie, révision, correction, correspondance, appels téléphoniques, négociations éditoriales, etc.

Cloîtrée dans la solitude et dans l'écriture, elle ne compte, parmi ses concitoyens, que de rares amis. Néanmoins, attirés comme des papillons par son aura grandissante d'écrivain, de nombreux admirateurs venus d'autres horizons vont se bousculer à sa porte entre les années 1960 et 1980. Célébrités naissantes ou confirmées, enseignants débutants ou chevronnés, lecteurs assidus de son œuvre, tous sont impatients de la rencontrer, de la féliciter, de l'interviewer, de solliciter son avis sur leurs propres ouvrages, de travailler à ses côtés ou d'écrire sur elle. Les uns la considèrent comme une mère, une sœur ou une petite fille ; les autres, comme l'incarnation même de la Littérature ou comme leur modèle en écriture ; d'autres encore, comme leur inspiratrice ou l'amie idéale. Tous, cela va de soi, se disputent la première place dans son cœur : Henri Bergeron et sa femme Yvonne Mercier, l'écrivain Antonine Maillet, l'éditeur Alain Stanké, les cinéastes Marie-José Raymond et Claude Fournier, les professeurs Monique Genuist, Myrna Delson-Karan, Ben-Zion Shek et Yves Saint-Denis, autant d'enfants spirituels de l'auteur ayant accepté de nous parler d'elle dans ces pages.

Gabrielle, secrètement flattée, accueille ces êtres jeunes avec une attention toute maternelle ; elle les écoute, les encourage, se prête volontiers à leurs interrogatoires. Bien sûr, on aurait rêvé de la voir présider une sorte de salon littéraire constitué par cette turbulente et sympathique intelligentsia… Mais, comme on le sait, l'écrivain n'a jamais particulièrement brillé par son sens de l'hospitalité : sauf exception – Yves Saint-Denis, un professeur de lettres, parviendra un jour à imposer quinze personnes chez elle –, elle ne reçoit qu'au compte-gouttes. Le lecteur trouvera dans *Les Chemins secrets de Gabrielle-Roy – Témoins d'occasions* le récit d'autres visiteurs au Château Saint-Louis.

***

En lisant la biographie de Gabrielle Roy, on ressent qu'au fil des ans Québec devient de plus en plus, pour elle, synonyme de grisaille, de morosité, de dépression, de mésentente avec son mari, d'isolement, d'enfermement – elle a surnommé son appartement «le cachot Saint-Louis» – et de maladie psychique… Toutefois, les témoignages de Mlle Juliette Ouellet, l'ancienne employée de maison des Carbotte, et des visiteurs cités précédemment viennent démentir en partie cet état de fait. En effet, la première affirme avoir côtoyé au Château Saint-Louis, pendant près de vingt ans, une femme gaie, équilibrée, heureuse en amour comme en amitié et en écriture, enchantée de son appartement et supportant vaillamment les maux de la vieillesse ; les seconds, avoir été frappés par la jeunesse d'esprit de l'écrivain, par son dynamisme, par son enthousiasme pour la création littéraire et la vie en général.

Qui croire ? J'invite bien entendu le lecteur à faire la synthèse de ces différentes opinions. Par ailleurs, si les propos de Mlle Ouellet remettent sérieusement en question notre vision des relations de Gabrielle Roy avec la ville de Québec, comme avec son mari, il faut savoir que nos autres témoins ont rencontré la romancière dans des circonstances souvent exceptionnelles : par conséquent, certains aspects de sa personnalité ont fort bien pu leur échapper.

∗∗∗

Québec pèse donc tant à la romancière que vers le milieu des années 1960, période de grands bouleversements sociaux auxquels elle semble relativement indifférente, elle éprouve plus que jamais le besoin de se fondre dans la contemplation de la nature ?

Depuis son petit bureau situé dans le salon du Château Saint-Louis, son esprit, pareil à un « voilier d'outardes [8] », s'envole jusqu'au Manitoba – pays qui, à cette distance, lui apparaît infiniment plus beau que dans la réalité. Sur le papier, sa plume libère sous forme de visions, de rêves et de souvenirs, des paysages réels et imaginaires faits de plaines, de lacs, de ciels immenses… À propos de Gabrielle, l'on peut véritablement parler d'« âme manitobaine » tant les étendues sauvages, dépouillées et d'une pureté virginale qu'elle dépeint à Bernadette rappellent celles de sa province natale. En fait, ce sont des paysages de l'âme qui dormaient au fond de la créatrice et qu'elle extériorise en un flot de descriptions auquel se mêlent des évocations de pays étrangers, des références à la culture judéo-chrétienne, des citations d'auteurs, des poèmes religieux et des réflexions philosophiques.

Grâce à ces tableaux, Gabrielle Roy exprime non seulement toute sa nostalgie du Manitoba, mais son éternelle aspiration à la fuite vers des horizons sans limites et à un au-delà symbolisé par les oiseaux migrateurs « au cri étrange, envoûtant, comme un appel à quelque chose de mieux que nous n'avons jamais connu sur terre [9] ». Avec une pointe d'envie, elle consigne leurs départs et leurs retours dans sa ville-prison, s'identifiant inconsciemment à eux.

L'on n'est pas loin de penser que l'un des plus beaux livres que Gabrielle Roy ait écrits à Québec demeure cette correspondance avec sa sœur. Dans les années 1969-1970, cette contemplative laïque manquée va encore se couper davantage de son cadre de vie et de son époque – elle est fermement opposée au séparatisme québécois – pour rejoindre Bernadette en union d'esprit et de prières, tenter de mieux la comprendre et l'aider à mourir. À la veille de l'ultime départ, Gabrielle ne cesse de rêver à elle, la comparant tour à tour à un élément de la forêt, à un animal, à un oiseau, poursuivant une image idéale d'elle qui se confond et fusionne totalement avec la nature.

Il faut relire ces lettres d'une haute élévation spirituelle qui ont su adroitement éviter le piège de la bondieuserie ; surtout celles des mois d'avril et de mai 1970 : au-delà de leur caractère littéraire, se manifestent toute la tendresse, toute la compassion de Gabrielle pour sa sœur, mais aussi son émerveillement devant la Création, son regret du Manitoba associé à l'émotion du souvenir. Jamais l'écrivain n'est allée aussi loin dans l'exploration de ses sentiments religieux que dans ces textes témoignant d'une quête sincère du Divin, d'un désir intense de communier avec son expression la plus tangible – la nature –, d'une volonté ardente d'éclaircir la condition humaine et son propre cheminement métaphysique. Tout en exhortant Bernadette à conserver la foi malgré l'épreuve de la maladie, Gabrielle fait grandir la sienne, qui sortira renforcée de la disparition de son aînée.

***

Si l'écrivain a vécu des jours difficiles à Québec, cette expérience, paradoxalement, s'est révélée bénéfique en ce sens qu'elle a attisé sa soif d'évasion, creusé sa faim de nature, d'espaces paradisiaques, intemporels, et donné naissance à quelques-unes de ses meilleures descriptions. En lui permettant de puiser au-dedans d'elle-même et de remonter à la surface de son inconscient les paysages les plus beaux, les plus purs, les plus limpides qui soient (voir par exemple la lettre du 17 avril 1970), sa claustration dans le « cachot Saint-Louis » l'a contrainte à se dépasser sur le plan de l'écriture et de la foi : hommage ou hymne à Bernadette Roy, à la Création et à la nature manitobaine, *Ma chère petite sœur* apparaît pour nous, lecteurs, comme une formidable leçon de vie et d'espoir ; une invitation à transcender la peur, la souffrance et nos propres limites ; un appel à l'humilité, à la confiance en la mansuétude de Dieu, à la croyance en la réunion des âmes dans un Paradis d'éternité.

Une question s'impose toutefois : avec le temps et malgré son absence d'affinités avec sa ville d'adoption, ses réclusions quasi maladives et ses escapades chroniques, Gabrielle aurait-elle pu se réconcilier avec Québec ? Une seule et unique confidence à Bernadette, révélatrice de l'esprit de contradiction de l'auteur, nous incite à croire qu'elles avaient commencé à s'apprivoiser l'une l'autre : « Québec aussi pousse mais à un rythme plus vivable et dans l'ensemble, j'aime mieux y vivre que dans une ville aussi énorme et trépidante que Montréal [10]. » Néanmoins, le fait que la femme de lettres trouvait quelques agréments, quelques charmes au décor ambiant et faisait parfois un brin de causette avec des personnes âgées dans les jardins publics ne prouve pas grand-chose...

Suprême ironie du sort ! C'est entre les hauts murs de Québec, et non à Petite-Rivière-Saint-François, que la mort choisira de venir chercher Gabrielle Roy. Comme si, au bout du compte, la Vieille Capitale avait voulu se venger d'avoir été rejetée de son cœur et de son œuvre.

HENRI BERGERON (1925-2000), FRÈRE D'ÂME DE GABRIELLE ROY, ET YVONNE MERCIER : « NOUS AUSSI SOMMES LES ENFANTS DE SA VIE… »

Vous savez combien il se joue de nous cet horizon du Manitoba ? Que de fois, enfant, je me suis mise en route pour l'atteindre ! On croit toujours que l'on est à la veille d'y arriver, et c'est pour s'apercevoir qu'il s'est déplacé légèrement, qu'il a de nouveau pris un peu de distance. C'est un grand panneau indicateur, au fond, de la vie […].

« Notre Héritage du Manitoba »
(*Fragiles Lumières de la terre*)

Des rendez-vous reportés

Henri B. : Aussi étonnant que cela puisse paraître, je n'ai jamais rencontré Gabrielle Roy au Manitoba. De seize ans mon aînée, elle enseignait alors que je n'étais encore qu'un gamin en culottes courtes…

Yvonne M. : Moi, en revanche, je l'apercevais souvent dans les années 1930 : entourée d'une nuée d'écoliers, elle faisait les cent pas dans la cour de l'école Provencher, à Saint-Boniface, en face de l'Académie Saint-Joseph où je faisais mes études. C'était une jolie jeune fille blonde – qui, en mûrissant, allait devenir aussi belle qu'une star de cinéma. Mais âgée de sept ou huit ans à l'époque, j'avoue que je ne lui prêtais pas grande

L'annonceur Henri Bergeron, un ami de toujours au Québec…
(Archives du Centre du Patrimoine, Saint-Boniface)

attention : c'était une institutrice parmi d'autres, pas encore une personnalité !

Henri B. : Après ses cours, elle allait répéter au Cercle Molière qui,
chaque année, présentait une ou deux pièces au public franco-manitobain :
tout le monde sait que Gabrielle rêvait de faire carrière au théâtre, à la

radio et sans doute au cinéma. En 1937, elle est d'ailleurs partie suivre des cours d'art dramatique en Europe.

Yvonne M. : Oh oui ! D'ailleurs, son départ avait fait scandale ici : tout le pays en parlait ! En ce temps-là, abandonner sa famille, surtout une famille dans le besoin, constituait un grave manquement à ses devoirs. Les gens n'ont jamais pardonné à Gabrielle. Pourtant, il fallait bien qu'elle gagne sa vie, qu'elle s'épanouisse dans un métier quelconque... Qu'aurait-elle fait à Saint-Boniface en dehors de l'enseignement qui, du reste, ne payait guère ? Déçue par ses expériences de comédienne, elle est revenue deux ans plus tard à Montréal pour se lancer dans l'écriture.

Henri B. : Pendant ce temps, je débutais à mon tour sur les planches du Cercle Molière [1]. Gabrielle et moi nous sommes encore croisés sans jamais nous rencontrer...

Yvonne M. : ... et par un curieux concours de circonstances, Marcel Carbotte, le futur mari de la romancière, devenait le médecin de mes parents. C'était un homme très séduisant, intelligent, fort cultivé, parlant un français recherché. Et un excellent docteur. Pourtant, lui aussi ambitionnait de devenir comédien. Mais, en ce temps-là, seuls Broadway et Hollywood, aux États-Unis, offraient des possibilités de carrière. Le Cercle Molière – auquel le docteur s'était joint et qu'il a même présidé – ne rémunérait pas ses membres et n'effectuait aucune tournée nationale.

Devenue infirmière, j'ai travaillé aux côtés de Marcel Carbotte à l'Hôpital général de Saint-Boniface. Il était alors fiancé avec une de mes consœurs, une jeune Juive anglophone issue d'un milieu aisé de Winnipeg. Je suppose que c'est l'amour du théâtre qui l'a rapproché de Gabrielle Roy. Beaucoup pensaient qu'il n'était pas indifférent non plus à la fortune que lui avait rapporté la vente de ses droits d'auteur à la Universal Pictures...

Henri B. : À l'été 1947, c'est moi qui ai annoncé leur mariage à la radio. Toujours sans connaître la romancière. Yvonne et moi nous étions unis l'année précédente. Nous avons emménagé à Montréal en 1952...

Yvonne M. : ... au moment où les Carbotte déménageaient pour Québec.

Deux compatriotes, deux amis

Henri B. : Un véritable chassé-croisé ! Gabrielle Roy et moi ne semblions décidément pas faits pour nous rencontrer... Finalement, comme je vous l'avais conté dans Les Chemins secrets de Gabrielle Roy – Témoins d'occasions, j'ai fait sa connaissance au début des années 1960 – en 1962, si mes souvenirs sont exacts –, à Québec, lors d'une table ronde sur la situation du français dans notre pays.

Ma communication achevée, j'ai vu s'approcher une petite dame aux grands yeux clairs, le cou frileusement engoncé dans les épaules, la poignée de main gauche. « Je suis Gabrielle Roy », m'a t-elle annoncé d'une voix timide. Je n'ai pu réprimer un mouvement de surprise : en effet, elle était à l'opposé de la grande dame imposante, bourgeoise et un brin hautaine que je m'étais imaginé. J'ai senti mon cœur fondre. Depuis, mon affection pour elle n'a jamais faibli.

Quelque temps plus tard, à son invitation, je suis allé lui rendre visite au Château Saint-Louis de Québec. Je lui ai avoué l'immense admiration que j'éprouvais pour elle. Tout de suite, s'est établi entre nous un dialogue un peu complice de gens loin de chez eux, dont la fidélité au sol maternel ne fait pas de doute. Trois bonnes heures durant, nos esprits ont vagabondé de Saint-Lupicin, mon village natal, à Saint-Boniface ; du Cercle Molière à Notre-Dame de Lourdes, le pays de ses aïeux (sud-ouest) ; de Cardinal (même région), où elle avait enseigné, à La Poule d'eau (nord-ouest).

Comme moi, elle avait eu l'impression de « trahir » les siens en s'exilant au Québec, mais, sans ce déracinement, aurait failli à sa vocation d'écrivain. Elle prétendait « étouffer » à Saint-Boniface. Cependant, le sort de ses compatriotes et l'avenir du français au Manitoba ne cessaient de la préoccuper. C'était un être terriblement attachant, avec lequel j'ai toujours eu grand plaisir à m'entretenir. Derrière son tempérament fort, volontaire, puissant même, l'on devinait une petite fille fragile, hypersensible, écorchée vive. Mais elle était aussi terriblement égocentrique... Dieu, ce qu'elle pouvait être égocentrique ! (*Rires.*)

Histoire d'œufs

À la nuit tombante, elle s'est tout à coup exclamée : « Il faudrait quand même que nous mangions quelque chose ! » Elle m'a entraîné dans la cuisine, a ouvert le réfrigérateur : il était vide ! En y regardant de plus près, j'ai aperçu trois ou quatre œufs et quelques tranches de jambon dans un paquet à demi entamé. Gabrielle m'a alors avoué dans un sourire gêné qu'elle ne savait pas cuisiner... Par conséquent, me voilà bien obligé de passer aux fourneaux ! Que voulez-vous ? Ce n'est pas tout le monde qui a été invité à déguster chez Gabrielle Roy... deux œufs au bacon ! (*Rires.*)

Yvonne M. : Toute sa vie, elle s'est arrangée pour que les autres cuisinent à sa place : sa mère et sa sœur Clémence à Saint-Boniface, ses logeuses en France et en Angleterre, son mari et sa bonne à Québec, son amie Berthe Simard à Petite-Rivière-Saint-François, et j'en oublie certainement !

Henri B. : Qu'importe ! Gabrielle était si sympathique qu'on passait volontiers sur ses petits travers. À l'été 1980, lors de la Quinquennale de la

Francophonie canadienne à Winnipeg, je rappelais, dans ma conférence[2], cette présence chaleureuse qu'elle savait prodiguer en toute simplicité à ceux qui avaient le privilège de la connaître personnellement. Son mari était très agréable, lui aussi.

Une femme exubérante

Yvonne M. : Un matin d'hiver 1977 – c'était en novembre ou en décembre –, le facteur nous a apporté une invitation de Gabrielle Roy pour le samedi suivant. Henri et moi étions très surpris, car elle avait la réputation de ne jamais recevoir. Ou très rarement. Nous sommes donc montés à Québec. Au moment où nous arrivions, le docteur Carbotte s'apprêtait à sortir : on racontait qu'il menait une vie de célibataire. Toutefois, en nous reconnaissant, il a préféré demeurer en notre compagnie.

C'était la première fois que je me trouvais en présence de la romancière. Blonde, mince et de taille moyenne, elle frappait par son beau sourire. Ne m'ayant encore jamais rencontrée, elle se tenait toute timide devant moi. Mais une fois mise en confiance, elle est devenue intarissable. Rouge, un brin échevelée, elle parlait, parlait, parlait... À croire qu'elle n'allait jamais s'arrêter ! Pour ma part, je la trouvais un peu exaltée.

Henri B. : Elle était très énervée, car elle venait de recevoir les premières esquisses des tableaux de son ami le peintre René Richard, destinées à illustrer une édition de luxe de *La Montagne secrète*.

Yvonne M. : Elle en faisait toute une affaire, évoquant cet ouvrage comme s'il s'agissait d'un bébé, attendant impatiemment sa venue au monde... Comme nous nous y attendions, Gabrielle Roy n'avait rien préparé à manger : pas même un dessert ou un digestif. (*Rires.*) Heureusement, avant notre visite, nous étions passés saluer un couple d'amis qui nous avait servi un repas léger.

Henri B. : Nous avons néanmoins passé une excellente soirée en compagnie des Carbotte. Gabrielle nous a montré ses manuscrits : ils étaient couverts de corrections. Elle raturait énormément. Comment parvenait-elle à se relire ? Mystère ! Pour elle, le plus important était le premier jet.

La vérité sur Médéric Eymard

Yvonne M. : À l'automne 1977, soit quelques mois auparavant, elle avait publié *Ces enfants de ma vie*, son livre le plus sensible, le plus touchant, le plus attachant, celui qui lui a rallié le plus grand nombre de lecteurs...

Henri B. : Plusieurs d'entre nous, d'origine manitobaine, se sont reconnus dans cette « œuvre de maturité et de maternité » – comme elle l'appelait. Personnellement, en la lisant, je me suis retrouvé auprès de mes amis d'enfance, les petits Badiou de Cardinal : Lucien et Lucienne dans le roman, Aimé et Lucienne dans la réalité[3]. Par conséquent, j'ai déclaré à l'auteur que moi aussi, j'avais failli être un des « enfants de sa vie[4] »…

Mais ne le sommes-nous pas tous un peu, nous, ses fidèles lecteurs ? Quel que soit notre âge, elle nous a pris, un jour ou l'autre, par la main. Elle nous a entraînés dans son monde entre ciel et terre, entre rêve et réalité, grâce à la magie des mots de tous les jours qu'elle a su réunir, agencer, pétrir dans une sorte de levain magique pour nous ensorceler et nous montrer de sa plume les petits recoins de notre humanité. Elle nous sort un instant de notre quotidien pour mieux nous y replonger avec un nouveau sens de notre réalité. Mais me voilà qui parle d'elle comme si elle était une sorte d'être irréel, surnaturel !… Eh bien non, elle était trop vivante pour cela !

Dans *Les Chemins secrets de Gabrielle Roy – Témoins d'occasions*, vous écriviez que Gabrielle Roy s'était inspirée de plusieurs de ses anciens élèves pour créer le personnage de Médéric Aymard, le jeune cavalier rebelle de la nouvelle « De la truite dans l'eau glacée » (*Ces enfants de ma vie*). En fait, son principal modèle a été l'un de ses cousins par alliance : Médéric Major, le fils de Cléophas Major[5], un beau garçon de seize ans, à la fine moustache à la Clark Gable, qui jouait du violon, de la guitare, et qui lui faisait les yeux doux. J'ignore s'il a compté au nombre de ses flirts de jeunesse…

La scène centrale de « De la truite dans l'eau glacée » – où l'on voit se dessiner les premiers sentiments de Médéric pour son institutrice – se déroule dans un décor véridique : la Rivière aux truites, qui coule au pied des collines de Babcock (sud-ouest du Manitoba). J'ai eu l'occasion d'y pêcher dans mon enfance. À l'inverse, je n'ai pas du tout reconnu le cadre du roman *La Route d'Altamont* : la romancière a complètement transformé le village et le paysage environnant.

Un être à part

Yvonne M. : Au bout de quelques heures d'entretien, le docteur Carbotte nous a fait poliment comprendre qu'il ne fallait pas fatiguer davantage Gabrielle. En effet, elle était tellement émotive qu'il lui fallait parfois plusieurs jours pour récupérer d'une interview, d'une réception ou d'une rencontre. C'est la raison pour laquelle elle acceptait peu d'entrevues, recevait avec parcimonie et sortait rarement. Ainsi ne participait-elle jamais aux réunions de l'Association des Anciens Franco-Manitobains à Montréal.

Henri B. : Un peu partout, on déplorait l'absence de Gabrielle, mais aussi paradoxal que cela puisse paraître, c'était presque devenu coutume chez elle de s'éloigner pour se rendre encore plus présente aux êtres, aux choses et au pays.

Celle qu'on appelait « l'étrangère » au Québec, parce qu'elle venait du royaume lointain de la plaine, était aussi devenue l'étrangère de son propre coin de terre. Elle avait besoin de cette distance, de cet effacement pour respirer à l'aise, pour assumer pleinement sa mission de l'écriture. Tel était son destin…

Elle était de ceux pour lesquels un lieu de retraite est indispensable pour provoquer l'introspection, source d'inspiration et de création. Un beau jour de l'été 1978, Yvonne et moi nous sommes rendus en pèlerinage à son chalet de Petite-Rivière-Saint-François. Hélas! L'écrivain était absente.

L'énigme d'une œuvre

Yvonne M. : En apercevant sa maisonnette, en haut de la côte, je n'ai pu m'empêcher de m'écrier : « C'est bien Gabrielle, ça! C'est bien elle! » En face, immense et s'étendant à perte de vue, le fleuve étale, de couleur bleue, respirait le calme, la tranquillité, l'évasion. Les maisons voisines étaient situées à une distance respectable du chalet, de grands arbres préservant l'intimité des lieux.

Henri B. : Là, au beau milieu de cette féerie de couleurs, j'ai compris le secret de son œuvre. J'imaginais son beau regard pers se mêler, depuis la fenêtre de son cabinet de travail, à l'émeraude des vagues du Saint-Laurent. Son esprit s'enfuyait par-delà les montagnes ocres de Charlevoix pour rejoindre et contempler à l'infini les plaines d'or du Manitoba… Oui, je crois que c'est dans cette solitude majestueuse qu'ont surgi les plus beaux tableaux de sa terre natale et les personnages qui les habitent. Le temps et l'espace étant suspendus, elle pouvait les observer à sa guise et nous en communiquer l'essence même.

Peut-être Gabrielle Roy nous aperçoit-elle en cet instant en train de nous entretenir d'elle… Aujourd'hui encore, j'aimerais la féliciter de ses réalisations et la remercier d'avoir levé le voile sur notre existence de francophones en terre d'Amérique, que ce soit dans *Bonheur d'occasion*, en donnant la parole aux gens du Saint-Henri québécois, ou dans sa *Petite Poule d'eau* du Nord manitobain. Grâce à ses récits, reportages, nouvelles, romans, qui constituent les plus beaux rêves de son enfance – et les nôtres –, peut-être parviendrons-nous à découvrir l'âme de cet être franco-nord-américain : celui-là même qui devrait être au premier plan de notre quête.

***

Fils d'un agriculteur et cheminot canadien-français et d'une Française pieuse et dévouée, quatrième d'une famille de treize enfants, Henri Bergeron naquit à Saint-Lupicin (sud-ouest du Manitoba). Élève au Collège des Jésuites de Saint-Boniface, puis étudiant en droit à l'Université du Manitoba, c'est sur les planches du Cercle Molière qu'il découvrit, en 1943, sa vocation de communicateur.

Pionnier de la radio, Henri Bergeron devint successivement annonceur au premier poste français de l'Ouest (CKSB Saint-Boniface, 1946), animateur et directeur des émissions de CKCH-Hull (Québec, 1949), et le premier animateur de langue française à la télévision canadienne (CBFT-Montréal, 1952), où son parfait bilinguisme fut fort apprécié. Tout au long de son fructueux parcours, le succès de ses émissions ne se démentit jamais : *L'Heure du Concert, Concert pour la Jeunesse* (années 1960), *Les Beaux Dimanches* (années 1970-1980).

Zélé serviteur de la langue française, Henri Bergeron sacrifiait aussi volontiers à l'écriture : *Un bavard se tait pour écrire* (1989), *Le Cœur de l'arbre : Le bavard récidive* (1995), souvenirs ; *La Communication... c'est tout* (1992), manuel d'art du bien parler ; *L'Amazone* (1998), *Charlède, l'ermite de Montebello* (à paraître), romans historiques ; *Pays d'eau et de soleil* (collectif, 1999), nouvelles. Couvert d'honneurs – dont l'Ordre des francophones d'Amérique et l'Ordre national du Québec –, il a aujourd'hui pris place dans *L'Encyclopédie du Canada 2000*[6]. Une école primaire, à Saint-Boniface, porte également son nom.

Le Manitoba fut au cœur de la rencontre d'Henri Bergeron avec Gabrielle Roy. Exilés, étrangers dans leur propre pays, les deux Franco-Manitobains se reconnurent spontanément racines du même arbre, puisant la sève de leur inspiration à des sources jumelles : l'amour de la terre natale, de la nature et de la langue française ; la nostalgie de l'enfance ; le rêve d'un monde idéal et solidaire... Toutefois, le caractère optimiste, jovial et plein de sagesse du célèbre présentateur contrastait avec celui, moins évident, de son aînée.

Soutenu par celui d'Yvonne Mercier, sa compagne depuis cinquante-quatre ans et la mère de ses cinq enfants, le témoignage d'Henri Bergeron se veut un « dernier hommage » à Gabrielle Roy : la femme, l'institutrice, l'amie, l'âme manitobaine des Lettres québécoises.

DEUX LETTRES DE GABRIELLE ROY
À HENRI BERGERON

(don de Mme Yvonne Bergeron)

Chaque lettre de Gabrielle Roy, si brève soit-elle, ne contient-elle pas l'essence de son œuvre, de sa pensée, de sa philosophie? Le ton des messages adressés ici à Henri Bergeron fait immédiatement songer à *Fragiles Lumières de la terre*, ce recueil de reportages dédié à la fraternité universelle, dont la publication est alors imminente: 1978. Outre à la parenté d'âme l'unissant à son compatriote et ami Henri Bergeron, Gabrielle Roy rend hommage, en quelques lignes, à dame manitobaine qui fit peut-être d'eux, respectivement auteur et homme de radio, ces communicateurs infatigables, ces liens de lumière entre les êtres, ces éternels quêteurs de vérité.

Québec, le 5 décembre 1977

Cher Henri Bergeron,

Votre petit mot m'a fait le plus grand plaisir. Oui, je pense que nous avons en commun cette passion de travailler à unir les hommes.

En connaissez-vous de plus belle?

Quand nous aurons fini de vivre, que restera-t-il de nous – dans les airs ou ailleurs – sinon ces efforts pour rendre la terre meilleure et les hommes amis?

La soirée que vous avez passée [sic] avec nous a été pour moi un enchantement. C'est si bon de ne plus parler dans le vide, mais tout à coup d'être frères. Revenez avec Yvonne[1].

Revenez souvent. Eh oui, vous auriez pu être un de ces très chers petits enfants de ma vie… et moi peut-être votre institutrice adorée.

À tous deux nos souhaits les meilleurs pour un Joyeux Noël et une très heureuse année.

Gabrielle et Marcel

P. S. Si les Badiou[2] *ont lu mon livre, pensez-vous qu'ils peuvent s'en offenser que je n'ai pas changé leur nom? Que sont-ils devenus, le savez-vous?*

G.

(Ce message est écrit sur une carte de souhaits vendue au profit de l'Unicef. Elle représente un tableau de Svend Otto S., peintre danois: *Ronde d'enfants autour d'un arbre de Noël illuminé.*)

***

(sans date)

Cher Henri,

Serait-ce issue du Manitoba français cette passion de fraternité?
Vous la possédez. J'en sais posséder… d'autres peut-être. Vous m'avez mise sur la trace d'une recherche de vérité à ce sujet. Se pourrait-il que l'immense ciel de là-bas, l'infini horizon ait déclenché chez nous en particulier cet idéal d'unis?
Ce serait magnifique.
Amitiés

Gabrielle

(Ce message est écrit sur une petite carte vendue au profit de l'Unicef. Elle représente un paysage presque abstrait du peintre américain Anne Walker: *Une forêt surplombée par la boule orange du soleil.*)

YOLANDE BOUCHER,
UNE AUTRE FLORENTINE LACASSE :
« GABRIELLE ROY
OU LE MAL DE L'ÂME »

Je voudrais disparaître au regard des hommes.
Genève, le 21 janvier 1948
(*Mon cher grand fou – Lettres à Marcel Carbotte*)

Un hérisson

Je n'oublierai jamais mon étrange rencontre avec Gabrielle Roy… C'était à Québec, en septembre 1959. J'avais vingt-deux ans. Un jour, en sortant d'un restaurant de la rue Saint-Jean, près du carré d'Youville, j'ai aperçu une dame dont la silhouette m'a paru familière. Elle marchait à pas lents devant moi. Une exclamation de stupeur m'a échappé : « Mais c'est Gabrielle Roy ! » Dans la rue, tous les passants ont tourné la tête. La romancière s'est arrêtée et, l'espace d'un instant, nos regards se sont croisés. En découvrant le négligé de sa coiffure et de sa mise, j'ai réprimé un nouveau cri de surprise : un vulgaire élastique retenait ses cheveux longs, en désordre, des couettes grises lui tombaient jusqu'aux joues ; elle portait une jupe *longuette* noire, sans *tonus*, ainsi qu'une *blouse* bon marché blanche à fleurs grises et bleues. Elle tenait à la main un sac à provisions de toile grossière.

Emportée par mon élan, je lui ai avoué combien j'avais aimé *Bonheur d'occasion*. « Merci ! » m'a-t-elle répondu très sèchement. Elle me fixait sans parler, le visage fermé, les mains nerveuses et agitées. Impatiente de lui faire partager les émotions que j'avais ressenties à la lecture de son livre, je lui ai alors proposé : « Puis-je vous inviter à prendre un café si vous avez le temps ? » « Non, je n'ai pas pour habitude de parler avec des inconnus ! » m'a-t-elle répliqué sur un ton hostile et presque menaçant, en reculant comme si j'allais bondir sur elle. Un attroupement s'étant formé autour de nous au seul nom de Gabrielle Roy, elle a pris soudainement peur et, tournant les talons, s'est enfuie sans demander son reste, sans même répondre à mon salut. Je suis restée confondue.

Sur le moment, j'étais très fâchée contre elle. « Quelle personne sauvage et asociale ! Pour qui se prend-elle ? » me suis-je dit en moi-même. Je regrettais amèrement de lui avoir adressé la parole. Puis, en repensant à ses yeux tristes et malheureux, ma colère a fondu comme neige au soleil. « Lui aurais-je manqué de respect ? » me suis-je alors demandée. De retour chez moi, me sentant coupable d'avoir dérangé sa méditation, je lui ai écrit une lettre d'excuses, que j'ai envoyée à Petite-Rivière-Saint-François. Elle ne m'a jamais répondu. Puis, cette anecdote est tombée dans l'oubli. Ce n'est que quarante ans plus tard, à la lecture de votre ouvrage, *Les Chemins secrets de Gabrielle Roy – Témoins d'occasions*, qu'elle m'est revenue à l'esprit : aussi ai-je pris la liberté de vous écrire pour vous la raconter.

Bien entendu, si j'avais eu, à cette époque, les connaissances que j'ai acquises de l'humain en trente ans de vie professionnelle, jamais je ne me serais ainsi jetée au cou de la romancière. Je m'y serais prise plus habilement pour la convaincre de m'accompagner prendre un café. Mais que voulez-vous ? J'étais jeune, naïve, inexpérimentée. À cet âge-là, on ne contrôle pas toujours ses enthousiasmes. Certes, mon invitation partait d'un bon sentiment, mais j'ai parfaitement conscience d'avoir brusqué, bousculé, voire effrayé cette pauvre dame.

En outre, j'ignorais qu'elle était toujours plus ou moins dépressive. Un état qui, au reste, ne l'empêchait pas de fonctionner normalement. La dépression traduit un mal de vivre, un mal de l'âme, il ne faut pas la confondre avec la folie ou la schizophrénie.

Un double de Florentine Lacasse

La rebuffade que j'ai essuyée de la part de l'écrivain n'a jamais amoindri mon admiration pour sa personnalité, son œuvre et les idées qu'elle exprime.

J'ai commencé à m'intéresser à la littérature après avoir quitté mon village du bord du fleuve, en 1957. Gabrielle Roy est l'un des tout premiers auteurs que j'ai découverts.

En 1964, mon appartement de Montréal et ma bibliothèque ayant été dévastés par un incendie, le fait d'avoir sauvé un unique livre, *Bonheur d'occasion*, était comme un signe, plus, un symbole. Cet ouvrage était un miroir qui reflétait ma vie. Je venais d'une *grosse famille*, mes parents étaient pauvres – tout le monde était pauvre en ce temps-là, mais on l'acceptait –, et je m'identifiais à l'héroïne, Florentine Lacasse : j'avais soif de lectures et de savoir. Qu'un auteur comme Gabrielle Roy ait osé décrire la misère matérielle et intellectuelle du peuple, les familles nombreuses, la soumission de la femme, de la mère – Rose-Anna Lacasse me rappelait la mienne –, voilà un acte qui me paraissait extraordinaire !

Après la disparition de mes livres, j'ai racheté toute l'œuvre de Gabrielle Roy qui, comme vous le savez, a paru chez des éditeurs très divers, et l'ai entièrement relue. Elle m'a toujours fascinée. *Bonheur d'occasion* demeure mon préféré, mais j'avoue avoir un faible pour *La Petite Poule d'eau* et *Ces enfants de ma vie* : j'aurais tant aimé être institutrice ! Pour moi, ce sont les ouvrages dans lesquels l'auteur se livre sans réserve. Plus autobiographiques que romanesques, ils nous renvoient tout l'amour que la jeune fille portait à ses élèves : elle les considérait comme ses propres enfants.

En même temps, ils nous dépeignent des situations douloureuses, tant sur le plan physique que psychologique. La romancière elle-même a eu bien de la misère à enseigner ! Sa sœur Marie-Anna lui reprochait constamment ses avoirs financiers et son manque de générosité, mais elle ne gagnait qu'un petit salaire : il a fallu qu'elle *gratte*, qu'elle économise sou à sou pour pouvoir *ramasser* un pécule et partir en Europe !

Ce que j'admire justement chez Gabrielle Roy, c'est cette volonté, fermement ancrée en elle, d'aller jusqu'au bout de son idéal, de ses rêves, de son destin. En lisant *La Détresse et l'Enchantement*, je me suis plus ou moins reconnue en elle. Moi aussi, je me suis donné des coups de pied pour quitter le cocon familial – où je me sentais pourtant bien ; moi aussi, j'avais envie de vivre mes propres expériences.

Portrait-robot de Gabrielle Roy

De par ma formation en psychologie, j'ai toujours cherché à en connaître davantage sur l'écrivain. C'était une femme profondément malheureuse. Cette évidence m'a sauté aux yeux dès la lecture de *Bonheur d'occasion*. Probablement un génie de l'écriture, elle avait cependant la tête farcie d'idées fausses et de problèmes psychiques. Cyclothymique, elle passait par des périodes d'excitation et de profond abattement (alternance d'*up* ou de *high* et de *down*). Comme son « moi » était suffisamment fort pour reprendre le dessus, elle remontait la pente et se remettait à écrire [1].

Mais, pour un oui ou un non, elle retombait. Un fond de dépression tapisse toute son œuvre.

Après la publication de *Bonheur d'occasion*, elle a commencé à fuir les honneurs et à se réfugier dans la solitude : elle se cachait, se terrait même. Ce comportement révèle non seulement un état dépressif, mais un douloureux mal-être et un profond sentiment de culpabilité. Comme vous le savez, elle entretenait des relations pathologiques avec les siens : elle était toute *mêlée* avec ses frères et sœurs et souffrait d'avoir abandonné sa mère pour parcourir l'Europe[2].

Avec le temps, elle s'est refermée de plus en plus sur elle-même. Insociable, son idéal était de vivre dans une bulle ou sur une île déserte. Certes, elle avait bien quelques amis : Berthe Simard, à Petite-Rivière-Saint-François ; son éditeur Alain Stanké ; François Ricard, professeur à l'université McGill ; aussi, un mari pour le statut social – en ce temps-là, c'était presque une tare de rester demoiselle –, mais, à mon avis, ses relations demeuraient superficielles et se limitaient à des conversations de salon[3]. Je ne doute pas de la sincérité de ses sentiments à l'égard de Berthe Simard, mais beaucoup de silence entoure cette amitié. Ses intimes ont-ils réussi à percer son être véritable, à savoir qui elle était au fond ? Se confiait-elle vraiment à eux ? Son amitié pour Alain Stanké a-t-il dépassé le plan strictement littéraire ? Est-il parvenu à apprendre quelque chose sur elle ?

Sans doute sa seule véritable amie avait-elle été sa mère. Hélas, elle entretenait des relations passionnelles avec elle, et une vie ne lui a pas suffi pour liquider le sentiment de culpabilité qu'elle éprouvait à son égard !

Je pense qu'elle ne pouvait communiquer avec autrui que grâce à ses livres. Ce n'était pas une psychotique mais une grande névrosée. Elle avait peur du public et de ses lecteurs, peur d'être envahie par les visiteurs, peur de perdre ses idées, peur qu'on la voie, peur qu'on la juge, peur qu'on découvre la petite fille pauvre et fragile qu'elle était toujours restée, en fait, au plus profond d'elle-même. Un état qu'elle n'a jamais pu dépasser. Manquant de confiance en elle et inapte à assumer les critiques qu'elle prenait pour des attaques personnelles, elle s'est enfoncée dans la solitude de Petite-Rivière-Saint-François.

La nature a alors pris, dans sa vie, la place qu'aucun être humain ne pouvait occuper[4]. C'était plus facile, vous comprenez : en elle, on se retrouve à l'état animal, on parle aux arbres, aux fleurs, aux plantes, aux bêtes, on abolit ses émotions… La nature ne vous répond pas, ne vous contrarie jamais. C'est ce que Gabrielle voulait. Mal à l'aise en société, incapable de verbaliser ses sentiments, ses sensations et ses jugements, elle les vivait grâce à la nature, puis les transcrivait. Elle aurait pourtant largement gagné à s'ouvrir aux autres, à son entourage. De nos jours, une psychothérapie aurait pu l'aider à vaincre cet étouffant problème d'incommunicabilité, mais, dans les années 1950, il n'existait pas encore de prise en charge ni de suivi médical vraiment sérieux.

C'est dans *La Détresse et l'Enchantement*, son autobiographie posthume, qu'apparaît sa véritable personnalité, complexe et malheureuse. Encore ai-je entendu dire que Gabrielle avait menti sur sa propre personne. En lisant ce livre, enfin ai-je eu l'impression de tout comprendre! En particulier sa relation avec sa mère. Ayant eu aussi des problèmes d'ordre psychologique avec la mienne, les liens que Gabrielle entretenait avec Mélina avaient longtemps soulevé en moi nombre d'interrogations.

Gabrielle Roy « hors contexte »

En dépit de notre rencontre manquée, Gabrielle Roy demeurera toujours pour moi l'écrivain qui m'a ouvert la voie de la littérature, et Alain Stanké, son éditeur, le plus grand promoteur de la lecture au Québec. Néanmoins, aujourd'hui, je lis plus volontiers des auteurs comme Anne Hébert ou Marie Laberge[5]. En effet, si Gabrielle Roy a été la grande romancière des années 1940, elle « passerait » difficilement de nos jours, étant donné l'évolution de la société. De toute façon, elle n'aurait jamais pu vivre à notre époque: elle aurait été incapable d'assumer sa vie et de pratiquer un genre d'écriture conforme aux attentes des lecteurs contemporains[6]. Ou bien lui aurait-il fallu cheminer différemment et s'adapter aux exigences du monde actuel.

***

Yolande Boucher naquit à Saint-Éloi (comté de Rivière-du-Loup, près de Trois-Pistoles, Québec), au sein d'une famille d'agriculteurs. Petite fille pauvre mais ambitieuse, attirée par la culture et le savoir, elle quitta très tôt son village pour aller étudier à Québec. Après avoir obtenu un diplôme d'infirmière auxiliaire et une spécialisation en psychiatrie à l'Institut Albert-Prévost de Montréal, elle travailla trente-cinq ans durant à la clinique de ce même établissement.

Davantage « femme de carrière » que femme d'intérieur, comme elle se décrit elle-même, elle mit à profit son temps libre pour faire du syndicalisme à l'hôpital, ainsi qu'au sein de la Confédération des syndicats nationaux (CSN). Elle est aujourd'hui secrétaire de l'Association québécoise pour la Défense des droits des aînés (AQDDA).

Passionnée par les livres, qu'elle considère comme ses « meilleurs amis », et par la littérature, Yolande Boucher n'a jamais cessé de s'interroger sur la mystérieuse Gabrielle Roy, dont elle trace ici un portrait psychologique très personnel, fruit d'une observation attentive et de nombreuses lectures. Il est heureux que sa rencontre orageuse avec la célèbre romancière n'ait pas attenté à la fascination qu'elle éprouve à son égard. Merci à vous, Yolande, qui êtes aussi l'une de mes plus fidèles lectrices, de lever ici le voile sur une Gabrielle Roy peu commune et de nous livrer, sur cet être multiple, vos sentiments partagés.

ANTONINE MAILLET :
« GABRIELLE ROY,
MA JUMELLE EN ÉCRITURE »

*Sais-tu qu'[elle] est enfin venue me voir – au moment où elle a
eu le prix Champlain pour son roman* Pointe-aux-Coques *–,
que je l'ai trouvée amusante au possible, débordante de vitalité,
très fine, amoureuse de mes livres, surtout* Rue Deschambault,
*comme il l'est exagéré de l'être, enfin une personnalité assez
extraordinaire. J'ai lu son roman* Pointe-aux-Coques *[...] et,
ma foi, lui ai trouvé d'assez rares qualités.*

Québec, le 26 novembre 1960
(*Ma Chère petite sœur – Lettres à Bernadette*)

Gabrielle Roy, sosie d'un écrivain en herbe

La vie de Gabrielle Roy et la mienne offrent des ressemblances trou-
blantes, fortes par certains endroits…

Mon premier contact avec l'écrivain s'est effectué par son œuvre. En
1945, encore adolescente, j'ai découvert *Bonheur d'occasion* que j'ai trouvé
rien moins qu'extraordinaire. Jusqu'ici, on avait peu écrit sur le Québec et
le Canada français. Certes, j'avais lu *Les Anciens Canadiens* de Philippe-
Aubert de Gaspé[1] et les auteurs du XIXe siècle comme Louis Fréchette[2],
mais rien qui me satisfaisait vraiment. Avec Gabrielle Roy, cela a été le choc
d'une écriture qui avait enfin du *tonus* !

Je l'aimais, je l'admirais, je l'enviais, car, depuis toujours, je voulais moi-même écrire. « Si elle a pu le faire, je peux le faire aussi ! » me répétais-je dans mon for intérieur.

Gabrielle Roy avait conquis le Québec, alors qu'elle était Manitobaine : moi, j'étais Acadienne. Sa langue maternelle, le français, était la seconde langue dans sa province : exactement comme chez nous. Elle était institutrice : lors de la parution de *Bonheur d'occasion*, j'enseignais également au niveau primaire. Audacieuse, aventureuse et téméraire, c'était une jeune fille qui savait ce qu'elle voulait : j'étais de la même espèce qu'elle. C'est en France qu'elle avait pris véritablement conscience de sa vocation d'écrivain : moi aussi, lors d'un séjour à Paris. À toutes deux, le temps a donné raison. Elle a accompli une œuvre : j'ai tenté de marcher sur ses traces. Elle est devenue une personnalité : je suis en passe de devenir une institution… Entre nous, cette perspective m'effraie un peu, mais que voulez-vous ? Je suis bien obligée de l'accepter !

Sur les pas du « modèle »

Par amour pour Gabrielle Roy et par désir de progresser dans le domaine littéraire, j'ai commencé par me *garrocher*, comme on dit en acadien, sur les thèmes de son œuvre. Ainsi, en 1958, ai-je présenté un mémoire de maîtrise intitulé *La Femme et l'enfant dans l'œuvre de Gabrielle Roy*[3] à l'Université de Moncton. C'était la première fois que cet établissement accueillait une soutenance de thèse : cette épreuve n'existait pas auparavant. « Eh bien, ouvrez-la pour moi ! » avais-je tout simplement demandé au doyen, qui s'était exécuté…

Mon diplôme en poche, j'ai écrit à Gabrielle Roy : elle m'a répondu aussitôt. Sa lettre a inauguré une correspondance qui s'est poursuivie tout au long de notre vie, mais de manière irrégulière. En 1979, j'ai été très sensible au message de félicitation qu'elle m'a adressé pour l'obtention de mon prix Goncourt pour *Pélagie la Charrette*[4]. Bien entendu, j'ai conservé précieusement tout son courrier, mais ne me sens pas prête à le communiquer au public. Il s'agit de documents personnels auxquels j'attache un grand prix : je ne les donnerai pour rien au monde, par exemple, au Fonds Gabrielle Roy[5] !

Rencontre de l'idole

Toutefois, ce n'est qu'en 1960 que je suis allée rencontrer la romancière à son appartement de Québec. J'ai profité de l'occasion pour lui offrir un exemplaire de mon premier roman, *Pointe-aux-Coques*[6], paru deux ans plus tôt.

Elle était très différente de la Gabrielle Roy que je vois sur la couverture de votre livre *Les Chemins secrets de Gabrielle Roy – Témoins d'occasions*: elle n'était ni aussi vieille ni aussi ridée. C'était une femme d'une grande beauté, selon mes critères personnels : une beauté forte, unique en son genre, rayonnant de l'intérieur. Elle avait un visage anguleux, presque maigre, aux os saillants, taillé ou plutôt comme sculpté par un statuaire. Ses yeux étaient vifs, intelligents, profonds, perçants même. Lorsqu'elle vous parlait, ils vous regardaient vraiment, ils vous « écoutaient[7] ». Au contraire de bien des gens dont le regard vide et absent vous traverse sans s'arrêter. Elle souriait peu, mais alors toute sa physionomie s'illuminait. Oui, comme j'ai aimé le visage et les yeux de Gabrielle Roy !

Sur le plan intellectuel, j'ai été séduite par son intelligence et sa sensibilité qui était ou devenait, au fil de notre conversation, comme une sensualité. Étrange et rare phénomène. Je dirais qu'elle avait une sensibilité palpable.

Je n'ai pas la réputation d'être une personne timorée ; pourtant, ce jour-là, j'étais morte de trac – je peux me révéler timide face aux êtres auxquels j'attribue une certaine forme de grandeur. Peu loquace, convaincue de ne pas lui poser les bonnes questions, j'ai davantage écouté mon aînée que je ne l'ai interviewée. Il faut dire que c'était la première fois que je rencontrais un écrivain.

Bien entendu, nous avons parlé littérature, mais peu de ses œuvres, sujet sur lequel elle ne s'étendait guère en général – sans doute par pudeur. J'ai été très surprise d'apprendre qu'elle n'appréciait pas les pièces de Molière : elle le trouvait léger, bouffon, superficiel et même grotesque. Bien qu'opposée à cette opinion, je n'ai pas osé la contredire. Je crois qu'elle cherchait la même profondeur, la même force, la même puissance chez tous les écrivains.

Bien entendu, nous avons aussi évoqué nos pays respectifs, établissant des comparaisons entre eux, nous interrogeant mutuellement à leur sujet. Gabrielle Roy paraissait très préoccupée par le sort de l'Acadie : cette marque d'intérêt m'a profondément touchée.

Des rendez-vous épisodiques

Par la suite, je ne devais la revoir que trois fois au cours de mon existence.

La première, c'était à l'occasion de la remise du prix David au dramaturge Marcel Dubé[8], en 1973. « C'est vous qui auriez dû l'avoir, m'a-t-elle discrètement glissé à l'oreille. Un jour, ce sera votre tour... » Jusqu'ici, je ne l'ai jamais eu. Entre parenthèses, j'ai reçu à peu près toutes les distinctions québécoises, sauf celle-là. De toute façon, depuis l'obtention du prix Goncourt, on m'a un peu reléguée et oubliée.

Je ne dirai pas que Gabrielle Roy était un être chaleureux, sauf en tête-à-tête. Elle ne s'extériorisait jamais en public[9]. En revanche, elle était généreuse et capable d'affirmer à quelqu'un : « Vous avez du talent, vous irez loin ! » La confiance que me témoignait ce grand précurseur m'a toujours vivement touchée et encouragée. Elle savait reconnaître la valeur d'autrui et ne jalousait pas ses confrères. C'est loin d'être le cas de tous les écrivains. Ainsi, toujours lors de la remise du prix Goncourt, ai-je reçu de nombreuses lettres de lecteurs, mais très peu d'auteurs québécois.

La seconde fois, Gabrielle et moi nous sommes croisées à l'Université Laval de Québec, lors d'une conférence à laquelle nous étions venues assister. Malheureusement, je ne me rappelle ni la date exacte – c'était dans les années 1970 – ni le sujet de cette communication. Comme à l'accoutumée, la romancière s'est montrée sympathique, d'une humeur égale, positive, curieuse de mon parcours d'auteur et de femme.

Toutefois, si elle m'a littéralement bombardée de questions, elle est demeurée très discrète sur elle-même. Peut-être en raison de sa vie conjugale qui était un véritable désastre. Elle devait profondément souffrir des frasques de son mari. Je n'ai jamais trop compris cette union ni pourquoi elle était restée avec un tel homme. Pour ma part, je n'aurais jamais pu ! Quelqu'un m'a dit qu'il imposait ses amours homosexuelles à la maison, que des jeunes gens circulaient librement dans l'appartement de Québec, emportant tout ce dont ils avaient envie. Comment Gabrielle Roy a-t-elle pu supporter de telles horreurs[10] ? Il est vrai qu'à la fin de sa vie, elle était partie vivre seule à Petite-Rivière-Saint-François. Je n'ai jamais eu l'occasion d'aller lui rendre visite là-haut.

La troisième et dernière fois, c'était au Château Saint-Louis, peu avant sa mort. Elle ne communiquait presque plus. Malade du cœur, elle avait beaucoup vieilli et décliné, vivait coupée du monde et ne semblait plus vouloir voir personne…

Lors du premier anniversaire de son décès, je suis allée assister à l'inauguration du mont Gabrielle-Roy[11] dans les Laurentides. En cette circonstance, j'ai rencontré son mari qui, en souvenir d'elle, m'a demandé malicieusement : « Vous êtes écrivain ou écrivaine ? » « Écrivain, bien sûr ! » lui ai-je rétorqué. Je déteste ce néologisme. Gabrielle ne pouvait pas le souffrir non plus.

Hommage à un mentor

La romancière et moi ne nous sommes pas suffisamment fréquentées au cours de notre vie pour dire que nous étions des amies. Nos rapports ne se situaient pas sur ce plan. De plus, il existait une grande différence d'âge entre nous. Certes, m'objecterez-vous, « l'âge n'a plus d'âge à cet âge-là » – c'est un de mes personnages qui le dit quelque part –, mais il constituait malgré tout un léger obstacle à nos relations. En outre, vous savez bien que Gabrielle vivait retirée, isolée, presque recluse, alors que, personnellement, je me mêlais volontiers au monde, travaillais, rencontrais des gens pour la promotion de mes livres. Nous étions très différentes sur ce point : pour moi, la publicité fait partie de notre métier d'écrivain, elle est l'envers de notre vie cachée ; l'aspect privé et l'aspect public de notre œuvre se complètent.

Néanmoins, j'ai toujours considéré Gabrielle Roy comme ma marraine en écriture. En 1968, traversant le Canada en voiture avec des amis, j'ai insisté pour m'arrêter devant sa maison natale, à Saint-Boniface. Il s'agissait davantage d'un petit croche pèlerinage sur un haut lieu littéraire et symbolique que d'un acte de curiosité.

Une œuvre capitale

Vous me demandez ce qui me séduit le plus dans l'œuvre de Gabrielle Roy… Sans doute ne vous aurais-je pas répondu la même chose il y a quelques années, tant la perception que nous avons des livres évolue avec le temps. Aujourd'hui, je vous répondrai ceci : son humanité, à la fois profonde, sincère, désintéressée. Ses personnages ne sont pas le résultat d'un calcul : ils sont vrais, naturels, généreux, ils donnent le meilleur d'eux-mêmes. La romancière n'est ni mesquine ni « constipée », pardonnez-moi l'expression, dans la vision qu'elle nous offre de la vie. Il y a des écrivains mesquins et « constipés »…

Son humour est subtil, contrairement à celui de certains intellectuels et humoristes québécois qui prétendent puiser leur inspiration dans le peuple. Or, le peuple ne parle pas comme dans les séries télévisées ni dans les festivals du rire, où nombre de comédiens se révèlent sinistres, parfois franchement mauvais. Gabrielle, quant à elle, présente les travers humains sous un angle plein de drôlerie, mais sans sarcasmes ni ironie [12], ce qui suscite le rire.

Son analyse de la psychologie humaine est également très fine. Elle travaillait au scalpel, par l'adjonction de petits détails, et non à la hache, comme certains auteurs d'ici. On reconnaît cette délicatesse rien qu'à la manière dont elle habille ses personnages. Voyez la frileuse tante Thérésina Veilleux de *Rue Deschambault*, avec sa couche de pulls, de chandails, de couvertures… La romancière avait une façon unique de décrire les choses, elle nous faisait ressentir exactement ce qu'elle ressentait. Le portrait qu'elle nous a légué de sa mère est d'une rare vérité : elle la ressuscite littéralement sous nos yeux !

Aussi surprenant que cela puisse paraître, j'ai peu enseigné Gabrielle Roy au collège et à l'université – du moins ne lui ai-je jamais consacré un cours complet. Lors de mes conférences sur le conte ou la création littéraire, je me contentais de la citer ou de me servir de ses œuvres pour illustrer mon propos. Mes préférées sont *Bonheur d'occasion*, pour son *tonus*, son ampleur, sa dimension humaine ; *La Petite Poule d'eau*, pour son humour ; *La Détresse et l'Enchantement*, pour son humanité et sa profondeur.

En revanche, j'ai détesté *Le Miroir du passé* de Marie-Anna Roy, rempli d'aigreur et d'envie. Il m'a refroidi. Pourquoi cet auteur a-t-elle écrit un livre pareil ? Comment a-t-elle pu faire cela ? A-t-elle obtenu autre chose que l'inimitié des lecteurs de Gabrielle Roy ? Cet ouvrage ne révèle de l'écrivain que l'enfant gâté. C'est une vision très réductrice. Certes, comme toutes les benjamines, elle avait été choyée, mais elle était aussi très généreuse. Si elle ne l'avait été, pensez-vous qu'elle aurait perdu son temps avec un écrivain débutant comme moi ?

Le thème qui m'intéresse le plus dans son œuvre est la lutte sociale [13] contre la pauvreté, la misère, illustrée magnifiquement par Rose-Anna, la mère de famille de *Bonheur d'occasion*. Cette héroïne forte et sympathique revient d'ailleurs dans d'autres ouvrages : *La Petite Poule d'eau, La Route d'Altamont, Rue Deschambault...* Gabrielle Roy insiste beaucoup sur le matriarcat : pour elle, les femmes sont plus tenaces, plus endurantes, plus courageuses que les hommes [14]. Le thème du courage est l'un de ceux qui me parlent également le plus.

J'aime aussi sa poésie de l'être, de l'enfance et du quotidien, dont la beauté vous saute au visage. Sous sa plume, un simple geste devient poétique. Cet aspect me touche, car j'ai l'impression, moi aussi, d'écrire seulement de la poésie. La romancière a posé sur le monde des yeux neufs, personnels, différents. Elle était avant tout « regard [15] ».

Son humour l'a toujours détournée de la politique. Même si elle l'évoquait et s'en faisait le témoin, elle n'a jamais eu l'ambition de défendre la condition des minorités au Canada. On lui a reproché son absence de militantisme... Qu'on se le dise une fois pour toutes : cette forme d'expression ne l'intéressait pas ! Elle n'attachait de l'importance qu'au quotidien des êtres. Contrairement à elle, j'assume le fait que mon œuvre ait été récupérée à des fins politiques et serve à défendre la cause des Acadiens et de la francophonie.

Maintenant, je ne partage pas cette vision parfois sombre qui obscurcit ses romans. Étant plutôt optimiste, positive et enthousiaste de la vie, je comprends mal son pessimisme foncier.

Le dur apprentissage de la langue française

Chez Gabrielle Roy, ce n'est pas la langue qui domine, car elle a dû l'acquérir. En effet, au départ, elle ne maîtrisait pas le français : elle l'a appris dans des manuels de grammaire anglophones. À l'inverse d'un virtuose, elle possédait la musique, mais pas son instrument. Cependant, elle avait l'essentiel : la personnalité, le tempérament, l'œil ou plutôt l'oreille, puisqu'on parle de musique. Il lui a donc fallu se forger un outil. Regardez comme elle essaie sa plume dans ses articles, ses reportages et les différentes versions de *Bonheur d'occasion* [16] ! Au début, son style est lourd, mais petit à petit, elle acquiert du métier, soigne et épure son expression. Les romans de la fin de sa vie sont beaucoup mieux écrits et achevés que *Bonheur d'occasion* : à sa sortie, je l'avais apprécié pour d'autres raisons [17].

Je suis d'autant plus *sympathique* à Gabrielle Roy que nous avons vécu le même cheminement linguistique. Chez moi aussi, la langue est une acquisition : elle m'a été donnée à l'état brut, j'ai dû me débrouiller avec elle, la conquérir. L'avantage, pour l'écrivain qui la reçoit, c'est qu'il ne pratique pas la langue de bois : il écrit de manière originale, unique, il est vraiment lui-même. Gabrielle Roy a créé son propre discours, dépourvu de clichés et d'expressions toutes faites, sans imiter celui des autres. J'ai suivi une démarche similaire.

La sœur inconnue d'Antonine Maillet

C'est seulement en lisant *La Détresse et l'Enchantement* que j'ai appris ses origines acadiennes. Pourquoi ne m'en a-t-elle jamais parlé ? Je l'ignore, je ne comprends pas. Je ne fais pas de chauvinisme, mais il m'aurait fait tellement plaisir d'en discuter avec elle ! Quoi qu'il en soit, cette découverte ne m'a nullement surprise : je me suis toujours sentie très proche d'elle, je suis convaincue que nous avons des gènes communs. Sa manière d'écrire et surtout son humour, piquant, délié, spirituel, sont très acadiens.

Imperceptiblement, son style a imprégné le mien. Au début, je n'en avais pas du tout conscience, n'ayant jamais cherché à l'imiter. Ce mimétisme s'est opéré à mon insu. Petit à petit, je l'ai réalisé : en fait, son œil m'a appris à « voir ». Et puisque vous me dites avoir décelé l'influence de Gabrielle Roy dans mon roman *Les Cordes de bois* [18], il ne m'est plus permis d'en douter. Je suis très fière de l'héritage qu'elle m'a transmis et me sens prête à le revendiquer haut et fort.

Une grande novatrice

Même si la vie nous a le plus souvent séparées, Gabrielle Roy est une femme que j'ai profondément appréciée, aimée, admirée. Elle a une très grande importance dans la littérature canadienne en ce qu'elle a exploré des thèmes, des sujets et des terrains nouveaux. Aujourd'hui, on ne peut plus étudier les lettres à l'école ou à l'université sans passer par elle. Elle est devenue « incontournable » – pour employer cet affreux mot à la mode.

Je m'en félicite sincèrement, car, pour moi, elle n'a pas reçu sa quote-part dans l'opinion publique. On l'a beaucoup critiquée, longtemps délaissée. Comme elle faisait de l'ombre à certains, on la disait passée de mode. Même si le public continuait à la lire, elle a subi une éclipse dans les années 1960 à cause du Nouveau Roman [19], de la nouvelle manière d'écrire, du refus des sentiments en littérature. Le fait qu'elle vivait éloignée de la vie publique, des manifestations officielles et des entrevues avec les journalistes n'a évidemment rien fait pour relancer sa carrière.

Aujourd'hui, elle est morte ; par conséquent, elle ne gêne plus personne : aucun écrivain n'entrera en rivalité avec elle. On peut en parler plus librement, même si un ouvrage comme le vôtre ne manquera pas de déranger le monde universitaire, souvent jaloux des auteurs et de leur succès, surtout aussi s'il ne « colle » pas avec la version officielle. Le biographe de Gabrielle Roy entend être l'unique spécialiste de la romancière dans tout le Canada, il est un dogme à lui tout seul.

À l'avenir, je pense que de plus en plus d'études paraîtront sur Gabrielle Roy. Il y a quelque chose d'éternel dans la littérature et dans son œuvre en particulier. On commence enfin à le comprendre. Ses romans touchent de plus en plus de lecteurs ; étudiants, chercheurs, enseignants, journalistes et critiques reviennent à elle. Comme sa sœur Marie-Anna était une pionnière dans le Grand Nord, Gabrielle Roy demeure, pour moi, une pionnière dans la littérature.

***

« La voix de l'Acadie » : c'est ainsi qu'on définit le plus souvent Antonine Maillet, devenue indissociable de son pays natal. Née à Bouctouche (Nouveau-Brunswick), elle poursuivit ses études à Memramcook et à Moncton (même province), avant d'être reçue docteur ès Lettres de l'Université Laval, à Québec, en 1970. Elle effectua une carrière de professeur de littérature dans cet établissement (1971-1974), puis à l'Université de Montréal (1975-1976).

Écrivain précoce, elle fit une entrée remarquée dans le monde des lettres par la publication d'un roman, *Pointe-aux-Coques* (1958 ; prix Champlain), qui fut suivi de nombreux autres (*On a mangé la dune*, 1962 ; *Don l'orignal*, 1972 ; *La Sagouine*, 1972 ; *Les Cordes de bois*, 1977 ; *Pélagie la Charrette*, prix Goncourt 1979 ; *La Gribouille*, 1982 ; *Les Chemins de Saint-Jacques*, 1999 ; *Chroniques d'une sorcière de vent*, 1999 ; *Madame Perfecta*, 2001), et de pièces de théâtre toutes couronnées d'honneurs et de succès : *Les Crasseux*, 1968 ; *La Sagouine : pièce pour une femme seule*, 1974 ;

Évangéline Deusse, 1975 ; *La Veuve enragée*, 1977 ; *La Contrebandière*, 1981 ; *Garroché en paradis*, 1986.

Auteur de réputation internationale, sachant manier la langue populaire jusqu'au vertige acrobatique et marier à merveille satire, tragédie et comédie, elle a su hisser certains personnages imaginaires au rang de véritables mythes. Que l'on songe par exemple à *La Sagouine*, cette femme du peuple qui se livre à une longue méditation sur les grands thèmes de la vie, de la mort, de la servitude rachetée par les luttes quotidiennes et le dépassement de la souffrance.

De curieuses similitudes de tempérament, de parcours et d'écriture relient Antonine Maillet et Gabrielle Roy, que la première explique en partie par leurs origines acadiennes communes. Sans sa rencontre, à ses débuts, avec celle qu'elle considérait tout à la fois comme un exemple, un juge et la reine des lettres, la jeune Acadienne aurait-elle trouvé le courage et l'énergie de bâtir une œuvre aussi féconde ? De son côté, n'est ce pas Gabrielle Roy qui, pressentant l'immense potentiel de cet « écrivain poète », consolida sa vocation ? Dans *Ma chère petite sœur – Lettres à Bernadette, 1943-1970*, la romancière vante à plusieurs reprises, avec un enthousiasme inhabituel, les qualités d'humour, d'énergie et de style de son poulain.

JULIETTE OUELLET :
« J'ÉTAIS LA GOUVERNANTE
DE GABRIELLE ROY... »

En cas d'absence, Mlle Ouellet pourrait continuer à venir comme d'habitude deux fois par semaine, ce qui fait une journée pleine, car je ne veux pas la perdre. [...] Tu pourras régler avec elle une fois par mois, je suppose. Je vais d'ailleurs lui envoyer une carte postale. Je pense que c'est le genre de chose qui pourrait lui faire grand plaisir.

Draguignan, Var (France), le 2 mars 1966
(*Mon cher grand fou – Lettres à Marcel Carbotte*)

Les confessions d'une gouvernante

J'ai travaillé vingt ans pour M. et Mme Carbotte et cinq ans pour Monsieur, après la disparition de sa femme.

En 1964, j'apprenais par une infirmière de l'hôpital du Saint-Sacrement (Québec), proche des amies écrivains de Gabrielle Roy, qu'une place de gouvernante était disponible chez elle. Comme je cherchais du travail, je me suis aussitôt portée candidate. Toutefois, il m'a fallu trois mois avant de pouvoir la joindre au téléphone : soit elle écrivait l'un de ses ouvrages, soit elle était entre Québec et Petite-Rivière-Saint-François, soit elle assistait à un événement quelconque. Finalement, elle m'a appelée le jour de l'Action de grâce et, en raison de mes excellentes références

– j'avais déjà travaillé au Château Saint-Louis et au parlement de Québec –, m'a immédiatement engagée.

Le couple Carbotte possédait un très bel appartement de sept pièces, dont deux salles de bain et deux passages, orné de meubles anciens et de tableaux de maîtres : René Richard, Jean-Paul Lemieux, Riopelle [1], et bien d'autres. Monsieur était un collectionneur. Madame, qui avait une apparence frêle, délicate, et dont les goûts étaient plus simples, paraissait un peu perdue dans ce vaste logement aux allures de « musée ».

Presque avec une régularité de métronome, je me rendais deux ou trois fois par semaine au Château Saint-Louis. Mes tâches étaient celles de toute gouvernante qui se respecte : faire le ménage, la cuisine, la vaisselle, les courses, les comptes, répondre au téléphone, s'acquitter de diverses commissions auprès des relations de Monsieur et de Madame…

Gabrielle Roy en pantoufles

En dépit de sa célébrité, Mme Gabrielle Roy était une dame d'une grande simplicité dans son mode de vie, dans sa façon d'être, de s'exprimer, dans sa mise – ainsi ne portait-elle jamais de bijoux, excepté son alliance et une montre –, dans ses habitudes alimentaires : l'estomac fragile, une soupe ou un sandwich léger accompagné d'un petit pudding lui suffisait. Ses seules distractions étaient la musique classique et la marche. Elle recevait aussi régulièrement ses amies : Madeleine Bergeron, Madeleine Chassé, l'écrivain Adrienne Choquette [2], d'autres encore, dont le nom m'échappe. Ces dames formaient un petit cercle où régnaient rires, plaisanteries et bons mots.

Contrairement à l'image que l'on a répandue d'elle, Mme Carbotte était une personne gaie, pleine d'humour et d'entrain, aimant beaucoup ses amies. Pour ma part, je ne l'ai jamais vue morose, renfermée ou de méchante humeur. Monsieur était également jovial et très farceur : quand il ne me jouait pas quelque tour pendable, il me prenait à témoin des taquineries qu'il faisait subir aux invitées de Madame.

Bien que je l'aie servie deux décennies durant, Mme Carbotte ne m'a jamais considérée comme une amie, une confidente ou une dame de compagnie. Pas même comme une relation. Nos rapports n'ont jamais dépassé le stade employeur-employée. Elle était secrète, pudique, réservée, peut-être jalouse de sa vie intérieure et privée.

En revanche, elle m'a toujours traitée avec gentillesse et respect. Jamais elle ne m'a donné d'ordres. Lorsqu'elle avait besoin d'un service, elle s'adressait poliment à moi : « Mlle Ouellet, si vous avez le temps, faites ceci ou cela… » Jamais elle ne m'a grondée ni adressé de reproches non plus. Bien au contraire, elle disait toujours qu'elle était contente de moi ; ou alors elle me le faisait comprendre.

Le docteur Marcel Carbotte à la fin de ses jours.
(coll. part.)

L'écrivain au travail

Pendant que je vaquais à mes occupations, la romancière écrivait dans sa chambre. Elle travaillait énormément. Lorsqu'elle était lasse, elle abandonnait plumes et cahiers – elle écrivait le plus souvent à la main avant de donner ses textes à taper à la machine – pour faire un brin de causette avec moi au salon. Un petit secrétaire occupait un coin de la pièce : une table toute simple sur laquelle des livres, un pot à crayons, une rame de papier ou des cahiers d'écolier semblaient attendre l'écrivain.

Les yeux brillants, les traits tirés par la fatigue de l'écriture, les pommettes rouges, le souffle court en raison de son asthme, elle me parlait de sa famille, particulièrement de ses sœurs Bernadette et Clémence qui vieillissaient loin d'elle, au Manitoba : elle était très soucieuse de leur bien-être. Elle évoquait aussi son éditeur, Alain Stanké, auquel une grande amitié l'unissait : depuis 1975, il avait relancé sa carrière grâce à une campagne publicitaire adroitement menée. Généralement discrète sur son œuvre, elle faisait une exception pour *Ces enfants de ma vie*, mon roman préféré, qu'elle m'expliquait lui avoir été inspiré par ses huit ans d'enseignement auprès d'enfants pauvres, dans sa province natale.

Des ragots indignes

Par contre, elle ne faisait jamais la moindre allusion à ses relations conjugales. J'ai été sidérée lorsqu'on s'est mis à raconter et à écrire un peu partout que le docteur Carbotte et son épouse ne s'entendaient pas. Ils ne m'ont jamais donné cette impression. Ou alors ils cachaient bien leur jeu… À mon humble avis, on a exagéré les faits afin d'ajouter du piment à la vie de la romancière – qui n'avait rien de bien extraordinaire – et de vendre du papier.

Le docteur et elle formaient un couple uni, menant une existence simple, équilibrée, sans histoires. Jamais ils ne se sont disputés, boudés ou dénigrés l'un l'autre devant moi – sinon pour plaisanter. Ils aimaient se retrouver pour *jaser*, regarder la télévision, faire une promenade ou recevoir des amis. Leur complicité et l'affection qu'ils se témoignaient m'ont toujours paru sincères. Dans l'intimité, le docteur se révélait doux, prévenant, attentionné envers sa femme, qu'il appelait tendrement « Gaby ». De son côté, Mme Carbotte, qui avait cinq ans de plus que son mari, le traitait toujours de façon un peu maternelle : le surnom qu'elle lui avait attribué, « mon cher grand fou », a donné son titre à sa correspondance.

Le docteur et Madame s'étaient rencontrés et mariés en 1947, puis avaient passé leur lune de miel en France où ils étaient restés trois ans. C'est la romancière qui avait aidé son jeune époux à payer ses études de médecine. Le grand amour qu'elle ressentait pour lui ne se reflète-t-il pas dans ses lettres? Voyez comme elle savait trouver le mot juste pour le soutenir, l'encourager, lui remonter le moral! Contrairement aux apparences, elle était plus forte que lui, plus mûre aussi dans ses jugements, ses réflexions, son appréciation de la vie. Il faut rappeler qu'issue d'un milieu difficile, elle avait dû très tôt apprendre à se débrouiller seule dans l'existence. Malgré les années, elle n'a jamais cessé de lui manifester sa bienveillance [3].

Un notable sali

De la même manière, l'étalage que l'on a fait de l'homosexualité du docteur Carbotte ne m'a rien moins qu'attristée, dégoûtée. Un homme si bon, si humain, si serviable, plein de tact et de délicatesse! Il avait toujours un mot gentil pour moi. On a raconté les pires horreurs sur lui : il ne le méritait pas. Certes, comme tout un chacun, il lui arrivait de sortir avec des amis ou d'en inviter, mais je ne l'ai jamais vu « ramener des hommes à la maison » – comme des rumeurs malfaisantes l'ont laissé entendre – ni faire scandale dans la ville de Québec. S'il en avait été ainsi, non seulement il aurait perdu une grande partie de sa clientèle, mais après le décès de Madame, la plupart de leurs amis lui auraient tourné le dos.

Effectivement, j'ignorais cet aspect de la personnalité du docteur Carbotte ; aussi, qu'à partir d'une certaine époque, il avait eu un amant régulier. Si c'est la vérité, au moins était-il discret. Il ne m'appartient pas de le juger. D'ailleurs, en quoi ces informations concernent-elles le public ? Aident-elles à la compréhension de la personnalité et de l'œuvre de Mme Gabrielle Roy ? Probablement ignorait-elle comme moi les relations extraconjugales de son mari ou bien avait-elle pris le parti de fermer les yeux.

Quoi qu'il en soit, elle ne m'a jamais fait l'effet d'une personne malheureuse que ses problèmes de couple faisaient souffrir. Si elle voyageait ou partait s'enfermer à la campagne, c'était pour trouver le calme et l'inspiration indispensables à son métier d'écrivain ; pour fuir également les importuns : vous ne pouvez imaginer le nombre de gens qui lui écrivaient, lui téléphonaient ou sonnaient à la porte pour solliciter un rendez-vous ! Cela dit, dès qu'il le pouvait, son mari la rejoignait à Petite-Rivière-Saint-François : tous deux y passaient ensemble les fins de semaine et une partie de leurs vacances.

Un médecin inconsolable

Au début des années 1980, la santé de Mme Carbotte s'est détériorée rapidement. Elle s'est montrée très digne jusqu'à la fin : jamais elle ne s'est plainte devant moi de ses souffrances. Le 13 juillet 1983, elle entrait à l'hôpital Saint-Jean-de-Dieu et mourait peu avant minuit de crises cardiaques répétées. J'ai assisté à son service funèbre, au cours duquel on lui a rendu un bel hommage. Le Québec lui devait bien cela. Moi aussi, je l'ai beaucoup aimée, vous savez ! J'éprouve une immense fierté d'avoir travaillé chez un écrivain d'une telle valeur…

Après la mort de Madame, le docteur Carbotte s'est retrouvé complètement perdu : « Vous ne me laisserez pas, hein, ma chère Juliette ? » me suppliait-il au téléphone. Jamais je ne l'aurais fait, bien sûr, tant par dévouement envers lui que par respect pour la mémoire de la défunte ! Livré à lui-même, Monsieur était incapable de se débrouiller : il ne retrouvait plus ses affaires, ne savait pas faire fonctionner les appareils ménagers, se nourrissait mal et prenait du poids. Des amis passaient bien de temps en temps lui rendre visite, mais sans prétention de ma part, c'est de moi qu'il avait surtout besoin…

Pauvre docteur Carbotte! Son chagrin faisait peine à voir. Madame lui manquait énormément. Combien de fois l'ai-je surprise en train de sécher ses larmes! « Si Gaby me voyait, cela lui ferait beaucoup de peine... » s'excusait-il. Il a tenté de vivre courageusement son deuil: cinq ans plus tard, il mourait à son tour, le même mois que sa femme et presque de la même maladie[4]... N'est-ce pas la plus grande preuve d'amour qu'il pouvait lui donner?

Aujourd'hui, il ne me reste plus que des souvenirs. À chaque fois que je passe devant le Château Saint-Louis, je songe à ces deux visages disparus. J'ai tellement aimé ma place! Restent aussi, bien sûr, les livres de Mme Gabrielle Roy: *La Route d'Altamont*, où elle fait revivre son passé avec des images si suggestives qu'il devient presque le nôtre; *Ces enfants de ma vie*, dont chaque paragraphe est un petit vitrail, une miniature; *La Détresse et l'Enchantement*, qui se lit comme un récit de voyage, le voyage d'une vie. Lorsqu'on commence à lire l'un des ouvrages de Madame, il est impossible de s'arrêter en chemin...

✶✶✶

Comme la plupart des gens de maison habitués à vivre dans l'ombre des autres, Juliette Ouellet a préféré demeurer discrète sur sa vie personnelle. Nous apprendrons simplement que, née à Québec, elle a toujours vécu et travaillé dans cette ville, tant au service de particuliers que d'organismes officiels. Aujourd'hui à la retraite, elle avoue se passionner pour la lecture et la musique classique.

De par ses fonctions privilégiées, Juliette Ouellet est l'une des rares personnes à avoir vécu dans l'intimité des Carbotte. Si elle déclare n'avoir aucune révélation sensationnelle à nous faire à leur sujet, en revanche, son témoignage renverse totalement l'image que certains témoins nous ont offert de Gabrielle Roy, pour lui substituer celle d'une femme heureuse, enjouée, plutôt sociable et amicale.

L'écrivain aurait-elle caché pendant tant d'années son véritable caractère à sa domestique, tout comme ses relations érodées avec son mari? Ou bien cette dernière a-t-elle embelli son propos afin de ne pas ternir le portrait de ses anciens maîtres? Ces deux aspects sont à prendre en considération.

Quoi qu'il en soit, *Mon cher grand fou – Lettres à Marcel Carbotte, 1947-1979* aura offert une agréable surprise à notre gouvernante: en effet, la romancière l'y dépeint constamment comme une employée modèle et une personne de toute confiance.

MONIQUE GENUIST, LA PIONNIÈRE DES ÉTUDES ROYENNES : « AU PAYS GABRIELLE ROY »

À cette humble immortalité de l'air, du vent et des herbes, elle confia son âme.

Un jardin au bout du monde

Genèse d'une thèse

Dans les années 1961-1962, j'ai découvert un extrait de *Bonheur d'occasion* dans un manuel utilisé pour l'enseignement du français à l'Université de la Saskatchewan : celui où Rose-Anna retourne avec sa famille sur les lieux de son enfance, à la campagne. Les personnages m'ont paru si réels, si sympathiques et tellement émouvants que j'ai voulu lire tout le roman. Puis j'ai découvert *La Petite Poule d'eau*, qui avait pour théâtre la Prairie canadienne où je venais d'échouer. En même temps, j'apprenais que leur auteur, Gabrielle Roy, avait écrit plusieurs romans et vivait toujours au Québec.

Au moment de choisir un sujet de thèse, j'ai pensé à elle pour plusieurs raisons : ses ouvrages me plaisaient ; elle était canadienne et je désirais intensément me familiariser avec mon nouveau pays ; sa vison du monde me touchait, car c'était celle d'une femme parlant d'épouses, de mères, d'enfants ; elle donnait aussi une résonance quotidienne à la guerre, aux questions du Bien, du Mal, de Dieu, de l'Art. J'aimais enfin son humour – un aspect de son œuvre qui n'a guère été analysé jusqu'ici.

Les professeurs Paul et Monique Genuist, spécialistes de Gabrielle Roy.
Elle fut la première à consacrer une thèse à l'écrivain.
(Archives Paul et Monique Genuist)

Une visiteuse fort attendue

En 1963, j'ai soumis un projet de thèse à M. Jacques Vier, un professeur
de la Faculté de lettres de Rennes qui enseignait cette année-là à l'Université
Laval de Québec. Après avoir rencontré la romancière, il m'a fait savoir
qu'elle se trouvait « fort bien disposée » à mon égard, « et certainement
flattée ». Elle l'avait même prié de me transmettre son adresse personnelle.
J'ai donc écrit à Gabrielle Roy pour me présenter et lui poser quelques questions. Le 6 février 1964, elle m'adressait, en plus d'une liste de ses publications destinée à ma bibliographie, une lettre d'une grande générosité :

> [...] *Plus tard, si vous venez à Québec, je mettrai à votre disposition pour
> les consulter à votre aise, tout ce que j'ai de papiers, coupures de journaux, etc.
> J'espère être chez moi au moment où vous pourrez venir, c'est-à-dire soit à
> Québec, mais plus probablement à Petite-Rivière-Saint-François* [...]

J'avais bien l'intention de me rendre au Québec l'été suivant, mais ai
dû annuler mon voyage, car j'attendais mon troisième enfant pour le mois
d'août. Dans sa missive du 23 juillet 1964, la romancière a paru se réjouir
sincèrement de cet événement :

Votre charmante lettre m'est parvenue à ma maison d'été où j'espérais que vous pourriez venir. [...] Mais vous attendez un bébé et cela est bien plus important et bien plus merveilleux que n'importe quel voyage. [...] Quant à mes papiers, ils seront à votre disposition quand vous serez libre de venir les consulter.

Le 21 janvier 1965 [1], après avoir pris connaissance de mon manuscrit, Gabrielle Roy, dans un message fort louangeur, m'invitait de nouveau à lui rendre visite lorsque j'irais en France soutenir ma thèse :

J'espère bien qu'en route [...], vous trouverez moyen de passer par Québec et de vous y arrêter. Je serai heureuse de connaître en personne quel-qu'un qui me donne l'impression de si bien me connaître.

Finalement, rendez-vous était pris avec l'écrivain pour le 1er septembre 1965.

Au cœur de Gabrielle Roy

Je me suis présentée à son appartement de Québec qui donnait sur les Plaines d'Abraham [2]. « Je m'attendais à voir une personne beaucoup plus âgée ! » s'est-elle exclamée en m'apercevant sur le pas de la porte. En effet, à cette époque, je n'avais que vingt-huit ans. Elle m'a introduite dans son salon, aux murs duquel trônaient des tableaux de Jean-Paul Lemieux, dont un portrait d'elle.

C'était une dame mince et de petite taille, dont le visage, fin et souriant, était sillonné de petites rides. Enfoncée dans un immense fauteuil, elle paraissait fragile et toute menue. D'emblée, son abord modeste, sympathique et sans prétention m'a mise à l'aise. Je savais néanmoins, pour avoir étudié son œuvre, que sous l'apparente simplicité vibrait une personnalité complexe – j'entends par là riche, divisée, possédant le don de créer des personnages aux caractères variés.

Ses propos, que je vous rapporte ici en substance, ont roulé exclusivement sur son œuvre. Lorsque je parlais, elle m'écoutait attentivement, puis se concentrait ; elle réfléchissait, répondait en me regardant droit dans les yeux.

Tout d'abord, je l'ai interrogée sur l'origine de ses personnages, qu'elle a évoqués avec un plaisir évident :

« Mes personnages marchent et *jonglent* (rêvent) beaucoup. Je les ai créés le plus souvent à partir des gens que j'ai rencontrés ou connus. Ainsi, pour camper Azarius, le père de famille de *Bonheur d'occasion*, me suis-je servie d'un beau parleur que j'avais entendu discuter de la guerre dans un café de Saint-Henri.

« *Alexandre Chenevert* est né de la vision d'êtres accablés, à l'humanité triste, que j'ai croisés sur l'île de la Cité, à Paris, sous un ciel gris de novembre. Ce petit employé de banque est aussi une projection de moi-même : si nous étions toujours conscients, toujours lucides, nous serions comme Alexandre...

« Mademoiselle Côté, l'institutrice de *La Petite Poule d'eau*, c'est aussi un peu moi : jadis, j'avais effectué un stage dans cette région isolée du Manitoba, auprès de fermiers frustres et assez grossiers que j'ai remplacés dans mon livre par une famille très accueillante. Luzina, la mère, m'a été inspirée par ma cousine, Éliane Landry-Major[3], qui allait accoucher chaque année à la ville ; et Pierre, le peintre de *La Montagne secrète*, par un artiste de Baie-Saint-Paul (Charlevoix, Québec) qui avait vécu toutes sortes d'aventures dans le Grand Nord. »

Plus tard, j'ai appris qu'il s'agissait de René Richard.

Une architecte du style

Je lui ai posé ensuite quelques questions sur sa manière d'écrire. Elle a volontiers partagé avec moi sa passion pour son art : la parole rapide, intense, les yeux brillants, elle s'animait de plus en plus au fil de notre discussion.

« Je pars d'une émotion qui éclaire une vision, m'a-t-elle expliqué, ou, plus exactement, lorsque je ressens une émotion face à une situation donnée, j'imagine déjà ce que je vais écrire. Je trouve mes phrases quand je marche ou que je fais mes courses. J'effectue trois ébauches : d'abord, j'écris d'un seul coup l'ensemble de mon texte ; ensuite, je procède à une seconde ébauche ; enfin, à une troisième, au cours de laquelle je commence à polir ma phrase. L'écriture est un travail d'architecture... Jean-Paul Lemieux me dit que j'écris comme un peintre !

« Toute ma vie, j'ai lutté pour écrire en un français compréhensible ailleurs qu'au Canada. Je n'aime pas les passages de *Bonheur d'occasion* rédigés en canadien-français populaire : d'ailleurs, je déteste relire ce livre !

« Je pense que les meilleures romancières sont des femmes – Colette, par exemple –, même si je n'apprécie guère les œuvres de Marie-Claire Blais[4]. »

Les croyances de Gabrielle Roy

Comme je venais de lire quelques ouvrages du philosophe Teilhard de Chardin, je lui ai demandé si elle connaissait son œuvre et sa pensée. Elle m'a répondu :

« Oui, j'ai même eu le privilège de le rencontrer ! Sans Teilhard de Chardin, je ne serais pas catholique... Il m'a donné une raison de vivre : l'amour et la tendresse sont essentiels. La fraternité sans Dieu, c'est creux. »

Enfin, je lui ai dit que j'appréciais dans ses livres son sens de l'humour : « Je le tiens de ma mère ! s'est-elle exclamée. Elle était gaie, rieuse, farfelue même, et savait extraire le comique de toute situation. L'humour régnait chez nous. »

Un héritage manqué

Au bout de trois heures de conversation, je me suis levée pour prendre congé de la romancière. Elle m'a alors de nouveau proposé de consulter tous ses papiers quand il me plairait : brouillons, manuscrits, lettres, articles de presse, etc. Je n'ai pas donné suite à cette offre généreuse. J'avais trop d'occupations : mes enfants, des cours à préparer, mes recherches sur la littérature québécoise que j'allais enseigner depuis la fin du XIXe siècle jusqu'à nos jours. Je n'entendais ni ne pouvais me limiter à un seul écrivain. Par la suite, j'ai publié la première étude sur Jacques Languirand[5], qui lui aussi m'a proposé de consulter tous ses documents, des articles sur Réjean Ducharme[6], Anne Hébert, Antonine Maillet, Marie Laberge, et d'autres.

Gabrielle Roy m'a également invitée à lui rendre visite à Petite-Rivière-Saint-François. En voyage au Québec l'été suivant avec mon mari et mes trois enfants, j'ai effectué le détour. Cependant, afin de ne pas troubler la quiétude de l'écrivain, nous nous sommes contentés d'admirer de loin sa modeste maison qui surplombait un cadre enchanteur.

La même année, je lui ai envoyé un exemplaire du livre extrait de ma thèse : *La Création romanesque dans l'œuvre de Gabrielle Roy*[7]. Pour me remercier, elle m'a écrit une lettre où elle exprimait son appréciation de mon travail[8]. J'en ai éprouvé d'autant plus de fierté que de nombreuses personnalités québécoises m'ont fait parvenir leurs félicitations en même temps qu'elle : Jean-Noël Tremblay[9], ministre des Affaires culturelles ; Guy Frégault[10], historien et sous-ministre des Affaires culturelles ; Jean-Jacques Bertrand[11], ministre de l'Éducation ; son prédécesseur, Paul Gérin-Lajoie[12] ; Jean Lesage[13], chef de l'opposition à l'Assemblée législative ; Jean Drapeau[14], maire de Montréal ; le chef du cabinet du gouverneur général, etc.

Par la suite, ma correspondance avec Gabrielle Roy a cessé et nous ne nous sommes plus jamais revues : prise par ma vie familiale, mon métier d'enseignante, mes travaux de recherches et éloignée de surcroît par plusieurs milliers de kilomètres, je n'ai pas cherché à entretenir des relations suivies avec elle. Enfin, même si j'admire son talent et avoue avoir un faible pour ses ouvrages sur l'Ouest, je serais bien en peine de me situer par rapport à elle : sa culture, ses expériences de vie sont très différentes des miennes[15]. Enfin, je ne partage pas ses croyances religieuses.

La passion de l'Ouest

J'ai néanmoins continué à m'intéresser à son œuvre tout au long de ma carrière : je l'ai lue entièrement, tant pour mes cours que pour mon plaisir personnel. Mes préférences vont à ses livres sur l'Ouest pour leur authenticité, leur fraîcheur, leur humour. Dans *Un jardin au bout du monde*, peut-être mon favori, sa vision poétique des gens et des grands espaces de l'Ouest me touche d'autant plus que j'ai vécu là une grande partie de mon existence.

De même, mes lectures de l'œuvre de Gabrielle Roy m'ont amenée à lui consacrer plusieurs articles. Parmi ceux-ci, « La Canadienne française à la recherche de son identité [16] », une étude sur *La Détresse et l'Enchantement* qui explique les raisons pour lesquelles elle avait quitté Saint-Boniface : non seulement pour fuir la pauvreté qui affligeait sa famille, mais aussi cette condition d'inférieure, d'étrangère, d'humiliée, d'exilée, qui paraissait être le lot des siens et des Canadiens français de l'Ouest en général, à cette époque. Loin de ce peuple dépossédé auquel elle appartenait, elle espérait trouver en France une patrie où d'autres francophones, majoritaires cette fois, vivraient en harmonie avec leur entourage sans se poser de problèmes d'identité. Seulement, une fois arrivée à Paris, elle s'était sentie aussi étrangère que parmi les anglophones de Winnipeg.

Son séjour en France et en Angleterre lui avait néanmoins permis de prendre conscience de ses qualités spécifiques de romancière : cette alliance de réalisme et de lyrisme qui lui confère son originalité, ce ton juste qu'elle admirait tant chez Tchekhov. Elle s'était isolée dans ces pays lointains, et le besoin qu'elle éprouvait de retrouver le ciel, le vent et l'espace, éléments caractéristiques de l'Ouest canadien, allait nourrir l'atmosphère de rêverie qui baigne toute son œuvre, particulièrement ses nouvelles.

Au nombre de mes autres articles, figure « L'Ouest réel et mythique dans *Un jardin au bout du monde* [17] », dans lequel j'ai étudié comment, au contact de la dure réalité, le mythe de l'Ouest s'effrite dans la conscience des pionniers. Dans « Les voix du vent chez Gabrielle Roy [18] », cet élément est à la fois destructeur et divin, source de rêve et de méditation, symbole de la quête du passé et de l'avenir ; il épouse les mouvements du cœur et les frémissements de l'âme des protagonistes, tout en insufflant poésie et musicalité à la prose de l'auteur.

Les deux sœurs

En 1984, mon mari et moi sommes également allés interviewer sa sœur, l'écrivain Marie-Anna Roy, à Montréal : elle louait un petit appartement sombre en sous-sol, rue Seymour, au coin de Dorchester, où

Gabrielle avait, elle aussi, résidé. Dans cet intérieur pauvre, un violent éclairage aggravait la chaleur intense. Ça et là s'entassaient dans des boîtes en carton manuscrits, lettres, cartes postales, coupures de presse et photos jaunies. Petite, alerte, les yeux faibles mais le visage dispos et la voix claire, la vieille dame nous a conté son destin : elle n'avait pas eu la chance de Gabrielle. Très tôt, elle avait dû quitter le cocon familial pour aller gagner son pain d'école en école à travers les plaines sauvages du Manitoba, de la Saskatchewan et de l'Alberta.

À cinquante ans, devenue propriétaire d'une ferme à Tangent (Alberta), qu'elle exploitait à la manière des pionniers du XIXe siècle, elle était *passée au feu* dans l'incendie de sa chambre. Gravement brûlée, elle avait été contrainte de revenir à l'enseignement. La vie s'était montrée très dure envers elle : les seuls hommes qu'elle avait connus dans les coins les plus déshérités de cet Ouest farouche et solitaire étaient des prêtres ; les seules satisfactions qu'elle avait goûtées, la communion avec la nature – dont elle se sentait isolée depuis son installation à Montréal –, la lecture et, bien sûr, l'écriture. Mais la gloire n'était pas venue.

Après trois heures d'entretien, l'écrivain paraissait en pleine forme, alors que Paul et moi étions épuisés : je précise qu'elle devait mourir à l'âge de cent cinq ans ! En 1986, soit deux ans plus tard, je l'ai invitée à assister à la conférence que je lui consacrais à l'Institut Simone de Beauvoir de l'Université Concordia, à Montréal : « Le continuum femme dans l'œuvre de Marie-Anna Roy [19] ». Éprouvant des difficultés pour se déplacer, elle n'a pu venir, mais m'a chaleureusement remerciée. Peu de temps après, elle repartait pour le Manitoba.

L'année de notre rencontre avec Marie-Anna, mon mari et moi faisions également connaissance avec l'autre sœur Roy, Clémence, à Saint-Boniface. C'était une femme d'un autre temps, vêtue d'un chapeau cloche de couleur crème, d'un grand manteau noir, de gants de dentelle, et portant un sac à provisions noir. Elle passait pour être un peu simplette aux yeux de tout le monde et de son entourage. Pendant toute la durée de notre promenade, rue Deschambault, puis le long de la petite rivière Seine qui coulait derrière la maison natale, elle a ressassé ses souvenirs : sa mère, la pauvreté familiale, Gabrielle, la benjamine trop gâtée…

Ces échanges avec les sœurs Roy demeurent pour moi un souvenir émouvant. Mais c'est avant tout Gabrielle Roy qui, par sa vision à la fois canadienne, féminine et poétique, a su enrichir ma compréhension du monde.

***

Le premier chercheur et la première femme à avoir consacré une thèse à Gabrielle Roy est une Française : Monique Genuist, née Iung. Originaire de Mihiel (Lorraine, est de la France), elle effectua de brillantes études en littérature française et anglaise à l'Université de Nancy (même région), puis enseigna pendant deux ans dans des écoles secondaires à Liverpool (Grande-Bretagne). C'est à Rennes (Bretagne, France) qu'elle soutint, en 1965, sa thèse de doctorat sur *La Création romanesque chez Gabrielle Roy*, une étude de sa vie, de sa personnalité et de ses cinq premières œuvres. Débuta alors, pour cette jeune pédagogue déterminée, une carrière de professeur de langue et de littérature canadiennes-françaises à l'Université de la Saskatchewan (Saskatoon), aux côtés de son mari, Paul Genuist, également enseignant et critique littéraire. Tous deux vivent aujourd'hui à Victoria (Colombie-Britannique).

Essayiste (*Languirand et l'absurde*, 1982 ; *Lecture au féminin de l'œuvre de Marie-Anna Roy*, 1986), directrice de l'ouvrage *Sous les mâts des prairies : anthologie de la poésie fransaskoise* (en collaboration, 2000), conférencière, auteur d'articles sur la littérature québécoise et féminine, Monique Genuist a également signé plusieurs romans, appréciés pour leur caractère intimiste, leur poésie impressionniste, leurs descriptions de la nature faites de petites touches délicates, concises et colorées : *Exorcismes* (1973) ; *C'était hier en Lorraine* (1993) ; *Le Cri du Loon* (1993) ; *L'Île au cotonnier* (1997) ; *Paroles de chats* (1997 ; traduit en ukrainien) ; *Itinérances* (1999) ; *Racines de sable* (2000) ; *Nootka* (2003). Dans « La Littérature d'expression française dans l'Ouest canadien – Trois siècles d'écriture » (*L'Encyclopédie du Canada 2000*[20]), elle est présentée comme « l'un des meilleurs peintres actuels de la Prairie ».

Gabrielle Roy accueillit chaleureusement cette enseignante lors de sa visite à Québec dans les années 1960. C'était l'époque bénie où, n'ayant pas encore souffert des turpitudes de certains universitaires, elle ne sélectionnait pas rigoureusement ses visiteurs et ouvrait toutes grandes les portes de son appartement, de ses archives, de son cœur.

On aurait pu croire qu'une longue amitié allait unir la romancière à sa jeune biographe et correspondante. Curieusement, il n'en fut rien : Monique Genuist cherchait sa propre voie en tant que professeur et écrivain. Toutefois, si elle refuse de se reconnaître comme la fille spirituelle de Gabrielle Roy, ne décèle-t-on pas dans son œuvre un peu de l'inspiration, de la manière et de la sensibilité poétique de son illustre aînée ?

DEUX LETTRES DE GABRIELLE ROY À MONIQUE GENUIST

(don de Mme Monique Genuist)

Comme toute la correspondance de Gabrielle Roy en général, cette lettre dévoile certains aspects de sa personnalité. Si la romancière paraît ici sincèrement flattée de faire l'objet d'un premier travail universitaire, à quelques-unes de ses expressions, l'on sent déjà poindre chez elle cette réserve farouche, ce désir presque maladif d'anonymat, cette volonté d'absolue tranquillité qui ne cesseront de croître avec les années.

Modeste, en dépit de sa culture étendue, d'une grande intégrité intellectuelle, elle accepte sans sourciller les corrections du futur écrivain Monique Genuist, mais sait aussi vigoureusement défendre ses opinions. Révélant ainsi à quel point imaginaire et réalité se confondent dans l'esprit de cette incorrigible rêveuse qui évoque avec un égal sérieux son père, Léon Roy, et le personnage fictif d'Alexandre Chenevert.

Québec, le 21 janvier 1965

Chère madame,

Quel beau travail vous avez fait et qu'il doit falloir de patience et de générosité pour se pencher ainsi, avec une attention si longtemps soutenue, sur une œuvre! Je vous félicite chaleureusement. Vous devez deviner sans peine que quant à moi mon sentiment après avoir été l'objet d'une telle étude n'en est pas un de repos. Après avoir été soumise à pareil éclairage, il est sûr que je souhaite l'ombre plus que jamais. Cependant, je suis d'accord avec presque tout ce que vous dites de moi ou de mes livres — les compliments mis à part — ou disons du moins une part des compliments, car je suis bien forcée de croire à une profonde sincérité chez vous.

À l'âge où l'on est très malléable, vers quinze ou seize ans, j'ai lu Alphonse Daudet que les sœurs nous faisaient étudier. Il est donc fort possible qu'il en soit resté quelque chose, ce dont je n'aurais pas honte, car Daudet est de la race des grands conteurs-nés, une espèce que j'admire par-dessus tout. Car, si, d'abord, on ne sait pas raconter une histoire, à quoi bon toute cette peine d'écrire? Un peu plus tard, j'ai aimé à la passion notre frère à tous, Tchekhov, aussi Selma Lagerlöf[1], et c'est peut-être à eux, si j'avais le choix, que je désirerais ressembler, mais qui ressemble à qui il veut ressembler!

À propos de « moulées[2] », voilà un exemple de ces affreux anglicismes qui se glissent sous notre plume sans qu'on y prenne garde: il s'agit d'aliments tout préparés, grains concassés, etc., pour les animaux de ferme. Le terme anglais est, je crois, « feed » ou encore peut-être « meal ».

Votre texte n'appelle pour ainsi dire pas de réserve sauf une petite peut-être. S'il est vrai que mon père m'a servi de modèle pour le père dans Rue Deschambault et quelque peu aussi dans Alexandre Chenevert; s'il est vrai que je ne l'ai connu que âgé, malade, assombri par les épreuves, il n'en est pas moins vrai que plus jeune il avait déployé une extraordinaire énergie en dépit d'une pauvre santé, qu'il avait vécu une belle vie d'action, menant à bien ses entreprises, selon les moyens d'alors qui n'étaient pas ceux d'aujourd'hui, loin de là. Pour emprunter à Sophocle[3], disons que de nulle vie on ne peut conclure qu'elle ait été heureuse avant qu'elle ne soit terminée.

Je me demande aussi s'il est tout à fait juste de voir en Alexandre Chenevert tout d'abord un malade[4]. Cela il l'est certes, mais comme le sont des milliers d'humains, comme nous le sommes nous-mêmes un peu tous, du moins à certaines heures. D'ailleurs d'ailleurs [sic] tout cela vous l'avez admirablement souligné dans un passage qui m'a paru très perspicace et ouvert à cette sympathie humaine que je désire pour Chenevert. Ce qui m'a peut-être un peu étonnée – ou déçue – c'est sans doute que ce soit le premier mot (malade) que vous ayez pour le présenter. Ce petit homme, je pense qu'il existe d'abord (comme personnage de fiction) parce qu'il pense, si mal que ce soit souvent.

J'espère bien qu'en route pour le trouver, vous trouverez moyen de passer par Québec et de vous y arrêter. Je serais heureuse de connaître en personne quelqu'un qui me donne l'impression de si bien me connaître.

Je vous prie d'accepter mes remerciements pour tout ce temps de votre vie que vous m'avez donné – à moi et à ces créatures sorties de moi et dont vous parlez comme des connaissances que vous auriez connues dans la vie, ce qui me plaît beaucoup.

À propos, ainsi que je l'ai noté au passage dans la marge de votre texte, c'est en 1947 et non en 1952 que je me suis mariée; cette année fut l'année faste de ma vie: choix de la Literary Guild[5], mon mariage avec un homme *charmant, plus mon départ avec lui pour l'Europe ou nous fîmes alors un séjour de trois années consécutives[6], vivant surtout à Saint-Germain-en-Laye (là fut écrit une partie de* La Petite Poule d'eau*); puis enfin le prix Femina m'échut aussi en 1947.*

Tous mes meilleurs vœux, chère madame, et l'expression de mon sentiment amical.

Gabrielle Roy

***

Voici le message de félicitation que la romancière adressa à Monique Genuist après la publication de l'ouvrage adapté de sa thèse : *La Création romanesque chez Gabrielle Roy*. Au-delà des politesses conventionnelles utilisées pour la circonstance, perce ici l'affectueuse attention que l'écrivain portait généralement à ses correspondants et à leurs enfants.

Québec, le 23 novembre 1966

Chère madame,

Je vous remercie chaleureusement d'avoir bien voulu m'envoyer un exemplaire de votre livre sur moi et particulièrement de votre bonne dédicace. Je suis heureuse de vous renouveler l'expression de mon estime pour vous-même et pour ce texte que vous avez fait avec beaucoup de soin et de droiture. J'espère qu'il aura du succès, encore qu'avec un livre de ce genre il ne faille pas, j'imagine, s'attendre à de grosses ventes. Tout de même, maintenant qu'on étudie de plus en plus la littérature canadienne, il devrait rendre de bons services.

Je suis contente que vous ayez réussi à mener à bien cette entreprise à travers vos autres occupations que je devine nombreuses et accaparantes.

Comment vont vos beaux enfants ? J'ai gardé un vif souvenir de la carte-photo des trois que vous m'avez envoyée à Noël, je pense l'an dernier. De belle petites frimousses d'enfants qui ont l'air heureux.

Je vous prie d'accepter pour vous et pour votre famille l'expression de mes sentiments sympathiques.

Gabrielle Roy

JEAN O'NEIL, L'ÉCRIVAIN PARTAGÉ : « REFLETS D'UNE INCONNUE : GABRIELLE ROY »

Depuis quelque temps, durant toute ma vie même, j'ai cherché, je crois, à me défendre contre tout ce qui me dérangeait dans ma vie intérieure.

Genève, le 14 janvier 1948
(*Mon cher grand fou – Lettres à Marcel Carbotte*)

Les camouflages de Gabrielle Roy

Lorsque j'étais jeune journaliste à Québec, dans les années 1964-1965, je croisais fréquemment Gabrielle Roy sur le trottoir de la rue Jean-Cartier. Nous étions voisins. Grand admirateur de *La Petite Poule d'eau*, je lui ai téléphoné un jour pour solliciter une entrevue, mais elle a refusé, prétextant qu'elle avait trop de travail. En outre, elle m'a fait poliment comprendre que ses œuvres parlaient pour elle et qu'elle ne voyait pas très bien ce qu'elle pourrait ajouter de plus [1]. Comme chacun sait, c'était une personne pudique et réservée qui détestait voir sa vie et ses propos étalés dans les journaux.

Comprenant fort bien ses réticences, je n'ai pas insisté. Toutefois, avant de raccrocher, elle a déclaré: « Vous me direz quand même bonjour lorsque vous me verrez dans la rue... Rien ne vous en empêche ! » J'ai acquiescé, mais n'ai jamais osé le faire. Je respectais trop son désir d'anonymat et de tranquillité. J'ai continué à la croiser dans la Vieille Capitale : comme elle ne me connaissait pas, elle n'en a jamais rien su.

Questions sans réponse

Sur le plan physique, c'était une personne extrêmement ordinaire. Sa photo étant souvent diffusée dans livres et journaux, je l'avais reconnue au premier regard ; mais, dans la rue, personne ne faisait attention à elle ni ne s'arrêtait pour lui parler. De toute manière, c'est ce qu'elle voulait : passer incognito. Elle paraissait toujours nerveuse, mal à l'aise, et marchait très vite.

Sur le plan de la personnalité, je la connais surtout à travers ce que j'ai lu et ce que l'on m'a dit d'elle. Ainsi, son orientation sexuelle demeure-t-elle un point d'interrogation pour moi. On raconte qu'elle fréquentait plusieurs couples de femmes écrivains, que son mari était homosexuel. Et elle, l'était-elle ? Je ne puis répondre à cette question ; personne non plus, semble-t-il.

Après notre entretien téléphonique, mes contacts avec elle se sont limités à l'envoi, en 1978, d'une lettre officielle dans laquelle je la félicitais, en ma qualité de directeur des Communications au ministère des Affaires culturelles, de l'obtention du prix Molson du Conseil des Arts du Canada[2].

Pour le reste, j'ai refusé de lire sa biographie. Non seulement pour des raisons d'éthique personnelle, mais parce que je ne suis pas un grand adepte des vies d'écrivains. Toutefois, je reconnais qu'il en existe de plus intéressantes que les œuvres elles-mêmes : je songe, par exemple, au *Tolstoï* d'Henri Troyat[3].

Craignant aussi d'être déçu, je préfère demeurer avec mes illusions et l'image que je me fais des auteurs. Je tiens Mme Roy en très haute estime : elle est l'un de nos plus grands écrivains et je n'ai nullement envie de lire des écrits qui l'égratignent. Enfin, son œuvre est, à mon sens, infiniment plus intéressante que sa vie…

Le chef d'œuvre reconnu

Pour moi, *La Petite Poule d'eau* incarne le chef-d'œuvre absolu. Sans doute parce que je suis d'âme rurale. J'ai connu des gens comme les Tousignant, aux prises avec ces riens qui font le tout d'une vie ; comme l'instituteur Armand Dubreuil, plus passionné par la chasse que par l'enseignement ; comme ces écoliers opiniâtres, travailleurs, assoiffés de savoir, qui n'hésitent pas à quitter leur île pour aller s'instruire et bâtir leur existence ailleurs. Ces petits élèves ressemblent d'ailleurs beaucoup à leur créatrice : dans sa jeunesse, Gabrielle Roy ne s'était-elle pas courageusement arrachée à sa famille, à son milieu, à son cocon, pour aller vivre sa vie en Europe, puis à Montréal? On retrouve aussi l'écrivain dans le personnage de l'institutrice, Mlle Côté.

Je relis une fois par an ce roman pour la description des mœurs des Tousignant dans cette immensité vide que forme le Manitoba; aussi, pour la naïveté et l'humour qui se dégagent des personnages: je pense à cet enseignant qui, avant de partir à la chasse, confie ses élèves à l'école de la Nature pour soulager sa conscience; au capucin de Toutes-Aides qui fait raccommoder sa soutane par Luzina, la mère de famille, tout en recommandant à son mari de ne pas l'accabler de travail. Ces portraits charmants, vivants et émouvants, donnent l'impression qu'on a toujours connu leurs modèles.

La manière dont Gabrielle Roy raconte les petits faits du quotidien, sa fresque réaliste des années 1930, son émerveillement devant les êtres et les moindres détails de leur vie dans l'île, me rappellent *L'Abatis*⁴ et *Le Barrachois*⁵ de Félix-Antoine Savard, mon ancien voisin, maître et ami. Lui-même a dépeint des temps ancestraux avec une précision quasi entomologique: très proche de la nature, il portait une attention extraordinaire aux éléments et à l'instar de Gabrielle Roy, a écrit des chefs-d'œuvre immortels.

Paru en 1977, *Ces enfants de ma vie* s'inscrit dans la lignée de *La Petite Poule d'eau*. L'on y retrouve les qualités qui font de Mme Roy un grand écrivain: une sensibilité très vive aux autres et à la nature, une rare vérité dans le croquis, un style en parfaite harmonie avec les thèmes qu'elle aborde, un optimisme foncier dans sa vision du monde et de l'existence.

Une œuvre controversable

Si j'ai fait de ces deux ouvrages mes livres de chevet, je suis très loin, par contre, de goûter le reste de son œuvre: le misérabilisme qu'elle véhicule n'engendre qu'ennui et désintérêt. Ce n'est pas ce que l'on attend d'un auteur ni d'une création... Vous savez, il est difficile d'être l'écrivain de plusieurs grandes œuvres: j'en sais quelque chose, moi qui ai publié une vingtaine de volumes!

Ainsi, la description de Montréal, dans *Bonheur d'occasion*, roman sur lequel l'on s'attarde bien trop, à mon avis, ne m'a-t-elle rien appris ni apporté: le problème de la pauvreté est vieux comme le monde... Non, très franchement, j'en attendais autre chose! Je ne dis pas qu'il faille ignorer égoïstement ou passer sous silence la misère et le malheur des gens, mais Gabrielle Roy l'a fait à la manière de Kafka ou de Sartre. Ces écrivains traitent de problèmes réels, certes, mais d'une manière désespérée, fataliste, artificielle: ils ne proposent aucune solution, ne font luire aucun espoir, n'orientent pas les hommes vers un dépassement de soi, vers une possibilité de se créer en tant qu'êtres humains. Depuis soixante ans, toute la littérature québécoise s'enfonce dans cette désespérance et, pour ma part, j'en suis las, je ne le supporte plus...

Je n'ai pas lu *Alexandre Chenevert*, dont on m'avait beaucoup parlé à sa sortie, en 1954. Après avoir jeté un coup d'œil sur le synopsis, j'ai dit : « Non, merci ! » Ayant moi-même travaillé dans la fonction publique, je n'avais nullement envie de lire un ouvrage sur le sujet...

De même, *La Montagne secrète*, parue en 1961, ne m'avait-elle pas davantage attiré. Piètre amateur de la peinture de René Richard, l'artiste dont Gabrielle Roy s'est inspirée pour son personnage principal, je ne souhaitais en aucune manière retrouver ses tableaux dans un ouvrage.

En 1972, elle a publié *Cet été qui chantait*, un livre moche, banal, artificiel, qui ne rend absolument pas compte de la réalité ni de la beauté de la région de Charlevoix. En 1980, j'ai répliqué, en quelque sorte, par la publication de *Cap-aux-Oies*[6] : cet « inventaire » authentique et circonstancié de notre coin de pays, de son histoire, de ses habitants, de sa faune et de sa flore, visait à lui montrer qu'elle s'était trompée, qu'elle était passée totalement à côté du vrai visage de Charlevoix. Toutefois, si mon livre a connu un grand succès, les lecteurs lui ont préféré les divagations de Gabrielle Roy.

Qui est la véritable Gabrielle Roy ?

Ce qui agace aussi profondément chez l'écrivain, c'est cette disproportion entre l'image qu'elle a projetée d'elle à travers ses personnages romanesques et ce qu'elle était en réalité[7]. Toute son œuvre repose sur ce dilemme. J'ai longuement hésité avant d'ouvrir *La Détresse et l'Enchantement*, son autobiographie posthume, dont on a fait grand cas lors de sa publication en 1984. Et pour cause : non seulement cette confession ne m'a rien appris de plus, mais elle révèle de manière encore plus flagrante le décalage qui existe entre la narratrice et la véritable Gabrielle Roy. Je regrette, mais je refuse d'entrer dans son jeu !

Néanmoins, en dépit des réserves qu'elle m'inspire et de mon peu d'attirance pour le domaine biographique en général, notre entretien et le titre de votre livre de témoignages manitobains ont piqué ma curiosité. Gabrielle Roy avait assurément beaucoup de secrets et finalement, j'ai hâte de les découvrir !

✳✳✳

Né à Sherbrooke (Estrie, Québec), Jean O'Neil écrit depuis sa plus tendre enfance. Après avoir obtenu un baccalauréat ès Arts (licence de lettres) à l'Université de sa ville, il entama une carrière de journaliste à Granby (même région), Chicoutimi (Saguenay), Québec et Montréal. « Missionnaire de la communication », comme il se définit lui-même, il exerça, à partir de 1969, les fonctions d'agent d'information, puis de directeur des Communications pour une dizaine de ministères ; ce, jusqu'en 1987, année où il choisit de se consacrer à l'écriture. Nommé chevalier de l'Ordre national du Québec en 1998, il figure aujourd'hui dans *L'Encyclopédie du Canada 2000*[8].

Romancier (*Je voulais te parler de Jeremiah, d'Ozelina et de tous les autres*, 1967 ; *Les Hirondelles*, 1973 ; *Le Livre des prophètes*, 2000 ; *Le Roman de Renart*, 2001), auteur de sagas régionales (*Storneway*, 1996 ; *L'Âge du bois. Les Terres rompues*, 1996), poète (*Montréal by foot*, 1983), dramaturge (*Les Bonheurs-z-essentiels*, 1966 ; *Les Balançoires*, 1972), épistolier (*Entre Jean : Correspondance entre Jean O'Neil et Jean-Paul Desbiens*, 2001), c'est dans la création d'un genre bien à lui, celui du « tourisme littéraire », que Jean O'Neil a trouvé sa véritable voie.

Fils spirituel de l'écrivain Félix-Antoine Savard, il s'y fait le porte-parole des petites gens de la campagne et des bords du Saint-Laurent (*L'Île aux Grues*, 1980 ; *Le Fleuve*, 1995), l'historien de l'insolite et des simples objets du quotidien (*Promenades et Tombeaux*, 1989 ; *Les Escaliers de Montréal*, 1998 ; *Les Couronnements de Montréal*, 2002), comme le sensible poète d'une « nature en prose » : *Cap aux Oies* (1980), *Hivers* (1999), *Les Escapades de Jean O'Neil* (2000). Nul n'a son pareil pour décrire la trille d'un oiseau, la chute d'un pétale de fleur ou d'un flocon de neige sur le rebord d'une fenêtre, sous la forme de petits tableaux impressionnistes où le rêve le dispute au merveilleux, l'humour à la nostalgie du passé, la tendresse à l'humilité devant les œuvres du Créateur.

À la lecture des propos de Jean O'Neil sur Gabrielle Roy, on ne peut s'empêcher de se demander ce qu'elle représente, au fond, pour lui : une femme un peu revêche au comportement vexatoire ? Un modèle inaccessible ? Une rivale en écriture ? Un objet d'humour et de provocation ? Curieux mélange d'éloges et de critiques parfois acerbes, ce témoignage contradictoire et aigre-doux illustre la difficulté que nous éprouvons souvent à prendre du recul vis-à-vis de nos contemporains, comme des œuvres littéraires encore trop récentes.

BEN-ZION SHEK :
« GABRIELLE ROY, POURFENDEUR
DU CAPITALISME »

Le professeur en question, qui prépare une thèse sur le
roman canadien, m'a téléphoné aujourd'hui pour me deman-
der une entrevue.

Québec, le 7 mai 1969
(*Ma chère petite sœur* – Lettres à Bernadette)

Une amitié littéraire

Entre 1966 et 1969, époque où je préparais ma thèse de doctorat, *Aspects*
of Social Realism in the French Canadian Novel (Aspects du réalisme social dans
le roman canadien-français [1], 1977), j'ai sollicité et obtenu trois ou quatre entrevues avec Gabrielle Roy au Château Saint-Louis de Québec. Avec le recul, je
réalise la chance qui a été la mienne : en effet, l'écrivain n'accordait de rendez-
vous qu'au compte-gouttes et n'introduisait pas facilement les gens chez elle.

Lors de notre première rencontre, j'avoue avoir été un peu choqué à la
vue de cette petite femme au front et au visage profondément ridés.
Toutefois, le premier moment de gêne évanoui, je me suis laissé envoûter
par ses yeux étincelants et sa conversation, vive et animée. Elle avait
conservé tout le dynamisme et la ferveur de sa jeunesse.

Nos conversations tournaient exclusivement autour de la littérature et
de ses écrits : elle n'était pas femme à se perdre en vaines confidences.

Néanmoins, au fur et à mesure de nos entrevues, se sont tissés entre nous des liens de confiance et de sympathie. Encouragée par ma passion pour ses écrits et les connaissances considérables que j'avais acquises sur son œuvre, Gabrielle Roy m'accueillait comme un véritable ami. Un terme dont, à ma plus grande joie, elle usait volontiers dans sa correspondance[2], ses autographes et les dédicaces qu'elle m'a écrites sur ses livres.

« Alexandre Chenevert, c'est moi ! »

Nous nous entretenions de ses personnages comme s'il s'agissait de véritables êtres humains. C'est au cours d'une de ces conversations qu'elle m'a confié : « Alexandre Chenevert et moi, nous ne nous sommes pas encore quittés ! » ; une réflexion que j'ai citée à maintes reprises dans mes travaux.

Seul point de discorde entre nous : ce roman. Dans ma thèse, j'avais écrit qu'en dépit de son profond humanisme *Alexandre Chenevert* demeurait, sur certains plans, quelque peu inférieur à *Bonheur d'occasion*. Ce jugement avait vivement blessé la romancière qui s'était mise tout entière dans ce livre.

« L'œuvre au rouge »

Avec le temps, mais aussi les distances et nos obligations respectives, nos lettres se sont peu à peu espacées, puis, un beau jour, nous avons cessé de communiquer.

Néanmoins, l'écrivain a continué de vivre en moi à travers mon travail. Deux chapitres de ma thèse lui sont consacrés. Dans le premier, « *The Working Class Family, The Depression and the War* » (Une famille de travailleurs pendant la Dépression et la guerre), je démontre que Gabrielle Roy, issue du peuple et s'identifiant à lui, a définitivement imposé au Québec le roman urbain réaliste, centré sur les classes laborieuses. Victoire de la création et du style, *Bonheur d'occasion* se révèle un modèle du genre. J'y examine également les rapports régissant l'univers subjectif de la romancière et la société.

Dans le second chapitre, « *The White Collar Worker* » (Le travailleur en col blanc), je présente *Alexandre Chenevert* comme le prototype du roman consacré à une autre classe de travailleurs, les employés, constamment ballottés entre l'insécurité économique et le joug monotone du travail. Pour moi, la peinture de « l'immensité enfermée dans cette petite vie » – tel que je l'ai écrit dans mon livre – constituait, en 1954, une critique vitale considérablement en avance sur les idéologies en puissance et annonçait les changements fondamentaux de la société québécoise.

Par la suite, mes recherches m'ont permis de découvrir que c'est auprès des deux hommes ayant partagé sa vie au Québec, avant sa rencontre avec le docteur Carbotte, que l'auteur avait acquis l'essentiel de ses « connaissances de l'humain » et aiguisé sa conscience sociale. Mon article « De quelques influences possibles sur la vision du monde de Gabrielle Roy : George Wilkinson et Henri Girard [3] » tente de montrer dans quelle mesure ils lui avaient ouvert les yeux sur la crise de l'entre-deux-guerres, la misère, le chômage : les deux romans cités précédemment sont une dénonciation habilement enrobée du système capitaliste. Toutefois, les préoccupations esthétiques qui dominent chez la romancière en font davantage des œuvres artistiques que des œuvres politiques.

***

Ce témoin ayant choisi de demeurer discret sur lui-même, je me contenterai donc de signaler qu'il enseigna les lettres françaises et canadiennes-françaises pendant près de trente ans à l'Université de Toronto. Essayiste, ses deux ouvrages principaux, *Aspects of Social Realism in the French Canadian Novel* (voir ci-dessus) et *French Canadian and Quebecchese Novels* (Le Roman québécois et canadien-français [4], 1991) analysent les origines et l'évolution du roman réaliste de 1937 à 1980, ainsi que les relations existant entre les univers fictifs des romanciers et la société.

Influencés par les idéologies marxiste et existentialiste, ses nombreux articles en français et en anglais sur Gabrielle Roy (voir bibliographie succincte en fin d'ouvrage) mettent en lumière l'humanisme, la critique du système social, la vision du monde progressiste et démocratique que prône son œuvre. On lui doit également l'entrée de la romancière dans le *Dictionnaire des œuvres du XXe siècle* [5].

Ben-Zion Shek fut l'une des innombrables relations littéraires de Gabrielle Roy et l'un des rares enseignants à avoir eu le privilège de l'approcher. Nonobstant la susceptibilité de l'auteur, il est impossible de dire si la critique un tantinet acerbe qu'il fit de son roman *Alexandre Chenevert* entraîna la chute de leur amitié. Plus vraisemblablement est-ce le temps qui la dénoua.

Dans *Ma chère petite sœur – Lettres à Bernadette, 1943-1970*, la romancière fait allusion aux visites du « professeur » – ainsi qu'elle désigne Ben-Zion Shek – et souligne avec fierté l'intérêt qu'il porte à ses écrits, dont « Terre des hommes » (*Fragiles Lumières de la terre*), un texte sur la fraternité humaine qui fut quelque peu boudé par les lecteurs et la critique.

ÉRIC BERGERON :
« GABRIELLE ROY, UNE SORCIÈRE
DE CONTE DE FÉES »

J'allai à leur rencontre avec le plus large sourire possible. À mon approche l'enfant cria de frayeur et se cramponna encore plus fortement à son père […].

« Vincento » (*Ces enfants de ma vie*)

L'ogresse et le Petit Poucet

J'avais sept ans lorsque j'ai rencontré Gabrielle Roy. C'était il y a exactement trente ans…

Par un beau jour d'hiver 1970, mes parents et moi, le benjamin ou plutôt le *chien de poche* de la famille, sortions du Château Saint-Louis de Québec, après un dîner chez Pierre Gros d'Aillons, éditeur du journal *Montréal-Matin*.

Au moment où mon père démarrait la voiture, nous avons aperçu une dame emmitouflée dans un gros manteau, nous faisant de grands signes sur le trottoir. Un homme de haute taille, très maigre – probablement son mari – l'accompagnait. Aussitôt, Papa a coupé le moteur et baissé la vitre. Le visage de l'inconnue s'est encadré dans la portière : je m'en rappellerai toujours ! C'était celui d'une femme d'au moins quatre-vingts ans, basané, buriné, ridé, plissé. Plus tard, j'ai appris avec stupeur qu'elle n'en avait que soixante et un…

Au bout de quelques minutes de conversation, mon père m'a présenté à elle : « Voici mon fils, Éric ! » Elle a avancé son visage à l'arrière du véhicule et dardé ses prunelles de braise bleue sur moi. En constatant le nombre impressionnant de rides qui sillonnaient son front, j'ai cru à une sorcière. La frayeur s'est emparée de moi. Néanmoins, en petit garçon bien élevé, je l'ai poliment saluée. Elle m'a rendu mon bonjour mais quel visage ! Quel regard ! Et ces rides ! …

À peine mon père avait-il redémarré l'auto qu'il déclarait : « Tu vois, Éric, tu viens de rencontrer Gabrielle Roy ; c'est une grande dame, un grand écrivain, ne l'oublie jamais ! » Il disait toujours cela lorsque nous croisions quelqu'un d'important. Le souvenir rébarbatif de l'auteur a hanté pendant quelques minutes mon imagination d'enfant, puis j'ai dû me mettre à jouer ou m'endormir dans la voiture.

Un contraste frappant

Ma rencontre avec l'écrivain Félix-Antoine Savard, avec lequel nous avions rendez-vous le même jour pour *souper*, m'a laissé une impression incomparable. Dès notre arrivée chez lui, à Saint-Joseph-de-la-Rive (Charlevoix), il m'a offert une tablette de chocolat : un geste que l'on n'oublie pas quand on a sept ans. Ses yeux reflétaient la bonté et la sérénité. À table, il s'exprimait d'une manière simple et posée. En dépit de mon jeune âge, j'ai compris que ce monsieur avait une belle vision de la vie. Oh, ce n'est pas que Gabrielle Roy avait l'air méchant, bien loin de là, mais son visage dur et ravagé par le temps n'avait rien d'attirant pour un enfant ! En outre, j'avais presque instinctivement senti que c'était une femme troublée, mal dans sa peau : elle parlait avec nervosité et fébrilité. Félix-Antoine Savard et Gabrielle Roy étaient des personnalités radicalement opposées.

Gabrielle Roy vue par Henri Bergeron

Je n'ai jamais eu l'occasion de revoir l'auteur au cours de mon existence, mais mon père nous parlait souvent d'elle à la maison. Il l'aimait beaucoup et éprouvait un immense respect pour son talent d'écrivain. Toutefois, peu dupe de l'image éthérée qu'elle projetait d'elle dans ses œuvres, il affirmait qu'elle était difficile à comprendre, à cerner et à vivre. Son tempérament noir et perturbé lui échappait, à lui qui était d'une nature plutôt optimiste et joviale. Il évoquait également sa sœur Marie-Anna, un écrivain qui vivait dans son ombre : elle manifestait un caractère terrible, paraît-il, et luttait avec rage contre la légende dorée que journalistes et lecteurs propageaient sur sa célèbre parente.

Jugements d'enfants

Bien des années plus tard, j'ai rencontré une jeune fille qui avait eu Gabrielle Roy pour voisine dans sa petite enfance. Lorsqu'elle la rencontrait dans les couloirs du Château Saint-Louis, elle se mettait à hurler de terreur. Elle aussi a employé le mot « sorcière » pour me la décrire. Nous partagions la même pensée : « Heureusement qu'elle n'avait pas ce visage-là au temps où elle enseignait à ses petits élèves, au Manitoba ! »

Dans mon esprit, Gabrielle Roy demeure associée à l'image d'une femme âgée et peu avenante. Lorsque je vois des portraits d'elle adolescente, je peux difficilement m'imaginer qu'elle a eu une jeunesse. J'ignore dans quelle mesure son premier roman est autobiographique et si Florentine Lacasse est sa doublure, mais j'ai du mal à effectuer un rapprochement entre ce personnage et l'auteur [1].

Un chef-d'œuvre réaliste

Quoique mes études scientifiques ne m'aient guère laissé le loisir d'étudier ses ouvrages en profondeur, je connais les plus célèbres, *Bonheur d'occasion* et *La Détresse et l'Enchantement*. J'ai également assisté à la projection du film *Bonheur d'occasion* de Claude Fournier, une transcription fidèle du roman, qui rend de manière extrêmement sensible la misère et le malaise existentiel des Canadiens français pendant la Seconde Guerre mondiale. La scène la plus tragique est celle de l'enrôlement presque inévitable du père, Azarius Lacasse, dans l'armée : la locomotive qui projette brutalement ses phares sur l'uniforme de cet homme, debout au pied du lit de son épouse accouchée, est saisissante. Le réalisateur a aussi remarquablement joué des contrastes, par exemple entre le drame des Lacasse et l'ambiance de légèreté qui règne chez Emmanuel Létourneau, le fiancé de la petite serveuse Florentine.

***

Fils d'Henri Bergeron, célèbre annonceur radio, et d'Yvonne Mercier, infirmière, benjamin d'une famille de cinq enfants, Éric naquit à Montréal et poursuivit ses études aux collèges Notre-Dame, Brébeuf, ainsi qu'à l'Université de Montréal. Ingénieur informaticien, il dirige actuellement la société Cedrom Technologies inc. (même ville) et enseigne sa passion à l'École des hautes études commerciales (HEC). À ses heures perdues, il pratique le hockey et l'escalade.

Il est intéressant de découvrir la manière dont les tout-petits percevaient aussi Gabrielle Roy. Nul doute que ce témoignage aurait fait un peu de peine au tendre auteur de *Ces enfants de ma vie* qui, au temps de ses années d'enseignement, paraissait si proche et si éprise d'eux. Néanmoins, il convient de le prendre avec un brin d'humour : n'est-il pas à la fois le fait d'un garçonnet de sept ans, que sa mère m'a décrit comme étant «sage, facile à élever et sans histoires», et celui d'un adulte se projetant trois décennies en arrière ?

ALAIN STANKÉ, ALIAS NIL, LE PETIT UKRAINIEN DE *CES ENFANTS DE MA VIE* : « GABRIELLE ROY, UN AUTEUR ASSURÉMENT PAS COMME LES AUTRES ! »

J'ai écrit Ces enfants de ma vie *pour vous !*
À Alain Stanké (été 1977)

Stanké, avec son attachée de presse, est enfin venu, le 12 seulement. Il reste beaucoup de corrections à faire sur les épreuves. J'ai travaillé comme un forçat pendant trois jours.
Petite-Rivière-Saint-François, le 15 juillet 1977
(*Mon cher grand fou – Lettres à Marcel Carbotte*)

Le plus grand amour d'Alain Stanké ?

J'ai eu le privilège de vivre une amitié exceptionnelle avec Gabrielle Roy.

Au printemps 1975, je recevais un coup de téléphone de Paul-Marie Paquin, directeur littéraire aux Éditions Beauchemin : malade et vieillissant, il m'annonçait qu'il quittait son poste et cherchait un successeur pour prendre soin de Mme Roy et de son œuvre. « Voulez-vous être celui-là ? »

m'a-t-il demandé. J'ai immédiatement accepté : quelques jours plus tard, rendez-vous était fixé avec la romancière dans son appartement de Québec.

Notre rencontre a été un véritable coup de foudre… réciproque – du moins, j'ose l'espérer ! Elle était… je ne trouve pas de mots pour la définir, très… humaine, attachante, fragile en un mot. Si elle avait eu trente ans de moins, peut-être serais-je tombé amoureux d'elle, qui sait ? (*Rires.*)

Elle semblait avoir été déçue par quantité de choses et de gens au cours de son existence. En outre, ses relations avec ses éditeurs précédents avaient essuyé bien des orages [1]. Toutefois, pudique, réservée et peu portée à la critique, elle ne s'est jamais beaucoup étendue sur le sujet.

On sentait chez elle un énorme besoin de protection : ainsi, durant les six années qui ont suivi, ai-je assumé auprès d'elle le double rôle d'un éditeur et d'un homme de confiance. C'était une femme qu'il fallait constamment prendre en charge, encourager, rassurer. En raison de notre différence d'âge, elle me voyait et me traitait comme un enfant, mais, de nous deux, c'est elle qui n'avait pas grandi !

Gabrielle Roy, directrice de collection

Dès notre première entrevue, nous sommes tombés d'accord pour rééditer *Bonheur d'occasion*, qui n'était plus disponible nulle part et dont elle avait récupéré les droits. Elle l'a entièrement recorrigé de sa main et nous l'avons publié l'année de notre rencontre.

Elle était très soucieuse de diffuser son œuvre auprès du plus large public possible, d'en rendre le prix accessible à toutes les bourses et d'en assurer la pérennité. À cet effet, je lui ai proposé de fonder une collection de poche, « Québec 10/10 », aujourd'hui devenue un classique sur le marché de l'édition nord-américaine. Le projet l'a immédiatement emballée. J'ai lancé un ou deux ballons d'essai pour voir si cela fonctionnait, puis nous nous sommes jetés à l'eau. Elle était aux anges ! Ayant quitté depuis si longtemps le monde du travail, elle avait l'impression d'entamer une nouvelle carrière. Elle était en quelque sorte la marraine de notre collection. C'est elle qui choisissait tout : les auteurs, le papier, le cartonnage, l'illustration de couverture, les couleurs, la typographie… Cette collaboration avec Gabrielle Roy demeure l'un de mes souvenirs professionnels les plus heureux.

Je crois qu'elle aimait beaucoup mon esprit ; en tout cas, elle me défendait toujours contre le plagiat des autres éditeurs : « Ils vous ont copié ! se fâchait-elle lorsque semblable incident se produisait. C'est vous qui avez eu cette idée ! » Elle me répétait que j'étais « unique » et un jour, m'a adressé ce billet sublime :

Alain Stanké, un éditeur assurément pas comme les autres !

J'en ai fait pendant très longtemps mon slogan publicitaire…

À propos de stratégie commerciale, regardez ce petit bout de papier tout froissé! À l'automne 1977, j'y avais inscrit une idée de lancement pour *Ces enfants de ma vie*: «Du beau blé poussé dans un mauvais champ.» Gabrielle ayant accepté cette formule, je m'apprêtais à le jeter à la corbeille lorsqu'elle m'a arrêté: «Non, il faut le garder!» Elle conservait tout[2]: lorsqu'elle avait besoin d'argent, elle vendait des manuscrits à la Bibliothèque nationale.

Au fil du temps, Gabrielle Roy est devenue un auteur privilégié de la maison. Elle jouissait presque d'un traitement de faveur: ainsi, dès qu'elle me téléphonait, était-ce le branle-bas de combat dans nos bureaux. Tout s'arrêtait: on annulait une réunion, on ajournait un coup de fil, toute mon équipe arrivait et on écoutait ses directives. C'était un auteur très important pour notre jeune entreprise.

Une amitié de rêve

Une profonde affection nous unissait, Gabrielle et moi. Elle ressort dans les lettres qu'elle m'a écrites, dans les photos qu'Alexandre Stanké[3], futur compositeur et éditeur lui aussi, a prises de nous, l'été 1976, à Petite-Rivière-Saint-François[4]. Si elle n'avait pas eu totalement confiance en moi, croyez-vous qu'elle aurait accepté de se laisser photographier ainsi, en train de me boxer dans son jardin? Elle, la grande, la sérieuse Gabrielle Roy? Nous avons vécu une belle, une très belle amitié…

De Montréal, je montais régulièrement lui rendre visite à Québec. Arrivé au Château Saint-Louis, je lui proposais toujours de prendre un café avant de nous mettre au travail. «Eh bien, faites-le donc vous-même!» me lançait-elle: elle ne savait pas le préparer. Ce petit détail pour vous montrer notre degré de complicité… Elle s'est toujours sentie très à l'aise avec moi et me traitait presque de façon maternelle.

Dans l'intimité, je l'appelais affectueusement «Maki», car son visage ressemblait à celui d'un petit raton laveur. J'utilisais aussi ce surnom dans ma correspondance avec elle. Cela n'était pas pour lui déplaire: il lui est même arrivé de signer de cette manière.

L'été, avant de monter à Petite-Rivière-Saint-François, je lui téléphonais toujours de Montréal. Durant le trajet, je la rappelais à la hauteur de Sainte-Anne-de-Beaupré (sud de Québec). Elle me guettait parfois jusqu'sur la route et me grondait doucement si j'arrivais en retard. Lorsqu'elle n'était pas prête à me recevoir, je descendais au motel le plus proche. Me savoir tout près d'elle la rassurait: elle devait parfois se sentir si seule dans sa petite maison!

Comme il n'y avait jamais rien à «bouffer» chez elle, je m'arrêtais chez le quincaillier du coin qui, entre deux pots de peinture et trois clous, vendait des tranches de jambon *sous vide*. Ou bien j'apportais des sand-wichs et des biscuits que nous grignotions tout en travaillant. Ou bien encore sa voisine, Berthe Simard, que j'avais surnommée « Mme Maca-roni », nous cuisinait un plat de pâtes. Si Gabrielle mangeait très peu, en revanche, elle aimait beaucoup la bière : elle vidait son bock d'une traite, au goulot, comme un vrai *gars de chantier* ! À chaque fois, cela me faisait tout drôle…

La rose de Petite-Rivière-Saint-François

Après ou entre deux séances de travail, nous partions faire de grandes promenades dans la campagne de Petite-Rivière-Saint-François ; des promenades qui n'en finissaient pas…

Au retour, Gabrielle m'entraînait avec fierté dans son jardin, où abondaient les fleurs, en particulier les roses : un amour qu'elle tenait de son père [5]. Puis, confortablement calés dans l'une de ses fameuses *chaises berceuses* [6], nous nous balancions des heures durant, au rythme du roulis du fleuve Saint-Laurent.

Parfois, elle amenait la conversation sur le terrain des critiques qui paraissaient sur ses œuvres dans les journaux. Nous avions coutume de reproduire les plus élogieuses dans les dernières pages de ses livres. Un jour que nous évoquions celles du chroniqueur Gilles Marcotte [7], elles, par contre fort déplaisantes, Gabrielle s'est récriée, mi-sérieuse mi-amusée : « Vous n'allez tout de même pas publier les écrits de ce pisse-vinaigre à la fin de mes œuvres ! » Elle détestait ce sinistre folliculaire qui prétendait incarner la critique littéraire à lui tout seul, et s'en moquait souvent. En revanche, elle adorait le terme « pisse-vinaigre », qu'elle répétait à plaisir en riant comme une petite fille.

Le soir venu, si nous avions choisi de travailler à l'extérieur, elle installait près de nous ce que j'appelais sa « chaise électrique pour mous-tiques ». Fascinés par sa lumière clignotante, les malheureux insectes s'approchaient de l'engin fatal, recevaient une décharge accompagnée d'un petit « clic ! » qui, pour eux, devait ressembler davantage à un « grand choc », puis mouraient en quelques secondes : littéralement grillés, électrifiés, électrocutés. Le cliquetis produit par le piège amusait un peu plus chaque fois l'écrivain.

Ces moments exceptionnels vécus à Petite-Rivière-Saint-François m'ont infiniment rapproché de Gabrielle Roy.

Un jour, nous sommes allés rendre visite au peintre René Richard, qui vivait à Baie-Saint-Paul (même région). C'était un spectacle émouvant que de regarder ces deux vieux amis échanger leurs souvenirs : ils étaient unis par des liens très forts. Avant de partir, Gabrielle a demandé à emporter l'autoportrait de l'artiste pour illustrer la couverture de *La Montagne secrète*. Hélas! Son visage disparaissait sous une épaisse couche de poussière qui collait à la toile. Elle paraissait très abîmée, voire inutilisable.

Par un heureux hasard, je connaissais cette technique qui consiste à nettoyer les huiles avec une pomme de terre coupée en deux. Incrédule, Gabrielle est allée en chercher une à la cuisine. Après l'avoir tranchée, je me suis mis à frotter le tableau, délicatement tout d'abord, puis de plus en plus vite. Mon auteur n'avait jamais assisté à pareille opération : elle riait, elle riait! Ainsi, grâce à une vulgaire « patate », avons-nous pu composer la belle couverture de son ouvrage, paru en 1978 dans la collection « Québec 10-10 ! »

Vision d'une œuvre

Vous me demandiez un jour ce que j'appréciais le plus dans l'œuvre de Gabrielle Roy… Ma réponse ne manquera pas de m'attirer les foudres de certains universitaires atrabilaires, prompts à pérorer des heures durant sur le nombre d'occurrences de tel ou tel mot dans un corpus. Je parle bien entendu de ceux qui passent leur temps à brasser de l'air, ne générant au bout du compte que des rapports illisibles, même pour leurs pairs. Une grande mode à l'heure actuelle, semble-t-il…

Ces enfants de ma vie, que nous avons « presque » écrit à deux voix, la romancière et moi, demeure sans conteste mon livre préféré. En fait, j'ai aimé l'œuvre de Gabrielle Roy dans son ensemble, en parfait hédoniste, comme le mélomane écoute du Mozart. Plus encore, j'ai aimé l'histoire, non publiée celle-là, de la relation qui s'est écrite entre nous, les lettres, les petits mots qu'elle m'adressait, les idées que nous échangions. Plus simplement peut-être, ai-je aimé le temps qu'elle passait avec moi à deviser, à refaire le monde en contemplant le fleuve à nos pieds, à rire – elle qui, pourtant, riait si rarement ! –, tout en sirotant une petite bière.

Lorsque l'on a vécu de tels instants en compagnie d'un être cher, irremplaçable, vous comprenez bien qu'on ne va pas commencer à disserter sur la récurrence du zeugma dans ses quatre derniers romans…

L'enfant de Gabrielle Roy et d'Alain Stanké

Contrairement à certains bruits malveillants, Gabrielle Roy et moi avons toujours œuvré ensemble dans un climat de paix et d'harmonie. Jamais l'ombre d'un heurt n'est venue ternir notre parfaite entente. La joie, l'humour et la gaieté présidaient chacun de nos rendez-vous.

Son ouvrage, *Ces enfants de ma vie*, est un peu comme notre enfant. Au fur et à mesure de son élaboration, elle m'en lisait des pages entières. Pour ma part, je l'ai lu et relu, crayon en main, même lors de mes voyages en avion. Je l'ai corrigé amoureusement, j'ai suggéré des ajouts, des rema-niements, des modifications, dont la suppression de l'amusante expression « il branle dans l'manche » dans un dialogue entre un père et son fils. Le livre devant être diffusé en Europe, il était impensable de conserver ce canadianisme qui aurait fait hurler de rire les lecteurs français. Lorsque je lui en ai appris la signification, Gabrielle, qui était assez prude, s'est mise à pousser des hauts cris : « Comment ai-je pu écrire une chose pareille ? » Et de s'empresser de le biffer.

La naissance de *Ces enfants de ma vie* a resserré sensiblement nos liens. « J'ai écrit ce livre pour vous… » m'a t-elle confessé un jour. Réalité ou fantaisie d'écrivain, j'ai toujours préféré croire qu'elle avait dit vrai. Un autre jour, apercevant une photo prise de moi en Lituanie, à l'âge de cinq ans [8], elle s'est exclamée, bouleversante de tendresse : « Mais c'est Nil ! C'est l'Alouette, le petit chanteur ukrainien de mon livre ! »

Les missions impossibles de « l'agent » Stanké

Quatre exemples illustrent la confiance sans faille qu'elle me témoi-gnait.

Alors qu'elle n'avait plus jamais permis à un seul artiste de la photo-graphier depuis son expérience avec Yusuf Karsh [9] en 1979, elle a accepté, les trois étés suivants, que je prenne toute une série de clichés d'elles à Petite-Rivière-Saint-François [10]. « C'est bien parce que c'est vous, m'avait-elle prévenu, mais on les regardera ensemble et on choisira la photo officielle. » Elle ne voulait en aucune façon que l'on diffuse une image souriante d'elle. Peut-être jugeait-elle que cette attitude ne lui ressemblait pas ou ne faisait pas sérieux, je l'ignore. Effectivement, les photos sur lesquelles elle sourit sont rares : j'en ai réussi quelques-unes que je conserve bien précieusement.

En une autre circonstance, elle m'a chargé d'aller récupérer les droits de *Bonheur d'occasion* auprès des Éditions Flammarion, à Paris. Elle souhaitait en effet republier ce roman chez un autre éditeur français. J'ai vainement frappé à leur porte : ces petits malins avaient conservé 125 exemplaires de l'ouvrage dans leurs archives pour ne pas avoir à en rétrocéder les droits [11] !

Sur sa lancée, Gabrielle m'a investi d'une autre périlleuse mission : me procurer, auprès de la Universal Pictures d'Hollywood, une copie du contrat que la productrice québécoise Marie-José Raymond et le cinéaste Claude Fournier avaient passé avec cette compagnie pour le rachat des droits de *Bonheur d'occasion*. Ayant égaré l'original, mon amie était dans tous ses états. Songez qu'en 1947, elle s'était vu offrir 75 000 $, une somme considérable en ce temps-là, pour un film que les Américains n'avaient jamais tourné [12] ! Cette fois, j'ai remporté la mise.

Enfin, en 1982, elle m'a mandaté pour « surveiller » le film *Bonheur d'occasion*, que Marie-José Raymond et Claude Fournier étaient en train de tourner à Montréal. Cette nouvelle tâche s'avérait particulièrement délicate : en effet, je ne voulais donner l'impression ni de jouer le gendarmes ni d'empiéter sur le travail des professionnels du septième art. Par conséquent, me suis-je interdit de mettre les pieds sur le tournage. En revanche, j'ai sollicité et obtenu de Mme Raymond l'autorisation d'assister aux *rushes*.

La projection effectuée, à peine avais-je quitté l'Office national du film que je recevais un appel téléphonique de Gabrielle : « Alors, comment est-ce ? Qu'est-ce qu'ils ont changé ? » Elle paraissait terriblement nerveuse et angoissée. En effet, même si elle avait foi dans le projet de Marie-José Raymond, elle craignait qu'on ne dénature ses personnages et que le public ne réagisse en conséquence.

Pour ma part, une seule scène m'avait chiffonné : celle où le petit Daniel Lacasse est en train de mourir d'une leucémie à l'hôpital. Les maquilleurs lui avaient tellement enfariné le visage de blanc que son agonie paraissait artificielle. Par tact, j'hésitais à en aviser la productrice. Toutefois, je n'ai pu m'empêcher d'en parler à Gabrielle. « Faites changer cela ! » a-t-elle exigé. J'en ai donc touché deux mots à Mme Raymond, et tout s'est arrangé pour le mieux.

Gabrielle n'a jamais accepté de visionner les *rushes* : elle était bien trop malade ! Elle est morte pendant la projection de la première à Moscou, le 13 juillet 1983. Ce film l'avait énormément tracassée et stressée. Je n'irai pas jusqu'à dire qu'il l'a tuée, mais le souci qu'elle se faisait à son sujet avait miné sa santé.

Dernier chapitre

Aux environs de l'été 1977, Gabrielle Roy avait secrètement entrepris d'écrire son autobiographie. J'ai eu le privilège d'être son premier et unique lecteur avant la publication de l'ouvrage… chez un autre éditeur – je vous en expliquerai les raisons tout à l'heure. Comme elle refusait de m'en laisser lire les pages par moi-même, elle me faisait la lecture à haute voix. De temps en temps, elle me jetait un coup d'œil pour tenter de surprendre mes réactions. Ensuite, elle me demandait ce que je pensais du texte, si tel détail convenait, si tel autre ne devait pas être modifié.

De mon côté, je lui posais toutes sortes de questions. Je me rappelle en particulier de la scène dans laquelle sa mère entre chez Eaton, le grand magasin de Winnipeg, et éprouve un mal fou à se faire comprendre en anglais. Gabrielle paraissait tenir énormément à ce chapitre. « Est-ce bien comme cela ? » m'interrogeait-elle anxieusement. Cette simple question n'en dit-elle pas long sur la confiance qu'elle plaçait en moi ? Si elle me faisait effectuer un trajet de 350 kilomètres pour me lire ses écrits les plus personnels, pensez-vous qu'elle envisageait de les publier ailleurs que chez moi ?

Alexandre Stanké a été témoin d'une de mes rencontres avec Gabrielle. Malgré son jeune âge, il était sidéré de voir un grand écrivain faire ainsi la lecture à son éditeur. Plus tard, il s'est souvenu de cette scène lorsque la comédienne Macha Grenon [13] l'a invité à son tour chez elle pour lui lire le livre pour enfants qu'elle était en train d'écrire. Lors du discours de lancement de cet ouvrage, il a établi un émouvant rapprochement entre les deux événements.

Gabrielle Roy et moi sommes restés amis jusqu'à sa mort. Le 16 juillet 1983, jour de l'enterrement, l'écrivain Roger Lemelin [14] m'abordait sur le parvis de l'église Saint-Dominique, à Québec : « Quand prévoyez-vous publier l'autobiographie de Mme Roy ? » Je lui ai répondu que j'allais y penser très sérieusement.

Après avoir offert mes condoléances au docteur Carbotte, je suis rentré à Montréal en compagnie de François Ricard [15] qui, à cette époque, était directeur littéraire chez moi. Dans la voiture, je lui ai rappelé le contrat moral que nous avions envers la romancière. Il est demeuré très évasif. Mettant son silence sur le compte du chagrin causé par la disparition de Gabrielle, je ne me suis pas méfié. J'ai joué de naïveté : ce renard perfide ruminait déjà sa petite idée…

Un homme primesautier

Quelque temps après le décès de Gabrielle, j'ai invité le Dr Carbotte à dîner dans le dessein de m'entretenir avec lui de l'autobiographie de sa femme. Je le connaissais peu, mais nous avions toujours entretenu des relations cordiales. J'étais même allé lui rendre visite lors de son hospitalisation, quelques mois auparavant. Nous avions convenu que je passerais le prendre au Château Saint-Louis avant d'aller au restaurant. Il a enfilé son manteau, descendu l'escalier principal. Mais une fois arrivé dans le vestibule, il a brusquement tourné les talons et remonté les marches quatre à quatre jusqu'à ses appartements. « Non, finalement, je ne sors pas ! » m'a-t-il jeté en pleine figure. Je suis demeuré interdit. « Quel personnage extravagant ! » ai-je pensé dans mon for intérieur. Ce n'est que bien plus tard que la lumière s'est faite : Ricard avait commencé à le travailler en sousmain contre moi…

Cet incident mis à part, j'ignorais totalement que M. Carbotte était homosexuel. Si c'est la vérité – personne ne l'a jamais prouvé –, il est difficile de comprendre pour quelle raison Gabrielle et lui vivaient ensemble. Certes, je m'étais bien aperçu que quelque chose « clochait » entre eux... Un jour, j'avais entendu la romancière lui répondre très sèchement et par monosyllabes au téléphone : « Oui... non... on va voir... très bien... au revoir ! » Puis, se tournant vers moi, elle avait lancé avec désinvolture : « Bah, c'est sans importance ! C'est mon mari, il est dans l'Ouest ! » Mais de là à tirer certaines conclusions...

La postérité d'une œuvre

Quelques années avant son décès, Gabrielle Roy avait abordé avec moi la question de sa succession littéraire. N'ayant pas d'héritiers directs, elle ne m'avait pas caché ses inquiétudes quant à l'avenir de son œuvre. « Que vont devenir mes livres ? Qui va en percevoir les bénéfices ? » Le nom de certains organismes caritatifs avait bien été avancé, mais ce choix demeurait insuffisant. Je lui ai alors conseillé de créer une fondation qui aurait pour double vocation de promouvoir son œuvre et d'en gérer les revenus.

Enthousiasmée, elle m'a aussitôt proposé d'en être le président. Mais j'ai refusé : je ne pouvais être à la fois son éditeur et son gestionnaire, cela aurait été malhonnête. Je lui ai alors suggéré de faire appel à François Ricard. Elle connaissait et appréciait ce jeune professeur qui lui avait consacré une thèse et lui prêtait souvent son concours pour diverses tâches d'ordre matériel : secrétariat, révision, correction, etc. Elle avait d'autant plus confiance en lui qu'il travaillait pour moi. Elle a accepté, lui de même. Je les ai laissés s'arranger entre eux après avoir recommandé à François Ricard de bien s'occuper de Gabrielle.

Une trahison

Pour s'en occuper, ah ça, oui, il s'en est occupé ! Mais de quelle manière !

En 1992, soit neuf ans après la création du Fonds Gabrielle-Roy, je recevais une lettre de François Ricard m'annonçant qu'on me retirait la publication des œuvres de la romancière et l'autorisation de les rééditer. Il l'octroyait désormais aux Éditions Boréal, dont il était devenu l'un des actionnaires. Cela puait la magouille à plein nez !

J'étais atterré : jusqu'à présent, je m'étais toujours occupé des affaires de Gabrielle Roy. Lorsqu'elle était encore de ce monde, je l'avais toujours représentée lors du lancement de ses livres et des manifestations officielles auxquelles elle était conviée : la remise du prix des Bibliothèques de Paris pour *Ces enfants de ma vie*, en 1977 ; l'inauguration de l'école primaire Gabrielle-Roy à Montréal en 1980, et j'en passe. Je l'avais fidèlement accompagnée, elle et ses œuvres, jusqu'à la fin. Signée de sa main même, une clause de son contrat ne faisait-elle d'ailleurs pas de moi son unique fondé de pouvoir ?

Je, soussignée Gabrielle Roy, autorise Monsieur Alain Stanké à agir et traiter en mon nom pour tout ce qui a trait à la publication de mes œuvres. Fait à Québec le 27 avril 1977

Gabrielle Roy

Un procès inique [16]

Le procès qui s'est ensuivi entre Boréal et moi m'a coûté une fortune ! J'ai payé de ma poche ; eux, ont puisé… dans le Fonds Gabrielle-Roy ! Ainsi, l'argent destiné à protéger les intérêts de l'auteur, à diffuser son œuvre et à la faire connaître dans le monde a servi à payer de sordides frais d'avocat, ainsi qu'un juge… anglophone ! Ignorant les subtilités de notre langue, ce magistrat a présidé son audience un dictionnaire à la main, s'efforçant dé-sespérément de comprendre la plaidoirie en français, confondant le terme « droit d'auteur » qui, en anglais, se dit « *royalties* », avec le mot « droit » tout court. La partie entière s'est jouée sur un seul mot et… j'ai perdu !

Bien entendu, j'aurais pu faire appel et, d'après les experts, aurais eu gain de cause. En outre, le professeur de droit chargé d'examiner le testa-ment de la romancière avait fait la différence entre la sincérité de notre amitié et la malhonnêteté des membres du Fonds Gabrielle-Roy. Hélas ! J'avais déjà dépensé des sommes considérables – cette affaire se jouait à coups de 100 000 $ –, les journaux commençaient à faire des gorges chaudes de toute cette histoire, les gens m'auraient accusé de vouloir m'enrichir par tous les moyens ! Ce combat tournait au mesquin, au médiocre. Les autres ont remporté la manche, mais la majorité de la population n'était pas dupe.

« Il n'en dérougit pas, le traître ! »

Ricard a ni plus ni moins planté un poignard dans le dos d'une morte. Quoique, depuis, il ait fait largement courir le bruit contraire, jamais Gabrielle Roy n'avait manifesté la moindre velléité de changer de maison d'édition. Elle n'avait aucune raison de le faire et sans prétention de ma part, je suis convaincu qu'elle ne l'aurait jamais fait ! Chez moi, elle avait sa propre collection, elle s'en occupait de A à Z, nous y travaillions en-semble dans les moindres détails.

Le coup le plus retors que Ricard ait fait dans sa vie, c'est d'avoir trahi les dernières volontés et la mémoire d'une femme qui lui avait accordé pleinement confiance.

Boréal a commencé par éditer des livres à un prix deux ou trois fois plus élevé que les nôtres, alors que nous défiions toute concurrence. Ils voulaient faire du fric, encore du fric, toujours du fric ! Une stratégie totalement opposée à celle de Gabrielle Roy, qui était de mettre son œuvre au service du plus grand nombre...

L'écrivain avait également effectué le choix de sa photographie officielle. Outrepassant les vœux de la défunte, Boréal a imposé celle dont, justement, elle ne voulait plus ! Pour elle, cette image ne correspondait pas à ce qu'elle était véritablement. Depuis lors, cette fichue photo a été reprise par tous les médias : l'écrivain aurait détesté cette forme d'exhibition...

Aujourd'hui, non seulement les membres du Fonds Gabrielle-Roy empochent tous les revenus issus de la vente de ses œuvres, mais ils administrent son héritage comme ils veulent, sans rendre de comptes à personne. Ils ne travaillent pas dans l'intérêt de la romancière, mais uniquement dans le leur.

L'écrivain et moi-même avons été victimes de graves préjudices humains, moraux, artistiques, éditoriaux, financiers... Boréal-Gabrielle Roy : c'est le plus sombre épisode et la plus sinistre affaire de toute l'histoire de l'édition au Québec !

Que dire ? À Gabrielle Roy, je conserve bien entendu toute mon amitié et le plus grand respect. Que son âme repose en paix ! J'ai fait le maximum pour elle : je ne pouvais aller plus loin. Cependant, je demeurerai toujours, envers et contre tout, le petit Nil de *Ces enfants de ma vie* et son « éditeur assurément pas comme les autres »...

***

Après une enfance difficile, qu'il a relatée dans *J'aime encore mieux le jus de betteraves* (1969 ; réédité en 1981 sous le titre *Des barbelés dans ma mémoire*), Alain Stanké, d'origine lituanienne, émigra avec ses parents en France, puis au Québec, où il effectua des études de lettres et de langues.

Journaliste de presse (*Photo Journal, Le Petit Journal, La Presse, L'Actualité*), cet homme aux activités multiples mena de front une carrière prolifique de reporter international, d'homme de radio (*Musique des nations*, 1967-1985) et de télévision (*Les Insolences d'une caméra*, 1985-1988 ; reprises en 2002-2003 ; *Richard Nixon, portrait-interview*, 1980 ; *Mouamar Khadafi*, interview exclusive, 2000), pour ne citer que quelques émissions.

Également éditeur, il fonda en 1975 les Éditions internationales Alain Stanké, où il se révéla un précurseur dans la publication d'ouvrages d'actualité, de littérature, d'art, de psychologie, d'humour et de défense de la langue française. *L'Encyclopédie du Canada* (dirigée par Jean-Louis Morgan, 1987 ; mise à jour en 2000) demeure l'une de ses plus importantes réalisations.

Auteur lui-même, on lui doit nombre d'ouvrages politiques (*Prague, l'été des tanks*, 1968 ; *La Lituanie – L'indépendance en pleurs ou en fleurs*, 1990 ; *Vive la liberté !*, 1992), d'essais (*Je parle plus mieux française que toi et j'te merde !*, 1995), de biographies (*Ce combat qui n'en finit pas... Le Docteur Armand Frappier*, en collaboration avec Jean-Louis Morgan, 1970 ; *Pierre Elliott Trudeau, un portrait intime*, 1977), de contes (*Le Renard apprivoisé*, 1997 ; *Conte à régler avec le temps*, 1999) et de souvenirs (*Occasions de bonheur*, 1993 ; *Mon chien avait un z'an*, 1998). S'adonnant également à la sculpture sur bois, il expose dans plusieurs pays.

Alain Stanké et Gabrielle Roy ont assurément vécu l'une des plus belles amitiés de toute l'histoire de la littérature et de l'édition québécoises. Témoin leurs lettres et les émouvantes confidences de notre interviewé qui complètent sa « Préface » à la remarquable étude de M. G. Hesse, *Gabrielle Roy par elle-même*[17], et son propre article, « Gabrielle Roy : la promesse et... le désenchantement » (*Occasions de bonheur*[18]), baigné d'une atmosphère de conte merveilleux.

Simple, débordant d'humour et d'imagination, aussi espiègle et enfantin que Gabrielle Roy, Alain Stanké est l'un des rares êtres, au Québec, qui parvint à apprivoiser la sauvageonne romancière : en effet, rarement la vit-on se livrer ainsi cœur et âme à quelqu'un. Il est aussi l'éditeur qui lui offrit la plus grande liberté d'expression. En effet, c'est en grande partie grâce à la foi qu'il avait en elle que son talent d'écrivain s'épanouit en un chef-d'œuvre, *La Détresse et l'Enchantement*, aujourd'hui considéré par la critique américaine comme une autobiographie majeure dans la littérature mondiale.

Voici donc, illustré par des lettres, le portrait de cette amitié hors du commun que seule interrompit la mort, et que vinrent gâcher les manigances des sinistres gérants du Fonds Gabrielle-Roy : ayant flairé la « poule aux œufs d'or » dans cet écrivain en pleine ascension, ils n'eurent de cesse de déposséder son éditeur pour mieux s'emparer de son bien.

LETTRES DE GABRIELLE ROY
À ALAIN STANKÉ

(don de M. Alain Stanké)

Entre 1977, année de la publication de *Ces enfants de ma vie*, et 1983, celle du décès de l'écrivain, Gabrielle Roy et Alain Stanké échangèrent de nombreuses lettres, cartes, messages et petits mots[1]. Bien que l'éditeur ait toujours veillé religieusement sur ce précieux trésor d'inédits, certaines pièces, hélas, ont été perdues, d'autres n'ont pas échappé au vol ou à la destruction.

Du côté de Gabrielle Roy, l'on retrouva dans ses cartons, après sa mort, une trentaine de communications d'Alain Stanké et des membres de sa maison d'édition : elles sont actuellement conservées à la Bibliothèque nationale du Canada[2].

Parmi l'abondante correspondance de l'auteur, j'ai sélectionné treize lettres qui m'ont paru représentatives à la fois de sa personnalité et des liens affectifs et professionnels qui l'unissaient à son éditeur, écartant délibérément les listes de corrections exigées par ses soins et les documents relevant de la « cuisine éditoriale », peu susceptibles d'intéresser le lecteur.

Dès le début, le ton de cet échange épistolaire est donné : il se place sous le signe de la « confiance ». Lors de leur première rencontre, Gabrielle Roy a été littéralement conquise par la simplicité, l'originalité et le caractère « enfant » de ce jeune éditeur, qui dessine des petits cœurs sur ses manuscrits pour lui signaler ses fautes (voir lettre sans date). Très vite, le conventionnel « Cher Monsieur » cède le pas à « Cher Alain Stanké », puis à « Cher ami ».

Faite de coups de téléphone, de petits cadeaux, de délicates attentions, de dîners improvisés et de rires complices, cette « grande amitié[3] », qui rappelle par certains côtés celle de Montaigne et de La Boétie[4] – le célèbre « parce que c'était lui, parce que c'était moi » devient, chez Gabrielle Roy,

« à moi, à vous, à vous, à moi », culmine en une collaboration exceptionnelle sur le plan de l'écriture : je songe à cet « inoubliable » été 1977 à
Petite-Rivière-Saint-François, où, bercés par le chant du fleuve, le parfum
des roses, la danse des lucioles, les deux littéraires fusionnent leurs plumes
pour corriger et presque réécrire *Ces enfants de ma vie.* Nostalgiques de ces
longs tête-à-tête, lyriques, poétiques, les lettres de Gabrielle des 13 juillet
1977 et 22 décembre 1979 sont presque des déclarations d'amour éditoriales…

Toutefois, cette relation hors du commun ne nage pas toujours en
plein rêve. On serait presque tenté de parodier Aragon : « Il n'y a pas d'amitié heureuse. » Échaudée par ses expériences professionnelles passées,
Gabrielle se comporte parfois comme un chat prêt à sortir ses griffes.

Plume de fer dans une main de velours, on la voit, en effet, exercer un
contrôle très serré sur ses contrats, ses corrections d'épreuves, la présentation de ses livres, sa promotion, son image et ses ventes. Il est même surprenant de constater à quel point elle mêle à l'expression de sa tendresse
pour son éditeur les considérations les plus prosaïques, des recomman-
dations frisant la maniaquerie, des comptes d'apothicaire. En fait, la
rêveuse Gabrielle avait bien les pieds sur terre – même si elle se situe aux
antipodes d'un Ernest Renan, par exemple, qui expédiait à Michel et
Calmann Lévy une multitude de petits billets rédigés sur un ton de froide
politesse dénué de toute aménité, leur réclamant âprement le détail de ses
ventes, leur disputant jusqu'au moindre centime [5].

De même, très exigeante à l'égard de son « protecteur », tel qu'elle
qualifie Alain Stanké, la romancière entend qu'il lui obéisse et se plie au
moindre de ses caprices : ainsi, lui interdit-elle de soumettre sa candida-
ture au Grand Prix de littérature de la ville de Montréal ; ainsi, refuse-t-elle
de paraître dans les manifestations officielles, dans les médias… Il lui
arrivera même un jour de l'accabler de reproches.

Cependant, ces petites ergoteries, dues autant au tempérament inquiet
de l'écrivain qu'au souci de s'immortaliser grâce à son œuvre, n'affecteront
jamais les sentiments d'Alain Stanké pour sa chère « Maki ». Encore moins
la bonne humeur régnant au cœur de cette correspondance « assurément
pas comme les autres », qui nous séduit et nous émeut par sa spontanéité,
sa franchise, sa sensibilité, son humour et son inévitable part de mystère.

Petite-Rivière-St-François
Le 21 mai 1977

Monsieur Alain Stanké
2100, rue Guy
Montréal

Cher Monsieur Stanké,

J'ai reçu le magnifique Marc-Aurèle Fortin[6]. C'est beaucoup trop. Vous me comblez au-delà du bon sens. Je vous en remercie quand même de tout cœur.

Je vous retourne sous pli les deux exemplaires du contrat avec une petite clause de ma part, qui ne serait sans doute pas nécessaire, car j'ai toute confiance en votre parole. Mais aussi bien l'y mettre : ainsi les choses seront en clair. Après avoir signé cet ajout de vos initiales, voudrez-vous avoir la bonté de me retourner mon exemplaire ?

C'est tout aussi bien de me l'envoyer par la poste ordinaire de première classe, car le courrier recommandé donne lieu ici, comme en ville d'ailleurs, à toutes sortes de complications.

J'ai été un peu malade en arrivant ici : la fatigue, les pollens, etc. C'est pourquoi je suis un peu en retard pour vous retourner le contrat.

La lettre à M. Daoust[7] me paraît bien conçue.

Pour l'instant, nous ne ferons rien de plus.

Quand vous viendrez nous discuterons, pas à pas, des décisions à prendre. J'ai surtout besoin de repos pour l'instant.

En attendant le plaisir de votre visite.

Bien amicalement.

Gabrielle Roy

***

Petite-Rivière-St-François
Le 13 juillet 1977

Cher Alain Stanké,

Nous avons bien ri et été heureux ensemble, hier et j'en garde un souvenir charmant. N'empêche que je m'aperçois ce matin, en relisant vos épreuves, que nous aurions peut-être dû travailler davantage. Je me vois devant un nombre incalculable de « petits pois » qui ont échappé à votre attention. Je pense les *avoir repêchés tous, ainsi que des «espaces» ou double interligne marquant une pause qui manquait ça et là. Devant un assez grand nombre de fautes, à vous, à moi, à moi, à vous, je pense qu'il me faudra revoir les épreuves une dernière fois pour bien m'assurer que toutes les corrections ont été exécutées avant de vous donner mon «bon à tirer». C'est pourquoi je me hâte de vous retourner ce jeu afin que vous puissiez me renvoyer les pages une fois encore. Cette dernière fois, s'il devait y avoir très, très peu de choses à corriger, je pourrai vous autoriser, par téléphone, à procéder à la publication. Je pense que, dans l'intérêt de notre*[8] *livre, de votre réputation comme de la mienne, il faut aller tous deux, avec l'aide de Janine Féral*[9], *au bout de nos efforts.*

Après tout, je n'ai encore jamais vu qu'un auteur pouvait s'en tirer à moins de deux lectures d'épreuves en deux fois.

J'espère que nous vivrons prochainement une autre belle demi-journée comme hier. Il me semble qu'une sorte d'enchantement était entré en sourdine dans ma petite maison et nous unissait à une grande fête mystérieuse venue des fleurs, du ciel, de la marée, de partout.

À bientôt, avec mes amitiés

Gabrielle Roy

P.S. Je pense qu'il faudra inclure une table des matières, n'est-ce pas, à la fin. Y aviez-vous songé de votre côté?

***

Le 18 août 1977

Cher Alain Stanké

[…] et homme distrait. Votre lettre adressée *près de Baie-St-Paul m'est bien parvenue, mais elle aurait pu se promener quelque temps. Au bas de cette lettre je vous donnerai de nouveau mon adresse complète et tâchez, cette fois, de la mettre en place sûre.*

J'ai étudié la formule de contrat. Je crois que ça peut aller comme ça. Toutefois, avant de signer, je préfère attendre que soit sorti le premier numéro de la collection 10-10. Pas que j'entretienne de doute sur son attrait et sa qualité, mais j'aime mieux avoir quelques devanciers dans cette aventure. Quand le premier de la collection sortira-t-il? Quel en est le titre[10]*? J'aimerais aussi que vous me permettiez de voir en photographie et non seulement en diapositive, si cela est possible, le projet de couverture pour* Bonheur d'occasion. *J'aimerais aussi revoir une page photographie du caractère. À propos, pour les corrections* *qui seront faites, évidemment, dans le caractère du livre, tel quel, faudra-t-il avoir recours à Beauchemin[11]. J'imagine que oui, n'est-ce pas? Monsieur Frénette[12] me poursuit plus que jamais avec son offre pour sa collection à lui, sous l'autorité de Pierre de Grandpré[13], dit-il, et qui compte pour « à peu près sûr » un Godbout et peut-être Anne Hébert. Nous allons peut-être voir pulluler les collections de poche. Je me demande si je vous ai lancé sur une bonne voie.*

Au sujet d'une interview à Télé-Métropole, pour l'instant – et peut-être pour longtemps – je ne peux hélas accepter. Ce serait peut-être « chouette » comme vous dites, encore que je préférerais peut-être que ce soit plutôt un peu grave. Même là n'est pas la raison pour décliner cette bien aimable invitation.

C'est que je suis vraiment fatiguée et qu'il va me falloir me trouver un autre refuge pour le repos et le vrai travail – celui-ci devenant trop connu. Imaginez-vous que cette semaine j'ai reçu ni plus ni moins qu'une demi-douzaine d'invitations de la radio et de la télévision. Je me sens un peu ahurie and « have immortal longings in me » (et j'ai d'immortels regrets[14]).

Donc, soyez vraiment un ami, un protecteur même et ne me pressez pas. Tout se fera en temps et lieu, si vous voulez être un peu patient. J'aimerais avoir votre vitalité, mais maintenant il faut que je prenne garde à ce qu'il me reste d'huile dans la lampe.

J'ai hâte de voir fini Ces enfants de ma vie. Savez-vous que vous m'avez peut-être trouvé là un plus beau titre encore que le mien[15] !

Merci de votre bonne lettre.

Amicalement

Gabrielle Roy
305 R.R.
Petite-Rivière-St-François
(Charlevoix)

P.S. J'aimerais bien recevoir en effet quelques exemplaires des trois ou quatre meilleures photos que vous avez prises de moi, sans oublier « l'être en détresse[16] ».

***

(sans date)

Cher Alain Stanké,

Un tel nombre de « cœurs » en vilains caractères m'a amenée à voir que j'en avais trop, et à profiter de votre faute pour corriger les miennes ou améliorer mon style, sans trop chambarder.

Bonheur d'occasion

par Gabrielle Roy

En prévision de la réédition de *Bonheur d'occasion*, au premier trimestre 1978, Alain Stanké demanda à Gabrielle Roy de rédiger une biographie succincte d'elle-même, accompagnée d'une courte présentation de son roman[17]. Toujours embarrassée lorsqu'il s'agissait de parler de soi, fuyant généralement ce genre de corvée, la romancière s'acquitta néanmoins scrupuleusement de sa tâche pour complaire à son éditeur.

Gabrielle Roy est née le 22 mars 1909 à Saint-Boniface, Manitoba. Après des études à l'Académie Saint-Joseph de Saint-Boniface et au Winnipeg Normal Institute, elle se lance dans l'enseignement et sera institutrice pendant huit ans. En 1937, elle s'embarque pour l'Europe et c'est là que, cédant au goût qu'elle a toujours eu d'écrire, elle envoie à *Je suis partout*[18] quelques articles qui sont acceptés. De retour au pays, en 1939, elle collabore au *Jour*[19], à la *Revue moderne* et au *Bulletin des agriculteurs* auquel elle donne une série de grands reportages. Ces années de journalisme la familiarisent avec Montréal et les graves problèmes de l'époque, aiguisent son attention, stimulent son sens de l'observation et l'amènent à écrire son premier roman, *Bonheur d'occasion*.

Cette œuvre dont l'action se déroule dans Saint-Henri, quartier défavorisé de Montréal, révèle, à travers le drame bouleversant de ses personnages, l'histoire des quartiers pauvres de bien des grandes villes modernes au temps où la dépression économique et le chômage ne trouvèrent de secours que dans la guerre. Le roman connut un grand succès et fut salué comme un événement littéraire. Plus d'un million d'exemplaires ont été vendus dans les seules langues anglaise et française.

En 1977, il obtenait le prix Fémina. Le Literary Guild, aux États-Unis, le retint comme le meilleur livre du mois, avec un tirage initial de 750 000. Depuis, il a été traduit en norvégien, danois, suédois, espagnol, roumain, slovaque et russe.

***

Petite-Rivière-St François
Le 1ᵉʳ septembre 1977

Cher Alain Stanké,

Je vous envoie sous ce même pli votre exemplaire, signé, de notre accord pour Bonheur d'occasion *dans la collection 10-10. La page couverture me plaît beaucoup* [30]. *Je crois qu'elle rend bien, en effet, le côté poignant de l'œuvre, tout en laissant percer un peu d'espoir. La page réduite rend bien aussi (à propos, je n'ai reçu tout cela qu'hier soir, après avoir parlé au téléphone avec Janine Féral).*

Si vous pouvez obtenir de faire faire les corrections ailleurs que chez Beauchemin, pourvu que ce soit dans les mêmes caractères d'imprimerie, je n'y vois pas d'empêchement. Ce qui importe, c'est que votre impression possède les mêmes caractères d'imprimerie, car s'il fallait recomposer tout l'ouvrage, je perdrais courage et me verrais forcée de renoncer à notre contrat.

Avant d'envoyer le livre chez l'imprimeur, il serait peut-être bon de le faire relire par un ou deux correcteurs pour de petites fautes qui pourraient m'avoir échappé. J'ai fait le travail toute seule, alors presque certainement je n'ai pas tout vu.

Par ailleurs, il faut s'en tenir à des modifications minimes, dans le genre de celles que j'ai faites. Et cependant épurer le plus possible, puisque c'est très probablement la dernière édition de Bonheur d'occasion *que j'autoriserai* [21].

Veillez cette fois à ne pas laisser employer ces gros points de suspension trop espacés. D'ailleurs vous aurez un exemple des points de suspension à la française dans l'exemplaire même de Bonheur d'occasion *de Beauchemin. Avez-vous songé à racheter au moins quelques exemplaires de cette dernière édition Beauchemin, édition 160ᵉ mille? Mais peut-être qu'il ne leur en reste déjà plus. À l'avenir, ces exemplaires acquerront peut-être une certaine valeur.*

Plus les corrections demandées seront vite faites et soumises, mieux ce sera pour moi et sans doute pour vous.

Pour les deux autres titres La Montagne secrète *et* Cet été qui chantait, *les corrections seront beaucoup moins nombreuses, en fait très peu dans* Cet été… *et pas beaucoup plus dans* La Montagne. *Je vous signerai les contrats pour ces deux titres un peu plus tard, peut-être aussitôt après la sortie de* Bonheur d'occasion.

Je m'excuse si j'ai pu vous paraître ne pas souhaiter votre visite à Petite-Rivière et ne pas être touchée par votre désir de m'apporter vous-même des exemplaires tout chauds encore de Ces enfants de ma vie. *Je l'ai été au contraire. Mais à ce temps-ci de l'année je suis prise par la tâche de préparer le chalet pour mon départ et pour l'hiver. En outre, j'attends la visite de mon éditeur de Toronto, Jack McClelland, qui, lui, attend son tour pour venir depuis quelques années. Il m'a dit au téléphone qu'il a au moins vingt-cinq points importants à discuter avec moi. Je vous en reparlerai plus tard lorsque je l'aurai vu. De tous les éditeurs que j'ai eus, il reste le seul avec qui je suis demeurée depuis le début n'ayant jamais eu avec lui le moindre ennui, le moindre désaccord. Je souhaite que nous en arrivions vous et moi à la même harmonieuse entente, mais, convenez-en, il faut un peu de temps pour cela.*

Quoi qu'il en soit, j'ai été touchée grandement par votre empressement à venir me porter mes livres. J'ai très hâte de les voir, vous pouvez en être sûr.

Un peu moins peut-être de voir les photographies de moi. J'ai pour principe de refuser pour la publication celles qui me représentent franchement riante. Nous trouverons peut-être une place un jour pour celle que vous aimez tant[22]. Mais pas maintenant. Je la trouve trop intime, toute réussie qu'elle soit, pour la laisser reproduire pour le public. Si les autres photos que vous avez prises ne conviennent pas ou ne rendent pas bien à la reproduction – ce que je craignais, remarquez – pourquoi ne pas en employer une de celles que je vous ai passées? Je sais chaque éditeur veut « sa » photo de « son » auteur, mais pour l'instant il va falloir faire avec ce que nous avons sous la main.

J'aspire avant toute chose, mes corrections de Bonheur d'occasion *faites, de faire abstraction de tout pour essayer de reprendre le fil de mon travail en cours. J'envoie tout ceci par courrier rapide et espère que mon envoi vous parviendra plus rapidement que le vôtre m'est arrivé.*

Avec ma cordiale amitié.

Gabrielle Roy

***

Québec, le 22 septembre 1977

Cher Alain Stanké,

Je me suis rappelée hier soir après avoir commencé à fouiller parmi mes papiers anciens et poussiéreux – ce qui a provoqué une furieuse allergie – que la grande enveloppe contenant les critiques sur Bonheur d'occasion *à l'époque de sa parution, avait été perdue lors de notre retour d'Europe en 1950.*

De toute façon, je ne me souviens pas que ces critiques aient été bien intéressantes[23] sauf quelques-unes peut-être en France[24]. Éthier Blais[25] est celui qui en a parlé avec le plus de chaleur et d'intelligence, je crois, dans un « papier » sur la littérature québécoise en général paru dans Le Devoir[26] *il y a quelques années. Je ne me rappelle ni la date ni le titre de son « papier ». Peut-être au* Devoir *pourrait-on le retracer. Il s'agit d'une sorte de survol de la littérature québécoise depuis et autour de* Bonheur d'occasion.

Je vous envoie ce que j'ai pu trouver, c'est bien mince comme vous voyez. Toutefois il peut être intéressant de faire valoir qu'en mars 1947 René Lévesque – alors journaliste à Radio-Canada saluait Bonheur d'occasion *– C'est à la page 10 de la brochure* Voix du Canada [27].

Me retournerez-vous cette brochure et les deux coupures que je joins à ma lettre.

Je vous envoie aussi [...] la lettre circulaire de l'Union des Écrivains Québécois. Cette basse attaque doit provenir de chez Beauchemin [28].

Il est sûr que dans l'aventure du livre de poche les éditeurs auraient intérêt à allier leurs fonds, leur énergie et leurs ressources. Mais peu auront le cœur de le vouloir, j'imagine. Retournez-moi aussi, si vous le voulez bien, cette feuille.

Je regrette de vous être si peu utile dans la recherche de vieilles critiques. Les seules au Canada français qui ont parlé, avec cœur et talent de Bonheur d'occasion, *sont, à ma connaissance, ceux qui sont venus longtemps après sa parution, par exemple André Brochu, Jacques Blais* [29]. *Mais il s'agit d'études savantes et peut-être un peu ennuyeuses. Bessette et Gilles Marcotte* [30] *surtout se sont montrés, l'un trop porté à sa « freuderie », l'autre à sa nature, dans le fond, fielleuse.*

Bonne chance tout de même.

Gabrielle Roy

P.S. Je viens de me souvenir que Gilles Marcotte a eu une élève en littérature québécoise qu'il a orientée dans une thèse dont le sujet était quelque chose comme « La Bonne fortune de la critique sur Bonheur d'occasion [31] »... *Je ne vois pas si cette jeune femme a fait les recherches qu'elle entendait entreprendre et ou cela l'a menée. Vous trouverez peut-être intéressant de vous renseigner. Quoique à mon idée, cela ne donnera pas grand-chose. Mais sait-on !*

Bonne chance.

G. R.

Dans le livre de Marc Gagné, Visages de Gabrielle Roy [32], *vous trouverez, à la fin, une bibliographie aussi complète qu'elle pouvait l'être au moment où il a terminé son travail.*

***

Québec, le 28 décembre 1977

Cher Monsieur Stanké,

Je viens de me rappeler que vous m'aviez parlé au téléphone il y a quelque temps de votre idée de solliciter le Grand Prix de la ville de Montréal pour Ces enfants de ma vie. *Je vous ai dit à ce moment-là que je n'y tenais pas et ne voulais pas être candidate[33], mais je me demande si j'ai été assez ferme, et si vous m'avez cru. J'espère donc que vous ne m'avez pas proposée pour ce prix, car il ne fait pas mettre mes résolutions en doute, je n'en veux vraiment pas. J'en suis venue à trouver ridicule cette avalanche sans bon sens de prix littéraires qui ne s'accompagne guère, d'ailleurs, d'estime pour le livre. Je tiens à une seule chose ; c'est que mes livres fassent leur chemin par leur seul mérite, aidés au besoin par une publicité de bon goût.*

(Suit une longue diatribe dans laquelle elle reproche aux Éditions internationales Alain Stanké de ne pas avoir expédié assez rapidement ses livres aux libraires de Québec.)

[…] *Pour ce qui est du cachet de 125 000 $ que vous m'avez obtenu de Radio-Canada, en règlement de la lecture d'un passage de* Ces enfants de ma vie *à la radio, vous a-t-il été versé, ainsi que convenu d'après la Carte que Radio-Canada m'a fait parvenir en novembre ? J'aimerais, si possible, que la part qui me revient de cette somme soit classée dans mon revenu de 1977.*

Et voilà la question affaire réglée qui me déplaît et m'ennuie toujours, je prends plaisir à vous renouveler mes vœux les plus chaleureux pour une année de grands succès… en autant qu'ils [sic] *vous laisseraient le temps et l'attitude d'esprit pour être heureux. Car, autrement !…*

Pour vous et les vôtres je souhaite donc ardemment le meilleur.

Gabrielle Roy

À propos de prix littéraires, mon sentiment est qu'un auteur ne devrait pas avoir à les solliciter. On les donne ou on ne les donne pas.

Je viens de recevoir votre beau Borduas[34], merci mille fois.

G. R.

∗∗∗

Québec, le 12 octobre 1978

Cher ami,

À cause de la grève imminente, peut-être ! je vous envoie les quelques découpures que j'ai pu réunir [35], gardant la photocopie pour moi.
Bon voyage à Francfort [36].
Bon retour et à bientôt, j'espère.
Amitiés.

Gabrielle Roy

Prenez bien soin de la revue Liberté [37] – ou des pages photocopiées si je réussis à les faire faire – que je vous demanderais de me retourner ou de me rapporter.
Je n'ai qu'un exemplaire de la revue et apparemment c'est difficile d'en obtenir un autre.

G. R.

(Écrit sur une carte éditée par l'Unicef et représentant des *Courlis en vol* dans un paysage automnal, tableau du peintre suédois G. Brusewitz.)

***

Québec, le 20 septembre 1978

Cher ami,

Comme toujours le plaisir de vous parler au téléphone m'a réjouie et rajeunie.
N'oubliez pas de demander à Jean Paré [38] de me retourner à moi les diapositives et photos. Ou bien s'il vous les retourne à vous, envoyez-les-moi aussitôt. Je ne veux pas courir le risque d'être longtemps sans ces témoignages d'heureux instants que vous avez si bien fixés.
Avec mon souvenir le meilleur.

Gabrielle Roy

P.S. Dans mes petites photos à moi, vous pouvez, si vous le voulez, faire un choix, enlevant celles qui plairaient moins ou pas du tout. J'ai choisi cela un peu au hasard, en en mettant plus que nécessaire. Vous serez sans doute *meilleur juge que moi de ce qu'il y a lieu d'utiliser. Ou laisserons-nous Monsieur Paré choisir ? À bientôt.*

G. R.

(Écrit sur une carte représentant *La Cathédrale de Saint-Boniface*, fusain du peintre franco-manitobain Réal Bérard.)

***

Québec, le 22 décembre 1979

Cher ami,

 *Je vous remercie de ce beau livre aux évoquantes illustrations, dont vous avez raison d'être fier. On dirait qu'elles parviennent à rajeunir cette histoire presque aussi vieille que le monde d'*Un homme et son péché*. Votre petit mot d'amitié m'a fait encore plus plaisir.*

 Ainsi, vous vous souvenez de « Maki », de cet été inoubliable qui me semble déjà si lointain quoique présent dans tous ses détails à mon esprit. Vous êtes venu deux fois, cet été-là, entre vos courses en bottes de sept lieues, vous recueillir avec moi au bord du fleuve. Et vous avez pris – mais non, ce fut l'été suivant ! – ces autres photos de moi – entre autres celle qui fait ce mois-ci la couverture de Québec français[39] *et que presque tous autour de moi trouvent criante de vérité. Au fond, c'est vous qui avez pris les meilleures photos de moi, les plus révélatrices, disent certains. Je vous en remercie. Elles paraissent faire la joie de ceux qui ont de l'affection pour moi et ainsi me rajeunissent aussi.*

 Que vous souhaitez, à mon tour, à vous à qui tout semble réussir ? Beaucoup de bons auteurs, bien sûr ! Qu'ils viennent à vous en toute confiance, pour former avec vous, petit à petit, de ces belles grandes familles auteur-éditeur comme il y en avait naguère. Pour le reste, vous n'avez, je crois bien, qu'à continuer sur votre lancée, pour relever, comme vous semblez vous y plaire, les défis qui se présentent à vous.

 Je vous souhaite cependant surtout des heures calmes sans lesquelles rien ne vaut.

 Je vous souhaite à partager, avec votre famille et avec ceux qui vous sont chers, un joyeux Noël – rétroactif ? – et une heureuse année.

 En toute amitié.

Gabrielle Roy

P. S. Hier, en jetant un coup d'œil sur Le Devoir, *j'ai éprouvé une sorte de tristesse, en voyant prise par L… l'espace que vous occupez chaque samedi au bas de la première page*[40]. *J'espère que vous n'abandonnez pas la place à ces requins. J'aurais de la peine à vous la voir quitter, car le message publicitaire que vous y avez présenté, par son bon goût, son originalité renouvelée, sa présence frappante, fait partie en quelque sorte de l'image que projette votre Maison, et ce serait à mon avis regrettable d'en diminuer l'impact. Mais peut-être n'avez-vous cédé la place qu'à Noël… par esprit chrétien !…*

Je vous renouvelle mes souhaits.

Gabrielle Roy

***

Québec, le 16 septembre 1980

Cher ami,

J'ai reçu les photos couleur. Elles sont exceptionnelles. J'aimerais bien voir ce qu'elles donneraient en noir et blanc. Serait-il possible de m'en faire faire quelques-unes ? Souvent on m'en demande en format passeport. M'en feriez-vous faire quelques-unes de ce format ?

Maintenant il y a la diapositive de la photo couleur utilisée par L'Actualité *numéro de janvier 1979*[41], *à laquelle je tenais énormément. Je voudrais bien m'assurer qu'elle nous est revenue. Si non, verriez-vous à la récupérer et à me faire faire quelques copies de celle-là aussi, en couleur. Ainsi nous serons fin prêts pour distribuer mon image aux quatre coins du monde au jour de mon départ du séjour terrestre.*

Blague à part, je crois qu'il faut absolument récupérer cette photo, c'est-à- dire la diapositive dont elle provient.

Si L'Actualité *ne l'a pas rendue, il faut les talonner. Mais j'imagine qu'elle est plutôt égarée quelque part dans vos papiers.*

Merci et à bientôt.

Gabrielle Roy

***

Québec, le 15 novembre 1982

Cher Monsieur Stanké,

   Que pensez-vous de cette annonce? Cette personne a-t-elle le doit de se servir ainsi du titre de mon livre[42]*?*
   J'ai lu votre lettre dans Le Devoir[43]*. Bravo! Cette chose m'a peinée et j'imagine facilement combien elle a dû vous affecter.*
   Ma santé reste fragile et précaire. Que Dieu me vienne en aide.
   Je pense à vous fréquemment et avec affection.

Gabrielle Roy

***

Voici le dernier message de l'écrivain à Alain Stanké. Elle le rédigea quelques jours avant sa mort, d'une écriture tremblante, sur une petite carte de visite portant cette simple mention: «Gabrielle Roy».

   Merci pour votre appel téléphonique. Bonne santé. Donnez-moi d'autres nouvelles.

DEUX LETTRES DE GABRIELLE ROY AUX ÉDITIONS FLAMMARION, PARIS

(don de M. Alain Stanké)

Les Éditions Flammarion ont publié les six premiers romans de Gabrielle Roy en France. Toutefois, l'absence de campagne publicitaire digne de ce nom, le manque d'ouverture d'esprit et de curiosité intellectuelle du lectorat, victime du snobisme des prix littéraires et des phénomènes de mode, ont eu raison de la carrière de Gabrielle Roy dans ce pays.

Dans la seconde moitié des années 1970, sur le conseil d'Alain Stanké, son nouvel éditeur au Québec, et de divers amis du milieu littéraire, Gabrielle Roy se résout alors à réclamer la rétrocession de ses droits d'auteur. Ce n'est qu'au bout de la troisième lettre que les Éditions Flammarion lui répondront. Mais l'écrivain n'obtiendra jamais gain de cause. Voici deux courriers dans lesquels le ton ferme et déterminé de la femme d'affaires se mêle à celui de l'amie sensible dont la confiance a été trahie.

Québec, le 26 août 1975
Monsieur Henri Flammarion
Librairie Ernest Flammarion
26, rue Racine
Paris

Monsieur,

Votre lettre du 12 mai m'apprenait que mon livre Bonheur d'occasion *édité par vos soins se trouve épuisé depuis apparemment assez longtemps. Il s'ensuit, n'est-ce pas, que, d'après notre accord, je peux dès maintenant reprendre mes droits sur ce livre. Je le fais avec regret mais étant donné les circonstances, je crois que c'est la meilleure décision à prendre. Je vous serais donc reconnaissante de bien vouloir me confirmer par lettre la cession de vos droits sur ce livre. Par la même occasion voudrez-vous bien me dire s'il reste des exemplaires de* Rue Deschambault *– ce titre n'étant pas mentionné dans la liste que comportait votre lettre – ou si ce livre est aussi épuisé.*

Je me ferai un plaisir, en retour, de vous faire envoyer un exemplaire de mes deux derniers livres l'un paru récemment, l'autre il y a un peu plus longtemps, afin que vous puissiez nous faire une idée [sic] *sur la possibilité de le proposer au public français.*

Je vous prie d'accepter, monsieur, mon souvenir le plus cordial,

Gabrielle Roy

✳✳✳

Par courrier aérien et recommandé

Québec, le 24 janvier 1977
Monsieur Henri Flammarion
Librairie Ernest Flammarion
26, rue Racine
Paris (6ᵉ)

Monsieur,

Je vous ai demandé, il y a près d'un an et demi, dans ma lettre du 26 août 1975, de bien vouloir me rétrocéder mes droits sur mon roman Bonheur d'occasion *dont l'édition Flammarion est depuis longtemps épuisée. Vous en conveniez dans votre réponse du 24 septembre 1975, mais m'appreniez que vous teniez à garder cet ouvrage dans votre fonds et alliez procéder le plus rapidement possible à une réimpression.*

Vous me confirmiez que Rue Deschambault *était également épuisé – ce titre avait été omis dans le relevé que vous m'aviez donné dans votre lettre du 12 mai, à ma demande. Vous m'assuriez, toujours dans votre lettre du 24 septembre 1975, qu'une étude serait faite en vue d'une réimpression de* Rue Deschambault.

Je vous ai écrit le 7 octobre 1975, vous demandant, pour la réimpression de Bonheur d'occasion, *de vous conformer à l'édition Beauchemin la plus récente, revue et corrigée par moi, et je vous en ai envoyé un exemplaire. Tout en est resté là depuis.*

Donc, puisqu'il y a plus d'un an que je vous ai demandé moi-même la rétrocession de mes droits, près de deux ans que vous-même m'avez affirmé par lettre que vous alliez faire une étude en vue d'une réimpression de Bonheur d'occasion *et que nous en sommes toujours au même point, je me considère dès maintenant déliée de notre contrat conclu en 1947 relativement à* Bonheur d'occasion, *en vertu de la clause «Dans le cas où MM. Flammarion et Cie laisseraient écouler le délai d'un an... ». Je pense que votre attitude de laisser passer du temps sans en venir à la réalisation des projets annoncés équivaut à un refus simple et net. Pour la même raison je me considère déliée de notre contrat au sujet de* Rue Deschambault.

Je vous prierais de me faire parvenir un relevé, établi à ce jour, de mes autres ouvrages qui vous restent en stock. Depuis le dernier relevé, fait le 12 mai 1975, d'autres titres devraient normalement être épuisés. Je vous demanderais dès maintenant de me rendre mes droits sur ces ouvrages.

Je vous serais obligée de me faire tenir le solde de mes droits d'auteur.

En souvenir des relations longtemps amicales entre MM. Flammarion et moi-même, je trouve pénible d'avoir à vous réclamer si longtemps ce qui me revient de droit. Je serais au regret de devoir recourir à une aide légale pour régler cette affaire. Je devrai pourtant m'y résoudre si je ne reçois pas de réponse de vous dans un délai de trente jours à compter de la date de réception.

Veuillez accepter, Monsieur, l'expression de mes sentiments distingués.

Gabrielle Roy

Gabrielle Roy
135 Ouest, Grande Allée, app. 302
Québec, Québec G1R 2H2
Canada

CLAUDE FOURNIER :
« GABRIELLE ROY, MA SECONDE MÈRE »

Il [le docteur Quesnel] a vite découvert que j'étais Bonheur
d'occasion.

Port-Daniel, le 13 juillet 1951
(*Mon cher grand fou – Lettres à Marcel Carbotte*)

*Saint-Henri me racontait encore une fois le gaspillage que
nous avons fait de l'énergie humaine, de l'espoir humain
[…].*

« Retour à Saint-Henri – Discours de réception à la
Société royale du Canada » (*Fragiles Lumières de la terre*)

Un cinéaste en culottes courtes

Mon premier contact avec Gabrielle Roy s'est effectué par son œuvre.
Âgé de quatorze ans lors de la parution de *Bonheur d'occasion*, en 1945,
j'avais littéralement dévoré ce livre pendant les vacances d'été : en effet,
c'était la première fois qu'un roman d'ici exprimait les problèmes du petit
peuple canadien-français, son désespoir et une densité psychologique
digne de la littérature russe. En ce temps-là, nous étudiions peu d'écrivains
au collège, en dehors des vieux auteurs comme Philippe Aubert de Gaspé
ou Octave Crémazie[1].

Issu moi-même d'un milieu simple, j'avais parfaitement compris les
affres des Lacasse, tout comme le malaise de l'adolescente Florentine. Mais

ce qui m'avait touché le plus, c'était le portrait des parents. À l'âge adulte, il devait me toucher encore bien davantage. Par son amour pour ses enfants, son courage, ses difficultés pour élever une *grosse famille*, Rose-Anna ressemblait comme deux gouttes d'eau à ma mère, que j'ai eu la douleur de perdre à l'âge de dix-neuf ans. L'insouciance en moins, Azarius me rappelait étonnamment mon père par sa gaieté, sa fantaisie, ses rêves de liberté.

Plongé dans mes études, je n'avais guère suivi la carrière de *Bonheur d'occasion*, mais m'étais réjoui que la Universal Pictures en achète les droits et confie le rôle de Florentine à l'actrice Joan Fontaine[2] : comme tous les jeunes gens de ma génération, j'admirais sa beauté et son talent. Hélas, comme on sait, le projet est tombé à l'eau! Si j'avais su, à cette époque, que c'est moi qui tournerais un jour ce film!….

Un hommage aux parents

Trente ans plus tard, lorsque mon épouse, la productrice Marie-José Raymond, m'a proposé d'adapter *Bonheur d'occasion* à la fois pour le cinéma et la télévision, je me suis déclaré aussitôt partant. En revanche, son projet d'en racheter les droits à la Universal Pictures me paraissait totalement irréaliste. Cependant, étant d'une persévérance à toute épreuve, elle y est parvenue!

Jusque dans les années 1979-1980, craignant de ne pas retrouver les émotions que j'avais ressenties lors de ma première lecture, à l'adolescence, j'ai refusé de me replonger dans le roman. Pendant ce temps, Marie-José se concentrait de toute son âme sur le scénario. Enfin, je me suis décidé à ouvrir le livre : le miracle a été intact. Non seulement les thèmes, les personnages, les sentiments, l'écriture même m'apparaissaient toujours autant d'actualité, mais l'atmosphère évoquait quantité de souvenirs personnels. Cette fois, j'ai foncé.

Au cours du tournage, j'ai privilégié le portrait des parents : pour moi, ce sont les personnages les plus importants, les plus attachants de l'histoire. Azarius me faisait tellement songer à mon père qui avait tout fait pour essayer de nous rendre heureux sans jamais vraiment y parvenir, les épreuves et son petit destin l'ayant impitoyablement écrasé! Je crois qu'on comprend toujours mieux les personnages masculins quand on est un homme… Pourvoyeur affectif et pécuniaire des siens, Azarius ne se soustrait pas à son devoir : il se trouve dans une situation telle qu'il ne peut ni répondre aux exigences de son entourage, ni relever de défis, ni offrir le bonheur promis. On le présente comme un rêveur et un irresponsable; or, il prend simplement conscience de son impuissance face à la vie et aux circonstances qui le briment.

Rose-Anna, quant à elle, représentait une sorte de double de ma mère : elle a connu une vie aussi douloureuse que l'héroïne de *Bonheur d'occasion*. Mettre en images un personnage qui ressemble à votre maman, surtout lorsqu'on l'a perdue au seuil de l'âge adulte, est une émotion indicible. Ce film est sans contredit le plus bel hommage que je lui ai rendu dans toute ma carrière.

Rencontre avec une esthète

Pour ne rien vous cacher, j'ai attendu que Gabrielle Roy dise : « J'aimerais bien rencontrer Claude Fournier », avant de lui rendre visite. En effet, j'étais terrorisé à l'idée de faire sa connaissance : non seulement c'était un écrivain célèbre, mais elle avait la réputation d'être d'un abord plutôt sec, froid, peu sociable, et je redoutais son jugement sur notre scénario. En outre, il restait une foule de petits détails à régler. Toutefois, je faisais entièrement confiance à Marie-José, beaucoup plus douée que moi en matière de négociations.

Un matin d'hiver 1981, nous sommes montés tous deux au Château Saint-Louis de Québec. En apercevant Gabrielle Roy sur le pas de sa porte, je ne comprends pas ce qui s'est passé : je ne suis pas d'un naturel démonstratif et pourtant, instantanément, j'ai ressenti pour elle un immense élan d'affection. Je l'ai prise dans mes bras, étreinte comme je n'avais jamais étreint personne dans ma vie, je crois, et embrassée sur les deux joues. En serrant contre moi cette petite personne fluette, minuscule même, j'ai eu l'impression de retrouver ma mère. Tout s'est télescopé dans mon esprit : Gabrielle Roy, Rose-Anna de *Bonheur d'occasion*, maman... Spontanément, la romancière m'a rendu mon affection : elle m'a accueilli comme un fils, avec chaleur et bienveillance.

Nous nous sommes assis dans le salon pour discuter du scénario. Marie-Josée et moi avions éprouvé quelque peine à construire notre adaptation, car elle était bilingue. De plus, notre scénariste anglophone ne parvenait pas à comprendre l'atmosphère « québécoise » du roman ni le caractère de Rose-Anna. C'était une féministe qui voulait en faire un personnage de suffragette revendicatrice, à l'opposé de cette mère de famille admirablement dévouée. Certes, Rose-Anna a ses révoltes, mais elle ne se rebelle ni contre son mari ni contre la société : elle est résignée comme l'étaient ma mère et bien des femmes de cette époque. Las des mauvais traitements que notre collaboratrice faisait subir à l'héroïne de Gabrielle Roy, nous avions fini par nous en séparer et repris une adaptation qui « collait » mieux à la réalité de l'œuvre.

La romancière venait d'en lire la dernière mouture : pleinement satisfaite, elle s'était contentée de corriger quelques petits détails dans la didascalie (indication de jeu dans un scénario), telle une « pinte *à* lait » au lieu d'une « pinte *de* lait ». Pour le reste, nos visions coïncidaient en tous points. Le *casting* n'ayant pas encore été décidé, Gabrielle Roy m'a posé des questions sur les personnages, sur la manière dont je les imaginais, sur ce qu'ils évoquaient pour moi. À mon tour, je l'ai longuement interrogée sur les protagonistes de l'histoire et les intentions qui avaient été les siennes lors de leur mise au monde. Sans même nous en rendre compte, huit heures se sont ainsi écoulées en compagnie de l'écrivain.

Notre rencontre s'est déroulée dans une atmosphère de grande douceur. Gabrielle Roy était tout sauf la personne sévère que l'on m'avait dépeinte : simple, enthousiaste de la vie – elle n'était pas encore malade à ce moment-là – et surtout passionnée de beauté. À tout moment, elle interrompait la conversation pour nous faire admirer par la fenêtre le fleuve gelé sur lequel courait une lumière extraordinaire. La nature et l'harmonie étaient partout présents autour d'elle et bien sûr en elle.

Elle avait un visage particulier, très aigu, qui ne répondait pas aux canons de la perfection classique, mais reflétait toute son âme. Elle était belle par l'intelligence que transmettaient ses yeux. Personnellement, je la trouvais beaucoup plus séduisante que dans sa jeunesse : son intériorité s'était affirmée et transparaissait sur son visage. Elle formait un tout avec son environnement : par le passé, elle avait comme « absorbé » Saint-Henri, car c'était une artiste qui savait « voir ». À présent, elle en avait fait de même avec son cher village de Petite-Rivière-Saint-François.

Révolte à Saint-Henri

Contrairement aux bruits malveillants qui ont couru sur nos rapports avec la romancière, jamais le moindre conflit ne s'est élevé entre elle et nous. Je puis même affirmer sans réserve que Marie-José et moi avons vécu une relation exceptionnelle avec elle pendant toute la durée de notre collaboration.

Les seuls problèmes que nous avons éprouvés ont été provoqués par les habitants de Saint-Henri eux-mêmes : dès le début du tournage, ils nous ont manifesté une franche hostilité. Quarante ans après la parution de *Bonheur d'occasion*, les plus âgés d'entre eux n'avaient toujours pas digéré le roman de Gabrielle Roy. Ils s'étaient fait lessiver le cerveau par les curés qui, jadis, montaient tous les dimanches en chaire pour jeter l'anathème sur l'auteur et dénaturer le sens de son œuvre[3]. Par conséquent, n'avaient-ils aucunement envie de revivre un récit qui, selon eux, avait décrié leur quartier, étalé leurs plaies au grand jour et réveillé leurs complexes : « Pourquoi nous, alors qu'il y a de la misère partout ailleurs dans le monde ? » nous lançaient-ils à la figure.

En fait, Gabrielle Roy avait décrit ce « ghetto » avec tant de vérité que la population n'avait pas supporté de voir sa pauvreté se refléter comme dans un miroir. Dans *Trente Arpents* et *Menaud maître-draveur*, les écrivains Ringuet[4] et Félix-Antoine Savard dépeignent la ville, eux aussi, mais sous l'aspect d'un lieu mythique, poétisé. *Bonheur d'occasion*, quant à lui, était le premier roman « documentaire », si je puis dire : avant la jeune journaliste, jamais personne n'avait représenté Montréal sous cet angle.

Toute la colère, la rancœur et l'amertume que les résidents avaient accumulées depuis quatre décennies se sont déversées sur nous : non seulement ils décriaient le sujet du film, mais ils étaient incapables de faire la différence entre la recréation d'une époque révolue et la leur, entre des personnages de roman, des acteurs, et eux-mêmes. Leur inimitié a rendu notre travail extrêmement difficile. Néanmoins, nous ne nous sommes pas laissés impressionner : comme je tenais coûte que coûte à tourner sur les lieux mêmes du drame, j'ai effectué des recherches approfondies, pris des notes, des photos, promené ma caméra dans bon nombre de rues, essayé toutes sortes de décors…

La construction de notre charrette à fumée, une espèce d'énorme baril qui roulait comme une brouette avec un bruit d'enfer, a mis le comble à la tension générale. Il est vrai que quatre mois durant, nous y avons brûlé des pneus déchiquetés qui dégageaient une fumée noire, âcre, pestilentielle, et sur lesquels nous jetions encore de l'huile à moteur. Un trucage auquel la municipalité nous interdirait aujourd'hui d'avoir recours. Mais en ce temps-là, Gabrielle Roy nous avait obligés à employer les grands moyens : « Insistez bien sur la fumée des locomotives, nous avait-elle recommandé, elle ne ressort pas assez dans mon roman ; autrefois, elle enveloppait une grande partie de Saint-Henri… »

Nous suivions scrupuleusement chacune de ses directives. Si la disparition de la première maison des Lacasse et du restaurant Le Quinze Cents nous avait contraints à une reconstitution en studio, en revanche, nous avons tourné tous les extérieurs sur le vif. Lorsque le nom d'une rue apparaissait dans le script, nous allions filmer à l'endroit indiqué. J'ai respecté au maximum l'œuvre de Gabrielle Roy, à laquelle je me sentais lié par une sorte de contrat moral : je n'y ai apporté aucune modification, me suis interdit toute liberté.

À la sortie du film, alors que nous nous attendions à un tollé de protestations, c'est la réaction inverse qui s'est produite : pas un seul reproche, pas une seule récrimination. Les gens de Saint-Henri s'extasiaient devant la beauté des images et se pavanaient, fiers comme des paons : vous comprenez, on parlait d'eux dans la rue et dans les journaux, ils étaient devenus des vedettes de cinéma, leur quartier aussi. Ils avaient enfin compris que nous nous étions donnés du mal pour eux, que nous avions dépensé beaucoup d'argent pour illustrer leur vie et les faire connaître. Transfiguré par la magie du septième art, Saint-Henri n'avait plus rien de laid, de sale ou de choquant.

Le coup de cœur

En quittant Gabrielle Roy au terme de la merveilleuse journée que nous avions passée auprès d'elle, jamais je n'aurais imaginé ne plus la revoir. Pourtant, nous ne devions plus communiquer désormais que par téléphone. Tombée gravement malade, elle me confiait qu'elle ne pourrait plus jamais nous recevoir, qu'elle n'assisterait jamais à la projection du film. J'essayais de la rassurer en lui promettant qu'elle allait guérir, que Marie-Josée et moi monterions à Petite-Rivière-Saint-François pour lui faire visionner les *rushes*. Mais j'avais l'impression de ne jamais trouver les mots qu'il fallait…

Les sombres prévisions de Gabrielle Roy se sont avérées exactes : elle n'a jamais vu mon film. Elle est morte en pleine projection de la première, à Moscou, dans la nuit du 13 juillet 1983. Cette disparition brutale, inattendue et symbolique m'a fait réfléchir comme jamais auparavant sur la brièveté de l'existence, sur notre rôle sur terre, sur un possible au-delà. Toutefois, je ne me suis pas effondré comme Marie-José, préférant me concentrer sur le souvenir de la relation romantique, mêlée d'amour filial, que j'avais eu le privilège de vivre avec l'écrivain. Elle m'avait fait une énorme impression. Je crois qu'en dépit de notre différence d'âge, j'aurais pu tomber amoureux d'elle : elle était si belle et dégageait un tel magnétisme ! Je m'en suis ouvert à Marie-Josée, que cet aveu a bien amusée.

Pour ma part, je n'ai jamais su ce que j'avais apporté à la romancière : elle, par contre, m'avait rendu l'affection spontanée que je lui avais manifestée. Parce qu'elle ressemblait à ma mère, elle avait déclenché en moi tout un arsenal émotif difficile à comprendre et à expliquer. Il y avait eu de telles vibrations entre nous que je m'en souviens comme si c'était hier ! Vingt ans après ma visite au Château Saint-Louis, je conserve de l'auteur une image indemne, dépourvue de toute négativité : contrairement à l'opinion commune, elle n'avait rien de froid ni de cérébral. Pourtant, je n'ai passé, dans toute ma vie, qu'une journée avec Gabrielle Roy et… quatre ans avec ses personnages !

***

Né à Waterloo (Estrie, Québec), Claude Fournier effectua des études classiques qui éveillèrent ses dons artistiques et littéraires. Journaliste, poète (*Les Armes à faim*, 1954; *Le Ciel fermé*, 1956), biographe (*René Lévesque, portrait d'un homme seul*, 1993), auteur de romans populaires (*Les Tisserands du pouvoir*, 1988; tourné par ses soins en 1988), c'est surtout derrière la caméra qu'il s'illustra en réalisant quelques-uns des plus grands succès du cinéma québécois.

L'un des premiers artisans du cinéma-vérité (*Télesphore Légaré, garde-pêche*, 1959; *Alfred Desrochers, poète*, 1960; *La France sur un caillou*, 1961), il fonda en 1966 la Société des films Claude Fournier ltée puis, en 1972, la Société Rose Films inc. en partenariat avec sa femme, la productrice Marie-José Raymond. Dès lors, s'enchaînèrent documentaires, longs métrages (*Le Dossier Nelligan*, 1968) et comédies à succès: *Deux femmes en or* (Prix du meilleur film canadien, 1970), *Les Chats bottés* (1971), *Alien Thunder* (1972), *La Pomme, la queue et les pépins!* (1974), *Je suis loin de toi, mignonne* (1975), *Hot Dogs* (1980), *J'en suis* (1995), *Juliette Pomerleau* (1997-1998), *Histoire d'Ève* (2003). Qu'il aborde les relations de couple, l'homosexualité ou le problème de l'impérialisme anglo-saxon, toujours ce grand défenseur du cinéma francophone le fait avec un humour malicieux, un sens de la parodie et cet anticonformisme qui confèrent à ses films une touche d'originalité unique.

À partir de 1983, la maturité l'inclina vers une réflexion sur les rapports de classes. Son chef-d'œuvre dramatique, *Bonheur d'occasion* (Prix de la meilleure actrice de soutien au Festival international du film de Moscou; Prix du public au Festival des films du monde de Montréal; sélectionné pour l'Oscar du meilleur film étranger), est considéré aujourd'hui comme un « classique » tant au Québec qu'à l'étranger.

L'un des plus grands regrets de Claude Fournier est de n'avoir jamais pu projeter *Bonheur d'occasion* à sa mère spirituelle, Gabrielle Roy. Sous des dehors discrets, modestes et réservés, ce cinéaste hypersensible a vécu une amitié pour le moins particulière avec la romancière, toute en nuances, en demi-teintes, en non-dits. Il nous dévoile ici quelques « plans » inédits de sa rencontre avec elle; sorte de court métrage intimiste qui nous fait découvrir une Gabrielle Roy metteur en scène de mots et d'images, attentive à la reconstitution du moindre détail dans le film adapté de son livre; aussi, la femme maternelle, elle que l'on disait pourtant dépourvue de ce sentiment, confessant ses dernières angoisses à son « fils adoptif ». Reste à déplorer que l'auteur, trop malade pour ce faire, n'ait pas laissé d'écrits ou de lettres sur son affection pour Claude Fournier ni sur sa collaboration avec lui.

MARIE-JOSÉ RAYMOND : « GABRIELLE ROY, LA MADONE DE *BONHEUR D'OCCASION* »

Quelle joie n'est-ce pas de sortir, enfin, d'une tâche de longue haleine et avec le sentiment qu'on a obtenu de soi ce que l'on désirait tant.

Port-Daniel, le 13 juillet 1951
(*Mon cher grand fou – Lettres à Marcel Carbotte*)

Nulle part ailleurs ne s'exprime avec plus de brutalité et de violence l'union du matérialisme moderne et de l'aspiration vers l'éternité.

« Ma rencontre avec les gens de Saint-Henri »

La « Jeanne d'Arc » du cinéma québécois

En 1947, soit deux ans après la parution de *Bonheur d'occasion*, la Universal Pictures d'Hollywood a acheté les droits du roman pour 75 000 $, une somme considérable à l'époque, en vue de l'adapter au cinéma. C'est Joan Fontaine qui devait interpréter le rôle de l'héroïne, Florentine Lacasse. Mais une grève ayant éclaté au sein du Screen Actors Guild, le syndicat des comédiens, la production a décidé de punir l'actrice : elle a purement et simplement abandonné le projet…

La littérature québécoise ne figurant pas au programme du collège français où j'avais effectué mes études, *Bonheur d'occasion* est entré très tardivement dans ma vie : vers 1979-1980. Toutefois, j'ai éprouvé un véritable coup de foudre à la lecture de ce roman et, très vite, l'idée de le porter à l'écran a commencé à me travailler. Les drames humains mis en scène par Gabrielle Roy me paraissaient d'une étonnante actualité : la complexité des relations familiales et conjugales, la fracture sociale et la pauvreté croissante, le choix entre le cœur et la raison auquel parfois, le désespoir accule les êtres...

C'était décidé : je rachèterais les droits du film pour le tourner au Québec ! À peine avais-je annoncé mon projet qu'un de mes amis, haut placé dans le domaine cinématographique, se récriait : « Tu rêves ! Tu perds ton temps ! Quand les grands *majors* ont les droits et qu'ils les ont amortis, ils ne les rétrocèdent jamais ! D'autant plus qu'ils n'auraient aucun intérêt à te voir faire un succès avec le film... » En dépit de cette mise en garde, je me suis entêtée : lettres, coups de téléphone, demandes d'appui, etc. J'ai joué sur le fait que Gabrielle Roy était notre grande romancière, notre héroïne, un morceau de notre patrimoine. Finalement, ma passion, ma conviction et mon obstination ont eu raison de la résistance des grands boss. C'était une première dans notre milieu. L'affaire s'est soldée à 25 000 $, une somme également rondelette en ce temps-là !

Révélation d'une femme pas comme les autres

Dès lors, j'ai procédé, avec Claude Fournier, à une première adaptation en français. À l'hiver 1981, mon scénario était prêt. Je l'ai envoyé à Gabrielle Roy qui m'a aussitôt téléphoné : « Madame Raymond, c'est excellent ! Venez chez moi ! » Un matin, Claude et moi sommes donc montés à Québec. La romancière nous a accueillis d'une manière si simple et si amicale qu'au bout de quelques minutes, j'avais l'impression de la connaître depuis toujours ! Comme je lui avais apporté un bouquet de fleurs, elle m'a demandé de choisir moi-même le vase et d'aller préparer le thé à la cuisine.

En dépit de ses soixante et onze ans, c'était une femme magnifique, humaine, chaleureuse sans exubérance, directe et en pleine forme. Sans doute est-ce parce qu'elle recevait peu de visites qu'elle se révélait aussi ouverte et disponible. Nos échanges sur *Bonheur d'occasion*, le rachat des droits du film et le futur tournage ont atteint un rare degré d'intensité.

Par politesse envers elle, Claude et moi lui avons proposé d'adapter elle-même son roman pour le grand écran. Mais elle a refusé, alléguant que c'était un « autre métier » et que l'écriture de ses livres l'accaparait entièrement. Je lui ai alors demandé si elle songeait à un auteur en particulier.

N'ayant guère de relations dans le milieu littéraire, elle a hésité, puis avancé le nom de Michel Tremblay, qui avait une solide réputation de dramaturge. Nous avons donc passé contrat avec l'intéressé. Hélas! N'ayant aucune expérience cinématographique, il s'est contenté de nous remettre une simple dissection en cinq parties de *Bonheur d'occasion*. Or, nous lui avions bien précisé notre intention de tourner un long métrage susceptible d'être adapté par la suite en une série télévisée. Notre collaboration en est restée là.

Le tourmenteur

Un an plus tard, je suis retournée au Château Saint-Louis rendre visite à Gabrielle Roy. À peine avais-je frappé à sa porte que la romancière surgissait sur le seuil, rouge, échevelée, brandissant un ouvrage à la main: «Il m'a plagiée! criait-elle. Il m'a plagiée!» C'était un exemplaire d'un roman de Michel Tremblay: *La grosse femme d'à côté est enceinte*[1]. La romancière était au comble de la fureur; je ne l'avais encore jamais vue dans cet état. «Lisez! m'a-t-elle commandé. C'est exactement la même façon que moi d'aborder la psychologie des personnages, d'utiliser l'atmosphère familiale, de décrire un quartier populaire, de bâtir une trame!» Elle était tellement bouleversée qu'il m'a fallu dix bonnes minutes pour la calmer. J'ai refusé de lire le livre en question, laissant aux lecteurs québécois le soin d'en juger…

Découverte d'une perle rare

Après cette mésaventure, Claude et moi avons passé plusieurs mois totalement immergés dans *Bonheur d'occasion*, afin de bâtir la première version du synopsis. De même, nos acteurs se sont-ils plongés dans l'ouvrage comme ils ne l'avaient jamais fait auparavant. Gabrielle Roy était une source d'inspiration constante pour eux: ils se promenaient le livre à la main, discutaient avec nous de l'atmosphère, des gestes à accomplir…

Quoique avec une louable discrétion, Gabrielle Roy s'est beaucoup intéressée au choix des comédiens. Ainsi, nous avait-on suggéré Michel Forget[2] pour le rôle d'Azarius Lacasse, le père de famille. Je ne le connaissais pas, mais il faisait partie des quinze acteurs convoqués pour le casting. Le jour prévu, Claude Fournier a commencé à filmer la séquence finale, dans laquelle Azarius prend conscience de son échec sentimental en regard de Rose-Anna: en fait, il s'agit d'une extraordinaire déclaration d'amour. C'est moi qui donnais la réplique à Michel Forget. L'interprétation qu'il nous a donnée de cet homme faible jusqu'à la lâcheté, vivant dans un univers imaginaire d'un optimisme presque béat, était tellement bouleversante que j'ai éclaté en sanglots.

Lorsque Gabrielle Roy a appris que nous avions attribué le rôle à Michel Forget, elle s'est écriée avec une pointe de déception : « Mais c'est un clown ! » Jusqu'à présent, elle ne l'avait vu que dans des films comiques. Néanmoins, comme elle était dénuée de préjugés, je n'ai eu aucune peine à la convaincre du talent de notre recrue.

Gabrielle Roy, égérie et metteur en scène

Gabrielle Roy n'a jamais mis les pieds sur le tournage de *Bonheur d'occasion* : non seulement son état de santé ne lui permettait pas d'effectuer le voyage Québec-Montréal, mais elle n'était pas du genre à s'immiscer dans les affaires d'autrui. Elle avait une confiance totale en nous. Cependant, nous l'avons toujours tenue soigneusement informée des étapes du film : son coût – 4 000 000 de dollars, une somme conséquente dans les années 1980 ; le choix des décors – ainsi avions-nous reconstitué la maison des Lacasse et le restaurant Le Quinze Cents dans les anciennes usines Pullman de Saint-Hyacinthe (Montérégie, Québec) ; nos difficultés pour constituer une équipe de tournage homogène ; l'esprit « boutiquier » de l'Office national du Film ; nos rapports parfois tendus avec certains de nos collaborateurs, etc.

Mais aussi surprenant que cela puisse paraître, Gabrielle, en dépit de son absence, était formidablement « présente » sur le tournage. Dotée d'une intelligence et d'une personnalité exceptionnelles, elle était véritablement l'âme de ce film. C'est la raison pour laquelle j'ai été déçue et choquée par le peu de lignes consacrées par son biographe à notre travail et à notre collaboration avec elle. Mais sans doute cette omission est-elle volontaire.

Plus qu'une conseillère, Gabrielle Roy s'est révélée pour moi un maître, une inspiratrice [3]. Sans cesse, elle me prodiguait par téléphone encouragements, conseils et directives. « Allez toujours au plus court ! me répétait-elle, le plus court, c'est ce qu'il y a de meilleur ! »

C'est elle qui nous a aidés à reconstituer le vieux Saint-Henri jusque dans les moindres détails : la forme des bouteilles de lait et la manière dont les livreurs les déposaient à la porte des gens.

C'est également elle qui nous a poussés à plonger le film dans une épaisse fumée noire : « Vous ne pouvez imaginer celle qui régnait dans le quartier ! » s'exclamait-elle fréquemment. Aussi Claude avait-il mis au point une machine de son invention qui crachait de la fumée en permanence : elle remplissait les studios, tachait les vêtements, détruisait les maquillages. Tim, notre accessoiriste, ne savait plus à quel saint se vouer !

C'est encore elle qui nous a suggéré de souligner les images avec de la musique de saxophone : « On en entendait partout en ce temps-là » évoquait-elle. Le duo d'instruments qui accompagne Rose-Anna grimpant la colline en direction de l'hôpital où se meurt son fils Daniel est particulièrement poignant.

C'est de nouveau elle qui a insisté pour que la passion physique de Florentine Lacasse à l'égard de Jean Lévesque ressorte à l'écran, violente et déraisonnable. À cet effet, l'actrice Mireille Deyglun a beaucoup joué de sa sensualité.

Enfin, c'est elle qui nous a rappelé que les enfants de Saint-Henri étaient de petits pauvres d'une santé fragile : « L'un d'entre eux, au moins, devrait avoir les dents gâtées… »

Toutefois, dans son rôle de muse, jamais Gabrielle Roy ne se montrait exigeante ou tyrannique ; au contraire, pleine de tact, de nuances et de délicatesse. Notre collaboration se déroulait sous la forme d'une conversation. Mais même si nos liens étaient davantage affectifs que professionnels, je n'irai pas jusqu'à prétendre qu'elle me considérait comme une amie.

Le dernier clin d'œil de Gabrielle Roy

En revanche, je ne crois pas exagéré d'affirmer que Gabrielle Roy a été l'une des, sinon LA rencontre cinématographique la plus marquante de ma vie. Si chaque film a son atmosphère particulière, *Bonheur d'occasion*, pour sa part, m'a fait vivre une expérience bouleversante, inoubliable. Je suis très fière de lui : aujourd'hui, il est devenu un classique.

Le 13 juillet 1983, il a été projeté en première au Festival international du film de Moscou. Malgré un problème de bobine – la musique et les images ne coïncidaient pas –, il a été fort bien accueilli tant par le public que par le jury, et Marylin Lightstone[4], qui jouait le rôle de Rose-Anna, s'est vu attribuer le Prix d'interprétation féminine. Comment vous l'expliquer ? C'est comme si Gabrielle était parmi nous ce soir-là !

Juste avant de nous envoler pour l'ex-URSS, je lui avais téléphoné à Petite-Rivière-Saint-François. Quoique très essoufflée, elle s'était entretenue une bonne demi-heure avec moi. Face à ma proposition de lui faire visionner le film à son chalet dès mon retour, elle s'était exclamée, vivement émue : « Au lieu de rester à la Universal, *Bonheur d'occasion* va revivre et ramener les jeunes générations au livre ! ».

Hélas ! Le 14 juillet, jour de notre conférence de presse à Moscou, le premier secrétaire de l'Ambassade du Canada a interrompu la séance pour nous annoncer la terrible nouvelle : Gabrielle Roy était morte pendant la projection du film !

J'ai été comme foudroyée : elle ne verrait donc jamais notre œuvre ! Toutefois, le fait que Marylin Lightstone reçoive son prix des mains de la première femme cosmonaute du pays m'est apparu comme un signe du destin : l'âme de Gabrielle Roy avait rejoint les étoiles.

Pour me consoler, notre interprète m'a emmenée assister à un office religieux. En arrivant devant l'église, la seule qui était restée ouverte depuis la révolution, elle m'a traduit son nom du russe : *La Madone du bonheur d'occasion*. Je suis restée sidérée. Cette fois, j'ai compris que le hasard n'existait pas : c'était le dernier adieu que Gabrielle Roy m'adressait. Avec ses clochetons et ses bulbes que dorait le soleil couchant, ce lieu de culte paraissait m'attendre. Le service, soutenu par les rites orthodoxes, les chœurs de voix d'hommes et une atmosphère enfumée d'encens, m'a mis un peu de baume au cœur.

Depuis ce jour, j'ai toujours entretenu une relation mystique avec Gabrielle Roy et m'emploie de toutes mes forces à faire connaître son œuvre : elle contient tant de belles vérités ! Je rêve de mettre tous ses livres en scène, surtout *La Détresse et l'Enchantement* dont la lecture m'a bouleversée.

Le point de vue des Canadiens anglais

À notre retour de Russie, la version anglaise de notre film, *The Tin Flute*, a été sélectionnée pour clore le Festival du film de Toronto. Jack McClelland, l'éditeur canadien-anglais de Gabrielle Roy, assistait à la projection, littéralement hors de lui : en effet, presque tous les journalistes invités étaient ivres. Par la suite, le plus fanatique d'entre eux a écrit des horreurs sur notre œuvre : il trouvait inadmissible que des Québécois aient osé tourner une adaptation de *Bonheur d'occasion*. Pour lui, les « arriérés » que nous sommes auraient dû rester patauger dans leur folklore et ne pas se mêler de faire du cinéma ! M. McClelland était proprement scandalisé : il est l'un des rares anglophones à avoir compris profondément l'âme québécoise et Gabrielle Roy lui rendait bien son amour pour notre pays et ses habitants.

***

Née à Montréal, Marie-José Raymond débuta au théâtre de l'Université du même nom après sa licence en histoire, mais son père s'opposant à sa vocation de comédienne, elle se tourna vers la réalisation et la production. En 1962, son premier long métrage, *Seule ou avec d'autres*, qui mettait en scène ses camarades étudiants, sonna le renouveau du cinéma québécois, avant de se voir sélectionné par la Semaine de la critique au Festival de Cannes.

À partir de la fin des années 1960, elle produisit et co-scénarisa systématiquement tous les films de son mari, le réalisateur Claude Fournier (voir témoignage précédent), créant pour lui la compagnie Ciné Saint-Henri lors du tournage de *Bonheur d'occasion* (1983). Devenue son associée dans la Société Rose Films inc. (1972), elle produisit parallèlement de nombreux longs métrages et des mini-séries populaires, dont *Jalna* (1996), inspiré de l'œuvre de Mazo de la Roche[5], et *Juliette Pomerleau* (1998), tiré du *best-seller* de l'écrivain québécois Yves Beauchemin[6]. Elle travailla également avec plusieurs grands réalisateurs étrangers.

Membre du conseil d'administration de l'Association des producteurs de films du Québec (APFQ), grande avocate du cinéma francophone, elle présida en 1994 le Comité sectoriel sur la culture durant les négociations de libre-échange avec les États-Unis, où fut défini pour la première fois le terme d'« exception culturelle ».

Femme d'affaires, mais aussi femme de cœur et de sensibilité, Marie-José Raymond entretient une relation à la fois filiale et mystique avec Gabrielle Roy. Trop malade pour lui rendre son affection à l'époque de leur collaboration, l'écrivain s'éteignit néanmoins avec la certitude que, grâce au film *Bonheur d'occasion*, sa fille spirituelle ferait de son roman un classique immortel. J'ai dû m'y prendre à plusieurs reprises pour interviewer cette grande productrice, tant le souvenir de Gabrielle Roy soulevait en elle d'émotion[7].

MYRNA DELSON-KARAN : « GABRIELLE ROY, LA SCHÉHÉRAZADE DE LA LITTÉRATURE CANADIENNE-FRANÇAISE »

La création artistique naît du rêve qui semble être la source de toute réalité.
De bonne heure dans ma carrière d'écrivain, j'ai été inté-ressée par ce qui touche le plus grand nombre possible d'êtres humains. J'ai essayé d'exprimer les chagrins et les joies de la condition humaine et de montrer ma confiance dans la Création. […] Ce qui compte le plus pour moi, c'est la ten-dresse humaine.

À Myrna Delson-Karan
(« La dernière interview », 18 mai 1982)

Une étudiante peu conformiste

En 1978, je cherchais un écrivain francophone auquel consacrer ma thèse de doctorat : la plupart des programmes universitaires, aux États-Unis, ne comprenaient que des auteurs français. Or, j'étais attirée par le Québec, qui est une réalité francophone dans un contexte nord-américain. Un collègue de doctorat, John Webb, professeur à la Hunter College High

School de New York, m'a alors parlé de Gabrielle Roy : passionné par son œuvre, il enseignait à ses élèves comment vivre à la manière de Pierre Cadorai, le peintre de *La Montagne secrète*. M'étant convertie à mon tour, j'ai donc décidé d'en faire mon sujet de thèse.

Au début de l'année 1982, j'ai sollicité une entrevue avec Gabrielle Roy par l'intermédiaire du gouvernement du Québec. Invoquant sa piètre santé, elle a refusé de me rencontrer, mais m'a fait transmettre son adresse. Aussitôt, je lui ai écrit que je souhaitais faire connaître son œuvre aux États-Unis [1], et envoyé quelques-uns de mes articles accompagnés d'une nouvelle demande de rendez-vous. Le 10 janvier – je me rappelle précisément la date –, elle m'a répondu qu'elle était « au grand repos » – une expression que je n'ai pas saisie sur le moment –, mais qu'elle m'accorderait volontiers quelques heures au printemps suivant si son état s'améliorait.

Sautant sur l'occasion, je lui téléphonais peu de temps après. Je lui confiais avoir trouvé *La Montagne secrète* d'un réalisme surprenant – c'était le premier livre que j'avais lu d'elle –, et m'être plongée dans cet ouvrage avec délices par une vague de grande chaleur. Un détail qui l'a beaucoup amusée. Nous avons échangé nos interprétations de l'ouvrage : pour moi, cette montagne représentait une perfection artistique ; pour elle, tous les buts que l'on poursuivait dans la vie [2] : « Par exemple, votre thèse sur mon œuvre, c'est votre montagne secrète ! » a-t-elle déclaré. Elle s'exprimait toujours par images, par symboles, exactement comme elle écrivait.

Suspens

Le 15 mai suivant, je l'appelais de nouveau. « Venez demain ! » s'est-elle cette fois écriée, débordante d'enthousiasme. Mais son invitation tombait mal : c'était la fin des cours universitaires, j'avais quelques détails à régler et surtout, il était inconcevable de me présenter à elle sans un minimum de préparation. Finalement, rendez-vous fut pris le 18 mai 1982 à 13 heures, au Château Saint-Louis de Québec.

Afin d'être certaine de ne pas le manquer, je suis arrivée très tôt dans la Vieille Capitale et en attendant l'heure convenue, me suis mise à faire les cent pas devant son immeuble. J'étais tellement énervée que je suis allée prier dans une église, puis ai pénétré dans « l'antre » de la romancière. C'est son nom de femme mariée, « Carbotte », qui figurait près de la sonnette. Au moment où je m'apprêtais à appuyer sur le bouton, la porte s'est ouverte comme par enchantement. Là, j'ai compris que Gabrielle Roy me guettait par la fenêtre, aussi anxieuse que moi !

Je m'attendais à la trouver alitée, quasi mourante. Bien loin de là ! Elle m'a accueillie à la porte en pull-over, chemise sport, pantalon et chaussures plates. Contrairement à l'image de la vieille dame ridée et négligée que l'on colportait d'elle, elle était maquillée et avait tiré ses cheveux en arrière. Elle avait l'air si simple que ma gêne a immédiatement fondu. D'un pas léger, elle m'a accompagnée jusqu'au salon où je lui ai remis un exemplaire de ma thèse, *An Analysis of Selected Works of the French Canadian Writer Gabrielle Roy*[3] (Une analyse des œuvres choisies de Gabrielle Roy, écrivain canadien-français), revêtu d'une couverture noire. Chaussant ses lunettes, elle s'est approchée de la fenêtre pour en feuilleter quelques pages. Elle a paru très impressionnée : « Je ne pourrais jamais écrire quelque chose comme cela ! » s'est-elle exclamée au bout de quelques minutes. « Heureusement ! » ai-je rétorqué. Et nous avons éclaté de rire.

Hélas ! Pendant toute la durée de notre entretien, elle n'a pu s'empêcher de tousser : elle souffrait d'allergies, que l'éclosion des fleurs printanières aggravait encore. On raconte que ces quintes de toux ont précipité sa crise cardiaque. À plusieurs reprises, je lui ai proposé de reporter notre interview, mais elle a insisté pour la mener jusqu'au bout. Toutefois, elle m'a interdit de la photographier et de l'enregistrer.

Les photos que j'avais vues d'elle révélaient une femme amère, sévère, vieillie avant l'âge. Toutes mentaient : non seulement Gabrielle Roy ne faisait pas vieille, mais son regard était resté étonnamment jeune. Elle avait de très beaux yeux bleu clair, à la fois intenses et doux. Si ses joues étaient un peu gonflées, sans doute à cause de la cortisone qu'elle prenait pour ses allergies, en revanche, son nez n'était pas angulaire comme sur les clichés, mais retroussé, et son visage, rond. J'ai vainement cherché ses rides…

Propos sur la littérature

Au fur et à mesure de notre conversation, j'ai eu la nette impression que nous aurions pu devenir amies : je me sentais parfaitement à l'aise auprès d'elle ; elle semblait apprécier ma compagnie et me parlait avec une grande douceur. Comme j'ai regretté d'habiter si loin de Québec ! Je lui ai posé quelques questions sur la création littéraire en général et sur son œuvre. Puis elle a évoqué l'influence de ses carrières d'enseignante et de journaliste sur son écriture. Aussi, celle de l'écrivain suédois Selma Lagerlöf, à qui elle vouait une immense admiration : « J'aime les contes à la Schéhérazade où l'histoire débouche sur une autre histoire, et ainsi de suite, à l'infini », m'a-t-elle avoué.

Dans mon article, « Gabrielle Roy et Selma Lagerlöf : une rencontre spirituelle[4] », j'ai montré qu'elles avaient toutes les deux le même style. Juxtaposés, organiquement liés, les chapitres de Gabrielle Roy forment une unité authentique. Elle a décrit indirectement son art par le biais de celui du héros de *La Montagne secrète* : Pierre Cadorai est incapable de peindre la grande montagne, mais ses croquis de petits chiens sont de véritables bijoux. L'auteur, pour sa part, a tenté de bâtir un grand roman, mais son talent consistait à écrire de petits chapitres forts et dynamiques à la façon des peintres impressionnistes ou pointillistes. À la fin, c'est le lecteur qui donne forme à son œuvre.

Elle m'a également entretenue de l'autobiographie qu'elle était en train de composer. En fait, il s'agissait d'une autobiographie de fiction : elle avait conscience de se laisser emporter par son imagination, de mélanger les événements ; en même temps, elle craignait de travestir la réalité. Mais il lui était impossible d'écrire autrement.

« L'exécutrice testamentaire »

Au cours de cette interview, j'ai eu le privilège exceptionnel de recueillir les dernières pensées de Gabrielle Roy. Elle avait beaucoup de regrets dans la vie. Tout d'abord, celui de ne pas avoir suffisamment écrit. Elle sentait qu'elle avait encore beaucoup de choses à dire, mais ses médecins le lui interdisaient. Quoique comblée de tous les honneurs (prix littéraires, doctorats *honoris causa*, reconnaissance internationale, etc.), elle était profondément malheureuse et insatisfaite. C'est difficile à comprendre, n'est-ce pas ? Elle avait le sentiment de ne pas avoir pleinement réussi, alors que cet admirable écrivain a créé un univers de toute beauté : pour moi, son œuvre est un véritable miracle.

Elle avait accumulé aussi beaucoup de rancune au cours de son existence. Elle en voulait notamment à une administratrice des Éditions Harcourt Brace de New York qui avait refusé de publier *La Rivière sans repos*, jugeant inexacte sa peinture de la vie esquimaude. Elle ne voulait plus rien faire paraître aux États-Unis. De même, les mauvaises relations qu'elle entretenait avec sa famille, en particulier avec sa sœur Marie-Anna, l'affectaient énormément. J'ai ouï dire que les mots méchants de cet autre écrivain étaient en partie responsable de sa maladie et de sa mort[5].

Gabrielle Roy et le cinéma

Elle reprochait également à la Universal Pictures d'Hollywood, qui avait acquis les droits de *Bonheur d'occasion*, de ne pas avoir tourné le film, sous prétexte que les Américains faisaient la guerre en Corée et que son roman était pacifiste. En réalité, ce livre était une fresque sociale ou sociologique sur la condition des citadins canadiens-français dans un contexte anglophone : il ne véhiculait aucune thèse pro ou antipacifiste. Le milieu cinématographique hollywoodien n'avait rien compris.

Dans le même ordre d'idées, elle souffrait de constater qu'aucun film n'était tiré de ses œuvres dans son propre pays. En 1963, elle avait écrit un scénario d'une centaine de pages adapté de sa nouvelle « Le Vieillard et l'Enfant » (*La Route d'Altamont*), mais la société Radio-Canada l'avait refusé, car il était trop long [6] : elle désirait un court métrage. Gabrielle Roy en avait été profondément mortifiée. N'ayant pas la vocation d'une scénariste ni d'une cinéaste, elle s'était perdue dans des détails superflus.

Il a fallu attendre 1985, soit deux ans après sa mort, pour que le réalisateur Claude Grenier [7] tourne un court métrage inspiré de cette nouvelle. Claude Perron, le scénariste, qui ignorait la version de Gabrielle Roy, avait écrit un meilleur scénario que le sien. *Le Vieillard et l'Enfant* est un film plein de sensibilité dont le début restitue fidèlement l'âme du Manitoba, avec son abeille qui bourdonne dans les champs de blé pour annoncer l'été, et son atmosphère de plaines. En 1995, lors de mon séjour à Saint-Boniface, j'ai retrouvé exactement la même ambiance. Je suis d'ailleurs partie en excursion sur les traces de la romancière et de ses personnages au lac Winnipeg, à la Poule d'eau, à Altamont, dans les collines de Babcock : un souvenir merveilleux !

Entre parenthèses, j'étais l'une des rares personnes à connaître l'existence du scénario original de Gabrielle Roy. Hélas ! J'ai commis l'erreur d'en parler à l'un de mes confrères : aussitôt, il m'a proposé d'aller le chercher aux Archives nationales du Canada, à Ottawa, et d'effectuer ensemble une étude comparative entre le travail de la romancière et celui du scénariste de Claude Grenier. J'ai accepté, mais afin de s'attribuer tout le mérite de la découverte, mon collègue a pris les devants et présenté ce scénario à mon insu lors d'un congrès. Par la suite, il en a publié un compte rendu dans une revue universitaire, se contentant de citer mon nom dans la bibliographie, alors qu'il s'agissait d'un projet commun [8].

Les secrets de Gabrielle Roy

Enfin, Gabrielle Roy se lamentait de ne devoir l'immortalité qu'à un seul ouvrage, *Bonheur d'occasion* : « La pire chose dans l'existence, c'est de réussir ou de ne pas réussir », m'a-t-elle avoué. C'était une phrase terrible. Toute sa vie, elle avait vécu dans l'ombre de ce roman dont le succès l'avait littéralement écrasée. Les éditeurs, les critiques, les lecteurs, enfin tout le monde attendait d'elle d'autres *Bonheur d'occasion*. Mais là n'était pas sa vérité. Sa vraie manière était d'écrire des ouvrages poétiques, lyriques, composés de petits chapitres imbriqués les uns dans les autres et formant un tout artistique. Peu de gens l'ont compris. On ne lui a jamais pardonné d'être passée à autre chose ou plus exactement d'avoir été « elle-même ». Ainsi, en 1950, les Éditions Flammarion, en France, avaient-elles accueilli plutôt fraîchement *La Petite Poule d'eau*, son second roman.

Le bilan

De mes échanges avec Gabrielle Roy, j'ai retiré l'impression d'un être extrêmement sensible, blessé par ses démêlés avec les maisons d'édition – la maladie accusait encore ses souffrances –, attachant, autant par sa personnalité que par son œuvre, brillant, mais sans ostentation. Si elle ne possédait pas une formation universitaire très poussée, en revanche elle avait énormément lu. Son érudition était époustouflante : elle connaissait la littérature mondiale, avouant une préférence pour les écrivains russes et scandinaves.

Contrairement à ce que l'on racontait sur elle, elle n'était ni farouche ni renfermée : elle se protégeait des gens pour se consacrer à ses écrits. En effet, les gens l'embêtaient, la poursuivaient, la harcelaient, tel cet étrange professeur qui avait récupéré tous les programmes datant de l'époque où elle était actrice – et même souffleuse – au Cercle Molière de Saint-Boniface ! Ou d'autres encore qui publiaient des indiscrétions, des faussetés ou des interviews dénaturant sa pensée.

Au cours d'une émission télévisée, Jean Cyr [9], son neveu par alliance, a affirmé qu'il ne l'avait jamais vue sourire. Quelle exagération ! Lisez donc « Comment j'ai reçu le Fémina » (*Fragiles Lumières de la terre*), et dites-moi un peu s'il s'agit du texte d'un auteur qui ne savait pas rire ! Elle avait un sens de l'humour incroyable. Elle aimait d'ailleurs le faire partager à sa nièce préférée, Yolande Roy-Cyr [10], une dame formidable, qui, lors d'un colloque de l'American Council on Quebec studies (Conseil américain des études québécoises) au Château Frontenac de Québec, en 1996, nous a présenté des photos inédites de la romancière en train de batifoler avec ses enfants. C'est surtout la dernière année de sa vie que l'écrivain a souffert de dépression : rien de surprenant, elle était si malade [11] !

Pour ma part, je trouve regrettable que l'homosexualité présumée de son mari ait été ainsi étalée au grand jour. C'était un homme intéressant et cultivé que j'aurais aimé connaître et interviewer à son tour. Je ne pense pas que Gabrielle et lui entretenaient d'aussi mauvaises relations qu'on l'a dit : ils avaient beaucoup de points communs. Le docteur Carbotte s'intéressait à l'œuvre de son épouse, la conseillait, l'encourageait ; il a même collaboré à *Alexandre Chenevert* en la faisant bénéficier de ses connaissances médicales [12]. Gabrielle m'a parlé de lui avec une sincère affection. Le jour de notre rendez-vous, il était d'ailleurs présent, la rassurant d'une voix douce à chaque fois qu'elle allait boire un verre d'eau à la cuisine pour apaiser sa toux. Je crois qu'il a été un véritable ami pour elle : c'est un aspect essentiel de la vie de couple.

Un écrivain universel

Après notre rencontre, Gabrielle Roy n'a pas coupé les ponts avec moi, mais elle se manifestait rarement en raison de sa pauvre santé. Je lui ai envoyé une copie de mon interview dont elle a approuvé le contenu, particulièrement représentatif, selon elle, de notre discussion. Je lui ai parlé pour la dernière fois au téléphone le 15 janvier 1983 : elle allait très mal. Six mois plus tard, en apprenant son décès, j'ai eu l'impression de perdre non seulement un membre de ma famille, mais tout un pan de ma vie.

Quelque temps après, j'ai acheté dans une boutique du Château Frontenac, à Québec, un exemplaire de *La Montagne secrète* illustré de douze lithographies de son ami le peintre René Richard. Je l'ai payé à prix d'or, mais j'y tiens comme à la prunelle de mes yeux et en ferai un jour don à un musée de la Vieille Capitale. Il n'en existait que trente exemplaires : j'ai eu la chance unique de me procurer le trentième...

Le but de Gabrielle Roy, dans l'existence, était de prendre place au rang des écrivains universels. Y a-t-elle réussi ? Pour ma part, je m'emploie de toutes mes forces à faire rayonner son œuvre. Mon ouvrage préféré est *La Route d'Altamont*, à cause des symboles du destin que les personnages croisent sur leur chemin. Avec « Le Vieillard et l'Enfant », l'auteur a atteint le summum de son art ; lors de mes conférences, je ne manque jamais non plus de présenter le film qui en a été tiré. *La Montagne secrète* occupe toujours une place importante dans mes lectures en raison de la doctrine esthétique qu'elle développe. Malgré la dure réalité qu'il décrit, *Ces enfants de ma vie*, que j'ai présenté dans un article comme le « testament littéraire [13] » de l'écrivain, dégage une émotion rare : toute la peinture du cœur humain se reflète dans ce document social. Enfin, dans *Cet été qui chantait*, véritable « ode à la terre et à la vie [14] », c'est notre âme collective qui s'exprime dans les descriptions de la nature.

Grâce aux efforts des spécialistes, l'œuvre de l'écrivain s'internationalise petit à petit. La Société des amis de Gabrielle Roy et le Bulletin [15] que j'ai créés en avril 2000 réunissent, en plus d'admirateurs canadiens, américains et français, un nombre non négligeable de Hollandais, Suédois, Ukrainiens, Grecs, Turcs, Japonais, etc. Si nous continuons à élargir ce « cercle enfin uni des hommes [16] » – pour reprendre l'expression de Gabrielle Roy –, peut-être parviendrons-nous un jour à la faire connaître et aimer dans le monde entier.

***

Myrna Delson-Karan est la première Américaine à avoir consacré une thèse de doctorat à Gabrielle Roy et l'une des plus grandes spécialistes de son œuvre aux États-Unis. Originaire de New York, elle poursuivit des études en littérature française et québécoise à l'université du même nom. Sa thèse de doctorat, *An Analysis of Selected Works of the French Canadian Writer Gabrielle Roy* (Une analyse des œuvres choisies de Gabrielle Roy, écrivain canadien-français, 1985), lui ouvrit toutes grandes les portes de l'enseignement.

Après avoir enseigné la littérature française et canadienne-française aux universités Hofstra (Long Island) et de Syracuse (État de New York), Myrna Delson-Karan exerça pendant dix ans les fonctions d'attachée aux Affaires éducatives à la Délégation générale du Québec, à New York. Elle enseigne de nouveau les lettres à l'université Fordham (même ville).

Dans ses nombreux articles (voir bibliographie succincte en fin d'ouvrage), Myrna Delson-Karan porte un regard neuf, plein de fraîcheur et dénué de tout *a priori* sur l'œuvre de Gabrielle Roy. Avec finesse, pertinence et originalité, elle analyse la poésie de son art, toute en symboles, images et métaphores, ses descriptions de la nature, ses influences littéraires, ainsi que la dualité de son message, fait d'angoisse existentielle et de joie universelle.

Lorsqu'on la connaît, on comprend mieux pourquoi Gabrielle Roy choisit de livrer ses dernières confidences à cette Américaine chaleureuse, ouverte, enjouée, d'une sensibilité proche de la sienne, avec laquelle elle vécut une trop brève amitié. En complément au présent témoignage, j'invite le lecteur à découvrir les confessions inédites de la romancière, que Myrna Delson-Karan nous a rapportées dans « The Last Interview » (La dernière interview [17]), un article connu des seuls spécialistes.

YVES SAINT-DENIS :
« UNE JOURNÉE DANS LA VIE
DE GABRIELLE ROY »

*Il faut sans doute avoir été une petite maîtresse d'école [...]
pour comprendre ce que j'éprouvais, le sentiment d'une
incroyable emprise sur les enfants, l'enivrante espérance de
laisser dans leurs vies un souvenir que rien ne pourra effacer,
mais aussi le déchirement de les quitter [...].*

« De la truite dans l'eau glacée »
(*Ces enfants de ma vie*)

Le phénomène Gabrielle Roy

Ma rencontre avec Mme Gabrielle Roy, il y a près de vingt ans, dans ses appartements privés, reste un moment privilégié de ma vie.

Lorsque j'ai découvert son roman *Bonheur d'occasion*, dans les années 1960, je l'ai lu plus rapidement qu'aucun autre, et même dévoré. Songez à la révélation qu'il avait été, à l'explosion qu'il avait provoquée lors de sa parution, en 1945 ! Nous sortions de cent ans de romans historiques et de romans de la terre. C'était le premier ouvrage de mœurs sociales ou à incidences urbaines jamais publié au pays.

Gabrielle Roy était arrivée à Montréal au début de la guerre. Vivant dans une mansarde de Westmount, le quartier des riches, ses activités de journaliste pigiste lui avaient permis de se familiariser avec son pauvre voisin du « pied de la montagne » : le village de Saint-Henri. Si elle écrivait pour tromper son ennui [1], *Bonheur d'occasion*, quant à lui, est né de son sentiment d'« indignation » – elle le souligne dans toutes ses interviews – face aux injustices qui l'environnaient. Le ton de protestation qui s'en élève est plus grave que celui de Roger Lemelin : dans *Au pied de la pente douce* [2], ce romancier use plutôt d'un humour satirique pour décrire la vie jaillissante du quartier populaire de Saint-Sauveur, à Québec.

Étant étrangère au pays, Gabrielle Roy a jeté un regard neuf sur son entourage. Pionnière du roman social, elle a été la première à s'intéresser aux petites gens et s'est découvert une veine naturaliste dans cette bonne ville encore grouillante de vie rurale, dans ces quartiers mal famés qui contrastaient avec les immeubles artificiels et luxueux de Westmount. Elle a pressenti la montée de la population vers la préparation de l'autonomie ; elle a révélé ce monde nouveau, qui était sur le point de s'ouvrir, d'éclater comme un bourgeon plein de sève ; elle a compris l'âme véritable du peuple québécois, qu'incarne si fortement Jean Lévesque, un ouvrier prêt à tout pour s'en sortir. Du moins est-ce mon interprétation.

Également pionnière du roman psychologique, Gabrielle Roy s'est livrée, dans *Bonheur d'occasion*, à une étude approfondie du cœur et de l'esprit humains, osant parler de l'amour comme personne ne l'avait jamais fait auparavant : un jeune homme rend visite à une jeune fille un dimanche en l'absence de ses parents, l'héroïne tombe enceinte, quelque part elle dévoile un sein… En ce temps-là, c'était quelque chose ! Le roman a paru à la fin de la guerre. C'était l'époque de la Grande Noirceur : Maurice Duplessis, un nationaliste conservateur et protectionniste, gouvernait tout en veillant à ce que ses « ouailles » ne soient pas « contaminées » par l'extérieur – il devait demeurer encore quatorze ans au pouvoir.

Quoi qu'il en soit, ce premier roman a été un coup de maître, un chef-d'œuvre : il a marqué un tournant, ouvert l'âge d'or de la littérature. Et phénomène extraordinaire de nos lettres : il est toujours d'actualité !

Gabrielle Roy au programme scolaire

Dans les années 1970, je décidais d'inscrire les cinq premières œuvres de Gabrielle Roy à mon programme de cours, en 13e année (niveau cégep) : *Bonheur d'occasion*, *La Petite poule d'eau*, *Alexandre Chenevert*, *Rue Deschambault* et *La Route d'Altamont*. En Ontario, comme partout ailleurs, nous traversions une période de profonde mutation : les professeurs se remettaient en question, cherchaient à se réorienter et à se rendre populaires auprès des élèves. En qualité de chef du secteur français, responsable des achats des manuels scolaires, des ouvrages de méthodologie et des grammaires, je suis allé chercher la littérature du Québec.

L'œuvre de Gabrielle Roy a immédiatement accroché mes élèves, qui avaient en moyenne dix-huit ans. Enfants d'agriculteurs canadiens-français ayant émigré de la Belle Province en Ontario à l'époque de la « revanche des berceaux [3] », ils y ont reconnu les vestiges d'un monde rural et familier. N'ayant lu jusqu'ici que des romans du terroir, tel *Trente Arpents* de Ringuet, cette plongée dans un univers urbain dominé par les usines et les trains les a tout à la fois surpris et séduits.

De plus, ils se sont retrouvés dans les personnages d'enfants, et plus encore de jeunes gens campés par Gabrielle Roy : on oublie trop souvent quel merveilleux peintre de l'adolescence elle est. Parce qu'ils faisaient les mêmes expériences, les mêmes sottises et les mêmes bonnes actions qu'eux ; parce qu'ils étaient, eux aussi, déchirés entre la ville et la campagne, Jean Lévesque et Florentine Lacasse sont devenus pour mes étudiants des modèles, des héros. L'humanité que respire son œuvre est l'un des grands facteurs de réussite de Gabrielle Roy auprès des jeunes.

Dans le « temple » de la romancière

À la fin de chaque année scolaire, j'avais coutume d'emmener mes élèves rendre visite à un écrivain québécois : Monseigneur Antoine Savard, Yves Thériault [4], Marcel Dubé, d'autres encore. En général, nous prenions rendez-vous à l'avance avec eux. En mai 1983, ma femme Hélène et moi-même avons pris le bus pour Québec en compagnie de treize adolescents. Connaissant l'état de santé et la volonté de solitude de Gabrielle Roy, il ne m'était jamais venu à l'esprit de lui écrire pour solliciter une entrevue [5] : elle ne recevait jamais d'étudiants. Toutefois, une fois parvenus à destination, mes élèves ont tellement insisté pour la rencontrer que j'ai fini par l'appeler.

Au début, je me suis fait tout petit : « Voilà, je ne voulais pas vous téléphoner à la dernière minute, mais mes élèves aiment tellement vos livres que je n'ai pu que céder à leurs instances !... Je sais que vous ne recevez pas de groupes, mais pourriez-vous faire une exception ? Nous ne sommes que quinze... Nous ne resterons pas longtemps... » « Quinze personnes ! s'est-elle exclamée, horrifiée, vous vous rendez compte ? Je n'ai pas l'habitude de recevoir autant de monde dans mon appartement ! Non, je regrette ! » « Madame Roy, ai-je poursuivi sur un ton implorant, nous sommes des Franco-Ontariens qui venons nous ressourcer chaque année au Québec... Nous avons besoin de retrouver nos racines... Mes élèves ont envie de faire le plein de vitamines françaises... Vous savez bien ce que c'est, vous, que de se sentir étranger dans son propre pays ! » Cette fois, j'avais touché la corde sensible. « Mes étudiants vont être terriblement déçus, ai-je immédiatement enchaîné, ils espéraient tant de cette rencontre avec vous ! Ils vous ont étudiée, ils connaissent bien votre œuvre, ils ont des questions à vous poser… » Finalement, toute résistance est tombée. « Eh bien, venez ! » a-t-elle soupiré.

Mes élèves ne se tenaient plus de joie. Néanmoins, nous sommes arrivés en silence et en rang au Château Saint-Louis, aussi impressionnés que si nous allions pénétrer dans un sanctuaire. Le beau sourire de Gabrielle Roy nous attendait à la porte de son appartement, au troisième étage. « Entrez sur la pointe des pieds, nous a-t-elle recommandé, et installez-vous par terre ! » Voyant que j'étais le plus âgé de la bande, elle m'a proposé un fauteuil, mais j'ai préféré m'asseoir avec les autres sur le tapis du salon. Hélène et mes élèves s'extasiaient devant le luxe qui régnait dans la pièce : aux murs, des tableaux et des portraits, dont celui de l'écrivain, peint par Jean-Paul Lemieux ; partout, des meubles anciens importés de France, des bibelots, de la vaisselle en porcelaine, de l'argenterie ; sous nos pieds, un tapis mollet, moelleux, tissé de motifs recherchés. « Mon mari est un spécialiste des dépenses ! » nous a-t-elle déclaré en manière de plaisanterie.

Une Gabrielle Roy inédite

Je me suis mis à la dévisager. Son élégance était frappante : maquillée, les cheveux soigneusement peignés, elle portait des boucles d'oreille de valeur, une magnifique *blouse* au col de délicate dentelle, et une jupe de coutil d'une fort belle coupe. « Vous avez eu de la chance de m'attraper au vol, nous a-t-elle confié, je partais à mon chalet ! » Cette remarque m'a quelque peu surpris : en effet, quand on va à la campagne, généralement on ne s'habille pas ! Je la soupçonnais plutôt de s'être apprêtée pour nous recevoir. Ses beaux effets faisaient ressortir son visage, un visage comme j'en ai rarement vu : ridé, parcheminé – mais si ce n'était que cela ! –, plissé, *plissotté, pliiaillé…* « Pauvre femme ! » n'ai-je pu m'empêcher de penser. Contrastant avec son teint bistre, son sourire illuminait son regard ; un regard d'une extraordinaire limpidité, qu'accusaient encore les baies vitrées et ensoleillées de son salon. J'ignore si c'était la maladie qui lui donnait ces yeux brillants, transparents, hors du commun. Néanmoins, elle paraissait en excellente forme ce jour-là : j'étais à cent lieues d'imaginer qu'elle allait mourir deux mois plus tard.

Aussi intimidée que mes élèves, Gabrielle Roy a pris place dans un fauteuil et s'est adressée à eux avec une grande douceur. Dès les premiers mots, ils sont tombés sous le charme. L'ancienne enseignante qu'elle était a commencé par tâter le terrain : elle voulait savoir à quel genre d'élèves elle avait affaire. Mais, à ma plus grande fierté, ils s'étaient tous sérieusement préparés. Ils lui ont posé des questions pertinentes, par exemple pourquoi elle avait laissé Florentine Lacasse tomber enceinte, alors que l'héroïne avait juré à sa mère, laquelle attendait son onzième enfant, que pareil accident ne lui arriverait jamais à elle. Sa réponse, que j'ai malheureusement oubliée, l'a amenée à évoquer le thème du conflit des générations et du respect que l'on doit à ses parents. En effet, Florentine s'était montrée dure, désinvolte et inconvenante envers sa maman.

Plus le temps passait, plus Gabrielle Roy s'animait et devenait intarissable. Je n'en revenais pas : elle qui avait la réputation d'être silencieuse, sauvage et intériorisée semblait parfaitement détendue, à l'aise et heureuse au milieu de ces adolescents qui la bombardaient de questions. Lorsqu'ils lui ont annoncé que Jean et Florentine étaient devenus des exemples pour eux, elle a paru extrêmement touchée : jamais, sans doute, aucun adolescent ne lui avait encore fait pareille confidence. Elle s'est alors levée pour prendre une splendide théière en argent et nous a servi du thé dans des *coupes* en porcelaine finement ciselées.

Une citadelle imprenable

Une de mes étudiantes lui a également demandé pourquoi elle n'avait pas eu d'enfants. Là encore, je ne me souviens plus de sa réponse, mais à ses hochements de tête éloquents, nous avons compris qu'il ne fallait pas lui poser de questions trop indiscrètes. Or, estimant moi aussi que l'œuvre et l'écrivain sont indissociables, j'essayais toujours d'amener les auteurs à parler d'eux. Avec Gabrielle Roy, c'était très difficile, coriace même : elle éludait habilement les questions trop personnelles, usait de pirouettes, se retranchait derrière ses héros de roman. Si elle était capable d'exprimer ses sentiments, par exemple la joie qu'elle éprouvait en donnant naissance à ses personnages – cela, malgré les douleurs de l'enfantement –, elle répugnait à parler d'elle et de sa vie privée. À aucun moment, elle n'a fait allusion à son mari ou à ses relations conjugales, que l'on sait très... particulières.

J'ai tenté de la pousser dans ses retranchements, mais elle se réfugiait obstinément derrière son métier d'écrivain : « Tout est dans mon œuvre », répétait-elle. Ainsi nous a-t-elle raconté comment elle était venue à l'écriture, puis la genèse de ses romans – vous l'avez vous-même retracée dans *Les Chemins secrets de Gabrielle Roy – Témoins d'occasions*. Si, pour elle, *Bonheur d'occasion* n'était pas un ouvrage autobiographique[6], par contre elle avait intégré de nombreux épisodes de sa jeunesse dans *La Petite Poule d'eau*, *La Route d'Altamont* et *Rue Deschambault*.

Très humble envers son œuvre, elle nous a expliqué que l'écriture, chez elle, ne venait pas facilement : elle n'avait ni la discipline inflexible d'une Claire Martin[7], qui écrivait chaque matin de neuf heures à midi, ni le génie d'une Anne Hébert, chez laquelle la poésie coulait comme une source. En revanche, elle reconnaissait posséder un sens aigu de l'observation. C'était une personne silencieuse et contemplative qui examinait les gens plus qu'elle ne *jasait* avec eux. En ce qui me concerne, je n'ai jamais su démêler la part de vérité et de fiction dans son œuvre : je crois qu'elle mélangeait tout volontairement.

L'éternelle pédagogue

Au bout d'une heure d'entretien, je me suis levé par politesse : « Madame Roy, votre chalet vous attend sans doute… » Mais c'est qu'elle n'était plus du tout pressée de se rendre à Petite-Rivière-Saint-François et qu'elle ne voulait plus nous laisser partir ! À ma plus profonde surprise, un rapprochement s'était naturellement opéré entre mes élèves et elle. Assise dans son fauteuil, deux jeunes filles à ses pieds, elle ressemblait à une grand-mère, au sens noble du terme, racontant des histoires à ses petits-enfants. Parfois, elle taquinait l'un ou l'autre d'entre eux : « Ne fais pas ton p'tit Jean Lévesque ! » a-t-elle lancé à un garçon qui fanfaronnait. Tout le monde s'est mis à rire. Je crois bien qu'elle serait restée des heures à deviser, et nous, à l'écouter.

Au moment des adieux, elle nous a confié combien elle regrettait de n'avoir pas communiqué davantage avec les jeunes au cours de sa carrière, de n'être pas allée présenter ses ouvrages dans les écoles et les universités. Elle paraissait sincèrement désolée. Au contact de mes élèves, elle avait réalisé tout d'un coup qu'elle avait souvent traité des problèmes de l'adolescence dans son œuvre, et beaucoup perdu en demeurant cloîtrée chez elle. Mais il n'était pas dans sa nature de se mêler aux groupes.

L'apport de Gabrielle Roy aux jeunes

Mes disciples sont sortis de chez elle à la fois enchantés et enrichis, plus joyeux et plus réfléchis. Gabrielle Roy a été assurément l'une des rencontres les plus importantes de leur vie. Près de vingt ans après, Lucie Boileau, une de mes anciennes étudiantes devenue journaliste à la télévision franco-ontarienne, me la rappelait encore : non seulement la romancière lui avait fourni des informations inédites pour sa composition française, mais elle avait vécu un authentique « échange » avec elle.

Dans le bus qui nous ramenait en Ontario, les élèves n'ont parlé que de… Gabrielle Roy. Les uns vantaient son accueil chaleureux, sa simplicité, la beauté de son appartement ; les autres commentaient l'entretien qu'ils avaient eu avec elle ; d'autres, enfin, prenaient déjà des notes en prévision de leur future dissertation. Tous m'ont rendu d'excellents devoirs, certains mêmes de véritables reportages ou journaux de voyage. Dommage que tous ces écrits se soient perdus avec le temps !

Le fait que mes élèves aient communiqué avec Gabrielle Roy et qu'ils s'identifiaient à ses héros a rendu l'analyse de son œuvre beaucoup plus aisée. Ainsi, par le truchement de tout un jeu de questions-réponses, d'interprétations et de significations, nous sommes-nous penchés sur les thèmes de la misère, de la recherche du bonheur, de la jeunesse, de l'évasion, de la femme, de la création artistique. Plus profondément, avons-nous étudié l'aspect sociologique et la structure de ses romans, les personnages, le rapport espace-temps, la justification du titre, l'introduction et la conclusion de chaque ouvrage, le langage populaire, la transposition poétique des souvenirs dans les ouvrages à saveur autobiographique et, bien sûr, la beauté de l'écriture.

Gabrielle Roy a une plume de qualité, un style souple, une expression colorée. Elle ouvre des perspectives nouvelles : par exemple, dans *Rue Deschambault*, on découvre le point de vue d'une enfant, un procédé parfois utilisé par les représentants du Nouveau Roman. À l'inverse, on ne peut pas dire qu'elle ait un sens du suspens très développé : tout est dans l'atmosphère, la suggestion, la poésie ; même si ses livres ont un aspect documentaire, Gabrielle Roy décrit surtout l'essence des choses.

***

On a coutume de présenter Yves Saint-Denis comme « le plus québécois des Ontariens ». Descendant d'une famille de nobliaux normands immigrés au XIXe siècle en Ontario, il naquit à Chute-à-Blondeau (comté de Prescott). Enfant d'éducateurs, c'est tout naturellement qu'il se tourna vers l'enseignement, enseignant les lettres dans différentes écoles et collèges, tant dans sa province natale qu'au Québec. Également homme d'affaires, il fut successivement président d'une entreprise de construction immobilière, trésorier d'une compagnie de transport et de commerce d'acier, enfin copropriétaire d'un hôtel.

Militant profondément engagé dans la cause française en Amérique, défenseur de la minorité franco-ontarienne et nationaliste québécois convaincu, il est de surcroît l'auteur d'une monumentale thèse de doctorat de 1422 pages sur *L'Édition critique de L'Appel de la race de Lionel Groulx*[8] (1992), de monographies (*Le Grand dérangement*, 1982 ; *Les Saint-Denis du Canada*, 1988 ; *Géographie, histoire et généalogie de Chute-à-Blondeau*, 1998), d'ouvrages historiques (*Aperçu historique de la paroisse de Saint-Alphonse de Hawksbury*, 1996 ; *Le Drame sanglant de la maison Cooke*, 1996 ; *Nous ! 101 faits historiques de l'Ontario français*, 1999), et de nombreux poèmes, articles et causeries.

Yves Saint-Denis est l'un des rares enseignants à avoir « forcé » la porte de la romancière et réussi, grâce à son éloquence et à son entregent, à

Gabrielle essouchant le terrain de sa sœur Marie-Anna
à Tangent (Alberta), en 1942. (collection particulière)

Gabrielle Roy dans un jardin public
de Montréal. (coll. part.)

La maison du ténor Henri Pontbriand, à Rawdon, où Gabrielle rejoignait, dit-on, Henri Girard. (coll. part.)

La maison de la rue Alepin, à ville LaSalle, où Gabrielle accoucha péniblement d'*Alexandre Chenevert*. (photo de l'auteur)

L'hôtel Belle-Plage, à Baie-Saint-Paul : un premier contact avec la région de Charlevoix. (photo de l'auteur)

Gabrielle Roy devant la gare de Saint-Henri après le lancement de
Bonheur d'occasion. (Conrad Poirier – A.N.Q.)

Gabrielle Roy relisant un jeu d'épreuves
dans son appartement de Québec. (coll. part.)

Gabrielle en promenade avec Berthe Simard sur la voie de chemin
de fer de Petite-Rivière-Saint-François. (Archives Berthe Simard)

Gabrielle à Petite-Rivière-Saint-François: toujours moitié sauvage,
moitié sociable... (photo: Alain Stanké)

Une autre grande amitié : avec l'éditeur Alain Stanké,
à Petite-Rivière-Saint-François. (photo : Alexandre Stanké)

Le chalet de Petite-Rivière-Saint-François : la seule fois où Gabrielle atteignit le paradis sur terre… (photo : Claude Fournier)

Le mont Gabrielle-Roy veille à jamais sur la mémoire de l'écrivain, à Petite-Rivière-Saint-François. (photo de l'auteur)

imposer toute une classe chez elle. S'il tire une fierté légitime de sa rencontre avec Gabrielle Roy, modeste, il s'efface ici au profit de ses élèves de l'école secondaire de Plantagenêt (est de l'Ontario), lesquels réalisèrent ce miracle de réveiller la pédagogue qui sommeillait en elle depuis sa lointaine expérience d'institutrice au Manitoba.

VI

LES VISITEURS DE PETITE-RIVIÈRE-SAINT-FRANÇOIS

L'on a souvent écrit et raconté que Gabrielle Roy avait trouvé à Petite-Rivière-Saint-François le paradis sur terre.

Il est vrai qu'entre 1957 et 1983, elle y passa vingt-six étés « heureux (traversés toutefois de nuages), rythmés sur l'arrivée et le départ des oiseaux, leurs périodes de nidations, l'éclosion et la mort des fleurs, le flux et le reflux du fleuve, le passage du petit train, la floraison des pommiers, les étoiles filantes, le passage des dauphins [et] l'embrasement final des érables à l'automne », comme nous le décrit poétiquement le journaliste et historien littéraire Marc-André Bluteau dans son article « Gabrielle Roy en Charlevoix [1] ». Vingt-six étés durant lesquels la romancière s'adonna à ses occupations favorites (la lecture, l'écriture, le jardinage, la marche, la balançoire), approfondit sa relation avec la nature, Dieu et l'humanité lointaine, s'efforça de vivre en harmonie avec elle-même et cultiva son talent littéraire comme la plus belle rose de son jardin.

***

Situé à une centaine de kilomètres au nord-est de Québec, dans une région que Gabrielle connaît bien puisqu'elle y vient régulièrement depuis 1943 en reportage, en vacances ou en visite chez des amis, le village de Petite-Rivière-Saint-François est le seul endroit au monde où l'écrivain « toujours en migration [2] » choisit enfin de poser ses valises.

À près de cinquante ans, aspirant sans doute à un peu de stabilité et à acquérir quelque bien – l'appartement du Château Saint-Louis, à Québec, appartient à son mari –, elle jette son dévolu sur un chalet voisin de celui du peintre Jori Smith (voir son témoignage dans cet ouvrage), pour l'acheter au printemps 1957 : éloigné des autres habitations, il correspond pleinement à son rêve de tranquillité, de solitude, de communion avec la nature, de liberté et d'ouverture sur des espaces infinis, invitant à la méditation.

Laissons Gabrielle Roy elle-même nous présenter celui qu'elle considère comme « le plus joli paysage du monde » : « D'une petite falaise, nous dominons en effet le fleuve très large, une chaîne de belles collines sur un côté, l'Île-aux-Coudres en bas, vers le milieu de l'eau. En arrière, nous avons une haute montagne, couverte presque jusqu'à son sommet d'érables et de bouleaux. Un coup d'œil extraordinaire[3]! »

Tous ceux qui ont eu le privilège de s'y rendre ont été frappés par l'atmosphère de douceur monacale et de mysticisme lumineux qui confère à ce lieu l'irréalité du rêve. C'est bien le « paradis » : un terme qui reviendra fréquemment sous la plume de Gabrielle Roy, en particulier dans son roman *Cet été qui chantait*, écrit en honneur de son ermitage.

C'est le paradis du bien-être. Chacun des séjours de Gabrielle à Petite-Rivière-Saint-François efface le souvenir des pénibles hivers endurés à Québec, insuffle à son corps un regain de jeunesse et de vigueur, cicatrise ses plaies intérieures. En un mot, elle redevient elle-même : « C'était un plaisir de la voir aussi joyeuse, sympathique, attentionnée, [...] passionnée, rieuse, plaisantant, l'humeur conteuse[4] », confiera son amie Madeleine Bergeron, éducatrice auprès de jeunes handicapés physiques à Québec, malheureusement disparue peu de temps avant le début de ma tournée d'interviews.

C'est le paradis de l'enfance retrouvée. Le docteur Marcel Carbotte y reconstitue amoureusement pour sa femme une partie du jardin de la rue Deschambault : « [...] au bord de la mer, presque toutes les fleurs se mêlent, combinent les couleurs et s'agitent gaiement. Nous avons cette année de magnifiques delphiniums d'un bleu tout à fait tendre, extraordinaire ; à côté, des pavots d'un beau rouge ; puis des œillets mignardise qui embaument. Et des roses, des roses. Elles me font toujours penser à notre pauvre vieux père qui soignait les siennes avec tant de persévérance », s'émeut l'auteur dans une lettre à Bernadette du 24 juillet 1961[5]. De même, le petit bois de trembles qui agrémente son terrain lui remémore-t-il celui de son oncle Excide, dont le bruissement de pluie berçait jadis ses vacances à Somerset.

L'on n'insistera jamais assez sur l'importance du jardin dans la vie et dans l'œuvre de Gabrielle Roy[6]. L'expression « d'un jardin à l'autre » ne pourrait-elle résumer son itinéraire personnel, fait de courses incessantes de pays en pays, en quête d'un petit nid idéal ? Animés par la même folie des voyages, la même insatisfaction qu'elle, nombre de ses personnages vivent et meurent dans la nostalgie d'un coin de nature ou d'un jardin qui s'apparente au regret universel du Royaume éternel.

C'est le paradis de la nature. Telle Alice au pays des Merveilles, Gabrielle vit au cœur de la verdure, des arbres, des fleurs. Ses lettres à Bernadette regorgent de « vives couleurs charmantes[7] », embaument les fruits sauvages, frémissent de mille petits bruits. Je ne crois pas exagéré de dire que l'écrivain a aimé son domaine jusque dans ses moindres recoins, parterres, plantes, feuilles, papillons, insectes et gouttes de rosée. Chacune de ses promenades au jardin, dans la campagne ou le long de la voie ferrée qui court sous la falaise, est prétexte à herboriser, à apprendre, à s'émerveiller. Au fil des ans, Gabrielle va nouer une relation exceptionnelle avec son environnement, au point d'en devenir partie intégrante : ainsi se compare-t-elle souvent à ses bouleaux, dont la « sensibilité extrême[8] » s'accorde merveilleusement avec la sienne.

De la même manière, développe-t-elle un sens aigu de l'observation au contact des animaux qui l'entourent : chevaux, vaches, lapins, oiseaux, chiens, chats, grenouilles, lucioles, etc. En véritable émule de saint François d'Assise, Gabrielle passe des heures entières à les identifier, à tenter de déchiffrer leur langage et à converser avec eux.

C'est le paradis de l'amitié, dont sa voisine Berthe Simard – une charmante demoiselle qui m'a toujours accueillie avec une générosité souriante chez elle – demeure le fidèle ange gardien. Malgré sa volonté de solitude, Gabrielle Roy ne résiste pas à la fierté de faire visiter sa propriété et de partager les fêtes sans cesse renouvelées de la nature avec ses semblables. Dans les années 1960 et 1970, les invités vont se succéder au chalet : membres de la famille proches ou éloignés, amis, artistes peintres, relations professionnelles, enseignants, étudiants amoureux de son œuvre, tous sont heureux de savourer, en compagnie de l'écrivain, quelques instants de paix arrachés entre fleuve et nuages aux contraintes – « parfaitement inutiles[9] », selon elle – de la vie citadine.

Chez Gabrielle, on discute littérature et personnages romanesques, on plaisante, on rit, on se promène, on se dispute l'honneur de se balancer avec elle, on mange frugalement – la maîtresse de maison étant plus douée pour régaler d'anecdotes ses convives que de plats mitonnés – et on y boit même de la bière.

Trois grands spécialistes de Gabrielle Roy, l'Américaine Paula Ruth Gilbert, le Canadien Paul Socken et le Québécois Antoine Sirois ont accepté de faire revivre ici quelques-uns de ces moments uniques. Le lecteur en a découvert d'autres dans les chapitres précédents de ce livre, comme dans *Les Chemins secrets de Gabrielle Roy – Témoins d'occasions*.

C'est le paradis de l'écriture. Gabrielle Roy s'impose une discipline de fer en écrivant pratiquement tous les jours : ainsi, treize de ses ouvrages seront-ils mis en chantier à Petite-Rivière-Saint-François, parmi lesquels *La Montagne secrète, La Route d'Altamont, Cet été qui chantait, Un jardin au bout du monde, La Saga d'Éveline*, ce dernier étant une fresque historique inspirée de sa famille maternelle qu'elle n'achèvera jamais, et *La Détresse et l'Enchantement. Ces enfants de ma vie* y sera même entièrement rédigé.

Gabrielle écrit le plus souvent face au fleuve : le moutonnement bleu-violet des vagues entraîne son imagination à perte de vue, vers les champs de bleuets lointains du Manitoba. Parfois, Berthe Simard la surprend à travailler dans le jardin : « La plupart de ses idées lui venaient alors qu'elle se balançait dans sa *chaise-berceuse*. Quelquefois, alors qu'elle était en train de nous raconter une histoire, à son mari et à moi-même, elle s'arrêtait brusquement puis courait à la maison inscrire quelques notes dans un calepin noir. Nous avions beau lui répéter de garder son cahier à portée de main, elle s'obstinait à le laisser sur son bureau, dans la chambre. Que ce soit dans sa maison, à l'extérieur ou en promenade, l'esprit de Gabrielle était en perpétuelle ébullition. » De nombreux spécialistes de son œuvre s'accordent pour dire que c'est à Petite-Rivière-Saint-François et sous l'influence de son éditeur, Alain Stanké, qu'elle a donné la pleine mesure de son talent d'écrivain, se révélant dans ses phrases à la fois poète, musicienne, peintre, sculpteur, chorégraphe et metteur en scène.

C'est le paradis de la prière. Le silence, la présence des « anges musiciens » dans la cour – c'est le surnom de ses thuyas –, le chuchotement du vent dans les hauts fûts des pins, pareils à des colonnes d'église, tout invite au recueillement, à la contemplation. Depuis 1964, année de la mort de sa sœur Anna, Gabrielle a renoué avec la pratique religieuse et fréquente régulièrement la chapelle voisine. Le printemps 1965 lui apporte une véritable bénédiction : l'arrivée de Bernadette et de Clémence. Jamais l'écrivain n'oubliera ces brèves mais émouvantes retrouvailles au milieu des champs de marguerites : « Nous avons fait une sorte de petit chef-d'œuvre de cette rencontre [10] », confessera-t-elle quelques mois plus tard.

Dans les années 1969-1970, sentant approcher la mort de Bernadette, elle est saisie d'une ferveur intense qui se traduit par un flot de lettres à sa sœur, confondue dans un même amour de la nature et du Créateur. Cette dernière disparue, Gabrielle s'imagine la voir partout – dans les nuages, sur le fleuve, dans la corolle des fleurs : « [...] j'ai le sentiment que ton souvenir va chanter à jamais avec le doux vent de l'été, que tu vas être constamment présente sur le vaste horizon du fleuve, que j'entendrai toujours ta chère voix mêlée au bruissement des feuilles de bouleau et de la marée montante [...] tu seras mêlée à tout ce qui parle du bonheur sur terre [11] ». Au vent, elle demande de faire fusionner leurs deux âmes : « La mienne et la tienne se rejoindront peut-être un jour dans ce même petit bois de pins pour s'unir au chœur qui chante la délivrance [12]. » Désormais, Petite-Rivière-Saint-François demeurera indissociable du culte romantique que la romancière voue à la petite sainte du Manitoba. Il culminera en un ouvrage qui est à la fois un bréviaire d'amour, une Bible de la nature et un livre d'heures à la gloire du Divin : *Cet été qui chantait*.

⋆⋆⋆

Sans doute Gabrielle Roy n'aurait-elle pas autant apprécié Petite-Rivière-Saint-François si elle n'y avait connu également la souffrance : son paradis n'était pas aussi idyllique qu'on l'imagine et ne semble pas avoir exercé une influence toujours bénéfique sur elle.

Tout d'abord, on peut se demander pourquoi le choix de cette villégiature quasi rejetée « à l'extrémité du monde habité [13] ». *Cet été qui chantait* insiste sur l'isolement et la sauvagerie des lieux : autour du domicile de la narratrice, ce ne sont qu'« empilements de roc éboulé [...] menaç[ant] de se déverser dans le fleuve », mares aux eaux « noires, ténébreuses, muettes [14] » et montagnes ombreuses. Cette désolation impressionnera vivement la sœur bibliothécaire de la communauté SNJM d'Outremont (ouest de Montréal) interrogée dans la présente partie, qui y verra un reflet du profond mal-être de l'auteur.

Il est vrai que, même à Petite-Rivière-Saint-François, l'humeur de Gabrielle demeure « partiellement triste, partiellement ensoleillé[e] [15] » : la proximité de la nature soulage ses maux physiques et ses nerfs torturés sans la guérir pour autant. Déjà, l'année précédant son emménagement, elle écrit à son mari que la région de Charlevoix « a perdu beaucoup de charme à [ses] yeux, [qu']il s'est éteint à [son] regard [...] [16] ». Douze ans plus tard, c'est le même refrain : « l'ennui », « l'angoisse » et « l'amertume [17] » qu'elle y ressent par moments n'ont d'égal que son invincible nostalgie du Manitoba. Si elle a tendance à exagérer, selon son habitude, l'on comprend fort bien qu'elle ait pu traverser des moments difficiles dans ce presque désert.

On raconte que Gabrielle vient à Petite-Rivière-Saint-François pour se fuir elle-même... De fait, face à une nature qui lui renvoie sans cesse son image, elle n'aura pas trop de vingt-six années pour faire le point sur elle, mettre de l'ordre dans son passé, exorciser sa culpabilité envers sa mère, améliorer son caractère, harmoniser ses contraires, renoncer à ses désirs et croître en sagesse. À l'inverse, son refuge va fâcheusement accuser sa propension à la sauvagerie, au repli sur soi, voire à la misanthropie : elle reporte son amour des êtres frustré sur des paysages et des personnages de roman, fait parler les animaux dans ses livres pour combler sa solitude et s'enferme avec le fantôme de Bernadette. Artiste sensible, vivant elle aussi à l'écart du monde, le peintre canadien-japonais Miyuki Tanobe est l'un de mes seuls témoins à avoir compris cette attitude. Cependant, grâce à l'écriture de *La Détresse et l'Enchantement*, Gabrielle Roy parviendra à un certain équilibre, bilan de soi, somme humaine, poétique, philosophique, et testament littéraire.

On raconte aussi que Gabrielle fuit ses problèmes familiaux à Petite-Rivière-Saint-François : frictions avec ses frères et sœurs, moins favorisés qu'elle sur le plan matériel, situation précaire de Bernadette et de Clémence au Manitoba... Plusieurs étés au chalet seront effectivement gâchés par des disputes avec Marcel Carbotte, par des démêlés avec Marie-Anna (voir « L'affaire du maudit manuscrit » dans cet ouvrage), par le fardeau moral et financier que ses sœurs représentent. Toutefois, la romancière fera contre mauvaise fortune bon cœur en adoptant, à défaut de solutions, certains compromis.

On raconte encore que Gabrielle fuit ses semblables à Petite-Rivière-Saint-François : en effet, celle que l'on considère au Canada francophone comme le plus grand écrivain de la condition humaine semble incapable de vivre avec les autres, de s'adapter à un groupe et à la société en général, de supporter l'aspect public de son métier. De son côté, elle prétend que non seulement elle se suffit à elle-même, mais qu'elle a besoin de « s'éloigner » pour comprendre les êtres, d'écrire (ou de leur écrire) pour les « rejoindre » au plus profond d'eux, et de se couper du monde pour trouver les mots les plus aptes à communiquer un message à valeur universelle.

C'est une opinion qui se défend et se discute tout à la fois. Il est vrai qu'à de rares exceptions, les écrivains ont besoin de plus de solitude que la moyenne des humains pour mener leur tâche à bien. Seulement, la solitude de Gabrielle Roy, elle, confine au « dramatique », si l'on en croit son amie le peintre Jori Smith : avant-gardiste dans sa jeunesse, elle apparaît à présent complètement dépassée par le progrès, le modernisme, l'évolution de la société, les nouveaux courants littéraires et le reste. Jamais elle ne fera le moindre effort pour tenter de remédier à cette situation ; mais, avec le recul, on se demande si elle n'a pas eu raison de demeurer elle-même au mépris de tous, d'ignorer les événements et les modes éphémères afin de sauvegarder sa personnalité, son œuvre et son style propres : sa réputation de grand écrivain classique en est peut-être sortie grandie.

**

Quoi qu'il en soit, si Gabrielle Roy n'avait pas vécu à Petite-Rivière-Saint-François des étés partagés entre joie et tristesse, peut-être ne se serait-elle pas penchée avec autant d'émotion, d'humour et de sensibilité sur le petit monde qui l'entourait : *Cet été qui chantait*, ce « poème terre à terre, ciel à ciel, oiseau à fleur [18] », tel que nous le décrit si joliment l'écrivain Jean-Éthier Blais, réalise la synthèse du bonheur et du malheur qu'elle y a vécus, tout comme la nature et l'univers entier.

En effet, aussi merveilleux soit-il, le microcosme de l'écrivain est loin d'être « dépourvu de tragédie [19] », pour reprendre l'expression du professeur Myrna Delson-Karan : le lecteur est témoin d'une séparation entre des arbres et leurs oiseaux à cause de la pollution, de la vieillesse d'une chatte, de l'assassinat de la corneille préférée de Gabrielle par un voisin, et de bien d'autres injustices. « Derrière la vision heureuse, une détresse, une angoisse, renchérit M. G. Hesse dans *Gabrielle-Roy par elle-même*[20]. La douleur préside à l'élaboration de ce monde paradisiaque. » Toute l'originalité de l'auteur consiste justement à avoir présenté cette nature comme le miroir de sa propre existence, et par là même, de la nôtre et du Grand Tout.

Mais par-delà le Bien et le Mal qui se disputent son jardin, c'est une formidable leçon de choses que nous offre ici Gabrielle Roy : les nouvelles de *Cet été qui chantait* apparaissent comme autant de « cantiques[21] » formant un chant (un terme fréquemment utilisé par l'auteur) en hommage à l'équilibre des grandes forces cosmiques, lequel s'élève magnifiquement vers le Créateur pour éclater en une symphonie d'été féerique pour arbres, oiseaux, fleuve, fleurs et ruisseaux. Rares sont les écrivains ayant eu, à un tel niveau, la révélation de la « mystérieuse et secrète entente[22] » qui unit les règnes humain, animal et végétal. Aussi, consciente de ce privilège, la romancière nous invite-t-elle à davantage d'humilité face au mystère de la nature et de son cycle éternel : naissance-mort-renaissance ; à l'émerveillement devant l'indissociable unité de la vie et de la mort, de la beauté et de la laideur, de la force et de la fragilité ; au dépassement de nos préjugés et à l'acceptation des différences afin d'atteindre à la fraternité universelle. Car pour Gabrielle Roy, seuls les animaux et les plantes possèdent « des réponses à nos pauvres questions humaines[23] », comme le don inestimable de recréer le paradis sur terre.

BERTHE SIMARD, L'HÉROÏNE D'*UN JARDIN AU BOUT DU MONDE* ET DE *CET ÉTÉ QUI CHANTAIT*: « IL N'Y A PAS DE MYSTÈRE GABRIELLE ROY… »

Nous sommes retournées par le chemin de fer, Berthe et moi,
un soir de cet été, vers la mare de monsieur Toung.
« De retour à la mare de Monsieur Toung »
(*Cet été qui chantait*)

Pas un coup de foudre

Les peintres Jori Smith et Jean Palardy possédaient une maisonnette rouge à Petite-Rivière-Saint-François. Gabrielle Roy y a fait halte en 1956, avant d'acheter la sienne l'année suivante. Un jour, M. Palardy est arrivé chez moi – j'habitais alors la maison bleue de mes aïeux, de l'autre côté de la route – en me disant: « Je vais vous présenter quelqu'un… Gabrielle Roy! Cela vous fera une bonne amie, j'en suis certain! » Évidemment, j'avais entendu parler de la romancière et de *Bonheur d'occasion*, mais ne l'avais encore jamais rencontrée. En plus, je ne connaissais aucun de ses livres.

Évoquer Gabrielle Roy éveille toujours un peu de souffrance en moi…

Elle avait un physique ordinaire: elle n'était plus toute jeune à son arrivée ici. Au début, nous ne nous voyions pas très souvent: ma famille et

Vingt ans après la disparition de Gabrielle, Berthe Simard se remémore…
(photo : Claude Fournier)

moi-même étions gênées de recevoir un nouveau *personnage* à Petite-Rivière-Saint-François – surtout une dame de cette valeur !

Contrairement à ce que l'on a écrit et raconté, nous ne nous sommes pas spontanément liées d'amitié : nous avons appris à nous connaître petit à petit. Ni elle ni moi n'étions des femmes de « coups de foudre ». Mais au fil du temps, Gabrielle Roy est devenue une grande amie, presque un membre de la famille : elle l'est toujours restée. Nous avons vécu une amitié de trente ans.

La romancière a su gagner ma confiance, se révélant une compagne à nulle autre pareille. Sa disparition a creusé un grand vide en moi : je n'ai jamais retrouvé une autre personne de cette qualité, jamais je ne l'ai remplacée. C'était… une confidente. En fait, il n'y a pas de mots pour la définir…

Les petits secrets de *Cet été qui chantait*

Dans les années 1970, devenues très proches l'une de l'autre, Gabrielle et moi *prenions des marches* sur la *track* (ligne de chemin de fer) qui passait en bas de la côte, au-dessous de nos terrains respectifs : les idées lui venaient en se promenant[1]. Ainsi, la plupart des contes de *Cet été qui chantait* ont-ils pris naissance au fil de ces pèlerinages, qu'elle appelait

« nos voyages ». Nous abattions plusieurs miles tout en bavardant et en riant : nous avions du plaisir avec des riens, par exemple à cueillir des fleurs. Gabrielle, qui les aimait beaucoup, en cultivait plein son jardin. Nous essayions d'*identifier* les plantes, les arbres, les feuilles, les oiseaux, dont elle adorait écouter le chant ; elle l'a d'ailleurs transcrit dans son livre [2]. Chaque fois, nous allions rendre visite au pin solitaire qui domine les rails et les rochers : lui aussi apparaît plusieurs fois dans son ouvrage [3]. Gabrielle ne faisait qu'une avec la nature.

Tous les animaux qu'elle met en scène dans *Cet été qui chantait* ont réellement existé : ma chienne Tontine, ma chatte La Grande-Minoune-Maigre, la vache de notre voisin, M. Émile Gagné, paissant dans sa *gatte* (champ de vilaine terre), etc. Tous les lieux décrits sont également authentiques.

Mon amie avait beaucoup d'humour. Voyez, sur les photos, le curieux *bob* (chapeau d'été) dont elle était coiffée ! Lorsqu'elle passait devant le champ de M. Gagné, elle imaginait que les vaches se disaient entre elles : « Regardez, elle porte toujours le même chapeau, cette dame-là [4] ! » En arrivant à la mare du ouaouaron, elle appelait toujours cette énorme grenouille qui lui répondait : « Toung ! Toung ! » C'est elle qui a inventé ce cri [5].

Pour Gabrielle, chaque animal avait un langage, qu'elle nous a enseigné dans *Cet été qui chantait*. Elle avait un faible pour les chats et s'étonnait toujours de voir le mien nous suivre le long de la voie ferrée. À partir de ce petit événement, elle a créé une histoire originale : « La Grande-Minoune-Maigre ». En fait, ce n'était pas nous que cette chatte suivait, mais ma chienne. L'histoire de « La Gatte de Monsieur Émile » est également véridique : à force de piétiner son affreux champ boueux, la vache du fermier avait fini par faire éclore de magnifiques fleurs sous ses sabots.

L'été, entre mai et septembre, la romancière mettait ses ouvrages « en chantier », comme elle disait : elle prenait des notes sur une petite table toute simple, dans sa maison ou dans sa *chaise berceuse* [6], à l'extérieur. L'hiver, elle rédigeait à Québec. Elle avait un carnet noir qu'elle égarait et oubliait constamment. « Il va falloir que je le mette en ordre ! » pestait-elle.

Histoire d'une amitié

Nos relations sont devenues encore plus étroites à partir de 1976, époque où Gabrielle a entamé l'écriture de *Ces enfants de ma vie*. Parfois, au retour de ses marches, elle s'arrêtait à deux ou trois reprises pour *jaser* avec moi. Parfois aussi, elle venait partager son repas avec nous : elle apportait un steak et me demandait de cuire des légumes.

Un jour, elle m'a montré son manuscrit et lu à haute voix « De la truite dans l'eau glacée », une troublante histoire d'amour entre une institutrice et l'élève le plus âgé de sa classe. « S'il y a quelque chose qui ne va pas, qui vous choque, qui vous paraît mauvais, dites-le-moi ! » m'a-t-elle priée. J'aurais été bien en peine de la juger, encore moins de la corriger ! En revanche, c'est la seule et unique fois où elle a accepté que quelqu'un l'enregistre[7]. Elle détestait cela. Elle voulait bien que les gens prennent des notes quand elle parlait, lisait un extrait de livre ou racontait une histoire, mais se sentait mal à l'aise face à une enregistreuse ou un micro. Grande et belle marque de confiance qu'elle m'a accordée là !

Nous parlions rarement de son travail. Plutôt des choses de la vie, du quotidien. Connaissant peu la littérature, je ne pouvais guère lui être utile dans ce domaine. Elle avait d'autres amies avec lesquelles en discuter : Adrienne Choquette, Alice Lemieux[8], les « Madeleine » – native de Charlevoix, Madeleine Bergeron venait tous les étés dans la région. Elle connaissait aussi des poètes, des écrivains, des gens de son métier.

Moi, elle me fréquentait pour les petites affaires de la vie courante : la préparation des repas, le ménage, la lessive, le bricolage. Elle m'appelait s'il y avait un carreau cassé ou si un appareil ne fonctionnait pas. Lorsque son éditeur, Alain Stanké, venait travailler toute la journée avec elle, elle me demandait de préparer un plat plus consistant qu'à l'ordinaire. Lui m'avait d'ailleurs surnommée « Mme Macaroni ». Oh ! Ce n'est pas que Gabrielle était incapable de faire la cuisine – en mon absence, il fallait bien qu'elle se débrouille –, ce n'est pas qu'elle se sentait, comme on a dit, dépassée, submergée, paniquée à l'idée d'accomplir des tâches ménagères... Elle ne les aimait pas, tout simplement.

C'est surtout à la fin de sa vie qu'elle recourait fréquemment à mes services : elle était trop âgée, trop faible pour entretenir une maison. En 1979, l'asthme et l'emphysème pulmonaire dont elle souffrait ont provoqué son premier infarctus. Très angoissée, même si elle le cachait, elle venait prendre ses repas chez ma sœur Hermine (ou Ermance) et moi : notre présence la rassurait et elle pouvait converser au lieu de rester toute seule dans son coin.

Les qualités de Gabrielle

Gabrielle Roy avait bon caractère[9]. Aucun désaccord n'est jamais survenu entre nous. Elle s'est toujours montrée si gentille, si sympathique et si aimable à mon égard ! Je n'ai connu que ses bons côtés. Je ne lui trouvais pas de défauts. Bien sûr, comme tout le monde, elle n'était pas parfaite, mais elle ne m'a jamais fait souffrir, bien au contraire ! Certains ont échangé des mots avec elle : c'est vrai qu'elle était capable de dire sa façon de penser... D'autres lui ont reproché son égoïsme... Je n'ai rien vu de tout cela : elle a toujours fait preuve d'indulgence et de compassion à mon égard. Je ne conserve d'elle que de beaux et agréables souvenirs.

C'était aussi une femme simple. Peut-être une « grande dame » – comme l'ont écrit les journalistes [10] –, mais très simple. Tout comme sa vie, ses vêtements, son ameublement, dénué de luxe, ses relations avec autrui. On a beaucoup parlé de « difficultés relationnelles » à son sujet : rien n'est plus faux ! Elle était d'un abord aisé, sans façons, et avait la parole facile [11]. On a raconté ces sornettes parce qu'elle fuyait les gens compliqués et refusait certaines visites. C'était normal qu'elle ne veuille pas recevoir tout le monde ! Quand et comment aurait-elle pu travailler ? Elle était constamment dérangée par des lecteurs, des journalistes, des professeurs, des étudiants ! Leurs exigences l'empêchaient de se concentrer pour écrire. En revanche, elle entretenait une abondante correspondance : elle la rédigeait le matin, puis m'appelait pour me confier son courrier ou me demander de la conduire à la poste.

Elle se mêlait peu aux gens du village [12], vivant le plus souvent enfermée dans sa maisonnette, à l'écart du monde : non par dédain d'autrui, mais parce qu'elle avait besoin de calme, de solitude et de temps pour écrire. Toutefois, après la mort de sa sœur Anna, en 1964, elle a commencé à fréquenter chaque semaine la chapelle voisine [13]. Elle tenait mon frère, l'officiant, pour un « saint prêtre ». Lorsqu'elle est tombée malade, c'est lui qui lui portait la communion.

Gabrielle était également un être généreux [14]. Tout au long de sa vie, elle a aidé ses sœurs Bernadette et Clémence qui vivaient pauvrement au Manitoba, l'une, dans un couvent, l'autre, dans des foyers. En 1965, afin de leur offrir un peu de joie, elle les a reçues ici une partie de l'été. Les deux parentes logeaient chez mon neveu, dans la maison voisine. Elles partageaient ses repas et n'avaient pas grand-place pour dormir, mais étant aussi simples que Gabrielle, elles se sont adaptées sans peine aux circonstances.

En 1976, lorsque moi et les miens avons été expropriés à cause de l'ouverture de la station de ski, Gabrielle nous a vigoureusement défendus. Mais ses lettres sont demeurées sans effet [15]. Par conséquent, nous avons fait construire près de chez elle. La romancière a même insisté pour que nous ouvrions un passage entre nos deux maisons : « Il faut entretenir le chemin pour entretenir l'amitié », répétait-elle.

Elle ne m'a jamais donné l'impression d'être une personne malheureuse. Elle était gaie et s'occupait beaucoup. Elle ne paraissait pas s'ennuyer non plus. Au début de son installation à Petite-Rivière-Saint-François, elle recevait de nombreux amis : les peintres René Richard et Jean-Paul Lemieux, leurs épouses, sœur Berthe Valcourt, du Manitoba, les dames que j'ai citées précédemment... Elle adorait l'annonceur-radio Henri Bergeron. Elle avait également une grande confiance en son éditeur, Alain Stanké, toujours plein d'humour, de drôlerie, de pitreries. Ce dernier l'appelait « Maki » ou « La Joconde » à cause du petit sourire qu'elle esquissait toujours en coin.

Elle avait horreur d'être prise en photo : sur la pellicule, elle a toujours l'air méfiant, tendu, réservé, trop sérieux en un mot. Mais Alain Stanké, qui était très sympathique et savait la mettre à l'aise, a réussi à la faire sourire et même rire sur ses clichés. Une grande complicité les unissait.

Au fil du temps, les visites se sont espacées, comme pour tous ceux qui vieillissent. Aujourd'hui, la plupart des amis de l'écrivain sont morts.

Les misères de Gabrielle

Il est exact que Gabrielle a souffert de dépression, mais seulement à la fin de sa vie [16]. J'ignore pourquoi. Peut-être à cause de la fatigue causée par ses ennuis de santé. Peut-être sans véritable raison : elle ne disait rien, ne se plaignait pas. En général, elle parlait peu d'elle-même, exprimait rarement ses sentiments, ne faisait jamais la moindre allusion à son existence passée : pas plus à Stephen, son amour de jeunesse, qu'à Henri Girard, son conseiller littéraire qui, paraît-il, avait été, lui aussi, son amant. Quoi qu'il en soit, ses accès de déprime n'étaient nullement liés à ses livres [17] : quand elle écrivait, tout allait bien ; quand un de ses ouvrages paraissait en librairie, elle était aux anges.

J'ignorais qu'elle était insatisfaite en amour. Même si le docteur Carbotte venait plus épisodiquement à Petite-Rivière, Gabrielle et lui m'ont toujours fait l'effet d'un couple uni. J'ai été peinée et choquée d'apprendre qu'il était homosexuel. Jamais je n'aurais imaginé une chose pareille ! D'ailleurs, le biographe de la romancière aurait pu s'abstenir de révéler ce détail qui ne regardait personne. Gabrielle ne m'a jamais fait la moindre confidence sur ce sujet : sa vie amoureuse relevait du domaine privé.

Pourtant, le docteur Carbotte et elle avaient l'air de s'entendre à merveille lorsqu'ils bavardaient dans le jardin, partaient pique-niquer ou se promener en auto. Gabrielle semblait heureuse à ses côtés. Lui se montrait bon pour elle, prévenant, généreux.

C'était un très bel homme, très grand, à la forte prestance. Aussi simple que Gabrielle, intelligent, cultivé, travailleur, il jouissait d'une excellente réputation de médecin. C'était aussi un fin *jaseur* qui aimait échanger avec les gens de Petite-Rivière. Le jardinage occupait le plus clair de son temps : ses parterres étaient toujours couverts de fleurs et d'oiseaux [18]. De temps à autre, le docteur rapportait à son épouse un bouquet de marguerites avec lequel jouait une de mes chattes. De cette anecdote, Gabrielle a tiré une amusante histoire : « Un mobile », dans *Cet été qui chantait*.

« Petite Lumière »

C'est en compagnie de Gabrielle que j'ai passé les plus beaux moments de ma vie. Nous avions toujours quantité de choses à nous dire et à faire ensemble. Autrefois, son père l'avait surnommée « Petite Misère ». Pour ma part, je l'appelais « ma petite lumière ». Je pense qu'elle continuera de briller longtemps pour moi, pour ceux qui l'ont connue, pour ses lecteurs.

Elle était si fine, si sensible et tellement intelligente qu'elle devinait mes moindres pensées : lorsque quelque chose n'allait pas, elle le savait. Nous n'avions nul besoin de nous parler pour nous comprendre. Ça n'était pas elle, la sauvage, mais moi !

Elle avait réussi à m'apprivoiser : j'aurais tout fait pour elle. Toutes mes sœurs ont également travaillé au chalet comme femmes de ménage. Toutes leurs filles aussi : le docteur Carbotte aurait aimé en garder au moins une, mais dès qu'elles se mariaient, elles quittaient infailliblement leur place.

J'ai lu tous les livres de Gabrielle. J'aime tout ce qu'elle écrit, son style, ses descriptions, tellement « vraies » qu'on a l'impression de se retrouver sur les lieux cités, de voir surgir devant soi les êtres, les animaux, les objets évoqués. Comme beaucoup de lecteurs, je pense que *Ces enfants de ma vie* demeure son chef-d'œuvre.

L'adieu à Petite-Rivière-Saint-François

À plusieurs reprises, je suis allée rendre visite à Gabrielle à Québec, une ville austère, fermée, où elle se déplaisait et s'ennuyait. La dernière fois, c'était en mars 1983, au moment de l'hospitalisation de son mari, victime d'un malaise cardiaque. Je suis restée trois jours au Château Saint-Louis pour l'aider à faire la cuisine, le ménage, à plier du linge. Gabrielle n'ayant pas de parenté, mes proches et moi l'avions adoptée comme une sœur.

C'est à Petite-Rivière-Saint-François qu'elle a tenu à passer ses derniers instants. Je la revois encore entrer dans mon petit atelier de sculpture et s'allonger sur le divan en murmurant : « Ne vous dérangez pas pour moi ! » Elle me regardait travailler le bois sans bouger. Une année, je lui avais offert toute une crèche avec ses personnages et ses animaux.

Elle vantait la gentillesse de Marie-José Raymond et de Claude Fournier, la productrice et le réalisateur du film *Bonheur d'occasion*. Elle avait une grande confiance en eux, attendant la sortie de leur œuvre avec une impatience que vous ne sauriez imaginer. Lorsqu'elle a reçu sa carte d'invitation au Festival du film de Moscou, elle ne tenait plus en place : elle voulait aller acheter du linge, réserver une place dans l'avion, partir en URSS avec moi. Pauvre petite enfant ! Malade comme elle était, comment aurait-elle pu se rendre là-bas ? Elle prenait de la cortisone, avait grossi, se sentait affaiblie. Elle nageait en plein rêve... Elle n'a jamais vu le film, étant morte la nuit de sa projection.

Au bout de quelques semaines, son état s'est subitement aggravé. Toutefois, elle a refusé que je la ramène chez elle. « J'ai de bons gardiens », m'a-t-elle assuré en m'implorant de ses grands yeux bleus. Elle ne voulait pas mourir à Québec. Néanmoins, il a bien fallu appeler une ambulance qui l'a conduite en urgence à l'Hôtel-Dieu de la Vieille Capitale. Hélas ! Elle a dû attendre trop longtemps son admission...

À sa demande, Mgr Louis-Albert Vachon, l'archevêque de Québec, en visite à l'hôpital, lui a administré l'extrême-onction [19]. Puis son cœur a cessé de battre. J'ai appris son décès par la radio : cela a été un choc terrible. C'était le 13 juillet 1983. Trois jours plus tard, Mgr Marc Leclerc, évêque auxiliaire, présidait les funérailles de ce grand écrivain à l'église Saint-Dominique de Québec. J'étais bien sûr présente.

La disparition de Gabrielle a laissé en moi un vide affreux : dix-sept ans après, elle me manque toujours autant.

Personnages équivoques et fricotages

À l'été 1989, à peine le docteur Carbotte était-il décédé que les membres d'un organisme venaient vider la petite maison de Gabrielle Roy. Sans le moindre respect pour les effets des défunts : cachées dans l'ancien chalet de Jori Smith et de Jean Palardy désormais transformé en remise, l'une de mes nièces et moi-même assistions, impuissantes, les larmes aux yeux, à ce quasi-pillage : meubles, matelas, tableaux, livres, objets, tout valsait par la fenêtre. Scandalisés eux aussi, des voisins observaient de loin la scène [20]. Ces vautours – ils étaient au moins quatre – ont tout emporté, jusqu'au moindre bibelot, au moindre papier...

En voyant disparaître la dernière caisse contenant les inédits de Gabrielle, je n'ai pu m'empêcher de songer à la joie qu'elle avait éprouvée lors de la publication, en 1975, de sa nouvelle « Où iras-tu, Sam Lee Wong ? » dans le recueil *Un jardin au bout du monde* : en effet, l'histoire de cet humble restaurateur chinois venu tenter sa chance dans l'Ouest était longtemps restée à l'état embryonnaire dans ses cartons. Mon cœur s'est encore serré davantage.

Par la suite, tout miel tout sucre, l'un de ces malotrus est revenu à Petite-Rivière pour essayer de soutirer des renseignements aux gens, des lettres de Gabrielle Roy, des photos. En passant par Québec, où il avait rendez-vous avec «les Madeleines», il a insulté ces charmantes vieilles dames qui refusaient de lui remettre leur correspondance avec la romancière. Plus tard, il devait s'acoquiner avec un politicien fédéral de premier plan dans le but de monter un complexe touristique qui aurait englobé le chalet de Gabrielle Roy. Fort heureusement, le projet est tombé à l'eau. Cet homme jouit d'une détestable réputation à Petite-Rivière.

Un autre, le soi-disant «gardien», utilise régulièrement la maison de Gabrielle comme résidence secondaire pour ses amis et pour lui-même. Mal à l'aise, le regard fuyant, il évite toute discussion, refusant non seulement de rencontrer la population, mais les journalistes, les auteurs, les visiteurs. Un troisième «larron» est venu et reparti en se cachant. Il n'a même plus le courage de remettre les pieds ici! Quant au quatrième, il n'a jamais daigné ou osé reparaître [21].

Parce qu'ils sont plus instruits que nous et qu'ils travaillent en ville, les parvenus s'imaginent toujours que nous sommes des paysans aveugles et demeurés...

Pauvre Gabrielle! J'ignore si elle aimerait encore Petite-Rivière-Saint-François aujourd'hui... Tout a tellement changé! Ce n'est plus qu'un village fantôme n'ayant plus rien à offrir aux jeunes qui le désertent pour de meilleurs emplois en ville. Plus d'école, plus d'enfants, plus de navigateurs, plus de pêcheurs, plus de bateaux charriant le bois de pulpe sur le fleuve... La plupart des résidents ont été expropriés pour la station de ski, leurs maisons vendues à l'encan comme de vulgaires marchandises.

Le pays est tombé aux mains d'étrangers qui ont acheté nos propriétés pour en faire des résidences secondaires. On ne les connaît même pas : ils nous croisent d'un air hautain sans nous saluer, ne se présentent jamais, ne nous adressent jamais la parole. Petite-Rivière-Saint-François est devenu un endroit snob, à la mode, où il est de bon ton de se montrer.

Le mot de la fin

J'ignore s'il y a une «énigme Gabrielle Roy»... On a beaucoup épilogué sur son compte. La réalité est beaucoup plus simple : pour moi, ce n'était pas une femme compliquée. Je ne pense pas qu'elle cherchait à entretenir un climat de mystère autour d'elle ni à fabriquer sa propre légende. On a inventé toutes sortes d'affaires à ce sujet. Elle cherchait tout bonnement le calme, le repos, la tranquillité, parce qu'elle était fatiguée, de santé fragile, et qu'elle voulait écrire.

Pour le reste, comme tous les écrivains, elle était douée d'une imagination débordante et brodait à partir de ce qu'elle avait vécu, observé, entendu. Un sujet quelconque, une rencontre, un animal croisé quelque part, enfin, tout était prétexte à bâtir une, voire plusieurs histoires. C'était une conteuse hors pair, sachant merveilleusement captiver son public. Ce qu'elle écrivait et racontait n'était pas la vérité, mais... a-t-elle jamais eu la prétention de la dire dans ses livres?

***

Le témoignage de Berthe Simard, qui fut la meilleure amie de Gabrielle Roy au Québec, est le plus complet de ceux que j'ai recueillis à Petite-Rivière-Saint-François; aussi, l'un des plus humains et des plus émouvants de cet ouvrage.

Celle qui a le mieux connu, soutenu, aimé, choyé et sans doute compris la romancière vingt-six ans durant n'était ni une intellectuelle ni un écrivain, mais une femme de la campagne, discrète et dévouée. Descendante des premiers défricheurs établis en 1675 à Petite-Rivière-Saint-François, enfant d'une famille nombreuse mais aisée, Berthe Simard perpétua la tradition ancestrale en devenant agricultrice. Depuis que Gabrielle Roy n'est plus, la lecture, la peinture, le jardinage et la sculpture sur bois occupent les longues veillées de la vieille dame.

Dès notre premier contact avec Berthe Simard, la productrice Marie-José Raymond, le réalisateur Claude Fournier et moi-même, en villégiature dans la région de Charlevoix, avons compris ce qui unissait ces deux amies profondément différentes et pourtant si semblables par leur goût de la vie familière, de la nature, des petits bonheurs quotidiens. Comment l'écrivain n'aurait-elle pas été séduite par la personnalité lumineuse de cette voisine, dissimulant sous un brin de sauvagerie tant de qualités humaines? Sensibilité, vivacité d'esprit, délicatesse, finesse, humour, modestie, dévouement...

Celle qui inspira à l'auteur les personnages de Matha Yaremko, la jardinière-poète d'*Un jardin au bout du monde*, et de Berthe, l'infatigable marcheuse de *Cet été qui chantait*[22], nous brosse ici un portrait de Gabrielle Roy qui leur ressemble à toutes deux : clair, simple, vrai, éloigné de tout artifice.

ANTOINE SIROIS :
« GABRIELLE ROY
OU L'IMPOSSIBLE QUÊTE »

La haute montagne s'éloignait.
Qui, dans la brume, la retrouvera ?

La Montagne secrète

[…] cet horizon sans cesse appelant, sans cesse se dérobant,
c'est peut-être le symbole, l'image dans nos vies de l'idéal, ou
encore de l'avenir nous apparaissant quand nous sommes
jeunes, généreux de promesses qui se renouvelleront et ne
tariront jamais.

« Mon Héritage du Manitoba »
(*Fragiles Lumières de la terre*)

Une rencontre tardive

En 1961, je publiais dans la *Revue de l'Université de Sherbrooke* un article intitulé : « Le mythe du Nord dans *La Montagne secrète* de Gabrielle Roy[1] ». Pour moi, ce roman illustre à merveille le mythe du Nord qui se manifeste fréquemment dans la littérature canadienne. La mystérieuse attirance du héros, le peintre Pierre Cadorai, pour les territoires sauvages et lointains, s'explique par le désir de découverte et de liberté, le goût de l'aventure et de la solitude, la nostalgie de la nature primitive et la hantise des lieux purs (l'eau, la nuit, la forêt) qui dorment au plus profond de nous. Le périple géographique de l'artiste se double d'un pèlerinage spirituel : idéal de beauté, la Montagne devient le symbole de son accomplissement personnel.

Trois ans plus tard, en rangeant mes papiers, j'ai retrouvé cette interprétation et décidé de la soumettre à Gabrielle Roy elle-même. Peu de temps après, cette dernière me répondait par une longue et chaleureuse lettre [2] déclarant que je lui avais fait comprendre plus clairement sa nostalgie de la nature. J'en étais évidemment heureux et flatté. D'autant plus qu'en 1967, les Éditions Fides, de Montréal, choisissaient d'adjoindre mon étude à leurs *Dossiers de documentation de la littérature canadienne-française* [3].

Toutefois, j'ai encore dû attendre deux ans avant de connaître Gabrielle Roy en personne. Profitant de mes vacances d'été 1969, j'ai sollicité par correspondance, puis par téléphone, un rendez-vous avec elle pour deux collègues de l'Université de Montréal et moi-même. Sans doute se mêlait-il un peu de curiosité à ma volonté de compléter mes recherches littéraires, mais je ne l'aurais jamais avoué à l'époque. Aussitôt, Gabrielle Roy acceptait de nous accueillir en son chalet de Petite-Rivière-Saint-François.

Un « petit cheval sauvage »

Plus que son physique, qui n'avait rien d'exceptionnel, ce sont la simplicité et la cordialité de son accueil qui m'ont frappé à notre arrivée chez elle, en ce début d'août 1969. Plus tard, l'un de mes compagnons m'a confié lui avoir trouvé « l'air d'un petit cheval sauvage ». Certes, ne nous connaissant pas, elle se tenait un peu sur la défensive, mais notre attitude d'ouverture a eu tôt fait de la mettre à l'aise. En fait, je crois que nous étions plus intimidés qu'elle. Moi, en particulier, qui ai laissé mes confrères s'exprimer en priorité sur son œuvre et lui poser des questions.

La romancière nous a reçus dans la pièce qui lui tenait lieu de salon. Le seul souvenir que j'en garde est une illustration de *La Montagne secrète* accrochée au mur : un cadeau de son ami, le peintre René Richard, que nous sommes d'ailleurs passés saluer le même jour à Baie-Saint-Paul (Charlevoix). J'avoue, à mon corps défendant, que mon attention était davantage concentrée sur les propos de l'auteur que sur son environnement.

Un esprit éclectique

L'éloquence de Gabrielle Roy, son don de conteuse et la richesse de sa vie intérieure que, paradoxalement, elle tentait de cacher tout en se livrant, faisaient très vite oublier sa réserve et sa timidité légendaires. Mes collègues avaient trouvé qu'il émanait d'elle une incroyable fascination, faite de sérénité apaisante et de tension extrême vers un objectif ou un absolu qui vous échappait. Quoi qu'il en soit, c'était une femme très agréable que l'on aurait écoutée des heures durant. Au fil de notre conversation, cette passionnée devenait de plus en plus prolixe, s'enthousiasmant presque jusqu'à l'exubérance, surtout à l'évocation de ses personnages et de son œuvre. Je regrette de ne pas avoir pris de notes à cette occasion ni de l'avoir enregistrée – il est vrai qu'elle détestait ce procédé.

Nous avons parlé de tout et de rien, depuis la météo jusqu'à ses projets d'écriture – elle était alors plongée dans la rédaction des nouvelles « Le Téléphone », « Le Fauteuil roulant » et « Les Satellites » (*La Rivière sans repos*) –, en passant par nos connaissances communes, les dernières publications des auteurs québécois et divers sujets d'actualité. Je me souviens notamment qu'elle était très impressionnée par le premier pas sur la lune, événement qui s'était déroulé un mois plus tôt, le 20 juillet 1969[4]. Elle ne cessait de s'extasier sur cet exploit.

Curieuse, à l'écoute de chacun de nous, visiblement avide d'apprendre, elle nous a également interrogés sur notre métier d'enseignant, nos étudiants, nos travaux de recherche. En revanche, elle ne nous a fait aucune confidence sur sa personne ni sur sa vie privée : nous ne nous serions d'ailleurs jamais permis de l'importuner par des questions indiscrètes.

Ainsi, une heure et demie, deux heures peut-être, se sont-elles écoulées sans même que nous nous en rendions compte. Notre entretien s'est achevé par le tour du propriétaire, véritable jardin suspendu au-dessus des flots. Nous sommes repartis avec des bluettes plein les yeux, enchantés de notre rencontre avec ce grand écrivain, rencontre qui, pour moi, devait être la seule et unique dans toute mon existence.

Un chercheur prolifique

Un contact, aussi bref soit-il, avec les auteurs que vous aimez, admirez et enseignez est un privilège inestimable : il vous permet de vous ressourcer en eux. Dans le cas de Gabrielle Roy, cette femme admirable m'avait insufflé à son insu l'inspiration, le goût et le courage de continuer à travailler sur son œuvre. Et son souvenir a toujours accompagné mon métier de chercheur. J'ai lu et étudié systématiquement tous ses livres qui, aujourd'hui encore, me font vibrer pour leur incomparable chaleur humaine.

Ce n'est qu'en 1979, soit dix ans après ma visite à Petite-Rivière-Saint-François, que j'ai renoué par correspondance avec Gabrielle Roy. Mettant la dernière main à mon article « Costumes, maquillages et bijoux dans

Bonheur d'occasion [5] », j'avais besoin d'informations sur sa pensée sociale. Grâce à l'analyse de l'apparence physique de la serveuse Florentine Lacasse, j'avais tenté de démontrer que la quête de cette héroïne romanesque s'apparentait à la conquête de la ville. En effet, la jeune fille est particulièrement représentative de cette première génération urbaine dont les aspirations étaient matérielles et artificielles; pour qui les signes extérieurs de réussite étaient plus importants que la réussite elle-même et qui s'imaginait qu'ils entraînaient nécessairement le bonheur. En souvenir de nos échanges passés, Gabrielle Roy a gracieusement répondu à mes questions. Puis j'ai perdu à tout jamais contact avec elle.

En 1984, très exactement un an après la disparition de cette grande dame, je publiais en guise d'hommage « Gabrielle Roy et le Canada anglais [6] » : un compte rendu détaillé des articles et des études consacrés par nos voisins à son œuvre. Il était destiné à attirer l'attention du lectorat québécois sur la réception enthousiaste que ce pays avait, lui aussi, réservé à la romancière.

Les mythes de Gabrielle Roy

Féru de mythocritique, je suis particulièrement sensible à la quête du paradis perdu qui parcourt toute son œuvre. En 1989, mon nouvel essai, « De l'idéologie au mythe : la Nature chez Gabrielle Roy [7] », tentait de montrer que le thème de la nature, traditionnellement lié, dans la littérature canadienne-française, à l'idée de possession du sol, avait pris une dimension universelle avec Gabrielle Roy qui l'associe au regret de l'Éden. Chez ses personnages, la recherche du bonheur s'inscrit au cœur d'un véritable parcours initiatique.

Soucieux d'approfondir mon propos, je faisais paraître en 1996, sous le titre « Le Grand Nord chez Gabrielle Roy et Yves Thériault [8] », l'inventaire exhaustif des symboles, des archétypes, des mythes bibliques, gréco-romains et inuits qui sous-tendent les romans de ces deux écrivains : *La Montagne secrète* et *La Rivière sans repos*; *Agaguk* et *Tayaout, fils d'Agaguk* [9]. J'y révélais que l'itinéraire de leurs héros respectifs, rythmé par les immenses espaces arctiques, se confond étroitement avec l'aspiration nostalgique au Royaume éternel.

Cependant, je me demande parfois si Gabrielle Roy a enfin atteint son propre paradis et si elle aurait approuvé ce nouvel éclairage…

***

Antoine Sirois est l'un des plus sympathiques spécialistes de Gabrielle Roy. Né à Sherbrooke (Estrie, Québec), il poursuivit des études de théologie au séminaire de sa ville (1945-1949), avant de préparer une licence de lettres à l'Université de Montréal (1960), puis de soutenir à la Sorbonne une thèse de doctorat intitulée *Montréal dans le roman canadien*[10] (1969). De retour à Sherbrooke, il fut nommé professeur de littérature québécoise et canadienne à l'université, où il effectua toute sa carrière.

En plus de nombreux articles sur la romancière (voir bibliographie succincte en fin d'ouvrage) qui nous touchent par leur fraîcheur, leur finesse et leur sensibilité, ce passionné de mythocritique (étude des mythes) est l'auteur de plusieurs essais : *Mythes et symboles dans la littérature québécoise*[11] (1992), *Lecture mythocritique du roman québécois*[12] (1999) ; de l'édition critique, en collaboration, de *Un homme et son péché* de Claude-Henri Grignon ; enfin, de diverses monographies sur l'histoire et la culture de sa région.

Antoine Sirois fit la connaissance de Gabrielle Roy à l'époque où la recherche universitaire était encore dans les limbes et où, confiante en l'honnêteté intellectuelle des enseignants, l'écrivain échangeait volontiers avec eux lettres et idées. Par la suite, les analyses farfelues de certains professeurs, les grilles d'interprétation erronées qu'ils appliquèrent à son œuvre et leur acharnement à pénétrer son domaine secret la contraignirent à prendre des distances, parfois à s'enfermer dans un silence qui ne fut pas toujours compris.

Antoine Sirois est de ces auteurs qui respectent en toute circonstance leurs modèles. Sans doute la romancière le ressentit-elle en lisant ses textes et la correspondance qu'il lui adressa. Si la personnalité discrète et un peu introvertie de notre témoin l'empêcha sans doute de se lier avec l'être Gabrielle, en revanche, sa passion littéraire nous ouvre ici pleinement à la profondeur et à l'universalité de son œuvre.

PAUL SOCKEN :
« LES JARDINS SECRETS
DE GABRIELLE ROY
ET DE JACQUES POULIN »

[…] *au sein de cette paix et de cette concorde, un beau jour
de juin…*

« Âmes en peine »
(*Cet été qui chantait*)

Deux articles originaux

Début 1976, soit deux ans après ma thèse, *The Influence of physical and
social environment in Gabrielle Roy's work*[1] (L'influence du milieu physique
et social dans l'œuvre de Gabrielle Roy), j'adressais à l'écrivain une lettre
accompagnée de deux de mes articles : « Gabrielle Roy as journalist[2] »
(Gabrielle Roy, journaliste) et « Art and artist in Gabrielle Roy's work[3] »
(L'art et l'artiste dans l'œuvre de Gabrielle Roy).

Dans le premier, j'avais montré que ses reportages de jeunesse révélaient davantage son intérêt pour les gens que pour les réalisations économiques du Canada. Ses nombreux voyages lui avaient permis d'acquérir
une connaissance approfondie du cœur humain, de la nature, et de
réfléchir sur les bienfaits de la vie rurale. J'avais ajouté que ses premières
nouvelles portaient en germe trois de ses futurs thèmes : la quête de soi, les
relations de l'homme avec ses pairs, son rapport à l'environnement.

Le second article visait à démontrer que la plupart de ses personnages romanesques étaient des artistes en ce qu'ils exprimaient, dans leur vie quotidienne, les qualités et les valeurs propres aux créateurs. J'avais également tenté de définir sa conception de l'artiste : celle d'un visionnaire qui apporte de l'espoir aux hommes grâce à la compréhension de soi et des liens unissant les êtres et le monde.

Le 26 mars 1976, la romancière me répondait par une longue lettre approuvant et nuançant à la fois mes points de vue [4]. Elle m'invitait chaleureusement à la rencontrer l'été suivant.

Au pays de *Cet été qui chantait*

Trois mois plus tard, ma femme et moi prenions le chemin de Petite-Rivière-Saint-François. J'étais si impressionné de faire connaissance avec le célèbre écrivain que c'est à peine si j'ai accordé un regard au paysage magique qui nous entourait.

Gabrielle Roy était aux antipodes de ce que j'avais imaginé : en fait, ce géant était une petite femme frêle et fragile qui nous a ouvert sa porte d'un air intimidé. Elle paraissait en bonne santé. Concentré sur mon interview, j'avoue que son intérieur ne m'a pas particulièrement frappé : c'était, il me semble, celui d'un chalet de campagne assez ordinaire.

Si l'écrivain nous a réservé un accueil extrêmement cordial, généreux, hospitalier, en revanche, elle a manifesté une certaine gêne pendant toute la durée de notre entretien. Elle était fidèle à sa réputation : pudique, secrète, intériorisée, mystérieuse même. Mais heureusement plus sympathique, sociable et enthousiaste qu'on ne le disait.

Visiblement, elle était plus à l'aise à l'écrit qu'à l'oral. J'ai fait de mon mieux pour la mettre en confiance, mais elle éprouvait une certaine réticence à sortir d'elle-même. Je n'irai pas jusqu'à dire qu'il fallait lui arracher les mots de la bouche, mais elle hésitait longtemps avant de me répondre, éludait les questions trop personnelles, se tordait nerveusement les doigts. De tempérament solitaire, elle ne devait pas avoir l'habitude des visiteurs ni des interviews. D'ailleurs, elle a refusé que je l'enregistre, m'autorisant seulement à prendre des notes. Elle m'a néanmoins répondu avec franchise, clarté et précision.

Alexandre Chenevert, miroir de Gabrielle Roy

J'avais limité mes questions à un roman : *Alexandre Chenevert*. Bien sûr, je ne vous rapporterai ici que les principaux aspects de cette entrevue : vous en trouverez l'intégralité dans mon article « Interview with Gabrielle Roy [5] » (Interview avec Gabrielle Roy). En premier lieu, je l'ai interrogée sur la genèse de cet ouvrage.

« L'idée m'en est venue en apercevant, sous le triste ciel parisien, des gens qui faisaient la queue devant un édifice gouvernemental, m'a-t-elle confié. Je me suis également inspirée de deux de mes anciennes nouvelles : "Feuilles mortes" et "Sécurité [6]".

« J'ai commencé à écrire cette histoire en France, mais ce n'est qu'à mon retour au Canada que je me suis sérieusement mise au travail : l'atmosphère de Montréal et la condition "d'étrangers" à laquelle les Canadiens français sont confrontés dans cette ville m'y ont beaucoup aidée. »

Ensuite, je lui ai demandé de me parler de son personnage.

« Alexandre rêve de fraternité, m'a-t-elle expliqué, mais n'atteindra jamais le bonheur tant que son idéal ne sera pas réalisé. Il se sent solidaire de tous ceux qui souffrent. Même au lac Vert, il est incapable de se détacher du monde, d'être heureux par lui-même. Il se libère de ses soucis quotidiens, mais prend douloureusement conscience de soi, de la nature environnante et de Dieu. Dieu, son juge, son tourment, le grand mystère de sa vie, va le broyer jusqu'à ce qu'il découvre son humanité, la lumière en lui. »

Elle s'était tellement projetée dans sa créature qu'elle l'évoquait comme si elle existait réellement.

« Je connais bien tous mes personnages, a-t-elle poursuivi, mais lui, Chenevert, je ne le comprends pas totalement. Il est trop complexe, trop riche. Une part de lui m'échappe, il demeure une énigme. Avec vous, lecteurs, je continue à le chercher… »

Comme je lui faisais observer que son œuvre reflétait une préoccupation croissante pour les croyances religieuses, elle m'a répondu ceci :

« Je me sens davantage concernée par la condition humaine et sociale des êtres que par la religion. Mais le drame qui se joue entre Dieu et l'homme se reflète certainement dans mes romans. Dieu est un appel, un grand mystère, un bourreau qui torture ses créatures afin de les amener à l'illumination. »

Lorsque j'ai ajouté qu'elle semblait partagée entre la quête de l'idéal et la reconnaissance du réel, qu'il y avait toujours une tension entre les deux et que l'un n'existait pas sans l'autre, elle a presque soupiré :

« Mon idéal serait d'équilibrer ces deux forces qui sont les deux aspects de la vérité. Rêver est un aspect de la réalité. Dans la vie, il y a un côté gris et un côté clair. En moi aussi. »

J'en arrivais à la question centrale de mon interview : le sens profond de son ouvrage.

« C'est un roman profondément triste en dépit de la grande tendresse qu'il véhicule, m'a-t-elle confessé. Il contient un message d'amour, mais le véritable amour est douloureux : quand on aime, on est vulnérable, on est déçu, on souffre. Cependant, comme tout ce qui est vrai, cette histoire n'est pas complètement sombre : Chenevert a fait un pas vers les autres. C'est un appel à la fraternité des hommes. S'il y avait plus d'Alexandre Chenevert dans le monde, ce dernier serait meilleur... »

J'ai terminé en lui posant quelques questions sur sa façon d'écrire.

« J'écris et je réécris plusieurs fois mes textes jusqu'à sentir que j'ai atteint mon but, m'a-t-elle rétorqué. Ensuite, c'est à vous, cher Monsieur Socken, et aux autres critiques d'en dégager la signification. »

Gabrielle Roy fédéraliste

Bien que Gabrielle Roy ne se soit pas entièrement livrée au cours de cette entrevue – du moins était-ce mon impression –, je ne pouvais m'empêcher d'éprouver une immense admiration pour elle : c'était une humaniste dans le plein sens du terme. Et une véritable universaliste : le monde était sa maison, son foyer. N'a-t-elle d'ailleurs pas toujours affirmé, lors de ses interviews, que le Canada était sa demeure[7] ? Elle aimait ce pays tel qu'il était et se sentait plus à son aise dans une maison complète que dans une « seule pièce », comme elle appelait le Québec. Des propos qui faisaient frémir les nationalistes et le milieu littéraire de cette province...

Je ne peux pas dire qu'une amitié soit née de cette rencontre. Non seulement ce n'était pas le but de ma visite, mais je n'aurais jamais eu cette prétention. Quoique la romancière ait semblé apprécier ma compagnie, je n'étais pour elle qu'un professeur parmi d'autres travaillant sur son œuvre. Je crois qu'elle ressentait un certain embarras envers les universitaires et les journalistes dont elle redoutait les erreurs de jugement, les questions pièges : elle n'aimait guère parler d'elle-même ni de sa vie privée. Je conserve néanmoins un souvenir lumineux de ma journée chez elle.

La passante de Calgary

Je devais la revoir une seconde et dernière fois en février 1978, à l'occasion du colloque que Jack MacClelland, son éditeur canadien-anglais, avait organisé à l'Université de Calgary (Alberta) en son honneur. Elle disparaissait au milieu de la foule de professeurs, de chercheurs, d'étudiants et de curieux qui l'avaient quasiment coincée à sa table au fond de la salle de conférences. Désireux de conclure mon entrevue avant sa publication, je me suis frayé un chemin jusqu'à elle. En m'apercevant, elle m'a adressé un grand sourire accompagné d'un petit signe de la main. Les pommettes rosies, elle paraissait à la fois épuisée et radieuse. Mais je n'ai pas réussi à l'interviewer : c'était une véritable foire d'empoigne et il fallait hurler pour s'entendre.

Jacques Poulin[8], frère et fils de Gabrielle Roy

Au cours de ma carrière, j'ai échangé en tout et pour tout une huitaine de lettres avec Gabrielle Roy[9], puis notre correspondance est tombée à l'eau, comme cela arrive très souvent. Mais même si le temps et la vie ont distendu nos liens, j'ai poursuivi mon œuvre de chercheur en lui consacrant de nombreuses études.

L'une des plus récentes s'intitule « Jacques Poulin, héritier spirituel de Gabrielle Roy[10] ». J'y ai mis en valeur les similitudes d'écriture, de parcours éditorial et de cheminement philosophique existant entre ces deux écrivains. Leurs œuvres partagent une foule de thèmes : la critique sociale, l'exploration de soi, l'aventure spirituelle et artistique, le déchirement entre la ville et la campagne, l'espoir d'un monde meilleur, la solitude, la quête de tendresse, de fraternité et d'harmonie, la nostalgie du paradis, le retour à l'enfance, l'idéal perdu, etc. Leurs personnages sont des marginaux ; leur style, leur ton, leurs images – par exemple celles de l'eau et de la maison –, les valeurs qu'ils défendent et leur sensibilité en font des esprits frères[11].

Jacques Poulin n'a rencontré Gabrielle Roy qu'une seule fois dans sa vie. C'était en septembre 1979, au chalet que le poète québécois Pierre Morency[12] possédait sur l'île d'Orléans (région de Québec). Un matin, ce dernier, qui résidait dans la Vieille Capitale, était allé les chercher en voiture, le premier à Cap-Rouge (à 10 kilomètres du centre-ville), la seconde au Château Saint-Louis, puis les avait conduits jusqu'à sa maison de vacances.

Jeune romancier, Jacques Poulin était très impressionné par la présence de son aînée. Mais en dépit de leur grande timidité[13], les deux écrivains avaient vivement sympathisé : pareils à des enfants, ils bavardaient, riaient, échangeaient leurs impressions sur le paysage tout en grignotant des biscuits.

La journée s'était déroulée comme dans un rêve : camouflés dans une cabane d'où le poète se plaisait à observer les oiseaux, les trois amis écoutaient le vent, les battements réguliers du fleuve Saint-Laurent et les cris d'innombrables mouettes sillonnant le ciel. Un moment d'intense communion[14].

Quelques semaines plus tard, au cours d'une entrevue à Radio-Canada[15], Jacques Poulin confiait avoir été séduit non seulement par la capacité d'émerveillement de Gabrielle Roy devant la nature, par son attention aux autres, aux moindres petits détails de son entourage, mais aussi par l'étendue de sa culture, par sa connaissance du milieu littéraire québécois – qu'elle ne fréquentait pourtant pas – et des œuvres qui s'y publiaient.

Les cheveux de Gabrielle Roy

En 1989, Jacques Poulin lui rendait de nouveau hommage en faisant d'elle une héroïne de roman : en effet, ses personnages doivent beaucoup à l'inspiration de Gabrielle Roy. Dans *Le Vieux Chagrin* [16], réflexion sur la création littéraire et l'inspiration, il imagine une rencontre entre Jim, le protagoniste de l'histoire, et elle :

« Gabrielle Roy passait tous ses étés à Petite-Rivière-Saint-François, au bord du fleuve, dans un chalet accroché au flanc d'une colline. Elle avait l'habitude de sortir sur la galerie du chalet, le matin, pour se brosser les cheveux ; avant de rentrer, elle nettoyait sa brosse, laissant ses cheveux partir au vent. Elle avait remarqué les allées et venues d'un merle qui avait l'air de nicher dans un buisson au fond du jardin, puis elle s'était habituée à sa présence. Mais en septembre, après la migration des oiseaux vers le Sud, elle avait découvert, en s'approchant du buisson, que le merle avait tapissé son nid avec les cheveux qu'elle avait perdus au cours de l'été. »

Le mélange de réalisme et d'allégorie qui caractérise le style de Jacques Poulin fait écho à l'atmosphère de conte de fées de *Cet été qui chantait*. La quête poétique de Gabrielle Roy ne trouve-t-elle pas son aboutissement dans ce roman ?

***

Paul Socken est l'un des plus grands spécialistes de Gabrielle Roy au Canada anglais. Depuis plus de quarante ans, en humaniste, en sociologue, en ethnologue, il explore le monde de la romancière, attentif à comprendre les relations qui unissent ses personnages à leur environnement : la nature ou la société.

Né à Toronto (Ontario), il effectua ses études supérieures en français et en anglais dans les universités de sa ville et celle d'Iowa (États-Unis). Après avoir enseigné les lettres canadiennes-françaises dans ces deux établissements, il fut nommé à l'Université de Waterloo (Ontario).

Sa passion pour l'œuvre de Gabrielle Roy l'amena à lui consacrer une thèse, plusieurs ouvrages : *Gabrielle Roy: An Annotated Bibliography* [17] (Bibliographie annotée de Gabrielle Roy, 1979) ; *La Concordance de Bonheur d'occasion de Gabrielle Roy* [18], 1982) ; *Myth and Morality in Alexandre Chenevert by Gabrielle Roy* (Mythe et morale dans *Alexandre Chenevert* de Gabrielle Roy, 1987), ainsi qu'une foule d'articles bilingues sur des sujets aussi variés que la formation de la romancière, sa vision de l'art et de l'artiste, son déchirement entre l'aspiration à l'idéal et le réel, la dimension mythique de ses personnages, la quête de soi et de la fraternité humaine au sein de la nature, le besoin de sécurité des êtres (voir bibliographie succincte en fin d'ouvrage).

Paul Socken et Gabrielle Roy partageaient la même philosophie selon laquelle notre qualité de vie dépend de la connaissance que nous avons de nous-mêmes, des autres, de la nature, et des relations harmonieuses que nous entretenons avec eux. Philosophie parfois démentie par l'attitude méfiante et ombrageuse de la seconde. Néanmoins, cette communauté d'esprit et de sensibilité ne suffit pas à faire une paire d'amis de la romancière et du professeur : quoique cordiales, leurs relations demeurèrent essentiellement épistolaires et professionnelles. Si le témoignage de l'enseignant découvre certains replis de l'âme de la romancière, il est aussi caractéristique des difficultés que cette « Alexandre Chenevert au féminin » éprouvait pour se lier avec les universitaires.

LETTRE DE GABRIELLE ROY
À PAUL SOCKEN
(don de M. Paul Socken)

Pour Gabrielle Roy, la correspondance était souvent prétexte à exprimer sa philosophie de l'existence ou de la création : ici, prenant appui sur sa nouvelle « La gatte de M. Émile » (*Cet été qui chantait*), elle explique à son destinataire que la sensibilité et l'accomplissement artistique ne sont pas l'apanage des seuls créateurs, mais de qui veut bien cultiver ces qualités en soi-même. De surcroît, le met-elle en garde contre les interprétations savantes qui risquent de nuire à la beauté, au mystère et à la spontanéité de l'œuvre littéraire.

Même si les opinions du professeur Socken éveillent en elle un écho attentif, l'écrivain n'en laisse pas moins transparaître sa lassitude des critiques, sa volonté de se protéger et de protéger ses livres des analyses trop inquisitrices ; finalement, son refus de tout débat.

Québec, le 26 mars 1976

Cher Monsieur Socken,

Vous avez bien fait de suivre le conseil de notre ami commun, Ben Shek et de m'envoyer les deux tirés à part que j'ai lus avec intérêt, surtout ce lui que vous intitulez « Art and the artist[1] »... celui-là plus que l'autre[2], sans doute pour la raison qu'il m'en apprend plus sur moi-même.

J'ai toujours senti que j'étais constamment préoccupée par le mystère de l'art et de l'artiste, du rôle de celui-ci dans la société, donc le monde ; et j'en ai parlé ouvertement dans quelques-uns de mes livres. Ce dont je ne me rendais pas tout à fait compte – et qui prouve combien grande fut cette préoccupation toute ma vie – c'est que le sujet affleure un peu partout dans mes livres et même là où on ne s'attendrait pas à le trouver au premier abord[3]. *Par exemple dans* La Rivière sans repos, Alexandre Chenevert, *et même dans* Cet été qui chantait.

Vous m'avez apporté une joie avec votre trouvaille de chercheur, en me donnant une sorte de preuve que je suis restée fidèle toute ma vie à cette passion de curiosité envers ce qu'est l'art, ce qu'il signifie. Immense question aussi grande peut-être que celle que nous posons à l'endroit de la vie. En effet, si nous pouvions répondre à la première : Qu'est-ce que l'art ? sans doute nous serions proches du secret de toutes choses.

À propos de « La gatte de Monsieur Émile[4] *», je ne suis pas sûre toutefois, que vous ayez raison : si la gatte est devenue en un sens une œuvre d'art, c'est-à-dire sujet d'émerveillement, lieu même de solidarité, c'est moins par la volonté de monsieur Émile qui fut seulement un instrument docile du destin que par un tour de Dieu qui se servit de la vache du fermier, de tout ce que vous voudrez, pour accomplir un de ces miracles quotidiens, mais cette fois à la mesure humaine pourrait-on dire*[5]. *Du moins c'est ainsi que m'apparaît la chose maintenant, mais au temps où je l'ai écrite, il est probable que je n'étais guidée que par la grâce du moment qui se passe heureusement de savantes intentions compliquées.*

Ce qui m'a quelque peu étonnée dans les deux articles, c'est que le texte soit toujours en anglais, les citations toujours en français. Je m'y suis pourtant habituée et j'ai même fini par trouver le procédé naturel pour notre pays avec ses deux langues et deux cultures.

J'aimerais beaucoup vous connaître vous et votre femme. À la fin mai, je serai cependant presque certainement installée à la campagne, car j'ai grand besoin de repos[6]. *Viendrez-vous en auto ? Si oui, il vous sera peut-être possible de continuer jusqu'à Petite-Rivière-Saint-François, où j'ai ma petite maison d'été. C'est à soixante-cinq milles*[7] *de Québec juste avant Baie-St-Paul. À tout hasard je vous révèle mon numéro particulier pour le cas où vous voudriez me téléphoner et l'on verrait alors s'il y a moyen de nous* [sic] *fixer un rendez-vous. 1-632 5781. Avant, il serait sage d'appeler chez moi, à Québec à 523 8457, au cas où un contretemps serait survenu, m'empêchant de partir pour la campagne.*

Avec mes bons souhaits pour vous et votre femme.

Gabrielle Roy

Toutefois, vous avez quand même quelque peu raison d'attribuer à Monsieur Émile une participation à (mot illisible) *s'il n'avait été* (mot illisible) *neuf, amoureux d'une sorte d'esthétique, il n'aurait pas enclos un petit champ d'une clôture de perche déjà jolie en soi… et rien de ce qui suivit ne se serait produit. Donc, tous deux nous avons un peu raison. Mais le meilleur, c'est encore et toujours ce qui échappe à l'analyse et demeure éternellement énigmatique.*

Laissons donc là la gatte avec une part de son mystère.

G. R.

PAULA RUTH GILBERT : « GABRIELLE ROY : CONTES D'UN APRÈS-MIDI D'ÉTÉ »

> *Et est-ce que ce cheminement, en dépit des préjugés et des obstacles, au-delà des faux loyalismes et des faux ressentiments, ne nous conduit pas vers la vraie Terre des Hommes ?*
> *Peut-être est-elle commencée. N'y sommes-nous pas lorsque nous laissons parler notre cœur le plus simplement humain et juste ? Lorsqu'il s'épanouit dans la confidence plutôt que de se rétrécir dans la révolte ?*
>
> « Terre des Hommes – Le Thème raconté »
> (*Fragiles Lumières de la terre*)

> *Je suis entrée dans le jeu du rêve de Petite-Rivière* [...].
> Saint-Boniface, le 21 mars 1970
> (*Mon cher grand fou – Lettres à Marcel Carbotte*)

À bâtons rompus

Au printemps 1980, après avoir échangé une brève correspondance avec moi[1], Gabrielle Roy m'a invitée à venir passer la journée du 29 juin en sa résidence d'été de Petite-Rivière-Saint-François. Professeur de littérature française et québécoise à l'université Howard de Washington (D. C.,

États-Unis), je peaufinais alors un long manuscrit sur ses œuvres, qui allait paraître quatre ans plus tard sous le titre *The Literary Vision of Gabrielle Roy: An Analysis of her works*[2] (La vision littéraire de Gabrielle Roy: une analyse de ses œuvres). La romancière, qui en connaissait l'existence, paraissait curieuse de me rencontrer et toute disposée à m'aider.

Depuis le moment où elle m'a accueillie à ma descente de voiture jusqu'à mon départ, en fin de journée, elle s'est révélée merveilleusement amicale à mon égard.

De prime abord, rien ne m'a frappée dans son apparence physique, si ce n'est sa maigreur: elle relevait sans doute de maladie[3]. Débordante d'énergie et d'humour, elle parlait beaucoup mais m'écoutait tout aussi attentivement. Lorsque je lui ai demandé la permission d'enregistrer notre conversation, une vive inquiétude s'est peinte sur son visage «Non! s'est-elle exclamée, nos échanges seront beaucoup plus honnêtes et ouverts si nous bavardons de manière informelle...» Elle avait mille fois raison.

La romancière m'a fait asseoir dans la petite pièce qui lui tenait lieu de salon. Aussitôt, nous avons embrayé sur la littérature et l'influence des grands écrivains sur son œuvre. Elle avouait une préférence pour les auteurs scandinaves – surtout Selma Lagerlöf – et français: Pascal, Rousseau, Proust, Colette, Montherlant, Mauriac, Camus, Françoise Mallet-Joris[4], Marguerite Yourcenar... De nombreux écrivains québécois suscitaient également son intérêt: Germaine Guèvremont, Félix-Antoine Savard, Ringuet, Alain Grandbois, Rina Lasnier[5], Anne Hébert, Marie-Claire Blais[6], Antonine Maillet...

Mais en dépit de son enthousiasme pour ses confrères et consœurs du Québec, certains de ses propos révélaient l'ampleur du fossé qui l'en séparait: son statut d'écrivain «immigré», classique et anti-indépendantiste faisait d'elle une marginale dans son propre pays.

Elle vivait d'ailleurs dans la nostalgie du Manitoba, remplie d'amertume envers la manière condescendante dont les Québécois la traitaient[7]: «Je sais qu'on me catalogue généralement comme une Manitobaine qui parle français, une Canadienne française du Manitoba ou bien encore une Manitobaine qui habite le Québec, soupirait-elle. Les Québécois ne m'ont jamais entièrement acceptée comme une des leurs. Pourtant, ma mère est née au Québec et j'ai choisi de mon plein gré de vivre dans cette province depuis plus de trente ans. Oh! Il y a longtemps que j'ai cessé de me battre pour réclamer cette appartenance...»

De la même manière, s'insurgeait-elle contre les nouveaux courants de la littérature – dont le Nouveau Roman –, son parti pris d'engagement politique, son hermétisme, son féminisme outrancier et l'utilisation du joual: «Ce sont des modes éphémères, m'a-t-elle déclaré. Croyez-vous que les lecteurs du XXe siècle vont renoncer au plaisir de lire une belle histoire? Vous verrez, on en reviendra!»

Sur le plan politique, elle estimait que les séparatistes québécois manquaient de «maturité» et de «confiance en eux». «Je suis en faveur d'un Canada solidement unifié, m'a-t-elle affirmé. Je respecte l'opinion du public, mais il est manipulé par les jeux du gouvernement et des écrivains qui se sont placés au premier rang de ce mouvement politique.» Et de conclure dans un sourire: «De toute façon, le Québec restera bien où il est: on ne peut tout de même pas le remorquer jusqu'en France!»

Écrivain inclassable, elle ambitionnait de dépasser la simple reconnaissance québécoise et canadienne pour acquérir une réputation internationale. À cette fin, elle suivait de près la traduction en anglais de ses romans, s'attachant à y introduire des représentants de toute l'humanité.

Comme je m'étonnais qu'une œuvre aussi riche de chaleur humaine et de sensibilité que la sienne mette en scène des personnages souffrant d'un manque d'amour et de problèmes de communication, elle m'a répondu ceci: «Je ne fais que dépeindre la réalité telle que je la vois: vous en connaissez beaucoup, vous, des couples qui s'aiment vraiment? Et puis, les gens qui n'ont pas de problèmes sont ennuyeux... Certes, mes personnages dégagent un sentiment de tristesse et de mélancolie, mais il trouve presque toujours sa contrepartie dans des lueurs d'espoir. Je songe aux femmes, par exemple: malgré la douleur et la lutte auxquelles elles sont inévitablement confrontées, leur plus grande joie est de donner naissance à des enfants.» Pour ma part, j'avais été frappée par l'importance que Gabrielle Roy leur accordait dans ses livres, elle qui, soit par choix, soit par impossibilité, n'en avait jamais eus [8]: l'amour qu'elle leur portait atteint son point culminant dans ses contes, mais plus encore dans *Ces enfants de ma vie*.

L'heure du *dîner* approchait. Depuis quelque temps déjà, le mari de Gabrielle Roy s'affairait entre la maison et le jardin, tout en veillant à ne pas interrompre notre conversation. Nous l'avons rejoint dans la cuisine. C'était un homme souriant, calme et posé. C'est lui qui avait préparé le *lunch* – j'ignorais à cette époque que la romancière ne savait pas cuisiner –, agrémenté de merveilleuses mûres saupoudrées de sucre brun. Le courant qui passait entre le couple, mais aussi entre les Carbotte et moi, était chaleureux et des plus agréables. Au cours du repas, nous avons parlé de tout et de rien, ri, plaisanté: comment croire un seul instant que Gabrielle Roy et son époux ne s'entendaient pas?

Deux hommes dans la vie de Gabrielle Roy

C'était une de ces journées que l'on voudrait marquer d'une pierre blanche… Au début de l'après-midi, Gabrielle Roy m'a emmenée faire une charmante promenade le long des berges du fleuve Saint-Laurent qui s'étirait devant sa maison. Elle paraissait en parfait accord avec le paysage environnant, où dominaient des tons de bleu et de vert. Chacun de ses propos reflétait son amour profond pour la nature. Elle expliquait sa prédilection pour la vie à la campagne et l'oscillation perpétuelle de ses personnages entre la nature et la ville par les expériences qu'elle avait vécues dans sa jeunesse : « Je passais mon temps à faire le va-et-vient d'un bout à l'autre de la rue Deschambault[9], entre l'arrêt du tramway qui conduisait à la populeuse Winnipeg, et un groupe d'arbres solitaires où j'aimais aller jouer. Il faudrait façonner les villes à l'image de la campagne… Mais vous savez, je ne les ai pas toujours dépeintes sous un jour défavorable[10] : elles peuvent être des lieux fascinants et stimulants, surtout par la diversité des groupes ethniques qui y habitent. »

C'était le moment propice pour l'interroger sur ses personnages de roman. Gabrielle Roy éprouvait un faible pour les petites gens, les humbles, les travailleurs : Azarius et Rose-Anna Lacasse, le couple d'ouvriers de *Bonheur d'occasion* ; Luzina Tousignant, la mère de famille de *La Petite Poule d'eau* ; Martha Yaremko, la fermière paysagiste d'*Un jardin au bout du monde*… Nous avons évoqué leur souvenir comme s'il s'agissait de vieux amis communs. Personnellement, j'avais peine à réaliser qu'il s'agissait d'êtres de fiction et que j'étais en train de bavarder avec leur créatrice… Lorsque j'ai annoncé à Gabrielle Roy que le restaurateur chinois de la nouvelle « Mais où iras-tu, Sam Lee Wong ? » (*Un jardin au bout du monde*) était l'un de mes préférés, elle s'est brusquement arrêtée, s'est tournée vers moi en me fixant de ses grands yeux bleus, puis m'a prise dans ses bras en murmurant : « Personne avant vous ne m'avait jamais parlé de Sam Lee Wong… ce cher petit homme ! »

Elle éprouvait des sentiments ambivalents à l'égard de son autre favori, Alexandre Chenevert. S'étant projetée en lui, il l'obsédait littéralement : « Il était prédestiné à devenir un martyr écrasé par le genre humain, m'a-t-elle expliqué. Son sacrifice est en partie volontaire. C'est un orgueilleux et un égoïste qui, comme les héros romantiques, trouve une certaine jouissance dans la douleur et l'abnégation. À la fois attachant et agaçant, il est le type même de l'individu moderne soumis aux nouvelles catastrophiques diffusées par les médias, qui ne parvient ni à absorber ni à comprendre ce qu'il se passe autour de lui, encore moins à influencer le cours des événements. Il demeure une figure symbolique, un archétype qui reflète à la fois la condition humaine, ma personnalité et celle des gens en général. »

Elle reconnaissait rechercher, dans son œuvre, un juste équilibre entre réalisme tragique et idéalisme humanitaire : « Chez Alexandre Chenevert, la maladie et la mort sont l'occasion de transcender les préoccupations terrestres et de se confondre avec les cycles de la nature. Je crois en la continuité d'une vie qui se répète inexorablement d'une génération à l'autre. L'être humain peut retourner dans son propre passé et se fondre avec la nature tout en participant à la marche de l'humanité vers l'avenir. »

Le voyage, le rêve et l'art

Cette remarque m'a amenée tout naturellement à aborder le thème du voyage, omniprésent dans ses livres. Pour elle, qui n'avait jamais cessé de courir le monde, se déplacer était un « état naturel », si je puis dire : elle ne se rendait pas compte que les protagonistes de ses romans étaient d'incurables nomades. « Oui, ils sont fascinés par les voyages, a t-elle fini par admettre. Ils ont sans doute hérité de moi. Déjà, dans ma jeunesse, je quittais souvent la maison pour de longues promenades au cours desquelles je notais sur un bout de papier une multitude d'idées et de fragments pour mes futurs écrits. Vous savez, je voyage même sur place, en rêve : composer une histoire revient à poursuivre un filon qui me précède tout au long de son déroulement. De toute manière, la vie est un voyage perpétuel. »

Elle avait enchaîné d'elle-même sur un autre thème que je souhaitais développer dans mon étude : le rêve. L'œuvre de Gabrielle Roy met admirablement en valeur le lien indissociable qui l'unit au voyage et à la création. « En fait, rêver ne consiste pas à s'évader hors de la réalité. Les rêves constituent plutôt des moments de création pour les gens sensibles : même durant le temps qu'ils passent à ne rien faire dans leur *chaise berceuse*, leur pensée va et vient entre la nostalgie du passé et l'optimisme de l'avenir. »

Contre l'avis de certains universitaires qui lui déniaient toute capacité de réflexion sur la création en général [11], l'œuvre d'art figurait au premier rang de ses préoccupations : « Elle est précisément le résultat de cette rêverie créatrice et peut adopter la forme d'un roman ou d'un conte. Pour moi, il y a peu de différence entre ces deux genres, mon principal souci étant de raconter une histoire. Tous mes écrits se rapprochent du roman par leurs thèmes, leurs personnages et leur philosophie. »

Gabrielle Roy, fragile et puissante lumière de la terre

Tout à coup, j'ai pris conscience que six bonnes heures venaient de s'écouler : je n'avais pas vu le temps passer. Une longue route m'attendait pour retourner aux États-Unis. Mais la romancière était intarissable…

En partant, j'ai eu la sensation de m'arracher à un beau rêve. Je n'oublierai jamais cette journée privilégiée que Gabrielle Roy m'a offerte en un magnifique bouquet de confidences, de joie, de jeux, d'humour et de rires – il ne faut pas perdre de vue qu'elle avait été comédienne. Vingt-trois ans après ma visite, l'impression que je conserve d'elle est celle d'une femme rayonnant d'enthousiasme, de vitalité, de chaleur humaine : elle était bien plus gaie qu'on ne me l'avait décrite, exerçant une incroyable fascination par son naturel plein de charme et son attitude d'ouverture aux autres.

Malgré la maladie qui la minait, elle vivait en harmonie totale avec son œuvre, ses idées, sa philosophie de l'existence : pour elle, quelles que soient les épreuves qui nous frappent, il y a toujours une aurore, l'espoir d'un recommencement, une lumière. Si fragile et si éphémère qu'elle soit, l'important, c'est de savoir qu'elle existe...

Une carrière consacrée à Gabrielle Roy

Je n'ai malheureusement jamais revu Gabrielle Roy – nous habitions trop loin l'une de l'autre – et notre correspondance s'est interrompue d'elle-même. Mais j'ai lu ses œuvres complètes et presque tous les ouvrages qui ont paru sur elle, en français comme en anglais. Je l'enseigne dans les deux langues au niveau du premier cycle universitaire et de la maîtrise.

Le livre que je lui ai consacré, *The Literary Vision of Gabrielle Roy – An Analysis of her Works*, a été un best-seller universitaire. Après avoir situé Gabrielle Roy dans la littérature québécoise du XXe siècle, je m'étais attachée à étudier les thèmes les plus pertinents de son œuvre : la fragilité de l'enfance et de l'adolescence ; la réalité de l'âge adulte (la domination féminine, la présence masculine, l'échec du couple) ; la vieillesse résignée, la maladie et la mort ; le monde de la nature ; les êtres partagés entre l'appel de la route et le foyer protecteur ; le pouvoir de l'imagination voyageuse ; la mémoire, les rêves et la rêverie ; l'esthétique de Gabrielle Roy ; le rôle du langage, l'écrivain artiste et l'œuvre d'art ; la foi religieuse ; la vision de l'avenir.

Par la suite, ma passion pour Gabrielle Roy a donné naissance a toute une série d'articles : l'aspect féministe de son œuvre ne cesse de m'intriguer. Même si elle ne se positionnait pas en tant que telle, beaucoup de ses œuvres, comme les nouvelles qu'elle a publiées avant 1945 [12], révèlent une sensibilité très vive à la question féminine, à l'amélioration de la condition des femmes dans la société contemporaine.

J'ai également collaboré à des manuscrits, des ouvrages, des collectifs la concernant, et je suis de près la publication de ses inédits. Même si d'autres femmes écrivains requièrent actuellement mon attention, je mets un point d'honneur à demeurer à la pointe de la recherche sur Gabrielle Roy.

***

Née à Providence (Rhode Island, États-Unis), Paula Ruth Gilbert éprouva une fascination précoce pour la culture française. Après avoir étudié pendant un an à Paris, elle soutint une thèse de doctorat sur le poète Stéphane Mallarmé à l'université Columbia (New York) et débuta sa carrière au Collège des arts et sciences de cet établissement. Successivement professeur aux universités Howard de Providence (Rhode Island) et George Mason de Fairfax (Virginie), elle enseigna les lettres françaises, québécoises et canadiennes, tout en écrivant des ouvrages d'inspiration féministe : *Traditionalism, Nationalism and Feminism : Women Writers of Québec* [13] (Traditionalisme, nationalisme et féminisme : Les femmes écrivains du Québec, 1985) ; *Women Writing in Quebec : Essays in Honor of Jeanne Kissner* [14] (L'écriture québécoise au féminin : essais en l'honneur de Jeanne Kissner, 2000), pour ne citer que ceux-ci. Récipiendaire de nombreuses récompenses, dont le Prix d'excellence en enseignement, elle est aujourd'hui professeur émérite.

C'est à l'occasion d'un colloque de littérature française à Montréal, dans les années 1970, que Paula Ruth Gilbert, alors coincée dans son hôtel par une tempête de neige, découvrit la littérature québécoise et Gabrielle Roy en particulier. Depuis, sa passion pour la romancière ne s'est jamais démentie : ouvrages, cours, colloques, conférences, etc., témoignent d'un besoin « incessant » – selon son expression – de faire rayonner son œuvre dans tous les États-Unis. De même, tente-t-elle, par le biais de ses nombreux articles (voir bibliographie succincte en fin d'ouvrage), d'en explorer des facettes peu connues : le féminisme, le rapport mère-fille, le voyage associé à un idéal de progrès et de recommencement, l'insatisfaction des êtres, le cycle de la nature et du temps, etc.

Au début des années 1980, le fait de compter une nouvelle fille spirituelle aux États-Unis remplissait Gabrielle Roy de joie et de fierté. Sentant sa fin proche mais surtout se sentant en confiance avec cette jeune et brillante universitaire, elle laissa parler son cœur sur des sujets qu'elle n'aurait peut-être pas abordés en d'autres circonstances : la politique, l'amour, la mort, ses personnages de roman préférés, etc. De cette unique rencontre avec l'écrivain, Paula Ruth Gilbert tira une interview originale, devenue un classique pour les spécialistes de son œuvre : « La dernière des grandes conteuses : une conversation avec Gabrielle Roy [15]. » J'engage le lecteur à découvrir ce texte riche d'enseignements et tout à fait accessible.

MIYUKI TANOBE:
« LANTERNES JAPONAISES
POUR GABRIELLE ROY »

Opiniâtre, [...] jour après jour, il refaisait en petits croquis légers le chemin de sa vie.

La Montagne secrète

Ce ne fut qu'un éclat de lumière, semblable à un éclair qui illumine, dans la nuit noire, les moindres sous-bois d'une forêt profonde, les laissant gravés à tout jamais dans la mémoire. Trois années durant [...], je tentais d'exprimer ce que j'avais vu en cet instant. Des lecteurs qui connaissent très bien Saint-Henri m'ont d'ailleurs écrit que j'avais dû vivre dans le quartier.

« Ma rencontre avec les gens de Saint-Henri »

Une reine mélancolique en son chalet

Entre 1969 et 1971, mon mari Maurice, qui travaillait à Québec, avait coutume d'aller faire un tour à Baie-Saint-Paul (Charlevoix) après ses rendez-vous d'affaires. Un midi, en passant à Petite-Rivière-Saint-François, il a aperçu la romancière Gabrielle Roy au bord de la route, devant son chalet. Il s'est arrêté pour la saluer et s'est présenté en lui disant que j'étais peintre. « Ah ? » s'est-elle exclamée d'un air intéressé. Il a aussitôt ajouté que j'étais japonaise. « Ah ? » a-t-elle encore fait, à la fois surprise et intriguée. Tous deux sont restés à *jaser* quelques minutes, puis mon mari a repris la route. Ainsi, des liens de civilité se sont-ils créés entre eux.

Par la suite, Maurice a pris l'habitude de se rendre deux ou trois fois par semaine à Petite-Rivière-Saint-François. Le midi, il s'achetait un sandwich chez le *dépanneur* chez qui Gabrielle Roy s'approvisionnait, et allait se promener à pied du côté de son chalet. Non pas par curiosité mal placée, mais pour profiter de la nature environnante. Lorsque la romancière était dans son jardin, tous deux échangeaient de grands signes, puis quelques politesses : des nouvelles de leur santé, de leur conjoint respectif, du pays et des personnalités en vue. Jamais l'écrivain n'a fait à mon mari la plus petite confidence sur son œuvre ou sur sa vie personnelle. Néanmoins, à ses yeux tristes et au pli amer de sa bouche, Maurice avait deviné que cette femme, qu'il trouvait très belle en dépit de son âge avancé, était malheureuse en ménage.

Saint-Henri du Japon ?

Au début des années 1980, l'éditeur Alain Stanké, un ami de mon mari, me passait commande d'une série de dix sérigraphies destinées à illustrer une édition de luxe de *Bonheur d'occasion*. Fascinée par ce roman qui faisait écho à mes souvenirs d'enfance pendant la guerre, j'ai immédiatement accepté. Maurice s'est rendu en éclaireur à Saint-Henri, puis, je l'y ai rejoint. Je pense avoir éprouvé le même coup de foudre, la même « illumination [1] » – selon l'expression de l'écrivain – que la première fois où elle a découvert les lieux. Ce faubourg et ce petit peuple grouillant de vie et d'animation me replongeaient dans mon quartier natal, au Japon.

Sans même le savoir, j'ai travaillé à la manière de Gabrielle Roy. Mon mari me conduisait deux ou trois fois par semaine à Montréal. Je partais à pied de la rue Dorchester, où l'écrivain louait autrefois une chambre, descendais la rue Green et arrivais au cœur de Saint-Henri. J'admirais les maisons en bois coloré qui, collées les unes aux autres, ne forment pas de ruelles comme en ville. Je passais sous les portes cochères par où entraient jadis les *buggies* (voitures à chevaux), afin d'examiner de plus près les anciennes écuries, au fond de la cour. Je brossais quelques esquisses, prenais des notes, interrogeais des gens que je croquais sur le vif.

Parfois, d'hospitalières vieilles dames m'invitaient à prendre le café : elles me faisaient visiter leur maison, dont le décor n'avait presque pas changé depuis les années 1940, me montraient de vieilles photos jaunies, me racontaient leur misère passée. Ainsi, malgré le secours direct dont elles bénéficiaient, les commerçants refusaient de les servir sous prétexte que la ville de Montréal ne les remboursait pas suffisamment ni assez vite.

L'hiver, elles brûlaient le cadre de leur porte pour ne pas mourir de froid. Lorsque je leur ai demandé pourquoi elles rentraient précipitamment leur linge encore mouillé dès l'annonce d'un train, elles m'ont répondu que c'était à cause de la fumée des locomotives. Parfois aussi, je flânais le long du canal de Lachine, que remontaient autrefois les remorqueurs à gros charbon. Il m'a fallu peu de temps pour dresser la carte de Saint-Henri et me pénétrer de l'esprit québécois de son petit peuple.

Le restaurant Le Quinze Cents ayant disparu, rue Notre-Dame, je l'ai reconstitué à partir de *Bonheur d'occasion*, que je lisais et relisais afin de m'imprégner totalement de son atmosphère. Gabrielle Roy avait dépeint la vie quotidienne avec une admirable précision, mais les prêtres lui avaient reproché d'avoir insisté sur la laideur et la pauvreté de leur quartier. L'âme de Saint-Henri est pourtant d'une grande beauté.

Passionnée d'histoire, je me suis attachée à restituer dans mon œuvre jusqu'au moindre détail du roman : les inscriptions en anglais, en français, les réclames, les annonces contre la conscription : « Ne vous enregistrez pas ! » Les slogans fixent une époque : la description des jeunes Montréalais contraints d'endosser l'uniforme avant de s'embarquer pour le front me rappelaient avec émotion les adieux déchirants des soldats japonais à leur famille.

Une communion d'âmes

Mon objectif n'était pas tant d'illustrer l'ensemble du roman que ses moments les plus intenses – Rose-Anna annonçant à ses enfants leur départ pour la cabane à sucre, le déménagement des Lacasse au printemps, le mariage de Florentine et d'Emmanuel Létourneau, les réunions des habitants du quartier, les fêtes populaires –, et ses décors les plus significatifs : les artères principales de Saint-Henri, les cafés et les restaurants, l'église, la maison de Jean Lévesque. J'ai fondu l'âme japonaise et l'âme québécoise en une série de scènes de rue très gaies, très colorées, où les détails humoristiques abondent dans les coins : par exemple une dame laide et endimanchée, un gros homme endormi, des enfants espiègles. Loin de moi l'idée d'insulter mes modèles ! Ce mélange de cocasserie et de respect est une caractéristique de l'estampe japonaise, que l'on appelle chez nous *ukeowe* : « la vie qui flotte ».

Le résultat, *Tanobe retrouve Bonheur d'occasion*[2], a séduit Gabrielle Roy : le 11 mars 1983, en dépit de sa mauvaise santé, elle m'adressait ce message à la fois touchant et louangeur :

« Qu'elle est émouvante cette rencontre du lointain Japon avec notre grouillant et familier Saint-Henri. Aussi étonnant que cela paraisse, j'ai dû, moi aussi, toujours vous connaître, chère Miyuki Tanobe. Merci affectueusement de ce beau témoignage de notre rencontre sans que nous ayons eu à voyager pour nous connaître[3]. »

Toutefois, l'écrivain et moi-même ne nous sommes jamais rencontrées. À quoi bon ? Nous nous étions comprises sans avoir besoin de nous parler. Par-delà nos différences de pays, de nationalité, de culture, nous avions, je crois, le même esprit, la même âme, et, selon mon mari, le même caractère : un goût prononcé pour la solitude, le calme, le silence. Par ailleurs, non seulement Gabrielle Roy était très malade – le dernier effort littéraire qu'elle a accompli a été la rédaction de cette lettre à mon intention –, mais je n'aurais jamais fait le premier pas vers elle : en effet, je n'ai guère l'habitude des visites et des réceptions.

Comme je suis fière d'avoir donné, par mon art, un peu de vie à la petite ville de Saint-Henri qui se mourait, je suis heureuse d'avoir offert, avant sa disparition, un peu de joie, de gaieté et de légèreté à ce grand écrivain.

∗∗∗

En japonais, Miyuki signifie « neige abondante » : un prénom prédestiné pour une petite fille qui allait un jour affronter le grand hiver canadien de ses pinceaux et devenir l'un des meilleurs paysagistes du pays.

Née à Morioka (Iwaté), fille d'un des plus importants collectionneurs d'estampes du Japon, Miyuki Tanobe étudia dès l'enfance sous la férule d'un grand maître de la peinture à l'huile, avant d'être admise à l'université des Beaux-Arts de Tokyo, puis à l'École nationale supérieure des beaux-arts de Paris. En 1971, elle épousa un homme d'affaires canadien passionné par l'Orient et, l'année suivante, s'établit à Saint-Antoine-sur-Richelieu (Québec), où elle s'adonne depuis à l'art Nihonga : une technique de peinture millénaire utilisant de petits grains de pierre broyés et mélangés à une colle fabriquée à base de bois de cerf, de corne de chèvre, d'ossements de poisson, de poudre de coquillage et d'aiguilles de pin.

« Humble témoin éphémère de la vie qui flotte » – comme elle se définit elle-même –, Miyuki Tanobe privilégie la représentation des quartiers populaires du Québec, grouillants de vie chaleureuse, bigarrée, bon enfant. Ses tableaux, *Le Carnaval de Québec*, *Le Temps des sucres*, *Le Cirque du Vieux-Port à Montréal*, *Partie d'échecs près du Pont Jacques-Cartier à Montréal*, pour n'en citer que quelques-uns, ont été exposés dans le monde entier. Elle a été faite membre de l'Ordre du Canada en 1998.

Il n'est pas toujours indispensable de se parler pour se comprendre. Témoin Gabrielle Roy et Miyuki Tanobe qui, grâce à *Bonheur d'occasion*, se reconnurent comme deux sœurs d'âme, partageant les mêmes qualités artistiques, le même amour des petites gens, la même nostalgie de l'enfance et de la paix dans le monde. En 1983, tandis que l'écrivain s'éteignait, le peintre insufflait une vie nouvelle à son célèbre roman par une série d'illustrations donnant libre cours à son inspiration humoristique et un brin naïve, à son sens de l'observation, à son style descriptif et coloré. Timide, intériorisée, peu familière des interviews, Miyuki Tanobe a néanmoins accepté d'évoquer en quelques mots sa rencontre spirituelle avec Gabrielle Roy [4].

UNE BIBLIOTHÉCAIRE :
« ENFERS ET PARADIS
DE GABRIELLE ROY »

[…] faire plaisir aux sœurs, c'est comme faire plaisir aux enfants : c'est si facile, et la récompense est si grande.
Kenora, Ontario, le 15 juillet 1947
(*Mon cher grand fou – Lettres à Marcel Carbotte*)

Il me semble y entendre chanter la libération des âmes.
Petite-Rivière-Saint-François, le 3 mai 1970
(*Ma chère petite sœur – Lettres à Bernadette*)

Une femme de souvenirs

Un été – c'était entre 1980 et 1982 –, la religieuse franco-manitobaine Berthe Valcourt, de passage dans notre congrégation, m'a demandé si je pourrais la conduire chez son amie Gabrielle Roy, dans la région de Charlevoix. Étant libre la *fin de semaine* suivante, je lui ai proposé de nous y rendre avec quelques-unes de nos compagnes.

Modeste, la maison de la romancière était perchée sur un promontoire qui surplombait le village de Petite-Rivière-Saint-François, d'apparence plutôt pauvre.

Jusqu'à présent, je ne connaissais Gabrielle Roy qu'à travers ses livres et des *gravures*. Lorsque je me suis retrouvée en sa présence, j'ai tout de suite vu qu'elle était très timide : en dépit de la joie que lui procurait notre visite, elle nous a accueillies avec une certaine réserve. Ne connaissant que sœur Berthe, c'est à elle que sont allés tous les honneurs de la conversation. Cependant, dès que notre hôtesse a su que j'étais une sœur SNJM et que j'aimais beaucoup ses livres, elle a arrêté de se tenir sur la défensive, s'est détendue, a engagé le dialogue.

Elle a paru extrêmement touchée de savoir que le premier roman qu'on m'avait offert quarante ans plus tôt était *Bonheur d'occasion*. C'était celui qui l'avait lancée – avec quel bruit et quel effet ! Gabrielle Roy s'était révélée une novatrice en se penchant pour la première fois sur les thèmes de la ville et de la misère ouvrière. Depuis, son roman *a fait époque*...

La carte des lieux

Il y avait de l'amérindien dans son visage – mais peut-être dis-je des bêtises[1]. Ce qui m'a frappée, c'est qu'elle était *vieillie* par rapport aux photographies que l'on publiait d'elle. Ses livres expliquent en grande partie son air maladif, timoré : elle était neurasthénique et vivait de grandes souffrances intérieures.

La romancière nous a d'abord emmenées faire le tour du propriétaire. Extérieurement, sa petite maison avait subi quelques travaux de rénovation. Elle était située au bas des montagnes qui formaient un immense pan de mur masquant le soleil à demi. On ne pouvait assister à son coucher : aux alentours de 15 h 30, il commençait à faire sombre et *les bleus vous prenaient* (le *blues*, le cafard). J'ai peine à comprendre comment Gabrielle Roy pouvait se plaire dans un endroit pareil. Mais ce climat nostalgique convenait apparemment à son tempérament, à l'état de son âme.

Derrière la maison, s'étendait un grand terrain, propre, net, soigneusement tondu : c'était le mari de l'auteur qui l'entretenait ; en son absence, un voisin prenait la relève. Très sensible à son environnement, elle avait installé une *causeuse berceuse* sur la galerie de la maison[2]. Elle m'a expliqué que c'est là qu'elle *composait*. Dès qu'un nouveau sujet assaillait son esprit, elle courait s'asseoir sur la grande balançoire du jardin et écrivait sur ses genoux[3].

Tout en devisant, nous cheminions côte à côte dans les allées. L'air de retenue de Gabrielle Roy contrastait avec la chaleur humaine qui émanait d'elle. Elle parlait d'une voix douce, calme, posée. Ses propos me *rejoignaient* beaucoup : en effet, tout comme moi, elle aimait la campagne, les chats, les oiseaux.

Un petit chat sauvage

De retour à la maison, elle nous a offert un goûter frugal : une tasse de café, accompagnée d'un morceau de tarte maison. Sans doute était-ce sa voisine, Berthe Simard, qui l'avait confectionnée, car elle avait la réputation de ne pas savoir cuisiner.

Son intérieur la reflétait : simple, sobre, sans prétention. Je me rappelle surtout son bureau : une table ordinaire placée au coin de la fenêtre qui donnait sur l'arrière de la maison. La vue qu'on y découvrait correspondait pleinement au caractère sauvage de l'écrivain. Une voie ferrée passait en contrebas d'une falaise si abrupte qu'on ne pouvait l'apercevoir. Gabrielle Roy m'a confié s'y promener presque chaque jour[4]. Elle aimait vivre retirée, loin de tout dérangement.

Le docteur Carbotte a bientôt rejoint notre groupe. De haute taille, distingué, le geste mesuré, c'était un homme très simple lui aussi, d'une exquise politesse ; il paraissait fort à son aise en compagnie des sœurs. Si notre *collation* s'est déroulée dans la joie et la bonne humeur, l'on sentait néanmoins que Gabrielle Roy avait hâte de se retrouver seule avec sœur Berthe.

Elle ne pouvait nous garder à coucher en raison de l'exiguïté des lieux : « Ma maison est un petit camp ! » a-t-elle lancé comme pour s'excuser. Même lors de sa venue en 1965, sa sœur Bernadette avait dû loger dans une maisonnette voisine, louée pour la circonstance. Enfin, chacun sait que Gabrielle Roy n'aimait ni ne savait tenir un intérieur : c'était son mari qui vaquait aux tâches ménagères. L'hiver, elle retournait à Québec pour s'éviter tout travail manuel.

Avant de gagner le motel le plus proche, j'ai voulu la prendre en photo, mais elle a refusé : « J'en ai de bien meilleures que cela ! » m'a-t-elle jeté d'un air malicieux.

Une œuvre à la gloire de Dieu et de la nature

J'ai toujours regretté la brièveté de ce contact avec Gabrielle Roy. N'ayant jamais eu l'occasion de la revoir, je l'ai donc retrouvée dans ses livres. Ils me touchent au-delà de toute expression : ne nous parlent-ils pas de nous-mêmes et de notre quotidien ? La lecture de *La Petite Poule d'eau*, de *Ces enfants de ma vie* et de *Cet été qui chantait* est un véritable ravissement. Pour moi, ces ouvrages touchent au merveilleux. Douée pour décrire le moindre détail, la romancière dit les choses avec des mots simples, poétiques, qui *font image*. À son exemple, j'ai enseigné à de jeunes élèves auxquels je conseillais de lire le conte *L'Épagneul et la Pékinoise*[5] : elle y donne des leçons sans verser dans le moralisme.

Gabrielle Roy se livre petit à petit au fil de ses ouvrages, presque au compte-gouttes. Je crois qu'un écrivain ne peut écrire que sur lui-même et sur sa propre existence : il est difficile d'échapper à soi. Après mon passage à Petite-Rivière-Saint-François, j'ai compris que la romancière vivait dans la nature comme dans un refuge, s'identifiant presque inconsciemment à elle. Ainsi, le personnage de Luzina, la mère de famille de *La Petite Poule d'eau*, apparaît-elle à la fois heureuse, car elle aime son île, et malheureuse à cause de son isolement. Gabrielle Roy essayait de libérer son cœur de la mélancolie que lui avait transmise sa maman.

Lors de la parution des *Lettres à Bernadette*, j'ai rencontré des religieuses manitobaines qui m'ont parlé des sœurs de l'écrivain. Même si je n'ai jamais connu ces personnes, leur portrait m'a bouleversée. J'ignore pourquoi, mais la correspondance de l'auteur m'a réconciliée avec le monde, avec les autres, avec moi. Elle exprime une grande souffrance que, pour ma part, je serais bien en peine d'expliquer. Gabrielle Roy elle-même connaissait-elle la nature de son mal ? L'épistolière trouve néanmoins la force de soulager sa sœur mourante. Contradictoire, elle vivait volontairement coupée de sa famille ; en même temps, elle se raccrochait à elle, impatiente de recevoir ses visites.

À travers ces *Lettres*, on sent que Gabrielle Roy était une femme d'une grande spiritualité. Elle avait rejeté le dogme pour refaire ses propres choix. Si elle n'avait pas effectué son cheminement chrétien personnel, jamais elle ne serait parvenue à une telle élévation d'âme. Cette recherche du Divin lui a aussi certainement permis de progresser dans son art.

Peu de temps après ma visite à Petite-Rivière-Saint-François, on m'a annoncé que Gabrielle Roy était très malade. Au Salon du livre qui a suivi son décès, j'ai écrit quelques mots pour elle dans le Livre d'or.

***

Au début des années 1980, sentant sa fin approcher, Gabrielle Roy effectue des séjours d'écriture et de repos de plus en plus fréquents à Petite-Rivière-Saint-François. Elle y déguste sa solitude, y approfondit sa foi, se met en règle avec Dieu et avec la nature – le même principe créateur, selon elle.

Il est un peu difficile d'imaginer une relation suivie entre deux personnes aussi timides et discrètes que l'écrivain et cette sœur bibliothécaire à la communauté SNJM d'Outremont (Montréal). Même si elles avaient beaucoup en commun (l'amour de la nature et des animaux, l'attrait pour le mysticisme et le silence), leur rencontre demeura purement « accidentelle ». Les circonstances, d'ailleurs, ne se prêtaient guère à la naissance d'une nouvelle amitié : non seulement l'écrivain déclinait, mais – notre religieuse le laisse sous-entendre –, elle n'avait d'yeux que pour sœur

Berthe Valcourt, sa grande amie manitobaine, dont de longues années l'avaient séparée.

Des larmes dans la voix, la nonne évoque cette journée passée en compagnie de Gabrielle Roy; courte journée, en vérité, qui lui permit cependant de faire le tour de son jardin intérieur et de constater que jusque dans les dernières années, la romancière était restée la même : malade de l'âme et enjouée, égoïste et fraternelle, torturée et apaisée, fuyante et recherchant le contact.

CONCLUSION

Gabrielle Roy a sa manière d'éconduire les biographes, les chercheurs et les journalistes en leur donnant l'impression qu'elle reste ce qu'elle aurait sans doute souhaité : une relation, non pas une intime. Occuper le public de sa personne lui inspirait une certaine gêne.

À cause de son esprit incisif, de sa discrétion et de son refus de toute publicité, on a peur d'être importun, de mal interpréter, de se tromper sur elle. Puis les difficultés viennent de ce qu'elle est l'un des rares écrivains de talent dont la popularité ne se limite pas au monde universitaire : de nombreux lecteurs ont le sentiment qu'elle leur appartient en propre, qu'on ne doit pas y toucher, lui poser des questions, lui appliquer des théories.

Néanmoins, à la déjà longue bibliographie la concernant, j'ai voulu apporter ma pierre en choisissant cet aspect plus inédit ou moins connu de sa saga – les témoignages de ses proches –, trop souvent délaissé par les spécialistes au profit de l'étude de l'œuvre, et qui n'en est pas moins attachant.

« C'est tout un art qui exige une grande délicatesse, une sensibilité affinée que de faire comprendre l'importance des petites choses dans la vie des gens », écrivait George Sand. Cet art, mes biographes d'occasion l'ont exercé avec maestria, au meilleur de leurs souvenirs et de leurs connaissances, sans verser dans le panégyrique ni dans le potin. Confrontés et juxtaposés, leurs témoignages forment une sorte de portrait objectif et synthétique de l'écrivain, émietté comme la vie même, avant que la mort ne la transforme en destin, que le regard rétrospectif n'en organise la dramaturgie.

Les traces qu'elle a laissées au fil des années, les événements que le temps chargera de sens, confondus avec les détails de la vie quotidienne, ses faits et gestes, dérisoires et minuscules, ne la ressuscitent pas, bien sûr, mais relatent à eux seuls la petite épopée de Gabrielle Roy : une épopée intimiste, confidentielle, secrète. C'est à cette représentation de la romancière, à cette image historique, même rudimentaire, que l'on confrontera peut-être désormais l'image poétique, celle des livres.

***

À la dernière page de cet ouvrage, il convient de revenir à Gabrielle Roy elle-même. À l'enfant volontaire et fragile, à la fillette adorable et capricieuse, à la jeune personne ambitieuse et personnelle, à la sœur généreuse et ingrate, à la femme aimante et distante, à l'auteur passionnée par la condition humaine et peu liante, à la mourante confiante et angoissée… La Gabrielle Roy que je préfère est celle qui se moque des jugements du monde et demeure elle-même. Car, à la lecture de tous ces témoignages, je crois qu'elle n'est pas celle qu'on croit.

Quoiqu'il soit impossible de résumer en quelques paragraphes un être aussi riche et complexe que Gabrielle Roy, on ne peut s'empêcher d'éprouver une certaine fascination devant son parcours de femme, de jeune journaliste et d'écrivain. En dépit des récriminations de sa famille, qui ne la comprenait pas, elle a suivi sa vocation envers et contre tout, jusqu'au bout. Elle était féminine et féministe dans le sens où elle a assumé totalement son destin d'auteur, les joies et les affres de la liberté, les splendeurs et les misères de son art. Tout en reconnaissant ne pas avoir pleinement réussi sa vie, ce qui la rend très sympathique et proche de nous.

À plusieurs reprises, il m'est arrivé de donner la parole à des gens qui avaient été déçus par son attitude, son silence, son apparente indifférence… Certes, elle les a fait souffrir, mais son éloignement ne signifie pas qu'elle les avait oubliés pour autant : dans quelle mesure n'ont-ils pas nourri ses personnages, même inconsciemment[1] ? Ne serait-ce qu'en raison de sa santé fragile, il lui aurait été impossible de rester en contact avec un trop grand nombre de personnes et de correspondre avec elles.

Femme en avance sur son temps, Gabrielle Roy avait rejeté la tradition : elle a fait un mariage d'amour tardif, avec un homme qu'elle a choisi ; elle a refusé, semble-t-il, d'avoir des enfants, non seulement parce qu'elle avait connu la pauvreté qui accable les familles nombreuses, mais aussi parce qu'elle plaçait son travail d'écrivain au-dessus de tout. Bien des gens trouvent étrange le couple qu'elle formait avec le docteur Carbotte… Il s'explique cependant : comme elle ne savait rien faire de ses mains, il lui fallait un homme de service à la maison ! En outre, ce mari comblait son besoin de sécurité – argent, position sociale, situation stable –, la romancière ayant une crainte maladive de « manquer » ; crainte qui remontait sans doute à sa petite enfance. Enfin, s'il est vrai qu'il était davantage attiré par les hommes que par sa femme, M. Carbotte ne devait guère se montrer exigeant sur le plan sexuel, ce qui limitait les risques de maternité.

Gabrielle Roy se satisfaisait de choses simples, vraies, authentiques : le contact avec les gens, la nature, les animaux. Elle aimait arpenter la campagne, respirer le parfum des fleurs, jardiner. Une photographie nous la montre en train de jouer avec des chats [2]. Cette agnostique, qui a pourtant aidé sa sœur à mourir en odeur de sainteté, avait élu la nature pour Dieu et pour chapelle. Elle avait besoin de s'y recueillir entre deux sessions d'écriture. Sur la fin, elle écrivait même dans son jardin, à Petite-Rivière-Saint-François : curieusement, ce petit endroit lui permettait de peindre à distance les immenses étendues du Manitoba.

Elle était déterminée, ambitieuse, travailleuse. Mais elle a toujours douté de son talent et souffert d'un complexe d'infériorité lié à ses origines familiales modestes. Elle ne recherchait ni les interviews, ni les honneurs, ni les médailles : les compliments de ses lecteurs la touchaient bien autrement que ceux des savants. En fait, elle était déchirée entre sa vocation – « l'appel de la littérature », comme elle disait – et sa simplicité, son désir de réserve, de discrétion. Marquée par la petitesse du milieu géographique où elle avait grandi, elle avait des réflexes de provinciale et vivait dans la nostalgie de sa petite ville, Saint-Boniface. En même temps, elle était éblouie et impressionnée par la grande ville : Montréal ou Québec.

On raconte qu'elle aimait profondément son pays d'adoption. Mais en imagination et en écriture, elle lui faisait beaucoup d'infidélités avec son pays natal : son existence au Québec lui pesait comme un exil. Paradoxalement, depuis son départ du Manitoba, elle s'était toujours révélée incapable d'y revivre. De toute façon, elle n'a jamais réussi à se situer, n'étant pas vraiment du Québec, mais plus du Manitoba. Au fond, n'est-ce pas l'une des caractéristiques fondamentales des Canadiens français ? Ce ne sont plus des Français, mais pas des Américains.

On la présente toujours comme un être partagé entre la lumière et les ténèbres, la gaieté et la mélancolie, le sourire et les larmes ; alors que vingt, trente, cent sentiments peut-être, à la fois parents et incompatibles, cohabitaient en elle. Il faudrait autant de vies pour explorer ses multiples « moi » et ses personnages, auxquels elle prêtait les aspects de son talent protéiforme.

On la décrit aussi comme un être sauvage, à l'humeur instable, timide, secrète, pudique – ces termes reviennent fréquemment dans la bouche de mes témoins. Mais c'était aussi un véritable boute-en-train, capable d'élans de générosité, d'excentricités, de coups de folie. Solitaire, introvertie, elle n'en était pas moins riche de chaleur humaine, ouverte, animée d'un ardent besoin de communiquer. Si elle refusait les interviews, c'est parce que les écrivains qui passent leur vie à sculpter des phrases redoutent et perdent l'habitude de parler d'eux-mêmes. Loin de s'isoler dans sa tour d'ivoire, elle rejoignait les autres par l'écriture et a tissé un véritable réseau humain en traitant de thèmes universels dans ses livres : l'amour, la peur, la misère. Les manifestations de ces sentiments changent selon les sensibilités, les époques, la manière dont on les perçoit, mais ils habitent éternellement le cœur des hommes et des femmes.

Dans les années 1960-1970, on considérait Gabrielle Roy comme un écrivain dépassé. Il est vrai qu'elle se rattache davantage au Romantisme qu'aux courants de la littérature moderne par son imagination abondante, ses abîmes opposés de ténèbres et de joie, sa façon de fondre le réel et l'irréel dans une sorte de brume onirique, son alternance de réalité et de rêve, de vérité et d'illusions, son amour de la nature, son obsession du voyage, sa mystique de la fuite métamorphosée en quête métaphysique, son panthéisme, la fatalité qui s'accroche à ses personnages, sa révolte individuelle, sa mythification du rôle de l'écrivain dans la société, etc., comme par certains procédés rhétoriques : l'utilisation de symboles, d'images anthropomorphiques[3] de la nature, de références aux mythes judéo-chrétiens et antiques... Mais aujourd'hui, elle revient au premier plan de l'actualité littéraire, devançant bon nombre d'auteurs de cette époque : non seulement la critique a pris conscience de son rôle de pionnière dans le roman à caractère social, urbain, psychologique, féministe, etc., mais les lecteurs contemporains se reconnaissent totalement dans ses interrogations sur la destinée humaine.

Ce qui frappe le plus, c'est le grand humanisme qui émane de son œuvre. Elle n'est pas misérabiliste, même si elle s'attache à décrire la vie des petites gens, des humbles, des oubliés, de ceux dont on ne parle jamais – sinon dans les journaux à scandale, lorsque le malheur s'abat sur eux –, mais qui ont des aspirations, des rêves, de grandes et de petites joies. Gabrielle Roy a touché du doigt la vérité de la condition humaine.

La manière incisive dont elle brosse un portrait est tout sauf démodée. Prenons le personnage d'Alexandre Chenevert, ce petit employé de banque qui découvre le sens de sa mission sur terre au cours d'une retraite à la campagne... Comme Flaubert, Gabrielle Roy le dépeint à travers le prisme de ses propres bonheurs, de ses souffrances, de ses doutes, de ses incertitudes, ce qui le rend infiniment vivant, émouvant et attachant. Même si les goûts du public se portent davantage vers *Bonheur d'occasion*, *La Petite Poule d'eau* et *Ces enfants de ma vie*, *Alexandre Chenevert* me paraît être le roman le plus achevé de Gabrielle Roy.

Tous ses personnages lui ressemblent : ils mettent un point d'honneur à dessiner leur propre destin, la carte de leur parcours, mais n'atteignent pas leurs objectifs par les voies qu'ils imaginaient. D'ailleurs, très souvent, ils ne comprennent pas qu'ils ont atteint leur but : je songe par exemple au peintre Pierre Cadorai qui meurt d'une crise cardiaque au moment de saisir l'essence de la montagne secrète.

La Détresse et l'Enchantement, autre livre-culte au Québec et au Canada, dégage, lui aussi, une intense chaleur humaine. Gabrielle Roy passe aux aveux en nous confiant des secrets apparemment très pénibles pour elle. Certes, elle enjolive, censure, romance, au point de devenir son propre sujet de création, mais son itinéraire d'écrivain nous bouleverse : bien des auteurs ont dû se retrouver dans le récit de son éveil littéraire, de ses expériences de journaliste, de son exaltation lorsqu'elle passait d'un sujet de reportage à un autre, de ses relations parfois périlleuses avec les gens haut placés, de ses fins de mois difficiles, des petites douleurs de son métier de romancière...

Elle est partie avant d'avoir eu le temps de mettre de l'ordre dans ses papiers et de terminer son autobiographie. C'est regrettable, convenons-en, mais en aurait-on appris davantage sur elle ? De nouvelles confidences nous auraient-elles éclairé sur son œuvre ? D'ailleurs, il est permis de se demander si elle aurait approuvé la publication de ses inédits [4]...

Le style de Gabrielle Roy est tout de limpidité, de clarté, de transparence : il a quelque chose de maurrassien [5] qui séduit en ce qu'il reproduit impeccablement la réalité. Il n'est ni emphatique ni ampoulé et ne donne pas l'impression d'avoir été travaillé, ce qui est la marque du grand art. Quand la romancière exprime un point de vue, elle le rend définitif, « fatal », comme si elle traduisait nos pensées – et réciproquement.

Gabrielle Roy aurait presque l'âge d'être mon arrière-grand-mère... Pourtant, je ne crains pas d'affirmer qu'elle a mis en mots ma vie et mes sentiments : rares sont les écrivains qui peuvent se vanter d'en avoir fait autant.

✳✳✳

Après l'écriture de deux volumes de témoignages, je suis bien près de conclure que la vision de Gabrielle Roy se réduit à la vue personnelle que chacun de nous se forme d'elle.

Femme hors du commun, personnage aux multiples facettes, elle n'a pas fini d'étonner, de séduire, de fasciner, mais aussi de dérouter, de déranger, voire d'irriter : elle n'entre pas dans les catégories toutes faites. Elle est si multiple, si différente d'elle-même tout en étant si pareille, qu'il serait vain de la vouloir analyser.

Fine, sensible et merveilleuse Gabrielle, apte à saisir les humbles vérités de tous les jours, à transcrire le langage des gens qui ignorent l'éloquence, à communiquer les émotions du cœur… Je crois qu'elle aurait voulu demeurer avant tout ce qu'elle est : un miroir simple et fidèle où se reflètent tous les sentiments humains ; un écrivain à part dans la littérature mondiale, qui a laissé parler en elle non seulement les voix contradictoires de son personnage, à la fois tragique et lumineux, mais aussi celles de la grande famille universelle avec ses qualités, ses défauts, ses luttes, ses passions, ses incohérences, ses paradoxes. Cette « sainte de l'écriture » – telle qu'elle ambitionnait de devenir[6] – a réussi ce prodige de donner de la grandeur à nos pitoyables petitesses, de l'espoir à nos vies tragiques, une dignité à notre absurde condition. Cela, sans jamais juger, blesser ou condamner.

Bien sûr, certains aspects de sa personnalité, de sa vie et de ses desseins littéraires resteront probablement toujours inconnus : tout recueil de témoignages, comme toute biographie ou tout portrait, a ses limites.

Mais que Gabrielle Roy doive demeurer toujours un peu dans l'ombre n'est pas non plus pour nous déplaire. Après avoir interrogé tant de gens, remué tant de papiers, consulté tant de documents, on peut se répéter la phrase de Jean Cocteau : « Il est bien vrai que les gens gagnent à être connus. Ils y gagnent en mystère. »

ANNEXE

GABRIELLE ROY INTIME

UNE INTERVIEW EXCLUSIVE DE PIERRE CHAGNON, COMÉDIEN, ET L'OPINION DES SPÉCIALISTES

En complément à cet ouvrage, j'ai choisi d'ajouter une interview du comédien québécois Pierre Chagnon, l'inoubliable interprète de Jean Lévesque dans le film *Bonheur d'occasion* de Claude Fournier, assortie à une dizaine de textes inédits de spécialistes de Gabrielle Roy.

En effet, j'ai pensé que cette initiative permettrait aux universitaires de faire connaître leurs travaux auprès d'un plus large public, comme au lecteur de se familiariser avec les différents courants de la critique littéraire contemporaine : structuraliste, stylisticienne, sémioticienne (étude du rapport entre le texte et l'auteur ou le lecteur), psychologique ou psychanalytique, sociologique, biographique, comparative, thématique.

Grâce à des genres littéraires aussi variés que l'essai, l'article, la recension, le journal intime, la confidence, le billet ou le questionnaire, nos auteurs nous font partager ici leur passion pour l'œuvre de Gabrielle Roy. Quoique aucun d'entre eux ne l'ait jamais rencontrée, leurs études contribuent à nous ouvrir encore plus largement l'éventail de sa personnalité multiforme, kaléidoscopique, infinie…

Je tiens à remercier les enseignants qui, en dépit de leurs horaires chargés, m'ont fait le plaisir et l'honneur de collaborer à ce projet, tout en m'excusant auprès de ceux dont le témoignage n'a pu, pour des raisons de contraintes éditoriales, figurer dans ce livre : mesdames Nicole Bourbonnais (Université d'Ottawa), Éva Kushner (Université d'Ottawa), Paulette Collet (Saint-Michaël's College, Université de Toronto, Ontario), Évelyne Voldeng (Université Carleton, Toronto), Monique Roy-Sole (Université Carleton, Toronto, Ontario) et Estelle Dansereau (Université de Calgary, Alberta) ; messieurs Jean Morency (Université de Moncton, Nouveau-Brunswick), Patrick Imbert (Université d'Ottawa) et John Lennox (Université York, Ontario).

UNE INTERVIEW EXCLUSIVE DE PIERRE CHAGNON, COMÉDIEN : « DANS LA PEAU DE JEAN LÉVESQUE… »

Le clin d'œil du destin

« Ne fais pas ton p'tit Jean Lévesque ! » : dans mon enfance, combien de fois ai-je entendu ma mère me reprendre ainsi lorsque je me montrais capricieux ou arrogant ! C'est dire aussi la place que le personnage de Gabrielle Roy occupe dans l'imaginaire québécois depuis l'immense succès de *Bonheur d'occasion*… Évidemment, maman était loin de se douter que j'interprèterais un jour le rôle de cet orphelin ambitieux de Saint-Henri, rôle qui m'ouvrirait les portes de la célébrité !

À l'été 1981, alors que je séjournais dans la propriété familiale de Saint-Jean-Port-Joli (Chaudière-Appalaches, Québec), des amis m'ont téléphoné que la productrice Marie-José Raymond et le réalisateur Claude Fournier auditionnaient des comédiens pour le tournage d'un film adapté de *Bonheur d'occasion* de Gabrielle Roy. Je me suis présenté au *casting*, mais sans grande illusion : je savais qu'une foule d'acteurs avait déjà été contactée. De plus, étant à cette époque-là un puriste du théâtre, j'avais certains préjugés contre la télévision. Mais cela a marché. Quelques jours plus tard, lorsqu'on m'a téléphoné que j'avais été choisi pour le rôle de Jean Lévesque, je n'en croyais pas mes oreilles, je nageais en plein rêve : c'était une chance inespérée, fabuleuse, inouïe, pour un jeune comédien !

Une réhabilitation de Jean Lévesque

On a longtemps considéré Jean Lévesque comme un personnage manichéen, mais il est beaucoup plus complexe qu'on ne pense : il est le héraut, le porte-étendard du Québec futur, l'annonciateur de l'*homo quebecis* – si je puis m'exprimer ainsi – d'aujourd'hui. C'est un gars qui refusait d'être « né pour un p'tit pain », comme on dit ici, un révolté. Les

Anglais dominaient le haut de la ville qui regarde Saint-Henri de manière méprisante, tout en bas. Rappelez-vous ce passage du film dans lequel Jean Lévesque pointe le doigt vers Westmount en disant : « Un jour, moi aussi, je serai là-haut ! »

Même si c'est un gars dénué de tous scrupules, qui n'hésite pas à abandonner Florentine enceinte après avoir abusé d'elle et qui profite de l'économie de guerre pour s'enrichir, je ne puis m'empêcher de l'admirer, d'être séduit par lui : il bûche dur pour devenir ingénieur et sacrifie tout à ses études, il rejette Saint-Henri où les gens vivaient dans des conditions d'insalubrité incroyables – le taux de mortalité infantile était comparable à celui des pays sous-développés –, il coupe le cordon avec ses pères. D'ailleurs, le fait que Gabrielle Roy en ait fait un orphelin indique bien cette rupture : il échappe au passé et se forge un avenir. Mais c'est vrai qu'il est égoïste, exclusif, cynique : rien ne l'arrête !

Le grand livre du Québec

Passionné de littérature et écrivant moi-même, je suis *tombé en amour*, dès la première lecture, avec *Bonheur d'occasion*, avec cette langue, cette qualité de style, ces descriptions et cette pénétration psychologique qui révélaient magistralement la société québécoise des années de guerre. C'était un tableau saisissant de réalisme. Je crois que personne n'était jamais allé aussi loin dans la représentation d'une époque, des classes sociales et de la vie quotidienne tout court.

Pour moi, ce roman a été une découverte, une révélation. J'y ai été d'autant plus sensible que je suis toujours resté très proche de mes racines gaspésiennes : j'aime les célébrations du terroir, de la famille et de la politique. Cette peinture d'une société rurale acculée au bord du précipice et dont le saut dans l'avenir s'effectuera, en fait, par la guerre, m'a profondément touché. À mon sens, *Bonheur d'occasion* est le premier roman de la modernité : pour la première fois, la ville était portée, non pas à l'écran, mais sur les pages d'un livre. En plus, il confortait la vision que les anglophones avaient des Canadiens français : celle d'une société en équilibre sur la corde raide, mal en point, qui s'éteindrait très vite sans le secours providentiel du fédéral…

Petites misères d'un tournage

Au départ, *Bonheur d'occasion* de Claude Fournier était une série télévisée en six épisodes qui, à mon avis, a beaucoup « perdu » en devenant un film. Le tournage, qui s'est déroulé en 1982, m'a laissé un beau souvenir, mais la version en anglais m'a posé beaucoup de problèmes : c'est très dur de jouer dans une langue étrangère que vous maîtrisez mal.

Néanmoins, je suis très fier d'avoir participé à cette création. *Bonheur d'occasion* est LE livre référence – il a été traduit en douze langues – et le film de Claude Fournier, un classique : à la demande des téléspectateurs, il repasse régulièrement au petit écran, en français comme en anglais, et a été également diffusé dans de nombreux pays.

Lorsque nous sommes arrivés tourner à Saint-Henri, les gens nous ont fait mauvais accueil : ils s'imaginaient qu'on allait encore donner une image misérabiliste et noire de leur quartier. Leurs réticences ont disparu lors de la projection du film. Nous avons joué sur place, ainsi que dans un studio de l'Office national du film et à Saint-Hyacinthe (Montérégie, Québec), en costumes d'époque et dans des reconstitutions du Saint-Henri des années d'avant-guerre avec son tramway. J'ai adoré cela, excepté que nous gelions littéralement sur place, tombions malades les uns après les autres et que les caméras et le matériel, eux aussi, tombaient en panne à cause du froid.

C'était la première fois que je travaillais à l'Américaine, en *non-stop*, avec des horaires stricts et des contraintes quelque peu draconiennes. Certains artifices ont également surpris le comédien de théâtre que j'étais : par exemple, la scène de la rencontre entre Florentine Lacasse et Jean Lévesque au Quinze Cents a été tournée dans un petit bistro de village dont Claude Fournier avait démultiplié l'espace intérieur grâce à un système de miroirs qui créaient l'illusion d'un grand restaurant. Mais je me suis senti très proche de ce film : c'était une partie de la vie de mes parents et de mes grands-parents qui ressuscitait ici. J'étais très conscient d'incarner un personnage « classique » qui parlait aux gens de chez nous et de traduire la pensée d'un grand auteur.

Au-delà du mythe Gabrielle Roy

Je n'ai jamais rencontré Gabrielle Roy, car elle était déjà physiquement malade et psychologiquement très *troublée* au moment du tournage. Lorsque j'ai lu *Bonheur d'occasion*, j'avais, comme beaucoup de lecteurs, une image pure et idéale d'elle. Mais je crois qu'elle l'avait savamment entretenue.

À quarante ans, je suis revenu à son œuvre et j'ai lu sa biographie – entre nous, je ne suis pas certain qu'elle aurait aimé qu'on écrive sa vie : l'a-t-elle réellement demandé ? Et était-elle vraiment telle que son biographe l'a décrite ? Surtout, je suis tombé sur l'ouvrage polémique de sa sœur Marie-Anna Roy, *Le Miroir du passé*. Certes, il faut en prendre et en laisser dans cet écrit, mais, depuis sa découverte, ma vision de Gabrielle Roy a changé. En effet, elle apparaît comme une femme mesquine, uniquement préoccupée de son étoile. Comme tout grand artiste, elle était consciente de sa valeur, mais ce qui m'a choqué, c'est le mépris avec lequel elle considérait la société d'où elle venait[1]. Elle n'a pas su tirer les conclusions de sa *condition*. Avez-vous remarqué la manière dont elle parle de Saint-Boniface et de son milieu dans *La Détresse et l'Enchantement*? N'est-ce pas humiliant pour les gens de là-bas? Vous, qui avez vécu au Manitoba, savez certainement comment ils perçoivent Gabrielle Roy… Elle doit avoir une aura extraordinaire, ce doit être LA grande vedette, mais que pensent-ils de ses écrits? Il faut dire que le Manitoba est très éloigné du Québec. À la fin du XIXe siècle, on vivait dans le grand mythe d'un Canada bilingue. La création de la communauté francophone de l'Ouest a été un test, mais qui a échoué: Saint-Boniface est une société sacrifiée.

Ambiguïtés politiques

La vie de Gabrielle Roy est une perpétuelle fuite en avant. Elle entretenait des sentiments ambivalents à l'égard de la société anglophone et a passé la majeure partie de son existence au Québec. Il est tout de même surprenant qu'elle n'ait jamais été nationaliste québécoise. Alors que tout le monde manifestait son opinion au moment de la Révolution tranquille et du référendum, elle s'est retrouvée complètement dépassée, ostracisée. Mais peut-être son statut de «star» lui permettait-il de demeurer au-dessus de la mêlée. Elle redoutait beaucoup les partis pris et l'intrusion de De Gaulle dans la politique du Québec[2].

Elle ne s'est jamais vraiment prononcée, comme si elle était partagée entre les deux camps. On sait qu'elle avait longtemps hésité entre le français et l'anglais avant d'écrire son œuvre; aussi, qu'elle aimait mieux l'Angleterre que la France. Elle devait se sentir mal à l'aise, car elle avait autant de lecteurs francophones que de lecteurs anglophones: il fallait les ménager. En fait, Gabrielle Roy était le pur produit d'une culture bilingue et jouait un double jeu. Comme les colonisés de l'intérieur, elle avait adopté les préceptes du plus fort et les avait intégrés[3].

Paradoxalement, son roman *Bonheur d'occasion* a joué un rôle de catalyseur: il a été le précurseur des événements des années 1960-1970. Gabrielle Roy avait relégué à l'arrière-plan les soutanes et les meules de foin pour imposer le premier roman urbain – *Trente Arpents* de Ringuet étant, pour sa part, le dernier roman de la terre. Mais la romancière n'a pas été jusqu'au bout de son œuvre: ça n'était pas dans son tempérament, elle ne le pouvait pas.

Un perpétuel point d'interrogation

La lecture de la vie de Gabrielle Roy nous laisse un goût amer: c'était une femme malade, malheureuse, misérable même. Égoïste, elle avait abandonné sa mère, sa famille, et ne se le pardonnait pas. Elle avait voulu fuir la médiocrité, son milieu des Plaines, son passé pour devenir « Gabrielle Roy romancière », mais ils l'avaient rattrapée et l'obsédaient. Sur le tard, elle a regretté son attitude : elle a alors tenté de revenir en arrière, de se réconcilier avec sa famille, mais recolle-t-on les morceaux brisés du miroir du passé ?

Pour moi, c'était une femme aux espoirs déçus. Son mariage a été un échec : M. Carbotte, dit-on, était homosexuel. Gabrielle Roy est restée avec lui et lui écrivait tout le temps mais ne le voyait presque jamais : elle le fuyait en demeurant à Petite-Rivière-Saint-François. D'un autre côté, elle ne pouvait pas se passer de lui : il était une sorte de support à sa misère intérieure. Tous deux entretenaient une relation étrange, très différente de celle que les gens essaient de vivre aujourd'hui sur le mode passionné ou fusionnel. À cette époque perduraient des couples bourgeois, tels ceux du XIXᵉ siècle, qui avaient trouvé un arrangement et habitaient chacun de son côté. Gabrielle Roy me fait penser à Alexandra David-Néel[4], cette grande voyageuse qui ne voyait jamais son mari mais lui envoyait régulièrement de ses nouvelles tout en lui demandant des siennes.

À la fin de sa vie, Gabrielle Roy fuyait et se cachait de plus en plus de tout le monde. Ce n'est pas une attitude normale, même quand on n'a pas une personnalité médiatique. Elle vivait dans un isolement inconcevable, aux limites de la pathologie. Vous avez raison de dire qu'elle craignait qu'on la devine, qu'on lise dans son âme : même rayonnante et lumineuse, elle portait en elle quelque chose de noir qu'elle s'efforçait de fuir. C'était un être torturé. N'avez-vous jamais remarqué comme son visage ravagé de rides, sillonné par le tourment, ressemble à celui du dramaturge Beckett ? Et en même temps, très curieusement, à celui d'une Indienne ! Peut-être à cause de son rapport avec la nature et de ses longues expositions au soleil dans le jardin de Petite-Rivière-Saint-François...

Excepté dans votre livre, *Les Chemins secrets de Gabrielle Roy – Témoins d'occasions*, je ne l'ai jamais vu sourire. Sur les photos, elle avait toujours l'air sérieux, grave, tendu, soucieux, en proie à des préoccupations inconnues. Ce n'était pas le signe d'une très bonne santé psychologique. En tout cas, c'est une femme sur laquelle on n'a pas fini de s'interroger...

***

Né à Montréal, Pierre Chagnon est un enfant de la balle. Premier Prix du Conservatoire d'art dramatique de la ville (1980), il débuta dans le répertoire classique (Shakespeare), avant de fonder le théâtre d'avant-garde Ubu (1981), puis de se voir offrir deux grands rôles au cinéma : ceux de Marc-Aurèle Fortin dans le documentaire dramatique éponyme d'André Gladu (1983) et de Jean Lévesque dans *Bonheur d'occasion* de Claude Fournier (même année). Pierre Chagnon prêta au héros de Gabrielle Roy présence, prestance, une voix chaude, grave, profonde, et tout le velouté d'une personnalité charmeuse et ambiguë : si elle avait vu le film, nul doute que la romancière eut été éblouie par son interprétation. Par la suite, films et séries télévisées se succédèrent dans la carrière du jeune comédien : *Pablo qui court* de Bernard Bergeron (1991), *La Fenêtre* de Monique Champagne (1992), *Les Tisserands du pouvoir* de Claude Fournier (1988), *Opération Tango* de Jacques Despins (1999), *Watatatow* de Michel Berthiaume (2002-2003), pour n'en citer que quelques-uns.

GABRIELLE ROY,
UN ART AU CŒUR
DE LA CONDITION HUMAINE

par André Brochu

Mes parents, qui avaient effectué leur cours classique, possédaient une bibliothèque où figuraient quelques ouvrages canadiens. S'y trouvaient *Bonheur d'occasion* et *La Petite Poule d'Eau* qu'ils avaient lus avec ferveur. Tout jeune lecteur, j'ai négligé ces romans qui me semblaient appartenir à une autre époque. Pourtant, j'étais né avant leur publication. Mais ce sont *Alexandre Chenevert*, puis *Rue Deschambault*, qui m'ont fait connaître, dès leur parution, l'univers de Gabrielle Roy. Plus tard, je suis revenu vers les premiers; mais il m'aura fallu d'abord traverser une assez longue période de dédain à l'égard du domaine québécois. À quinze ans, j'étais en Belles-Lettres et ne jurais que par Rimbaud et Louis-Ferdinand Céline[1]; plus tard, par Samuel Beckett et Sartre.

J'ai découvert vraiment la littérature québécoise pendant mes années d'université – Gérard Bessette, Yves Thériault, André Langevin[2], pour le roman; Alain Grandbois, Saint-Denys-Garneau[3], Anne Hébert, Rina Lasnier pour la poésie – et j'ai tout de suite résolu de lui appliquer les méthodes d'analyse de la nouvelle critique. À cette époque, l'enseignement des lettres québécoises, la conscience littéraire québécoise n'existaient pas ou presque pas. Le vieux nationalisme «canadien-français» était moribond, et c'était tant mieux. Il fallait inventer à nouveaux frais le Québec et sa littérature. C'est ce que nous avons fait, à la revue *Parti pris* notamment. Et les départements de lettres, qui se sont transformés grâce à l'afflux de jeunes universitaires, ont suivi.

Ce fut une époque exaltante, et l'œuvre de Gabrielle Roy, même si elle était en plein essor, a certainement été l'une des inspirations majeures de la nouvelle conscience littéraire québécoise. C'est ainsi que je suis venu à *Bonheur d'occasion*, à *La Petite Poule d'eau* et à d'autres œuvres parues –, mais *La Montagne secrète* me semblait d'une écriture bien guindée ; et un de mes camarades, que je n'estimais guère, proclamait en zézayant qu'il s'agissait d'un véritable credo artiztique, ce qui me donnait des sueurs !

C'est en relisant Gabrielle Roy à l'occasion de cours à donner ou d'articles à écrire que je l'ai découverte vraiment et que j'ai développé pour elle un attachement qui ne s'est plus démenti. *Bonheur d'occasion*, par exemple, je l'ai bien lu dix fois, toujours avec une grande attention et en prenant des notes, en constituant des listes de thèmes ou de procédés formels. Au début des années 1960, nous découvrions non seulement notre littérature, mais aussi une façon moderne, révolutionnaire, d'en parler : la nouvelle critique – française et américaine ; française, surtout –, représentée par Jean-Pierre Richard[4], Georges Poulet[5] et Jean Rousset[6], m'a orienté vers une compréhension nouvelle des textes perçus désormais comme des totalités de significations solidaires. De sorte que mon attention s'est dirigée, non vers tel ou tel thème, mais vers l'ensemble qu'ils formaient et où ils prenaient un sens.

Dès lors, une analyse immanente de l'œuvre s'imposait. Au lieu de chercher le sens de l'œuvre en dehors d'elle, dans la vie de l'auteur ou dans le contexte social, je l'ai cherché dans la logique des interrelations thématiques. Certaines figures, toutefois, permettaient de viser plus directement la logique intime du texte, grâce à leur caractère à la fois subtil et synthétique. Tel est le cas du cercle et de la droite, qui apparaissaient dans plusieurs registres symboliques du roman pour orchestrer ces significations majeures. En ce qui concerne *Bonheur d'occasion*, j'ai montré que le dialogue de ces deux figures sous-tendait les rapports entre l'univers clos des femmes et des hommes, ouvert sur l'ailleurs. Ce genre d'analyse pèche sans doute par un excès d'abstraction, mais il permettait d'attirer l'attention sur des éléments très concrets négligés par la critique traditionnelle, de renouveler la vision de l'œuvre et de montrer qu'elle contenait beaucoup plus que la seule dimension sociale à laquelle la critique la ramenait invariablement.

En 1966, j'ai rédigé une longue étude sur le premier roman de Gabrielle Roy, « Thèmes et structures de *Bonheur d'occasion* » (reprise dans *L'Instance critique* en 1974[7]), puis une autre en 1979, « La structure sémantique de *Bonheur d'occasion* » (reprise dans *La Visée critique*[8] en 1988) ; enfin, la même année, j'ai publié un petit livre, *Une étude de Bonheur d'occasion*[9], où j'harmonisais les deux études précédentes. C'est dire que, tout au long de ma vie de critique et de professeur, cet ouvrage a été pour moi un accompagnement et un lieu de ressourcement. Je suis comme la *Grosse Femme* de Michel Tremblay : il m'a « tout à fait marqué ». Pour elle, ce fut le coup de foudre. Moi, il a fallu d'abord que je me désaliène un peu.

J'ai fini par aimer Gabrielle Roy comme on aime ce qui est de l'ordre de la nature ou du monde. Elle représente pour moi un espace-temps différent du mien – celui de la génération de mes parents. Là, les choses se passent d'une certaine façon, on croit à telle chose et à telle autre, on aime avec le cœur beaucoup plus qu'avec le corps. Et l'on croit en l'homme, on croit aussi en Dieu. Une fois entré dans cet univers, j'ai cherché à voir ce qu'il pouvait m'apprendre du monde. C'est magnifique de pouvoir ainsi appréhender, comprendre les choses par le regard de quelqu'un d'autre, à la fois semblable au nôtre et différent de lui. Celui de Gabrielle Roy est certainement le plus compréhensif de sa génération : il va toujours chercher le point de vue universel à travers la tribu des choses, et ce, avec une vraie ferveur, qui rend l'universel aimable. S'il n'y avait pas Gabrielle Roy, j'ignorerais que l'universel peut être aimable. Il est si souvent l'affaire des oiseaux de proie !

J'aime donc Gabrielle Roy comme j'aime une façon d'être au monde, d'exister. Elle m'inspire de l'admiration et du respect. Mon admiration va d'abord vers cette façon de comprendre les plus humbles d'entre nous et de révéler leur âme, toute leur âme, qui est quelque chose de grand et de digne d'amour malgré ses faiblesses. On a parfois rapproché Gabrielle Roy des écrivains naturalistes, mais on ne trouve chez elle aucun personnage ignoble, vil ou simplement insignifiant. Même un arriviste comme Jean Lévesque est plus aveugle – malgré sa grande intelligence – que méchant. Et Alexandre Chenevert, sans trop le savoir, déborde de toute part son point de vue étriqué de caissier. Il est naïf, mais grand, puisque capable de vivre le drame du monde jusque dans sa chair.

Je pense que Gabrielle Roy avait besoin de la ville pour rêver à la campagne, aux plaines, aux vastes espaces désertiques du Grand Nord, aux petites communautés frileuses qu'elle a connues étant enfant ou jeune institutrice. La nature, pour elle, est le seul cadre digne de l'âme : pourtant, il lui aura fallu beaucoup de temps pour égaler son premier livre, qui peint la ville comme on ne l'avait jamais fait avant elle.

Quant au style, il est d'une grande discrétion et tend essentiellement à mettre le lecteur directement en présence des choses, des êtres. Jamais il ne fait obstacle à la représentation, soit des idées ou des sentiments, soit des contextes ou des objets. Par lui, on passe de l'intérieur à l'extérieur des personnages avec une sorte de naturel qui est du grand art invisible. L'émotion seule compte. Les jolies phrases sont les ennemies de l'écriture, telle que la pratique Gabrielle Roy. Cela ne veut pas dire qu'on ne rencontre pas, ici et là, une image bien formée, complexe sous ses abords limpides, mais elle se fond dans l'évocation ou la description, elle n'est jamais un ornement rhétorique.

L'analyse stylistique de telle ou telle page de Gabrielle Roy est révélatrice d'une grande habileté de l'écrivain à mettre en œuvre les procédés les plus efficaces pour créer un effet ou le soutenir sur plusieurs paragraphes. Son art n'est pas celui de la surprise, puisque les personnages vivent dans la durée, le temps long. Le récit est souvent celui d'une large tranche de vie, comme c'est le cas pour Elsa, l'Inuit de *La Rivière sans repos*, dont l'existence se déroule pareille au cours tantôt tranquille, tantôt tumultueux de la Koksoak, qui en est la métaphore. Bel exemple de métaphore filée, à l'échelle de tout un livre, et en même temps très discrète, tracée comme en filigrane au cœur de la réalité.

Les dernières œuvres publiées de Gabrielle Roy, depuis *Ces enfants de ma vie* jusqu'à son autobiographie, résolvent tout à fait le conflit qui s'était manifesté dans les premières entre le projet romanesque et celui d'une littérature plus intimiste, quasi autobiographique. Désormais, l'« enchantement » domine, sur la base d'une « détresse » qui fonde la condition humaine, que l'écrivain parle d'elle-même ou des autres. Et cet art de Gabrielle Roy est rigoureusement personnel, ne ressemble à rien d'autre, dans cette capacité qu'il a de toucher immédiatement et profondément tout lecteur et de le rendre meilleur.

Gabrielle Roy, c'est la sublimation en littérature. Anne Hébert stylise la pulsion liée au désir, en fait une fête du langage, mais ne la sublime pas. Gabrielle Roy organise la fête des êtres, non des mots. À partir des objets, des personnes qu'elle décrit, plus précisément de l'intériorité où baignent ces matières détachées de la pulsion, elle agrandit notre sentiment de l'être, du monde, de la vie.

Je ne me suis fabriqué aucune image de Gabrielle Roy. Ou plutôt je m'en suis fabriqué plusieurs, inconsistantes et contradictoires, au gré des lectures que j'ai faites d'elle et sur elle. Mais les écrivains m'intéressent dans la seule mesure où ils se détachent d'eux-mêmes pour écrire, exister autrement par l'écriture. Exister à travers personnages, paysages, émotions, métaphores. Qu'importent les douleurs, les aigreurs, les petites misères d'une femme capable de si grandes appropriations de la vérité.

***

Originaire de Saint-Eustache (Basses-Laurentides, Québec), professeur de lettres à l'Université de Montréal, André Brochu fut l'un des premiers à enseigner la littérature « québécoise » et le fondateur, en 1963, de la revue culturelle et politique *Parti pris*. Poète (*Privilèges de l'ombre*, 1951 ; *L'Inconcevable*, 1998), romancier (*Adéodat I*, 1973 ; *Le Maître rêveur*, 1997), nouvelliste (*Fièvres blanches*, 1994), essayiste (*La Littérature par elle-même*, 1962 ; *Tableau du poème. La poésie québécoise des années 80*, 1994), biographe (*Saint-Denys-Garneau, le poète en sursis*, 1999), c'est en tant que critique littéraire qu'il renouvela, voire révolutionna l'étude des textes en fondant ses analyses, non plus sur la vie de l'auteur ou le contexte social, mais sur la relation que les thèmes littéraires établissent entre eux (sur Gabrielle Roy, voir ci-dessus et bibliographie succincte en fin d'ouvrage). L'auteur des présentes lignes lui a consacré un article dans *L'Encyclopédie du Canada 2000*[10].

GABRIELLE ROY SUR LE VIF

par Jacques Allard

L'œuvre de Gabrielle Roy est d'abord un beau souvenir d'école : en 1956, soit neuf ans seulement après sa parution, *Bonheur d'occasion* figurait au programme de nos cours, au collège de Valleyfield (sud-ouest de Montréal), comme *Menaud, maître-draveur* de Félix-Antoine Savard ou *Trente Arpents* de Ringuet. Gourmand de lectures, je l'avais lu avec beaucoup d'empressement et avec une attention d'autant plus soutenue que nous avions une dissertation à rendre sur cet ouvrage.

Puis, étudiant en lettres à l'Université de Montréal, j'ai retrouvé Gabrielle Roy dans un séminaire du professeur Albert Le Grand. C'était l'époque où, avec Réginald Hamel, André Brochu et d'autres, je réclamais l'enseignement de notre littérature nationale. Et pour moi, l'œuvre de Gabrielle Roy incarnait, avec celle de Ringuet, la modernité romanesque si patiemment recherchée depuis le début du XXᵉ siècle. C'était d'abord cette littérature proche qui nous parlait.

J'ai écrit mon premier article sur elle à l'âge de vingt-cinq ans pour un séminaire d'Albert Le Grand et en réaction à une étude d'André Brochu sur la structure circulaire dans *Bonheur d'occasion*[1]. Ce fut donc pour démontrer que chez l'auteur manitobain, le cercle n'allait pas sans la droite. D'où mon titre : « Le chemin qui mène à *La Petite Poule d'eau*[2] ». J'ai toujours eu un faible pour ce livre, le milieu qu'il évoque et la structure narrative qui en naît. Ainsi, j'aime les œuvres frontière, sur le plan générique. Et *La Petite Poule d'eau* est justement un roman dont, à l'époque, la critique contestait la nature romanesque parce qu'il aligne des récits plutôt que de les fusionner.

Depuis cette époque, j'ai évidemment eu le plaisir, en ma qualité de professeur de littérature québécoise, de lire sinon d'étudier toute son œuvre. À propos de *Bonheur d'occasion*, j'aimerais rappeler pourquoi il s'agit d'une œuvre phare : ce roman de 1945 est l'aboutissement des multiples tentatives de nos écrivains pour arriver au réalisme, en triomphant du cléricalisme traditionnel, ennemi de la modernité de la représentation. Avant Gabrielle Roy, seul Ringuet aura vraiment réussi, avec *Trente Arpents* (1938), mais sans l'urbanité où s'installe la narration avec *Au pied de la pente douce* (1942) de Roger Lemelin. Gabrielle Roy, dans *Bonheur d'occasion*, arrivera, elle, à un réalisme inégalé, cette figuration majeure, aussi bien sociale qu'intérieure ou sensible, intime.

Au XIXe siècle, la littérature si souvent cléricale avait un but utilitaire qui n'aimait guère le romanesque, sinon dans ses effets les plus codés : reflet des préoccupations sociales, elle tenait un discours-décor, un propos souvent hagiographique, promoteur d'un peuple terrien qui se sentait menacé et se débattait pour survivre. Au début du XXe siècle, deux romans ont préparé l'avènement de *Bonheur d'occasion* en lançant comme un signal : *Marie Calumet* de Rodolphe Girard [3] (1904), qui a tourné en dérision la doctrine cléricale et renversé la position classique en montrant la prise du pouvoir dans un presbytère… par une femme de ménage ! Puis, il y a eu *Trente Arpents* (1938), dans lequel Ringuet paganise le rapport à la divinité pour finalement exiler son fermier dans la nuit américaine : le travailleur du jour est devenu gardien de nuit. *Bonheur d'occasion* a fait, en quelque sorte, la synthèse des bouleversements ou renversements antérieurs.

Pour revenir aux œuvres frontière, au chevauchement des genres qu'aimait aussi Gabrielle Roy, il faudrait s'attarder à *La Montagne secrète* qui fait de l'art et de l'artiste son sujet. Contrairement à ce qu'ont prétendu maints critiques férus de pureté générique, *La Montagne secrète*, par exemple, n'est pas un roman raté : c'est plutôt une superbe méditation sur l'art et la nature [4], à laquelle certains étudiants vouent un véritable culte.

À propos de frontières toujours, j'ajouterais encore que je m'intéresse depuis très longtemps aux espaces intranarratifs, aux extrémités narratives du texte : début et fin des mises en fiction, mais aussi aux espaces intermédiaires, aux scènes que j'appelle médianes où se fait la transformation narrative, où se déroule la scène pivot, le « point de non-retour ». Dans mon article [5] « Deux scènes médianes où le discours prend corps : *Bonheur d'occasion* de Gabrielle Roy et *Le Survenant* de Germaine Guèvremont [6] », je suis allé revisiter le corps du texte. Dans l'esthétique traditionnelle, l'espace médian est stratégiquement centré. Dans ces deux textes de la modernité, la scène médiane peut se déplacer, comme souvent dans le texte postmoderne. Ou encore renvoyer au centre du corps humain et à la vie sexuelle. Cela se vérifie dans *Bonheur d'occasion* comme dans *Le*

Survenant de Germaine Guèvremont. Le livre mime parfois le corps humain dans sa représentation même.

Cependant, il ne faut pas exagérer les mérites modernistes de Gabrielle Roy. Son esthétique était objectivement dépassée. Même quand elle innovait aux yeux de son lectorat local, elle allait en France glaner un prix Fémina – ce qui est parfaitement honorable, mais n'est pas pour autant une consécration avant-gardiste. Il y a donc, non pas du Jean-Paul Sartre, mais plutôt un petit côté Émile Zola dans *Bonheur d'occasion* : il fallait peut-être que l'expression canadienne-française prouve au monde qu'elle était, elle aussi, capable de produire du roman naturaliste. Tout de même partisane d'une expression personnelle, la romancière pouvait se lancer dans une entreprise de grande prose narrative – *La Petite Poule d'eau, Rue Deschambault*, en suivant les « lois » de la nouvelle –, mais, à partir des années 1960, elle n'a pas suivi les courants du renouveau littéraire. Elle n'a pas vraiment pratiqué la rupture narrative comme, en 1965, Hubert Aquin [6] avec *Prochain Épisode* ou Gérard Bessette avec *L'Incubation* [7].

Sur le plan humain, j'admire Gabrielle Roy, la grande journaliste. Si ses reportages ont une valeur inégale – comme chez tout chroniqueur contraint de rédiger des articles « alimentaires » –, en revanche, le courage dont elle a fait preuve en partant seule à l'aventure d'un bout à l'autre du pays, dans des conditions difficiles, est exemplaire pour une femme de cette époque.

Je suis d'ailleurs assez sensible au dépôt biographique dans les textes littéraires, même de fiction. Plus on s'attache à une œuvre, à un auteur, plus on perçoit les marques, les indices personnels. La littérature conduit à la vie des créateurs. Et inversement.

Cela se voit peut-être plus, par exemple, dans les rapports amoureux. Chez Florentine, l'amour est une vibration profonde. Il y a aussi du mystère dans la relation qui unit ses parents, Rose-Anna et Azarius. Au-delà de la grossièreté du geste, de la rudesse du comportement de l'homme traditionnel, on sent percer les valeurs paternelles auxquelles tient Rose-Anna. Mais je crois que Gabrielle Roy était une femme blessée. Je l'ai vu dans la narration des amours de Florentine. La biographie de François Ricard a d'ailleurs fixé les esprits sur ce point.

Quoi qu'il en soit du dépôt biographique, chez elle, l'intérêt ethnologique, au fond collectif, triomphe. Et sur le plan de l'écriture, je n'ai pas grand-chose à reprocher à son œuvre, même si, pour moi, la perspective critique demeure. C'est une œuvre de tendresse profonde. On se laisse entraîner dans son univers. Comme dans les plus grandes œuvres, on oublie la forme pour en arriver à l'humanité, même dans la littérarité. D'une certaine manière, même le sens critique recule devant l'authenticité, la vérité humaine. Ou mieux, il entre en dialogue profond avec le narré, s'y fond. C'est la force des grands écrivains. Gabrielle Roy, par sa simplicité formelle, est de la race de ceux qui nous font tout à coup oublier le support. Et vivre le roman. C'est le plaisir premier et finalement ultime de ceux qui, dans l'intervalle, font un métier de la lecture.

***

Né à La Tuque (Champlain, Québec), Jacques Allard est professeur de littérature française et québécoise à l'Université du Québec à Montréal (UQÀM) et directeur littéraire aux Éditions Hurtubise HMH. Fondateur de la revue *Voix et Images* (1974), ce représentant de la nouvelle critique québécoise a contribué à renouveler l'étude des textes littéraires en scrutant dans les moindres détails la relation des personnages avec leur environnement : *Zola, le chiffre du texte – Lecture de l'Assommoir* (1971), *Travaux sémiotiques* (1984), *Traverses de la critique littéraire au Québec* (1991), *Le Roman du Québec, histoire, perspectives, lectures* (2001), pour ne citer que quelques-uns de ses ouvrages. On lui doit également plusieurs articles sur Gabrielle Roy (voir ci-dessus). L'auteur des présentes lignes lui a rendu hommage dans *L'Encyclopédie du Canada 2000*[8].

EN MARGE DU MYTHE DE L'ARTISTE CHEZ GABRIELLE ROY – EXTRAITS DU *CAHIER GRIS*[1]

par Louis Francœur

Sur la pérennité de l'œuvre de Gabrielle Roy

[…] Je songe à cette réflexion du chorégraphe Maurice Béjart sur la mode et la modernité, la première portant toujours sa part de démodé… Toute œuvre est dans une part plus ou moins importante mode et modernité. On reconnaît les vrais artistes à leur sens de la découverte, du renouvellement, de l'audace, des potentialités du médium artistique et de la matière. Ce sont eux qui ouvrent la voie, comme nous disons. Ceux qui s'en tiennent à la mode répètent à l'infini des formes, un langage existant qui sera, par définition, éphémère : il tiendra aussi longtemps que la mode durera. Comme l'explique Malraux, c'est toute la différence entre être membre d'une École ou être membre d'un atelier. Dans le premier cas, on copie le maître et on se copie ; dans le second, on assimile d'abord la leçon du maître, puis on la transgresse en suivant sa voie et en écoutant son cœur.

Dans *La Montagne secrète*, Pierre Cadorai se rend au Louvre pour se mettre à l'écoute des maîtres d'autrefois. Un autoportrait de Rembrandt lui apprend qu'il ne faut pas craindre de se montrer « avec les stigmates de l'âge et de la douleur », que c'est ainsi que l'artiste « se saisit de l'âme d'autrui, pour l'emporter dans sa vertigineuse contemplation de la vie ». Rembrandt… celui qui se souvient que le corps est mortel et que vivre, c'est s'en aller. Une leçon que Gabrielle Roy, pour sa part, n'oublia jamais.

Au sujet de l'écrivain Gabrielle Roy :
un choix de vie, une manière d'être

Contrairement à ce que soutient Julien Gracq[2] dans *Préférences*, le monde des écrivains ne se divise pas en ceux qui adhèrent au oui, qui disent oui au monde comme Claudel et à ceux qui adhèrent au non, comme dans un quelconque référendum. Il y a aussi ceux qui sont écorchés vifs de la vie, incapables de choisir, comme Malraux ou même Pascal, et dont le pari en est la plus sublime illustration.

Je crois que Gabrielle Roy est de ceux-là. Trop de peur, trop d'angoisse face à un avenir incertain, trop de privations ont fait qu'elle n'a jamais pu choisir. Fille d'un peuple dur à la peine, trop souvent déraciné, elle a tout voulu en partage : en Angleterre, elle choisit d'écrire en français, elle rêve d'une patrie à elle mais n'arrive pas à s'en donner une. Ni le Québec ni la France ne la satisferont. Le monde entier ne lui eut pas suffi.

Toute misère, toute détresse l'atteignait de plein fouet. Et à chaque être humilié, à chaque être souffrant, elle ne pouvait offrir le fallacieux espoir d'un lendemain meilleur. Elle ne lui restituait que son trésor inaliénable, sa dignité. Elle voyait en chacun ce que des esprits plus prosaïques ne pouvaient voir, ce qui le faisait unique et irremplaçable. Le petit geste qui rend ses personnages si humains, si vrais, si grands : dans *Bonheur d'occasion*, Azarius, le père défait par la société, incapable de pourvoir convenablement aux besoins des siens, qui, au resto du quartier, essuie de sa manche le goulot de sa bouteille de Pepsi avant de boire… Dans *Ces enfants de ma vie*, le dernier des Demetrioff, qui couvre de son écriture le tableau de l'école en un geste devenu irrépressible, un exercice de calligraphie ; un enfant en qui la maîtresse d'école émerveillée et émue voit un petit saint d'icône orthodoxe.

(le 7 août 1992)

***

Originaire de Québec, Louis Francœur (1931-1998) était professeur de lettres, essayiste et sémioticien. De 1973 à 1996, il enseigna au Département d'études françaises de l'Université Laval de Québec. Auteur d'un ouvrage magistral, *Les signes s'envolent – Pour une sémiotique des actes de langage culturel* (1985), et de nombreux articles sur la sémiotique de la littérature, du théâtre et de la culture, il signa également, en collaboration avec sa femme, Marie Grenier-Francœur, *Grimoire de l'art, grammaire de l'être* (1993), *Le Théâtre brèche* (2002), *Art as a Growing Conscience* et *Sémaphore* (à paraître). Leur passion commune pour la vie s'est exprimée en un bouleversant récit-témoignage, *Plus fort que la mort* (2001).

GABRIELLE ROY : POUR UNE POÉTIQUE DES MONTAGNES ET DES LACS

par Marie Francœur

Les livres de Gabrielle Roy ont toujours fait partie de ma vie : c'était l'écrivain préféré de ma mère, qui la connaissait comme journaliste, bien avant la publication de *Bonheur d'occasion*. Cet ouvrage a fait partie des mois d'été de la fin de mon enfance. Il était un sujet de discussion entre maman et moi ; sujet qu'elle abordait parfois avec une certaine réticence à cause de la « faute » de Florentine. Elle aimait Gabrielle Roy comme une sœur. Cette relation dura toute sa vie, car, à sa mort, des trois livres que nous avons retrouvés sur sa table de chevet, l'un s'intitulait *Rue Deschambault*.

Dans le mouvement intellectuel de la fin des années 1960, l'écrivain s'est retrouvé, en qualité d'écrivain « national », au programme des études universitaires. Dans le cadre de ma maîtrise en littérature comparée nord-américaine, je me suis prêtée de bonne grâce à l'exercice qui consistait à mettre en relief la dimension sociale des œuvres et la maestria – entendez par là l'exactitude photographique – avec laquelle la romancière avait dépeint le milieu ouvrier de Saint-Henri. Mais, à mon avis, ce n'est pas cette dimension qui est la plus intéressante chez l'écrivain.

Je ne voudrais pas donner l'impression de mésestimer le talent de Gabrielle Roy pour l'écriture descriptive – j'ai d'ailleurs traité de cette question dans un article, « Portrait de l'artiste en pédagogue [1] » –, mais il me semble que son génie tient à la relation passionnelle qu'elle établit avec ses personnages. Le lieu ou le paysage entre en rapport d'une manière intime et intense avec les personnages du récit. Je pense au passage du train sur la voie ferrée qui sépare le quartier Saint-Henri, son sifflet dans la nuit, son mouvement rapide qui ébranle les pauvres maisons situées trop près de cette voie ferrée, le fleuve dont l'haleine humide imprègne l'atmosphère, qui sont des éléments essentiels de la vie du quartier comme personnage littéraire. Ils permettent aux êtres humains qui veulent échapper à la misère des lieux de rêver ; ils réveillent ou maintiennent éveillé en eux le désir d'un « ailleurs » meilleur.

Le fait que l'un ou l'autre de ces personnages appartienne à un milieu urbain plutôt que rural ne change rien à la relation que l'auteur entretient avec lui. La mère de Florentine dans *Bonheur d'occasion* n'est pas vraiment différente à cet égard de la prolifique Luzina Tousignant dans sa solitude quasi désertique de l'île de *La Petite Poule d'eau*. La compassion de l'auteur ne s'arrête pas non plus aux personnages de l'œuvre. D'un peuplier tremble aperçu un instant par Pierre Cadorai, le protagoniste de *La Montagne secrète*, et plus tard dessiné par lui, la voix narrative du récit dit :

« La détresse de l'arbre vivant était angoissante, mais plus angoissante encore celle de l'arbre fixé sur le papier. Pierre pensa à ces papillons capturés et cloués, desséchés, sur un fond de carton. Son arbre lui parut semblable – et pourtant non, car il vivait, et là était l'inexplicable. »

Cette compassion n'est pas mièvre ou stérile : elle agit. Nous la voyons ici se métamorphoser en une réflexion sur l'inexplicable médiation de l'artiste qui, en un moment fugace, saisit la vie des créatures qu'il dessine mais, à l'encontre du trappeur ou du chasseur, ne la leur enlève pas. L'art leur confère plutôt une *sur-vie*.

Longtemps, le peuplier tremble hantera l'esprit de l'artiste dont la vie nous est racontée dans *La Montagne secrète*. Dans la dernière partie du roman, alors qu'il arpente les pavés parisiens, le chant du feuillage lui revient en souvenir.

On a peut-être trop peu insisté sur la dimension autobiographique de *La Montagne secrète*. Il ne faudrait pas l'oublier, car le récit a son double, son deuxième volet dans *La Détresse et l'Enchantement*.

Chez Gabrielle Roy, les lieux, les objets, les paysages sont toujours saisis avec vérité dans leur aspect physique, mais un souci de vérité plus que de vérisme anime l'écrivain qui n'oublie jamais qu'un être ne se borne pas à sa seule existence et qu'on ne le peut bien décrire en retenant ses seuls paramètres physiques. Qui ne se souvient de ces pages de l'autobiographie dans lesquelles la place de la Concorde et le jardin des Tuileries à Paris évoquent pour l'auteur la plaine de son enfance ? « C'était un peu de ma plaine natale redonnée à mon âme qui découvrait ici s'en être languie infiniment. Son ampleur au cœur de la ville resserrée m'était sujet d'aise toujours. » Cette vision, aussi éphémère fût-elle, a pourtant des effets durables dans sa vie créatrice.

Chez Gabrielle Roy, l'esthétique, l'éthique et la métaphysique entretiennent des rapports étroits, des relations d'implication. Le mouvement de l'art est toujours un élan vers la vérité, une irrésistible poussée vers la vie, une contemplation de l'âme, une communion avec l'inexprimable. Lors de mes études de doctorat ès Lettres, j'ai découvert cet aspect et effectué une analyse de *La Montagne secrète*, intitulée « La structure anaphorique de *La Montagne secrète* de Gabrielle Roy [2] ». Ma méthode d'analyse était la mythocritique, c'est-à-dire une étude essentiellement sémantique de l'œuvre par le biais des mythes auxquels ce texte fait explicitement référence.

En 1976, je l'ai envoyée à Gabrielle Roy qui m'a répondu avoir été touchée par mon geste et vivement intéressée par mon analyse :

> [...] *Il faut bien en effet que vous trouviez à mon roman* La Montagne secrète *une grande richesse de sens et de résonance pour que vous lui ayez consacré une étude elle-même si pénétrante et profonde.* [...] *J'en demeure émue, fascinée et pour tout dire quelque peu étonnée.* [...] *Le résultat est éblouissant.*

Vous trouverez cette lettre en annexe à l'étude de mon mari, Louis Francœur, « Esquisse d'un art poétique sur une lettre inédite de Gabrielle Roy [3] ». Une idée reçue dans le monde des chercheurs veut en effet que Gabrielle Roy ne soit pas un écrivain qui a réfléchi sur son art. Cela est faux, bien entendu, mais n'en continue pas moins d'être affirmé et enseigné. La lettre en question témoigne au contraire de sa fascination pour l'acte d'écrire et de la profondeur de ses réflexions sur ce sujet :

> [...] *il se peut que par ce qu'on nomme la grâce, l'inspiration, j'ai eu accès, sans le rechercher, par le subconscient, à ce trésor infini d'images, de liens à tout ce réseau de significations mythologiques qui dort peut-être en chacun de nous, héritage d'un long passé, prêt à se réveiller à l'appel du sujet, à se cristalliser autour d'une idée... et le branle étant donné que se lève alors à son commandement cette nuée d'images se commandant l'une l'autre, s'engendrant l'une l'autre, pour fournir cette trame serrée et qui se tient d'un bout à l'autre... Oui, cela se peut, sans doute, cette sorte de miracle peut s'accomplir.* [...] *C'est qu'on a accès au puits sans fond, au vieux puits de l'imagination depuis que l'homme rêve* [...].

Toutefois, j'ai vite compris qu'une étude mythocritique se révélait insuffisante. En 1993, j'ai donc signé, en collaboration avec Louis Francœur, *Grimoire de l'art, Grammaire de l'être* [4], qui portait sur la nature et la fonction du récit. Ce travail devait répondre aux questions suivantes : Que signifie *La Montagne secrète*? Qu'est-ce que l'auteur veut communiquer et entend faire éprouver à ses lecteurs par ce récit? *La Montagne secrète*, c'est l'art poétique de Gabrielle Roy, livré sous une forme narrative.

Dans sa réflexion sur le processus de création chez Gabrielle Roy, Louis Francœur rappelle une expérience vécue par l'écrivain, enfant, expérience qu'elle racontera dans *La Route d'Altamont* : sa visite au bord d'un des grands lacs de steppe du Manitoba, le lac Winnipeg. L'événement est riche de sens pour Gabrielle Roy. Il s'agit de cette fameuse « petite phrase », qui, dans un premier temps, naît en elle, pareille à un « chant mélancolique », « quand l'eau vient s'éteindre sur le sable » et se transforme en chuchotement. Dans un second temps, l'écrivain précise que la petite phrase, quand elle l'entendit de nouveau, lui parut plaintive et douce. Dans un troisième temps, elle l'interprète ainsi, car, désormais, la petite phrase fait partie d'elle-même : « Et la petite phrase du lac continuait à me hanter. Adieu, adieu, mes enfants, disait-elle peut-être. Comment le savoir? Il m'avait paru que son langage changeait selon que je changeais moi-même de sentiment. »

La petite phrase du lac allait s'inscrire d'une manière indélébile dans l'âme de l'enfant. La romancière note à propos de celle qu'elle avait été : « Alors la splendeur triste et étrange de tout ce que j'avais vu aujourd'hui, s'engouffra en moi comme un chant impérissable que je ne cesserais peut-être jamais plus d'entendre quelque peu. » Et d'insister dans la lettre qu'elle m'adressa :

Oui, cela se peut, sans doute, cette sorte de miracle peut s'accomplir.

***

Originaire de Magog (Estrie, Québec), Marie Francœur est essayiste et sémioticienne : *Confrontations* (1985), *Jalons pour une sémiosis comparative des textes littéraires* (même année). Ancienne enseignante en littérature à l'Université Laval de Québec, on lui connaît de nombreuses études sur Gabrielle Roy (voir bibliographie succincte en fin d'ouvrage), dont « La quête de *La Montagne secrète* » dans *Grimoire de l'art, grammaire de l'être* (1993), un ouvrage de haute portée sur la sémiotique de la littérature et de la culture, écrit en collaboration avec son mari, Louis Francœur. Elle prépare actuellement un autre livre à deux voix sur le thème de la culture.

GABRIELLE ROY,
« UNE PAIX QUI VIENT DE LOIN »

par Paul-Émile Roy

Tout au long de son œuvre, Gabrielle Roy tente de cerner le caractère inépuisable de la vie humaine. Elle est fascinée par l'aspect unique de chaque personne. Elle a le don de nous faire éprouver que le monde de tout individu est un continent à part, irréductible à tout autre, qu'il est porteur d'une expérience inédite, lesté d'un secret qui donne aux actes de chaque être humain une couleur et une qualité particulières rendant la vie riche de toutes sortes de particularités et de spécificités.

C'est ce qui constitue la beauté des personnages de ce grand écrivain. Ils sont tournés vers nous, les lecteurs, mais nous sentons très bien que nous ne percevons de leur existence qu'un pâle reflet, un scintillement dans la nuit, alors que leur être s'estompe dans les ténèbres. Florentine, Christine, Rose-Anna, Alexandre et les autres nous sont à la foi connus et inconnus, et c'est sans doute pour cette raison qu'ils continuent de nous habiter, car nous n'arrivons pas à les circonscrire, à les classer, à les épuiser.

Mais il est un personnage qui nous fascine plus que tous les autres quand nous lisons l'ensemble de l'œuvre de Gabrielle Roy, c'est Gabrielle Roy elle-même. Plus nous nous familiarisons avec cet univers de tendresse, d'angoisse, de détresse et d'enchantement que ses livres édifient et explorent patiemment, plus nous prenons conscience que l'auteur est présente partout dans ses récits, qu'elle est à peine cachée sous le déguisement des personnages et des situations.

Je sais bien que les auteurs sont toujours présents d'une certaine façon dans leurs œuvres d'imagination. Il suffit de penser à André Langevin, à Yves Thériault, à Gérard Bessette. Certes, ils sont là eux aussi, sous les mots, dans leurs personnages, mais d'une manière très différente de Gabrielle Roy. Quand cette dernière écrit *La Détresse et l'Enchantement*, on a l'impression de ne pas changer de genre, même si, cette fois, elle n'écrit plus un roman mais son autobiographie. Comme si elle venait ajouter un chapitre qui manquait au début de son œuvre. C'est pourquoi, d'ailleurs, cette autobiographie s'arrête à l'époque où débute l'œuvre littéraire proprement dite. Ce que Gabrielle Roy avait à raconter des années qui ont suivi la parution de *Bonheur d'occasion*, elle l'a raconté dans ses romans, dans l'ensemble de son œuvre.

La Détresse et l'Enchantement est certes un des beaux livres de Gabrielle Roy, un livre plein d'humanité, de fraîcheur, de souffrance aussi. Pour nous, qui avons suivi l'auteur depuis ses premiers romans, qui avons découvert peu à peu certains secrets de son monde intérieur, ce livre répondait à un désir de mieux connaître cette femme que nous sentions présente dans toutes les pages de ses œuvres antérieures. Enfin, elle se racontait directement, sans passer par un ou des personnages. Elle nous parlait de sa mère, de ses sœurs, de ses voyages, de ce Manitoba qu'elle avait si souvent décrit. Toutes ces lignes évoquaient ce qui avait été écrit jusque-là, le fondaient, en précisaient l'intention. Nous comprenions que nous avions raison de sentir Gabrielle Roy présente partout dans son œuvre. En même temps, nous prenions conscience qu'il y avait encore beaucoup à apprendre à son sujet.

En un sens, plus je connais Gabrielle Roy, plus elle m'échappe : j'aimerais pourtant lever le voile sur d'autres aspects de sa personne. C'est ce que le recueil de lettres à sa sœur Bernadette publié sous le titre *Ma chère petite sœur* permet de faire. Nous entrons directement dans l'intimité de Gabrielle Roy. Elle écrit à sa sœur religieuse, qu'elle aime beaucoup, et se confie à elle. Il ne s'agit pas de longues confessions, mais, dans ces lettres très pratiques où elle donne avant tout de ses nouvelles, Gabrielle Roy se laisse parfois aller à exprimer ses hantises, ses joies, ses convictions.

Gabrielle Roy était une méditative, tournée vers l'essentiel, préoccupée d'intensité. Elle écrit : « J'ai pourtant tout le temps essayé au cours de ma vie de faire passer dans les mots cette agitation, ce frémissement perpétuel, cette vie intérieure de notre être. » Ces lignes pourraient servir de commentaire à l'énervement de la petite Christine quand elle va visiter le grand lac Winnipeg avec le vieillard de *La Route d'Altamont*. Elle est transportée par son désir de connaître, de voir le lac qui représente pour elle l'ailleurs, le monde, l'inconnu. « Les mots ne sont jamais assez forts pour exprimer nos sentiments et tout ce qui est du domaine de l'âme, écrit Gabrielle Roy à sa sœur Bernadette, ils sont inadéquats à traduire les grands mouvements d'âme qui nous agitent et les certitudes mystérieuses que nous avons au fond du cœur. » Ce sont ces « certitudes mystérieuses » sans doute qu'entrevoyait déjà la petite Christine dans *Rue Deschambault*. Pour elle aussi était-il vrai que « tout porte notre âme au rêve de l'absolu », que l'âme humaine est en tout semblable à un oiseau qui tend sans cesse de retrouver sa liberté totale ?

Pour Gabrielle Roy, le roman n'était pas une construction compliquée d'intrigues, ni même une étude psychologique au sens technique du mot. Il était plutôt le récit d'une descente du personnage en lui-même, le récit d'une recherche du sens de la vie, comme le montre de manière figurée et explicite *La Montagne secrète*, qui est, par ailleurs, tout autant une réflexion sur le roman qu'un roman. Le monde certes est merveilleux et étrange. Il mérite toute notre attention et tout notre intérêt. Il n'en reste pas moins que « tout est au-dedans de nous si l'on sait seulement l'y rechercher. » Le divin est en nous, et, par le fait même, ne peut nous tromper. Parlant de la paix, c'est presque l'évolution de ses personnages qu'elle décrit : « Une paix qui semble me venir de très, très loin, de quelque immense source au-delà de tout ce que nous connaissons par la raison, par les sens, par la logique. Et là est la seule vérité totale, entière, vers laquelle nous avons marché toute notre vie, sans trop le savoir. »

Et les autres ? Ils sont eux aussi tournés vers l'inconnu. Ils sont eux aussi occupés à une tâche qui n'est jamais finie. « On croit connaître les autres, mais on a toujours quelque chose à apprendre sur eux. » Personne n'échappe à la solitude, mais l'affection permet à Gabrielle de dresser un pont pour rejoindre sa sœur Bernadette.

∗∗∗

Paul-Émile Roy est écrivain. Voir son témoignage et sa biobibliographie dans cet ouvrage.

UN BILLET SUR GABRIELLE ROY :
AU-DELÀ DES APPARENCES…

par Paul Genuist

Gabrielle Roy a produit une œuvre attachante où elle projette une personnalité à la sensibilité profonde, particulièrement à l'égard de la nature de l'Ouest canadien et des humbles personnages qui peuplent ses romans et ses nouvelles.

L'image qu'elle aime à présenter d'elle-même, toute de compassion envers le genre humain, a toutefois été brisée quand sa sœur aînée, Marie-Anna, publia en 1979 un portrait tout à fait différent de sa jeune sœur dans son livre *Miroir du passé*. Marie-Anna s'acharne à démontrer ce qu'elle perçoit comme la dureté, l'avarice et l'égoïsme de Gabrielle.

Très ébranlée par ces révélations, Gabrielle Roy a persisté dans la création du personnage idéalisé qu'elle a composé d'elle-même dans ses livres à caractère autobiographique, et cela apparaît en particulier dans son dernier livre *La Détresse et l'Enchantement* où elle frôle parfois l'angélisme dans le portrait qu'elle trace d'elle-même. Pour le lecteur, le personnage Gabrielle Roy perd alors de son authenticité.

Mais il faut surtout voir Gabrielle Roy comme une artiste. Elle a consacré sa vie à une écriture qui lui coûtait beaucoup en travail, en énergie, en renoncement. Elle refusait les honneurs et vivait presque en recluse. Pour atteindre son but, il lui fallait bien quelque égoïsme, et qu'elle prenne aussi ses distances avec une famille facilement envahissante. Si Gabrielle Roy n'est sans doute pas la harpie que présente sa sœur, elle n'est pas non plus l'ange qu'elle aimerait tant paraître. Mais ce qui compte avant tout, ce qui restera, n'est-ce pas, plutôt que des querelles familiales, la qualité littéraire de son œuvre ?

***

Né à Rennes (Bretagne, France), Paul Genuist effectua des études de lettres françaises et anglaises à l'université de sa ville, où il soutint une remarquable thèse sur *Alain-Fournier face à l'angoisse* (1965). Nommé assistant à l'université de Liverpool (Grande-Bretagne) en 1958, il y demeura deux ans, puis poursuivit une carrière de professeur de littérature française et canadienne-française à l'Université de Saskatoon (Saskatchewan), aux côtés de sa femme, l'écrivain Monique Genuist. Essayiste (*La Faillite du Canada anglais*, 1980), biographe (*Marie-Anna Roy, une voix solitaire*, 1992), il est également l'auteur de nombreux articles sur l'avenir de la francophonie et sur les écrivains de l'Ouest, qui lui ont valu d'être cité dans *L'Encyclopédie du Canada 2000*[1]. Son étude, « Gabrielle Roy, personnage et personne[2] », a tenté de soulever le masque derrière lequel se cachait la romancière.

GABRIELLE ROY ENCEINTE D'UNE ŒUVRE OU D'UN ENFANT?

par André Painchaud

Adolescent, dans les années 1970, j'avais été frappé par le pessimisme et l'aspect très noir de *Bonheur d'occasion* lorsque nous l'avions étudié en classe. Je ne peux pas dire que ce roman m'ait laissé un souvenir impérissable. Je n'ai plus rien lu de Gabrielle Roy avant 1995, année où j'ai suivi le cours de François Ricard à l'Université McGill et commencé à me spécialiser dans l'œuvre de la romancière.

La lecture de *La Détresse et l'Enchantement* a été le déclencheur. Pour moi, c'est l'œuvre la plus importante de la littérature québécoise – je précise que Gabrielle Roy se définissait comme Canadienne française. C'est un sommet. Non seulement en raison de la complexité des sentiments décrits, mais de la qualité de son style. Gabrielle Roy a passé sa vie à écrire, elle n'a fait que cela, n'a vécu que pour la littérature, tout en demeurant hantée par une quête spirituelle qui caractérise chacun de ses romans.

Son œuvre suit un chemin sinueux. Dans *Bonheur d'occasion*, Florentine rêve d'un vrai bonheur, mais on comprend vite que l'existence ne le lui apportera jamais, qu'elle ne revivra plus jamais l'extase qu'elle a connue avec Jean Lévesque. Les rapports entre ses propres parents, Rose-Anna et Azarius, ne sont pas au beau fixe non plus, même si de réels sentiments les unissaient au début de leur mariage. À présent, ils vivent une vie parallèle. La solitude des personnages de ce livre est frappante : tous sont isolés, coupés les uns des autres, et souffrent d'un problème d'incommunicabilité. Rien ne peut guérir leur détresse intérieure.

Gabrielle Roy leur ressemble. Elle a connu un étrange mariage : après quelques mois de vie commune, elle a pris des distances par rapport à son mari, qui était homosexuel, et s'en est séparée tout en restant quand même avec lui. Elle n'a rencontré l'amour qu'une fois, semble-t-il : avec Stephen, en Angleterre. Mais ce garçon l'a quittée et elle s'est sentie trahie. *La Détresse et l'Enchantement* nous la montre dans un piteux état : refusant de courir le risque d'un second abandon, elle a décidé qu'elle « ne se laisserait plus jamais aller à aimer [1] ».

Après l'écriture de *Bonheur d'occasion*, Gabrielle Roy s'est sentie presque prise de remords, de regrets ; elle était très abattue. Aussi s'est-elle lancée dans l'écriture d'un ouvrage d'un tout autre genre, *La Petite Poule d'eau*, antithèse du premier. *Alexandre Chenevert* est aussi une œuvre noire, mais différente de *Bonheur d'occasion* : le parcours de ce petit caissier offre un bel exemple de quête.

D'une œuvre à l'autre, Gabrielle Roy se renouvelle. Si *Rue Deschambault* et *La Route d'Altamont* partagent le même décor, en revanche, les récits qu'ils contiennent ne se ressemblent pas. *La Montagne secrète* est un roman d'aventures extraordinaire sur le thème de l'homme seul face à la grande nature du Labrador. La nouvelle « De la truite dans l'eau glacée », extraite de *Ces enfants de ma vie*, se situe au-dessus de tout ce qu'on a écrit jusqu'ici au Québec. Dans *Cet été qui chantait* affleure un certain mysticisme franciscain. *Les Lettres à Bernadette* contiennent de très belles pages, mais elles sont trop travaillées et manquent de spontanéité. Ce sont des lettres d'écrivain, visiblement destinées à la postérité. Gabrielle Roy était consciente de son talent, de sa valeur ; elle avait beaucoup d'orgueil.

À l'université, François Ricard nous apprenait que l'œuvre autobiographique de Gabrielle Roy était aussi fictive que ses romans, et ses romans aussi fictifs que son autobiographie. Chez elle, il est impossible de déterminer où commence la fiction, où finit la réalité. Comme tous les romanciers, elle puisait son inspiration dans sa propre existence et chez ses proches. Ainsi, les nouvelles de *Rue Deschambault* empruntent-elles de nombreux éléments à son enfance. Le portrait du père semble véridique. François Ricard disait aussi que l'œuvre de la romancière frisait toujours le mélodrame sans jamais y tomber.

L'image que je me fais de Gabrielle Roy à travers son œuvre est celle d'une femme ambitieuse et déterminée. Rien, ni son milieu familial ni sa ville natale, Saint-Boniface, ne la prédisposait à devenir écrivain. C'était une autodidacte : n'ayant suivi qu'une seule année d'École normale après ses études secondaires (équivalent du baccalauréat français), elle avait acquis par elle-même des connaissances en littérature française et anglaise. Toute jeune, elle savait ce qu'elle voulait ; elle avait compris qu'il lui faudrait quitter son pays pour se réaliser. Elle est partie seule en Europe à une époque où une telle chose ne se faisait pas. Au-delà de la littérature, toute sa vie est dominée par la quête : elle a d'ailleurs énormément voyagé.

Dans mon ouvrage, *Bonheur d'occasion de Gabrielle Roy*[2], qui analyse en priorité les thèmes du réalisme social, de la solitude, de l'injustice, de la quête du bonheur et de la guerre, j'accorde une grande importance à la condition féminine. En effet, j'ai été frappé par les pages très dures que Gabrielle Roy a écrites sur ce sujet. Des phrases même terribles. Ainsi, en découvrant qu'elle est enceinte, Rose-Anna émet-elle des réflexions désabusées sur l'amour[3] : elle éprouve une immense sensation de solitude. Peut-on écrire des choses pareilles sans avoir vécu soi-même des expériences traumatisantes ?

La description des symptômes de la grossesse de Florentine, de ses états d'âme, de son sentiment de solitude et d'abandon, est d'un réalisme saisissant. François Ricard pensait que Gabrielle Roy était peut-être tombée enceinte en Angleterre et avait accouché d'un enfant qu'elle aurait laissé là-bas. En effet, non seulement elle avait prolongé son séjour en Europe sans motifs valables, mais les dates coïncidaient avec celles d'une potentielle grossesse...

Quoi qu'il en soit, c'est une femme qui ne devait pas s'abandonner facilement : elle refusait la sexualité et la maternité. Dans *Mon cher grand fou – Lettres à Marcel Carbotte, 1947-1979*, elle utilise des expressions affectueuses à l'égard de son mari, mais on la sent beaucoup plus proche de ses amies féminines que de lui. Dans *Bonheur d'occasion*, l'accouchement de Rose-Anna donne matière à une description épouvantable[4] : on a l'impression qu'elle va mourir. De la même manière, dans *Baldur*[5], un roman que l'écrivain n'a jamais publié parce qu'elle le considérait comme raté, l'héroïne est éprise de son mari, mais l'amour physique la rapproche un peu plus à chaque fois de la mort.

Gabrielle Roy traînait certainement de mauvais souvenirs d'enfance : sa mère était obligée de se débrouiller toute seule avec une nombreuse progéniture, tandis que son père travaillait et voyageait au loin. Au point qu'elle a fait systématiquement des personnages de pères, dans son œuvre, des hommes absents physiquement et psychologiquement[6]. En fait, pour des raisons sociales, politiques, psychanalytiques, etc., cette démarche est une constante dans la littérature québécoise : c'est la mère qui est le véritable chef de famille.

***

Originaire de Shawinigan (Mauricie, Québec), titulaire d'une maîtrise sur André Malraux, André Painchaud est professeur de lettres au cégep de Saint-Jérôme (Laurentides). Spécialiste du système éducatif, de l'enseignement du français et du syndicalisme en milieu scolaire, il est l'auteur de nombreux articles et d'un ouvrage pédagogique aussi pratique qu'instructif sur Gabrielle Roy (voir ci-dessus).

GABRIELLE ROY,
LA COUREUSE DES PLAINES

par Robert Viau

Je n'aimais pas l'œuvre de Gabrielle Roy. Au secondaire, le professeur avait mis au programme un roman qui venait de paraître et qui s'intitulait *La Route d'Altamont*. Ce récit de jeune fille avait profondément rebuté les élèves turbulents de cette école de garçons. J'ai conservé le souvenir d'un auteur mièvre qui racontait des « choses de filles ». À l'université, j'ai tout fait pour éviter de lire du Gabrielle Roy. Certes, il y avait *Bonheur d'occasion*, une lecture obligatoire, mais n'était-ce pas une exception, une « erreur de parcours » dans l'œuvre de l'auteur ?

Ayant enfin obtenu mon doctorat, je me suis retrouvé fonctionnaire au ministère des Approvisionnements et Services. Je me sentais comme un rat égaré dans un dédale de cloisons amovibles, gagnant difficilement son morceau de fromage. J'ai donc tout fait pour partir. J'ai quitté le Québec et me suis retrouvé à... Brandon (ouest du Manitoba).

L'Université de Brandon est officiellement l'université canadienne où il fait le plus froid. Les blizzards ne sont pas rares et le thermomètre monte rarement au-dessus de − 20 °C en hiver, avec des baisses fréquentes à − 40 °C. Dans cette ancienne université baptiste, j'ai relu avec plaisir le roman *Les Engagés du grand portage* de Léo-Paul Desrosiers qui raconte les épreuves subies par les voyageurs canadiens-français dans ces contrées inhumaines, puis j'ai découvert Maurice Constantin-Weyer[1], l'auteur d'*Un homme se penche sur son passé*, le premier Goncourt à évoquer l'Ouest canadien. Les *fins de semaine*, nous partions souvent, ma femme et moi, parcourir les routes de section qui découpent les prairies, visiter les villages ukrainiens, huttérites[2] et islandais de la région, et admirer ce ciel immense où le soleil luit constamment. Nous nous acclimations à ce nouveau monde, si différent, à ces espaces que nous découvrions avec étonnement. Je participais à des colloques où j'entendais des collègues discourir sur l'œuvre de Gabrielle Roy.

Lassé d'en entendre toujours parler, j'ai lu *La Petite Poule d'eau*, qui se déroule au nord de Brandon, puis *Ces enfants de ma vie*, *Un jardin au bout du monde* et *Fragiles Lumières de la terre*, tous les romans de Gabrielle Roy qui décrivent l'Ouest. Elle seule a su rendre le sentiment que l'on éprouve lorsqu'on est le seul être vivant, le seul objet vertical entre un ciel étendu et pur, et une terre qui n'en finit plus. Elle seule a su rendre le sentiment à la fois de désolation et de mission à accomplir que l'on ressent à enseigner dans ces villages perdus. Ce pays éblouissant de lumière n'était-il pas celui du « jeune espoir [3] » ? N'étions-nous pas « au matin de la vie [4] », comme elle le dit si bien dans ses romans ? Ce fut une révélation.

La Gabrielle Roy de l'Ouest m'avait séduit et, à partir de ce moment, j'ai commencé à prononcer des communications sur son œuvre, à publier des articles et à préparer *L'Ouest littéraire : Visions d'ici et d'ailleurs* [5], qui a paru en 1992. Je voulais comprendre le lien entre l'auteur et la région qui l'a vue naître. Quand je me rendais à Winnipeg, j'allais me promener sur la rue Deschambault, et je tentais d'imaginer la vie de cette jeune fille qui m'avait semblé si mièvre, mais qui m'avait rejoint par des détours inattendus. Je me perdais dans les collines d'Altamont, je voyais dans les gens que je rencontrais des Martha [6], des Stephan [7], des Médéric [8], des Luzina [9] et même des pères Joseph-Marie [10]. Je m'étais réconcilié avec ce grand auteur et il s'agissait maintenant, à mon tour, d'expliquer dans mes cours et dans mes ouvrages critiques son rêve d'un monde meilleur, du « cercle [...] enfin uni des hommes [11] » qui a sa source profonde dans la nature et dans les gens du Manitoba.

Certes, à la suite d'une autre bifurcation dans ma carrière, je me suis retrouvé à l'Université du Nouveau-Brunswick, mais je n'ai jamais oublié l'Ouest. Comme le dit si bien un proverbe de Brandon : « Quiconque a bu l'eau de l'Assiniboine [12] n'en oublie jamais le goût. » Souvent, les jours de pluie, j'observe de ma fenêtre la lisière sombre de la forêt qui masque l'horizon, je pense à l'Ouest... et je relis avec émotion Gabrielle Roy.

✳✳✳

Né à Ottawa, Robert Viau est professeur de lettres québécoises et acadiennes à l'Université du Nouveau-Brunswick (Fredericton). Essayiste (*Les Fous de papier : L'image de la folie dans le roman québécois de 1837 à 1988*, 1989 ; *Les Grands Dérangements : La déportation des Acadiens dans les littératures acadienne, québécoise et française*, 1997 ; *Les Visages d'Évangéline :*

Du poème au mythe, 1998), il est également l'auteur de plusieurs études sur Gabrielle Roy (voir bibliographie succincte en fin d'ouvrage), dont l'excellente : « Personnages et paysages de l'Ouest dans les romans de Gabrielle Roy » dans *L'Ouest littéraire : Visions d'ici et d'ailleurs* (1992).

GABRIELLE ROY, UN MODÈLE
POUR LES FEMMES DU XXIᵉ SIÈCLE

par Geneviève Picard

Je connaissais déjà l'œuvre de Gabrielle Roy quand j'ai accepté la proposition de la revue *Elle Québec* d'écrire un article sur sa vie : « Gabrielle Roy [1] ». C'était une pige de plus sur un sujet prometteur dont je me sentais proche.

Imposée au secondaire, la lecture de *Bonheur d'occasion* ne m'avait pas laissé grand souvenir. La lecture des autres livres, je la remettais à plus tard, comme les Parisiens remettent à plus tard l'ascension de la tour Eiffel. Ce fut donc un choc de la revisiter. Je découvrais l'œuvre la nuit, parallèlement aux interviews et à la fouille que j'effectuais le jour dans les archives de la romancière. D'emblée, ce qui m'a séduite, c'est l'humanisme qui imprègne toute son œuvre. Son art d'explorer le mystère humain et d'en rendre la vérité universelle. Son style limpide qui rend la saveur des choses vraies et nous permet de croire qu'en tenant son livre, on lui serre la main. Je crois – comme je l'ai écrit – qu'elle continue de transmettre à ses lecteurs cet infini besoin de comprendre, de connaître et d'aimer qui l'a habitée toute sa vie.

Le grand choc amoureux, celui qui fait battre le cœur plus vite et monter les larmes aux yeux, je l'ai eu au contact, non d'un de ses romans, mais de son autobiographie, ornée d'un titre sublime. Je relis fréquemment des passages de *La Détresse et l'Enchantement*, quand j'arrive à en retrouver un exemplaire dans ma bibliothèque, car c'est l'ouvrage que j'ai le plus souvent prêté, perdu et offert dans la vie, particulièrement à mes amis européens. En suivant le parcours de Gabrielle Roy, il capture parfaitement la condition canadienne-française, son perpétuel tiraillement et ses contradictions. Et je me moque bien de savoir ce qu'elle a inventé, censuré, glorifié, remanié, nuancé, car j'estime que c'est le droit le plus strict d'un créateur que de devenir sa propre création.

L'imposante biographie de François Ricard, qu'on m'a offerte en connaissance de cause et de passion, attend toujours que je la lise. Elle me fait presque peur, et pourtant je ne doute pas de l'admiration que lui portait l'auteur, encore moins de sa rigueur intellectuelle. Je garde un très bon souvenir de l'interview qu'il m'a accordée à son sujet, comme des souvenirs et anecdotes qu'il a partagés avec moi. Seulement, ce livre vivant, exhaustif, rédigé sur le ton de la chronique, je le trouve un peu lourd pour convenir à un écrivain qui aspirait à tant de dépouillement, un peu sec et froid pour un être riche de chaleur humaine. Je me sens davantage à mon aise avec un ouvrage comme *Les Chemins secrets de Gabrielle Roy – Témoins d'occasions* d'Ismène Toussaint, encore qu'il ne s'agisse pas d'une biographie mais d'un recueil de témoignages, plus synthétique, plus sensible, plus humain, qui a fait œuvre de pionnier.

Mais je digresse. Nous en étions à pourquoi j'aime et j'admire Gabrielle Roy…

Parce que c'est un modèle féministe, même si je doute qu'elle ait jamais employé ce mot-là. Je la vois comme une femme indépendante, autonome, qui a placé sa liberté au-dessus de tout, n'admettait aucune frontière, aucun cantonnement (géographique, littéraire, social, sexuel), et je l'admire parce que cette affirmation de son « moi » prenait beaucoup de courage à une époque où la gent féminine n'avait pas le droit de vote !

Pour ses contradictions. Parce qu'elle n'était pas chez elle au Québec, mais plus chez elle au Manitoba. Véhémente et douce, intransigeante mais empreinte de compassion, solitaire mue par un grand besoin de communiquer avec les autres.

Pour son côté première de classe, l'ambition et la détermination qui l'ont poussée à tout sacrifier à son travail d'écriture. Même si elle a toujours douté de son talent et si elle éprouvait un complexe d'infériorité lié à la petitesse du milieu géographique où elle avait grandi.

Pour son courage. Celui de s'arracher à ceux qu'elle connaissait pour affronter l'inconnu et la solitude, quitte à se heurter à l'incompréhension et au ressentiment des autres. Celui, aussi, de fuir les honneurs et les médias, auxquels elle préférait les compliments de ses lecteurs. Elle était tiraillée entre sa vocation, l'appel de la littérature, et son désir de réserve, de discrétion, sa simplicité.

Gabrielle Roy a souffert du syndrome de la petite fille qui s'est élevée au-dessus de la masse. Ici, on a un faible pour les gens qui échouent, pour les héros vaincus. On se méfie des élites, des gens qui écrivent. C'était encore pire à l'époque de l'auteur où, paradoxalement, l'instruction, le bien-parler étaient des valeurs plus prisées qu'aujourd'hui. Beaucoup de gens n'ont pas digéré son succès : c'était un beau parcours de battant, mais pas de femme. Si elle avait été un homme, nul n'aurait trouvé à redire.

J'aime et j'admire aussi Gabrielle Roy pour son côté mystique, son besoin frénétique d'avoir les mains libres, de se libérer des possessions matérielles, d'être aussi légère que possible pour pouvoir partir n'importe quand.

Et sur un plan purement personnel, parce que j'ai eu l'impression de reconnaître dans l'évocation de ses premières années de journalisme bien des joies et des misères que j'ai vécues quand j'étais moi-même à la pige.

Gabrielle Roy? En un mot, elle est l'emblème de notre culture canadienne-française.

***

Journaliste originaire de Montréal, diplômée en Communication de l'Université de cette ville, Geneviève Picard a collaboré à plusieurs journaux et magazines en qualité de portraitiste, ainsi que de chroniqueur littéraire et cinématographique : *L'Actualité*, *Voir*, *Elle Magazine*. En 1991, elle publiait dans cette revue un remarquable reportage sur Gabrielle Roy, qui l'encouragea à se spécialiser dans l'étude de la romancière. Deux ans plus tard, Geneviève Picard recevait le prix Jules-Fournier pour ses qualités d'écriture. Elle est aujourd'hui consultante en communication au Conseil des Arts et Lettres du Québec.

GABRIELLE ROY :
MERVEILLES ET MISÈRES
DU MONDE DE L'ENFANCE

par Marie-Jack Bartosova

Dans les années 1970, j'ai écrit ma thèse de doctorat sur l'ambiguïté et la fantaisie dans les contes et nouvelles de Marcel Aymé [1]. À ce moment-là, j'étais très captivée par l'usage du merveilleux dans l'œuvre de cet auteur : je voulais étudier essentiellement son rôle dans la description d'un monde petit-bourgeois français de l'entre-deux-guerres. J'ai découvert que ce rôle était plutôt original : aucun miracle, aucune manifestation du surnaturel ne pouvaient en fait transformer la vie des personnages d'Aymé. La présence du merveilleux ne faisait que relever un peu la banalité de la vie quotidienne (c'est pourquoi j'ai employé le terme « fantaisie » plutôt que celui de « merveilleux »). J'en suis arrivée à la triste conclusion que dans le monde d'Aymé, l'absolu était dominé par le relatif, représenté par les puissances limitées et répressives, telles que l'autorité parentale ou celle de l'État.

Était-ce la même chose dans les œuvres des autres écrivains ? M'étant posé cette question, j'ai commencé à étudier de plus près, par le biais du merveilleux, *Ces enfants de ma vie* de Gabrielle Roy ; plus particulièrement « L'Enfant de Noël ». Dans ce conte, j'ai analysé le « merveilleux quotidien [2] » – thème ainsi nommé parce qu'il semblait naître de l'humble et dure réalité de la vie de tous les jours –, entre autres, la fête de Noël préparée par l'institutrice dévouée, les modestes cadeaux que lui offrent les enfants, et surtout la visite que le petit Clair, l'enfant de Noël, lui rend la veille de ce jour spécial. Ce merveilleux quotidien souligne une vision du monde tout à fait opposée à celle d'Aymé : les petits miracles de la vie de tous les jours transcendent la difficile réalité des personnages aux prises avec la pauvreté et la marginalité sociale. En d'autres mots, ils les valorisent.

J'ai exploré différents sujets au fur et à mesure de ma recherche. Ainsi ai-je entrepris en 1993 l'écriture d'un article intitulé « Reflets du Manitoba dans l'œuvre de Gabrielle Roy[3] », dans lequel j'ai examiné les images manitobaines les plus récurrentes chez l'auteur. Il s'agissait tout d'abord de l'image de l'étranger – l'étranger qui vit avec ses semblables et les gens du pays dans une communauté unie et chaleureuse ; ou bien l'étranger victime des préjugés et de l'injustice, mais défendu, voire mis en valeur, par l'écrivain, tantôt par le biais de la petite Christine de *Rue Deschambault* et de *La Route d'Altamont*, tantôt par l'institutrice de *Ces enfants de ma vie*.

En dehors de ces images qui contribuent à l'expression d'une vision égalitaire de l'homme, j'ai examiné à plusieurs reprises celles de la plaine ouverte et du lac Winnipeg qui figurent l'immensité de l'infini où se résolvent toutes les différences et toutes les contradictions.

Plus tard, en 1994, je me suis penchée sur la nouvelle « Alicia », tirée de *Rue Deschambault*. J'ai décidé d'y étudier le discours schizophrène[4]. Pourquoi ce thème ? Parce que dans cette nouvelle, Gabrielle Roy présente, par l'intermédiaire de la narratrice adulte Christine, le personnage de la petite Christine qui mime en quelque sorte sa sœur Alicia, atteinte d'une maladie mentale. Cependant, le discours artificiel de l'adulte qui se marie à un discours enfantin tout aussi artificiel possède plusieurs caractéristiques du discours authentique des locuteurs schizophrènes : difficultés pour établir un lien avec le monde extérieur, usage d'anaphores[5] et emploi fréquent de liens lexicaux (sous forme de noms, tels que « Alicia » et « joie »).

Certes, l'usage de ce type de discours est limité dans « Alicia ». Mais il aide la narratrice à atteindre le but recherché : protéger un personnage vulnérable tout en le valorisant.

Après mon étude sur Alicia, je me suis de nouveau passionnée pour les personnages enfantins d'une manière générale. En 1995, lors d'un colloque, j'ai présenté une communication sur « Les images de l'enfance dans *Ces enfants de ma vie*[6] ». J'ai remarqué qu'on pouvait lire à travers elles la révolte de la généreuse institutrice contre le destin malheureux des enfants de familles immigrées ou tout simplement pauvres et marginales. S'opposant aux stéréotypes qui semblent prédestiner l'enfant à l'existence pénible et monotone de ses aînés, l'enseignante reconnaît son innocence essentielle grâce à des métaphores de fragilité, puis des comparaisons végétales et animales. Enfin, elle va plus loin encore en évoquant, au moyen d'une métaphore tantôt conventionnelle, telle «l'alouette», tantôt originale, telle «l'enfant de Noël», le don unique de l'enfant, véritable cadeau vivant. Comme si elle lui donnait la vie pour la seconde fois.

***

D'origine tchèque, docteur ès Lettres du XXe siècle, Marie-Jack Bartosova a enseigné la langue et la littérature françaises dans différentes écoles et universités canadiennes: Brandon (Manitoba), Mount Allison (Sackville, Nouveau-Brunswick) et Saint-Thomas (Fredericton, même province). Elle est aujourd'hui professeur et agent administratif à l'Alliance française de Winnipeg (Manitoba). Poète, romancière (*Tant que le fleuve coule*, 1988) et nouvelliste (*Pays d'eau et de soleil*, collectif, 1999) citée dans *L'Encyclopédie du Canada 2000*[7], elle est également l'auteur de plusieurs études originales sur Gabrielle Roy, dont elle nous entretient ici.

L'ŒUVRE DE GABRIELLE ROY : ENTRE UN MANITOBA MYTHIQUE ET UN QUÉBEC INCERTAIN

par Ismène Toussaint

À l'occasion du vingtième anniversaire de la publication du dernier roman de Gabrielle Roy, *De quoi t'ennuies-tu, Éveline?* (1982), le professeur Paul Socken, de l'Université de Waterloo (Ontario), a soumis Ismène Toussaint à un questionnaire qui tente de faire le point sur la vie et l'œuvre de l'écrivain.

P. Socken : Avec le recul des vingt ans écoulés depuis la disparition de Gabrielle Roy, comment caractériser la nature de sa réussite ? Quelle serait pour vous sa contribution aux lettres québécoises et canadiennes-françaises ?

I. Toussaint : Vingt ans après sa disparition, Gabrielle Roy (1909-1983) demeure l'un des plus grands écrivains de langue française au Québec et au Canada francophone. Elle est aussi l'un des rares auteurs à être lus à la fois par le grand public et le public plus savant, et autant appréciée par le lectorat de langue française que par le lectorat de langue anglaise.

Au fil des années, sa réputation n'a cessé de croître : livres, biographies, essais, recueils de témoignages, articles de presse, études universitaires, colloques, manifestations diverses se multiplient aux quatre coins du pays, témoignant de l'exceptionnel engouement que suscite son œuvre, des richesses sans cesse renouvelées qu'en offre l'exploration, mais aussi de la sympathie qu'éveille le personnage même de l'auteur – perçue comme une femme hypersensible, fragile, maladive –, contribuant ainsi à entretenir la «légende Gabrielle Roy».

De même, son roman *Bonheur d'occasion* ayant été traduit dans une douzaine de langues, de plus en plus d'universitaires étrangers inscrivent les ouvrages de Gabrielle Roy au programme de leurs cours de littérature canadienne-française. On pourra à cet effet consulter le *Bulletin de la Société des amis de Gabrielle Roy* diffusé sur Internet par Mme Myrna Delson-Karan, professeur à l'université Fordham de New York, et spécialiste de la romancière aux États-Unis (adresses Internet : www.http://societegabrielleroy.com – delsonkaran@yahoo.com).

La brillante réussite de l'écrivain Gabrielle Roy est due, à mon avis, aux raisons suivantes.

Premièrement, encore aujourd'hui, elle est considérée par la critique universitaire et par le grand public comme la pionnière du roman réaliste et social, et la pionnière du roman psychologique moderne au Canada. Lors de sa parution en 1945, *Bonheur d'occasion* – qui se présentait comme la peinture d'un quartier ouvrier de Montréal – rompait avec cent ans de romans du terroir et de romans historiques.

C'était la première fois que, mêlant la veine naturaliste d'un Zola à un style déjà personnel, sensible, d'une finesse de dentelle, un écrivain prenait pour cadre de son roman un quartier défavorisé de la ville.

C'était la première fois que quelqu'un se penchait sur le sort des humbles, avec cet accent d'émotion et de compassion inimitable qui n'appartient qu'à Gabrielle Roy.

C'était la première fois qu'une romancière effectuait une analyse approfondie de la psychologie des personnages, livrant dans les moindres détails leur caractère, leurs sentiments, leurs réactions, leurs expressions.

C'était aussi la première fois qu'une femme osait évoquer l'amour sous cet angle, et mettre en scène une situation « immorale » – la grossesse de Florentine Lacasse et l'attribution de la paternité à une tierce personne –, en un temps où les contraintes religieuses interdisaient que l'on parle de « ces choses-là ».

Enfin, c'était la première fois qu'un auteur dénonçait avec indignation l'exploitation outrancière du peuple canadien-français par les industriels et les « petits boss », exploitation symbolisée par le fossé qui sépare les bas-fonds de Saint-Henri de la montagne de Westmount aux résidences patriciennes. Par conséquent, ce fut une révolution dans le monde des lettres québécoises, et une révélation pour les lecteurs de cette époque.

Deuxièmement, au mépris des « traversées du désert » qu'elle a connues au cours de sa carrière, Gabrielle Roy s'est toujours efforcée de se soustraire aux modes éphémères et aux influences passagères de son temps. Elle a dédaigné les succès faciles, adroitement évité le piège de « l'écrivain engagé » lors du triomphe de la Révolution tranquille, et refusé d'exploiter sa vie durant la veine qui avait fait son premier succès – cela, même si l'étiquette de « romancière du réalisme social » lui a collé à la peau tout au long de son existence. Dès le second roman, elle rompait avec son inspiration initiale, en nous peignant un triptyque de la vie rurale sur une île mi-réelle mi-imaginaire du Manitoba, allégorie de la nostalgie universelle du paradis originel : *La Petite Poule d'eau* (1950).

Par la suite, elle déployait l'éventail diversifié de ses talents, en décrivant tour à tour le mal-être existentiel du citadin (*Alexandre Chenevert*, 1954), la quête d'absolu de l'artiste (*La Montagne secrète*, 1961), le déchirement des Autochtones entre deux mondes (*La Rivière sans repos*, 1970), la grandeur mystique de la nature (*Cet été qui chantait*, 1972), la difficile adaptation des pionniers dans l'Ouest (*Un jardin au bout du monde*, 1975), le voyage d'une mère vagabonde (*De quoi t'ennuies-tu, Éveline ?*, 1982). S'y ajoutaient la transposition de ses souvenirs d'enfance, de jeunesse et d'enseignement (*Rue Deschambault*, 1955 ; *La Route d'Altamont*, 1966 ; *Ces enfants de ma vie*, 1977), de larges fragments de son âme (*La Détresse et l'Enchantement*, 1984 ; *Le Temps qui m'a manqué*, 1997), des recueils de reportages (*Fragiles Lumières de la terre*, 1978 ; *Le Pays de Bonheur d'occasion*, 2001), des contes pour enfants (*Ma vache Bossie*, 1976 ; *Courte-Queue*, 1979), des correspondances (*Ma chère petite sœur – Lettres à Bernadette : 1943-1970*, 1988 ; *Mon cher grand fou – Lettres à Marcel Carbotte, 1947-1979*, 2001), et de nombreux inédits.

La volonté de Gabrielle Roy de surprendre ses lecteurs à chaque nouvelle parution et d'échapper à toutes les tentatives de cloisonnement, de classification et d'enfermement de son œuvre, a permis à cette dernière de s'élever au-dessus de la prolifération des publications en vogue et de préserver sa pureté, son originalité et son unicité.

Troisièmement, par la profonde humanité qui caractérise son œuvre, Gabrielle Roy a su toucher un public de tous âges, de toutes nationalités, de toutes catégories sociales et professionnelles. À l'image de la romancière américaine Louisa May Alcott, elle se met tout entière dans chacune de ses phrases et l'émotion, la sensibilité, la générosité qui s'en dégagent font d'elle un être rare, l'un des plus grands écrivains de la condition humaine.

Quatrièmement, l'universalité des thèmes qu'elle aborde l'a hissée au premier rang dans la littérature québécoise et canadienne-française, tout en lui assurant une place non négligeable dans la littérature internationale : la condition douloureuse des humbles, des enfants, des femmes et des étrangers ; le cheminement absurde de la vie ; le déracinement des immigrants ; l'inadaptation à la société, à la vie citadine ou campagnarde ; la solitude et l'ennui ; la nostalgie du passé ou d'un « ailleurs » ; le rêve d'un monde meilleur ; la quête de l'absolu ; le voyage ou la fuite ; la guerre ;

l'incommunicabilité entre les hommes; les rapports harmonieux ou inharmonieux des êtres avec la nature, pour n'en citer que quelques-uns.

Cinquièmement, l'authenticité de ses personnages, issus de tous les horizons, de tous les milieux, de toutes les classes de la société, lui a acquis les suffrages de milliers de lecteurs au Canada et dans le monde. Ancienne comédienne du Cercle Molière de Saint-Boniface, sa ville natale, et auteur elle-même de plusieurs pièces qui furent jouées au théâtre et à la radio, à Montréal, Gabrielle Roy excelle à mettre en scène les petites joies, les lourdes peines, les angoisses, les échecs, les rêves et les aspirations des êtres humains. Hantés par d'obsessionnelles questions existentielles, déchirés entre de multiples contradictions et incapables d'harmoniser leurs désirs, ces anti-héros ne nous ressemblent-ils pas comme des frères et sœurs?

La séduction qui émane des œuvres de Gabrielle Roy est encore renforcée par ses descriptions vivantes et animées de la nature, toujours évoquée sous forme de symboles en étroite symbiose ou en profonde contradiction avec les états d'âme des protagonistes; par sa vision anthropomorphique des éléments primordiaux: l'air (le vent), la terre, l'eau, le feu, ramenés à leur authenticité primitive et sacrée; par l'attention qu'elle porte au moindre petit détail, fait ou drame de la vie humaine ou naturelle; et dans certains de ses ouvrages, par l'absence de références toponymiques, qui donne une dimension universelle à ses décors, à ses personnages et à ses intrigues.

Sixièmement, la simplicité de son style, mariant les puissants raccourcis de la langue nord-américaine à la perfection du classicisme français, a rendu son œuvre accessible au plus grand nombre. Réalisme et poésie, humour et ironie, fraîcheur et spontanéité, raffinement et légèreté se conjuguent harmonieusement pour donner naissance à cette écriture d'une luminosité et d'une limpidité rayonnantes. En nous conviant à un perpétuel va-et-vient entre rêve et réalité, en jetant sur ses phrases comme un chatoiement d'ombres et de lumières, de mystère et de vague nostalgie, de détresse et d'enchantement, la romancière crée une atmosphère romantique et onirique qui nous replonge dans les contes et légendes de notre enfance.

Septièmement, la modernité de l'œuvre de Gabrielle Roy, jointe à son parti pris de transgresser certaines règles formelles tout en demeurant fidèle aux traditions du passé, lui a ouvert les portes de l'immortalité. Novatrice, quoi qu'en disent ses détracteurs, l'écrivain a fait éclater la notion de genre littéraire, la structure de ses ouvrages relevant à la fois du reportage, de la nouvelle, du récit et du conte oriental (une histoire ouvre sur une autre, laquelle en entraîne une autre, et ainsi de suite). Son art fait montre d'une singulière originalité: à la manière des peintres japonais, elle procède par petites touches subtiles et délicates, toutes en nuances et en demi-teintes, par une juxtaposition de petits paragraphes précis et concis, composant une mosaïque qui s'épanouit en une vaste fresque.

Enfin, huitièmement, le mystère qui a toujours entouré l'écrivain a presque donné naissance à un « mythe Gabrielle Roy ». En effet, jusqu'à la publication de la biographie de François Ricard, *Gabrielle Roy, une vie*, qui fit des révélations inédites sur sa vie et sa personnalité, puis de mon propre livre, *Les Chemins secrets de Gabrielle Roy*, un recueil de témoignages manitobains, on ignorait à peu près tout d'elle. Elle avait la réputation d'être une femme assez sauvage, vivant retirée entre Québec et son chalet de vacances, à Petite-Rivière-Saint-François, ne participant jamais au lancement de ses ouvrages, ni à ses remises de prix, ni aux salons du livre, recevant peu de visiteurs et de journalistes. Tout en respectant sa vie privée, les ouvrages susmentionnés ont soulevé un pan du voile…

Gabrielle Roy est l'une des plus belles fiertés du patrimoine québécois. Établie dès l'âge de trente ans à Montréal, elle a toujours fidèlement écrit sur sa patrie d'adoption et obtenu les plus hautes distinctions littéraires décernées au pays, dont le prix David pour l'ensemble de son œuvre (1970). Étudiée dans les écoles et les universités, elle a également influencé de nombreux écrivains contemporains, dont Jacques Poulin, Michel Tremblay et Antonine Maillet.

Devenu un extraordinaire phénomène médiatique dès sa parution, *Bonheur d'occasion* a fait rayonner le Québec un peu partout dans le monde en étant choisi comme « livre du mois » par la Literary Guild of America (New York, 1947), en voyant ses droits rachetés par la Universal Pictures (Hollywood, 1947) et en remportant le prix Fémina (France, 1947).

Nombre de nationalistes m'ont confié qu'ils considéraient Gabrielle Roy comme un précurseur, en ce qu'elle a été la première à capter véritablement « l'âme québécoise », l'essence du pays. *Bonheur d'occasion* apparaît comme la célébration du peuple nouveau, du peuple urbain. Enfants ou petits-enfants d'agriculteurs déchirés entre le monde rural et le monde citadin, ces lecteurs y retrouvent les vestiges de leur vie familiale et se reconnaissent dans les personnages de Florentine Lacasse et de Jean Lévesque, qui incarnent, selon eux, le peuple québécois et son accession vers l'autonomie et l'indépendance.

Gabrielle Roy est également l'une des plus belles fiertés du patrimoine de l'Ouest franco-canadien. Grand peintre du Manitoba, elle a révélé à d'innombrables lecteurs la poésie de l'âme, à la fois nostalgique et colorée, de cet immense pays méconnu, parfois mal-aimé. Nombre de ses œuvres ont pour cadre les lieux de sa jeunesse et témoignent d'une authentique nostalgie de sa région natale, de ses paysages et de ses habitants. Dans la patrie de Louis Riel, on a coutume de dire qu'entre 1945 et 1960, Gabrielle Roy a «sauvé l'Ouest» du désert littéraire qui régnait à cette époque et redonné une dignité à ses compatriotes, frappés d'ostracisme par les lois Greenway (1890) et Thornston (1914), qui avaient officiellement supprimé la langue française dans cette province. Considérée comme un chef de file, elle compte de nombreux enfants spirituels, au nombre desquels la romancière Monique Genuist. Actuellement, la petite ville de Saint-Boniface tente de transformer sa maison natale, rue Deschambault, en un musée consacré à sa mémoire.

P. Socken : Pourquoi lit-on encore son œuvre? Qu'y a-t-il dans ses écrits qui séduit toujours les lecteurs?

I. Toussaint : Je pense que l'œuvre de Gabrielle Roy est toujours autant lue et appréciée pour les raisons que j'ai expliquées précédemment.

P. Socken : Quelles études envisagez-vous sur son œuvre? Que reste-t-il aux chercheurs à explorer?

I. Toussaint : Ayant déjà consacré un certificat de maîtrise, un DEA (Diplôme d'études approfondies), une thèse de doctorat de 3ᵉ cycle, des ouvrages, dont *Les Chemins secrets de Gabrielle Roy – Témoins d'occasions*, ainsi que de nombreux articles, conférences, émissions, expositions de photos, etc. à Gabrielle Roy, je n'envisage plus de lui consacrer de nouvelles études, sinon des articles ou des conférences pour le grand public, si on me le demande. Néanmoins, je continuerai volontiers à lire ce qui s'écrit sur elle.

Ayant refusé d'effectuer une carrière universitaire pour me consacrer à l'écriture, je m'estime mal placée pour donner des conseils aux professeurs, aux chercheurs ou aux étudiants. Toutefois, il me semble que les recherches sur la vie et l'œuvre de Gabrielle Roy sont loin d'être épuisées. Il serait particulièrement intéressant d'approfondir ses sources littéraires et d'étudier l'influence de ses lectures sur son œuvre. Elle était férue de littérature grecque, latine, française, canadienne-française, anglaise, russe, scandinave, et, selon Myrna Delson-Karan, vouait un véritable culte à la romancière suédoise Selma Lagerlöf.

P. Socken : À partir des manuscrits publiés depuis sa mort (par exemple, *La Détresse et L'Enchantement*, *Lettres à Bernadette*), qu'apprend-on de l'auteur et de son œuvre?

I. Toussaint : Avec la publication de *La Détresse et l'Enchantement*, suivie de *Le Temps qui m'a manqué*, puis de *Ma Chère petite sœur – Lettres à Bernadette 1943-1970*, Gabrielle Roy renoue avec le genre intimiste, inauguré par *La Route d'Altamont*, *Rue Deschambault* et *Ces enfants de ma vie*, une transposition magnifiée de ses souvenirs d'enfance et de jeune enseignante.

Loin de nous offrir une série de révélations extraordinaires ou une brochette de détails à sensations, l'autobiographie en deux volumes apparaît bien plutôt comme un recueil de « morceaux choisis » de la vie de son auteur, et l'expression d'un regard jeté, avec cette distance attendrie et quelque peu indulgente que confère l'âge, sur les trente premières années d'une existence. Par conséquent, il ne s'agit pas d'un récit linéaire et chronologique, mais d'une « recréation » – pour reprendre une expression chère aux commentateurs de l'œuvre de Gabrielle Roy –, laissant le champ libre à une interprétation personnelle des événements et au cheminement de la mémoire, qui effectue d'incessants allers et retours entre passé, présent et futur.

Nombre de critiques ont « reproché » à l'auteur d'avoir embelli, idéalisé, transfiguré certains épisodes de sa jeunesse, ou au contraire, exagéré, assombri, dramatisé certains autres. Je pense qu'il faut considérer ce livre comme le « roman de la vie » de Gabrielle Roy, son meilleur, sans aucun doute. Jamais autobiographie n'aura illustré de manière aussi magistrale le mot de Jean Cocteau : « La littérature est un mensonge vrai. »

Qu'y apprend-on ? Sur le plan événementiel, l'auteur nous raconte avec un souci sincère d'objectivité et d'authenticité, ses humbles débuts dans la vie : son enfance à Saint-Boniface, heureuse, quoique marquée par un douloureux sentiment d'aliénation dans cet îlot francophone entouré d'une mer anglophone, par une santé fragile et par la modicité de la fortune familiale ; l'existence, souvent laborieuse, de ses ancêtres et de ses proches ; son apprentissage scolaire et ses expériences d'enseignement, placés tantôt sous le signe de l'échec, tantôt sous celui du succès ; son adolescence romantique, tourmentée par l'ennui et le désir d'un « ailleurs », d'une autre vie ; son affection pour sa mère, qu'elle s'accuse d'avoir abandonnée pour « courir le vaste monde », et dont la mort laissera en elle des cicatrices indélébiles ; sa découverte émerveillée des enfants, des immigrants, des paysages du Manitoba, de la littérature, de l'écriture, du théâtre, des voyages ; le demi-ratage de son séjour en Europe et l'abandon de ses ambitions théâtrales ; ses amours contrariées ; ses premières armes de journaliste au Québec, puis l'envol de l'écrivain.

Mais au-delà de la simple relation des faits, c'est un portrait intime des autres et d'elle-même que l'écrivain nous livre, en une succession d'impressions, de sensations, de réflexions, d'émotions – parfois fugitives –, qui fait davantage de ce livre un ouvrage « d'atmosphère » que de souvenirs. Comme si la « mémoire affective » prenait systématiquement le pas sur la mémoire des événements, en un perpétuel balancement entre souffrance et bonheur, joie et tristesse, espoirs et regrets. Oscillation que l'on retrouve dans le mouvement des phrases, qui se colorent tour à tour ou conjointement des états d'âme enthousiastes et désenchantés de leur auteur.

S'il arrive parfois à Gabrielle Roy de se mettre en vedette, elle n'hésite pas, cependant, à avouer certaines de ses erreurs, tout comme ses échecs, ses complexes, ses hésitations, ses interrogations, ses angoisses et ses désespoirs. Toutefois, nulle haine, nul ressentiment, nul jugement négatif à l'égard d'autrui ne viennent entacher sa plume. Chez elle, domine surtout le désir de faire le point sur elle-même, sur ses relations avec son entourage, et de gommer les défauts des autres pour mettre en valeur leurs qualités. Tout comme avec ses personnages de roman, elle plonge au cœur même des êtres pour faire jaillir la lumière qui brille tout au fond d'eux.

De la lecture de cette autobiographie, émerge l'image d'une femme contradictoire, à la fois forte et fragile, modeste et imbue d'elle-même, aimante et indépendante, heureuse et déchirée, qui ne trouvera son refuge, son salut, un exutoire à ses malheurs, que dans l'écriture. En résumé, une femme profondément humaine et attachante, même si Paul Genuist, auteur du pertinent article «Gabrielle Roy: personnage et personne [1]», nous engage à ne pas confondre le personnage qu'elle crée et met en scène à partir d'elle-même, et sa personne véritable.

La construction en abîme de ce double livre, formé d'une succession d'histoires contenant elles-mêmes d'autres histoires, nous tient sous l'emprise de son charme envoûtant. Éclatée en une multitude de fragments, la narration, en épousant les caprices et les détours de la mémoire, rayonne comme un diamant, un soleil ou un miroir qui nous renvoie le reflet d'une Gabrielle Roy à la fois proche et insaisissable.

On n'y surprendra pas le secret de son âme, mais on y retrouvera avec plaisir la conteuse, la journaliste-reporter, la portraitiste, la dialoguiste, la confidente, le confesseur, la mémorialiste, la philosophe et le poète. L'on y savourera toutes les qualités qui font de cet auteur une magicienne de la plume: un style alerte, savant mélange de douceur et de vigueur; le don de l'observation, de la mise en scène, de la description et du suspens; un sens aigu de la psychologie humaine et de la nature; une sensibilité au moindre petit détail (images, sons, couleurs, parfums…); la faculté de peindre, dans des tonalités chargées de réminiscences, de songes et de mélancolie, de vastes fresques constituées d'une suite de petits tableaux; et cet indicible sentiment de «compassion» – pour reprendre un terme fréquemment utilisé par les spécialistes de son œuvre –, dont elle entoure les êtres qu'elle rencontre, tout comme ses personnages de fiction.

Sur le plan strictement littéraire, Gabrielle Roy se refuse à essayer d'expliquer les mécanismes de son œuvre en termes pédants et alambiqués. Son autobiographie pose plus de questions qu'elle n'apporte de réponses, et nous renvoie au mystère insondable de la création. L'écrivain avoue s'abandonner volontiers à l'inspiration et faire confiance à la « folle du logis ». Par conséquent, on ne sait jamais à quel moment elle met sa mémoire au service de son imagination, et vice versa. À l'opposé de sa sœur, l'écrivain Marie-Anna Roy (1893-1998), elle refuse de faire de ses romans une copie servile de la réalité, lui préférant une forme de réalisme poétique. Si, dans *Bonheur d'occasion*, elle s'était attachée à une reconstruction minutieuse du terrain, elle reconnaît avoir rapidement abandonné ce procédé pour donner toute liberté à sa fantaisie. Technique qui, paradoxalement, contribue à créer l'illusion d'une vérité plus vraie que nature et donne une portée universelle à son œuvre.

Si elle demeure relativement discrète sur son art, Gabrielle Roy ne nous en livre pas moins quelques-uns de ses secrets de fabrication. Ainsi nous éclaire-t-elle sur la genèse de plusieurs œuvres : *Bonheur d'occasion*, né de l'indignation qu'elle a ressentie face au spectacle de la misère, dans le quartier Saint-Henri de Montréal ; *La Petite Poule d'eau*, dont l'intrigue a surgi lors de ses séjours en France et en Angleterre.

On apprend qu'un tout petit détail, une émotion, une sensation, une rencontre de hasard lui ont suggéré certains de ses thèmes ou de ses épisodes : dans *La Montagne secrète*, le « bonheur ineffable » qui soulève le peintre Pierre Cadorai en entendant, à la fin de l'hiver, les gouttes d'eau tomber des arbres, fait écho à la joie que l'écrivain a éprouvée lors de l'éclosion de son premier printemps londonien.

Parallèlement, on découvre qu'elle mêle personnes réelles, lieux familiers et événements authentiques sans aucun souci de véracité, ces derniers ne servant le plus souvent que de point de départ à l'élaboration d'une histoire de son cru. Il lui arrive également d'utiliser l'aspect physique et (ou) les traits de caractère de plusieurs personnes pour créer un personnage de fiction : sa propre mère devient l'Éveline vieillissante de *La Route d'Altamont* ; deux hommes croisés en voyage se transforment en chef de gare et en marchand de bestiaux dans *La Petite Poule d'eau*.

Inversement, une seule personne peut donner naissance à une diversité de protagonistes : les petits-cousins de Gabrielle Roy, ainsi que les sept élèves auxquels elle a enseigné à la Petite Poule d'eau, ont servi de modèle aux innombrables enfants du roman éponyme.

Dans le même ordre d'idées, l'auteur n'hésite pas à prendre des libertés avec la description des lieux qu'elle fait revivre (la Poule d'eau), et dont elle ne cite pas toujours le nom (le village de Cardinal dans *Rue Deschambault* et *Ces enfants de ma vie* ; celui de Marchand dans *Cet été qui chantait*).

En fait, à l'instar de Marguerite Yourcenar dans ses *Nouvelles orientales*, Gabrielle Roy s'attache davantage à décrire « l'essence des choses que les choses elles-mêmes» et l'impression générale que celles-ci lui ont laissée. Chez elle, on peut parler sans trop s'avancer de fidélité à l'imagination et d'invention de la mémoire…

En complément à l'autobiographie, vient la correspondance avec sa sœur préférée, la religieuse Bernadette, qui s'étire sur une période de vingt-sept ans, entrecoupée de longs silences dus à l'élaboration de son œuvre et à ses problèmes de santé. Là encore, aucun effet sensationnaliste, aucun détail croustillant : succès littéraires, voyages, rencontres, relations familiales, petits et grands événements, tel l'achat du chalet de Petite-Rivière-Saint-François, comptes rendus de lectures et d'activités diverses composent la toile de fond de ces lettres qui nous renseignent sur la vie quotidienne de Gabrielle Roy et sur l'état de son moi intérieur.

Même si cette dernière choisit minutieusement le thème de ses confidences, tout en s'efforçant de conserver un ton enjoué afin de ne pas inquiéter la religieuse, elle n'en laisse pas moins transparaître la douleur que lui inspirent la disparition prochaine de sa correspondante et ses rapports tumultueux avec son autre sœur, Marie-Anna Roy.

Véritables morceaux d'anthologie, ces textes trahissent l'écrivain perfectionniste qui, jusque dans son courrier, s'attache à peaufiner son style, classique, rigoureux, d'une élégante pureté. De même reflètent-ils le profond attachement de Gabrielle Roy pour les membres de sa famille, ainsi que sa grande sollicitude à l'égard de ses sœurs Clémence et Bernadette, dont l'état de santé et le bien-être matériel semblent être une préoccupation constante chez elle. Enfin, ils dévoilent l'image d'une femme simple, hypersensible, d'une grande richesse intérieure, moins soucieuse du paraître que d'accueillir, au jour le jour, les petits bonheurs et les miracles du quotidien, en quête d'une connaissance toujours plus approfondie d'elle-même et de son entourage.

Pour ma part, j'ai été particulièrement sensible à l'amour de l'écrivain pour la nature, qui se traduit par de vastes descriptions de paysages (celle du lac Manitoba, par exemple) ou par de brèves notations ; amour qui se confond avec celui d'un Dieu adoré en dehors des structures traditionnelles de l'Église catholique. Grâce à l'écriture, la contemplation de la nature et la maladie de sa sœur (condamnée par un cancer), il semblerait que Gabrielle Roy redécouvre les chemins perdus de la foi. Une foi qui s'affermit et grandit de jour en jour, jusqu'à éclater en un véritable hymne au Créateur. Mysticisme et littérature se rejoignent, en effet, dans les lettres datées de 1970 : véritables poèmes ou prières en prose, petits chefs-d'œuvre de précision, de sensibilité et d'émotion encore trop méconnus de nos contemporains, ils annoncent déjà *Cet été qui chantait*, ce recueil de nouvelles où la narratrice retrouvera l'âme de Bernadette dans «le vent, les arbres» et «la beauté du monde».

À la fois portrait de Gabrielle Roy, portrait de sa sœur et portrait de la nature, cette correspondance ne se livre pas au premier coup d'œil ou à la première lecture : l'on éprouvera le besoin de s'y plonger à plusieurs reprises, afin d'en écouter palpiter les rythmes, les résonances, l'intime chant intérieur.

P. Socken : Qu'est-ce que son œuvre vous dit à vous personnellement ? La lecture de ses écrits a-t-elle laissé sa marque ?

I. Toussaint : Je suis sensible à tous les aspects de l'œuvre de Gabrielle Roy, aspects que j'ai développés dans mes propos précédents, et en particulier au charme indicible et mélancolique qui se dégage de ses phrases, de ses paysages, des regrets de son enfance, et qui vous colle à l'âme. Elle me fait songer aux couchers de soleil nostalgiques décrits par Verlaine ou Pierre Loti, qui vous poursuivent longtemps après leur lecture, et vous laissent une impression ineffaçable. Un peu comme la marée qui, en se retirant, teinte le sable de mer et de ciel, de galets et de coquillages, d'odeur d'algues et de sel.

J'admire aussi la foi de la romancière en l'humanité et en un monde d'amour, fraternel et uni, car c'est un idéal en lequel je ne crois pas, même si, paradoxalement, je le défends dans mes livres, mes articles et mes différentes actions.

Si j'ai passé autant de temps à étudier les écrits de Gabrielle Roy, c'est qu'ils m'ont ensorcelée, au sens premier du terme, pendant de longues années. En 1983, la lecture de *La Montagne secrète*, qui fut une véritable révélation pour moi, a été le point de départ d'un voyage littéraire, humain, géographique et spirituel à travers le Canada, qui se poursuit maintenant depuis plus de dix ans.

Néanmoins, je me suis obligée à prendre quelque distance par rapport à la romancière, car j'avais envie de lui consacrer une grande partie de ma vie et, par conséquent, me serais fermé d'autres horizons tout aussi fascinants. Difficile, en effet, de ne pas succomber au puissant attrait de son œuvre : mystérieuse, miroitante à l'infini de rêves, d'illusions, de promesses, elle est d'une telle richesse que plus vous vous enfoncez en elle, plus vous y découvrez de trésors et avez envie de poursuivre votre exploration.

Gabrielle Roy est de ces écrivains que l'on ne se lasse pas de relire, tant elle vous procure des plaisirs émotionnels, esthétiques, intellectuels et mystiques sans cesse renouvelés.

Contrairement à ce que l'on a parfois dit ou écrit sur moi, je ne me reconnais pas comme la fille spirituelle de Gabrielle Roy. Je ne revendique pas une place qui revient de droit à quelques auteurs et intimes de l'auteur ayant eu le privilège de la connaître et (ou) de travailler à ses côtés. Son style n'a d'ailleurs guère marqué le mien, même si plusieurs écrivains m'ont assuré retrouver dans mes livres certaines caractéristiques proches de son écriture.

Par contre, je ne cacherai pas que la femme a exercé une profonde influence sur moi. Son propre parcours n'est pas étranger à la décision que j'ai prise, dans la seconde moitié des années 1980, de me tourner vers le journalisme, après deux ans d'enseignement. Assurément a-t-elle contribué à m'ouvrir les yeux sur le monde, car jusqu'à l'âge de vingt-sept ou vingt-huit ans, je ne m'étais jamais intéressée aux autres, et la situation internationale me laissait relativement indifférente.

Comme Gabrielle Roy qui porte sur les êtres un regard d'enfant émerveillé et plein de tendresse, j'ai privilégié à mon tour, dans mon travail de chroniqueur, le portrait des humbles et des créateurs méconnus. De même, si je n'avais pas croisé cette romancière sur ma route, sans doute n'aurais-je jamais écrit *Les Chemins secrets de Gabrielle Roy – Témoins d'occasions*, qui a donné pour la première fois la parole aux « petites gens » de l'Ouest.

À l'inverse, je sais que je tiens en grande partie de Gabrielle Roy cette fâcheuse tendance au repliement sur soi, mon goût prononcé pour la solitude et l'indépendance, et surtout ma propension à fuir l'aspect public du métier d'auteur, avec son cortège de contraintes et d'obligations sociales.

C'est bien la preuve qu'il ne faut pas laisser les écrivains ou les personnages historiques prendre trop de place dans votre vie intérieure : Gabrielle Roy est de ceux qui vous habitent totalement, vous hantent et vous obsèdent, allant jusqu'à vampiriser le temps, l'énergie, la personnalité des chercheurs qui tentent de percer l'énigme de son être.

P. Socken : Selon vous, quel serait son meilleur roman ou écrit ?

I. Toussaint : J'ai longtemps cru que *La Montagne secrète* était le meilleur roman de Gabrielle Roy, en raison de l'exotisme de ses descriptions du pays canadien – toujours promptes à séduire un lecteur d'origine française ; de son intrigue menée à un rythme haletant, même si ce livre n'est pas un véritable roman d'aventures ; de l'originalité du double itinéraire du peintre Pierre Cadorai, à la fois géographique et symbolique ; et de la véracité de ce personnage, très proche d'un de mes cousins, lui-même artiste peintre et sculpteur. En fait, il ne s'agissait que de mon roman préféré…

Ensuite, j'ai lu *Bonheur d'occasion* et, comme beaucoup de lecteurs, j'ai crié au génie…

C'est alors qu'*Alexandre Chenevert* est entré dans ma vie : la fragilité de ce petit employé de banque, que l'on voudrait prendre sous son aile pour le protéger des coups bas de l'existence, les méandres tourmentés de sa personnalité, qu'épouse admirablement la narration, sa prise de conscience tardive d'une vocation d'écrivain qui ne pourra jamais s'épanouir, sa redécouverte de la foi, laquelle se confond avec son amour de la nature et son séjour inoubliable au lac Vert, m'ont littéralement bouleversée, tant ces thèmes correspondaient à mon parcours personnel.

Pourtant, ce roman a été vite remplacé par *La Rivière sans repos* : j'ai trouvé l'histoire de cette femme abandonnée par son fils si vraie dans sa tragique beauté, que ce doit être une des rares fois où j'ai pleuré en refermant un livre…

Toutefois, après mon premier séjour au Manitoba, *La Route d'Altamont* et *Rue Deschambault* m'ont divulgué leur valeur hautement initiatique et symbolique – je ne l'avais pas vraiment perçue au cours de mes études à l'université. J'ai alors éprouvé le besoin de les lire et de les relire jusqu'à l'obsession, afin de me pénétrer de leurs scènes et de leurs métaphores.

Mais voilà que *Ces enfants de ma vie* ont libéré les sortilèges de l'enfance, et que je suis tombée sous le charme troublant du jeune rebelle Médéric Eymard, dans la nouvelle « De la truite dans l'eau glacée »… Dès lors, je n'ai plus juré que par cet ouvrage…

Par la suite, je n'ai plus songé qu'à vivre à l'ombre des paradis d'*Un jardin au bout du monde* (le jardinet amoureusement fleuri de Martha Yaremko), et surtout de *Cet été qui chantait*, œuvre aussi pure qu'une goutte de cristal ou la trille d'un rossignol…

Cependant, dès la parution de *La Détresse et l'Enchantement*, il n'y a plus eu moyen de m'arracher à cet impressionnant volume, qui m'est apparu comme le sommet de l'art de Gabrielle Roy. Néanmoins, son pendant, *Le Temps qui m'a manqué*, m'a révélé que le style de la romancière avait encore évolué et progressé. Aussi ai-je dévoré et redévoré ce petit livre…

Conclusion : je n'ai jamais pu demeurer fidèle à une œuvre de Gabrielle Roy en particulier, et même si je considère *La Détresse et l'Enchantement* comme l'une des plus grandes autobiographies de la littérature mondiale, rejoignant en cela l'opinion de la critique américaine, je ne pense pas qu'il y ait, chez elle, un écrit qui soit meilleur qu'un autre. Tous sont à la fois proches et différents, manifestent les qualités et les défauts inhérents aux chefs-d'œuvre, touchent au plus profond de l'humain et de notre être particulier. Aux gens qui me demandent des conseils de lecture, je ne manque jamais de répondre par cette parodie de Stéphane Mallarmé : « Prenez Gabrielle Roy, on y trouve tout ! »

P. Socken : Quelle est pour vous la plus grande qualité de Gabrielle Roy et de son œuvre ?

I. Toussaint : Son extraordinaire humanité, mais aussi son étonnant pouvoir de séduction. Comme je l'ai souligné tout à l'heure, limpidité, luminosité et musicalité me paraissent assez bien résumer ses autres qualités.

Intime reflet de sa création, Gabrielle Roy est l'un des écrivains qui, dans un style d'une rare simplicité, a le mieux saisi l'âme humaine dans son unité et sa diversité, sa fragilité et sa complexité, l'absurdité de ses contradictions et sa quête insatiable d'infini. Même si son œuvre souffre actuellement d'un mauvais concours de circonstances (entre autres, de la mainmise de cliques québécoises sur elle), je n'hésite pas à la placer au même rang que celle de Dostoïevski, Gogol, Tchekhov, Edgar Poe, Virginia Woolf, Proust, Kafka, James Joyce…

✳✳✳

Ismène Toussaint est auteur, spécialiste des littératures françaises du XIXe siècle, québécoise et canadienne-française de l'Ouest. Voir sa biobibliographie dans cet ouvrage. La présente interview a paru antérieurement dans *L'Action nationale*, Montréal, vol. 92, n° 5, mai 2002, p. 59-78.

NOTES

PRÉFACE DE RÉGINALD HAMEL

1. Fondé en 1964 par le professeur Réginald Hamel, le premier Centre de documentation de lettres canadiennes-françaises au Québec, qui se situait à la pointe de la recherche, fut brutalement déplacé en 1969 pour des raisons de tripotage politique et remplacé par un complexe audiovisuel. Transféré dans le propre domicile du professeur, il attira de nombreux chercheurs jusqu'en 2003, année de son legs au cégep de Saint-Jérôme (Laurentides, Québec).

2. Henri-Raymond Casgrain (1831-1904). Ecclésiastique, écrivain et historien québécois. Cofondateur des revues *Soirées canadiennes* et *Foyer canadien*, il appartient à ce groupe de Québécois qui renouvelèrent les lettres en 1860. Des *Légendes canadiennes* (1876) aux *Souvenances canadiennes* (mémoires, années 1900), en passant par *Un Pèlerinage au pays d'Évangéline* (1888) et *Montcalm peint par lui-même d'après des pièces inédites* (1889), il se distingue par son style romantique, sa rigueur documentaire et son art personnel de reconstituer le climat d'une époque.

3. Camille Roy (1870-1943). Ecclésiastique, essayiste et critique littéraire québécois. Docteur en philosophie, professeur de lettres, recteur de l'Université Laval à Québec (1924-1927 ; 1932-1938), il fonda les revues *L'Enseignement secondaire au Québec* (1915) et *Le Canada français* (1918). Cet humaniste est considéré comme un pionnier de l'histoire littéraire canadienne-française : *Manuel d'histoire de la littérature canadienne-française* (1918 ; nombreuses rééditions), *À l'Ombre des érables – Hommes et livres* (1924), *Regards sur les lettres* (1931).

4. Michel Desrochers (né en 1945). Homme de radio québécois. Il débuta sur les ondes dès son adolescence et fut l'un des premiers annonceurs à y introduire de la fantaisie. Sa devise était « S'amuser… tout en amusant » : *Michel Desrochers* (Radio-Canada, 1971), *Le FM qui parle et qui chante* (CFGL, 1975), *Nos épaulettes* (Radio-Québec, 1976), *L'Heure de pointe* (Radio-Canada, années 1980), *Drôle de vie* (Radio-Canada, 1983).

5. Gaston Miron (1928-1996). Poète québécois. Fondateur des Éditions de l'Hexagone (1953), animateur de soirées poétiques de grande envergure, intellectuel engagé, il joua un rôle considérable dans l'éveil de la conscience nationale québécoise. Sa poésie, frappée au coin de la revendication, de l'humiliation et de la frustration (*L'Homme rapaillé*, 1970) évoluera vers un baroquisme issu de la culture européenne et américaine, mêlant souvenirs champêtres, réalité urbaine et célébration des ancêtres : *Courtepointes* (1975), *Les Signes de l'identité* (1983).

6. Voir leur bibliographie et leur essai dans cet ouvrage.

7. *Ibid.*

8. Gustave Lanson (1857-1937). Critique français. Spécialiste des auteurs du XVIIᵉ siècle (Boileau, Bossuet, Corneille, etc.), il tenta d'appliquer la méthode historique à l'histoire littéraire afin de lui donner une assise solide : *Manuel bibliographique de la littérature française* (1900-1912 ; nombreuses rééditions). Si certains de nos contemporains estiment que son approche a longtemps sclérosé les études critiques, il demeure néanmoins un pionnier et une source de références essentielle.

AVANT-PROPOS : UN BOUQUET DE FLEURS, DE COQUILLAGES ET DE GALETS POUR GABRIELLE ROY

1. Éditions internationales Alain Stanké, Montréal, 1999. Composé de témoignages d'une quarantaine de Manitobains (membres de la famille, camarades de classe, collègues de travail, élèves, spectateurs de théâtre, amis, amis reniés, destins croisés) et de courts essais très denses, cet ouvrage a permis aux « petites gens » de l'Ouest de livrer des facettes inédites de la romancière.

2. Fondée en 1843 à Longueuil (Québec) par Eulalie Durocher (Mère Marie-Rose ; 1811-1839), d'origine québécoise, la congrégation des sœurs SNJM a une vocation purement éducative. Elle a essaimé en 1874 à Saint-Boniface. Aujourd'hui, elle compte des filles spirituelles dans tout le Canada, aux États-Unis, en Afrique du Sud, en Haïti, au Brésil et au Pérou.

3. Voir, entre autres, Marc Gagné, « Bibliographie », *Visages de Gabrielle Roy*, Éditions Beauchemin, Montréal, 1973, p. 287-320 ; Paul Socken, *Gabrielle Roy – An Annotated Bibliography*, vol. 1, Downsview, Toronto, 1979, p. 213-263 ; Lori Saint-Martin, *Lectures contemporaines de Gabrielle Roy : bibliographie analytique des études critiques, 1978-1997*, Éditions Boréal, Montréal, 1998.

4. Éditions Boréal, Montréal, 1991 (publié sous la direction de François Ricard).

5. Voir François Ricard, *Gabrielle Roy, une vie*, Éditions Boréal, Montréal, 1996.

6. Éditions Boréal, Montréal, 2001.

7. Pierre Elliott Trudeau avait eu l'occasion de remettre un prix littéraire à Gabrielle Roy.

8. Dans « Mon héritage du Manitoba » (*Fragiles Lumières de la terre*).

9. Voir Réginald Hamel, « Ismène Toussaint : *Les Chemins secrets de Gabrielle Roy – Témoins d'occasions* », *The Toronto Quarterly*, « Lettres canadiennes 1999 », Toronto, hiver 2000, p. 144-145 ; repris dans Internet : http://www.utpjournals.com

10. *Ibid.*

11. Voir *Ma chère petite sœur*, lettres du 31 juillet 1962 et du 15 mai 1970 ; *Mon cher grand fou*, lettres des 12, 19, 27 et 31 août 1962 et du 22 février 1968.

I. DERNIERS REFLETS MANITOBAINS

1. Les Indiens et les Inuits étaient les premiers occupants de ce territoire de 650 000 km² qui fut exploré en 1612 par le capitaine Thomas Button, puis, entre 1733 et 1738, par Jean-Baptiste de La Vérendrye, lequel explora les rivières Rouge et Assiniboine. Au XIXᵉ siècle, la concurrence qui opposait la Compagnie de la Baie d'Hudson et la Compagnie du Nord-Ouest pour la traite des fourrures sur la Terre de Ruppert aboutit à une guerre sans merci. C'est à cette époque que l'Écossais Sir Thomas Selkirk fonda la Colonie de la rivière Rouge. En 1869, la Compagnie de la Baie d'Hudson céda les terres de l'Ouest au gouvernement canadien sans consulter la population, essentiellement d'origine métisse. Un mouvement de résistance s'organisa alors autour d'un jeune humaniste, Louis Riel, qui forma un gouvernement provisoire et négocia l'entrée de la province dans la Confédération sous le nom de « province du Manitoba » (en indien cri, *manito* signifie « esprit » et *baw*, « passage »). On la surnomme « le

grenier à blé du monde». Gabrielle Roy y a puisé une large part de son inspiration : *La Petite Poule d'eau*, *La Route d'Altamont*, *Rue Deschambault*, *Ces enfants de ma vie*, *Un jardin au bout du monde*, *Fragiles Lumières de la terre*, *De quoi t'ennuies-tu, Éveline ?* suivi de *Ély ! Ély ! Ély !*, *La Détresse et l'Enchantement*, *Le Temps qui m'a manqué*, *Le Pays de Bonheur d'occasion*, ainsi que divers articles, nouvelles, récits et correspondances.

2. Sise au 375, rue Deschambault, la maison natale de Gabrielle Roy fut construite en 1904 par son père, Léon Roy. La romancière y vécut jusqu'à sa vingt-huitième année et l'immortalisa dans plusieurs ouvrages : *La Route d'Altamont*, *Rue Deschambault*, *Ces enfants de ma vie*, *La Détresse et l'Enchantement*, *Le Temps qui m'a manqué* et *Le Pays de Bonheur d'occasion*. Elle a été transformée en musée en juin 2003.

3. Fondée au début du XIXe siècle par le futur évêque Joseph-Norbert Provencher (1787-1853) et les colons de la rivière Rouge, la petite ville de Saint-Boniface est devenue la capitale des francophones de l'Ouest. Aujourd'hui, elle compte environ 50 000 habitants.

4. Cinquième des enfants Roy, Bernadette (1897-1970) entra en 1919 dans la communauté SNJM. Elle était institutrice et professeur de diction. Pendant trente ans, Gabrielle entretint une abondante correspondance avec cette sœur tendrement aimée et douée, comme elle, pour l'écriture (voir *Ma chère petite sœur*). Elle l'a également ressuscitée sous les traits d'Odette dans *Rue Deschambault*, et a écrit *Cet été qui chantait* en mémoire d'elle. Enfin, *La Détresse et L'Enchantement*, *Le Temps qui m'a manqué* et *Mon cher grand fou* sont fortement imprégnés de sa présence.

5. Quatrième des enfants Roy, Clémence (1895-1993) souffrait de troubles psychologiques. Elle vécut avec sa mère, Mélina Roy-Landry, jusqu'à la mort de cette dernière en 1943, puis fut placée dans différents foyers manitobains. Gabrielle, qui l'aida financièrement tout au long de sa vie, s'est inspirée d'elle pour créer le fragile personnage d'Alicia dans *Rue Deschambault*. Elle lui rend délicatement hommage dans *La Détresse et l'Enchantement*, *Le Temps qui m'a manqué*, ainsi que dans *Ma chère petite sœur* et *Mon cher grand fou*.

6. Dans «Mon héritage du Manitoba», *op. cit.*

7. Voir Ismène Toussaint, *Les Chemins secrets de Gabrielle Roy*, *op. cit.*, ainsi que les études de Marc Gagné, Carol Harvey, François Hébert, M. G. Hesse, Albert Le Grand et François Ricard citées en fin d'ouvrage.

8. Dans «*Bonheur d'occasion*, faute d'évasion», *Actes du colloque international « Gabrielle Roy »* (pour souligner le 50e anniversaire de *Bonheur d'occasion*), Presses universitaires de Saint-Boniface, Manitoba, 1996, p. 97-122. Dans cet article, l'auteur tente de démontrer que la réputation d'humaniste de Gabrielle Roy est surfaite : pour lui, le féminisme, l'existentialisme et le sens de l'Absurde que certains critiques ont découvert, dans *Bonheur d'occasion* ne sont qu'une seule et même facette de son discours misérabiliste et janséniste. Ce roman n'est ni une dénonciation sociopolitique ni un écrit contestataire, mais une œuvre autobiographique de confession et de démission.

9. Ancien domaine de la nation Pied Noir, cette province occidentale du Canada baptisée en hommage à la princesse Louise-Caroline Alberta, quatrième fille de la reine Victoria, était l'un des quatre districts provisoires des Territoires du Nord-Ouest. Ses frontières furent fixées en 1905. D'une étendue de 661 185 km², elle compte 1 838 000 habitants. La capitale en est Edmonton. Elle possède les plus importants gisements de pétrole et de gaz naturel du Canada et est également réputée pour son élevage de bovins, ses cultures de blé, d'orge et de betterave à sucre. Gabrielle Roy voyait l'Alberta

comme un paradis. Journaliste, elle tira une série de reportages admiratifs sur les colons qui y vivaient en harmonie avec la nature : « Regards sur l'Ouest », *Le Canada*, Montréal, 1942-1943. En 1944 et 1945, elle songea sérieusement à s'y établir avec son amant, le journaliste Henri Girard. Lors de son passage à Calgary, en 1978, elle rêvait toujours de s'y installer. Seule ombre au tableau : c'est dans cette région, à l'automne 1953, que Gabrielle et sa sœur Marie-Anna se brouillèrent définitivement.

10. La bande de terre sur laquelle Gabrielle enseigna à une poignée d'enfants en 1937 est rattachée au continent. Mais dans la mesure où elle est entourée de deux rivières, on peut effectivement la confondre avec une île. Outre dans *La Petite Poule d'eau*, la romancière en a effectué d'amples descriptions dans « La Légende du Cerf ancien », « Mémoire et création » (*Fragiles Lumières de la terre*) et *La Détresse et l'Enchantement*. Voir aussi Marie-Anna Roy, *Les Capucins de Toutes-Aides*, Éditions Franciscaines, Montréal, 1977.

11. Dans « Mémoire et création » (*Fragiles Lumières de la terre*).

12. Dans « Souvenirs du Manitoba » (*Fragiles Lumières de la terre*).

13. *Ibid.*

14. Léon Roy (1850-1929). Né à Saint-Isidore-de-Dorchester (comté de Beaumont, devenu Dorchester, puis Beauce-Nord, Québec), il était le fils de Charles Roy et de Marcellina Morin, agriculteurs. Il quitta très tôt son village natal pour exercer divers métiers aux États-Unis, puis au Manitoba où il devint agent d'immigration pour le gouvernement fédéral. Malheureusement, sa mise à pied, en 1915, occasionna de graves difficultés matérielles au sein de sa famille (voir *La Détresse et l'Enchantement*). Il servit maintes fois de modèle à Gabrielle pour ses personnages de pères de famille absents physiquement, psychologiquement ou les deux, tel Édouard dans *Rue Deschambault*.

15. Émilie Roy-Landry (dite Mélina ou Mina ; 1867-1943). Née à Saint-Alphonse-de-Rodriguez (Laurentides, Québec), elle était la fille d'Élie Landry et d'Émilie Jeansonne, agriculteurs. En 1881, elle émigra avec ses parents au Manitoba et, en 1886, épousa Léon Roy, dont elle eut onze enfants (voir *La Détresse et l'Enchantement*). Elle fut une véritable héroïne de roman dont Gabrielle s'inspira fréquemment pour ses personnages de mères de famille, dont Éveline dans *Rue Deschambault*, *La Route d'Altamont*, *De quoi t'ennuies-tu, Éveline ?* et *La Saga d'Éveline*.

16. Dans *Rue Deschambault*.

17. Dans « Souvenirs du Manitoba », *op. cit.*

18. Seconde des enfants Roy, Anna (1888-1964) enseigna durant quelques années avant d'épouser Albert Painchaud, un menuisier-charpentier dont elle eut trois fils. Dans *La Détresse et l'Enchantement* et *Le Temps qui m'a manqué*, elle nous est présentée comme une femme mélancolique, aigrie et déçue par le mariage. Gabrielle, qui ne s'entendait pas très bien avec elle, comprit plus tard qu'elle avait tout simplement « manqué son destin ». Elle l'utilisa pour camper, entre autres, « Ma Tante Thérésina Veilleux » (*Rue Deschambault*) et les trois sœurs de *La Maison rose près du bac*.

19. Voir son témoignage dans cet ouvrage.

20. Teilhard de Chardin (1881-1955). Jésuite, paléontologue et écrivain français. Il effectua l'essentiel de ses fouilles et de ses explorations en Asie. Ses travaux sur l'évolution mettent en valeur le phénomène de complexification du cerveau qui aboutit au surgissement de la conscience de soi et à un réseau mondial de communication des pensées humaines, la « noosphère ». En son centre, agit le « Christ évoluteur » qui conduit l'humanité vers le point Oméga (ou Royaume de Dieu). Ses théories furent longtemps condamnées par l'Église. Voir Gabrielle Roy, « Ma rencontre avec Teilhard de Chardin » (texte écrit vers 1975 ; *Le Pays de Bonheur d'occasion*).

21. Dans *Cet été qui chantait.*

22. Voir, entre autres, « The Jarvis Murder Case », *Le Samedi*, Winnipeg, Manitoba, 12 janvier 1934 ; « La Grotte de la mort », *Le Samedi*, Winnipeg, Manitoba, 23 mai 1936 ; « 100 % d'amour », *Le Samedi*, Winnipeg, Manitoba, 31 octobre 1936 ; « Jean-Baptiste takes a wife », *The Toronto Weekly Star*, Toronto, 19 décembre 1936 ; « Bonne à marier », *La Revue moderne*, Montréal, juin 1940.

23. Dans Robert Viau, « Personnages et paysages de l'Ouest dans les romans de Gabrielle Roy », *L'Ouest littéraire – Visions d'ici et d'ailleurs*, Éditions du Méridien, Montréal, 1992, p. 89-139. À travers l'étude des œuvres de Léo-Paul Desrosiers, Louis Riel, Robert de Roquebrune, Georges Bugnet et Maurice Constantin-Weyer, l'auteur propose un tour d'horizon de la littérature francophone de l'Ouest, caractérisée essentiellement par le face à face de l'homme avec la nature. Il montre que si Gabrielle Roy s'est inspirée de paysages réels pour créer ses Prairies manitobaines – univers fascinant où l'humain vit en communion avec la nature –, ces derniers dépassent aussi le cadre étroit de l'espace réel. Symboles de la nostalgie du passé, de l'aspiration au paradis perdu et d'un éternel recommencement, les immenses plaines manitobaines s'inscrivent dans « une épopée de l'âme en quête de valeurs spirituelles ».

24. Margaret Atwood (née en 1939). Écrivain canadien-anglais. Romancière, poète et auteur de livres pour enfants, elle s'est imposée sur la scène littéraire internationale en explorant, sur un ton introspectif et satirique, les grands thèmes de notre temps, dont celui de l'aliénation féminine : *La Vie avant l'homme*, 1981 ; *La Femme comestible*, 1984 ; *La Servante écarlate*, 1987 ; *Politique du pouvoir*, 1995 ; *Captive*, 1998. L'expression que j'utilise ici est extraite de son *Essai sur la littérature canadienne*, Éditions Boréal, Montréal, 1987.

25. Dans *Ces enfants de ma vie.*

26. Louis Riel (1844-1885). Homme politique, patriote et écrivain métis canadien-français. Né à Saint-Boniface (alors colonie de la rivière Rouge), il étudia le droit à Montréal. De retour dans son pays en 1869, il prit la tête d'un mouvement de résistance contre la mainmise du gouvernement d'Ottawa sur les terres des Métis et des Canadiens français, qui aboutit à la fondation du Manitoba, le 15 juillet 1870. Après l'exécution de l'orangiste Thomas Scott, il dut s'exiler aux États-Unis, mais, en 1875, fut élu par acclamation député conservateur dans son pays. Sa seconde révolte, menée cette fois dans la future province de la Saskatchewan, provoqua l'écrasement des Métis à Batoche en 1885. Riel fut pendu le 16 novembre de la même année à Regina, au terme d'un procès entaché d'irrégularités. Voir Ismène Toussaint, *Louis Riel, Le Bison de cristal*, Éditions internationales Alain Stanké, Montréal, 2000. Le chef métis est également l'auteur d'une œuvre prolifique : *Les Écrits complets de Louis Riel* (réunis sous la direction de George Stanley), 5 vol., Presses de l'Université de l'Alberta, Edmonton, 1985.

27. Georges Forest (1924-1990). Homme politique et patriote franco-manitobain. Né à LaSalle (Manitoba), ce directeur d'une agence d'assurances lutta avec acharnement, entre 1959 et 1971, contre le Metropolitan Corporation of the Greater Winnipeg qui planifiait le développement de la capitale par l'annexion de la petite ville de Saint-Boniface. Candidat défait à la mairie (1968), il poursuivit néanmoins son action, qui se solda malheureusement par un échec : par la faute des francophones eux-mêmes, Saint-Boniface perdit son statut de ville indépendante. L'année suivante, il cofonda le Festival du voyageur pour honorer la mémoire des trappeurs et des coureurs de bois. En mars 1975, il refusa d'acquitter une contravention unilingue anglaise et porta l'affaire jusqu'en Cour. Elle eut un tel retentissement que, le 13 décembre 1979, la

Cour suprême du Canada déclarait inconstitutionnelle la loi Greenway qui, depuis 1890, faisait de l'anglais la seule langue officielle de la province. Mort d'épuisement, Georges Forest demeure à la fois un exemple et le rappel de la mauvaise conscience des francophones de l'Ouest, dont très peu soutinrent son combat.

28. Fondée en 1738 par Jean-Baptiste de La Vérendrye, la capitale du Manitoba est un ancien poste de traite de fourrures qui fut exploité par les Compagnies du Nord-Ouest et de la Baie d'Hudson. Traditionnellement surnommée « La Porte de l'Ouest », elle compte environ 620 000 habitants. Gabrielle Roy n'a jamais beaucoup aimé cette ville où elle se sentait étrangère : *La Détresse et l'Enchantement*, *Fragiles Lumières de la terre*, *Le Pays de Bonheur d'occasion*.

29. À partir de1916, la loi Thornston interdit l'enseignement du français dans les écoles. Cette mesure ne fut véritablement abolie que dans les années 1970.

30. Constante dans l'œuvre de Gabrielle Roy, l'opposition entre la plaine et la montagne a été analysée par maints chercheurs et auteurs. Voir, entre autres, les études de Dennis Essar, Marc Gagné, Carol Harvey, M. G. Hesse, Terrance Hughes, Alan MacDonell, Pierre-Yves Mocquais, Paulette Collet, François Ricard, Ismène Toussaint et Robert Viau citées en fin d'ouvrage.

31. Albert Le Grand (1916-1976). Né à la Butte-au-Paradis (Saskatchewan), il effectua ses études au collège de Saint-Boniface, avant d'être reçu docteur ès Lettres de l'Université de Montréal pour une thèse sur *Paul Claudel ou la possession de l'univers dans la joie* (1949). Professeur dans la même institution, il fonda en 1968 le premier département d'études canadiennes en France (Strasbourg) et écrivit de nombreux articles sur la littérature québécoise, dont le pertinent « Gabrielle Roy ou l'être partagé », *Études françaises*, Montréal, 1re année, n° 2, 1965, p. 39-65. Lui aussi a laissé le souvenir d'un homme partagé entre le doute et la foi, la joie et le tourment, l'ouverture et le repli sur soi.

32. Dans *Littératures*, Montréal, n° 14, 1996, p. 135-163 ; *Le Pays de Bonheur d'occasion*, Éditions Boréal, Montréal, 2000 ; *Les Éditions du Blé : 25 ans d'édition*, Les Éditions du Blé, Saint-Boniface, Manitoba, 1999, p. 164-183 ; Les Éditions du Blé, Saint-Boniface, Manitoba, 2003.

33. J'emprunte cette expression à Théodore Monod (1902-2000), explorateur et naturaliste français. Spécialiste du Sahara, il parcourut le désert à pied et à dos de chameau pour étudier la géologie et la préhistoire. Alliant découverte scientifique et méditation spirituelle, il a publié notamment *Méharées, explorations au vrai Sahara* (1937), *L'Hippopotame et le philosophe* (1943), *Bathyfolages, plongées profondes* (1954), *Les Déserts* (1973), *L'Émeraude des Garamanthes* (1984), *Le Chercheur d'absolu* (1993), *Thésaurus* (1999), *Et si l'aventure humaine devait échouer* (2002).

Marie-Anna Roy (1893-1998) :
« Gabrielle Roy au crible du *Miroir du passé* »

1. Dans *Le Miroir du passé*.

2. La Saskatchewan, qui signifie en cri « la rivière au cours rapide », fut découverte au XVIIe siècle par des commerçants de fourrures. En 1870, la Compagnie de la Baie d'Hudson céda au Canada la Terre de Ruppert, et de nombreux colons, essentiellement de langue anglaise, s'y établirent comme exploitants agricoles au détriment des Autochtones. Conduite par Louis Riel (1844-1885), la révolte des Métis quant à la distribution des terres fut impitoyablement écrasée en 1885, soit vingt ans avant la délimitation définitive des frontières de la province. D'une superficie de 652 330 km², elle est caractérisée par un relief rocheux, de nombreux lacs, et compte environ

1 016 000 habitants. La capitale en est Saskatoon. Cette province, l'un des plus importants producteurs de blé au monde, possède également des richesses en potassium, en uranium, en gaz naturel et en argile. La Saskatchewan a toujours fasciné Gabrielle Roy, qui y séjourna dès sa prime enfance. Son père y possédait une terre et enseignait l'agriculture aux colons. La nouvelle « Pour empêcher un mariage » (*Rue Deschambault*), *Fragiles Lumières de la terre* et *Un jardin au bout du monde* ont pour cadre cette région.

3. Dans *À l'ombre des chemins de l'enfance*.
4. Dans *Le Miroir du passé*.
5. Dans *Le Pain de chez nous*.
6. Henri Girard (1900-). Journaliste et directeur littéraire. Né à Québec, il devint successivement rédacteur adjoint au quotidien *Le Canada*, critique littéraire et artistique puis directeur littéraire de *La Revue moderne*. Pendant sept ans, il fut le mentor, le conseiller littéraire et le compagnon de Gabrielle. Malheureusement, sa situation maritale empêcha l'union rêvée. Homme assez exceptionnel par son talent journalistique, sa sensibilité délicate et sa vaste culture, il corrigea *Bonheur d'occasion* avec un inlassable dévouement. Hélas ! La romancière a volontairement occulté le souvenir de celui à qui elle doit en grande partie son succès, et qu'elle abandonna en 1947 pour épouser le Dr Marcel Carbotte.
7. Traumatisée par ce surnom, Gabrielle Roy en fit le titre d'une des nouvelles de *Rue Deschambault*.
8. Sixième des enfants Roy, Rodolphe (1899-1971) fut successivement télégraphiste, chef de gare et soldat durant la Seconde Guerre mondiale. Célibataire instable et joueur, mais plein d'entrain et de drôlerie (voir *La Détresse et l'Enchantement*), il inspira à Gabrielle les personnages d'Eugène Lacasse, dans *Bonheur d'occasion*, et de Robert dans « Les Bijoux » et « Les Deux Nègres » (*Rue Deschambault*).
9. Dans *À l'ombre des chemins de l'enfance*.
10. *Ibid.*
11. Dans *Le Pain de chez nous*.
12. Dans *Le Miroir du passé*.
13. Dans *À l'ombre des chemins de l'enfance*.
14. Dans *Le Rameau d'or*. Ce manuscrit inédit et non daté est une sorte d'hommage aux défunts de la famille de Marie-Anna Roy. L'auteur brosse leur portrait physique, moral, puis décrit leur caractère, leur personnalité, leur vie, leurs réalisations. Suit un récit de la vie mouvementée d'Anna Painchaud-Roy, la sœur aînée.
15. Dans *À l'ombre des chemins de l'enfance*.
16. *Ibid.*
17. *Ibid.*
18. Ces propos sont quelque peu outrés : dans les années 1960-1970, Gabrielle Roy, que la critique disait passée de mode, connut plusieurs éclipses.
19. Dans *À l'ombre des chemins de l'enfance*.
20. *Ibid.*
21. *Ibid.*
22. Allusion à la parabole Les Soucis : « Regardez les oiseaux du ciel : ils ne sèment ni ne moissonnent, ils n'amassent point dans les greniers ; et pourtant, votre Père Céleste les nourrit. » (Évangile selon saint Luc, 12, 22-31).
23. Professeur de mathématiques, cette religieuse franco-manitobaine dirigea à trois reprises, entre 1969 et 1977, l'Académie Saint-Joseph de Saint-Boniface. Dans les vingt dernières années de la vie de Gabrielle Roy, elle devint sa meilleure amie au Manitoba.

Voir son témoignage dans Ismène Toussaint: *Les Chemins secrets de Gabrielle Roy, op. cit.*

24. Journal intime de Marie-Anna Roy, *Reflets d'une âme dans le miroir du passé* servit de document préparatoire à la rédaction de son livre témoignage, *Le Miroir du passé* (1979).

25. *Le Miroir du passé*, qui provoqua un certain scandale lors de sa parution en 1979, retrace sans masques ni noms fictifs l'histoire de la famille Roy et de ses déchirements. Gabrielle y est présentée sous un jour nettement défavorable: enfant gâtée, indifférente et égocentrique, elle se révèle, à l'âge adulte, ingrate envers sa famille. Devenue écrivain, elle va jusqu'à dérober des thèmes littéraires à sa sœur Marie-Anna pour bâtir son œuvre.

26. Dans *À l'ombre des chemins de l'enfance*.

27. Dans *Lettres de Gabrielle Roy à sa sœur Adèle*.

28. Les écrivains Colette, Maurice Genevoix, Maurice Druon, Georges Duhamel, pour n'en citer que quelques-uns, ont vanté les mérites littéraires de Marie-Anna Roy.

29. En 1759, la victoire du général anglais Wolfe sur les troupes du Français Montcalm dans les Plaines d'Abraham (Québec) marqua le début de la domination anglaise au Canada.

30. Publié en 1954, ce roman raconte l'histoire, à peine transposée, de la famille Roy. Gabrielle, alias Gaétane, y est décrite comme une petite fille gâtée, puis une jeune fille indifférente et égocentrique. Écrit dans un style classique, enlevé, qui fut loué par de grands écrivains français, cet ouvrage constitue un document très intéressant sur la vie des pionniers canadiens-français dans l'Ouest.

31. Sorte de feuilleton en 38 épisodes, *À l'ombre des chemins de l'enfance* – qui fut publié dans les années 1989-1990 dans *L'Eau vive*, le journal des francophones de la Saskatchewan – réunit des extraits du *Pain de chez nous*, du *Miroir du passé* et de manuscrits inédits. L'on y découvre des portraits de famille, une évocation de la vie de Marie-Anna et le récit de ses différends avec sa sœur Gabrielle.

32. Paru en 1958, ce roman quasi autobiographique raconte les tribulations d'une jeune institutrice exerçant au nord de l'Alberta dans les années 1930-1940.

33. Publié en 1959 pour «honorer la mémoire de tous les braves pionniers et de leurs dignes descendants», cet ouvrage relate la formation des onze paroisses du sud du Manitoba, ainsi que la vie des citoyens et des religieux ayant marqué ces communautés.

34. L'auteur nous présente cet ouvrage datant de 1970 comme «l'histoire du petit peuple franco-manitobain, branche détachée du vieux Québec».

35. Édité en 1977, cet ouvrage se définit comme «un vibrant hommage au dévouement des missionnaires colonisateurs que furent les Pères belges au début du XXe siècle, au Manitoba».

36. Voir Paul Genuist, *Marie-Anna Roy, Une voix solitaire*, Éditions des Plaines, Saint-Boniface, Manitoba, 1992.

37. Éditions internationales Alain Stanké, Montréal, 2000. Cet article est de l'auteur du présent ouvrage.

38. Dans «L'auteure franco-manitobaine Marie-Anna Roy a 99 ans: Une femme instruite, c'était une folle – Le rêve en couleurs contre le réalisme linéaire», *La Liberté*, Saint-Boniface, 20-26 mars 1992.

Une administratrice :
« Gabrielle Roy, ange gardien de ses sœurs Bernadette et Clémence »

1. Ce jugement m'a été confirmé par des membres de sa famille. Voir Ismène Toussaint, *Les Chemins secrets de Gabrielle Roy, op. cit.* Gabrielle Roy reconnaît elle-même cette faiblesse à travers les propos de son double, l'institutrice de *Ces enfants de ma vie*, puis directement dans *Ma chère petite sœur*.

2. Dans *Ma chère petite sœur*, Gabrielle remercie sa sœur de lui avoir préparé cette belle fête d'anniversaire avec « soin, minutie et générosité ».

3. Dans *Ma chère petite sœur*, Gabrielle ravive à plusieurs reprises le souvenir de ces vacances, que les trois sœurs vécurent comme un véritable moment de grâce. C'est en 1957 que la romancière avait acquis un chalet de vacances à Petite-Rivière-Saint-François, soit à 105 kilomètres de sa résidence de Québec.

Un professeur de lettres : « Gabrielle Roy ou l'odyssée d'une âme »

1. Les lettres dans lesquelles Gabrielle Roy fait allusion à notre témoin remontent aux années 1968-1969 : voir *Ma chère petite sœur*.

2. Gérard Bessette (1920-). Écrivain québécois. Il est l'auteur d'une œuvre fortement influencée par la psychanalyse. Qu'ils soient d'inspiration populaire, réaliste, postmoderne ou personnelle, ses romans traduisent le conflit entre l'individu et la société : *La Bagarre* (1958), *Le Libraire* (1960), *L'Incubation* (1965), *Le Cycle* (1972). Également essayiste, Gérard Bessette a consacré plusieurs études à l'œuvre de Gabrielle Roy, qui fut choquée par ses interprétations : *Une littérature en ébullition* (1968), *Trois Romanciers québécois* (1973).

3. Au chapitre IV d'*Une littérature en ébullition*, Gérard Bessette affirme que Gabrielle Roy exprime une nette hostilité envers son père dans *Rue Deschambault*, et qu'elle soulage sa conscience, par le biais de son œuvre, en chargeant ses personnages masculins des pires défauts.

4. Il s'agit du texte « Mon héritage du Manitoba », qui fut d'abord publié dans la revue *Mosaïc* (1969), puis dans *Fragiles Lumières de la terre* (1978). Gabrielle Roy y met effectivement en valeur les qualités professionnelles de son père, ainsi que les « dures épreuves » et les « terribles sacrifices » auxquels il dut consentir pour se hisser au poste de fonctionnaire d'État.

5. Il convient de détruire ici une rumeur qui n'a que trop longtemps perduré. Femme d'une intelligence supérieure, auteur d'une œuvre littéraire et historique impressionnante, une indépendante et une battante, Marie-Anna Roy est demeurée toute sa vie incomprise par son entourage et les universitaires de Saint-Boniface. Malheureusement, ses critiques acerbes à l'encontre de Gabrielle et la rivalité qui l'opposait à elle ont desservi sa réputation. Voir Paul Genuist, *Marie-Anna Roy, une voix solitaire*, *op. cit.* ; Ismène Toussaint, *Les Chemins secrets de Gabrielle Roy, op. cit.* ; « Marie-Anna Roy », *L'Encyclopédie du Canada 2000, op. cit.*

6. Mémoire de maîtrise, bibliothèque de l'Université de Montréal, 1962. Grâce à quelques grands « classiques » québécois, l'auteur étudie l'effet de l'hiver sur le tempérament et les mœurs des personnages, ainsi que les thèmes ayant inspiré toute une poétique de la neige, de la glace, du vent et du froid. Un chapitre est consacré à Gabrielle Roy.

Une institutrice : « Gabrielle Roy, un pèlerinage en mémoire »

1. Gabrielle Roy a toujours éprouvé des sentiments contradictoires à l'égard des petits villages manitobains. Dans *La Détresse et l'Enchantement*, elle utilise une figure de

style dite « oxymoron » pour décrire ce que lui inspire la commune déserte et endormie de Saint-Léon : « un enchantement morose ».

2. Dans *La Détresse et l'Enchantement*, Gabrielle Roy rappelle « la fascination qu'ont exercée, qu'exercent encore sur [elle] ce village et ses alentours », mais affirme paradoxalement, quelques pages plus loin, qu'elle l'a « presque oublié ».

3. Gabrielle Roy découvrit ce village dans les années 1930, lors d'une tournée théâtrale. « Cerné de silence et d'ennui », il devait prendre plus tard, par la présence de Clémence, « une place [...] émouvante » dans son existence.

4. Georges Buffon (1707-1788). Naturaliste et écrivain français. Dans une prose d'une pureté classique, il a su observer les faits et poser le principe de l'évolution des espèces : *Histoire naturelle universelle* (inachevée ; 36 volumes, 1749-1788) ; *Histoire des sept époques de la nature* (1788).

Sœur Françoise Carignan : « Gabrielle Roy ou la religion de la nature »

1. Bibliothèque de l'Université Laval, Québec, 1958 (également disponible à la Résidence Jésus-Marie des sœurs SNJM, à Saint-Boniface). Après avoir retracé l'histoire de la fondation et du développement des écoles religieuses au Manitoba, l'auteur effectue un compte rendu des cours qui y sont dispensés, puis évoque quelques grandes figures d'enseignantes ayant contribué au rayonnement du français dans la province.

2. Sœur Marie-Diomède (Georgina Laberge, dite ; 1881-1970). Née à Saint-Étienne-de-Beauharnois (Québec), elle entra en 1899 dans la communauté des sœurs SNJM et, de 1930 à 1962, enseigna le français à l'Académie Saint-Joseph de Saint-Boniface. Maître ès Lettres, docteur en philosophie, elle créa la section féminine de l'Université du Manitoba et se révéla une pionnière de l'histoire de la littérature francophone dans l'Ouest : *Essai sur la littérature française au Manitoba* (1947). Le souvenir ému de cette humble érudite revit dans *Ma chère petite sœur*.

3. Cette lettre a été reprise dans Ismène Toussaint, *Les Chemins secrets de Gabrielle Roy*, *op. cit.*

4. Gabrielle a confié que c'est au bord de ce lac qu'elle entrait le plus profondément en communion avec les êtres humains : voir la nouvelle « Le Vieillard et l'enfant » (*La Route d'Altamont*), ainsi que *La Détresse et l'Enchantement* et *Ma chère petite sœur*.

Sœur Thérèse Leduc (1919-2002) : « Gabrielle Roy, des sourires et des larmes »

1. Créée en 1947, l'Association canadienne d'éducation en langue française (ACELF) est un organisme qui contribue à assurer l'épanouissement de l'instruction et le rayonnement de la culture d'expression française.

2. Dans *Les Chemins secrets de Gabrielle Roy, op. cit.*, plusieurs interviewés m'ont confié que la romancière voyageait souvent anonymement au Manitoba.

3. Fondée en 1919 par Madeleine Huguenin, *La Revue moderne* se voulait « un centre intellectuel où se rencontrerait l'élite devant orienter les ambitions nationales ». Elle publiait des articles sur la société, ainsi que des nouvelles, des feuilletons et des chroniques féminines reflétant les mœurs du Québec. En 1960, elle fusionna avec la revue canadienne-anglaise *Châtelaine*. C'est en septembre 1939 que Gabrielle commença à y collaborer, grâce à Henri Girard qui en était le directeur littéraire.

4. Dans la nouvelle « La Voix des étangs » (*Rue Deschambault*), c'est en écoutant le chant des grenouilles par la lucarne de son grenier-refuge que la jeune Christine, double romanesque de l'auteur, sent naître sa vocation d'écrivain.

5. Fondé en 1941, le Comité des fondateurs de l'Église du Canada est l'organisme directeur de la campagne de prières qui fut lancée officiellement en 1942 par l'Assemblée

épiscopale du Québec en faveur de la béatification et de la canonisation des six fondateurs de l'Église canadienne : Marguerite Bourgeoys, Marguerite d'Youville, François de Laval, Marie de l'Incarnation, Catherine de Saint-Augustin Jeanne Mance.

6. Cette fleur est l'un des symboles de la province du Manitoba.

Myo Kapetanovich : « Gabrielle Roy, une idole à briser »

1. Arthur Schopenhauer (1788-1860). Philosophe allemand. Surnommé « le philosophe du pessimisme », il a élaboré, dans *Le Monde comme volonté et représentation* (1808), une théorie selon laquelle les êtres vivants sont animés d'un « vouloir vivre » absurde, caractérisé par la souffrance et l'ennui. Seuls, le renoncement au plaisir, le culte de l'art, l'ascétisme et la pitié, fondement de la morale, peuvent nous permettre de nous en affranchir.

2. Opposée aux revendications des nationalistes québécois, Gabrielle Roy n'a jamais soutenu la cause de la Révolution tranquille. Voir François Ricard, *Gabrielle Roy, une vie, op. cit.*

3. Dans *Gabrielle Roy, une vie, op. cit.*, François Ricard attribue également la défaveur et l'oubli dans lesquels son œuvre tombe dans les années 1960-1970 au fait que son style n'est plus à la mode et qu'elle vit éloignée du milieu littéraire québécois. Toutefois, Gabrielle, qui était une grande lectrice, se tenait au courant de tout ce qui se publiait dans son pays et dans le monde.

4. Dans *La Petite Poule d'eau*, le conducteur de traîneau est effectivement décrit comme un homme rustre, taciturne et insociable.

5. En effet, les six enfants MacKenzie sont dépeints comme « presque des petits sauvages, demi-nus, barbouillés, qui parlaient on ne savait quelle langue : un peu d'anglais, du français très approximatif et sans doute un peu de saulteux mêlé avec quelques mots cris peut-être ». Toutefois, en raison du message d'humanité et de fraternité universelle que son œuvre véhicule, il est difficile d'accuser Gabrielle Roy de racisme.

6. Jacques Godbout (né en 1933). Écrivain québécois. Son œuvre tente d'approfondir une vision humaniste et démocratique de la société : *L'Aquarium* (1962), *Salut Galarneau* (1967), *Les Têtes à Papineau* (1981), *Le Temps des Galarneau* (1993), *Opération Rimbaud* (1999).

7. Anna et Marie-Anna, deux des sœurs de Gabrielle, ont accrédité ce fait. Effectivement, il semble que la romancière ne se soit guère montrée généreuse envers elles au cours de sa vie. Peut-être est-ce à cause de la jalousie qu'elles lui témoignaient : ses autres sœurs, Clémence et Bernadette, ont, pour leur part, largement bénéficié de ses faveurs.

8. Anne Hébert (1916-2000). Écrivain et poète québécois. Dans ses romans en prose poétique, au style policé, aux images fortes, auréolées de rêve et de mystère, elle excelle à mettre en scène des univers sombres et clos, des personnages aux passions violentes et brutales : *Les Chambres de bois* (1958), *Kamouraska* (1970), *Les Enfants du sabbat* (1975), *Les Fous de Bassan* (1982). *L'Habit de lumière* (2000) exprime toutefois un certain apaisement. Ses recueils de poèmes donnent l'illusion d'un jeu perpétuel entre le rêve et la réalité, la vie et la mort : *Songes en équilibre* (1942), *Le Tombeau des rois* (1953).

9. Georges Bugnet (1879-1981). Écrivain français et franco-albertain. Auteur de nombreux romans – dont *La Forêt* (1935), son œuvre majeure – contes, poèmes, essais, pièces de théâtre, journaux intimes et correspondances, il s'est imposé comme l'un des plus grands peintres de la nature de l'Ouest canadien. Dans une écriture dense, empreinte de poésie réaliste, il célèbre sa grandeur, sa puissance et sa majesté face à la petitesse et à la fragilité de l'homme.

10. *Op. cit.*

Richard Chadbourne : « En quête d'émotions avec Gabrielle Roy »

1. Entre 1975 et 1978, Gabrielle reçut plusieurs propositions d'achat de manuscrits de la part de la bibliothèque de l'Université de Calgary, mais n'y donna pas suite. Ce fut la Bibliothèque nationale qui hérita de ce bien. Voir François Ricard. *Gabrielle Roy, une vie, op. cit.*

2. Jack McClelland (né en 1922). Éditeur canadien-anglais. Fils de Sir John McClelland, fondateur des Éditions McClelland & Stewart (1906), il devint successivement vice-président (1951) et président (1962) de l'entreprise paternelle. Éditeur de nombreux best-sellers et de grands écrivains canadiens-anglais, il exerça les fonctions d'agent littéraire à partir de 1987. Sur ses relations avec Gabrielle Roy, voir François Ricard. *Gabrielle Roy, une vie, op. cit.*, ainsi que son témoignage dans M. G. Hesse. *Gabrielle Roy par elle-même*, Éditions internationales Alain Stanké, Montréal, 1985.

3. Gabrielle Roy avait séjourné quelques mois à Paris en 1937, puis avec son mari entre 1947 et 1950. Elle y reviendra épisodiquement, mais ne s'y adaptera jamais vraiment.

4. Dans *The New Land : Studies in a Literary Theme* (R. Chadbourne et H. Dahlie), Ottawa, Wilfrid Laurier University Press, 1978, p. 93-120.

5. Dans *Society of Spanish and Spanish American Studies*, Calgary, University of Alberta, 1978, p. 251-260.

6. Willa Cather (1873-1947). Romancière américaine. Auteur de souvenirs d'enfance dans l'Amérique de la ruée vers l'Ouest (*O'Pionniers*, 1913 ; *Mon Antonia*, 1918 ; *La Mort de l'archevêque*, 1927 ; *Ombres sur le rocher*, 1931), elle reçut le prix Pulitzer en 1922 pour *Un des nôtres* qui célébrait l'entrée en guerre des États-Unis en 1917. Elle fut reçue membre de l'Académie américaine des arts et lettres en 1938.

7. Ernest Renan (1823-1892). Philosophe et philologue français. Séminariste devenu penseur rationaliste, il fit scandale en présentant Jésus-Christ comme « un homme incomparable » : *Vie de Jésus* (1862), *Histoire des origines du christianisme* (1863-1881), *Histoire du peuple d'Israël* (1887). Tout en rejetant les dogmes du christianisme, son œuvre tente de concilier les notions de raison et d'idéal.

8. Charles-Augustin Sainte-Beuve (1804-1869). Critique et écrivain français. Il a perfectionné la méthode biographique qui établit un rapport entre l'œuvre et l'écrivain, son tempérament, son caractère, son éducation, etc. : *Port-Royal* (1840-1859), *Portraits littéraires* (1844), *Causeries du lundi* (1851-1862), *Chateaubriand et son groupe littéraire sous l'Empire* (1861).

II. OMBRES ET LUMIÈRES SUR MONTRÉAL

1. Dans « Souvenirs du Manitoba », *op. cit.*

2. Dans « Mon Héritage du Manitoba », *op. cit.*

3. Excide Landry (1875-1961) était agriculteur à Somerset (sud-ouest du Manitoba). Marié à Luzina Major, il eut huit enfants. Gabrielle fait revivre son oncle dans *La Détresse et l'Enchantement*, et sous une forme romanesque dans *Rue Deschambault, La Route d'Altamont* et *Baldur*. Dans son autobiographie, elle explique que sa ferme fut « l'une des maisons les plus aimées de sa vie ».

4. Ce fleuve joue un rôle important dans *Bonheur d'occasion* et *Cet été qui chantait*. Gabrielle Roy en effectue également de poétiques descriptions dans *Fragiles Lumières de la terre, La Détresse et l'Enchantement, Le Temps qui m'a manqué, Ma chère petite sœur* et *Mon cher grand fou*.

5. Voir le témoignage d'Henri Bergeron dans Ismène Toussaint, *Les Chemins secrets de Gabrielle Roy, op. cit.*

6. Dans *La Détresse et l'Enchantement*.

7. Dans *La Détresse et l'Enchantement*.

8. *Ibid*.

9. Voir sa biographie et son billet en annexe. Paul Genuist a été l'un des tous premiers à lever le voile sur Gabrielle Roy, « la personne soucieuse de rester cachée et de garder secrète toute intimité de sa vie afin de s'identifier totalement à son personnage de romancière qui se raconte, à ce reflet poétique d'elle-même créé par sa plume. » À la lumière de *Ma chère petite sœur* et des écrits de Marie-Anna Roy, il dénonce les préoccupations prosaïques et les intérêts financiers mesquins qui l'animaient. De même révèle-t-il de quelle manière, en diffamant sa sœur écrivain, elle s'est efforcée de conserver son rôle de « porte-parole de la lignée des Roy » et de projeter une image idéale d'elle-même : « Gabrielle Roy, personnage et personne », *Actes du 9ᵉ colloque du CEFCO : « Langue et communication »*, Saint-Boniface, publication du CEFCO, 1990, p. 117-126.

10. Gabrielle est cette « mouette fragile venue de la lointaine prairie s'abattre aux rives du Saint-Laurent, traçant dans son firmament le sillage d'un tourment jamais vaincu », écrit poétiquement l'écrivain Roger Duhamel dans « Gabrielle Roy, l'honneur de notre littérature », *Le Devoir*, Montréal, 16 juillet 1983, p. 9 et 14.

11. Dans *La Détresse et l'Enchantement*.

12. Voir la lettre de Gabrielle Roy à Richard Chadbourne.

13. Les articles de la romancière sont répertoriés dans l'*Inventaire des archives personnelles de Gabrielle Roy, op. cit.*

14. Voir l'introduction d'Henri Bergeron à la conférence d'Ismène Toussaint, « Gabrielle Roy, un cœur multiple », dédiée au professeur Albert Le Grand (1916-1976) et présentée le 23 janvier 2000 à la Maison Justine-Lacoste (Outremont, Québec) ; reprise dans *L'Action nationale*, Montréal, vol. 91, n° 7, septembre 2001, p. 87-104.

15. Dans *La Détresse et l'Enchantement*.

16. *Ibid*.

17. Dans « Un vagabond frappe à notre porte » (*Un jardin au bout du monde*).

18. Dans *La Détresse et l'Enchantement*.

19. Voir « Interview avec Gabrielle Roy », *Une littérature en ébullition*, Éditions du Jour, Montréal, 1978.

20. Marcel Carbotte (1914-1989). Né à Fry (Saskatchewan), il était le fils de Joseph Carbotte et d'Aline Scholtès, d'origine belge. Devenu médecin à l'hôpital de Saint-Boniface, il épousa Gabrielle Roy le 30 août 1947. Après avoir poursuivi trois années de spécialisation en France, il s'établit comme gynécologue à Québec. Brillant, cultivé, grand amateur d'art, Gabrielle le présente souvent comme un homme fragile. Leurs différends semblent n'avoir jamais été un obstacle à leur complicité affective et intellectuelle. La correspondance que Gabrielle Roy lui adressa fut publiée en 2001 sous le titre *Mon cher grand fou – Lettres à Marcel Carbotte, 1947-1979*. En 1996, la biographie de Gabrielle Roy révélait un fait aussi troublant qu'inattendu : l'homosexualité de Marcel Carbotte. Cette assertion reste toujours à prouver : de nombreux amis et relations du médecin m'ont confié qu'il s'agissait de calomnies. Il est vrai qu'il est de bon ton, à l'heure actuelle, de ranger les célébrités dans cette catégorie de gens.

21. Il s'agit d'un terme médical français. Le docteur Philippe Mailhot, de l'hôpital Maisonneuve-Rosemont de Montréal, utilise celui de « trouble d'adaptation (au pays d'adoption) avec humeur triste ».

22. Le même pense que Gabrielle Roy utilisait la fuite comme « mécanisme de défense » et qu'elle présentait probablement des « traits de personnalité limite (*borderline*) ».

23. Dans *La Détresse et l'Enchantement*.

24. Dans *La Détresse et l'Enchantement*.

25. *Ibid.* Voir également *Le Pays de Bonheur d'occasion*.

26. Dans Margaret Atwood, *Essai sur la littérature canadienne, op. cit.*

27. Voir les reportages intitulés « Tout Montréal », publiés dans *Le Bulletin des agriculteurs*, à Montréal, entre juin et septembre 1941 ; leur liste détaillée figure dans l'*Inventaire des archives personnelles de Gabrielle Roy, op. cit.*

28. Le quartier Saint-Henri est situé au centre sud-ouest de l'île de Montréal. Dès 1686, des tanneries s'établirent au bord de la rivière Saint-Pierre. En 1813, la localité adopta le nom de Saint-Henri-des-Tanneries et, en 1876, se constitua en municipalité. Fortement endettée, elle fut annexée à Montréal en 1905. Louis Cyr (1863-1912), l'homme le plus fort du monde, y fut chef de la police. Saint-Henri compte quelques monuments remarquables : des églises, des maisons historiques, d'anciennes usines, un bureau de poste et un poste à incendie.

29. Voir, entre autres, « Retour à Saint-Henri – Discours de réception à la Société royale du Canada » (*Fragiles Lumières de la terre*) ; « *Le Pays de Bonheur d'occasion* », *Le Devoir*, Montréal, 18 mai 1974 ; « Ma rencontre avec les gens de Saint-Henri », *Les Cahiers franco-canadiens de l'Ouest*, Saint-Boniface, Manitoba, publication du CEFCO, vol. 8, n° 2, 1996, p. 273-279.

30. Dans « Ma rencontre avec les gens de Saint-Henri », *op. cit.*

31. *Ibid.*

32. Maurice Le Noblet Duplessis (1890-1959). Avocat et homme politique québécois. Il fut premier ministre du Québec de 1936 à 1939 et de 1944 à 1959. Conservateur, son premier mandat déçut, car il mit peu de législations importantes en place, excepté un plan de crédit agricole et une aide pour les aveugles et les nécessiteux. En 1939, il se rendit impopulaire en annonçant la tenue d'élections provinciales basées sur la participation à l'effort de guerre. Son second mandat fut nettement plus fructueux : suprématie de l'État sur l'Église, lutte contre la juridiction sur les pouvoirs de taxation directe, tentatives de récupération des revenus cédés au gouvernement fédéral pendant la guerre, adoption de lois sociales (salaire minimum et accès à la propriété), réalisation de grands projets de construction et mise en œuvre de vastes programmes d'hydroélectricité. Figure controversée – on qualifie l'époque de son règne de « Grande Noirceur » –, Maurice Duplessis a laissé l'image d'un démagogue haut en couleur, prodigue, plein d'esprit, mais aussi tyrannique et rétrograde. Certains de nos contemporains tentent actuellement de le réhabiliter. Voir l'excellent ouvrage de Marguerite Paulin, *Maurice Duplessis. Le Noblet, le petit roi*, XYZ, Montréal, 2002.

33. Adrien Dubuc (né en 1920). Photographe québécois. Né à Saint-Henri, il vendit, encore adolescent, ses premières photographies de reportage au *Petit Journal* et à *The Gazette*, et ouvrit son premier studio chez ses parents. Photographe des armées pendant la guerre, on le retrouva ensuite à la Screen News, un studio de cinéma québécois, où il faisait poser les célébrités de l'époque. Successivement propriétaire de deux studios à Saint-Henri (1947 et 1970), il devint le premier photographe attitré du journal montréalais *La Voix populaire* et, en 1956, réalisa le cliché de sa carrière : l'incendie de l'église Sainte-Élizabeth de Saint-Henri et l'effondrement de son clocher, qui fit le tour du Canada. En 1977, il fonda la Société historique de Saint-Henri, qui conserve quelque 20 000 photographies de lui.

34. Dans « Ma rencontre avec les gens de Saint-Henri », *op. cit.*

35. Gabrielle Roy compare les habitants de Saint-Henri à « un peuple de termites » dans « Tout Montréal : du Port aux banques », *Le Bulletin des agriculteurs*, Montréal, vol. 37, n° 8, 1941, p. 9, 32-33.

36. Dans « Ma rencontre avec les gens de Saint-Henri », *op. cit.*
37. Voir « Bonheur d'occasion », *La Liberté*, Saint-Boniface, Manitoba, 7 septembre 1945.
38. Le professeur Réginald Hamel certifie avoir vu, parmi les papiers et les manuscrits remis par Marie-Anna Roy au Centre de documentation de l'Université de Montréal, la carte d'inscription de Gabrielle au Parti communiste de Londres (années 1937-1939). Une annexe à ce dossier confirmait d'ailleurs cette appartenance. Malheureusement, une partie des papiers de Marie-Anna a été dispersée lors de la disparition du Centre de documentation en 1969 ; quant aux archives du Labour Party Museum, en Grande-Bretagne, elles n'ont conservé que peu de documents de cette époque. Sympathisante de ce parti au Canada, Gabrielle n'y a cependant jamais adhéré.
39. Dans « Ma rencontre avec les gens de Saint-Henri », *op. cit.*
40. Quelques années auparavant, Gabrielle Roy avait confié à ses élèves qu'elle écrirait un jour un roman que tout le Canada lirait. Voir le témoignage intitulé « Gabrielle Roy, l'écrivain du cœur » dans Ismène Toussaint, *Les Chemins secrets de Gabrielle Roy, op. cit.*
41. Dans *La Revue de la Louisiane*, La Fayette, Louisiane (États-Unis), CODOFIL, vol. 3, n° 2, 1998, p. 66-77. En étudiant les images et les symboles utilisés dans ce roman, Myrna Delson-Karan met en valeur le style poétique de l'auteur qui exprime « des pensées philosophiques profondes sur l'existence de l'homme et la destinée humaine ».
42. Dans « Francographies » (*Bulletin de l'Association des professeurs de français et francophones d'Amérique*), Champaign, Illinois (États-Unis), numéro spécial 2, 1998, p. 51-60. Cette étude traite de l'esthétique de la structure romanesque et des personnages de *Bonheur d'occasion*. Myrna Delson-Karan montre que Gabrielle Roy a créé une relation harmonieuse entre les différentes parties de son roman en organisant des chapitres indépendants qui font la synthèse de toutes ses composantes. Elle révèle également la manière dont l'écrivain a insufflé la vie à ses personnages en jouant sur le clavier des émotions humaines et quels procédés esthétiques elle a utilisés pour les rendre profondément humains et vraisemblables.
43. Voir « Retour à Saint-Henri – Discours de réception à la Société royale du Canada », *op. cit.*
44. Il s'agissait en fait d'un magasin de livres et de disques. Un restaurant chinois lui a succédé.

René Soulard : « Gabrielle Roy, cœur d'encre, âme de papier »

1. Cette revue fut créée en 1918 par la Coopérative centrale des agriculteurs. Le directeur en était Joseph Noé Ponton, professeur de génie rural à l'Institut agricole d'Oka (Québec) et futur fondateur de l'Union catholique des conservateurs.
2. Cet immeuble est situé à l'angle des rues Sainte-Catherine et Peel.
3. Voir la liste de ces articles au chapitre II, « Manuscrits et imprimés : textes épars », *Inventaire des archives personnelles de Gabrielle Roy, op. cit.*
4. Région de la péninsule est du Canada, située entre l'estuaire du Saint-Laurent et la baie des Chaleurs. De son voyage, la journaliste rapportera une série de nouvelles et d'articles, dont le plus connu, « Une Voile dans la nuit », a été repris dans *Fragiles Lumières de la terre*.
5. Voir note 3 ci-dessus.
6. *Ibid.*
7. *Le Temps qui m'a manqué* révèle également que les relations qui unissaient Gabrielle à René Soulard étaient, avant tout, des relations d'affaires. D'après la romancière, qui ne

lésine pas toujours sur la vantardise dans ses textes autobiographiques, son employeur était tellement content de son travail qu'il lui demanda l'exclusivité de ses services.

8. Ce quotidien fut fondé en 1903 à Montréal par l'aile gauche du Parti libéral du Canada et cessa de paraître en 1954. Sa devise était : « Le Canada d'abord, le Canada toujours, rien que le Canada ».

9. Jean-Marie Nadeau (1908-1960). Avocat et homme politique québécois. Spécialiste du droit d'auteur, professeur de droit et journaliste, il signa de nombreuses chroniques sur l'actualité internationale dans *La Renaissance*, journal dirigé par Olivar Asselin. Il est considéré comme l'un des principaux artisans de la Révolution tranquille, qui mena au renversement du régime de Maurice Duplessis en 1959. Sur ses relations avec la romancière, dont il devint l'avocat et l'agent littéraire en septembre 1945, voir François Ricard, *Gabrielle Roy, une vie, op. cit.* Tous deux échangèrent également près de deux cents lettres : voir le chapitre IV, « Correspondance », de l'*Inventaire des archives personnelles de Gabrielle Roy, op. cit.*, p. 76 et 94.

Jori Smith : « Gabrielle Roy, un cœur noir sur une toile blanche »

1. Jean Palardy (1905-1991). Peintre et réalisateur québécois. Né à Fitchburg (Massachussets, États-Unis), de parents canadiens-français, il vint à l'âge de trois ans au Canada. Après ses études aux Beaux-Arts de Montréal, puis sous la direction de Jan Van Empel, peintre américain d'origine hollandaise, il commença à exposer, dans les années 1930, à la Royal Canadian Academy of Toronto et à l'Association d'art de Montréal. Paysages et personnages du Québec rural composent essentiellement la matière de son inspiration. Ébéniste, ethnologue (*Les Meubles anciens du Canada français*, 1971) et muséologue, il réalisa également de nombreux documentaires et courts métrages pour la télévision de Radio-Canada. Il partagea la vie du peintre Jori Smith de 1929 à 1957.

2. Gabrielle a habité différents endroits sur la rue Dorchester (actuel boul. René-Lévesque), notamment au n° 4059. L'immeuble a aujourd'hui disparu.

3. Jean-Paul Lemieux (1904-1990). Peintre québécois. Né à Montréal, il effectua ses études à l'École des beaux-arts, à Paris et aux États-Unis, avant de devenir professeur à l'École du meuble (1935-1937), puis aux Beaux-Arts dans sa ville natale (1937-1965). Il a peint essentiellement la solitude humaine dans des paysages dépouillés, tels le *Chemin qui ne mène nulle part* (1934-1935). Il est également l'auteur d'un portrait de Gabrielle Roy et d'illustrations pour *La Petite Poule d'eau* (1971). Dans *Mon cher grand fou*, la romancière décrit son ami comme un homme plein d'humour, mais taciturne et irritable.

4. Gabrielle et Marcel Carbotte s'étaient brièvement rencontrés dans les années 1930, alors qu'elle était institutrice et lui, collégien. À cette époque, le jeune homme avait jugé sa future femme « extrêmement prétentieuse » : en effet, elle lui avait corrigé une citation mal placée dans sa conversation. Voir Jean Royer, « Marcel Carbotte : Une vie avec Gabrielle Roy », *Le Devoir*, Montréal, 6 octobre 1984.

5. *Ibid.*

6. Sur le séjour de Gabrielle en Bretagne, voir *Mon cher grand fou*. Cette lecture pourra être complétée par celle de *Ma chère petite sœur* et des reportages suivants : « Sainte-Anne-la-Palud » (*Fragiles Lumières de la terre*) ; « L'île de Sein » (*Le Pays de Bonheur d'occasion*).

7. Madeleine Bergeron (1915-1999). Originaire de Québec, elle était travailleuse sociale. Elle fonda et dirigea, dans la même ville, l'école Cardinal-Villeneuve pour les jeunes handicapés physiques. M. Maurice Pedneault, l'actuel directeur, nous la décrit comme

« une grande dame déterminée, volontaire, amoureuse de la vie, qui participait encore à l'âge de la retraite au mieux-être de cette jeunesse handicapée physique qu'elle chérissait ». Fidèle et dévouée à Gabrielle Roy, c'est elle qui lui fit connaître la région de Petite-Rivière-Saint-François.

8. Ces lettres peuvent être consultées au Fonds Jori Smith (MG30 D249) de la Bibliothèque nationale du Canada (Ottawa). Des lettres de Gabrielle Roy à son amie y figurent également.

9. Ce témoignage est en contradiction avec celui de Madeleine Bergeron, recueilli par Marc-André Bluteau dans « Gabrielle Roy en Charlevoix », *Revue de la Société d'histoire de Charlevoix*, Charlevoix (Québec), vol. 1, n° 2, 1985, p. 4-8. Selon cette amie de Gabrielle, la romancière se mêlait volontiers aux habitants du village qui, après sa mort, lui élevèrent un petit monument à l'entrée de son chalet.

10. Il existe peu de renseignements sur cette amie des Carbotte. De 1964 à 1971, elle fut la secrétaire particulière de Gabrielle. Les deux femmes se brouillèrent à plusieurs reprises, mais parvinrent à sauver leur amitié.

11. Le jugement de Jori Smith apparaît ici injuste et excessif : profondément sincère, l'amour de Gabrielle pour la nature s'exprime dans toutes les pages de son œuvre.

12. Sur le séjour de Gabrielle chez les Perfect, voir les chapitres XII et XIII de *La Détresse et l'Enchantement*. Contrairement à ce que prétend Jori Smith, elle aimait sincèrement cette famille, à qui elle rendra plusieurs fois visite au cours de son existence.

13. Voir la relation de leur histoire dans la seconde partie de *La Détresse et l'Enchantement*. Selon Gabrielle Roy, c'est Stephen qui l'aurait abandonnée pour se consacrer à la lutte anticommuniste en Ukraine. Gladys, une amie de la future romancière, affirme, pour sa part, que le jeune homme l'aurait quittée à cause de sa « nature ingrate ».

14. Pierre Bonnard (1867-1947). Peintre français. Il fit de la couleur la marque lyrique, intimiste et sensuelle du monde sensible : *Le Dessert*, 1921 ; *Le Corsage rouge*, 1926.

15. Fondé en 1938 par John Lyman, le Groupe des peintres de l'Est, qui réunissait Goodridges Roberts, Alex Bercovitch, Eric Goldberg, Jack Humphrey, Philip Surrey et Jori Smith, fut davantage un cercle d'amis artistes anglophones qu'un véritable mouvement de pression sociale destiné à faire progresser la cause de l'art au Québec.

16. La Société d'art contemporain fut fondée en 1939 par un groupe de peintres anglophones d'avant-garde, désireux d'éveiller la conscience du public à l'art moderne et de se diriger de plus en plus vers la peinture abstraite. Composée à l'origine de John Lyman, Paul-Émile Borduas, Fritz Brandtner, Stanley Cosgrove, Louis Muhlstock, Goodridges Roberts, Philip Surrey et Jori Smith, elle compta jusqu'à vingt-six membres.

Une infirmière radiologue : « Portrait de Gabrielle Roy en technicienne de laboratoire »

1. En 1999, on trouvait encore la preuve de l'inscription de Gabrielle Roy à cette école dans le fichier informatique des archives médicales de l'hôpital Hippolyte-Lafontaine. Elles sont actuellement conservées au département de médecine de l'Université de Montréal.

2. Sir Wilfrid Laurier (1841-1919). Avocat et homme politique canadien. Né à Saint-Lin (Québec), il fut successivement élu député libéral en 1871, chef de l'opposition libérale en 1887 et premier ministre du Canada en 1896. Il est demeuré très impopulaire au Manitoba pour avoir refusé de prendre parti dans la question des langues officielles et de la séparation entre les écoles francophones catholiques et les écoles anglophones protestantes. Au Canada anglais, il est considéré comme l'un des pères de la Confédération.

3. Il s'agit d'Henri Girard. Sa liaison avec Gabrielle dura de 1940 à 1947.

4. Au chapitre XII de *La Détresse et l'Enchantement*, Gabrielle raconte l'éveil de sa vocation à Upshire (nord de Londres), chez ses amis Esther et William (ou Father) Perfect. En fait, elle écrivait depuis sa plus tendre enfance, mais hésita longtemps avant de se mettre véritablement « à l'œuvre ».

5. Le huard est une variété de canard très commun dans les Prairies. C'est aussi l'un des emblèmes de la province du Manitoba.

6. Poème extrait des *Fleurs du mal* (1857), dans lequel Baudelaire (1821-1867) compare le poète à un oiseau dont « les ailes de géant l'empêchent de marcher ».

7. Inspiré par la propre expérience d'Alphonse Daudet (1840-1897), *Le Petit Chose* (1868) raconte la vie d'un surveillant de collège pauvre, inadapté au système scolaire et persécuté par élèves et maîtres.

8. J'emprunte cette expression à l'écrivain Jules Vallès (1822-1885), auteur d'une trilogie à la fois romanesque et autobiographique, Jacques Vingtras : *L'Enfant* (1879), *Le Bachelier* (1881), *L'Insurgé* (1886).

Yvonne Morissette-Riallan (1912-2001) : « Gabrielle Roy, l'anti-symbole national »

1. Léo-Paul Richer (1902-1961). Journaliste et essayiste québécois. Fondateur du journal *Notre temps* (1944), il est aussi l'auteur de plusieurs ouvrages à caractère politique : *Marché de dupes ? La Conférence impériale d'Ottawa* (1932), *Notre problème politique* (1938), *Silhouettes du monde politique* (1940).

2. Julia Richer (née Sigouin ; dates inconnues). Journaliste-écrivain québécoise. Femme de Léo-Paul Richer, elle est l'auteur, entre autres, d'une biographie de l'écrivain *Léo-Paul Desrosiers* (1966) et de comptes rendus des œuvres de Gabrielle Roy.

3. Léo-Paul Desrosiers (1896-1967). Écrivain québécois. Tout en exaltant la fidélité au passé, son roman le plus célèbre, *Les Engagés du grand portage* (1938), qui relate les longs et périlleux trajets des voyageurs en canot au XIXᵉ siècle, brise avec une certaine tradition par la révolte sous-jacente des personnages, la prose poétique des descriptions et sa perspective narrative, résolument moderniste.

4. Michelle Lenormand (Marie-Antoinette Tardif, dite ; 1895-1964). Écrivain québécois. Elle est l'auteur de romans, de récits, de nouvelles et de chroniques respirant la sensibilité enthousiaste de la jeunesse et une fervente joie de vivre : *Autour de la maison* (1916), *Le Nom dans le bronze* (1933), *La Plus Belle Chose du monde* (1937), *La Maison aux phlox* (1941), *La Toile d'araignée* (1961).

5. C'est au cours d'une de ces conversations que fut prise la photographie publiée dans cet ouvrage.

6. Laurence Harel (née en 1920). Fille du comédien français et québécois Pierre Durand, elle était traductrice d'anglais dans d'importantes entreprises (General Electric, Ford, Shell) et devint présidente de la Société des traducteurs du Québec. Mariée à Paul-Marie Paquin, directeur littéraire et traducteur, elle eut quatre enfants. Concernant son mari, voir « Six lettres de Gabrielle Roy à Paul-Marie Paquin » à la suite de ce témoignage.

7. Contactée à plusieurs reprises, cette dame, aujourd'hui décédée, a systématiquement éludé mes questions. Par conséquent, j'invite le lecteur à accueillir avec prudence ce témoignage qui me paraît fondé essentiellement sur des ragots et la jalousie.

8. Ce fait est attesté par Marie-Anna Roy dans *Le Miroir du passé* et d'autres écrits autobiographiques.

9. Il convient ici de nuancer le propos d'Yvonne Morissette-Riallan. En effet, si Gabrielle a « abandonné » sa mère à l'âge de vingt-huit ans pour poursuivre sa carrière – un acte qu'elle ne se pardonnera jamais –, elle n'a, par contre, jamais cessé de soutenir

financièrement ses sœurs Clémence et Bernadette. Voir Ismène Toussaint : *Les Chemins secrets de Gabrielle Roy, op. cit.* En outre, plusieurs membres de la famille Roy et les amis manitobains de la romancière m'ont assuré qu'elle rendait systématiquement visite à ses proches lors de ses passages dans l'Ouest.

10. Voir, entre autres, les articles : « Une controverse sur *Bonheur d'occasion* : Saint-Henri présenté sous un mauvais jour », *La Voix populaire*, Montréal, vol. 2, n° 11, 25 juin 1947 ; « Les Malheurs de ce *Bonheur d'occasion* », *La Voix populaire*, Montréal, 15 octobre 1947, p. 4.

11. Voir l'article de Lily Tasso : « *Bonheur d'occasion* est le témoignage d'une époque, d'un endroit et de moi-même », *La Presse*, Montréal, 17 avril 1965.

12. Michel Tremblay (1942-). Écrivain et dramaturge québécois. Romancier (*Des nouvelles d'Édouard*, 1984 ; *Le Premier Quartier de la lune*, 1989 ; *La Maison suspendue*, 1990 ; *La Nuit des princes charmants*, 1995 ; *L'Homme qui entendait siffler une bouilloire*, 2001 ; *Bonbons assortis*, récits, 2002), il met également en scène le petit peuple du Plateau-Mont-Royal (est de Montréal) dans des pièces de théâtre mêlant satire et caricature, drôlerie et tragique, trouvailles de langage et vulgarités : *Les Belles-Sœurs* (1968), *À toi pour toujours ta Marie-Lou* (1971), *La grosse femme d'à côté est enceinte* (1978), *La Duchesse de Langeais* (1984), *C't'à ton tour, Laura Cadieux* (1985). Malheureusement victime de son succès, l'auteur tend à faire croire aux francophones du monde entier que tous les Québécois s'expriment comme ses personnages ; or, ils ne sont représentatifs que d'un quartier et leur langage s'inspire du « joual » (langue populaire), quand il n'est pas purement inventé ou recréé.

13. Au Manitoba, de nombreux lecteurs reprocheront pourtant à Gabrielle Roy d'avoir donné une description fantaisiste des lieux. Voir Ismène Toussaint, *Les Chemins secrets de Gabrielle Roy, op. cit.*

Six lettres de Gabrielle Roy à Paul-Marie Paquin

1. Ces lettres de Paul-Marie Paquin m'ont été communiquées par sa femme, Laurence Harel-Paquin.

2. Voir M. G. Hesse, *Gabrielle Roy par elle-même, op. cit.*, p. 153.

3. Le ministère de l'Éducation de l'Ontario s'apprêtait à passer une importante commande d'ouvrages de Gabrielle Roy aux Éditions Beauchemin, en vue de les inscrire au programme des études secondaires.

4. Mes recherches sur ce projet sont demeurées vaines.

5. René Richard (1895-1982). Peintre québécois d'origine suisse. Né à la Chaux-de-Fonds (Suisse), il émigra en 1910 avec ses parents au Canada. Ses expériences de voyageur, de pêcheur et de trappeur alimentèrent généreusement son œuvre picturale, forte et réaliste. Un musée lui est aujourd'hui consacré à Baie-Saint-Paul (Charlevoix). Sa femme Blanche et lui-même étaient de grands amis de Gabrielle Roy.

6. En 1963, Gabrielle Roy avait écrit le scénario d'un film qui devait être réalisé par Louis-Georges Carrier et produit conjointement par la compagnie Delta et la société Radio-Canada.

7. Mes recherches ne m'ont pas permis d'identifier cette dame. Sans doute s'agit-il du professeur de lettres ou du chargé de projet éditorial qui coordonnait la publication de cette anthologie.

8. Il s'agit plus exactement d'André Blanchard, responsable de la version française du film.

9. L'ouvrage parut finalement avec une couverture blanche. Le titre ainsi que le nom de l'auteur et de l'éditeur figuraient en bleu.

10. Les Éditions Beauchemin s'apprêtaient à effectuer une réédition de *La Montagne secrète*.

11. Il s'agit du mariage de sa fille, Hélène, avec Michel de la Chenelière, futur président des Éditions McGraw-Hill (Montréal et Toronto), spécialisées dans la publication d'ouvrages scolaires.

12. Professeur de lettres à l'Université Laval de Québec, Marc Gagné préparait une thèse sur la romancière. Elle fut publiée l'année suivante sous le titre: *Visages de Gabrielle Roy, op. cit.*

13. Originaire de Sainte-Rose-du-Lac (nord du Manitoba), Antonia Houde était institutrice. En 1929, elle épousa Germain Roy, le frère de Gabrielle, dont elle eut deux filles, Yolande et Lucille. Gabrielle la considérait comme une sœur. Voir son témoignage dans Ismène Toussaint, *Les Chemins secrets de Gabrielle Roy, op. cit.*

Sœur Mariette Léger: « Gabrielle Roy ou la rose au sourire blessé »

1. Sœur Léon-de-la-Croix poursuivit des études de lettres jusqu'à la maîtrise. Toutefois, selon les archivistes du Centre d'études québécoises de l'Université de Montréal (CETUQ) et de la Résidence Jésus-Marie des sœurs SNJM de Saint-Boniface, elle ne rédigea ni ne soutint de thèse à la fin de son cycle.

2. La rose est l'emblème de la communauté des sœurs SNJM. Sa fondatrice, Eulalie Durocher, portait aussi le nom de mère Marie-Rose.

3. Si, à cette époque, le docteur Carbotte éprouvait des difficultés pour s'établir comme médecin au Québec, Gabrielle, en revanche, avait vendu de nombreux ouvrages et touché une somme très confortable lors de la cession des droits de *Bonheur d'occasion* au cinéma. Par conséquent, le couple était loin de crier misère. Toutefois, la romancière conservera toujours un mode de vie très simple.

Un professeur de physique: « Gabrielle Roy ou le double visage d'une âme »

1. J'emprunte cette expression à *Othello* de Shakespeare.

2. Gabrielle habitait entre les deux quartiers qu'elle évoque dans son roman. Pour se rendre à Saint-Henri, elle empruntait l'avenue Atwater, puis le viaduc qui enjambait le canal de Lachine.

3. J'emprunte cette citation au biographe et critique littéraire français Robert Fleury, auteur, entre autres, de *Marie de Régnier, l'inconstante* (1990).

Jean-Louis Morgan, l'émule de Tintin: « Gabrielle Roy: interview inachevée »

1. Judith Jasmin (1916-1972). Journaliste québécoise. Pionnière de la presse électronique, elle fut la seule journaliste dont Gabrielle Roy accepta l'interview télévisée. Voir *Ma chère petite sœur*, ainsi que Judith Jasmin, « Entrevue avec Gabrielle Roy », *Premier Plan*, télévision de Radio-Canada, Montréal, 30 janvier 1961.

2. Gabrielle Roy et Judith Jasmin se connaissaient depuis les débuts de la future romancière dans le journalisme.

3. Il s'agit de Connie Smith, une amie que Gabrielle Roy avait ramenée d'Angleterre comme employée de maison. Les relations entre les deux femmes tournèrent vite au vinaigre, aussi la première repartit-elle dans son pays. Voir François Ricard, *Gabrielle Roy, une vie, op. cit.*

4. Il s'agit d'*Alexandre Chenevert* qui parut deux ans plus tard.

5. Gabrielle Roy n'avait que quarante-trois ans.

6. Éditions internationales Alain Stanké, Montréal, 1998.

7. Ces ouvrages ont paru aux Éditions internationales Alain Stanké.

8. Dans Sylvain Larocque, « Quand les écrivains tombent en panne – Les Fantômes de l'écriture : Jean-Louis Morgan », *La Presse*, Montréal, 10 novembre 2000, p. B1-B3.

Paul-Émile Roy : « Gabrielle Roy, la tristesse et l'émerveillement »

1. Dans *Lectures*, Montréal, novembre 1964, p. 55-61.
2. Lors d'un séjour au Manitoba, le prêtre du village de Saint-Norbert m'avait confié que Gabrielle Roy était une femme « d'une profonde foi ». Sa quête du Divin, dont son œuvre se fait en partie l'écho, demeure néanmoins un peu confuse et tourmentée. Dans sa jeunesse, elle abandonna l'Église sous l'influence des directeurs de la compagnie théâtrale du Cercle Molière, à Saint-Boniface, puis de ses lectures (Gide, Malraux, Sartre) et de ses amitiés communistes et socialistes à Montréal. Elle oscillait entre son agnosticisme et le mysticisme social et chrétien que lui inspira sa rencontre à Paris, en 1947, avec le philosophe français Teilhard de Chardin. Panthéiste, elle prêtait volontiers des sentiments humains à la nature. Après la mort de sa sœur Anna en 1964, elle renoua avec la pratique religieuse. *Cet été qui chantait* et certains passages de *Ma chère petite sœur*, écrits pour Bernadette, la religieuse, sont un véritable hymne au Créateur.
3. Si les thèmes du rêve et de la réalité s'opposent dans l'œuvre de Gabrielle Roy, ils se mêlent et se confondent aussi étroitement.
4. Sur ce sujet, on se reportera, entre autres, aux études d'Ekitike Behounde, Dennis Essar, Marc Gagné, M. G. Hesse, Pierre-Yves Mocquais, François Ricard, Antoine Sirois, Paul Socken et Ismène Toussaint citées en fin d'ouvrage. Selon certains chercheurs, il serait un peu réducteur de construire une interprétation globale de l'œuvre de Gabrielle Roy sur l'opposition entre la ville, dévorante et aliénante, et la campagne, rassurante et maternelle. Ni l'une ni l'autre ne constituent un espace uniformément hostile ou amical. Voir l'article d'Éva Kushner, « Gabrielle Roy : de la représentation à la vision du monde », *Québec français*, Montréal, n° 36, décembre 1979, p. 56-57.
5. Voir l'excellent compte rendu de Paul-Émile Roy, « Le dernier Gabrielle Roy : *La Détresse et l'Enchantement* », *Dires*, Montréal, automne 1984, p. 124-126. Il y développe les idées suivantes : Gabrielle Roy, personnage principal de son récit, raconte sa vie « comme un roman dans lequel elle fait entrer beaucoup d'imagination et de sensibilité ». Non seulement son livre traduit son immense soif d'aimer et d'être aimée, mais il est « une tentative héroïque pour accéder à soi-même, à son monde intérieur ». Par ailleurs, incapable de se raconter au présent ou au passé immédiat, elle « ne peut se saisir que dans un passé lointain, à travers le voile du souvenir ». Enfin, *La Détresse et l'Enchantement* n'est inachevé qu'en apparence, l'œuvre entière « prenant le relais » de cette autobiographie.
6. Sur ce sujet, voir André de Blois, *Présence de Mme Roy mère dans l'œuvre de sa fille Gabrielle*, mémoire de licence, département de lettres canadiennes, Université Laval, Québec, 1964 ; Marie-Thérèse Laforest (sœur Marie-Éleuthère) : *La Mère dans le roman canadien-français*, mémoire de maîtrise ès Arts, Les Presses de l'Université Laval, Québec, 1964, p. 170-193 ; *Gabrielle Roy inédite*, collectif, Éditions Nota Bene, Québec, 2000 ; ainsi que les articles de Carol Harvey, Paula Gilbert Lewis et Lori Saint-Martin cités en fin d'ouvrage.
7. Félix-Antoine Savard (1896-1982). Écrivain et ethnologue québécois. Cet ecclésiastique acquit la célébrité grâce à *Menaud, maître-draveur* (1937), un roman relatant le drame d'un homme libre qui voit son pays natal tomber aux mains d'accapareurs canadiens-anglais et sombre peu à peu dans la folie. Empreint de lyrisme poétique, cet hymne à la liberté et à l'harmonie de l'homme avec les puissances mystérieuses de la nature reflète toujours les aspirations profondes de la collectivité québécoise.

8. Dans *Lectures québécoises et indépendance*, Éditions du Méridien, Montréal, 1999, p. 165-172. Dans cet article, l'auteur tente de comprendre pourquoi Gabrielle Roy s'obstina à soutenir le Canada anglais au détriment du nationalisme québécois. Il attribue cette attitude à plusieurs facteurs : son instruction en anglais ; sa découverte de la littérature anglaise à l'adolescence ; son rêve utopique d'une fraternité universelle transcendant les oppositions sociales et ethniques ; sa lassitude des querelles politiques ; sa peur panique des changements sociaux lors de la Révolution tranquille.

9. Bibliothèque de l'Université de Montréal, Montréal, 1980 ; la seconde partie de cette thèse a été reprise dans Paul-Émile Roy, *Études littéraires : Germaine Guèvremont, Gabrielle Roy, Réjean Ducharme*, Éditions du Méridien, Montréal, 1989. En premier lieu, l'auteur décrit les transformations subies par la paroisse, le clergé et la chrétienté au sein de la société québécoise. En second lieu, il étudie trois œuvres représentant trois moments caractéristiques de l'évolution du Québec : *Le Survenant* et *Marie-Didace* de Germaine Guèvremont qui se déroulent au cœur d'une chrétienté de type mythique, laquelle se révélerait idéale si elle n'était menacée de disparition ; *Bonheur d'occasion* de Gabrielle Roy, où l'expérience religieuse s'individualise chez les citadins confrontés au dénuement, à la solitude, aux problèmes de la guerre ; enfin, *L'Avalée des avalés* de Réjean Ducharme, exprimant sans doute la crise de conscience aiguë qui secoue le Québec de la Révolution tranquille. À la suite de la dislocation de la chrétienté, le pays se retrouve sans identité, complètement démuni, mais son désarroi est-il le signe avant-coureur d'une réalité nouvelle ?

10. Pierre Vadeboncœur (né en 1920). Écrivain et essayiste québécois. Contestataire et indépendantiste, ce polémiste condamne nos sociétés immobiles, insignifiantes et dépourvues de spiritualité. Il leur oppose une méditation sur notre temps, l'intériorité de l'homme et les valeurs de la culture, « culte de l'âme et médiation entre le visible et l'invisible » : *La Ligne de risque* (1963), *Trois Essais sur l'insignifiance* (1983), *Le Bonheur excessif* (1992), *Vivement un autre siècle !* (1996), *Humanité improvisée* (2001).

11. *Op. cit.* Dans le second chapitre de cet ouvrage, intitulé « Les pauvres de Saint-Henri », l'auteur propose une étude à ras de texte de *Bonheur d'occasion*, qu'il situe entre l'œuvre de Germaine Guèvremont et *L'Avalée des avalés* de Réjean Ducharme. Il considère ce roman comme l'expression d'un moment important de l'évolution du Québec, le témoin du passage de la société traditionnelle présentée par Germaine Guèvremont à la société contre laquelle se révolte la Bérénice de Réjean Ducharme. Les personnages de *Bonheur d'occasion* sont résignés, ils ne comprennent pas le monde qui les entoure et sombrent dans une solitude et une détresse profondes.

12. Éditions internationales Alain Stanké, *op. cit.* L'article est de l'auteur du présent ouvrage.

Réginald Hamel, le Monte-Cristo de la littérature québécoise :
« Gabrielle Roy ou le manuscrit maudit »

1. Le commentateur de *Ma chère petite sœur* a conservé l'anonymat des personnes et des lieux cités.

2. Voir *Gaétane de Montreuil (1867-1951), journaliste québécoise*, Éditions de l'Aurore, Montréal, 1976. Épouse du poète Charles Gill (1871-1918), qui était membre de l'École littéraire de Montréal, elle fut l'une des toutes premières femmes à collaborer à des publications et à leur apporter une touche féminine : *Le Coin du feu, Le Monde illustré, La Presse, Le Journal de Françoise, Pour vous, mesdames*. Patriotisme, nature et amour du terroir caractérisent son œuvre poétique (*Rêves morts*, 1927) et ses romans : *Fleur des ondes* (1912), *Destinée* (1946).

3. Pierre Savard (né en 1936). Historien québécois. Professeur à l'Université Laval de Québec, puis à Ottawa, il a commis de nombreux ouvrages sur le Canada du XIX⁰ siècle, l'Ontario, l'histoire du catholicisme au Québec, les relations entre le Québec et la France. *Jean-Paul Tardivel, la France et les États-Unis, 1851-1905* (1967) est considéré comme l'une de ses œuvres majeures.

4. Alain Grandbois (1900-1975). Poète québécois. Grand voyageur, il est l'auteur de recueils aux résonances symbolistes où les grands thèmes de la vie, de l'amour et de la mort s'entrecroisent dans une vision ouverte sur l'univers et la profondeur infinie des êtres : *Les Îles de la nuit* (1944), *Rivages de l'homme* (1948), *L'Étoile pourpre* (1957).

5. Voir les témoignages de Myo Kapetanovich et de Paul-Émile Roy dans cet ouvrage, ainsi que l'article du second : « Le nationalisme de Gabrielle Roy », *Lectures québécoises et indépendances, op. cit.*

6. À l'époque, on assimilait volontiers Réginald Hamel à cette tour. Voir Jacques de Roussan, « La Tour de garde de nos lettres », *Perspectives*, Montréal, n° 16, 1965.

7. Sans doute ce chapeau ressemblait-il à celui que portent les membres de la secte protestante dissidente du même nom. Fondée en 1535 par Menno Simonz aux Pays-Bas, elle s'est dispersée en Hollande, en Allemagne, en Suisse et dans les deux Amériques.

8. Marie-Anna Roy a toujours prétendu que *La Petite Poule d'eau, Rue Deschambault, La Route d'Altamont, La Montagne secrète, Ces enfants de ma vie*, ainsi que certains chapitres de *La Détresse et l'Enchantement* constituaient un démarquage de son œuvre. Toutefois, si Gabrielle s'est inspirée des ouvrages de sa sœur, on peut difficilement, en raison de son talent et de son originalité, l'accuser de plagiat.

9. Signé Irma Deloy, ce manuscrit sans date fut déposé aux Archives nationales du Québec et du Manitoba en 1972. Histoire romancée de la famille Roy, ce récit offre aussi un portrait de Gabrielle (alias Cad) chargé de rancune. Afin de détruire l'image idéale que la romancière projette d'elle, Marie-Anna dénonce le mal qu'elle a fait autour d'elle en se comportant comme une fillette gâtée, exigeante, insupportable, puis comme une jeune femme ingrate, cinglante et un tantinet immorale.

10. Il s'agissait d'Henri Girard.

11. *Op. cit.* L'article est de l'auteur des présentes lignes.

III. PETITES RACINES DE RAWDON

1. La première habitation, qui rappelle celle des parents de Gabrielle Roy à Saint-Boniface, existe toujours ; la seconde a été détruite par un incendie : une maison neuve s'élève à la place.

2. Dans *Joliette Journal*, Québec, n° 46, 12 octobre 1983.

3. Dans Gérard Brady, *Rawdon, mon village*, Éditions de la municipalité de Rawdon, Québec, 1995.

4. Dans « C'est à Rawdon que Gabrielle Roy a écrit *Bonheur d'occasion* », *Joliette Journal*, Québec, n° 45, 5 octobre 1983.

5. Dans *Ma chère petite sœur*.

6. Dans *Mon cher grand fou*, lettre du 4 septembre 1952.

7. *Ibid.*, lettre du 21 avril 1953.

8. Dans *Ma chère petite sœur*, lettre du 4 janvier 1946.

9. Dans Gérard Brady, *Rawdon, mon village, op. cit.*

10. Dans *Ma chère petite sœur*, lettre du 4 janvier 1946.

11. Dans *Mon cher grand fou*, lettre du 26 mars 1959.

12. Installé à Rawdon en 1941, le docteur Lucien Godin (1915-1971) se maria l'année suivante avec Juliette Forget, dont il eut onze enfants. Aujourd'hui, deux d'entre eux,

Luc et Jean-Pierre, gèrent respectivement le restaurant La Patate à gogo et l'auberge Rawdon Inn, où Gabrielle Roy se réfugiait volontiers pour écrire. Dans *Mon cher grand fou*, la romancière évoque son amitié pour le couple Godin : elle retrouvait régulièrement Juliette, de santé fragile, en Floride. Voir également Gérard Brady, « C'est à Rawdon que Gabrielle Roy a écrit *Bonheur d'occasion* », *Joliette Journal, op. cit.*

Laurence et Dominique Pelletier : « Gabrielle Roy, la chrysalide et le papillon »

1. Dans *Mon cher grand fou*, Gabrielle croque les demoiselles Paré avec pittoresque et drôlerie, moquant gentiment leur côté « vieux jeu » et « dames aux chapeaux verts ».
2. Dans *Ma chère petite sœur*, Gabrielle écrit de Rawdon, le 4 janvier 1946, qu'elle « [s]'amuse aussi à faire des couvre-pieds de pointes, ainsi qu'en assemblait grand-mère ».

Abbé François Lanoue : « Gabrielle Roy ou une Acadie dans la mémoire »

1. Découverte en 1524 par Verrazano, sous le nom d'« Arcadie », cette ancienne région orientale du Canada devint, dès 1613, la proie des convoitises rivales de la France et de l'Angleterre. Les deux puissances se la disputèrent pendant plus d'un siècle, jusqu'au traité d'Utrecht (1713), qui la céda à l'Angleterre. En 1755, face à l'imminence d'une autre guerre et pour favoriser l'établissement de nouveaux colons, les Canadiens anglais entreprirent de déporter une population de 10 000 personnes, restées majoritairement françaises, entre la Nouvelle-Angleterre, la Louisiane et la France. Quelques années plus tard, les prisonniers se regroupèrent et fondèrent plusieurs paroisses qui, au XIXe siècle, commencèrent à exercer une influence politique et à revendiquer leurs droits. Aujourd'hui, forte de 400 000 âmes disséminées entre les provinces du Nouveau-Brunswick, de la Nouvelle-Écosse, de l'Île-du-Prince-Édouard et de Terre-Neuve, le peuple acadien forme une ethnie distincte, forçant le respect par la volonté de survie dont elle a fait preuve dans l'adversité.
2. *Une Nouvelle Acadie, Saint-Jacques-de-l'Achigan, 1772-1947*, Publication des Clercs de Saint-Viateur, Joliette, 1947 (en collaboration avec Guy Courteau). Au second chapitre de *La Détresse et l'Enchantement*, Gabrielle fait allusion à la Déportation de ses ancêtres acadiens et relate l'épopée de ses grands-parents maternels depuis Saint-Jacques-de-l'Achigan jusqu'au Manitoba.
3. Il s'agit de la maison Tinkler : voir le témoignage de Laurence et Dominique Pelletier.
4. Dans les textes de Gabrielle Roy, le village de Saint-Alphonse-de-Rodriguez vole la vedette à celui de Saint-Jacques-de-l'Achigan : voir *La Détresse et l'Enchantement, Le Temps qui m'a manqué* ; « Mon Héritage du Manitoba », *op. cit.* ; « Souvenirs du Manitoba » (*Mémoires de la Société royale du Canada*, 1954).
5. *Op. cit.*
6. Curieusement, l'on découvre qu'en 1662, Nicolas Leroy et sa femme portèrent plainte contre un certain Jacques Nourry, célibataire de trente et un ans vivant à Beaupré, pour le viol de leur fille Jeanne, âgée de quatre ans et demi. L'homme fut condamné à être « pendu et étranglé à une potence [...] son corps traîné à la voirie (dépotoir) et sa tête [...] séparée pour être mise sur un poteau ». Voir Guy Giguère, *La Scandaleuse Nouvelle-France*, Éditions internationales Alain Stanké, Montréal, 2001.
7. Pierre-Georges Roy (1870-1953). Homme de lettres, archiviste et historien québécois. Fondateur du Bulletin des recherches historiques (1895), il fut nommé archiviste de la province de Québec (1920-1941) et conservateur du musée de Québec (1931). Il est l'auteur de volumineux ouvrages : *Les Petites Choses de notre histoire* (7 vol., 1919-1944), *Le Vieux Québec* (vol. 1, 1923 ; vol. 2, 1931), *Toutes Petites Choses du régime français* (1944).

8. Paul-Eugène Roy (1859-1926). Ecclésiastique québécois. Successivement évêque auxiliaire (1908-1920), archevêque coadjuteur (1920-1925), évêque et archevêque de Québec (1925-1926), il fonda en 1907 le quotidien *L'Action sociale* (devenu plus tard *L'Action catholique*), ainsi qu'une paroisse pour les Canadiens français émigrés au Connecticut (États-Unis).

9. Maurice Roy (1905-1985). Ecclésiastique québécois. Docteur en philosophie et en théologie, il fut ordonné prêtre en 1905. En 1939, il rejoignit le Royal 22e Régiment et devint aumônier en chef de l'armée canadienne en 1944. Successivement supérieur du Grand Séminaire de Québec (1945-1946), évêque de Trois-Rivières (1946-1947), évêque et archevêque de Québec (1947-1981), il fut promu cardinal en 1965. La biographie de Gabrielle Roy précise qu'il donna l'extrême-onction à sa célèbre parente à l'Hôtel-Dieu de Québec. Les témoignages divergent sur ce point, et le diocèse n'a pu trancher.

10. Imprimerie Saint-Viateur, Joliette, Québec, 1972.

11. Ignace Bourget (1799-1885). Archevêque québécois. Né au Sault-au-Récollet (Québec), il exerça une influence considérable sur l'histoire de son époque. À la tête des Ultramontains qui prônaient la suprématie de l'Église sur l'État, il s'opposa aux libéraux qui réclamaient leur séparation. En 1885, il contribua à anéantir l'Institut canadien, l'un de leurs sièges. De 1868 à 1870, son zèle suscita l'embrigadement de 700 zouaves qui furent envoyés pour défendre l'État du Vatican contre les troupes de Victor-Emmanuel II, roi d'Italie.

Jeannette Payette-Plante : « Gabrielle Roy, la reine des neiges »

1. Armand Plante (1920-1995). Homme de radio québécois. Né à Montréal, il entra comme annonceur à Radio-Canada dans les années 1943-1944, puis devint directeur adjoint au département de musique FM en 1967, enfin producteur. Il réalisa de nombreuses émissions de radio-théâtre – qui révélèrent les grands comédiens de sa génération –, de tourisme (*Suivez le guide*, années 1960) et de musique (*Le Théâtre lyrique Molson*, années 1950 et 1970 ; *Soirées d'opéra*, 1968-1971 ; *Musiques des Nations*, années 1980). Également pianiste et peintre, cet artiste a laissé le souvenir d'un être réservé, cultivé, perfectionniste et plein d'humour.

2. Henri Vaudreuil (né en 1913). Réalisateur québécois. Engagé en 1943 à la télévision de Radio-Canada, il réalisa de nombreuses émissions sportives (*Le Hockey du dimanche soir*, *Les Jeux olympiques de Mexico*), musicales (*Concours de la chanson canadienne*, *Concours de chansons sur mesure*) et pour la jeunesse (*Le Coin des petits*, *Bonjour dimanche*, *Tante Lucille*).

3. Jean Maubourg (? -1953). Chanteuse et comédienne québécoise d'origine belge. Après avoir effectué une carrière de mezzo soprano dans les opéras européens, elle se fixa à Montréal en 1915. Elle y ouvrit une école de chant et de comédie. Tête d'affiche de la Société canadienne d'opérette, elle fut une pionnière de la radio au Québec, tenant des rôles de premier plan dans des émissions telles *Jeunesse dorée*, *Métropole*, *Les Soirées de chez nous*, *Radio Collège*, *Les Opérettes Molson*.

4. Pierre Durand (Pierre Harel, dit ; 1880-1968). Comédien québécois d'origine française. Né à Rennes (Bretagne), il émigra comme ébéniste au Québec dans le dessein de devenir comédien. Surnommé le « Charles Vanel québécois », il se produisit dans les grands théâtres montréalais, jouant des personnages à la carrure massive et à la personnalité puissante : Jean Valjean, dans *Les Misérables* de Victor Hugo ; Le Bossu, dans *Notre-Dame de Paris*, du même auteur ; Flambeau, dans *L'Aiglon* d'Edmond Rostand.

5. Gilles Pelletier (né en 1925). Comédien québécois. Il fit ses débuts dans la troupe des Compagnons du Saint-Laurent (fondée en 1937 par le père Émile Legault), puis dirigea la Nouvelle Compagnie théâtrale de 1964 à 1982. Tout au long de sa brillante carrière, il multiplia les rôles au théâtre (Molière, Ibsen, Emmanuel Roblès, Marcel Dubé, Antonine Maillet, Michel Tremblay), à la télévision (*Cap aux Sorciers* de Guy Dufresne, 1955-1958; *L'Héritage* de Victor Lévy-Beaulieu, 1987-1990) et au cinéma (*The Thirteenth Letter* d'Otto Preminger, 1951; *I confess*, d'Alfred Hitchcock, 1953; *Poussière sur la ville* d'Arthur Lamothe, 1965; *Nelligan* de Robert Favreau, 1981; *Jésus de Montréal* de Denys Arcand, 1989; *Les Invasions barbares* de Denys Arcand, 2003).

6. Denise Pelletier (1929-1976). Comédienne québécoise. Sœur du précédent, elle débuta, elle aussi, dans la troupe des Compagnons du Saint-Laurent, avant de se produire dans des pièces d'Eugène O'Neill, Bertold Brecht, Samuel Beckett et Michel Tremblay. Considérée comme l'une des meilleures actrices de son temps, elle joua jusqu'à son dernier souffle le rôle de Lucille, dans la série télévisée *Les Plouffe* (1982). Le théâtre de La Nouvelle Compagnie québécoise porte aujourd'hui son nom.

IV. UN OISEAU SE POSE À PERCÉ

1. Dans *Le Temps qui m'a manqué*.
2. Dans *Ma chère petite sœur*, lettre du 15 septembre 1943.
3. *Ibid.*
4. *Dans Le Temps qui m'a manqué*.
5. Dans *Mon cher grand fou*, lettre du 15 juin 1960.
6. Dans *Le Temps qui m'a manqué*.
7. Dans *Ma chère petite sœur*.
8. *Ibid.*
9. Auteur, entre autres, de *Chateaubriand, un diplomate insolite*, Librairie académique Perrin, Paris, 1992.
10. Dans *Le Temps qui m'a manqué*.
11. Dans « Une voile dans la nuit » (*Fragiles Lumières de la terre*).
12. Dans *Le Temps qui m'a manqué*.
13. Voir, par exemple, « La dernière pêche », *La Revue moderne*, Montréal, novembre 1940; « La belle aventure de la Gaspésie », *Le Bulletin des agriculteurs*, Montréal, novembre 1940.
14. Dans *Mon cher grand fou*, lettre du 5 juillet 1952.
15. *Ibid.*, lettres des étés 1951 et 1952.
16. *Ibid.*, lettre du 12 août 1962.
17. *Ibid.*
18. *Ibid.*, lettre du 30 juillet 1951.

Françoise Graton : « Au théâtre Gabrielle Roy »

1. Évocation de la propre jeunesse de Tennessee Williams (1911-1983), *La Ménagerie de verre* (1944) met en scène une famille modeste de Saint-Louis (Missouri), les Gordon: Amanda, la mère aux rêves brisés; Tom, le fils, tentant d'échapper à sa tutelle étouffante; Laura, la sœur, qui fuit la réalité en faisant une collection de petits animaux de verre. Cette pièce brosse le portrait d'une certaine Amérique de l'entre-deux-guerres, sans avenir, engoncée dans les automatismes d'une existence grégaire et les préjugés d'une morale étroite et mesquine.
2. L'écrivain Antonine Maillet et l'éditeur Alain Stanké furent également frappés par cette caractéristique de la romancière. Voir leur témoignage, ainsi que l'article du

second: «Gabrielle Roy: la promesse et... le désenchantement», *Occasions de bonheur*, Éditions internationales Alain Stanké, Montréal, p. 55-73.

3. Claude Jutra (1930-1986). Cinéaste et acteur québécois. Il réalisa tout d'abord des documentaires pour l'Office national du film (*Chantons maintenant*, 1956; *Jeunesses musicales*, 1956; *Rondo de Mozart*, 1957; *Félix Leclerc, troubadour*, 1959), puis des longs métrages manifestant sa poésie de l'existence, son ironie, son audace, et son intérêt pour les causes sociales (*Les Mains nettes*, 1958; *Québec U. S. A. ou l'invasion pacifique*, 1962; *Mon oncle Antoine*, 1971; *Kamouraska*, 1973; *Dreamspeaker*, 1976; *La Dame en couleurs*, 1984). Parallèlement, il joua dans de nombreux films, dont *La Fleur aux dents* de T. Vamos (1975), *Two Solitudes* de L. Chetwynd (1978), *Bonheur d'occasion* de Claude Fournier (1983).

4. Mireille Deyglun (née en 1959). Comédienne québécoise. Fille du dramaturge Henry Deyglun (1903-1971), elle étudia l'art dramatique au cégep de Saint-Hyacinthe (Québec), avant d'interpréter au théâtre les héroïnes de Molière, Tchekhov, Colette, Brecht, et de dramaturges québécois. En même temps, elle enchaîna les rôles à la télévision (Sophie Laflamme dans *L'Or et le Papier II* de François Côté et Peter Pearson, 1992; Johanne Poirier dans *Ent'Cadieux* de Gaétan Bénic, 1995; Hélène dans *Jalna* de Philippe Monnier, 1997) et des prestations d'animatrice. Au cinéma, son plus grand rôle demeure celui de Florentine Lacasse dans *Bonheur d'occasion* de Claude Fournier (1983).

5. Voir son interview et sa présentation en annexe.

6. Gabrielle Roy allait mourir quelques semaines plus tard.

7. Madeleine Renaud (1900-1994). Comédienne française. Sociétaire de la Comédie française (1928), elle interpréta brillamment des personnages d'ingénues et de coquettes avant de fonder, avec son mari Jean-Louis Barrault, la compagnie qui porta leur nom (1946). Elle y joua des œuvres de Marivaux, Molière, Feydeau, Anouilh, Giraudoux, Tchekhov, Beckett. Jean-Louis Barrault (1910-1994). Acteur et metteur en scène français. Après avoir étudié le mime, il entra en 1940 à la Comédie française. Fondateur de la Compagnie Renaud-Barrault au Théâtre de Marigny (1943), successivement directeur du Théâtre de l'Odéon (1958-1968) et du Théâtre des Nations (à partir de 1971), il se révéla un metteur en scène d'avant-garde: Shakespeare, Marivaux, Claudel, Beckett, Jean Genet. Au cinéma, il fut l'inoubliable mime Baptiste dans *Les Enfants du paradis* de Marcel Carné (1945).

8. Le théâtre de l'absurde se réclame d'un «anti-théâtre» où la pièce n'est plus qu'un jeu dramatique purgé de son contexte historico-social, de ses idéologies, de son didactisme, et où les personnages sont réduits à des fantoches. Tout en dénonçant les lieux communs et le langage préfabriqué de la vie sociale, il révèle l'angoisse humaine, l'absurde de notre condition, l'agonie de la culture. Samuel Beckett (1906-1989), Eugène Ionesco (1912-1994) et Jean Genet (1910-1986) en sont les principaux représentants.

9. Gabrielle Roy avait joué dans *Le Gendre de Monsieur Poirier* (1935) d'Émile Augier et Jules Sandeau, ainsi que dans *Blanchette* (1934) d'Eugène Brieux et *Les Sœurs Guédonnec* (1936) de J.-J. Bernard, qui remportèrent le trophée Bessborough de la meilleure interprétation en langue française aux finales du Festival d'art dramatique de Toronto. L'écrivain retrace sa carrière d'actrice amateur dans *La Détresse et l'Enchantement* (chapitre XIII et première partie du chapitre XIV).

V. CES ENFANTS TERRIBLES DE QUÉBEC

1. Dans *Ma chère petite sœur*.

2. Voir «Le Port», poème de Baudelaire extrait de *Le Spleen de Paris – Petits Poèmes en prose*.

3. Dans *Les Cahiers franco-canadiens de l'Ouest*, Saint-Boniface, Manitoba, publication du CEFCO, vol. 3, n° 1, printemps 1991, p. 69-80. L'auteur montre qu'à travers les thèmes du fleuve dénaturé, des bêtes massacrées, de la pollution des villes et de l'encombrement des déchets, l'œuvre de Gabrielle Roy dénonce les dangers qui menacent l'environnement et insiste sur l'importance de vivre en harmonie avec ce dernier. Dans *Cet été qui chantait*, le Saint-Laurent, «notre grand fleuve aimé», devient l'emblème de tous les cours d'eau, éléments de la nature sacrés que l'agressivité et l'indifférence humaines rendent méconnaissables, surtout dans les villes.

4. Dans *Actes du colloque international «Gabrielle Roy» (pour souligner le 50ᵉ anniversaire de Bonheur d'occasion)*, *op. cit.*, p. 69-80. Dans cet article, Richard Chadbourne étudie le rôle privilégié que joue le fleuve dans l'œuvre de la romancière. Grande force cosmique affectant ses personnages romanesques, il apparaît, dans *Bonheur d'occasion*, comme le symbole de l'évasion, du voyage, de la quête, des origines, du commencement ou du recommencement, mais aussi de l'échec de la communion humaine, de la séparation, de l'absence d'harmonie avec la nature, de la séparation et de la mort. Dans *Cet été qui chantait*, Gabrielle le célèbre comme l'élément qui conduit les êtres et les animaux au paradis.

5. Dans *Ma chère petite sœur*, lettres des 11 et 13 mai 1970.

6. *Ibid.*, lettres du 30 avril 1970 et des 11 et 13 mai 1970.

7. Samuel de Champlain (1570-1635). Explorateur et cartographe français. Il arriva en Nouvelle-France en 1603 et fonda la ville de Québec en 1608. Attaqué par les Anglais, il dut la livrer en 1629, mais les Français en ayant repris le contrôle, il y retourna en 1633. Auteur des *Sauvages* (1603) et de *Voyages en Nouvelle-France* (1632), on lui a attribué le titre de «père de la Nouvelle-France».

8. Dans *Ma chère petite sœur*, lettre du 13 mai 1970.

9. *Ibid.*

10. *Ibid.*, lettre du 7 décembre 1963.

Henri Bergeron (1925-2000), frère d'âme de Gabrielle Roy, et Yvonne Mercier: «Nous aussi sommes les enfants de sa vie...»

1. Henri Bergeron se produisit dans *600 000 francs par mois* de Mouézy Éon et Albert Jean (1944); *Margot, ferme la porte!* d'Émile Roudié (1944); *L'Homme blanc* de Fernand Sarran (1945); *Un jeune homme qui se tue* de Georges Berr (1948).

2. Voir «Hommage à Gabrielle Roy», *Quinquennale de la Francophonie canadienne*, 13 août 1980, p. 2-6 (Archives Henri Bergeron).

3. Aimé et Lucienne Badiou revivent dans les nouvelles «Gagner ma vie» (*Rue Deschambault*) et «La maison gardée» (*Ces enfants de ma vie*). Voir le témoignage du premier dans Ismène Toussaint, *Les Chemins secrets de Gabrielle Roy*, *op. cit.*

4. Comme un clin d'œil à Henri Bergeron, Gabrielle Roy reprendra cette déclaration dans sa lettre du 5 décembre 1977, publiée à la suite de ce témoignage.

5. Grand-oncle maternel de Gabrielle Roy, Cléophas Major était forgeron à Saint-Léon. Il était aussi le mari de «Mémère Major» de *La Détresse et l'Enchantement*, et le père de Luzina, qui donna son nom à l'héroïne de *La Petite Poule d'eau*. J'ai retrouvé la trace de son fils Médéric en Colombie-Britannique, où il était commerçant, mais il est aujourd'hui décédé.

6. Éditions internationales Alain Stanké, *op. cit.* L'article est de l'auteur du présent ouvrage.

Deux lettres de Gabrielle Roy à Henri Bergeron

1. Il s'agit bien sûr d'Yvonne Mercier, la femme d'Henri Bergeron.
2. Voir note 3 du témoignage d'Henri Bergeron et d'Yvonne Mercier.

Yolande Boucher, une autre Florentine Lacasse : « Gabrielle Roy ou le mal de l'âme »

1. C'est ce que révèle également l'un de ses proches, l'homme de radio Henri Bergeron, dans Ismène Toussaint, *Les Chemins secrets de Gabrielle Roy, op. cit.*
2. Tous les spécialistes de Gabrielle Roy s'accordent pour reconnaître que la romancière souffrait d'un complexe de culpabilité vis-à-vis de sa mère ; elle tenta de se racheter en lui dédiant son premier livre et en écrivant durant toute son existence. Voir, entre autres, François Ricard, *Gabrielle Roy, une vie, op. cit.* L'autobiographie de l'écrivain, *La Détresse et l'Enchantement,* suivie de *Le Temps qui m'a manqué,* est d'ailleurs traversée par de douloureux remords.
3. Avant de tirer des conclusions hâtives, il est indispensable de confronter ces dires avec les témoignages des amis de Gabrielle Roy, tels Alain Stanké et Berthe Simard.
4. Cette fois, ce témoignage est en contradiction avec celui d'Henri Bergeron pour lequel les êtres humains, chez Gabrielle Roy, étaient plus importants que la nature.
5. Marie Laberge (née en 1950). Écrivain et dramaturge québécois. Ses pièces de théâtre (*Ils étaient venus pour...,* 1981 ; *Jocelyne Trudelle trouvée morte dans ses larmes,* 1983 ; *L'Homme gris,* 1986 ; *Le Faucon,* 1991) et ses romans (*Le Poids des ombres,* 1994 ; *Annabelle,* 1996 ; *La Cérémonie des anges,* 1998 ; *Le Goût du bonheur : Gabrielle, Adélaïde, Florian,* 2000) sont marqués par une quête constante de la vérité, un profond attachement au passé, une interrogation sur l'amour et la condition humaine caractérisée par la souffrance, l'angoisse et l'amertume.
6. Ce jugement prête à discussion, d'autant plus que les écrits de Gabrielle Roy n'ont jamais connu autant de succès qu'aujourd'hui. De nombreux articles continuent aussi à lui être consacrés à l'université.

Antonine Maillet : « Gabrielle Roy, ma jumelle en littérature »

1. Philippe Aubert de Gaspé (1786-1871). Écrivain québécois. Son célèbre ouvrage, *Les Anciens Canadiens* (1863), raconte l'histoire de deux amis, l'un canadien-français, l'autre écossais, qui se retrouvent face à face sur le champ de bataille. Ressortissant à la fois au roman de mœurs, historique et d'amour, ainsi qu'au recueil de souvenirs personnels et collectifs, cette fresque est devenue un grand classique de la littérature québécoise.
2. Louis Fréchette (1839-1908). Poète, dramaturge et homme politique québécois. Surnommé « le Victor Hugo québécois », il est l'un des représentants les plus éloquents du romantisme canadien-français. Après des débuts difficiles, il acquit la célébrité grâce à un long poème opposé à la Confédération, « La Voix d'un exilé » (1869). Ses recueils célèbrent son amour de la nature, du terroir et de la patrie : *Les Fleurs boréales* (1889), *La Légende d'un peuple* (1887).
3. Mémoire de maîtrise, Université Saint-Joseph de Memramcook, Moncton, 1958. Portant un jugement sévère sur ce travail, Antonine Maillet a préféré le retirer de la consultation.
4. Roman « allégorique », *Pélagie la charrette* relate l'histoire d'une jeune femme qui entreprend de revenir de Géorgie (États-Unis) en Acadie, quinze ans après la Déportation de 1755. Rythmé par une charrette à bœufs, son périple durera dix ans, au terme desquels elle mourra de misère et d'épuisement. Antonine Maillet renouvelle ici un mythe acadien en lui insufflant le ton de la farce moyenâgeuse, du roman picaresque et du conte tiré de sa propre imagination.

5. Deux lettres de Gabrielle Roy à notre témoin y ont néanmoins pris place : voir le chapitre IV, « Correspondance », dans *Inventaire des archives personnelles de Gabrielle Roy*, *op. cit.*, p. 94.

6. Écrit dans un style alliant réalisme et poésie, charme et douceur, nostalgie et regret, *Pointe-aux-Coques* est une sorte de roman initiatique. Partie sur les traces de son père au Nouveau-Brunswick, une jeune institutrice découvre la patrie de ses ancêtres, son attachement atavique pour le peuple acadien, son identité profonde, ainsi que l'amour et les difficultés du métier d'enseignante. Alors que Gabrielle Roy n'avait pas encore publié ses écrits semi-autobiographiques et qu'Antonine Maillet ne connaissait rien de sa vie, l'on découvre avec surprise que le parcours de la narratrice ressemble à celui de l'auteur de *Bonheur d'occasion* et de certaines de ses héroïnes romanesques.

7. Voir note 2 du témoignage de Françoise Graton.

8. Marcel Dubé (né en 1930). Dramaturge québécois. Inspirées de Gabrielle Roy, de Roger Lemelin, de Jean Anouilh, ses premières pièces se rattachent au réalisme populaire (*Zone*, 1956 ; *Florence*, 1960 ; *Un simple soldat*, 1967 ; *Le Temps des lilas*, 1969), puis se tournent vers le réalisme psychologique et bourgeois (*Bilan*, 1968 ; *Les Beaux Dimanches*, 1968 ; *Au retour des oies blanches*, 1969). Toutes mettent en scène des personnages en perpétuelle situation de défaite.

9. Gabrielle Roy se montrait réservée lorsqu'il y avait foule ou qu'elle assistait à un événement important. Mais bien des témoins m'ont confié qu'en public elle était généralement énervée, excitée et intarissable ; en outre, cabotine et adorant être le centre d'attraction, elle n'hésitait pas à monopoliser l'attention de toutes les personnes présentes. Après une soirée, il lui fallait plusieurs jours pour retrouver son calme et un rythme de travail normal. Elle souffrait d'ailleurs de ce déséquilibre nerveux.

10. Selon certains témoignages, il entrerait beaucoup d'exagération dans cette rumeur. Mlle Juliette Ouellet, qui fut la gouvernante des Carbotte pendant plus de vingt ans, s'insurge hautement contre elle.

11. D'une hauteur de 714 mètres, le mont Gabrielle-Roy est situé à 70 kilomètres au nord-ouest de Québec, à l'embranchement de la route 138 et de la côte de la Martine conduisant à Petite-Rivière-Saint-François. Je tiens à signaler aussi qu'une île porte le nom de Gabrielle Roy au Manitoba. Cette Gabrielle-Roy Island de 750 mètres de long sur 150 mètres de large, à qui l'on a refusé le générique français, se trouve dans la rivière Poule d'Eau (Waterhen River), près de la localité de Waterhen (intersection des routes 276 et 328). Voir Ismène Toussaint, « Inauguration de l'île Gabrielle-Roy dans la rivière de la Poule d'eau (Manitoba) », *Les Cahiers franco-canadiens de l'Ouest*, Saint-Boniface, Manitoba, vol. 2, n° 1, printemps 1990, p. 91-95.

12. L'ironie est pourtant très présente dans l'œuvre de Gabrielle Roy. Elle a donné matière à plusieurs études : Anne Srabian de Fabry, « À la recherche de l'ironie perdue chez Gabrielle Roy et Flaubert », *Présence francophone*, Montréal, n° 11, automne 1975, p. 89-104. ; Yannick Roy, « L'écriture d'Alexandre Chenevert », *Voix et Images*, Montréal, vol. 25, n° 2, hiver 2000, p. 349-374.

13. Sur le thème de la lutte sociale dans l'œuvre de Gabrielle Roy, voir, entre autres, les articles de Ben-Zion Shek cités en fin d'ouvrage.

14. Sur l'image de la femme dans l'œuvre de Gabrielle Roy, voir, entre autres, les études de Nicole Bourbonnais, Marguerite Courchène, Carol Harvey, Paula Gilbert Lewis, Sylvie Lamarre, Suzanne Paradis, Alice Parizeau, Monique Roy-Sole, Lori Saint-Martin, Patricia Smart, André Stéphan, Agnès Whitfield citées en fin d'ouvrage.

15. Voir Jean Morency, *Un roman du regard : La Montagne secrète de Gabrielle Roy*, Éditions Nuit Blanche, Québec, 1994.

16. Il y eut au moins trois versions de ce roman. Voir François Ricard, *Gabrielle Roy, une vie, op. cit.*, ainsi que Gabrielle Roy, *La Détresse et l'Enchantement* et *Le Temps qui m'a manqué.*

17. À la suite de cette remarque, j'ai relu ce roman qui m'a pourtant paru écrit avec une finesse de dentelle.

18. Dans *Les Cordes de bois* (1977), roman inspiré de la tradition orale, Antonine Maillet nous raconte la vie d'un petit village des côtes acadiennes à travers quatre générations. Souvenirs, anecdotes, incidents et rivalités rythment le quotidien des pêcheurs qui nous révèlent une Acadie à la fois émouvante et pleine d'humour.

19. Né dès les années 1930 et ayant exercé une influence considérable sur la création du XXᵉ siècle, ce mouvement littéraire français, qui réunit des écrivains aussi différents que Nathalie Sarraute, Michel Butor, Alain Robbe-Grillet, Claude Simon, Marguerite Duras, Robert Pinget et Claude Ollier, se caractérise par son refus des règles du roman traditionnel : rejet de tout didactisme et de l'engagement du romancier, déconstruction de l'espace et du temps, exploration du fonctionnement du récit et pratique d'une écriture à plusieurs voix.

Juliette Ouellet : « J'étais la gouvernante de Gabrielle Roy... »

1. Riopelle (Jean Paul Riopelle, dit ; 1923-2002). Peintre et sculpteur canadien. Passionné par le surréalisme, il fonda, avec le peintre Borduas, le groupe Automatisme au Canada. À partir de 1946, il développa, dans la lignée de Miró et de Kandinsky, un art abstrait caractérisé par un style véhément, lyrique, par de larges touches épaisses et colorées portant l'empreinte des instruments utilisés, des gestes répétés de sa main, et par une structuration solide de l'espace : *Chevreuse* (1954), *Hiboux* (1969-1970), *Hibou Pelle* (1972), *Icebergs* (1977).

2. Adrienne Choquette (1915-1973). Écrivain québécois. Journaliste de presse écrite et radiophonique, elle devint directrice de la revue *Terre et Foyer* en 1948. Ses romans (*La Coupe vide*, 1948), nouvelles (*La nuit ne dort pas*, 1954 ; *Laure Clouet*, 1961) et récits (*Le Temps des villages*, 1975) ont pour thème central l'impuissance de l'homme face à son destin. Auteur de la préface de *Cet été qui chantait*, elle est brièvement évoquée dans la nouvelle « Les visiteurs de la journée ».

3. Si Gabrielle Roy demeura toujours proche de son mari dans la vie quotidienne, l'analyse de *Mon cher grand fou* révèle un détachement progressif sur le plan sentimental.

4. Le docteur Carbotte mourut le 8 juillet 1989. Le témoignage de Mˡˡᵉ Ouellet sur son deuil est proche de celui de certains membres de la famille et des amis manitobains de la romancière. Voir Ismène Toussaint, *Les Chemins secrets de Gabrielle Roy, op. cit.*

Monique Genuist, la pionnière des études royennes : « Au pays Gabrielle Roy »

1. Cette lettre est publiée à la suite du témoignage de Monique Genuist.

2. Théâtre de la célèbre bataille franco-britannique de 1759 qui vit la victoire de Wolfe sur Montcalm et marqua la fin de la domination française au Canada.

3. Fille de l'agriculteur Excide Landry et de Luzina Major, la cousine Éliane (1903-1979) épousa en 1925 Laurent Jubinville, dont elle eut onze enfants. Elle apparaît dans *La Détresse et l'Enchantement* et sous une forme romanesque dans *La Petite Poule d'eau*, ainsi que dans la nouvelle « Mon chapeau rose » (*Rue Deschambault*).

4. Marie-Claire Blais (née en 1939). Écrivain québécois. Alliance de réalisme noir, d'ironie amère et de poésie suggestive, son ouvrage le plus célèbre, *Une saison dans la vie d'Emmanuel* (1965), fait le procès de la société québécoise traditionnelle en

montrant la vie d'une famille marquée par la misère sociale, la souffrance et la perversité. Elle a publié, entre autres, *La Belle Bête* (1959), *Tête blanche* (1961), *Les Manuscrits de Pauline Archange* (1981), *L'Ange de la solitude* (1989), *Soifs* (1995), *Dans la foudre et la lumière* (2001), *Des rencontres humaines* (2002), *Notes américaines: parcours d'un écrivain* (2002). Une lettre de Gabrielle Roy à Marie-Claire Blais est signalée au chapitre IV, « Correspondance », de l'*Inventaire des Archives personnelles de Gabrielle Roy, op. cit.*, p. 81.

5. Jacques Languirand (1930-). Écrivain québécois. À travers le drame d'êtres écrasés par un lourd passé, ses pièces font le procès d'une société bâillonnée par le mal, la peur et la souffrance. La loufoquerie, la cocasserie et l'humour noir qui les caractérisent apparentent leur auteur aux maîtres du théâtre de l'absurde, Ionesco, Beckett, Genet, etc.: *Les Insolites* (1956), *Le Gibet* (1960), *Les Violons de l'automne* (1962), *Faust et les radicaux libres* (2002).

6. Réjean Ducharme (Jean Racine, dit; né en 1941). Écrivain québécois. Dans une langue baroque, multiforme, d'un réalisme poétique parfois brutal, il traite de thèmes tels l'éloignement du père, l'échec du mariage, la désintégration familiale, l'apprentissage de la vie urbaine, le vide de l'existence, le refus de s'intégrer dans la société, le mal de vivre: *L'Avalée des avalés* (1967), *Le Nez qui voque* (1967), *L'Océantume* (1968), *Les Enfantômes* (1976), *Va savoir* (1994), *Gros Mots* (1999), *L'Hiver de force* (2002).

7. Éditions du Cercle du livre de France, Montréal, 1966. Cette étude, fondée sur les cinq premières œuvres de Gabrielle Roy (*Bonheur d'occasion, La Petite Poule d'eau, Alexandre Chenevert, Rue Deschambault, La Montagne secrète*), traite en particulier la psychologie des personnages, leurs mœurs, leur milieu, ainsi que la composition, le style et la valeur des œuvres. Pour l'auteur, l'universalité du message de Gabrielle Roy « passe au-dessus des pirouettes intellectuelles du moment », car il est « le produit d'une conscience qui a su transposer sa vision authentique du monde et nous la transmettre dans une douce émotion esthétique ».

8. Cette lettre est publiée à la suite du témoignage de Monique Genuist.

9. Jean-Noël Tremblay (né en 1926). Homme politique québécois. Il fut successivement député du Parti progressiste conservateur de Roberval à la Chambre des communes (1958-1962), député du parti de l'Union nationale de Chicoutimi à l'Assemblée nationale (1966-1973) et ministre des Affaires culturelles (1966-1970).

10. Guy Frégault (1918-1977). Historien et homme politique québécois. Il effectua une carrière de professeur d'université avant d'être nommé sous-ministre des Affaires culturelles du Québec (1961-1966 et 1970). Son ouvrage principal, *La Guerre des conquêtes* (1958), s'appuie sur une riche documentation, exploitée selon des méthodes rigoureusement scientifiques.

11. Jean-Jacques Bertrand (1916-1973). Avocat et homme politique québécois. Il fut premier ministre du Québec de 1968 à 1970. Successivement chef du Parti de l'union nationale (1968-1973), chef de l'opposition officielle à l'Assemblée nationale (1970-1973) et député du parti de l'Union nationale (1970-1972), il occupa divers ministères jusqu'en 1967.

12. Paul Gérin-Lajoie (né en 1920) Avocat et homme politique québécois. Il fut vice-premier ministre du Québec de 1960 à 1966. Plusieurs fois ministre dans le cabinet de Jean Lesage (1960-1966), il présida par la suite l'Agence canadienne de développement international (1970-1977) et acheva sa carrière comme directeur général de la Société du Vieux-Port de Montréal (1981-1985).

13. Jean Lesage (1912-1980). Avocat et homme politique québécois. Il fut plusieurs fois ministre, puis nommé chef du Parti libéral en 1958. Élu premier ministre en 1962 sur

le thème de la nationalisation des compagnies d'électricité, il est considéré comme le père de la Révolution tranquille. Défait en 1966, il devint chef de l'opposition et abandonna la politique en 1970.

14. Jean Drapeau (1916-1999). Avocat et homme politique québécois. En 1960, il fonda le Parti civique de Montréal puis fut maire de cette ville de 1962 à 1986. On lui doit d'importantes réalisations, comme l'Exposition universelle de 1967, le métro et les Jeux olympiques de 1976.

15. Si les itinéraires biographiques de Gabrielle Roy et de Monique Genuist divergent, tout comme leur regard sur le monde, pacifiste et utopique chez la première, dénonciateur et provocateur chez la seconde, en revanche, les thèmes de leur œuvre se rejoignent : la nostalgie de l'enfance, la fascination pour l'inconnu et les vastes espaces, la vision idéalisée de la nature associée à un au-delà mystique, la condition douloureuse de l'immigré. Voir Marie-Diane Clarke : « La petite fille pas trop sage de Gabrielle Roy et de Monique Genuist », *Actes du colloque international Gabrielle Roy (pour souligner le 50ᵉ anniversaire de* Bonheur d'occasion*)*, *op. cit.*, p. 361-378.

16. Dans *Actes du 8ᵉ colloque du CEFCO : « L'Ouest canadien et l'Amérique du Nord française »*, Université de Regina, Publications du Centre d'études bilingues, 1990, vol. 8, p. 225-234.

17. Dans *Actes du colloque international « Un pays, une voix, Gabrielle Roy »*, tenu les 13-14 mai à l'Université de Bordeaux-Talence, France ; publication de la Maison des sciences de l'homme d'Aquitaine, Université de Bordeaux-Talence, 1991, p. 100-114.

18. Dans *Actes du 10ᵉ colloque du CEFCO : « À la mesure du pays »*, Saint-Boniface, Manitoba, publication du CEFCO, 1993, p.157-164.

19. Cette conférence a été reprise sous le titre « Lecture au féminin de l'œuvre de Marie-Anna Roy » dans l'ouvrage de Paul Genuist, *Marie-Anna, une voix solitaire, op. cit.* En étudiant les personnages de l'auteur, la plupart inspirés par les membres de sa famille, Monique Genuist montre qu'il aura fallu trois générations avant que la femme ne parvienne à passer du statut de reproductrice à celui de mère nourricière, puis d'écrivain libre. Ayant dû lutter toute sa vie contre la pauvreté, la solitude, une société hostile à l'éducation des femmes et une époque difficile, Marie-Anna, « résistante féministe » incapable de « passer du réel au symbole, à l'imaginaire », n'aura pu produire que des écrits documentaires, historiques et autobiographiques.

20. Cet article est de l'auteur des présentes lignes. Il a été repris dans *L'Action nationale*, Montréal, vol. 91, n° 6, juin 2001, p. 65-91.

Lettre de Gabrielle Roy à Monique Genuist, 21 janvier 1965

1. Selma Lagerlöf (1858-1940). Auteur suédois. Son œuvre la plus célèbre demeure *Le Merveilleux Voyage de Nils Holgersson à travers la Suède* (1907), qui marie l'attrait pour la légende et les symboles à la poésie de la vie secrète de la nature, ainsi qu'à un sens aigu de la pédagogie et de la morale.

2. « [...] et du coup, on était chez des gens gras et blonds buveurs de bière, qui, eux, très volontiers, se faisaient marchands de grains, de moulées... », lit-on dans « Souvenirs du Manitoba » (1954).

3. Sophocle (496-406 av. J.-C.) Poète tragique grec. Il est l'auteur d'une centaine de pièces de théâtre dont sept seulement sont parvenus jusqu'à nous : *Ajax* (vers 485), *Les Trachiniennes* (vers 486), *Antigone* (442), *Œdipe-Roi* (425) ; *Électre* (415), *Philoctète* (409), *Œdipe à Colonne* (401). Toutes expriment avec grandeur, puissance et pessimisme la lutte d'un individu exceptionnel contre un destin qui l'accable, que ce soit la malédiction, l'abus de pouvoir ou la volonté des dieux.

4. Tout au long de son analyse, Monique Genuist présente en effet Alexandre Chenevert comme un malade psychologique, « un pauvre bougre sujet aux maux d'estomac et aux insomnies qui porte le monde sur ses épaules ».

5. En mai 1947, *Bonheur d'occasion* fut choisi comme Livre du mois par cette prestigieuse chaîne de livres américaine.

6. Sur ce séjour, voir François Ricard, *Gabrielle Roy, une vie, op. cit.*

Lettre de Gabrielle Roy à Monique Genuist, 23 novembre 1966

1. Cet ouvrage est devenu un classique de la littérature consacrée à Gabrielle Roy.

Jean O'Neil, l'écrivain partagé : « Reflets d'une inconnue : Gabrielle Roy »

1. C'est ce que révèle aussi Alain Stanké dans sa « Préface » à M. G. Hesse, *Gabrielle Roy par elle-même, op. cit.*

2. Cette lettre est citée au chapitre IV, « Correspondance », de l'*Inventaire des Archives personnelles de Gabrielle Roy, op. cit.*, p. 96.

3. Cette biographie fut publiée en 1965.

4. Écrit en hommage aux défricheurs des années 1930, *L'Abatis* (1943) fait alterner souvenirs, chroniques et poèmes sur la région de l'Abitibi et son âme paysanne.

5. Écrit en hommage aux pêcheurs et aux paysans acadiens, *Le Barrachois* (1959) réunit une série de récits, de portraits et de descriptions de paysages illuminés de poésie et de tendresse.

6. Éditions Libre-Expression, Montréal, 1980. Dans ce livre, l'auteur révèle le « visage impressionniste » de la région de Charlevoix en quatre vingt-huit croquis de sa vie quotidienne, de son histoire, de sa faune et de sa flore.

7. Jean O'Neil soulève ici le vieux débat entre vérité et fiction des œuvres littéraires qui opposa Gabrielle Roy et sa sœur leur vie durant. Pour ma part, je l'ai toujours trouvé vain, tant il me paraît évident qu'en matière de création littéraire, l'imagination est reine. Bien entendu, je laisse le lecteur libre de son opinion sur la question.

8. *Op. cit.* L'article est de l'auteur du présent ouvrage.

Ben-Zion Shek : « Gabrielle Roy, pourfendeur du capitalisme »

1. Harvest House Publisher, Montréal, 1977. L'auteur y développe une vision sociocritique et idéologique de l'évolution du roman entre 1937 et 1980, caractérisée par l'émergence du réalisme social et urbain.

2. Ces lettres sont répertoriées dans le chapitre IV, « Correspondance », de l'*Inventaire des archives personnelles de Gabrielle Roy, op. cit.*, p. 100. La romancière utilise également le terme « ami » lorsqu'elle évoque Ben-Zion Shek dans ses lettres à Paul Socken (voir celle qui suit le témoignage de ce professeur).

3. Dans *Voix et Images*, n° 42, Montréal, printemps 1989, p. 437-460. Né à Saint-Jean (Terre-Neuve), George Wilkinson (1897-?) était pasteur et maître en philosophie. Ardent militant, défenseur des sans-travail et des nécessiteux, il prit la tête d'un mouvement de chômeurs terre-neuviens dans les années 1934-1935 et participa à plusieurs manifestations. Devenu enseignant à Montréal (1939-1940), il collabora au *Jour*, un périodique engagé où il fit entrer Gabrielle Roy. On pense qu'il est mort de misère à Oka (Québec). Il a laissé le souvenir d'un « grand blond gentil, chaleureux, mais timide et pauvre ».

4. Oxford University Press, Toronto, Ontario, 1991. Il s'agit d'une étude sociologique de la littérature québécoise de 1944 à 1969 ou plus exactement, selon le critique québécois Jacques Allard, de « l'examen du texte dans l'histoire, de l'histoire dans le texte ».

5. Voir «*Bonheur d'occasion*» et «*La Détresse et l'Enchantement*» dans *Littérature française et francophone*, Le Robert, Éditions Hachette, Paris, 1995, p. 63-64.

Éric Bergeron: «Gabrielle Roy, une sorcière de conte de fées»

1. Dans *Le Miroir du passé*, Marie-Anna Roy écrit que Gabrielle aurait pu dire: «Florentine, c'est moi!», comme, un siècle auparavant, l'écrivain français Gustave Flaubert: «Madame Bovary, c'est moi!»

Alain Stanké, alias Nil, le petit Ukrainien de *Ces enfants de ma vie*: «Gabrielle Roy, un auteur assurément pas comme les autres!»

1. Au sujet des démêlés de la romancière avec ses éditeurs, voir François Ricard, *Gabrielle Roy, une vie, op. cit.*

2. Selon son mari, en revanche, la romancière jetait tout; au point qu'il était parfois obligé de récupérer brouillons et manuscrits dans la poubelle. Voir François Ricard, *Gabrielle Roy, une vie, op. cit.*, ainsi que l'article de Jean Royer, «Marcel Carbotte: une vie avec Gabrielle Roy», *op. cit.*

3. Alexandre Stanké (né en 1960). Compositeur et éditeur québécois. Diplômé du Conservatoire de Montréal, pianiste, musicien de jazz et chef d'orchestre, il est l'auteur de nombreuses compositions musicales pour la télévision (*Québec à la une*, 1994-1999; *Global News*, 1997; *Les Nouvelles TVA*, 1997-2000; *Les Insolences d'une caméra*, 2002-2003) et d'autres médias. Son talent lui a valu d'être nommé à deux reprises «compositeur de l'année» (1998, 1999). Fondateur des Éditions Alexandre Stanké (aujourd'hui disparues), il dirige actuellement les Éditions audiovisuelles Coffragants, spécialisées dans la psychologie, le conte pour enfants et l'audiovisuel.

4. Quelques-unes de ces photographies ont été reproduites dans M. G. Hesse, *Gabrielle Roy par elle-même, op. cit.*

5. «Parfois [...], je pensais à notre cher vieux père si heureux, tu t'en souviens, de soigner ses roses et ses plants de légumes», écrit Gabrielle Roy d'une plume nostalgique dans *Ma chère petite sœur*. Au troisième chapitre de *La Détresse et l'Enchantement*, elle exprime également une profonde culpabilité de n'avoir jamais aidé Léon Roy à soigner ses fleurs dans le jardin de la rue Deschambault.

6. Tous les proches de la romancière se rappellent qu'elle se balançait et écrivait des heures durant dans sa chaise berceuse à Petite-Rivière-Saint-François, comme à Québec. Voir Ismène Toussaint, *Les Chemins secrets de Gabrielle Roy, op. cit.*; Marc-André Bluteau, «Gabrielle Roy en Charlevoix», *op. cit.*, p. 4-8. Elle-même évoque ces instants de repos délicieux ou de création intense dans *Cet été qui chantait*.

7. Gilles Marcotte (né en 1925). Critique littéraire. Professeur de lettres à l'Université de Montréal, il est l'auteur d'essais sur la littérature québécoise, dont *Une littérature qui se fait* (1962), *Le Roman à l'imparfait* (1976), *Écrire à Montréal* (1997). S'il s'est montré particulièrement sévère et injuste à l'égard de Gabrielle Roy, il n'en a pas moins consacré plusieurs articles louangeurs à certaines de ses œuvres.

8. Cette photo a servi d'illustration de couverture au livre d'Alain Stanké, *Des barbelés dans ma mémoire*, Éditions internationales Alain Stanké, Montréal 1981.

9. Yusuf Karsh (né en 1908). Photographe canadien d'origine turco-arménienne. Réfugié au Canada en 1924, il se spécialisa dans les portraits de célébrités internationales, dont il tentait d'atteindre «l'essence de la personne extraordinaire» par un contraste étudié entre l'ombre et la lumière. En 1979, il prit de nombreux clichés de Gabrielle Roy, dont quelques-uns ont été reproduits dans *Les Cahiers franco-canadiens de l'Ouest*, Saint-Boniface, Manitoba, publication du CEFCO, vol. 3, n° 1, 1991, p. 125-133.

10. Certaines de ces photographies ont été reproduites dans M. G. Hesse, *Gabrielle Roy par elle-même*, *op. cit.*, et Ismène Toussaint, *Les Chemins secrets de Gabrielle Roy*, *op. cit.*

11. Voir les deux lettres de Gabrielle Roy aux Éditions Flammarion publiées à la suite de ce témoignage.

12. En juin 1947, Gabrielle Roy avait cédé ses droits à la Universal Pictures pour la somme de 75 000 $. Hélas! Le film ne fut jamais tourné, entre autres à cause d'une querelle syndicale qui opposait l'actrice Joan Fontaine à sa compagnie : elle lui avait accordé l'exclusivité du rôle.

13. Macha Grenon (date de naissance non communiquée). Actrice québécoise. Originaire de Montréal, Macha Grenon étudia l'art dramatique avant de se voir confier des rôles importants au cinéma (*The Pianist* de Claude Gagnon, 1990; *L'Homme idéal* de Georges Mihalka, 1995; *15 moments* de Denys Arcand, 1999; *Wild Awake* de Marc Grenier, 2000; *Les Invasions barbares* de Denys Arcand, 2003) et dans des séries télévisées populaires (*Lance et compte* de Richard Martin, 1987-1988; *L'Or du temps* de la production Télé-Métropole, 1989-1992; *Scoop I-IV* de la compagnie Plusieurs, 1991-1994; *Juliette Pomerleau* de Claude Fournier, 1996). Son livre pour enfants, *Charlotte porte-bonheur* (Éditions Coffragants, Montréal, 1999), décrit le parcours initiatique d'une petite coccinelle qui découvre les valeurs de l'amitié, du partage et de la tolérance.

14. Roger Lemelin (1919-1992). Écrivain québécois. Dans ses romans réalistes et satiriques, il campe des personnages forts en gouaille, issus de milieux populaires grouillant de vie, d'humour, mais aussi de misère : *Au pied de la Pente douce* (1944), *Pierre le Magnifique* (1952), *Le Crime d'Ovide Plouffe* (1982).

15. Cet universitaire n'a jamais daigné répondre à mes courriers et s'est toujours commodément soustrait à toute entrevue.

16. Pour plus de détails sur ce procès, voir Alain Stanké, « Gabrielle Roy : la promesse et… le désenchantement », *Occasions de bonheur*, *op. cit.* ; les archives personnelles d'Alain Stanké ; Me Ysabel Gendreau, « De l'importance d'être constant », *La Revue du notariat*, Montréal, vol. 96, n°s 1 et 2, septembre-octobre 1993, p. 1-14.

17. *Op. cit.* Dans son article, l'auteur brosse un portrait émouvant de la romancière et dénonce par contraste les manœuvres frauduleuses du Fonds Gabrielle Roy.

18. *Ibid.*

Lettres de Gabrielle Roy à Alain Stanké

1. Des extraits de cette correspondance ont été reproduits en fac-similé dans M. G. Hesse, *Gabrielle Roy par elle-même*, *op. cit.* Trois lettres de l'écrivain ont échoué au Fonds Gabrielle-Roy : voir le chapitre IV, « Correspondance », de l'*Inventaire des archives personnelles de Gabrielle Roy*, *op. cit.*, p. 74.

2. Voir le chapitre IV, « Correspondance », de l'*Inventaire des archives personnelles de Gabrielle Roy*, *op. cit.*, p. 86.

3. Expression utilisée par Montaigne dans le Livre I des *Essais*.

4. Étienne de La Boétie (1530-1563). Écrivain français. Précoce, il rédigea le *Contr'un*, aussi appelé *Discours de la servitude* (1549), qui dénonçait toutes les formes de tyrannie. D'une beauté presque féminine, il inspira un grand amour à son maître et collaborateur Montaigne, qui pleura sa disparition pendant plus de trente ans.

5. Voir *Lettres inédites d'Ernest Renan à ses éditeurs Michel et Calmann Lévy* (présentation de Jean-Yves Mollier), Éditions Calmann-Lévy, Paris, 1986. Je remercie M. Gil Gianone, archéologue et historien français, de m'avoir offert ce livre peu connu.

6. Alain Stanké venait d'offrir à Gabrielle Roy l'album d'art qu'il avait publié sur cet artiste. Marc-Aurèle Fortin (1888-1970). Peintre et graveur québécois. Après avoir étudié dans des institutions conservatrices, telles l'École du Plateau et le Monument national (1904-1908), à Montréal, puis le Chicago Art Institute (1908-1914), il expérimenta des techniques nouvelles qui se heurtèrent à l'incompréhension de ses contemporains. Ses paysages somptueux, inspirés par la banlieue de Montréal, le parc de la Laurentie, Charlevoix et la Gaspésie, son goût pour les formes amples, généreuses, et ses couleurs vibrantes en font un pionnier de l'art moderne au Québec : *Le Port de Montréal* (1927), *Splendeur des ormes* (1928), *Village sous la neige* (1939), *Le Moulin* (1954).

7. Alain Stanké ne se rappelle plus l'objet de cette lettre ni l'identité de son destinataire. Pendant longtemps, Gabrielle Roy utilisa un peu son éditeur comme un secrétaire particulier : il devait accéder en son nom à toutes les demandes. Facilement débordée, elle n'en était pas moins consciente qu'elle ne devait laisser aucune requête sans réponse.

8. Souligné dans le texte.

9. Il s'agit de l'attachée de presse des Éditions internationales Alain Stanké.

10. Le premier titre réédité dans cette collection fut *Un homme et son péché* (1933) de l'écrivain québécois Claude-Henri Grignon (1894-1976). Il y dépeint l'avarice sous les traits du fermier Séraphin Poudrier, possédé par son vice comme par le démon. L'idylle entre sa future femme, Donalda, et le preux Alexis, vient apporter une note de douceur dans cet univers oppressant.

11. Il s'agit du précédent éditeur de Gabrielle Roy.

12. Il s'agit du directeur littéraire de cette maison d'édition.

13. Pierre de Grandpré (né en 1920). Journaliste, critique et romancier. Ses essais, *Dix ans de vie littéraire au Canada français* (1966) et *Histoire de la littérature française du Québec* (1967-1969) sont de solides ouvrages de référence. Il est également l'auteur de plusieurs romans, dont *Marie-Louise des champs* (1948), une histoire d'amour, et *La Patience des justes* (1966), où perce une sourde révolte contre une certaine bourgeoisie canadienne-française aux mœurs figées et révolues.

14. Vers de l'acte V, scène II, d'*Antoine et Cléopâtre* (1606) de Shakespeare. Après la défaite de Marc-Antoine, la reine d'Égypte refuse d'être ramenée en triomphe à Rome et implore la mort devant ses servantes. Depuis sa prime jeunesse, Gabrielle Roy était passionnée par l'œuvre du dramaturge anglais.

15. Gabrielle Roy avait proposé *Ces enfants de mon âme*. Alain Stanké lui préféra *Ces enfants de ma vie*. Curieusement, sœur Berthe Valcourt, l'amie manitobaine de la romancière, lui avait suggéré le même titre.

16. Réalisé par Alain Stanké, ce portrait représente Gabrielle Roy enlaçant un bouleau de son bras, le visage méditatif, le regard empreint d'une sensibilité mélancolique. La romancière en fit sa photographie « officielle ». Elle figure sur la couverture des *Chemins secrets de Gabrielle Roy*.

17. Ce texte a été reproduit en fac-similé dans M. G. Hesse, *Gabrielle Roy par elle-même*, *op. cit.*

18. Fondé en 1930 par Anthème Fayard, l'hebdomadaire français *Je suis partout* était un journal d'extrême-droite d'informations générales et de critique littéraire d'avant-garde, qui se démarquait par ses opinions ultranationalistes, profranquistes et anticommunistes. Gabrielle Roy y fit paraître les articles suivants : « Les derniers nomades », 21 octobre 1938 ; « Comment nous sommes restés français au Canada », n° 456, 18 août 1939. Sous l'impulsion de Robert Brasillach et de Lucien Rebatet, ce

journal devint par la suite la tribune privilégiée du fascisme, de l'antisémitisme et de la délation. Il disparut en 1944.

19. Fondé en 1937 par l'écrivain Jean-Charles Harvey, l'hebdomadaire *Le Jour* était anti-nationaliste, antiséparatiste et opposé aux tendances dictatoriales, fascistes, communistes et anarchistes. Gabrielle Roy y entra au printemps 1939 par l'entremise du leader syndicaliste Georges Wilkinson. Ce journal disparut en 1947.

20. Ce tableau du peintre Watson représente la façade d'une maison de bois pauvre, à Saint-Henri.

21. Gabrielle Roy était lassée de corriger et de recorriger ce «satané roman», comme elle disait. Elle voulait aboutir à une version finale et définitive du texte, de manière à tourner la page et ne plus avoir à y revenir.

22. Il s'agit de la photographie la plus souriante qu'Alain Stanké ait prise de Gabrielle Roy. Elle figure à la fin du cahier-photos d'Ismène Toussaint : *Les Chemins secrets de Gabrielle Roy, op. cit.*

23. Effectivement, peu d'articles saluèrent la parution de *Bonheur d'occasion* en 1945. Mais si ce roman essuya quelques critiques négatives, il en obtint aussi de fort bonnes. Voir notamment Albert Le Grand : «*Bonheur d'occasion*», *La Liberté et le Patriote*, Saint-Boniface, Manitoba, 7 septembre 1945 ; Alain Albert : «*Bonheur d'occasion*», *Le Devoir*, Montréal, 15 septembre 1945 ; Louis Philippe Gagnon : «*Bonheur d'occasion*», *Le Droit*, Ottawa, 24 novembre 1945 ; «*Bonheur d'occasion* : L'Année littéraire 1945», *Revue de l'Université d'Ottawa*, Ontario, 16ᵉ année, n° 2, avril-juin 1946, p. 220-221. Les critiques «intéressantes et chaleureuses», pour reprendre l'expression de l'écrivain, ne démarrèrent véritablement qu'à partir de 1947.

24. En fait, la critique française se montra plutôt mitigée à l'égard de *Bonheur d'occasion* : elle ne sembla saisir ni la valeur littéraire de ce roman ni son importance dans la littérature québécoise. Voir Mireille Trudeau : *Bonheur d'occasion et la presse française*, mémoire de maîtrise, Université de Montréal, 1976. En revanche, Paul Guth (1910-1997), le célèbre auteur des *Naïfs*, lui consacra un article fort élogieux : «Un quart d'heure avec Gabrielle Roy, prix Fémina, auteur de *Bonheur d'occasion*», *Flammes*, Paris, n° 9, décembre 1947 ; repris sous le titre «L'interview de Paul Guth : Gabrielle Roy, prix Fémina 1947», *La Gazette des Lettres*, Paris, 13 décembre 1947.

25. Jean-Éthier Blais (1925-1995). Écrivain et critique québécois. Romancier (*Mater Europa*, 1968 ; *Entre toutes les femmes*, 1988), nouvelliste (*Le Manteau de Ruben Dario*, 1974), poète (*Asies*, 1969 ; *Petits Poèmes presque en prose*, 1978 ; *Le Prince-Dieu*, 1984), essayiste (*Dictionnaire de moi-même*, 1976 ; *Voyage d'hiver*, 1986), ce moraliste profondément pétri de culture française et canadienne-française mêle à ses dons d'observation une ironie acerbe, voltairienne, et une passion exaltée. L'auteur des présentes lignes lui a consacré une rubrique dans *L'Encyclopédie du Canada 2000, op. cit.* Membre de l'Académie canadienne-française (1971), il est l'un de ceux qui consacrèrent parmi les plus beaux articles à Gabrielle Roy. Celui auquel la romancière fait allusion ici est sans doute «Sur Gabrielle Roy», *Le Devoir*, Montréal, 21 janvier 1967, p. 15.

26. Fondé en 1910 par le journaliste Henri Bourassa, *Le Devoir* se voulait un quotidien nationaliste pancanadien, indépendant, orienté vers les intérêts des Canadiens français. Aujourd'hui, afin d'accroître son lectorat, il a développé son contenu économique et est devenu très ambivalent sur le plan des idées politiques. Il demeure globalement intéressant sur le plan rédactionnel et culturel.

27. Mes recherches ne m'ont pas permis de retrouver cette brochure.

28. Gabrielle Roy avait horreur des clubs, des associations, des unions, etc. De plus, se considérant comme un écrivain «universel», elle refusait l'étiquette d'écrivain

«québécois», très réductrice à ses yeux. Néanmoins, quelqu'un avait eu la «fâcheuse idée», selon Alain Stanké, de la nommer «membre honoraire» de l'Union nationale des écrivains québécois (UNEQ). C'est la raison pour laquelle elle recevait le bulletin de cet organisme. Alain Stanké avait eu l'idée de lancer une collection de livres au format de poche sous une forme encore jamais exploitée – selon un plan de «franchise», en quelque sorte. Les éditeurs québécois auraient réuni des best-sellers sous la même étiquette 10-10 et occupé une place importante sous le même chapiteau, chez les libraires; cela, afin de concurrencer le «Livre de poche» français et la collection «J'ai Lu» qui tapissaient les murs. Chaque éditeur avait le droit de choisir le titre qu'il voulait publier, payait lui-même l'impression et devait se soumettre aux règles énoncées dans un cahier de charges: format, graphisme, mêmes caractères pour les titres, etc. En retour, un montant de 2 % était exigé sur les ventes. Le distributeur Sogides et deux ou trois éditeurs approuvèrent le principe, mais comme l'avait prévu Gabrielle Roy, la «marraine de la collection», les autres se révélèrent jaloux de leurs titres et eurent l'impression que les livres ne leur appartenaient plus. D'où l'attaque mesquine d'un confrère contre Alain Stanké dans le bulletin de l'UNEQ. Ce dernier poursuivit donc seul son projet de collection qui fonctionne encore très bien aujourd'hui.

29. Jacques Blais (né en 1937). Historien de la littérature et critique littéraire québécois. Professeur de lettres, puis directeur du centre de recherche en littérature québécoise de l'Université Laval, à Québec, il fut responsable de la section «poésie» du premier *Dictionnaire des œuvres littéraires du Québec* (1978). Spécialiste de Louis Fréchette, de Saint-Denys-Garneau, de Félix-Antoine Savard et d'Alain Grandbois, il s'intéresse essentiellement à l'étude des thèmes et des mythes littéraires: *De l'ordre et de l'aventure: la poésie au Québec de 1934 à 1969* (1974); *Parmi les hasards: dix études sur la poésie québécoise* (2001). Il a consacré un article à Gabrielle Roy: «L'unité organique de *Bonheur d'occasion*», *Études françaises*, Montréal, 6e année, n° 1, février 1970, p. 25-50.

30. Voir le témoignage d'Alain Stanké. Au printemps 1981, pressée par un entourage «bien intentionné» de régler le problème de sa succession, la romancière se vit contrainte de coucher sur son testament ce critique qu'elle n'aimait guère et d'accepter qu'il devienne l'un des principaux administrateurs du Fonds Gabrielle-Roy. Pour ma part, je sollicitai une entrevue avec lui au printemps 1999. Il me la refusa, prétextant n'avoir jamais connu Gabrielle Roy, alors qu'il est de source sûre qu'il l'a rencontrée à deux ou trois reprises.

31. Mes recherches ne m'ont pas permis de retrouver cette thèse.

32. *Op. cit.*

33. Gabrielle Roy était outrée que les auteurs soient obligés d'écrire eux-mêmes au jury du Grand Prix de littérature de la Ville de Montréal afin d'expliquer pourquoi cette distinction devait leur être accordée. Voici ce qu'elle confiait, à juste titre d'ailleurs, à Alain Stanké: «Si je la mérite, qu'ils me la donnent. Je ne vois pas pourquoi j'irais m'humilier à la quémander…» Bien entendu, ce prix ne lui fut jamais attribué.

34. Alain Stanké venait de publier un livre d'art sur cet artiste. Paul-Émile Borduas (1905-1960). Peintre et essayiste québécois. Diplômé de l'École des beaux-arts de Montréal, professeur à l'École du meuble (1937-1948), il fonda la Société d'art contemporain en 1939 avec le peintre John Lyman et se passionna pour le surréalisme. En 1946, il exposa avec le groupe des Automatistes (Barbeau, Gauvreau, Leduc, Mousseau, Riopelle). Deux ans plus tard, il perdit son poste d'enseignant en raison de la publication de son manifeste, *Refus global*, une critique virulente des idées, des institutions, des idéologies marxistes et des déviations du surréalisme, auxquels il opposait un

système de valeurs rimbaldiennes dans la perspective d'une modernité à toute épreuve. Exilé volontaire à New York, il y poursuivit une partie de son œuvre et, à l'instigation de Tristan Tzara, exposa à Paris. Récipiendaire du prix Guggenheim à titre posthume, il demeure l'un des artistes ayant le plus influencé les courants de pensée et de création au Québec.

35. Alain Stanké avait coutume de publier, à la fin des livres réédités dans la collection 10-10, les meilleures critiques parues sur eux. C'est la raison pour laquelle il avait demandé à Gabrielle Roy d'exhumer certains articles de ses archives.

36. Alain Stanké se rendait chaque année au Salon du livre de Francfort, l'un des plus importants au monde.

37. Réjean Beaudouin y avait consacré un article à *Fragiles Lumières de la terre* : « L'approche de l'œuvre », *Liberté*, Montréal, vol. 20, n° 117, mai-juin 1978, p. 89-91. Fondé en 1959 par le poète Jean-Guy Pilon, le bimensuel *Liberté* a longtemps joué un rôle de tribune critique face aux idées modernes. Aujourd'hui, il a ouvert ses pages à la polémique et ne rend plus compte que de certains aspects de la culture et de la littérature contemporaines.

38. Il s'agit du directeur de la revue hebdomadaire *L'Actualité*.

39. En 1970, André Gaulin, professeur de lettres à l'Université Laval de Québec, fondait un journal, format tabloïd, sous le nom de *Québec français*. Quatre ans plus tard, il devenait revue, sous la direction successive de Christian Vanderdorpe, Gilles Dorion et Paul Chamberland (1955-2003).

40. Alain Stanké fut un novateur dans le domaine de la publicité éditoriale : ainsi avait-il convaincu le quotidien *Le Devoir* de consacrer le bas de la première page à l'annonce de ses livres – annonce qu'il payait d'ailleurs à prix d'or. Très fière de la réussite de son éditeur, Gabrielle Roy supportait difficilement qu'un concurrent l'imite.

41. Cette photographie du visage de la romancière, prise par Alain Stanké, annonçait l'article de Jacques Godbout, « Gabrielle Roy, Notre-Dame des Bouleaux », *L'Actualité*, Montréal, n° 1, janvier 1979, p. 30-34.

42. Selon Alain Stanké, quelqu'un venait de publier une petite annonce dans un quotidien pour revendre une édition de luxe d'un ouvrage de Gabrielle Roy. La romancière était choquée par ce procédé et la formulation : « Vends album de Gabrielle Roy… tirage limité, etc. »

43. Le quotidien *Le Devoir* venait de révéler en première page que le ministre de l'Immigration avait dressé une liste de « néo-Québécois » connus (sur laquelle figurait le nom d'Alain Stanké), susceptibles de l'aider à mieux « servir les communautés ethniques » lors de ses rencontres et de ses déplacements. Cet inventaire, destiné à éviter les bévues ministérielles, précisait que l'éditeur était d'origine… roumaine ! Alain Stanké, qui est lituanien, se fendit alors d'un article à tout casser, expliquant qu'il avait connu par le passé ces listes aux relents de fascisme et de communisme : elles n'annonçaient rien d'autre que le peloton d'exécution.

Claude Fournier : « Gabrielle Roy, ma seconde mère »

1. Octave Crémazie (Claude Joseph Olivier, dit : 1827-1879). Poète québécois. Il est considéré comme l'un des plus grands représentants du romantisme canadien-français. Vibrants de patriotisme, ses poèmes expriment son amour de l'histoire, du pays natal, du terroir, et l'art de faire ronfler la rime : « Le drapeau de Carillon » (poème, 1858), « Un soldat de l'Empire » (poème, 1859), *Œuvres complètes* (1976).

2. Joan Fontaine (née en 1917). Actrice américaine. Née à Tokyo (Japon), elle était la sœur cadette d'une autre grande comédienne, Olivia de Havilland. Sa sensibilité

bouleversante lui valut de jouer le plus souvent des rôles d'héroïnes inquiètes, instables, voire névrosées : *Une demoiselle en détresse* (1937), *Gunga Dir* (1939), *Femmes* (1939), *Rebecca* (1940), *Soupçons* (1941), *Jane Eyre* (1944).

3. Voir note 10 du témoignage d'Yvonne Morissette-Riallan.

4. Ringuet (Philippe Panneton, dit ; 1895-1960). Écrivain québécois. Son roman le plus célèbre, *Trente Arpents* (1938), relate avec un sens aigu de l'observation et un réalisme dénué de lyrisme, le drame d'un homme brutalement dépossédé d'une terre dont il se croyait le maître, alors qu'il n'en était que l'esclave. Cette œuvre a sonné l'apogée du roman régionaliste en même temps que la fin de la société agricole.

Marie-José Raymond : « Gabrielle Roy, la madone de *Bonheur d'occasion* »

1. Publié en 1978, ce récit, dont l'intrigue se déroule en 1942, met en scène une vingtaine de parcours personnels gravitant autour d'une femme enceinte du quartier populaire de Mont-Royal (Montréal) : la future mère de l'auteur. Outre le lyrisme gouailleur de Michel Tremblay, on y retrouve les thèmes chers à ses admirateurs : l'amour, la communication, la solidarité, la maternité, la quête du désir, opposés à la culpabilité, la honte, la religion, les abus de pouvoir, la grossesse imposée, la réclusion et l'incommunicabilité.

2. Michel Forget (né en 1942) Acteur québécois. Clown, animateur, comédien de théâtre, ce Montréalais débuta au cinéma en 1973, mais c'est Claude Fournier qui lui donna son premier grand rôle dix ans plus tard : Azarius, dans *Bonheur d'occasion*. Il campa de nouveau un père de famille accablé par les difficultés de la vie quotidienne dans *Les Tisserands du pouvoir* (1988) du même réalisateur. Depuis, il est revenu à un registre plus humoristique.

3. Pendant toute la durée de leur relation, Gabrielle Roy et Marie-José Raymond communiquèrent essentiellement par téléphone. Néanmoins, deux lettres de la romancière à la productrice sont citées au chapitre IV, « Correspondance », de l'*Inventaire des archives personnelles de Gabrielle Roy, op. cit.*, p. 98.

4. Marylin Lightstone (née en 1941). Actrice canadienne-anglaise. Née à Montréal, elle débuta sa carrière dans les revues *Red and White* de l'Université McGill et suivit pendant trois ans les cours du Théâtre national, avant de se produire à Toronto dans des pièces de Shakespeare, Tchekhov, Ibsen, etc. En 1976, elle fut nommée « meilleure actrice » pour son rôle-titre dans le film *Lies my Father Told Me* (1972) de Jan Kadar et, en 1983, remporta le prix d'interprétation féminine au Festival des films du monde de Moscou pour le rôle de Rose-Anna Lacasse dans *Bonheur d'occasion* de Claude Fournier. Depuis, elle poursuit sa carrière entre New York, Los Angeles et Toronto.

5. Mazo de la Roche (1879-1961). Romancière canadienne-anglaise. Elle connut un immense succès populaire avec la série des *Jalna* (années 1920-1940), seize chroniques de la vie d'une famille de l'aristocratie rurale britannique, les Whiteoak, aux prises avec l'avènement du modernisme américain.

6. Yves Beauchemin (né en 1941). Écrivain québécois. En 1981, son roman, *Le Matou*, qui décrivait les multiples aventures d'un jeune Montréalais ayant choisi de gérer un restaurant afin de s'affranchir d'un passé de dépendance économique, devint un best-seller international. Romancier de la lucidité, doué d'un sens aigu de l'observation et d'un humour foisonnant, il a publié, entre autres, *L'Enfirouapé* (1974), *Les Émois d'un marchand de café* (1999), *Une nuit à l'hôtel* (2001), *Du sommet d'un arbre : journal* (2002). *Juliette Pomerleau* (1989) raconte les tribulations d'une propriétaire d'immeuble, grosse femme truculente, débordante d'amour et de générosité, drainant après elle toute une galerie de personnages pittoresques et attachants qui forment sinon une « ménagerie », du moins une bien curieuse famille.

7. Voir également son témoignage dans M. G. Hesse, *Gabrielle Roy par elle-même, op. cit.*

Myrna Delson-Karan :
« Gabrielle Roy, la Shéhérazade de la littérature canadienne-française »

1. Myrna Delson-Karan a fait don des lettres qu'elle a échangées avec la romancière au Fonds Gabrielle Roy (Archives nationales du Canada, Ottawa). Voir le chapitre IV, « Correspondance », dans l'*Inventaire des archives personnelles de Gabrielle Roy, op. cit.*, p. 85.

2. Gabrielle Roy affirme aussi que la Montagne, « c'est peut-être Dieu [...] le grand jeu magnifique et tragique de la création ». Voir Gérard Bessette, « Interview avec Gabrielle Roy », *Une littérature en ébullition, op. cit.*, p. 303-308.

3. New York University, Ann Arbor, Michigan, 1985, 435 p. (ref : UMI, 1985, 852 1952). Cette thèse porte sur l'esthétique de *Bonheur d'occasion, La Petite Poule d'eau, La Montagne secrète, La Route d'Altamont, Ces enfants de ma vie* et *Cet été qui chantait.* Elle s'inspire des travaux de François Ricard, *Gabrielle Roy*, Éditions Fides, Montréal, 1975, et « Gabrielle Roy : Petite topographie de l'œuvre », *Écrits du Canada français*, Montréal, n° 66, 1989, p. 23-38.

4. Dans *Actes du colloque international « Gabrielle Roy » (pour souligner le 50ᵉ anniversaire de* Bonheur d'occasion*), op. cit.*, p. 617-628. Cet article met en valeur les similitudes de vie, de caractère et de style de ces deux écrivains qui n'étaient pourtant pas contemporains. Parmi leurs thèmes communs, Myrna Delson-Karan distingue la peinture du quotidien, la condition féminine, l'idéalisation de la nature et le mythe du paradis perdu. Dans son unique interview télévisée, Gabrielle Roy évoque également l'influence que l'écrivain suédois Selma Lagerlöf a exercé sur son œuvre. Voir Judith Jasmin, « Entrevue avec Gabrielle Roy », *op. cit.*

5. Cette affirmation, que notre témoin tient du poète québécois Pierre Morency, est un peu excessive : si la publication du *Miroir du passé*, en 1979, avait vivement contrarié Gabrielle Roy, cet ouvrage ne peut être jugé responsable de sa maladie cardiaque, qui couvait depuis longtemps. Son infarctus eut d'ailleurs lieu avant la parution de cet écrit.

6. Voir la lettre du 26 juin 1970, extraite de « Six lettres de Gabrielle Roy à Paul-Marie Paquin » dans cet ouvrage.

7. Claude Grenier (né en 1946). Réalisateur et producteur québécois. Malgré sa préférence pour la fiction, il consacra de nombreux courts métrages à des artistes, à des manifestations culturelles (*Babillart*, 1980-1981 ; *9-12*, 1981-1982), ainsi qu'à l'Ouest canadien (*Louis Riel, dernier songe*, 1983 ; *L'Esprit des neiges*, 1983 ; *Fait d'hiver*, 1984). Depuis son accession à la direction des Productions du Sept Avril ltée à Toronto, il produit des séries télévisées : *20 ans express* (1985-1986), *Transit 30-50* (1987). En 1985, son court métrage, *Le Vieillard et l'enfant*, adapté de la nouvelle éponyme de *La Route d'Altamont* (scénario de Clément Perron), fut tourné en coproduction avec Radio-Canada pour souligner le dixième anniversaire de la régionalisation Ouest de l'Office national du film du Canada.

8. Voir Michel Larouche, « *Le Vieillard et l'Enfant* : le scénario de Gabrielle Roy », *Les Cahiers franco-canadiens de l'Ouest*, Saint-Boniface, Manitoba, publication du CEFCO, vol. 9, n° 12, 1997, p. 3-17.

9. Né au Manitoba, Jean Cyr est marié à Yolande Roy, la fille de Germain Roy (le frère de la romancière) et d'Antonia Houde. Ancien professeur et haut fonctionnaire au gouvernement fédéral, il exerce aujourd'hui les fonctions de commissaire des écoles au Québec.

10. Née au Manitoba, Yolande Roy-Cyr est mère de deux enfants et psychologue au bureau médical de la Gendarmerie royale du Canada. Voir son témoignage sur la romancière dans *Les Chemins secrets de Gabrielle Roy, op. cit.*

11. Selon de nombreux témoins et la biographie de la romancière, elle souffrit régulièrement de dépression toute sa vie.

12. Selon le biographe de Gabrielle Roy, les précisions et les corrections que le docteur Carbotte apporta au manuscrit d'*Alexandre Chenevert* blessèrent la romancière qui décida de ne plus jamais le mêler à son œuvre.

13. Voir note 41 de la partie II : « Ombres et lumières sur Montréal ».

14. Voir « Ode à la terre et à la vie : *Cet été qui chantait* de Gabrielle Roy », *The French Review*, Champaign, Illinois (États-Unis), vol. 71, n° 6, mai 1998, p. 961-970. Dans cet article à la fois poétique et pédagogique, l'auteur procède à une étude systématique des thèmes géographiques, culturels, sociaux, psychologiques et philosophiques du roman.

15. Voir *Bulletin de la Société des amis de Gabrielle Roy*, New York, n° 1, avril 2000. L'abonnement à cette publication et l'adhésion à la Société sont gratuits (adresses électroniques : http://www.societegabrielleroy.com – delsonkaran@yahoo.com).

16. Dans « Mon héritage du Manitoba », *op. cit.*

17. Dans *Québec Studies*, Montréal, vol. 4, septembre 1986, p.194-205. Les questions de Myrna Delson-Karan à Gabrielle Roy portaient sur son enfance, ses débuts littéraires, sa carrière d'enseignante et de journaliste, son attrait pour le théâtre, la part d'autobiographie dans la création romanesque, son choix de la langue française, son apport à la littérature canadienne-française, ses succès et le but de l'œuvre littéraire. Une partie de cet article a été traduit en français : « La dernière interview : Gabrielle Roy », *La Vie ailleurs* (Jessica B. Harris – Beverly Pimsler), Harcourt Brace Jovanovich Publishers, New York, [s.d.], p. 127-131.

Yves Saint-Denis : « Une journée dans la vie de Gabrielle Roy »

1. C'est ce qu'elle révèle dans *La Détresse et l'Enchantement*, suivie de *Le Temps qui m'a manqué*.

2. *Au pied de la pente douce* (1944) raconte l'histoire d'un jeune ouvrier, Denis, qui, rêvant de devenir écrivain, abandonne sa fiancée, la petite soyeuse Lise, lorsque son premier manuscrit est accepté. En fait, le véritable héros de ce roman est le quartier Saint-Sauveur de Québec, fourmillant de personnages pittoresques déchirés entre tradition et modernité, nationalisme et « collaboration ».

3. Dans les années 1950-1960, les Québécois se replièrent sur les valeurs familiales et paroissiales, et se lancèrent dans une politique de forte natalité afin de résister à l'« anglophonie » et à l'assimilation galopantes.

4. Yves Thériault (1915-1983). Écrivain québécois. Il renouvela le genre du conte en lui adjoignant une forme plus dense, plus poétique, une atmosphère étrange, des personnages entiers, instinctifs et violents : *Contes pour un homme seul*, 1944. Chantre des minorités Inuit (*Agaguk*, 1958 ; *Tayaout, fils d'Agaguk*, 1969), indienne (*Ashini*, 1960), juive (*Aaron*, 1954), scandinave (*Kesten*, 1968), etc., il fut acclamé comme le « père des lettres québécoises ».

5. En revanche, une lettre de la romancière à Yves Saint-Denis est mentionnée dans le chapitre « Lettres de Gabrielle Roy à divers correspondants », *Inventaire des archives personnelles de Gabrielle Roy, op. cit.*, p. 76. Il s'agit de la réponse à la lettre qu'Yves Saint-Denis et ses élèves lui avaient adressée pour le remercier de son accueil chaleureux.

6. Cet aveu de Gabrielle Roy est en contradiction avec celui qu'elle fit à sa sœur Marie-Anna : voir note 1 du témoignage d'Éric Bergeron.

7. Claire Martin (née en 1914). Écrivain québécois. Elle débuta en littérature avec un recueil de nouvelles, *Avec ou sans amour* (1958), qui analysait ce sentiment avec une étonnante liberté, trempée de tendresse et d'ironie. Auteur de nombreux romans, *Doux-amer* (1960), *Quand j'aurai payé ton visage* (1972), *Les Morts* (1970), c'est avec ses mémoires, *Dans un gant de fer* (1965 ; 1968), qu'elle s'affirma comme l'un des écrivains marquants de sa génération.

8. Bibliothèque nationale du Canada, Ottawa, 1992. Lionel Groulx (1878-1967). Écrivain et historien québécois. Le nationalisme de cet ecclésiastique, fondateur de la première chaire d'histoire du Canada à l'Université Laval de Québec, exerça une influence considérable sur deux générations de Québécois. Son ouvrage le plus célèbre, *L'Appel de la race* (1922), met en scène un brillant avocat canadien-français qui, après avoir étudié dans une université anglaise et épousé une anglophone, décide, sur le conseil d'un ami prêtre, de « refranciser » sa vie et de retrouver son âme véritable. Devenu le défenseur des droits de la minorité franco-ontarienne, il se voit contraint de choisir entre sa carrière politique et sa famille.

VI. LES VISITEURS DE PETITE-RIVIÈRE-SAINT-FRANÇOIS

1. Dans *Revue de la Société historique de Charlevoix*, Charlevoix, Québec, vol. 1, n° 2, 1985, p. 6-8.

2. Dans *La Route d'Altamont*.

3. Dans *Ma chère petite sœur*, lettre du 2 octobre 1957.

4. Dans Marc-André Bluteau, « Gabrielle Roy en Charlevoix », *op. cit.*

5. Dans *Ma chère petite sœur*.

6. À ce sujet, voir notamment l'article de Cedric May, « Des fleurs tenaces dans un jardin à peupler : Gabrielle Roy et le thème du jardin », *Actes du colloque international « Un pays, une voix, Gabrielle Roy »* (tenu les 13-14 mai 1987 à l'Université de Bordeaux-Talence, France), publication de la Maison des sciences de l'homme d'Aquitaine, Bordeaux-Talence, 1991, p. 94-104. Reflet de notre sensibilité, projection de notre personnalité et représentation dramatique de nos rapports avec la nature, le jardin, selon l'auteur, est entré dans la sensibilité de Gabrielle Roy par le biais de l'apport anglais à la culture canadienne. À la fois réalité et métaphore, il renvoie aux thèmes de l'enfance, de l'innocence et du passé ; il est le lieu du bonheur, de la consolation, du commencement de la vie, de l'ouverture au monde, de l'épanouissement de l'imagination, mais aussi celui du rêve inaccessible et du déclin de l'existence. Pour la romancière, il n'y a pas de retour possible au jardin universel, mais le Paradis existe quelque part.

7. Dans *Ma chère petite sœur*, lettre du 24 juillet 1961.

8. *Ibid.*, lettre du 22 juillet 1964.

9. *Ibid.*

10. *Ibid.*, lettre du 6 août 1965.

11. *Ibid.*, lettres du 28 avril et du 3 mai 1970.

12. *Ibid.*

13. Dans « Monsieur Toung » (*Cet été qui chantait*).

14. *Ibid.*

15. Dans *Mon cher grand fou*, lettre du 1er août 1956.

16. *Ibid.*

17. Dans *Ma chère petite sœur*, lettre du 25 août 1968.

18. Dans « Comme si la terre elle-même racontait son histoire », *Le Devoir*, Montréal, 11 novembre 1972.

19. Myrna Delson-Karan, dans « Ode à la vie : *Cet été qui chantait* de Gabrielle Roy », *The French Review*, *op. cit.*, p. 962.

20. Voir M. G. Hesse, *Gabrielle Roy par elle-même*, *op. cit.*

21. Dans « Ma petite rue qui m'a menée autour du monde » (*Le Pays de Bonheur d'occasion*).

22. Dans « Âmes en peine » (*Cet été qui chantait*).

23. Dans « De Retour à la mare de Monsieur Toung » (*Cet été qui chantait*).

Berthe Simard, l'héroïne d'*Un jardin au bout du monde* et de *Cet été qui chantait* : « Il n'y a pas de mystère Gabrielle Roy... »

1. Dans Ismène Toussaint : *Les Chemins de Gabrielle Roy*, *op. cit.*, plusieurs personnes ont été frappées par cette prédilection de la romancière pour les marches le long des rails de chemin de fer. Elle-même relate quelques-unes de ces promenades peu ordinaires dans *Cet été qui chantait*.

2. Voir l'ensemble des nouvelles, et plus particulièrement « Jeannot la Corneille », « Âmes en peine », « Les Frères-Arbres », « La messe aux hirondelles », « Les visiteurs de la journée ».

3. Voir la nouvelle « La paire ».

4. Voir la nouvelle « Les vaches d'Aimé ».

5. Voir les nouvelles « Monsieur Toung » et « De retour à la mare de Monsieur Toung ».

6. Voir note 6 du témoignage d'Alain Stanké, ainsi que François Ricard, *Gabrielle Roy, une vie*, *op. cit.*

7. Cet enregistrement figure dans le Fonds Berthe Simard, aux Archives nationales du Canada, Ottawa.

8. Alice Lemieux-Lévesque (1905-1983). Poète québécois. Ses vers, d'une facture classique à ses débuts, puis plus modernes, expriment un profond sentiment religieux et un amour intense pour la nature : *Heures effeuillées* (1926), *Poèmes* (1929), *Silence* (1962). Devenue une amie de Gabrielle Roy dans les années 1960, elle est citée dans la nouvelle « Les visiteurs de la journée » (*Cet été qui chantait*).

9. Certains proches de la romancière partagent l'avis contraire : voir, entre autres, les témoignages de sa sœur Marie-Anna et de Jori Smith.

10. Voir en particulier les articles d'Alice Parizeau : « Gabrielle Roy, la grande dame de la littérature québécoise », *La Presse*, Montréal, 29 juin 1967 ; « Gabrielle Roy, la grande romancière canadienne », *Châtelaine*, Montréal, avril 1966, p. 44-48, 120-122, 140.

11. Il semble que le comportement de Gabrielle Roy variait suivant les circonstances et la personnalité des gens qu'elle rencontrait. Les témoins réunis dans cet ouvrage émettent des opinions différentes sur ce sujet. Voir François Ricard, *Gabrielle Roy, une vie*, *op. cit.* ; Ismène Toussaint : *Les Chemins secrets de Gabrielle Roy*, *op. cit.*

12. Voir note 9 du témoignage de Jori Smith.

13. Cette chapelle apparaît dans la nouvelle « La messe aux hirondelles » (*Cet été qui chantait*), où tous les animaux du voisinage semblent prendre part à l'office religieux du dimanche.

14. Si certains témoins, dont les membres de sa famille, confirment cette qualité chez la romancière, en revanche ses sœurs Anna et Marie-Anna la lui contestent. Voir Ismène Toussaint, *Les Chemins secrets de Gabrielle Roy*, *op. cit.*

15. Pour plus de détails sur cette affaire, voir François Ricard, *Gabrielle Roy, une vie*, *op. cit.*

16. C'est ce qu'affirment plusieurs témoins, dont Myrna Delson-Karan dans cet ouvrage. Toutefois, la biographie de la romancière, sa correspondance et les témoignages d'autres proches laissent entendre que, cachant sans doute son état, elle souffrit plus ou mois de cette maladie tout au long de sa vie.

17. Gabrielle Roy confia pourtant à son ami Henri Bergeron qu'elle souffrait d'une forme de dépression après la publication de chacun de ses livres. Voir son témoignage dans Ismène Toussaint, *Les Chemins secrets de Gabrielle Roy*, *op. cit.* La biographie de la romancière insiste également sur ce fait.

18. Gabrielle Roy décrit son jardin avec une légitime fierté dans *Cet été qui chantait* et *Ma chère petite sœur*.

19. La biographie de Gabrielle Roy avance le nom de Mgr Maurice Roy, cardinal archevêque de Québec, alors hospitalisé, lui aussi, à l'Hôtel-Dieu. Peut-être la romancière reçut-elle la visite des deux ecclésiastiques : le diocèse de Québec n'a pu me renseigner sur ce point.

20. Plusieurs habitants de Petite-Rivière-Saint-François m'ont relaté le même événement. Ils m'ont également confié ceci : « En 1994, sans doute à des fins de rabattements fiscaux, était également créée la bourse Gabrielle-Roy, permettant à des écrivains de résider six mois dans la maison de la romancière. Une bourse ? Une "peau de chagrin" serait le terme le plus exact. Plusieurs auteurs se sont plaints que non seulement son temps d'attribution diminuait graduellement – de six mois, il était passé à quatre –, mais aussi son montant : ils étaient obligés de mettre la main à la poche pour couvrir leurs dépenses. La plupart de ces auteurs sont pourtant des "petits copains" des membres de l'organisation en question, n'ayant pas grand-chose à voir avec Gabrielle Roy et ne travaillant pas spécialement sur son œuvre. Le plus souvent, ils méprisent la population locale, évitant soigneusement tout contact. »

21. Contactés à plusieurs reprises pour une interview, les membres de cet organisme se sont systématiquement esquivés.

22. Gabrielle Roy a dédié cet ouvrage à Berthe Simard et l'évoque également dans *Ma chère petite sœur* et *Mon cher grand fou*. Les lettres de la romancière à son amie sont conservées dans le Fonds Berthe-Simard des Archives nationales du Canada, à Ottawa : voir chapitre IV, « Correspondance », *Inventaire des archives personnelles de Gabrielle Roy*, *op. cit.*, p. 159.

Antoine Sirois : « Gabrielle Roy ou l'impossible quête »

1. Ce texte a été repris dans *Dossier de littérature canadienne-française* : « Gabrielle Roy », Éditions Fides, Montréal, 1967, p. 65-70.

2. Bien que les deux correspondants se soient écrit à plusieurs reprises, une seule lettre de la romancière à Antoine Sirois, datée de 1964, figure au Fonds Gabrielle-Roy. Elle est mentionnée au chapitre IV, « Correspondance », de l'*Inventaire des archives person-nelles de Gabrielle Roy*, *op. cit.*, p. 100.

3. Voir note 1.

4. Les premiers hommes à marcher sur la lune furent Neil Armstrong, Michael Collins et Eldwin Aldrin. Gabrielle Roy avait prédit cet événement depuis sa prime jeunesse. Voir le témoignage de Marcel Lancelot dans Ismène Toussaint, *Les Chemins secrets de Gabrielle Roy*, *op. cit.*

5. Dans *Présence francophone*, Montréal, n° 18, printemps 1979, p. 159-163.

6. Dans *Études littéraires*, Montréal, vol. 17, n° 3, hiver 1984, p. 469-480.

7. Dans *Voix et Images*, Montréal, n° 42, printemps 1989, p. 380-386 ; reprise sous le titre « De l'idéologie au mythe de la nature : romans et nouvelles de Gabrielle Roy », *Mythes et symboles de la littérature québécoise* (même auteur), *op. cit.*, p. 51-59.

8. Dans *Actes du colloque international « Gabrielle Roy »* *(pour souligner le 50ᵉ anniversaire de* Bonheur d'occasion*), op. cit.*, p. 605-616; repris dans *Lecture mythocritique du roman québécois* (même auteur), *op. cit.*, p. 99-113.

9. *Agaguk* (1968), roman réaliste où le rêve joue un grand rôle, entraîne le lecteur dans des pérégrinations au cours desquelles le héros éponyme, un grand chasseur Inuit, tue un trafiquant qui l'a escroqué. Peu à peu, s'éveillent la conscience de cet être primitif, puis le remords, symbolisé par un grand loup blanc qui le défigure. Devenu adolescent, *Tayaout, fils d'Agaguk* (1969) quitte sa famille pour des chasses lointaines dont il rapporte la pierre verte, l'équivalent du Graal occidental. Mais son père la vend contre une poignée de dollars, provoquant la fureur de Tayaout qui le tue. Lui-même est mortellement blessé par un ours blanc.

10. Éditions Didier, Paris, 1969. Il s'agit d'une des premières études de littérature canadienne comparée. L'auteur se livre à une investigation détaillée des romans d'auteurs français, anglais et juifs ayant pour cadre et (ou) pour thème la ville de Montréal. Y figure *Bonheur d'occasion* de Gabrielle Roy.

11. Éditions Triptyque, Montréal, 1992. Après avoir retracé les grands mythes bibliques et gréco-romains ayant marqué l'Occident, l'auteur montre comment les écrivains québécois Ringuet, Gabrielle Roy, Anne Hébert, Jacques Ferron, etc., ont transposé et adapté ces récits.

12. Éditions Triptyque, Montréal, 1999. À la lumière des études mythocritiques des chercheurs John J. White, Gérard Genette et Pierre Brunel, l'auteur s'attache à repérer les traces des grands mythes gréco-latins et bibliques dans les récits d'Anne Hébert, de Jacques Ferron, de Jacques Poulin, de Gabrielle Roy et d'Yves Thériault.

Paul Socken : « Les jardins secrets de Gabrielle Roy et de Jacques Poulin »

1. Bibliothèque nationale du Canada, Ottawa, 1974 (thèse sur microfiche 31341). En premier lieu, Paul Socken analyse l'interaction étroite existant entre les personnages romanesques et leur milieu : le plus souvent, ceux-ci se sentent seuls et étrangers dans un environnement hostile. En second lieu, il examine leurs réactions face à leur sentiment d'aliénation : fuite par le rêve, survie par l'adaptation à leur milieu, découverte de la nature et de la nécessité de coexister en harmonie avec elle, développement de la compassion envers les autres. Enfin, il étudie le rôle de l'artiste, formidable tisseur de liens entre les êtres et créateur d'un monde idéal.

2. Dans *Canadian Modern Language Review*, Ottawa, vol. 30, nᵒ 2, janvier 1974, p. 96-100.

3. Dans *La Revue de l'Université d'Ottawa*, Ottawa, vol. 45, nᵒ 4, hiver 1975, p. 344-350.

4. Cette lettre est publiée à la suite du témoignage de Paul Socken.

5. Dans *Myth and morality in Alexandre Chenevert by Gabrielle Roy*, Frankfurt am Mein, Peter Lang, 1987, *op. cit.*, p. 89-94. Cet ouvrage est divisé en deux parties : la première, « Mythic dimension » (La dimension mythique), analyse la révélation qu'Alexandre Chenevert a de la présence de Dieu lors de son séjour au lac Vert. La seconde, « Morality » (La morale), étudie dans une perspective humaniste la relation du personnage avec son entourage. Pour l'auteur, Alexandre Chenevert demeure « l'œuvre la plus profonde » de Gabrielle Roy.

6. La nouvelle « Feuilles mortes » avait paru dans *La Revue moderne*, Montréal, vol. 29, nᵒ 11, mars 1948, p. 12-13 et 66-68; « Sécurité », dans *La Revue de Paris*, Paris, 56ᵉ année, nᵒ 1, janvier 1948, p. 46-55.

7. Voir, par exemple, l'article d'Elaine Kalman-Naves, « World was her home », *The Gazette*, Montréal, 12 septembre 1992. L'auteur cite d'anciennes interviews de

Gabrielle Roy dans lesquelles elle confiait considérer le Canada et le monde en général comme sa « maison ». Farouchement opposée aux revendications des nationalistes québécois, sa réputation de romancière pâtit, dans les années 1960-1970, de son refus de s'engager à leurs côtés.

8. Jacques Poulin (né en 1937). Écrivain québécois. Dans ses romans, qui explorent les mots et les frontières entre imaginaire et réel, des êtres doux, tendres, solitaires, sont en butte à la violence d'un monde technocratique et hyper spécialisé : *Mon cheval pour un royaume* (1967), *Jimmy* (1969), *Le Cœur de la baleine bleue* (1970), *Les Grandes Marées* (1978), *Volkswagen blues* (1984), *Chat sauvage* (1998), *Les Yeux bleus de Mistassini* (2002). Cet auteur m'a écrit avec beaucoup de gentillesse qu'il n'avait pas suffisamment de souvenirs sur Gabrielle Roy pour soutenir une interview.

9. Ces lettres sont conservées au Fonds Gabrielle-Roy. Voir chapitre IV, « Correspondance », de l'*Inventaire des archives personnelles de Gabrielle Roy*, *op. cit.*, p. 101.

10. Dans *Actes du colloque international « Gabrielle Roy » (pour souligner le 50ᵉ anniversaire de* Bonheur d'occasion*)*, *op. cit.*, p. 593-603.

11. Dans une lettre du 9 juillet 1999, Jacques Poulin m'écrivait cependant qu'en dépit de la « vive admiration » qu'il ressentait pour Gabrielle Roy, ses livres n'avaient, semble-t-il, « aucun rapport avec les siens ».

12. Pierre Morency (né en 1942). Poète québécois. Ses recueils dégagent une intense présence physique tout en touchant les âmes : *Poèmes de la vie déliée* (1968), *Au nord constamment de l'amour* (1973), *Les Passeuses* (1976), *Les Paroles qui marchent dans la nuit* (1994), *À l'heure du loup, contes* (2002).

13. Voir l'article de Michel Arsenault, « Jacques Poulin, un sauvage à Paris », *L'Actualité*, Montréal, 1ᵉʳ mai 1999, p. 84-86.

14. « C'était magnifique d'être tous les trois ensemble. C'était un moment de bonheur » m'écrivait Jacques Poulin le 4 octobre 1999 à propos de cette journée.

15. Voir « Jacques Poulin, romancier », entretien avec Vincent Nadeau, Service des transcriptions et des dérivés de la radio, Radio-Canada, Montréal, 13 novembre 1979.

16. *Le Vieux Chagrin* (1989) raconte l'histoire d'un écrivain qui épie jusqu'à l'obsession la silhouette inaccessible d'une jeune fille dont le voilier a jeté l'ancre dans une anse du fleuve Saint-Laurent. Bientôt, une enfant malheureuse vient trouver refuge et réconfort auprès de lui.

17. Vol. 1, Toronto, Downview, 1979.

18. Waterloo University Press, Ontario, 1982. Il s'agit d'une étude de la fréquence des mots clés dans ce roman.

Lettre de Gabrielle Roy à Paul Socken du 26 mars 1976

1. Voir notes 2 et 3 du témoignage de Paul Socken.

2. Voir note 3 du même.

3. Nombreux, en effet, sont les personnages de Gabrielle Roy exerçant un art ou créant de leurs propres mains. Dans *La Rivière sans repos*, Thaddeus, le grand-père inuit, sculpte le bois et la pierre. Elsa et son fils Jimmy, les personnages principaux, font eux-mêmes preuve d'une certaine créativité. Alexandre Chenevert se découvre une vocation d'écrivain au contact du lac Vert. Quant aux animaux de *Cet été qui chantait*, ce sont tous des artistes dans leur genre : chanteurs, musiciens, peintres, paysagistes…

4. Deuxième nouvelle de *Cet été qui chantait*, « La gatte de M. Émile » est un hommage à l'éternel cycle de la vie et de la mort. Gabrielle Roy met l'accent sur la relativité et l'indivisibilité de la beauté et de la laideur dans le monde.

5. Dans cette nouvelle, Dieu choisit l'animal le plus humble pour créer un monde où l'être humain voit une œuvre d'art. À force de piétiner la vilaine terre du champ de M. Émile, une vache y fait pousser des fleurs somptueuses.

6. Chaque année, Gabrielle sortait malade et épuisée de l'hiver.

7. Environ 105 kilomètres.

Paula Ruth Gilbert : « Gabrielle Roy : contes d'un après-midi d'été »

1. Six lettres de Paula Ruth Gilbert à Gabrielle Roy ont été déposées au Fonds Gabrielle Roy : voir le chapitre IV, « Correspondance », de l'*Inventaire des archives personnelles de Gabrielle Roy*, *op. cit.*, p. 93.

2. Summa Publications, Birmingham, Alabama (États-Unis), 1984 (sous le nom de Paula Gilbert Lewis).

3. Gabrielle Roy avait fait un infarctus l'automne précédent.

4. Françoise Mallet-Joris (née en 1930). Écrivain français d'origine belge. Ses romans analysent, en racontant des histoires de famille, les bouleversements sociaux et culturels modernes : *Le Rempart de béguines* (1951), *La Chambre rouge* (1955), *L'Empire céleste* (1958), *Le Rire de Laura* (1985).

5. Rina Lasnier (1915-1997). Poète québécois. D'inspiration cosmique et fortement empreinte de religiosité, sa poésie prône la fusion avec la nature et l'au-delà, seuls capables d'apaiser les angoissants paradoxes de l'être humain : *Féerie indienne* (1939), *Le Chant de la montée* (1947), *L'Arbre blanc* (1965), *L'Échelle des anges* (1975), *Chant perdu* (1983), *Soleil noir* (1987), *L'Ombre jetée*, I et II (1987-1988).

6. À Monique Genuist, Gabrielle Roy confia qu'elle n'aimait pas les écrits de Marie-Claire Blais.

7. Gabrielle Roy exagère un peu. Susceptible et hypersensible comme nombre de Franco-Manitobains, elle réagissait souvent de manière épidermique : ainsi, à l'accueil enthousiaste que lui firent les Québécois lors de la parution de *Bonheur d'occasion*, elle répondit par la fuite.

8. La lumière n'a jamais été faite sur ce point : aux uns, Gabrielle Roy racontait qu'elle n'avait pas pu avoir d'enfants, aux autres qu'elle n'en avait pas voulu.

9. Voir le texte « Ma petite rue qui m'a menée autour du monde » (*Le Pays de Bonheur d'occasion*) et la nouvelle « Le Vieillard et l'Enfant » (*La Route d'Altamont*) qui développent ce thème.

10. Voir l'article d'Éva Kushner : « Gabrielle Roy : De la représentation à la vision du monde », *op. cit.*

11. La sémioticienne Marie Francœur s'insurge contre ce point de vue : voir son texte en annexe.

12. Voir les nouvelles de Gabrielle Roy écrites entre septembre 1939 et octobre 1946 dans le chapitre II, « Manuscrits et imprimés, textes épars – Écrits journalistiques, 1936-1947 », de l'*Inventaire des archives personnelles de Gabrielle Roy*, *op. cit.*

13. Paula Gilbert Lewis, Grennwood Press, Westport, Connecticut, (États-Unis) et Londres (Angleterre), 1985.

14. Plattsburgh State University Center for the Study of Canada, Plattsburgh, New York, 2000 (sous la direction de Mary-Jean Green, Jane Moss et Lee Thompson).

15. Dans *Études littéraires*, Montréal, vol. 17, n° 3, hiver 1984, p. 563-576. Cet excellent article développe les thèmes évoqués au court du présent témoignage.

Miyuki Tanobe : « Lanternes japonaises pour Gabrielle Roy »

1. Voir « Ma rencontre avec les gens de Saint-Henri », *Les Cahiers franco-canadiens de l'Ouest, op. cit.*
2. Éditions internationales Alain Stanké, Montréal, 1983.
3. Cette lettre a été publiée antérieurement dans M. G. Hesse, *Gabrielle Roy par elle-même, op. cit.*
4. Voir également son témoignage dans M. G. Hesse, *Gabrielle Roy par elle-même, op. cit.*

Une bibliothécaire : « Enfers et paradis de Gabrielle Roy »

1. De nombreuses personnes souligneront cette ressemblance. Voir par exemple l'article d'Alain Stanké, « Gabrielle Roy : la promesse et… le désenchantement », *Occasions de bonheur, op. cit.*
2. Voir note 6 du témoignage d'Alain Stanké.
3. Voir *Cet été qui chantait*, ainsi que le témoignage de sœur Berthe Valcourt dans Ismène Toussaint, *Les Chemins secrets de Gabrielle Roy, op. cit.*
4. Voir note 1 du témoignage de Berthe Simard.
5. Écrit en 1970 et publié en 1986, ce conte relate, avec humour et sensibilité, l'histoire d'une petite chienne en mal de maternité qui « adopte » une portée de chatons sous l'œil farouche de leur mère légitime. Après bien des démêlés, chienne et chatte finiront par se réconcilier.

Conclusion

1. *La Détresse et l'Enchantement*, la biographie de Gabrielle Roy, *Les Chemins secrets de Gabrielle Roy* d'Ismène Toussaint et le présent ouvrage font partiellement la lumière sur ce point.
2. Elle est reproduite dans le grand reportage de Geneviève Picard : « Gabrielle Roy », *Elle Québec*, Montréal, mars 1991, p. 70-74.
3. Tendance à décrire un phénomène comme s'il était humain, à attribuer aux êtres et aux choses des réactions humaines.
4. Peu de temps avant sa mort, Gabrielle Roy confiait à son éditeur, Alain Stanké, qu'elle n'aurait pas le temps d'achever son autobiographie, mais qu'elle en espérait la publication posthume. L'ouvrage, comme on le sait, fut récupéré par un autre éditeur. En revanche, elle demanda qu'on ne publie pas ses inédits, vœu qui ne fut pas respecté… pour le plus grand plaisir de ses lecteurs.
5. Charles Maurras (1868-1952). Écrivain et homme politique français. Grâce à l'amour de la Grèce antique, il exprima son culte de l'ordre et de la raison. *L'Avenir de l'intelligence* (1900) et *Anthinéa* (1901) sont des méditations sur l'activité humaine face à la mort politique, identifiée avec la démocratie, ou à la mort de l'art (*Romantisme et révolution*, 1925). Son *Enquête sur la monarchie* (1900) inaugura le mouvement Action française (1908-1944), dont il fut l'un des principaux animateurs. *Mes idées politiques* (1937), ouvrage dans lequel il fustigeait la République, les Juifs et les francs-maçons, aboutit à la mise à l'index de ses œuvres par Rome (1914-1939). Condamné à la réclusion perpétuelle pour collaboration pendant la Seconde Guerre, il fut gracié peu de temps avant sa mort. Je me réfère ici au poétique essai que Charles Maurras avait consacré à George Sand et à Alfred de Musset : *Les Amants de Venise* (1902 ; nombreuses rééditions).
6. Elle fit cette confidence à plusieurs membres de sa famille et à des proches. Voir, entre autres, le chapitre VIII, « Une mère de famille : Gabrielle, un écrivain de six ans », dans Ismène Toussaint, *Les Chemins secrets de Gabrielle Roy, op. cit.* Le journaliste franco-

manitobain Lucien Chaput a également intitulé l'un de ses articles : « Gabrielle Roy, la religieuse de la littérature », *La Liberté*, Saint-Boniface, 16-22 mars 1990.

ANNEXE
GABRIELLE ROY INTIME

UNE INTERVIEW EXCLUSIVE DE PIERRE CHAGNON, COMÉDIEN, ET L'OPINION DES SPÉCIALISTES

**Une interview exclusive de Pierre Chagnon, comédien :
« Dans la peau de Jean Lévesque... »**

1. Ces propos recoupent le témoignage de Myo Kapetanovitch.
2. Voir la lettre de Gabrielle Roy : « Prière de communiquer », *Le Soleil*, Québec, 29 juillet 1967, p. 3 et *Le Devoir*, Montréal, 29 juillet 1967, p. 3. Elle y proteste énergiquement contre les ingérences du général de Gaulle dans les affaires politiques du Québec et affiche ouvertement son nationalisme canadien tout en engageant ses compatriotes à abandonner la voie de l'indépendantisme.
3. L'opinion de notre interviewé rejoint les témoignages de Myo Kapetanovitch, de Paul-Émile Roy et de Réginald Hamel.
4. Alexandra David-Néel (1868-1969). Exploratrice et écrivain français. Née à Paris, elle est la première occidentale à avoir pénétré la ville sainte de Lhassa en 1924, après cinq tentatives et un périple de 3000 kilomètres à travers l'Himalaya : *Voyage d'une Parisienne à Lhassa* (1925), *Au pays des brigands gentilshommes* (1933), *Les enseignements secrets des bouddhistes tibétains* (1951), *Journal de voyage – Lettres à son mari* (1975).

« Gabrielle Roy, un art au cœur de la condition humaine », par André Brochu

1. Louis-Ferdinand Céline (Louis-Ferdinand Destouches, dit ; 1894-1961). Écrivain français. Il a révolutionné la littérature en y introduisant le langage parlé, souvent argotique : *Voyage au bout de la nuit* (1932), *Mort à crédit* (1936), *Guignol's Band* (1944), *D'un château l'autre* (1957), *Nord* (1960).
2. André Langevin (né en 1927). Écrivain québécois. Il est l'auteur d'une œuvre romanesque tout en questionnements et en monologues sur les problèmes philosophiques de l'homme contemporain : la solitude, l'incommunicabilité, la souffrance physique et l'injustice qui affecte les innocents : *Poussière sur la ville* (1953), *Le Temps des hommes* (1954), *Évadé de la nuit* (1957), *L'Élan d'Amérique* (1974).
3. Hector de Saint-Denys-Garneau (1912-1943). Poète québécois. Hanté par une quête métaphysique, sa poésie en vers libres, d'inspiration symboliste, exprime le déchirement de l'être entre la joie et l'angoisse, le péché et la grâce, le jour et la nuit, l'enfance et le monde adulte : *Regards et jeux dans l'espace* (1937), *Poésies complètes* (1949).
4. Jean-Pierre Richard (né en 1922) Critique littéraire français. Ses ouvrages décrivent un univers existentiel à partir de la notation systématique des rapports du sujet au réel, selon les sensations, les images et les thèmes : *Littérature et sensation* (1955), *L'Univers imaginaire de Mallarmé* (1967), *Paysages de Chateaubriand* (1967). On lui doit aussi des études sur le romantisme, sur Marcel Proust, ainsi que des *Microlectures* (1979) influencées par la psychanalyse et les références à l'écriture.
5. Georges Poulet (né en 1902). Critique belge. Grâce aux catégories du temps et de l'espace ou les manifestations des formes privilégiées (le cercle), il tente de saisir l'acte par lequel l'esprit « s'est uni à l'objet pour s'inventer sujet ». Il fonde ainsi une critique

de « participation » ayant pour objet la « prise de conscience d'autrui » : *Études sur le temps humain* (1960-1971), *Métamorphoses du texte* (1961), *Mesures de l'instant* (1968), *Entre moi et toi* (1977), *La Poésie éclatée* (1980).

6. Jean Rousset (né en 1910). Critique suisse d'expression française. Pour lui, la mise au jour de la structure de l'œuvre est indissociable d'une enquête existentielle sur le problème du sujet dans la création littéraire : *L'Intérieur et l'extérieur* (1968), *Narcisse romancier* (1973), *Le Mythe de Don Juan* (1978).

7. Éditions Leméac, Montréal, 1974, p. 206-246. L'auteur renouvelle l'interprétation du roman en menant une lecture « de l'intérieur ». En étudiant les thèmes suivants : l'attente, le regard, la venue et l'éloignement, l'homme et la femme, le tourbillon et la vague, Emmanuel ou le bon chevalier, l'enfance, il tente de mettre en valeur la cohérence de l'œuvre, d'en éclaircir certains passages et de tisser des fils conducteurs à travers le foisonnement de la narration.

8. Éditions Boréal, Montréal, 1988, p. 169-185. Inspiré par les travaux du linguiste A. J. Greimas, l'auteur ramène *Bonheur d'occasion* à une opposition entre deux dimensions existentielles s'exprimant par les images de la droite et du cercle. À la droite, correspondent l'homme, le voyage, la liberté, l'évasion, l'ambition, la guerre ; au cercle, la femme, la maternité, la misère. Le roman s'organise autour de quatre sphères, imperméables les unes aux autres : la sphère des individualités (histoires d'amour), la sphère familiale, la sphère sociale et la sphère mondiale. La matrice sémantique, quant à elle, est ordonnée selon un axe oppositionnel rêve-réalité recoupant les thèmes précédents.

9. Éditions Boréal, collection « Les Classiques illustrés », Montréal, 1998. Il s'agit d'une synthèse des deux études citées précédemment.

10. *Op. cit.*

« Gabrielle Roy sur le vif », par Jacques Allard

1. Voir « Thèmes et structures de *Bonheur d'occasion* », *op. cit.*

2. Dans *Cahiers de Sainte-Marie*, Montréal, n° 1, mai 1966, p. 57-69. Pour le critique, l'univers romanesque de Gabrielle Roy est fondé sur l'opposition entre la droite (symbolisant l'élément masculin) et le cercle (élément féminin). Des personnages tels que Luzina et le capucin de *Toutes-Aides* sont les pivots de la réconciliation entre ces deux systèmes de valeur. Par ailleurs, Jacques Allard note que les relations entre les personnages sont en partie déterminées par les influences extérieures, indiquées par des changements de temps verbaux dans la narration.

3. Rodolphe Girard (1879-1956). Écrivain québécois. Il fit scandale avec la parution de son roman, *Marie Calumet* (1906), l'histoire d'une vieille fille haute en couleur qui bouleverse la vie austère d'un curé de campagne en montrant accidentellement ses fesses à tout le village. Cette farce égrillarde et subversive, qui ridiculisait le conformisme puritain et le traditionalisme sclérosé des Canadiens français, fut mise à l'index par l'archevêque de Montréal et réhabilitée seulement en 1946.

4. Voir Maurice Bertrand, *La Montagne secrète et l'esthétique de Gabrielle Roy*, mémoire de DES, Université de Montréal, 1965.

5. Dans *Études françaises*, vol. 33, n° 3, Montréal, hiver 1997-1998, p. 53-65. Pour Jacques Allard, trois images ou symboles, le Ciel, la Cité et la Chambre – correspondant respectivement aux discours religieux, politique et amoureux – sous-tendent le roman québécois depuis 1880. La Cité domine *Bonheur d'occasion* de Gabrielle Roy et *Le Survenant* de Germaine Guèvremont, écrits à une époque de laïcisation accrue. Après avoir étudié la place de ce symbole (et celle des scènes centrales) dans le texte, l'auteur

dégage les thèmes qui s'y rattachent : la contestation individuelle de l'ordre social ; l'ambition cynique, facteur du libéralisme et du capitalisme ; la représentation de la ville culminant dans celle de la guerre

6. Germaine Guèvremont (1893-1968). Écrivain québécois. Elle a renouvelé le genre du roman régionaliste en apportant au tableau de mœurs paysannes un souffle de liberté, de sensibilité et de poésie réaliste. *Le Survenant* (1945), l'histoire d'un mystérieux journalier qui s'éprend d'une vieille fille mais, repris par son esprit d'aventure, l'abandonne à son désespoir, annonçait l'extinction de la famille terrienne traditionnelle et la fin du roman du terroir.

7. Hubert Aquin (1929-1977). Écrivain québécois. Ses romans (*Prochain Épisode*, 1965 ; *Trou de mémoire*, 1968 ; *Neige noire*, 1974), traduisent avec une intensité d'écriture et une rare lucidité le déchirement entre la culture traditionnelle et la nécessité d'un nouvel ordre politique. Dans *Prochain Épisode*, un narrateur anonyme, interné pour ses activités révolutionnaires, s'interroge sur les circonstances qui l'ont fait échouer dans sa mission de surveillance des finances d'une organisation. Dominent les thèmes de l'impérialisme anglo-saxon et d'un Québec obsédé par son idéalisme et les intérêts qui le lient au Canada.

8. Dans *L'Incubation* (1965), influencé par le Nouveau Roman, le narrateur, avatar du personnage principal du *Libraire* (précédent ouvrage de G. Bessette, 1960), scrute au microscope les tribulations de Gordon, un universitaire marié et embourgeoisé qui retrouve une ancienne maîtresse rencontrée à Londres pendant la Seconde Guerre mondiale.

9. *Op. cit.*

« En marge du mythe de l'artiste chez Gabrielle Roy – Extraits du *Cahier gris* », par Louis Francœur

1. Il s'agit d'un journal intime que Louis Francœur tint au début des années 1990. Il offrait une réflexion sur la vie tout en posant les fondements de la sémiotique. Les réflexions présentées ici datent d'un voyage effectué sur les traces de Gabrielle Roy à Paris, en août 1992.

2. Julien Gracq (Louis Poirier, dit ; né en 1910). Écrivain français. Ses romans, qui soulignent l'influence des milieux géographiques sur l'homme, font évoluer des personnages étranges, mystérieux, irréels, dans des paysages à leur image : *Le Château d'Argol* (1938), *Un beau ténébreux* (1945), *Un balcon en forêt* (1958). *Préférences* (1989) réunit quatorze essais sur des écrivains français et étrangers : Novalis, Edgar Poe, Lautréamont, les surréalistes, Ernst Jünger, etc. Dans son essai « Pourquoi la littérature respire mal ? », l'auteur compare les écrivains dont l'œuvre exprime le sentiment du « oui » et ceux qui manifestent le sentiment du « non ». Le premier, incarné par Claudel, est une attitude face au monde, à tout ce qui est créé, celle d'une acceptation inconditionnelle et vorace. Le second, représenté par Sartre, est celle de la protestation révoltée, du rejet, de la nausée.

« Gabrielle Roy : Pour une poétique des montagnes et des lacs », par Marie Francœur

1. Dans *Études littéraires*, Montréal, vol. 17, n° 3, hiver 1984, p. 545-562. En premier lieu, cet article étudie la manière dont Gabrielle Roy organise la réalité dans *Ces enfants de ma vie* – c'est-à-dire ses expériences de jeune institutrice – pour la transmettre, la partager, en faire une « source d'étonnement renouvelé » chez ses lecteurs. En second lieu, il analyse la dimension romanesque et esthétique du récit.

2. Dans *Voix et Images*, Montréal, vol. 1, n° 3, avril 1976, p. 387-405. Cet article examine les rapports entre les mythes et l'œuvre. Pour l'auteur, il existe deux réseaux

mythologiques dans *La Montagne secrète* : le premier est fondé sur une suite d'allusions à des mythes anciens, dont celui de la quête ; le second, sur des citations d'œuvres littéraires.

3. Dans *Actes du colloque international Gabrielle Roy (pour souligner le 50ᵉ anniversaire de Bonheur d'occasion)*, *op. cit.*, p. 221-244. À partir d'une lettre datée du 14 juin 1976, dans laquelle Gabrielle Roy formulait sa conception de la littérature et du processus de création, Louis Francœur tente de définir les différents aspects de son art poétique : l'interprétation, à la fois sensible et pragmatique que le lecteur fait de son œuvre ; la quête au cours de laquelle le « Moi artiste » se crée ; les jeux du fortuit et de l'imaginaire, de la mémoire et de l'imagination ; la relation fond-forme, style-contenu ; les « visitations » de personnages ; l'inspiration ; le trésor des images, héritage d'un long passé, s'engendrant les unes les autres pour composer « un chant mélancolique ». Cette lettre a été publiée antérieurement dans Louis et Marie Francœur, *Grimoire de l'art, grammaire de l'être*, Presses de l'Université Laval, Québec, et Éditions Klincksieck, Paris, 1993, p. 291.

4. Dans *Grimoire de l'art, grammaire de l'être, op. cit.*, p. 259-299. À la manière des alchimistes du Moyen Âge et dans la lignée du logicien américain Charles Sander Pierce, Marie et Louis Francœur tentent de percer « le mystère qui enveloppe l'œuvre d'art, son créateur et l'acte même de la création ». Aussi proposent-ils dans cet ouvrage un art de lire l'œuvre littéraire et une méthode pour saisir le « Moi artiste » de l'auteur et du lecteur. Pour eux, *La Montagne secrète* développe deux réseaux mythologiques. Le premier, conventionnel, se fonde sur des allusions à certains mythes anciens (les Prophéties de Daniel, le buisson ardent de Moïse, la lutte de Jacob avec l'Ange), et à des fables plus récentes (le voyage aux Enfers, le rocher de Sisyphe, le feu de Prométhée). Le second, métaphorique, se crée avec le texte qu'il génère.

« Un billet sur Gabrielle Roy : Au-delà des apparences… », par Paul Genuist

1. Voir Ismène Toussaint, « La littérature d'expression française dans l'Ouest canadien – Trois siècles d'écriture », *op. cit* ; repris dans *L'Action nationale, op. cit.*

2. Dans *Actes du 9ᵉ colloque du CEFCO* : « Langue et communication », *op. cit.*

« Gabrielle Roy enceinte d'une œuvre ou d'un enfant ? », par André Painchaud

1. Au chapitre X de *La Détresse et l'Enchantement*, Gabrielle Roy utilise les qualificatifs les plus noirs pour évoquer l'amour, synonyme de souffrance, d'asservissement et de destruction. À quelques reprises, elle fait également allusion au sentiment d'effroi, de méfiance et d'emprisonnement qu'il lui inspira longtemps après son expérience décevante avec Stephen. Néanmoins, elle semble avoir été sincèrement éprise d'Henri Girard, puis de Marcel Carbotte.

2. Éditions Hurtubise HMH, collection « Textes HMH », Montréal, 1998. Destiné aux élèves et aux étudiants, cet ouvrage rédigé dans un style clair et accessible contient une mini-biographie de Gabrielle Roy, une analyse du contexte, de la genèse, des thèmes, de la structure, des personnages et du style de l'œuvre. S'y ajoutent un résumé, des sujets de dissertation, des conseils de lecture, un tableau récapitulatif, un lexique et un index.

3. « Qu'est-ce que tu veux, Florentine, on fait pas comme on veut dans la vie ; on fait comme on peut », soupire Rose-Anna au chapitre VI de *Bonheur d'occasion*. Et la narratrice d'ajouter : « L'aveu lui semblait pénible. »

4. Effectivement, l'accouchement de Rose-Anna est synonyme de douleur, de souffrances, de servitude humiliante, et engendre chez elle des pensées de mort, de dérive,

de naufrage. Toutefois, à la naissance du bébé, l'instinct maternel de la parturiente reprend rapidement le dessus : voir le chapitre XXXI de *Bonheur d'occasion*.

5. *Baldur* raconte l'histoire d'Édouardina et de Prosper Lemesurier, un jeune couple d'agriculteurs établi sur une ferme, à Baldur (sud-ouest du Manitoba). La première donne naissance à huit enfants, mais de grossesse en grossesse, sa santé se dégrade. Inspiré par la vie de la propre tante de Gabrielle Roy, Luzina Landry, de Somerset (même région), ce roman apparaît comme une critique des contraintes sociales et sexuelles imposées aux femmes au XIXᵉ siècle, en même temps qu'une réflexion sur la sexualité, l'adultère, le contrôle des naissances, l'inceste et l'avortement. Voir Monique Roy-Sole, *En ce pays d'ombre : analyse génétique de Baldur, un roman inédit de Gabrielle Roy*, Carlton, mémoire de maîtrise, Université Carlton, 1993.

6. Voir Adrien Thério, « Le portrait du père dans *Rue Deschambault* de Gabrielle Roy », *Livres et auteurs québécois – Revue critique de l'année littéraire*, Les Presses de l'Université Laval, Québec, 1969, p. 237-243.

« Gabrielle Roy, la coureuse des plaines », par Robert Viau

1. Maurice Constantin-Weyer (1881-1964). Écrivain français et franco-canadien. Ses romans, où s'affrontent les forces de la Vie et de la Mort, le Bien et le Mal, l'homme et la femme, les Indiens et les Blancs, etc., l'ont imposé comme l'un des plus grands peintres de la nature de l'Ouest canadien : *Vers l'Ouest* (1921), *Manitoba* (1924), *La Bourrasque* (1925), *Clairière* (1929), *Un sourire dans la tempête* (1934). *Un homme se penche sur son passé* (prix Goncourt 1928) relate l'histoire mi-autobiographique mi-fictive d'un aventurier lancé à la poursuite de sa femme et de son amant dans le Grand Nord.

2. Cette secte anabaptiste fut fondée en 1528 par Jacob Hutter en Moravie. Persécutés en Russie et en Europe, les Huttérites émigrèrent massivement aux États-Unis au XIXᵉ siècle, puis au Canada en 1918 pour échapper au service militaire. Fondée sur les enseignements des premiers chrétiens et sur la croyance en la séparation entre l'Église et l'État, leur doctrine prône un mode de vie communautaire, la propriété commune des biens, la non-violence, l'opposition à la guerre, le baptême des adultes. Les Huttérites ont aussi conservé la tenue vestimentaire, les coutumes, la langue et le mode de vie simple et austère de leurs ancêtres. Gabrielle Roy leur a consacré un reportage admiratif dans *Fragiles Lumières de la terre*.

3. Dans Gabrielle Roy, *Un jardin au bout du monde*.

4. Dans Gabrielle Roy, « Gagner ma vie » (*Rue Deschambault*).

5. Voir note 23 de la partie I : « Derniers reflets manitobains ».

6. Il s'agit de l'héroïne de la nouvelle « Un jardin au bout du monde » dans le roman éponyme.

7. Il s'agit du mari de l'héroïne.

8. Il s'agit du personnage principal de la nouvelle « De la Truite dans l'eau glacée » (*Ces enfants de ma vie*).

9. Il s'agit du personnage principal de *La Petite Poule d'eau*.

10. Il s'agit du missionnaire de *La Petite Poule d'eau*.

11. Voir note 16 du témoignage de Myrna Delson-Karan.

12. Il s'agit d'une des deux principales rivières arrosant le Manitoba. L'autre se nomme la rivière Rouge.

« Gabrielle Roy, un modèle pour les femmes du XXIᵉ siècle », par Geneviève Picard

1. *Op. cit.*

« Gabrielle Roy : merveilles et misères du monde de l'enfance », par Marie-Jack Bartosova

1. Marcel Aymé (1902-1967). Écrivain français. Il est l'auteur de romans pleins de verve satirique (*La Jument verte*, 1933 ; *La Vouivre*, 1943), de pièces de théâtre (*La Tête des autres*, 1962), et de contes (*Contes du chat perché*, 1934 ; augmentés en 1950 et 1958).

2. Voir « Le Merveilleux quotidien dans un récit de *Ces enfants de ma vie* : L'enfant de Noël », *Les Cahiers franco-canadiens de l'Ouest*, Saint-Boniface, Manitoba, publication du CEFCO, vol. 1, n° 2, automne 1989, p. 181-184.

3. Dans *Actes du 13ᵉ colloque du CEFCO* : « La production culturelle en milieu minoritaire », Presses universitaires de Saint-Boniface, Manitoba, 1994, p. 297-310.

4. Voir « Le discours schizophrène dans Alicia de Gabrielle Roy », *Les Cahiers franco-canadiens de l'Ouest*, Saint-Boniface, Manitoba, publication du CEFCO, vol. 6, n° 1, printemps 1994, p.19-25.

5. Répétition d'un mot en tête de plusieurs membres de phrases pour produire un effet de renforcement ou de symétrie.

6. Dans *Actes du Colloque international « Gabrielle Roy » (pour souligner le 50ᵉ anniversaire de* Bonheur d'occasion*)*, *op. cit.*, p. 351-360. Cet article met en relief la vulnérabilité des petits élèves de la narratrice, double de Gabrielle Roy, face au monde des hommes et de la nature. Comparés à de petits animaux ou à des végétaux fragiles, ils n'en sont pas moins révoltés contre leur destin et portent chacun un signe d'élection, plus exactement un don qu'il incombera à leur institutrice de protéger et de développer.

7. Voir Ismène Toussaint, « La littérature d'expression française dans l'Ouest canadien – Trois siècles d'écriture », *op. cit.* ; repris dans *L'Action nationale*, *op. cit.*

« L'œuvre de Gabrielle Roy : entre un Manitoba mythique et un Québec incertain », par Ismène Toussaint

1. Dans *Actes du 9ᵉ colloque du CEFCO* : « Langue et communication », *op. cit.*

BIBLIOGRAPHIE

ŒUVRES DE GABRIELLE ROY

Bonheur d'occasion, Montréal, Société des Éditions Pascal, 1945, 2 vol. ; Montréal, Éditions internationales Alain Stanké, 1978 (exemplaire corrigé et annoté par l'auteur).

La Petite Poule d'Eau, Montréal, Éditions Beauchemin, 1950 ; Montréal, Éditions internationales Alain Stanké, 1980 ; Montréal, Éditions de luxe Gilles Corbeil, avec 20 estampes de Jean-Paul Lemieux, 1971.

Alexandre Chenevert, Montréal, Éditions Beauchemin, 1954 ; Montréal, Éditions internationales Alain Stanké, 1979.

Rue Deschambault, Montréal, Éditions Beauchemin, 1955 ; Montréal, Éditions internationales Alain Stanké, 1980.

La Montagne secrète, Montréal, Éditions Beauchemin, 1961 ; Montréal, Éditions internationales Alain Stanké, 1978 ; Montréal, Éditions de luxe La Frégate, avec 12 lithographies de René Richard, 1975.

La Route d'Altamont, Montréal, Éditions HMH Hurtubise, 1966.

La Rivière sans repos, Montréal, Éditions Beauchemin, 1970 ; Montréal, Éditions internationales Alain Stanké, 1979.

Cet été qui chantait, Montréal, Éditions françaises, 1972 ; Montréal, Éditions internationales Alain Stanké, 1979.

Un jardin au bout du monde, Montréal, Éditions Beauchemin, 1975 ; Montréal, Éditions internationales Alain Stanké, 1987.

Ma vache Bossie, Montréal, Éditions internationales Alain Stanké, 1976 ; repris dans *Contes pour enfants*, Montréal, Éditions Boréal, 1998.

Ces enfants de ma vie, Montréal, Éditions internationales Alain Stanké, 1977.

Fragiles Lumières de la terre, Montréal, Éditions Quinze, 1978 (coll. « Prose entière »).

Courte-Queue, Montréal, Éditions internationales Alain Stanké, 1979 ; repris dans *Contes pour enfants*, Montréal, Éditions Boréal, 1998

De quoi t'ennuies-tu, Éveline ? suivi de *Ély ! Ély ! Ély !*, Montréal, Éditions du Sentier, 1982.

La Détresse et L'Enchantement, Montréal, Éditions Boréal, 1984 ; Paris, Éditions Arléa, 1986.

L'Épagneul et la Pékinoise, Montréal, Éditions internationales Alain Stanké, 1986 ; repris dans *Contes pour enfants*, Montréal, Éditions Boréal, 1998.

Ma chère petite sœur – Lettres à Bernadette, 1943-1970, Montréal, Éditions Boréal, 1988.

Le Temps qui m'a manqué, Montréal, Éditions Boréal, 1997.

Contes pour enfants (*Ma vache Bossie, Courte-Queue, L'Épagneul et la Pékinoise, L'Empereur des bois*), Montréal, Éditions Boréal, 1998.

La Saga d'Éveline, Ottawa, Fonds Gabrielle Roy, Bibliothèque nationale du Canada, (MSS 1983-11- 1986-11- boîtes 72,73,74) ; voir aussi Christine Robinson : *L'Édition critique de La Saga d'Éveline*, Montréal, thèse de doctorat, bibliothèque de l'Université McGill, 2 vol., 1998.

Le Pays de Bonheur d'occasion, Montréal, Éditions Boréal, 2000.

Gabrielle Roy inédite, suivie de *La Maison rose près du bac*, nouvelle de Gabrielle Roy (années 1960; présentation de François Ricard et de Jane Everett), Québec, Éditions Nota Bene, 2000 (coll. « Séminaires »).

Mon cher grand fou – Lettres à Marcel Carbotte 1947-1979, Montréal, Éditions Boréal, 2001.

Ma petite rue qui m'a menée autour du monde, Saint-Boniface, Éditions du Blé, 2003.

Baldur, Ottawa, Fonds Gabrielle Roy, collection des manuscrits littéraires, Bibliothèque nationale du Canada, (MSS 1983-11 1986-11, boîte 70).

Lettres de Gabrielle Roy à sa sœur Adèle (inédit présenté par Marie-Anna Roy; Archives d'Ismène Toussaint)

ŒUVRES DE MARIE-ANNA ROY (Adèle)

Le Pain de chez nous, Montréal, Éditions du Lévrier, 1954.

Valcourt ou la dernière étape, Beauceville, Presses de L'Éclaireur ltée, 1958.

À la lumière du souvenir (ou une quête sans repos et sans espérance; Un effort sans repos et sans espérance), inédit, 1964, 136 p.

À l'Ombre des Chemins de l'enfance, 38 épisodes, *L'Eau vive*, Regina, Saskatchewan, 6 juillet 1989-26 avril 1990.

La Montagne Pembina au temps des colons, Winnipeg, Canadian publishers, 1969.

Les Visages du Vieux Saint-Boniface, Saint-Boniface, 1970 (disponible en bibliothèque).

Les Deux sources de l'inspiration: l'imagination et le cœur, inédit, 1972.

Les Capucins de Toutes-Aides et leurs dignes confrères, Montréal, Éditions franciscaines, 1977.

Le Miroir du passé, Montréal, Éditions Québec/Amérique, 1979.

Les Entraves, inédit, s.d.

Journal intime d'une âme solitaire – Reflets des ans dans le miroir du passé – Un effort sans repos et sans espérance, inédit, s.d., 305 p.

Voyages en Europe, inédit, s.d., 85 p.

Grains de sable et pépites d'or, inédit, s.d., 1983, 39 p.

Indulgence et pardon, inédit, s.d., 1983, 39 p.

Les Surgeons, inédit, s.d., 22 p.

Otium cum dignitate, inédit, s.d.

Le Rameau d'or, inédit, s.d.

Les Grandes Cathédrales de France, inédit, s.d.

Visage de ma mère, inédit, s.d.

Lettres de Gabrielle Roy à sa sœur Adèle; présentation de Marie-Anna Roy, inédit, s.d. (Archives Ismène Toussaint)

N.B. La plupart des inédits de Marie-Anna Roy peuvent être consultés aux Archives nationales du Québec, à Montréal, et aux Archives provinciales du Manitoba, à Winnipeg.

Ouvrages et thèses

ALLARD, Jacques. *Le Roman du Québec, Histoires, perspectives, lectures*, Montréal, Éditions Québec/Amérique, 2001.

ALLISON, Frances. *L'Histoire de la fondatrice des S.S.N.J.M.: Eulalie Durocher, celle qui a cru en l'avenir*, Westmount, Imprimerie Aulo inc., 1981, 31 p.

ATWOOD, Margaret. *Essai sur la littérature canadienne*, Montréal, Éditions Boréal, 1987.

BAUDET, Anne-Marie. *Bonheur d'occasion au pluriel – Lectures et approches critiques*, Québec, Éditions Nota Bene, 1999.

BEHOUNDE, Ekitike. *Dialectique de la ville et de la campagne chez Gabrielle Roy et Mongo Beti*, Montréal, Éditions Qui, 1984.

BENSOUSSAN, Dr. *La Maladie de Rousseau*, Paris, Klincksieck, 1974.

BERTRAND, Maurice. *La Montagne secrète et l'esthétique de Gabrielle Roy*, Montréal, mémoire de DES, Université de Montréal, 1965.

BESSETTE, Gérard. *Trois Romanciers québécois*, Montréal, Éditions du Jour, 1973.

BLOIS, André (de). *Présence de Mme Roy mère dans l'œuvre de sa fille Gabrielle*, Québec, mémoire de licence, département de littérature canadienne, Université Laval, 1967.

BOCQUEL, Bernard. *Au pays de CKSB, 50 ans de radio française dans l'Ouest*, Saint-Boniface, Éditions du Blé, 1996.

BROCHU, André. *L'Instance critique, 1961-1973*, Montréal, Éditions Leméac, 1974.

———. *La Visée critique*, Montréal, Éditions Boréal, 1985.

———. *Une Étude de Bonheur d'occasion*, Montréal, Éditions Boréal, 1998 (coll. « Les classiques québécois expliqués »).

CADIEUX, Micheline. *La Dette de l'écriture chez Gabrielle Roy*, Montréal, mémoire de maîtrise ès Arts, bibliothèque de l'Université de Montréal, 1989.

CLEMENTE, Linda et Bill. *Gabrielle Roy, Creation and memory*, Toronto, ECW Press, 1997.

COLLET, Paulette. *L'Hiver dans le roman canadien-français*, Québec, thèse de doctorat, Presses de l'Université Laval, 1962.

COURNOYER, Jean. *La Mémoire du Québec de 1534 jusqu'à nos jours – Répertoire des noms propres*, Montréal, Éditions internationales Alain Stanké, 2000.

DAGENAIS, Gérard. *Des mots et des phrases pour mieux parler*, Montréal, Éditions du Jour, 1966.

———. *Réflexions sur nos façons d'écrire et de parler*, Montréal, Éditions du Jour, 1966.

———. *Nos écrivains et le français*, Montréal, Éditions du Jour, 1967.

———. *Dictionnaire des difficultés de la langue française au Canada*, Boucherville, Éditions françaises, 1984.

DANSEREAU, Estelle et Claude ROMNEY. *Portes de communication – Études discursives et stylistiques de l'œuvre de Gabrielle Roy*, Québec, Presses de l'Université Laval, 1995.

DELSON-KARAN, Myrna. *An Analysis of Selected Works of the French Canadian Writer Gabrielle Roy*, Ann Arbor, New York University, 1985, 435 p. (ref: UMI, 1985, 852 1952).

DUCROCQ-POIRIER, Madeleine. *Le Roman canadien de langue française de 1860 à 1958. Recherche d'un esprit romanesque*, Paris, Éditions Nizet, 1978.

FRANCŒUR, Louis et Marie. *Grammaire de l'art, grimoire de l'être*, Québec, Presses de l'Université Laval – Paris, Klincksieck, 1993.

FRÉGAULT, Guy. *Histoire de la littérature canadienne française – Seconde moitié du XIXe siècle* (présentation de Réginald Hamel), Montréal, Éditions Guérin, 1996.

GAGNÉ, Marc. *Visages de Gabrielle Roy*, Montréal, Éditions Beauchemin, 1973.

GAUVIN, Lise, et Gaston MIRON. *Écrivains contemporains du Québec – Anthologie*, Montréal, l'Hexagone-Typo, 1998.

GENUIST, Monique. *La Création romanesque chez Gabrielle Roy*, Montréal, Le Cercle du livre de France, 1966.

GENUIST, Paul. *Marie-Anna Roy, une voix solitaire*, Saint-Boniface, Éditions des Plaines, 1992.

GIGUÈRE, Guy. *La Scandaleuse Nouvelle-France*, Montréal, Éditions internationales Alain Stanké, 2001.

GILBERT LEWIS, Paula. *The Literary Vision of Gabrielle Roy: An Analysis of Her Works*, Birmingham (Ontario, Summa Publications, 1984.

———. *Traditionalism, Nationalism and Feminism: Women Writers of Quebec*, Westport, Greenwood Press, 1985.

GILBERT, Ruth Paula. *Women Writing in Quebec: Essays in Honor of Jeanne Kissner*, Plattsburgh, Plattsburgh State University Center for the Study of Canada, 2000.

GRÉGOIRE, sœur Marie. *La Mère et l'enfant dans l'œuvre de Gabrielle Roy*, Moncton, mémoire de maîtrise ès Arts, bibliothèque de l'Université Saint-Joseph de Memramcook, 1959.

GUIMOND, Manon. *Olivier Guimond (1914-1954)*, Montréal, Éditions Quebecor, 1994.

HAMEL, Réginald, (sous la direction de). *Panorama de la littérature québécoise 1967-1997*, Montréal, Éditions Guérin, 1999.

———. *La Correspondance*, 5 tomes: 1965-1968; 1968; 1969-1970; 1971-1973; 1999 (Archives Réginald Hamel).

HAMEL, Réginald, HARE, John, et Paul WYCZINSKI. *Dictionnaire des auteurs de langue française en Amérique du Nord*, Montréal, Éditions Fides, 1981.

HARVEY, Carol. *Le Cycle manitobain de Gabrielle Roy*, Saint-Boniface, Éditions des Plaines, 1993.

HESSE, M. G. *Gabrielle Roy par elle-même*, Montréal, Éditions internationales Alain Stanké, 1985.

HUGHES, Terance. *Gabrielle Roy et Margaret Laurence. Deux chemins, une recherche*, Saint-Boniface, Éditions du Blé, 1983.

IMBERT, Patrick. *Roman québécois contemporain et clichés*, Ottawa, Éditions de l'Université d'Ottawa, 1983.

Inventaire des archives personnelles de Gabrielle Roy, conservées à la Bibliothèque nationale du Canada (publié sous la direction de François Ricard), Montréal, Éditions Boréal, 1991.

LAFOREST, Marie-Thérèse (sœur Marie-Éleuthère). *La Mère dans le roman canadien-français*, Québec, Presses de l'Université Laval, 1964, (sur Gabrielle Roy: p. 170-193).

L'Encyclopédie du Canada 2000 (sous la direction de Jean-Louis Morgan), Montréal, Éditions internationales Alain Stanké, 2000.

LENNOX, John. *William Arthur Deacon: A Canadian Literary Life*, Toronto, University of Toronto Press, 1982.

———. *Dear Bill, the Correspondence of William Arthur Deacon*, Toronto, University of Toronto Press, 1988.

MÉLANÇON-MIREAULT, Thérèse. *Le Bas du Ruisseau Vacher, Sainte-Marie-Salomé*, Sainte-Marie-Salomé, Éditions Horizons nouveaux, 1986.

MORENCY, Jean. *Un Roman du regard. La Montagne secrète de Gabrielle Roy*, Québec, Éditions Nuit Blanche, 1994.

MORISSETTE, Robert. *La Vie ouvrière dans le roman canadien-français contemporain*, Montréal, mémoire de maîtrise, bibliothèque de l'Université de Montréal, 1970.

O'NEIL, Jean. *Cap-aux-Oies*, Montréal, Éditions Libre Expression, 1980.

PALARDY, Jean. *Les Meubles anciens du Canada français*, Montréal, Le Cercle du livre de France, 1971.

PAINCHAUD, André. *Bonheur d'occasion de Gabrielle Roy*, Montréal, Éditions HMH Hurtubise, 1998 (coll. « Textes HMH »).

PARADIS, Suzanne. *Femme fictive, femme réelle. Le personnage féminin dans le roman féminin canadien-français*, Ottawa, Éditions Garneau, 1966.

PAULIN, Marguerite. *Maurice Duplessis. Le Noblet, le petit roi*, Montréal, XYZ éditeur, 2002.

PELLETIER, Léa. *L'Hiver dans le roman canadien français*, Montréal, mémoire de maîtrise ès Arts, bibliothèque de l'Université de Montréal, 1962.

RICARD, François. *Gabrielle Roy*, Montréal, Éditions Fides, 1975.

———. *Gabrielle Roy, une vie*, Montréal, Éditions Boréal, 1996.

———. *Introduction à l'œuvre de Gabrielle Roy (1945-1975)*, Québec, Éditions Nota Bene, 2001 (coll. « Visées critiques »).

ROBINSON, Christine. *Édition critique de* La Saga d'Éveline *de Gabrielle Roy*, Montréal, thèse de doctorat, bibliothèque de l'Université McGill, 2 vol., 1998.

ROUSSEAU, Jean-Jacques. *Œuvres complètes*, Paris, Éditions Gallimard, La Pléiade, 4 vol., 1959-1969.

ROY, Paul-Émile. *Études littéraires: Germaine Guèvremont, Réjean Ducharme, Gabrielle Roy*, Montréal, Éditions du Méridien, 1989.

ROY-SOLE, Monique. *En ce pays d'ombre: analyse génétique de* Baldur, *un roman inédit de Gabrielle Roy*, Carleton, mémoire de maîtrise ès Arts, Université de Carleton, 1993.

SAINT-MARTIN, Lori. *Lectures contemporaines de Gabrielle Roy: bibliographie analytique des études critiques, 1978-1997*, Montréal, Éditions Boréal, 1998.

SANSCARTIER, Pierre. *Gabrielle Roy, journaliste*, mémoire de maîtrise, Université de Montréal, Montréal, 1993.

SHEK, Ben-Zion. *Aspects of Social Realism in the French Canadian Novel*, Montréal, Harvest House publisher, 1977.

———. *French Canadian and Quebecchese Novels*, Toronto, Oxford University Press, 1991.

SIROIS, Antoine. *Montréal dans le roman canadien*, Montréal, Éditions Marcel Didier, 1968.

———. *Mythes et symboles dans la littérature québécoise*, Montréal, Éditions Triptyque, 1992.

———. *Lecture mythocritique du roman québécois*, Montréal, Éditions Tryptique, 1999.

SOCKEN, Paul. *The Influence of Physical and Social Environment in the Novels of Gabrielle Roy*, Ottawa, Bibliothèque nationale du Canada, 1974 (thèse canadienne sur microfiche: 31341).

———. *Gabrielle Roy: An Annotated Bibliography*, vol. 1, Toronto, Downsview, 1979, p. 213-263.

———. *La Concordance de* Bonheur d'occasion *de Gabrielle Roy*, Waterloo, Waterloo University Press, 1982.

———. *Myth and Morality in* Alexandre Chenevert *by Gabrielle Roy*, Frankfurt, Peter Lang, 1987.

STANKÉ, Alain. *J'aime encore mieux le jus de betteraves!*, Montréal, Éditions internationales Alain Stanké, 1969; repris sous le titre *Des barbelés dans ma mémoire*, même éditeur, 1981.

———. *Correspondance Alain Stanké – Gabrielle Roy, 1975-1983* (Archives Alain Stanké).

———. *Correspondance Alain Stanké – Ismène Toussaint, 1997-1999* (Archives Alain Stanké).

———. *Mon chien avait un z'an*, Montréal, Éditions internationales Alain Stanké, 1998.

The Tin Flute, Universal International Pictures, Universal City, California, 141 p. (scénario; Archives Claude Fournier).

TOUGAS, Gérard. *Histoire de la littérature canadienne française*, Toronto, Oxford University Press, 1969.

TOUSSAINT, Ismène. *L'Homme et la nature dans l'œuvre de Gabrielle Roy*, Rennes, mémoire de DEA, bibliothèque de l'Université de Rennes II Haute-Bretagne, 1987; repris dans *Études canadiennes: publications et thèses étrangères*, Ottawa, Bibliothèque nationale du Canada, 1995 (collection « Canada »).

————. *L'Homme et la nature dans l'œuvre de Gabrielle Roy*, Centre de documentation littéraire et historique de Meiller (CDLHM. 73), Meiller, France, 1994.

————. *Horizons Gabrielle Roy*, album de photographies, Saint-Boniface, 1989-1992 (disponible chez l'auteur).

————. *Correspondance Ismène Toussaint – Alain Stanké, 1997-1999* (Archives Ismène Toussaint).

————. *Les Chemins secrets de Gabrielle Roy – Témoins d'occasions*, Montréal, Éditions internationales Alain Stanké, 1999.

————. *Ma rencontre avec Saint-Henri*, album de photographies, Montréal, 1999 (disponible chez l'auteur).

————. *Louis Riel, le bison de cristal*, Montréal, Éditions internationales Alain Stanké, 2000.

TREMBLAY, Michel. *La grosse femme d'à côté est enceinte*, Montréal, Bibliothèque québécoise, 1978.

TRUDEAU, Mireille. *Bonheur d'occasion et la presse française*, Montréal, mémoire de maîtrise, Université de Montréal, 1976.

VIAU, Robert. *L'Ouest littéraire : Vision d'ici et d'ailleurs*, Montréal, Éditions du Méridien, 1992.

Articles et autres documents

ALAIN, Albert. « *Bonheur d'occasion*, roman en deux volumes par Gabrielle Roy », *Le Devoir*, 15 septembre 1945.

« Bonheur d'occasion : un roman exceptionnel sort en librairie – L'œuvre de Gabrielle Roy cause de l'émoi dans les milieux littéraires, *La Voix populaire*, 19 mars 1947.

« À la mémoire de Sœur Marie-Diomède (Georgina Laberge), *Chroniques des Sœurs S.N.J.M.*, 1970, p. 142-145.

« À la mémoire de Sœur Léon-de-la Croix (Bernadette Roy) », *Chroniques des Sœurs S.N.J.M.*, 1970, p. 146-149.

« À la mémoire de Sœur Thérèse Leduc », *Chroniques des Sœurs S.N.J.M.*, 2002.

ALLARD, Jacques. « Le Chemin qui mène à la *Petite Poule d'eau* », *Cahiers de Sainte-Marie*, n° 1, mai 1966, p. 57-69.

————. « Deux scènes médianes où le discours prend corps », *Études françaises*, vol. 33, n° 3, hiver 1997-1998, p. 53-65.

AMPRIMOZ, Alexandre. « L'Homme-arbre de *La Montagne secrète* », *Canadian Literature*, n° 88, 1981, p. 166-171.

ANONYME. « Une controverse sur *Bonheur d'occasion* : Saint-Henri présenté sous un mauvais jour », *La Voix populaire*, 25 juin 1947.

————. « *Bonheur d'occasion* – Après les Plouffe, les Lacasse », *La Presse*, 2 janvier 1982.

————. « Trente-sept ans après, *Bonheur d'occasion* devenu un film – Événement exceptionnel », *La Voix populaire*, 18 mars 1982.

————. « Hommage à Gabrielle Roy », *La Presse*, 19 juillet 1983.

————. « Un hommage posthume à Gabrielle Roy – Bonheur d'occasion : gala de clôture dramatique – Pour la première fois, un écrivain d'ici racontait la vie des petites gens », *Échos Vedettes*, 24-30 juillet 1983, p. 25.

————. « Miyuki Tanobe : Gabrielle Roy en couleurs », *La Presse*, 15 octobre 1983.

————. « Pierre Chagnon », *Gros Plan 1996 sur les comédiens et comédiennes québécois* (sous la direction de Marie-Jan Seille, Suzanne Villeneuve et Daniel Poisson), bibliothèque de l'Office national du film, Montréal, 1996.

————. « Nouveautés québécoises : De Saint-Brieuc au Manitoba : *Les Chemins secrets de Gabrielle Roy – Témoins d'occasions* » par Ismène Toussaint, *Nuit blanche*, n° 74, printemps 1999, p. 4.

ARCHAMBAULT, L. «Gabrielle Roy et Saint-Jacques», *Joliette Journal*, 1er février 1984, p. B-3.

ARSENAULT, Michel. «Jacques Poulin, un sauvage à Paris», *L'Actualité*, 1er mai 1999, p. 84-86.

BARTOSOVA, Marie Jack. «Le merveilleux quotidien dans *L'Enfant de Noël*, un récit de *Ces enfants de ma vie*», *Les Cahiers franco-canadiens de l'Ouest*, publication du CEFCO, vol. 1, n° 2, automne 1989, p. 181-184

————. «Reflets du Manitoba dans l'œuvre de Gabrielle Roy», *Actes du 13e colloque du CEFCO: «La production culturelle en milieu minoritaire»*, Saint-Boniface, Les Presses universitaires de Saint-Boniface, 1994, p. 297-310.

————. «Le discours schizophrène dans *Alicia* de Gabrielle Roy», *Les Cahiers franco-canadiens de l'Ouest*, publication du CEFCO, vol. 6, n° 1, printemps 1994, p. 19-25.

————. «Images de l'enfance dans *Ces enfants de ma vie*», *Actes du colloque international «Gabrielle Roy» (pour souligner le 50e anniversaire de Bonheur d'occasion)*, Saint-Boniface, Les Presses universitaires de Saint-Boniface, 1996, p. 351-360.

————. «Mes recherches sur Gabrielle Roy», printemps 1997 (Archives Marie Jack Bartosova).

BEAUDOUIN, Réjean. «Gabrielle Roy: l'approche de l'œuvre», *Liberté*, vol. 20, n° 117, mai-juin 1978, p. 89-91.

BÉLISLE, Jean-François. «*Les Chemins secrets de Gabrielle Roy* par Ismène Toussaint – Gabrielle Roy par ceux qui l'ont connue», *L'Express d'Outremont*, n° 177, mai 1999, p. 13.

————. «Que lisent-ils? Ismène Toussaint, auteur», *L'Express d'Outremont*, n° 195, 18 février 2000.

BÉRAUD, Jean. «*Bonheur d'occasion*», *La Presse*, 21 juillet 1945.

BERGERON, Henri. «Hommage à Gabrielle Roy», *Quinquennale de la Francophonie canadienne*, Winnipeg, 13 août 1980, p. 2-6 (Archives Henri Bergeron).

————. «Les Chemins secrets de Gabrielle Roy», *Le Devoir*, 18 février 1999.

————. «Henri nous écrit», *La Liberté*, 3 février 1999.

————. «Les Chemins de Gabrielle Roy», *La Presse*, 4 mars 1999.

BERTRAND, Pierre. «Sur la mort de Gabrielle Roy», *Le Devoir*, 15 juillet 1983.

BESSETTE, Gérard. «Correspondance entre les personnages et le milieu physique dans *Bonheur d'occasion*», *Une littérature en ébullition*, Montréal, Éditions du Jour, 1968, p. 257-277.

————. «*La Route d'Altamont*, clé de *La Montagne secrète*», *Trois Romanciers québécois*, Montréal, Éditions du Jour, 1973, p. 185-237.

BLAIS, Jacques. «L'unité organique de *Bonheur d'occasion*», *Études françaises*, 6e année, n° 1, février 1970, p. 25-50.

BLUTEAU, Marc-André. «Gabrielle Roy en Charlevoix», *Revue de la Société d'histoire de Charlevoix*, vol. 1, n° 2, 1985, p. 4-8.

BOIVIN, Aurélien. «*Bonheur d'occasion* ou le salut par la guerre», *Québec français*, n° 102, été 1996, p. 86-90.

BOURBONNAIS, Nicole. «Gabrielle Roy: les figures du temps», *Le Roman contemporain du Québec (1960-1985)*, tome VIII, Montréal, Éditions Fides, Montréal, p. 411-426 (coll. «Archives des Lettres canadiennes»).

————. «La symbolique de l'espace dans les récits de Gabrielle Roy», *Voix et Images*, vol. 8, n° 2, hiver 1982, p. 367-384.

————. «Gabrielle Roy: la représentation du corps féminin», *Voix et Images*, vol. 14, n° 1 (40), automne 1988, p. 72-89.

————. « Le Message de la Canadienne Gabrielle Roy », *France-Amérique*, 22-28 décembre 1988, p.13.

————. « Gabrielle Roy : de la redondance à l'ellipse ou du corps à la voix », *Voix et Images*, vol. 16, n° 1 (46), automne 1990, p. 95-110.

————. « Les sortilèges de la voix chez Gabrielle Roy », *Actes du colloque international « Gabrielle Roy » (pour souligner le 50ᵉ anniversaire de* Bonheur d'occasion*)*, Saint-Boniface, Les Presses universitaires de Saint-Boniface, 1996, p. 427-435.

BRADY, Gérard. « Écrivains et artistes : Gabrielle Roy à Rawdon », *Rawdon, mon village*, édition de la municipalité du village de Rawdon, 1995, p. 323-326.

————. « C'est à Rawdon que Gabrielle Roy a écrit *Bonheur d'occasion* », *Joliette Journal*, n° 45, 5 octobre 1983.

————. « Gabrielle Roy et ses amies de Rawdon », *Joliette Journal*, n° 46, 12 octobre 1983.

BROCHU, André. « Thèmes et structures dans *Bonheur d'occasion* », *L'Instance critique*, 1961-1973, Montréal, Éditions Leméac, p. 204-246.

————. « La Structure sémantique de *Bonheur d'occasion* », *La Visée critique*, Montréal, Éditions Boréal, 1988, p.169-185.

————. « Le schème organisateur dans *La Montagne secrète* », *La Visée critique*, Montréal, Éditions Boréal, 1988, p.186-203.

————. « *La Détresse et l'Enchantement* ou le roman intérieur », *Revue d'histoire littéraire du Québec et du Canada français*, n° 12, 1986, p. 201-210 ; repris dans *La Visée critique* (même auteur), Montréal, Éditions Boréal, 1988.

————. « *Ces enfants de ma vie* : l'école, la maison », *La Visée critique*, Montréal, Éditions Boréal, 1988, p. 204-213.

Bulletin de la Société des amis de Gabrielle Roy (dir. Myrna Delson-Karan) New York, n° 1, avril 2000 ; Internet : http://www.societegabrielleroy.com – delsonkaran@yahoo.com

BUMBARU, Dino. « Saint-Henri, patrimoine en marche », publication de *Héritage patrimoine*, Imprimerie Quebecor inc., 1992, p. 8-10.

CADIEUX, Micheline. « Une question d'écriture », *Études françaises*, vol. 25, n° 1, 1989, p. 115-125.

CAMERON, Don. « Gabrielle Roy : A bird in a prison window », *Conversations with Canadian Novelists*, tome 2, Toronto, McMillan, 1973.

CHADBOURNE, Richard. « The Journey in Gabrielle Roy's novels », *Travel, Quest and Pilgrimage as a Literary Thema. Society of Spanish and Spanish American Studies*, Calgary, Université de Calgary, 1978, p. 251-260.

————. « Essai bibliographique : cinq ans d'études sur Gabrielle Roy, 1979-1984 », *Études littéraires*, hiver 1984, p.597-609.

————. « La part prophétique dans les premiers romans de Gabrielle Roy », *Voix et Images*, vol. 14, n° 3, p. 399-407.

————. « L'écologie dans l'œuvre de Gabrielle Roy », *Les Cahiers franco-canadiens de l'Ouest, publication du CEFCO*, vol. 3, n° 1, printemps 1991, p. 69-80.

————. « Le Saint-Laurent dans *Bonheur d'occasion* », *Actes du colloque international « Gabrielle Roy » (pour souligner le 50ᵉ anniversaire de* Bonheur d'occasion*)*, Saint-Boniface, Les Presses universitaires de Saint-Boniface, 1996, p. 69-80.

CHAPUT, Lucien. « Gabrielle Roy, la religieuse de la littérature », *La Liberté*, 16-22 mars 1990.

CHARPENTIER, Fulgence. « Gabrielle Roy et la condition humaine », *Le Droit*, 23 juillet 1983.

CHASSAY, Jean-François. « L'autre ville américaine – La présence américaine dans le roman montréalais (1945-1970) », *Montréal imaginaire, ville et littérature*, Montréal, Éditions Fides, 1992, p. 279-322.

CLARKE, Marie-Diane. « La petite fille pas trop sage de Gabrielle Roy et de Monique Genuist », *Actes du colloque international « Gabrielle Roy » (pour souligner le 50ᵉ anniversaire de* Bonheur d'occasion*)*, Saint-Boniface, Les Presses universitaires de Saint-Boniface, 1996, p. 361-378.

CLOUTIER, Anie. « Littérature : Gabrielle vue par… Ismène Toussaint », *La Liberté*, 5-12 février 1999.

————. « Riel chez Stanké ? – Ismène Toussaint poursuit ses recherches sur l'auteur de *Bonheur d'occasion* », *La Liberté*, 11-17 juin 1999, p. 12.

COLLET, Paulette. « Les paysages d'hiver dans le roman canadien français », *Revue de l'Université Laval*, vol. 17, n° 5, janvier 1963, p. 404-419.

————. « *La Route d'Altamont* et *Who Has Seen the Wind* : deux enfants des Prairies face au mystère de la vie et de la mort », *Actes du 5ᵉ colloque de CEFCO : « Héritage et avenir des francophones de l'Ouest »*, Saint-Boniface, publication du CEFCO, 1986, p. 65-76.

————. « Paysages de plaines, paysages marins dans l'œuvre de Gabrielle Roy », *Mer et littérature, Actes du colloque « La Mer dans les littératures d'expression française »*, Moncton, publication de l'Université de Moncton, 1992, p. 256-264.

COURCHÈNE, Marguerite. « L'univers féminin-féministe de *Ces enfants de ma vie* de Gabrielle Roy », *Revue Frontenac*, nᵒˢ 6-7, p. 61-84.

CRÉPEAU, Yolande (sœur). « Échanges de culture : *Les Chemins secrets de Gabrielle Roy* par Ismène Toussaint », Échos du Québec, 15 mars 1999.

DAGENAIS, Gérard. « Gabrielle Roy », *Nos écrivains et le français*, tome 1, Montréal, Éditions du Jour, 1973.

DANSEREAU, Estelle. « Narrer l'autre : la représentation des marginaux dans *La Rivière sans repos* et *Un jardin au bout du monde* de Gabrielle Roy », *Actes du colloque international « Gabrielle Roy » (pour souligner le 50ᵉ anniversaire de* Bonheur d'occasion*)*, Saint-Boniface, Presses de l'Université de Saint-Boniface, 1996, p. 459-474.

————. « Des écrits journalistiques d'imagination aux nouvelles littéraires de Gabrielle Roy », *Francophonies d'Amérique*, Presses universitaires d'Ottawa, n° 2, 1992, p. 115-127.

————. « Constructions de lecture : l'inscription du narrataire dans les récits fictifs d'Antonine Maillet et de Gabrielle Roy », *Francophonies d'Amérique*, Presses universitaires d'Ottawa, n° 9, 1999, p. 117-131.

DARTIS, Léon. « La Genèse de *Bonheur d'occasion* », *La Revue moderne*, mai 1947, p. 9 et 26.

DELSON-KARAN, Myrna. « Les symboles dans *La Petite Poule d'eau* de Gabrielle Roy », *The Canadian Modern Language Review*, Université d'Ottawa, vol. 43, n° 2, 1987, p. 357-363.

————. « The Last Interview », *Québec Studies*, vol. 4, september 1986, p. 194-205.

————. « *Ces enfants de ma vie* : le testament littéraire de Gabrielle Roy », *La Revue de la Louisiane*, vol. 3, n° 2, 1988, p. 66-77.

————. « L'esthétique de Gabrielle Roy : *Le Vieillard et l'enfant* », *Francographies (Bulletin des professeurs de français en Amérique)*, 1988, p. 209-218.

————. « La visualisation lyrique du décor chez Gabrielle Roy », *Francographies (Bulletin de la société des professeurs français et francophones d'Amérique)*, n° 2, 1993, p. 283-290.

————. « Symboles et imagerie dans *Bonheur d'occasion* de Gabrielle Roy », *Francographies (Bulletin de la société des professeurs de français et francophones d'Amérique)*, numéro spécial 11, 1995, p. 105-113.

————. « L'Art de Gabrielle Roy : *Bonheur d'occasion* », *Francographies (Bulletin de la société des professeurs de français et francophones d'Amérique)*, numéro spécial 2, 1998, p. 51-60.

————. « Ode à la vie : *Cet été qui chantait* de Gabrielle Roy », *Francographies (Bulletin des professeurs français et francophones d'Amérique)*, vol. 71, n° 6, mai 1998, p. 961-970.

————. « Parution récente d'un livre révélateur : *Les Chemins secrets de Gabrielle Roy – Témoins d'occasions* par Ismène Toussaint – Témoignages et essai », *Bulletin de la Société des amis de Gabrielle Roy*, New York, n° 1, avril 2000 ; Internet : http://www.societegabrielleroy.com – delsonkaran@yahoo.com

————. « Gabrielle Roy, grande dame des lettres québécoises », *Women Writing in Quebec, essais en l'honneur de Jeanne Kissner*, Suny Plattsburgh, New Benchmark Publishing, 2000, p. 86-96.

————. « La vision de Gabrielle Roy de l'enfance et de l'humanité dans *Ces enfants de ma vie* », *Rediscovering Canada-Image, Place and Text* (Gudsteins Gudrun Bjork éditeur), The Nordic association for Canadian Studies Text Series, Reykjavic, vol. 16, 2001, p. 22-30.

————. « Gabrielle Roy remembered », *Gabrielle Roy aujourd'hui/Gabrielle Roy Today* (pour commémorer le 20ᵉ anniversaire de la mort de Gabrielle Roy), Saint-Boniface, les Éditions des Plaines, 2003.

DESMARCHAIS, Rex. « Gabrielle Roy vous parle d'elle-même et de son roman », *Bulletin des agriculteurs*, vol. 43, n° 5, mai 1947, p. 8-9, 36-39, 43-49.

DORION, Gilles, et Maurice ÉMOND. « Dossier Gabrielle Roy », *Québec français*, décembre 1979, p. 33-40.

Dossier de presse Gabrielle Roy, 1945-1980, bibliothèque de l'Université de Montréal (PS 8535 081 Z6794 1981).

DUBÉ, Jean-Pierre. « L'auteure franco-manitobaine Marie-Anna Roy à 99 ans : Une femme instruite, c'était une folle – Le rêve en couleurs contre le réalisme linéaire », *La Liberté*, 20-26 mars 1992.

DUHAMEL, Roger. « Gabrielle Roy puise son inspiration dans ses enfances franco-manitobaines », *La Patrie*, 6 novembre 1955.

————. « *Bonheur d'occasion* : un grand, un très grand roman », *Présence de la critique*, Montréal, Éditions HMH, 1966, p. 46.

————. « Gabrielle Roy, l'honneur de notre littérature », *Le Devoir*, 16 juillet 1983.

DUPONT, Luc. « À l'occasion du 10ᵉ anniversaire de la mort de Gabrielle Roy, *La Presse* a arpenté les rues de Saint-Henri – Quelque chose a-t-il vraiment changé ? », *La Presse*, 11 juillet 1993, 7 pages.

————. « *Le Survenant* et *Bonheur d'occasion*, rencontre de deux mondes », *Études françaises* 33-3, Les Presses de l'Université de Montréal, hiver 1997-1998.

ESSAR, Dennis. « Gabrielle Roy et la création littéraire : de l'espace et du temps dans *La Route d'Altamont* », *Actes du 4ᵉ colloque du CEFCO : « La langue, la culture et la société des francophones de l'Ouest* », Saint-Boniface, publication du CEFCO, 1985, p. 47-66.

————. « Gabrielle Roy : figurations spatiales d'une quête spirituelle », *Actes du colloque « Un Pays, une voix, Gabrielle Roy »* (tenu les 13-14 mai 1987 à l'Université de Bordeaux-Talence, France), publication de La Maison des Sciences de l'homme d'Aquitaine, Bordeaux-Talence, 1991, p. 27-35.

ÉTHIER-BLAIS, Jean. « *La Montagne secrète* », *Le Devoir*, 28 octobre 1961, p. 11.

————. « Sur Gabrielle Roy », *Le Devoir*, 21 janvier 1967.

————. « *La Rivière sans repos* : une lecture émouvante et mélancolique », *Le Devoir*, 28 novembre 1970, p. 12, 12 décembre 1970, p. 24.

————. « *Cet été qui chantait* », *Le Devoir*, 11 novembre 1972, p. 16.

————. « Notre littérature n'a plus de secrets pour Réginald Hamel », *Le Devoir*, 24 septembre 1988.

————. « *Ma chère petite sœur* », *Le Devoir*, 26 novembre 1988, p. D8.

Filmographie de Pierre Chagnon, Office national du film du Canada, Montréal, juillet 1999.

FRANCŒUR, Louis. « Esquisse d'un art poétique sur une lettre de Gabrielle Roy », *Actes du colloque international « Gabrielle Roy » (pour souligner le 50ᵉ anniversaire de* Bonheur d'occasion*)*, Saint-Boniface, Les Presses de l'Université de Saint-Boniface, 1996, pp. 221-244.

FRANCŒUR-GRENIER, Marie. « Étude de la structure anaphorique dans *La Montagne secrète* de Gabrielle Roy », *Voix et Images*, vol. 1, n° 3, avril 1976, p. 387-405.

————. « Portrait de l'artiste en pédagogue dans *Ces enfants de ma vie* », *Études littéraires*, « Gabrielle Roy hommage », vol. 17, n° 3, hiver 1984, p. 545-562.

———— (en collaboration avec Louis Francœur). « La quête de *La Montagne secrète* », *Grimoire de l'art, grammaire de l'être*, Québec, Presses de l'Université Laval ; Paris, Klincksieck, 1993, p. 259-300.

————. « *La Détresse et l'Enchantement* : autobiographie et biographie d'artiste », *Actes du colloque international « Gabrielle Roy » (pour souligner le 50ᵉ anniversaire de* Bonheur d'occasion*)*, Saint-Boniface, Presses de l'Université de Saint-Boniface, 1996, p. 151-168.

GAGNON, Louis-Philippe. « *Bonheur d'occasion* », *Le Droit*, 24 novembre 1945.

GAGNON, Lysiane. « Un beau film avec de l'émotion : *Bonheur d'occasion* », *La Presse*, 12 novembre 1983.

GARNEAU, René. « Du côté de la vie âpre : *Bonheur d'occasion* par Gabrielle Roy », *Le Canada*, 6 août 1945.

GAULIN, André. « Présence de la ville dans le roman québécois », *L'Action nationale*, vol. 91, n° 4, avril 2001, p. 71-92.

GAUTIER, Guy. « Hommage à Gabrielle Roy : Berthe Simard a bien des souvenirs à se remémorer », *Le Soleil*, 10 août 1985.

GAY, Paul. « Gabrielle Roy sait trouver la note juste lorsque chante son âme », *Le Droit*, 11 janvier 1956.

GENDREAU, Isolde Me. « De l'importance d'être constant… Le Fonds Gabrielle-Roy », *La Revue du notariat*, vol. 96, n°s 1-2 septembre-octobre 1993.

GENUIST, Monique. « La Canadienne française de l'Ouest à la recherche de son identité », *Actes du 8ᵉ colloque du CEFCO : « L'Ouest canadien et l'Amérique française »*, Université de Regina, publication du Centre d'études bilingues, 1990, vol. 8, p. 227-234.

————. « L'Ouest réel et mythique dans *Un jardin au bout du monde* », *Actes du colloque international « Un pays, une voix, Gabrielle Roy »* (tenu les 13-14 mai 1987 à l'Université de Bordeaux-Talence, France), publication de la Maison des sciences de l'homme d'Aquitaine, Bordeaux-Talence, 1991, p. 107-114.

————. « Les Voix du vent chez Gabrielle Roy », *Actes du 10ᵉ colloque du CEFCO : « À la mesure du pays »*, Université de Saskatoon, publication de l'Unité de recherche pour les Études canadiennes-françaises, 1991, vol. 10, p. 157-164.

————. « Lecture au féminin de l'œuvre de Marie-Anna Roy », *Marie-Anna Roy, une voix solitaire* (par Paul Genuist), Saint-Boniface, Éditions des Plaines, 1992.

GENUIST, Paul. « Gabrielle Roy : personnage et personne », *Actes du 9ᵉ colloque du CEFCO : « Langue et communication »*, Saint-Boniface, publication du CEFCO, 1990, p. 117-126.

————. « Marie-Anna Roy : Les errances d'une institutrice dans l'Ouest canadien », *Actes du 10ᵉ colloque du CEFCO : « À la mesure du pays »*, Université de Saskatoon, publication de l'Unité pour les Études canadiennes-françaises, 1991, p. 191-202.

————. « *Les Chemins secrets de Gabrielle Roy* par Ismène Toussaint », *La Liberté*, 12-18 février 1999.

———. « Littérature – Du nouveau sur Gabrielle Roy ! Un ouvrage de qualité vient de paraître : *Les Chemins secrets de Gabrielle Roy* par Ismène Toussaint », *Le Moustique du Pacifique*, vol. 2, 5e édition, mai 1999.

GIASSON, Guy. « Le Saint-Henri de *Bonheur d'occasion* », *Potins des Tanneries*, Société historique de Saint-Henri, vol. 7, n° 4, juillet-octobre 1997.

———. « *Bonheur d'occasion* : un événement qui se poursuit », *Potins des Tanneries*, Société historique de Saint-Henri, vol. 7, n° 6, novembre-décembre 1997.

——— (en collaboration). « Sur les traces de *Bonheur d'occasion* », *Circuit pédestre*, dépliant publié par la Société historique de Saint-Henri, 2000.

GILBERT LEWIS, Paula. « The Incessant Call of the Open Road : The Feminine World of Gabrielle Roy », *The French Review*, vol. 53, n° 6, 1980, p. 816-825.

———. « Tragic and Humanistic Visions of the Future : The Fictional World of Gabrielle Roy », *Québec Studies*, vol. 1, n° 1, 1983, p. 234-235.

———. « La Dernière des grandes conteuses : une conversation avec Gabrielle Roy », *Études littéraires*, vol. 17, n° 3, 1984, p. 563-576.

———. « Trois générations de femmes : le reflet mère-fille dans quelques nouvelles de Gabrielle Roy », *Voix et Images*, vol. 10, n° 3, 1985, p. 165-176.

GIMENEZ, Laurent. « Culturel : Ismène Toussaint, journaliste, universitaire et manitobaniaque – La passion du Manitoba : Gabrielle Roy a revécu pour moi », *La Liberté*, 5-11 octobre 1990 ; repris dans *Le Moustique du Pacifique* (dir. Chantal Lefebvre), vol. 6, 1re édition, janvier 2003, p. 11 ; Internet : http://www.lemoustique.bc.ca

———. « Gabrielle Roy inspire : « Horizons Gabrielle Roy », une exposition de photographies d'Ismène Toussaint », *La Liberté*, 23-29 novembre 1990.

GIRARD, René P. « Réginald Hamel, le capitaine d'Artagnan de la littérature francophone », *Les Diplômés*, Université de Montréal, n° 387, automne 1989.

GODBOUT, Jacques. « Gabrielle Roy, Notre-Dame des Bouleaux », *L'Actualité*, n° 1, janvier 1979, p. 30-34.

GUTH, Paul. « Un quart d'heure avec Gabrielle Roy, prix Fémina, auteur de *Bonheur d'occasion* », *Flammes*, n° 9, décembre 1947 (repris sous le titre « L'interview de Paul Guth : Gabrielle Roy, prix Fémina 1947 », *La Gazette des Lettres*, 13 décembre 1947.

HAMEL, Réginald. « Ismène Toussaint, *Les Chemins secrets de Gabrielle Roy – Témoins d'occasions* », *The Toronto Quarterly*, « Lettres canadiennes 1999 », hiver 2000, p. 144-145 ; Internet : http://www.utpjournals.com

HARDY, Stephan. « Oswald Spengler et Gabrielle Roy : quelques pistes de lecture », *Les Cahiers franco-canadiens de l'Ouest*, publication du CEFCO, vol. 13, n° 2, 2001, p. 143-156.

HARVEY, Carol. « Les Collines et la plaine : l'héritage manitobain de Gabrielle Roy », *Bulletin du Centre d'études franco-canadiennes de l'Ouest*, 1982, p. 22-27.

———. « La relation mère-fille dans *La Route d'Altamont* de Gabrielle Roy », *Revue canadienne des langues vivantes (Canadian Modern Language Review)*, vol. 46, n° 2, janvier 1990, p. 304-310.

———. « Symbolisme et communication dans l'œuvre manitobaine de Gabrielle Roy », *Actes du 9e colloque du CEFCO : « Langue et communication »*, Saint-Boniface, publication du CEFCO, 1989, p. 127-133.

———. « La Plaine-mer de Gabrielle Roy », « Mer et Littérature », *Actes du colloque international « La mer dans les littératures d'expression française du XXe siècle »*, Moncton, publication de l'Université de Moncton, 1992, p. 247-255.

———. « Gabrielle Roy et l'espace éclaté », *Cahiers franco-canadiens de l'Ouest*, publication du CEFCO, 1994, vol. 6, n° 2, p. 201-214.

————. « Georges Bugnet et Gabrielle Roy : paysages littéraires de l'Ouest canadien », *Littéréalité*, vol. 6, n° 1, 1994, p. 53-67.

HAYNE, David. « Gabrielle Roy », *Canadian Modern Language Review*, tome XIII, n° 2 ; repris dans *Modern Languages*, tome XXXIX, n° 3, septembre 1958, p. 83-88.

IMBERT, Patrick. « Critique littéraire, lecture canonique : prise en charge de la différence et exclusion », *Mélanges pour Jean-Louis Major*, Montréal, Éditions Fides, 2000.

JASMIN, Judith. « Entrevue avec Gabrielle Roy », *Premier Plan*, Radio-Canada, 30 janvier 1961.

JOUBERT, Ingrid. « Gabrielle Roy : une mythisation de l'état originaire ? », *Actes du colloque international « Gabrielle Roy » (pour souligner le 50ᵉ anniversaire de Bonheur d'occasion)*, Saint-Boniface, Les Presses universitaires de Saint-Boniface, 1996, p. 245-256.

KAPETANOVICH, Myo. « Gabrielle Roy : *Ces enfants de ma vie* », *Actes du 1ᵉʳ colloque du CEFCO : « État de la recherche et de la vie française en Amérique du Nord »*, Publication du CEFCO, 1982, p. 39-46.

———— (en collaboration avec Paul Dubé). « Entre la détresse et le déchirement. Nature et signification dans l'œuvre de Gabrielle Roy » (interview par Jean Morrisset), *Actes du 4ᵉ colloque du CEFCO : « La langue, la culture et la société des francophones de l'Ouest »*, Saint-Boniface, Publication du CEFCO, 1985, p. 235-241.

————. « Une Cendrillon franco-manitobaine », *Actes du 6ᵉ colloque du CEFC. : « Les outils de la francophonie »*, Saint-Boniface, Publication du CEFCO, 1988, p. 204-214.

————. « Alexandre Chenevert de Gabrielle Roy et les contradictions de son humanisme », *Actes du 8ᵉ colloque du CEFCO : « L'Ouest canadien et l'Amérique du Nord française »*, Université de Regina, publication du Centre d'études bilingues, 1990, p. 251-258.

————. « L'appel et le défi des grands espaces dans *La Montagne secrète* de Gabrielle Roy », *Actes du 10ᵉ colloque du CEFCO, « À la mesure du pays »*, Université de Regina, publication de l'Unité de recherche pour les Études canadiennes-françaises, 1991, p. 165-179.

————. « *La Rivière sans repos* de Gabrielle Roy », *Actes du 11ᵉ colloque du CEFCO : « Après dix ans… Bilan et prospective »*, Edmonton, publication de la Faculté Saint-Jean, 1992, p. 63-76.

————. « *Bonheur d'occasion*, faute d'évasion », *Les Cahiers franco-canadiens de l'Ouest*, publication du CEFCO, vol. 3, n° 3, printemps 1991, p. 97-122.

KUSHNER, Eva. « Gabrielle Roy, de la représentation à la vision du monde », *Québec français*, n° 36, décembre 1979, p. 56-57.

LAMARRE, Sylvie. « Le secret de *La Montagne secrète*. Une quête de la mère », *Cahiers franco-canadiens de l'Ouest*, publication du CEFCO, vol. 8, n° 2, 1996, p. 181-199.

————. « Être ou ne pas être femme. Là est la question de la femme qui crée dans *La Montagne secrète* de Gabrielle Roy », *Francophonies d'Amérique*, n° 7, 1997, p. 31-42.

LAMONTAGNE, Isabelle. « Gabrielle Roy, 1909-1983 : Avant-gardiste, même aujourd'hui », *La Liberté*, 17 juillet 2003.

« L'année littéraire : *Bonheur d'occasion* », *Revue de l'Université d'Ottawa*, n° 2, avril-juin 1946, p. 220-221.

LANTHIER, Sylviane. « Les 100 ans de Marie-Anna Roy : "J'ai poursuivi mon noble rêve" », *La Liberté*, 5 février 1993.

LAROCQUE, Sylvain. « Quand les écrivains tombent en panne – Les Fantômes de l'écriture : Jean-Louis Morgan », *La Presse*, 10 novembre 2000, p. B1-B3.

LECLERC, Rita. « *La Montagne secrète* », *Lectures*, vol. 7-8, janvier 1962, p. 135.

LEFEBVRE, Chantal. « Ismène Toussaint : *Les Chemins secrets de Gabrielle Roy* », novembre 2002 ; Internet : http://www.members.shaw.ca/belleileenlivres

————. « Littérature : Ismène Toussaint : *Les Chemins secrets de Gabrielle Roy – Témoins d'occasions* et autres œuvres », *Le Moustique du Pacifique*, vol. 8, 8ᵉ édition, août 2003, p. 6 ; Internet : http://www.lemoustique.bc.ca ; repris sur le site Internet Belle Île en Livres, http://www.members.shaw.ca/belleileenlivres ; repris dans *Salon du Livre : Livres et portraits d'auteurs : Ismène Toussaint*, site Internet Belle Île en Livres, 22 novembre 2003, http : www.belleileenlivres.ca

————. « Ismène Toussaint et *Les Chemins secrets de Gabrielle Roy* », site Internet L'Association des écrivains francophones de la Colombie-Britannique, novembre 2003, http://www.aefeb.ca

LE GRAND, Albert. « *Bonheur d'occasion* », *La Liberté et le Patriote*, 7 septembre 1945.

————. « Gabrielle Roy ou l'être partagé », *Études françaises*, nº 2, 1965, p. 39-65.

LÉVESQUE, Lia. « Gabrielle Roy : Refaire ce qui a été quitté », *Le Devoir*, 15 juillet 1983.

LENNOX, John. « Metaphor of self. *La Détresse et L'Enchantement* », *Autobiography and Canadian Literature*, Ottawa, Éditions K. P. Stick, University of Ottawa Press, 1988, p. 69-78.

L'HÉRAULT, Pierre. « Le récit maternel acadien, principe organisateur du temps et de l'espace ou *Bonheur d'occasion* à la lumière de *La Détresse et l'Enchantement* », *L'Espace-temps dans la littérature*, Cahiers de l'Association des professeurs de français des universités et collèges canadiens (APFUCC), Brock University, série 3, nº 2, p. 59-75.

Les Écrits complets de Louis Riel (réunis sous la direction de George Stanley), Edmonton, Presses de l'Université de l'Alberta, 5 vol., 1985.

MACDONELL, Alan. « La métaphore du paysage chez Gabrielle Roy », *Actes du 15ᵉ colloque du CEFCO : « La production culturelle en milieu minoritaire* », Saint-Boniface, Presses universitaires de Saint-Boniface, 1994, p.321-329.

MARTEL, Réginald. « *De quoi t'ennuies-tu, Éveline ?* La parole fraternelle de Gabrielle Roy », *La Presse*, 9 juin 1984.

————. « L'autobiographie de Gabrielle Roy : une lumière sur la vie », *La Presse*, 20 octobre 1984.

MAY, Cedric. « Des fleurs tenaces dans un jardin à peupler : Gabrielle Roy et le thème du jardin », *Actes du colloque international « Un pays une voix, Gabrielle Roy »* (tenu les 13-14 mai 1987 à l'Université de Bordeaux-Talence, France), publication de la Maison des Sciences de l'homme d'Aquitaine, Bordeaux-Talence, 1991, p. 95-105.

MÉNARD, Jean. « La Nature chez Gabrielle Roy », *Le Droit*, 31 mars 1962.

MOCQUAIS, Pierre-Yves. « La Prairie et son traitement dans les œuvres de Gabrielle Roy et de Sinclair Ross », *Actes du 3ᵉ colloque du CEFCO : « La langue, la culture et la société des francophones de l'Ouest* », Université de Regina, publication du Centre d'études bilingues, 1984, p. 151-168.

MONTESSUIT, Carmen. « Sur les traces de Gabrielle Roy », *Le Journal de Montréal*, 21 février 1999.

MORENCY, Jean. « Figurations de la vie, de la mort et de la renaissance chez Washington Irving, Alejo Carpentier et Gabrielle Roy », *Urgences*, nº 35, décembre 1991, p. 75-87.

————. « Deux visions de l'Amérique », *Études françaises*, vol. 33, nº 3, hiver 1997-1998, p. 67-77.

———— (avec James de Finley). « La Représentation de l'espace dans les œuvres de Gabrielle Roy et d'Antonine Maillet », *Francophonies d'Amérique*, Ottawa, Presses de l'Université d'Ottawa, nº 8, 1998, p. 5-22.

MORGAN, Jean-Louis. « *Les Chemins secrets de Gabrielle Roy – Témoins d'occasions* par Ismène Toussaint », Montréal, Éditions internationales Alain Stanké, janvier 1999, 2 p.

(archives Ismène Toussaint; repris dans *Le Moustique du Pacifique*, vol. 6, 1re édition, janvier 2003, p. 11; Internet: http://www.lemoustique.bc.ca)

MOUGET, Madeleine. « *Les Chemins secrets de Gabrielle Roy* », *Armor Magazine*, octobre 1999.

NAVES, Elaine Kalman. « World Was Her Home », *The Gazette*, 2 septembre 1992.

PAQUIN, Paul-Marie. « Gabrielle Roy romancière ? », dans M. G. Hesse, *Gabrielle Roy par elle-même*, Montréal, Éditions internationales Alain Stanké, 1985, p. 157.

PASCAL, Gabrielle. « La condition féminine dans l'œuvre de Gabrielle Roy », *Voix et Images*, vol. 5, n° 1, p. 143-163.

PELLERIN, Jean. « Témoignage sur Gabrielle Roy », *La Presse*, 13 juillet 1983.

PICARD, Geneviève. « Document Gabrielle Roy », *Elle Québec*, mars 1991, p. 70-74.

————. « Comment un sujet de commande est devenu un sujet de passion », 1999, 2 p. (Archives G. Picard)

————. « Retranscription d'une interview partielle avec François Ricard, professeur à l'Université McGill », 13 novembre 1990 (Archives G. Picard).

RAYMOND, Marie-José. « Témoignage », dans M. G. Hesse, *Gabrielle Roy par elle-même*, Montréal, Éditions internationales Alain Stanké, 1985, p.151-154.

————. Conférence prononcée devant la Société des écrivains canadiens à Montréal, 23 février 1984, 19 p. (Archives Marie-José Raymond)

RICARD, François : « Gabrielle Roy : Petite topographie de l'œuvre », *Écrits du Canada français*, n° 66, 1989, p. 23-38.

ROBIDOUX, Réjean. « Gabrielle Roy à la recherche d'elle-même », *Canadian Modern Language Review*, n° 30, 1973-1974, p. 208-211.

ROBINSON, Christine. « *La Saga d'Éveline*, un grand projet romanesque », *Cahiers franco-canadiens de l'Ouest*, publication du CEFCO, vol. 7, n° 2, 1993, p. 193-210.

————. « *La Route d'Altamont* de Gabrielle Roy, épave de *La Saga d'Éveline*? », *Voix et Images*, vol. 23, n° 1, 1997, p. 135-146.

————. « Le roman et la recherche du sens de la vie. Vocation : écrivain », *Mélanges de civilisation canadienne-française offerts au professeur Paul Wyczynski*, Cahiers du centre de recherche en civilisation canadienne-française, n° 10, Université d'Ottawa, 1977, p. 225-235.

ROSSHANDLER, Léo. « Miyuki Tanobe : images du Québec récent et lointain », exposition présentée par la délégation du gouvernement du Québec à Tokyo, Québec, 1982, p. 1-4.

ROUSSAN, Jacques (de). « La Tour de garde de nos Lettres », *Perspectives*, n° 16, 30 avril 1966.

ROY, Gabrielle. « The Jarvis Murder Case », *Le Samedi*, 12 janvier 1936.

————. « La Grotte de la mort », *Le Samedi*, 23 mai 1936.

————. « 100 % d'amour », *Le Samedi*, 31 octobre 1936.

————. « Jean-Baptiste takes a wife », *The Toronto Weekly Star*, 19 décembre 1936.

————. « Les derniers nomades », Paris, *Je suis partout*, 21 octobre 1938.

————. « Comment nous sommes restés français au Canada », *Je suis partout*, n° 456, 18 août 1939

————. « Bonne à marier », *La Revue moderne*, juin 1940.

————. « La dernière pêche », *La Revue moderne*, novembre 1940.

————. « La belle aventure de la Gaspésie », *Le Bulletin des agriculteurs*, novembre 1940.

————. « Tout Montréal », reportages, *Le Bulletin des agriculteurs*, juin-septembre 1941.

————. « Peuples du Canada », reportages, *Le Bulletin des agriculteurs*, novembre 1942-mai 1943; repris dans *Fragiles Lumières de la terre*, Montréal, Éditions Quinze, 1978 (coll. « Prose entière »).

————. « Regards sur l'Ouest », reportages, *Le Canada*, décembre 1942-janvier 1943.

————. « Horizons du Québec », reportages, *Le Bulletin des agriculteurs*, 1944.

————. « Feuilles mortes » (nouvelle), *La Revue moderne*, vol. 29, n° 11, mars 1948, p. 12-13 et 66-68.

————. « Sécurité » (nouvelle), *La Revue de Paris*, n° 1, janvier 1948, p. 46-55.

————. « Souvenirs du Manitoba » : texte de la causerie de Gabrielle Roy à la Société royale du Canada (original dactylographié ; collection particulière), Montréal, 1954 ; repris dans : *Mémoires de la Société royale du Canada*, tome 48, 3ᵉ série, juin 1954, p. 1-6 ; *La Revue de Paris*, février 1955 ; *Les Cloches de Saint-Boniface*, 1ᵉʳ août 1955 ; *Le Devoir*, 15 novembre 1955 ; *Fragiles Lumières de la terre* (même auteur), Montréal, Éditions Quinze, 1978 (coll. Prose entière) ; *Le Pays de Bonheur d'occasion* (même auteur), Montréal, Éditions Boréal, 2000, p. 13-22.

————. « Mon héritage du Manitoba », *Mosaïc 3/3*, Manitoba Centennial Issue, 1970, p. 69-79 ; repris dans *Fragiles Lumières de la terre* (même auteur), Montréal, Éditions Quinze, 1978 (coll. « Prose entière »).

————. « *Le Pays de Bonheur d'occasion* », *Le Devoir*, Montréal, 18 mai 1974 ; repris dans : *Morceaux du grand Montréal* (dir. R. G. Scully), Montréal, Éditions du Noroît, 1978 ; *Le Pays de Bonheur d'occasion* (par Gabrielle Roy), Montréal, Éditions Boréal, 2000, p. 87-100.

————. « Le Cercle Molière... porte ouverte – *Souvenirs du Cercle Molière, 1936-1938* (texte de 1975) », *Chapeau bas : réminiscences de la vie théâtrale et musicale du théâtre français*, 1ʳᵉ partie, Cahiers d'histoire de la Société historique de Saint-Boniface (dir. Lionel Dorge), Saint-Boniface, Éditions du Blé, 1980 ; repris dans *Le Pays de Bonheur d'occasion* (même auteur), Montréal, Éditions Boréal, 2000, p. 23-34.

————. *L'Empereur des bois* (conte, 1970 ou 1971), *Études littéraires*, vol. 17, n° 3, 1984, p. 581-588 ; repris dans *Contes pour enfants*, Montréal, Éditions Boréal, 1998.

————. « La Légende du cerf ancien » (texte écrit vers 1938), *Cahiers franco-canadiens de l'Ouest*, publication du CEFCO, vol. 3, n° 1, 1991, p. 143-163.

————. « Rose en Maria » (nouvelle, 1948), *Elle Québec*, 1991, p. 76-80.

————. « Ma rencontre avec les gens de Saint-Henri » (texte de 1947 traduit de l'anglais), *Les Cahiers franco-canadiens de l'Ouest*, publication du CEFCO, vol. 8, n° 2, 1996, p. 27 ; repris dans *Le Pays de Bonheur d'occasion*, Montréal, Éditions Boréal, 2001, p. 81-85.

————. « Ma petite rue qui m'a menée autour du monde » (texte écrit vers 1978), *Littératures*, n° 14, 1996, p. 135-163 ; repris dans : *Le Pays de Bonheur d'occasion*, Montréal, Éditions Boréal, 2000, p. 41-64 ; *Les Éditions du Blé : 25 ans d'édition* (collectif), Saint-Boniface, Éditions du Blé, 1999, p. 164-183 ; Saint-Boniface, Éditions du Blé, 2003 (collectif).

————. « Germaine Guèvremont (1900-1968) de Gabrielle Roy », *Études françaises*, vol. 33, n° 3, 1997, p.81-84.

————. « Voyage en Ungava » (reportage, 1961), repris dans *Visages de Gabrielle Roy* (par Marc Gagné), Montréal, Éditions Beauchemin, 1973 ; *Le Pays de Bonheur d'occasion* (par Gabrielle Roy), Montréal, Éditions Boréal, 2000, p. 101-128.

————. « Rencontre avec Teilhard de Chardin » (texte de 1975), *Le Pays de Bonheur d'occasion*, Montréal, Éditions Boréal, 2000, p. 65-68.

————. « Mes études à Saint-Boniface » (texte de 1976, traduit de l'anglais), *Le Pays de Bonheur d'occasion*, Montréal, Éditions Boréal, 2000, p. 35-40.

————. *La Maison rose près du bac* (nouvelle, début années 1960), *Gabrielle Roy inédite*, Québec, Éditions Nota Bene, 2000 (coll. « Séminaires »).

ROY, Paul-Émile. « *Bonheur d'occasion* de Gabrielle Roy », *Lectures*, vol. 12, n° 5, janvier 1966, p. 123.

————. « Gabrielle Roy ou la difficulté de s'ajuster à la réalité », *Lectures*, novembre 1964, p. 55-61.

————. « Le dernier Gabrielle Roy : *La Détresse et l'enchantement* », *Dires*, automne 1984, p. 124-126.

————. « Gabrielle Roy », *Études littéraires*, Montréal, Éditions du Méridien, 1989, p. 49-87.

————. « Le nationalisme de Gabrielle Roy », *Lectures québécoises et indépendance*, Montréal, Éditions du Méridien, 1999, p. 165-172.

————. « *Les Chemins secrets de Gabrielle Roy – Témoins d'occasions* par Ismène Toussaint », *L'Action nationale*, vol. 90, n° 1, janvier 2000, p. 153-154.

ROY, Yannick. « L'écriture d'*Alexandre Chenevert* », *Voix et Images*, vol. 25, n° 2, hiver 2000, p. 349-374.

SAINT-DENIS, Yves : « Ismène Toussaint : *Les Chemins secrets de Gabrielle Roy – Témoins d'occasions* », communiqué, *L'Action indépendantiste*, n° 21, décembre 2000.

SAINT-MARTIN, Lori. « Mère et monde chez Gabrielle Roy. L'Autre lecture », *La Critique au féminin et les textes québécois* (dir. Lori Saint-Martin), Montréal, XYZ éditeur, 1992, p. 117-137.

————. « Elles, dans la ville », *Les bâtisseuses de la cité* (dir. Évelyne Tardy, et autres), Cahiers scientifiques de l'ACFAS, Montréal, 1993, p. 319-326

————. « Simone de Beauvoir and Gabrielle Roy : Contemporaries Reflecting on Women and Society », *Simone de Beauvoir Studies*, Université Concordia, 1993, n° 10, p. 127-139.

————. « Au plus près possible de vous tous : deuil, distance et écriture dans la correspondance de Gabrielle Roy », *Actes du colloque « Les femmes de lettres. Écriture féminine ou spécificité générique ? »*, Université de Montréal, publication du département des Études françaises, 1994, p. 117-135.

————. « Structures maternelles, structures textuelles dans les écrits autobiographiques de Gabrielle Roy », *Portes de communication. Études discursives et stylistiques de l'œuvre de Gabrielle Roy* (dir. Estelle Dansereau et Claude Romney), Québec, Presses de l'Université Laval, 1995, p. 117-135.

————. « Portrait de l'artiste en (vieille) femme », *Actes du colloque international « Gabrielle Roy » (pour souligner le 50ᵉ anniversaire de Bonheur d'occasion)*, Saint-Boniface, Presses universitaires de Saint-Boniface, 1996, p. 513-522.

————. « Sexe, pouvoir et dialogue » (en collaboration), *Études françaises (Le Survenant et Bonheur d'occasion : rencontre de deux mondes)*, 1997, vol. 33, n° 3, p. 37-52.

————. « Voix – Voies de femmes : Gabrielle Roy et le problème de l'autorité discursive », *Féminisme et formes littéraires dans l'œuvre de Gabrielle Roy*, Cahiers de l'IRE, Université du Québec à Montréal, n° 3, 1998, p. 71-97.

SAVIGNAC, Pierre. « Tanobe », *Le Collectionneur*, vol. VIII, n° 31, automne 1991, p. 18-23.

SHEK, Ben-Z. « Gabrielle Roy et la généreuse "disparité humaine" », *Études canadiennes*, nᵒˢ 31-32, tome 2 « Minorités ethnoculturelles et État », décembre 1986, p. 235-244.

————. « De quelques influences possibles de Gabrielle Roy : George Wilkinson et Henri Girard », *Voix et Images*, n° 42, printemps 1989, p. 437-460.

————. « L'espace et la description symbolique dans les romans "montréalais" de Gabrielle Roy, *Liberté*, novembre 1971, p. 78-96.

SIROIS, Antoine. « Le mythe du Nord dans *La Montagne secrète* », *Revue de l'Université de Sherbrooke*, 1961 ; repris dans *Dossier de documentation de littérature canadienne-française* (DOLQ) : « Gabrielle Roy », Montréal, Éditions Fides, 1967, p. 65-70.

————. « Costumes, maquillage et bijoux dans *Bonheur d'occasion* », *Présence francophone*, n° 18, printemps 1979, p. 159-164.

———. « Gabrielle Roy et le Canada anglais », *Études littéraires*, vol. 17, n° 3, hiver 1984, p. 469-480.

———. « De l'idéologie au mythe : la nature chez Gabrielle Roy », *Voix et Images*, n° 42, printemps 1989, p. 380-386 ; repris sous le titre « De l'idéologie au mythe de la nature : romans et nouvelles de Gabrielle Roy », *Mythes et symboles dans la littérature québécoise*, Montréal, Éditions Triptyque, 1992, p. 51-59.

———. « Le Grand Nord chez Gabrielle Roy et Yves Thériault », *Actes du colloque « Gabrielle Roy » (pour souligner le 50ᵉ anniversaire de* Bonheur d'occasion*)*, Saint-Boniface, Les Presses universitaires de Saint-Boniface, 1996, p. 605-616 ; repris dans *Lecture mythocritique du roman québécois*, Montréal, Éditions Triptyques, 1999, p. 99-113.

SMART, Patricia. « Quand les voix de la résistance deviennent politiques : *Bonheur d'occasion* ou le réalisme au féminin », *Écrire dans la maison du père. L'émergence du féminin dans la tradition littéraire du Québec* (dir. Patricia Smart), Montréal, Éditions Québec/Amérique, 1998, p. 197-233.

SOCKEN, Paul. « Art and the Artist in Gabrielle Roy's works », *Revue de l'Université d'Ottawa*, vol. 45, n° 3, juillet-septembre 1975, p. 344-350.

———. « Le pays de l'amour dans l'œuvre de Gabrielle Roy », *Revue de l'Université d'Ottawa*, n° 46, 1976, p. 309-323.

———. « L'harmonie dans l'œuvre de Gabrielle Roy », *Travaux de linguistique et de littérature*, Allemagne, vol. 15, n° 2, 1977, p. 275-292.

———. « Survival by Adaptation in the Works of Gabrielle Roy », *Signum*, n°1, janvier 1978, p. 21-33.

———. « Les dimensions mythiques dans *Alexandre Chenevert* de Gabrielle Roy », *Études littéraires*, vol. 17, n° 2, 1987, p. 187-198.

———. « L'Enchantement dans la détresse : l'irréconciliable réconcilié chez Gabrielle Roy », *Voix et Images*, vol. 42, printemps 1989, p. 433-436.

———. « *Ces enfants de ma vie* : l'apprentissage de Gabrielle Roy », *Les Cahiers franco-canadiens de l'Ouest*, Saint-Boniface, publication du CEFCO, vol. 3, n° 1, printemps 1991, p. 15-30.

———. « Jacques Poulin : héritier spirituel de Gabrielle Roy », *Actes du colloque international « Gabrielle Roy » (pour souligner le 50ᵉ anniversaire de* Bonheur d'occasion*)*, Les Presses universitaires de Saint-Boniface, 1996, p. 593-603.

SRABIAN DE FABRY, Anne. « À la recherche de l'ironie perdue chez Gabrielle Roy et Flaubert », *Présence francophone*, n° 11, automne 1975, p. 89-104.

STANKÉ, Alain. « Gabrielle Roy – Ses œuvres parlent pour elle », *Le Devoir*, juillet 1983.

———. « Notes liminaires en guise de préface », dans M. G. Hesse, *Gabrielle Roy par elle-même*, Montréal, Éditions internationales Alain Stanké, 1985.

———. « Préface », dans Ismène Toussaint, *Les Chemins secrets de Gabrielle Roy – Témoins d'occasions*, Montréal, Éditions internationales Alain Stanké, 1999, p. 11-12.

———. « Saison littéraire 1999 : *Les Chemins secrets de Gabrielle Roy – Témoins d'occasions par Ismène Toussaint* », communiqué de presse, Montréal, Éditions internationales Alain Stanké, février 1999, 1 p.

———. « Un livre assurément pas comme les autres : *Les Chemins secrets de Gabrielle Roy par Ismène Toussaint* », *La Presse*, 14 février 1999.

———. « Gabrielle Roy : La promesse et... le désenchantement », dans *Occasions de bonheur*, Montréal, Éditions internationales Alain Stanké, 1993, p. 55-73.

———. *Les Chemins secrets de Gabrielle Roy – Témoins d'occasions*, communiqué de presse, *Le Devoir*, 31 janvier 1999.

———. *Les Chemins secrets de Gabrielle Roy – Témoins d'occasions*, Catalogue général 1999-2000, Montréal, Éditions internationales Alain Stanké, p. 11.

STÉPHAN, Andrée. « La condition féminine dans *Pieds nus dans l'aube* de Félix Leclerc et *Rue Deschambault* de Gabrielle Roy », *Plurial*, nº 1, 1987, p. 69-73.

———. « Attraits et contraintes du corps féminin chez Gabrielle Roy. Les prémisses de *Bonheur d'occasion* et leur écho dans le reste de l'œuvre », *Actes du colloque international « Un pays, une voix, Gabrielle Roy »* (tenu à l'Université de Bordeaux-Talence, France, les 13-14 mai 1987), publication de la Maison des sciences de l'homme d'Aquitaine, Bordeaux-Talence, 1991, p. 57-65.

———. « La femme et la guerre dans *Bonheur d'occasion* de Gabrielle Roy », *Les Cahiers franco-canadiens de l'Ouest*, publication du CEFCO, vol. 3, nº 1, printemps 1991, p. 43-54.

TASCHEREAU, Yves. « Un *Bonheur d'occasion* fidèle à Gabrielle Roy », *Châtelaine*, p. 72-81.

TASSO, Lily. « *Bonheur d'occasion* est le témoignage d'une époque, d'un endroit et de moi-même », *La Presse*, 17 avril 1965.

TEASDALE, Jacques. « Gabrielle Roy était attachée aux petits », *Le Journal de Montréal*, 17 juillet 1983.

THÉRIAULT, Yves. « Les enfants de la vie de Gabrielle Roy », *Le Livre d'ici*, vol. 3, nº 19, 1978.

———. « La finesse de Gabrielle Roy », *Le Livre d'ici*, vol. 3, nº 38, 28 juin 1978.

THÉRIO, Adrien. « Le portrait du père dans *Rue Deschambault* de Gabrielle Roy », *Livres et auteurs québécois – Revue critique de l'année littéraire*, Québec, Les Presses de l'Université Laval, 1969, p. 237-243.

TOUSSAINT, Ismène. « L'enfant et la nature dans l'œuvre de Gabrielle Roy », *Actes du colloque international « Un pays, une voix, Gabrielle Roy »* (tenu les 13-14 mai 1987 à l'Université de Bordeaux-Talence, France) ; repris dans : *L'homme et la nature dans l'œuvre de Gabrielle Roy*, mémoire de DEA, bibliothèque de l'Université de Rennes II-Haute-Bretagne, 1987 ; repris dans *Études canadiennes : publications et thèses étrangères*, Ottawa, bibliothèque nationale du Canada, 1995 (coll. « Canada »).

———. « L'île Gabrielle-Roy, reportage photographique, ministère des Richesses naturelles du Manitoba, Winnipeg, automne 1989.

———. « Inauguration de l'île Gabrielle-Roy dans la rivière de la Poule d'Eau (Manitoba) », *Les Cahiers franco-canadiens de l'Ouest*, vol. 2, nº 1, printemps 1990, p. 91-95.

———. « Franco manitoban writing, in Prairie Fire, (Winnipeg, Manitoba, vol. 11, nº 1, printemps 1990, 198 p.) », *Les Cahiers franco-canadiens de l'Ouest*, vol. 2, nº 2, automne 1990, p.199-204.

———. « *La Petite Poule d'Eau* de Gabrielle Roy : une adaptation sensible et émouvante », *La Liberté*, 8-14 mai 1992.

———. « Marie-Anna Roy, un être d'exception », *La Liberté*, 25-31 décembre 1993.

———. « Une visite guidée de Saint-Boniface par Louis Riel et Gabrielle Roy, suivie de Louis Riel, le père du Manitoba et de Gabrielle Roy, écrivain de la condition humaine », *Revue francophone Sol'Air*, Nantes, nº 8, août 1995, p. 146-172.

———. « Gabrielle Roy, un sommeil de Belle au Bois Dormant », *La Liberté*, 25-28 septembre 1995.

———. « Jacques Allard », *L'Encyclopédie du Canada 2000* (sous la direction de Jean-Louis Morgan), Montréal, Éditions internationales Alain Stanké, 2000.

———. « Henri Bergeron », *L'Encyclopédie du Canada 2000*, Montréal, Éditions internationales Alain Stanké, 2000.

———. « André Brochu », *L'Encyclopédie du Canada 2000*, Montréal, Éditions internationales Alain Stanké, 2000.

————. « Jean Éthier-Blais », *L'Encyclopédie du Canada 2000*, Montréal, Éditions internationales Alain Stanké, 2000.

————. « Réginald Hamel », *L'Encyclopédie du Canada 2000*, Montréal, Éditions internationales Alain Stanké, 2000.

————. « Jean O'Neil », *L'Encyclopédie du Canada 2000*, Montréal, Éditions internationales Alain Stanké, 2000.

————. « Gabrielle Roy », *L'Encyclopédie du Canada 2000*, Montréal, Éditions internationales Alain Stanké, 2000.

————. « Marie-Anna Roy », *L'Encyclopédie du Canada 2000*, Montréal, Éditions internationales Alain Stanké, 2000 ; repris sous le titre « Ismène Toussaint nous parle de Marie-Anna Roy », *Le Moustique du Pacifique*, vol. 6, 9ᵉ édition, septembre 2003, p. 6 et 10 ; Internet : http://www.lemoustique.bc.ca

————. « Paul-Émile Roy », *L'Encyclopédie du Canada 2000*, Montréal, Éditions internationales Alain Stanké, 2000.

————. « La littérature d'expression française dans l'Ouest canadien – Trois siècles d'écriture », *L'Encyclopédie du Canada 2000*, Montréal, Éditions internationales Alain Stanké, 2000 ; repris dans *L'Action nationale*, vol. 91, n° 6, juin 2001, p. 65-91 (prix André-Laurendeau) ; Internet : http://www.action-nationale.qc.ca

————. « Gabrielle Roy, un cœur multiple », communication dédiée au professeur Albert Le Grand (1916-1976) et présentée le 23 janvier 2000 à la maison Justine-Lacoste, Outremont, sous la direction d'Henri Bergeron et de Liliane Le Grand ; reprise dans *L'Action nationale*, n° 7, vol. 91, septembre 2001, p. 87-104 ; Internet : http://www.action-nationale.qc.ca

————. « La maison de Gabrielle Roy : un navire en détresse dans la plaine », Gatineau, Québec un pays, mai 2001, http://www.membres.lycos.fr/quebecun pays

————. « Louis Riel ou le rêve inachevé », *L'Action nationale*, vol. 91, n° 9, novembre 2001, p. 63-89 ; Internet : http//www.action-nationale.qc.ca (Certificat d'histoire nationale du Québec – 2ᵉ choix du prix André-Laurendeau).

————. « L'œuvre de Gabrielle Roy : entre un Manitoba mythique et un Québec incertain », *L'Action nationale*, vol. 92, n° 5, mai 2002, p. 59-78.

VIAU, Robert. « Personnages et paysages de l'Ouest dans les romans de Gabrielle Roy », *L'Ouest littéraire : vision d'ici et d'ailleurs*, Montréal, Éditions du Méridien, 1992, p. 89-139.

————. « La Prairie dans trois romans de Gabrielle Roy », *Actes du 11ᵉ colloque du CEFCO : « Après dix ans… Bilan et prospective »*, publication de l'Institut de recherche de la Faculté Saint-Jean d'Edmonton, 1992, p. 77-89.

————. « Gabrielle Roy et le nationalisme québécois, *L'Action nationale*, automne 2004

VISELLI, Santé. « La montagne chez Gabrielle Roy », *Études canadiennes*, n° 31, 1991, p. 97-106.

VOISARD, Anne-Marie. « Gabrielle Roy et son œuvre », *Le Soleil*, 15 juillet 1983.

VOLDENG, Evelyne. « Le symbolisme de *La Montagne secrète* de Gabrielle Roy et *La montagne est jeune* de Han Suyin », *Actes du colloque international « Gabrielle Roy » (pour souligner le 50ᵉ anniversaire de Bonheur d'occasion)*, Saint-Boniface, Les Presses universitaires de Saint-Boniface, 1996, p. 629-639.

WHITFIELD, Agnès. « Gabrielle Roy as feminist : Re-reading the critical myths », *Canadian literature*, 1990, n° 126, p. 20-31.

————. « L'autobiographie au féminin : identité et altérité dans *La Détresse et l'Enchantement* de Gabrielle Roy (dir. Yolande Grisé et Robert Major) », *Mélanges de littérature canadienne-francaise et québécoise offerts à Réjean Robidoux*, Ottawa, Presses de l'Université d'Ottawa, 1992, p. 391-404.

CHRONOLOGIE
DE LA VIE DE GABRIELLE ROY

1850 : Naissance de Léon Roy à Saint-Isidore-de-Dorchester (comté de Beaumont, Lévis, Québec), fils de Charles Roy et de Marcellina Morin, agriculteurs. Fuyant très jeune la pauvreté familiale, il exerce tous les métiers aux États-Unis, avant de s'établir en 1883 comme exploitant agricole à Saint-Alphonse (sud-ouest du Manitoba).

1867 : Naissance d'Émilie Landry (Mélina) à Saint-Alphonse-de-Rodriguez (Laurentides, Québec), fille d'Élie Landry et d'Émilie Jeansonne, agriculteurs.

1881 : Les parents de Mélina Landry émigrent à Saint-Léon (sud-ouest du Manitoba).

1886 : 23 novembre : Mariage de Léon Roy et de Mélina Landry à Saint-Léon. Le couple aura onze enfants, dont trois mourront en bas âge.

1887 : Naissance de Joseph, qui mènera une vie errante.

1888 : Naissance d'Anna, future enseignante et femme d'un menuisier.

1893 : Naissance d'Adèle ou **Marie-Anna Roy**, « sœur terrible » de Gabrielle et futur écrivain.

1895 : Naissance de Clémence, un être dépressif dont Gabrielle assumera la charge jusqu'à sa mort.

1897 : Léon Roy devient agent d'immigration pour le gouvernement fédéral. Il s'installe avec sa famille dans la « Maison Rouge » de Saint-Boniface.
Naissance de Bernadette, sœur préférée de Gabrielle, qui entrera comme enseignante chez les sœurs des Saints Noms de Jésus et de Marie (SNJM).

1899 : Naissance de Rodolphe, qui exercera divers métiers.

1902 : Naissance de Germain, qui deviendra instituteur.

1905 : La famille Roy emménage au 15 (actuel 375), rue Deschambault, à Saint-Boniface.

22 mars 1909 : Naissance, à Saint-Boniface, de Marie-Rose Emma Gabrielle Roy.

1915 : Léon Roy perd son emploi pour des raisons politiques.

1915-1927 : Études primaires et secondaires à l'Académie Saint-Joseph de Saint-Boniface, dirigée par les sœurs SNJM. Depuis 1916, la loi Thornston interdit l'enseignement du français dans les écoles manitobaines. Néanmoins, le futur écrivain se distinguera pendant toute sa scolarité en remportant des prix de composition française. Selon des témoins, Gabrielle commence à écrire à l'âge de six ou huit ans.

1920 : Sa vocation d'écrivain se précise.

1926-1927 : Publication de ses premiers textes dans *La Liberté et le Patriote* (l'actuelle *La Liberté*) et dans le *Bulletin des enseignants*.

1928-1929 : Études pédagogiques à l'École normale de Winnipeg.

1929 : 22 février : Mort de Léon Roy. En juin, Gabrielle enseigne quelques semaines à Marchand (sud-est du Manitoba). Elle est nommée pour un an à l'école Saint-Louis de Cardinal (sud-ouest du Manitoba).

1930-1937 : Elle enseigne à l'école Provencher de Saint-Boniface. Activités théâtrales dans diverses troupes de langue française et anglaise. Le 25 avril 1936, une pièce mise en scène par le Cercle Molière remporte le trophée Bessborough au Festival national d'art dramatique de Toronto. Gabrielle décide de faire une carrière de comédienne.

1932 : À l'été, premier contact avec le Québec.

1933 : Elle suit des cours de *creative writing* à Winnipeg.

1934 : Publication de sa première nouvelle, « The Jarvis Murder », dans le *Winnipeg Free Press*. Au printemps, second séjour au Québec.

1934-1936 : Publication de plusieurs articles et nouvelles en français et en anglais dans des journaux.

1936 : À l'été, court séjour chez ses cousins Jubinville à Camperville (nord du Manitoba).

1937 : Poste temporaire sur « l'île » de la Petite Poule d'eau (nord du Manitoba).

Août 1937-1939 : Séjour en France et en Angleterre pour se perfectionner en art dramatique.

1938 : Au printemps, liaison, à Londres, avec Stephen, un jeune agent secret anticommuniste d'origine ukrainienne. Elle, au contraire, adhère au Parti communiste. Pour des raisons de santé, elle renonce provisoirement au théâtre. À l'été, elle décide de devenir écrivain et publie ses premiers articles en France, à Montréal, et dans *La Liberté et le Patriote*.

1939 : Au printemps, elle revient au Canada et s'installe à Montréal. Liaison présumée avec Georges Wilkinson, leader syndicaliste. À l'été, elle rencontre Henri Girard, directeur littéraire à *La Revue moderne*, qui sera son amant et son conseiller littéraire pendant sept ans. Elle se lance dans le théâtre radiophonique, mais selon la comédienne Marthe Nadeau, doit abandonner sa carrière pour avoir refusé les avances du dramaturge Henri Deyglun.

De 1939 à 1945, elle donne articles, récits, contes et nouvelles au *Jour*, à *La Revue moderne*, au *Canada*, à *La Liberté et le Patriote*. Elle parcourt tout le pays en quête de reportages d'intérêt ethnique et social.

1940 : Début de son amitié avec le peintre **Jori Smith.** C'est peut-être ce printemps-là qu'elle découvre le quartier Saint-Henri, qui lui inspirera son roman *Bonheur d'occasion*. En juin, **René Soulard**, rédacteur en chef du *Bulletin des agriculteurs*, l'engage comme journaliste. Elle travaillera cinq ans pour lui. Séjour d'été à Port-Daniel (Gaspésie).

1941 : Au printemps, elle entame vraisemblablement la rédaction de *Bonheur d'occasion*, qu'elle poursuivra entre Montréal, Rawdon (au nord de Montréal, Laurentides) et Port-Daniel. Séjour d'été en Gaspésie.

1942 : Séjours d'été au Manitoba et en Alberta ; en hiver, à Rawdon. Elle s'y lie d'amitié avec **Dominique et Laurence Pelletier**, respectivement chauffeur de maître et institutrice.

1943 : Au printemps, séjour à Rawdon. 26 juin : Mort de sa mère. Brève visite au Manitoba. Séjours d'été et d'automne en Gaspésie. Premier contact avec Petite-Rivière-Saint-François (Charlevoix). De septembre à novembre, elle suit des cours à l'École de technologie médicale de l'hôpital Saint-Jean-de-Dieu, à Montréal, en vue de devenir technicienne de laboratoire. Lors de ce stage, vite abandonné, elle fait la connaissance d'une future **infirmière-radiologue** de la communauté SNJM d'Outremont (ouest de Montréal). En hiver, retour à Rawdon.

1944 : Au printemps, séjour à Rawdon. C'est peut-être cette année-là qu'elle ébauche *La Saga d'Éveline*, roman inspiré de l'histoire de ses aïeux, qu'elle peaufinera jusqu'au milieu des années 1960, puis abandonnera.

1945 : Au printemps, séjour à Rawdon. En juin, publication, à Montréal, de *Bonheur d'occasion*. Séjour d'été à Rawdon. En juillet, elle y fait la connaissance de l'abbé **François Lanoue**, historien ; en août, son avocat lui présente **Yvonne Morissette-Riallan**, future journaliste, avec laquelle elle passera des vacances à Percé (Gaspésie) à l'été 1962. En hiver, retour à Rawdon.

1946 : En hiver et au printemps, voyage en Californie. Elle reçoit la médaille Richelieu de l'Académie canadienne-française. Séjour d'hiver à Rawdon.

1947 : D'avril à août, séjour au Manitoba. En mai, la traduction anglaise de *Bonheur d'occasion* (*The Tin Flute*), est choisie comme livre du mois par la Literary Guild of America et reçoit le prix du Gouverneur général au Canada. En juin, la Universal Pictures d'Hollywood en achète les droits cinématographiques : le film ne sera jamais tourné.

Le 30 août, elle épouse le docteur Marcel Carbotte à Saint-Vital (près de Saint-Boniface). En septembre, elle est reçue membre de la Société royale du Canada.

En novembre, l'édition parisienne de *Bonheur d'occasion* (Éditions Flammarion) obtient le prix Fémina.

1947-1950 : Séjour à Paris avec son mari. Voyages en France, en Belgique, en Suisse et en Angleterre.

1950 : De retour au Canada en septembre, les Carbotte s'établissent 5, rue Alepin, à LaSalle (sud de Montréal).

Publication de *La Petite Poule d'eau* à Montréal.

Entre 1950 et 1952, elle rend plusieurs fois visite à sa sœur Bernadette au pensionnat Jésus-Marie, à Outremont (ouest de Montréal). Elle y rencontre sœur **Mariette Léger**, institutrice et professeur de lettres, ainsi qu'**un professeur de physique**.

1951 : En janvier, séjour à la Villa du Soleil (Laurentides, Québec). Elle y rencontre Armand Plante, annonceur-radio, et sa fiancée, **Jeannette Payette**, soprano.

Au printemps, séjour à Rawdon ; à l'été, en Gaspésie.

Parution de *La Petite Poule d'eau* à Paris et de sa traduction anglaise à New York : *Where Nests the Waterhen*. Bref séjour au Manitoba.

1952 : En janvier, le jeune journaliste **Jean-Louis Morgan** essaie vainement d'obtenir une interview d'elle et des photographies.

Au printemps, séjour à Rawdon. En mai, les Carbotte emménagent au Château Saint-Louis, 135, Grande Allée Ouest, à Québec. Séjours d'été à Rawdon et en Gaspésie.

1953 : Au printemps, séjour à Rawdon ; à l'été, dans la région de Charlevoix ; à l'automne, en Alberta. Brouille définitive avec sa sœur Marie-Anna.

1954 : Publication d'*Alexandre Chenevert* à Montréal et à Paris.

Au printemps, séjour au Manitoba, où elle donne une conférence : « Souvenirs du Manitoba » (*Fragiles Lumières de la terre*), son premier texte autobiographique. Séjour d'été à l'hôtel Belle-Plage (Baie-Saint-Paul, Charlevoix) et en Gaspésie.

1955 : Parution de la traduction anglaise d'*Alexandre Chenevert* (*The Cashier*). Au printemps, séjour en France ; à l'été, en Saskatchewan. Publication de *Rue Deschambault* à Montréal et à Paris

1956 : Séjour d'été à l'hôtel Belle-Plage (Baie-Saint-Paul) et à Petite-Rivière-Saint-François, où elle rencontre **Berthe Simard**, sa future voisine et grande amie.

Parution de la traduction anglaise de *Rue Deschambault* (*Street of riches*), qui obtient le prix du Gouverneur général. La Société Saint-Jean-Baptiste de Montréal lui décerne le prix Ludger-Duvernay pour l'ensemble de son œuvre. Mort de son frère Joseph à Vancouver (Colombie-Britannique).

1957 : Au printemps, voyage dans le sud des États-Unis. Acquisition d'un chalet à Petite-Rivière-Saint-François, où elle passera désormais presque tous ses étés.

En octobre, rencontre à Ottawa de **Réginald Hamel**, futur professeur de lettres à l'Université du Manitoba, avec lequel elle se brouillera onze ans plus tard.

1958 : Brève correspondance avec sœur Françoise Carignan, futur professeur de lettres, qu'elle croisera à l'été 1974 au camp Morton (Gimli, Manitoba), au chalet de vacances de la communauté SNJM de Saint-Boniface. En été, court séjour au Manitoba.

1959 : Au printemps, dernier séjour à Rawdon. En septembre, rencontre houleuse, à Québec, avec **Yolande Boucher**, future infirmière psychiatrique.

1960 : Elle invite l'écrivain **Antonine Maillet** à Québec. Séjour d'été en Gaspésie.

1961 : En janvier, elle participe à l'émission *Premier Plan* de Judith Jasmin. Ce sera son unique apparition télévisée. Au printemps, séjour au Manitoba. Mort de son frère Germain. Voyages en Ungava (nord du Québec), en Autriche, et autour du bassin méditerranéen : Grèce, Turquie, Crête, Rhodes.

Publication de *La Montagne secrète* à Montréal.

1962 : Parution de *La Momtagne secrète* à Paris et de sa traduction anglaise (*The Hidden Mountain*). Séjour d'été à Percé (Gaspésie), où elle croise chaque jour la comédienne **Françoise Graton**. C'est approximativement cette année-là qu'elle se lie d'amitié avec **Henri Bergeron**, annonceur à Radio-Canada.

1963 : Voyages en Angleterre et en France.

1964 : En été, dernier séjour en Gaspésie. À l'hiver, séjour en Arizona. Mort de sa sœur Anna à Phœnix.

En octobre, **Juliette Ouellet**, gouvernante, entre au service des Carbotte à Québec. En novembre, brève relation épistolière avec **Paul-Émile Roy**, professeur de lettres au cégep de Saint-Laurent (Montréal), écrivain et spécialiste de son œuvre.

1964-1965 : À Québec, elle croise fréquemment le journaliste et futur écrivain **Jean O'Neil**, à qui elle refuse une interview.

1965 : En septembre, elle accueille à Québec **Monique Genuist**, professeur de lettres à l'Université de Saskatoon (Saskatchewan), futur écrivain et premier chercheur à lui avoir consacré une thèse.

1966 : Séjour d'hiver dans le sud de la France. Publication de *La Route d'Altamont* à Montréal et à Paris, puis de sa traduction anglaise (*The Road past Altamont*). Jean-Marie Paquin devient son correcteur attitré.

C'est probablement cette année-là qu'elle entame la rédaction de *Baldur*, un roman sur la condition de la femme au Manitoba, qu'elle n'achèvera jamais.

Entre 1966 et 1969, elle reçoit régulièrement à Québec **Ben-Zion Shek**, professeur de lettres à l'Université de Toronto et spécialiste de son œuvre.

1967 : Séjour d'hiver en Floride. Elle est faite compagnon de l'Ordre du Canada. Elle écrit « Terre des Hommes : le thème raconté » pour l'Exposition universelle de 1967 à Montréal.

1968 : Elle reçoit un doctorat *honoris causa* de l'Université Laval de Québec, ainsi que la médaille du Conseil des Arts du Canada pour l'ensemble de son œuvre.

15 octobre 1968-25 août 1973 : Affaire du « maudit manuscrit », opposant Gabrielle à sa sœur Marie-Anna et au professeur Réginald Hamel. En hiver, séjour en Floride.

1969 : Elle écrit « Mon Héritage du Manitoba » (*Fragiles Lumières de la terre*) pour la revue *Mosaïc*, de Winnipeg, qui célèbre l'entrée du Manitoba dans la Confédération canadienne. En août, elle reçoit à Petite-Rivière-Saint-François **Antoine Sirois**, professeur de lettres à l'Université de Sherbrooke et spécialiste de son œuvre.

1970 : Au printemps, séjour au Manitoba. Mort de sa sœur Bernadette à Saint-Boniface. Elle rencontre à l'Académie Saint-Joseph **une administratrice** de la communauté, puis **un professeur de lettres** avec laquelle elle se lie d'amitié. À l'automne, nouveau séjour au Manitoba. Elle fait la connaissance d'**une institutrice** qu'elle reverra régulièrement dans les couvents SNJM; et, à Saint-Jean-Baptiste (sud du Manitoba), de sœur **Thérèse Leduc**, professeur d'histoire. Publication de *La Rivière sans repos* à Montréal et à Paris, puis de sa traduction anglaise (*Windflower*). À Montréal, première du film *Un siècle d'hommes* de Stanley Jackson, une projection multimédia inspirée de son œuvre. En hiver, brève rencontre, à Québec, avec **Éric Bergeron**, fils d'Henri Bergeron et futur ingénieur informaticien, alors âgé de sept ans. Séjour en Arizona.

Entre 1970 et 1975, années de ses séjours au Manitoba, **Myo Kapetanovitch**, professeur de lettres à l'Université de l'Alberta (Edmonton) et spécialiste de son œuvre, la rencontre lors d'un colloque.

1971 : Elle reçoit le prix David pour l'ensemble de son œuvre. À Montréal, parution d'une édition de luxe de *La Petite Poule d'eau*, illustrée de 12 lithographies de René Richard. Séjour d'été au Manitoba. Mort de son frère Rodolphe à Vancouver.

1972 : Publication de *Cet été qui chantait* à Montréal. À l'automne, dernier séjour dans le sud de la France.

1973 : Séjour d'été au Manitoba.

1974 : Séjour d'été au Manitoba et en Colombie Britannique.

1975 : Publication d'*Un jardin au bout du monde* à Montréal. À Québec, rencontre d'**Alain Stanké**, qui sera son ami et son éditeur jusqu'à sa mort. Parution d'une édition de luxe de *La Montagne secrète*, accompagnée de 20 estampes de Jean-Paul Lemieux. En hiver, derniers séjours à Rawdon et au Manitoba.

1976 : Parution de la traduction anglaise de *Cet été qui chantait* (*Enchanted Summer*). En juin, **Paul Socken**, professeur à l'Université de Waterloo (Ontario) et spécialiste de son œuvre, lui rend visite à Petite-Rivière-Saint-François. Publication, à Montréal, d'un conte pour enfants, *Ma vache Bossie*

1977 : Parution de la traduction anglaise d'*Un jardin au bout du monde* (*Garden in the Wind*). Publication de *Ces enfants de ma vie* à Montréal et à Paris. Elle obtient le prix Culture et Bibliothèque pour tous à Paris. Cet hiver-là, à Québec, Henri Bergeron lui présente sa femme, **Yvonne Mercier**.

1978 : En février, lors d'un colloque organisé en son honneur en Alberta, elle rencontre **Richard Chadbourne**, professeur de lettres à l'Université de Calgary et spécialiste de son œuvre. Elle reçoit le prix du Gouverneur général pour *Ces enfants de ma vie*, ainsi que le prix Molson du Conseil des Arts du Canada. Publication de *Fragiles Lumières de la terre* à Montréal. Séjour d'hiver en Floride.

1979 : Parution de la traduction anglaise de *Ces enfants de ma vie* (*Children of my Heart*). Publication, à Montréal, de *Courte-Queue*, un conte pour enfants qui obtient le prix de la Littérature pour la jeunesse du Conseil des Arts du Canada.

En novembre, premier infarctus et hospitalisation à l'Hôtel-Dieu de Québec. Parution de l'ouvrage de sa sœur Marie-Anna, *Le Miroir du passé*, attentant à sa réputation.

1980 : En février, nouvelle hospitalisation. Parution de la traduction anglaise de *Courte-Queue* (*Clip-Tail*). Inauguration de l'école primaire « Gabrielle-Roy » à Montréal. En juin, elle accueille à Petite-Rivière-Saint-François l'Américaine **Paula Ruth Gilbert**, professeur de lettres à l'université Howard de Providence (Rhode Island), et spécialiste de son œuvre.

Un été, entre 1980 et 1982, elle reçoit la visite d'**une bibliothécaire** de la communauté SNJM d'Outremont à Petite-Rivière-Saint-François.

1981 : En mai, elle rédige son testament. À l'hiver, rencontre, à Québec, de **Marie-José Raymond** et de **Claude Fournier**, futurs productrice et réalisateur du film *Bonheur d'occasion*.

1982 : Parution de la traduction anglaise de *Fragiles Lumières de la terre* (*The Fragile Lights of Earth*). En mai, elle accueille à Québec l'Américaine **Myrna Delson-Karan**, professeur de lettres à l'université Hofstra (Long Island) et spécialiste de son œuvre. Publication de *De quoi t'ennuies-tu, Éveline ?* à Montréal.

1983 : Publication, aux Éditions Stanké, d'une édition de luxe de *Bonheur d'occasion*, illustrée par le peintre japonais **Miyuki Tanobe** : *Tanobe retrouve Bonheur d'occasion*. En mai, inauguration de la bibliothèque Gabrielle-Roy, à Québec. Elle reçoit chez elle **Yves Saint-Denis,** professeur de lettres à l'école secondaire de Plantagenet (Ontario) et sa classe de 13ᵉ année. En juin, dernier séjour à Petite-Rivière-Saint-François.

13 juillet : Elle meurt d'une crise cardiaque à l'Hôtel-Dieu de Québec. Le même jour, *Bonheur d'occasion* de Claude Fournier reçoit un accueil enthousiaste au Festival du film de Moscou.

14 juillet : Elle est décorée, à titre posthume, de l'Ordre des francophones d'Amérique.

16 juillet : La messe d'enterrement est célébrée à l'église Saint-Dominique de Québec et ses cendres sont dispersées dans le jardin du Souvenir.

1984 : Inauguration de l'École secondaire Gabrielle-Roy à Île-des-Chênes (au sud de Winnipeg, Manitoba). En juillet, inauguration du mont Gabrielle-Roy, près de Petite Rivière-Saint-François.

Publication, à Montréal, de son autobiographie, *La Détresse et l'Enchantement*.

À partir de cette année, des articles et de courts récits inédits de Gabrielle Roy sont régulièrement publiés dans des revues, au Québec comme au Manitoba. Vont également se multiplier, dans le pays et le monde francophone, cours et conférences, études et articles, ouvrages savants, populaires, collectifs et revues spécialisées, colloques nationaux et internationaux, manifestations et commémorations, films et documentaires. Un certain nombre de rues et de monuments porteront désormais son nom.

1985: À Winnipeg, première du court métrage *Le Vieillard et l'Enfant* de Claude Grenier, inspiré de la nouvelle éponyme.

1986: Publication de l'autobiographie de Gabrielle Roy à Paris et d'un conte pour enfants à Montréal: *L'Épagneul et la Pékinoise*.

1987: Parution de la traduction anglaise de son autobiographie: *Enchantment and Sorrow*. En mai, premier colloque international Gabrielle Roy à l'université de Bordeaux-Talence, France.

1988: Publication de *Ma chère petite sœur – Lettres à Bernadette, 1943-1970* à Montréal. Parution de la traduction anglaise de *L'Épagneul et la Pékinoise* (*The Tortoiseshell and the Pekinese*).

1989: 8 juillet: Mort du docteur Marcel Carbotte à Québec.

13 octobre: Inauguration de l'île Gabrielle-Roy (Gabrielle-Roy Island) dans la rivière Poule d'Eau, au Manitoba.

1990: Parution de la traduction anglaise de *Ma chère petite sœur – Lettres à Bernadette, 1943-1970* (*Letters to Bernadette*). En novembre, à Saint-Boniface, première exposition de photos consacrée à la romancière: *Horizons Gabrielle Roy*, par Ismène Toussaint.

1993: Au printemps, mort de sa sœur Clémence au foyer Valade de Saint-Vital (Manitoba).

1994: Publication-relance, à Paris, de *Ces enfants de ma vie*. En France, dans le cadre de l'association Connaissance du patrimoine (Fréjus, Var), création du circuit touristique « Gabrielle Roy en Provence » par M. Gil Gianone, historien-archéologue (en cours de réouverture).

1995: À New York, fondation de la Société internationale des amis de Gabrielle Roy et de son *Bulletin* par le professeur Myrna Delson-Karan.

1997: Parution, à Montréal, de la suite de *La Détresse et l'Enchantement*: *Le Temps qui m'a manqué*.

1998: Au printemps, mort à Saint-Vital de sa sœur Marie-Anna, âgée de 105 ans. À Montréal, première du documentaire *Gabrielle Roy – Les Chemins de l'écriture* de Léa Pool.

1999: En août, fête et plantation d'un cyprès doré par Barthélemy Toussaint, paysagiste, dans les vergers du Château du Bois (Guingamp, France), en l'honneur de Gabrielle Roy et de la publication du livre d'Ismène Toussaint, Les *Chemins secrets de Gabrielle Roy – Témoins d'occasions.*

2000: Publication, à Montréal, d'une série de reportages, *Le Pays de Bonheur d'occasion,* et de *La Maison rose près du bac* (nouvelle écrite au début des années 1960).

2001: Publication de *Mon Cher grand fou – Lettres à Marcel Carbotte, 1947-1979* à Montréal.

2003: Au Manitoba, réédition du reportage *Ma petite rue qui m'a menée autour du monde* sous forme d'album (texte écrit vers 1978).

En juin, à l'occasion du 20ᵉ anniversaire de la mort de la romancière, inauguration du musée de la Maison Gabrielle-Roy, située 375, rue Deschambault, à Saint-Boniface.

En juillet, création, dans les vergers du Château du Bois (Guingamp, France), d'un petit jardin Gabrielle-Roy, par Barthélemy Toussaint, paysagiste (visites non encore autorisées).

REMERCIEMENTS

À l'heure où j'achève cet ouvrage, mes pensées se tournent vers ceux qui ne sont plus, Marie-Anna Roy (1893-1998), la sœur de Gabrielle, et son ami et correspondant Rossel Vien (1929-1992), écrivains maudits qui payèrent tous deux chèrement, au Manitoba, leur passion de l'écriture.

Mes remerciements vont d'abord et avant tout à mon éditeur, Alain Stanké, le premier à avoir cru en ce projet. Je tiens également à exprimer ma gratitude à son adjoint, André Gagnon, pour son accueil et sa compréhension.

Cet ouvrage n'aurait pu voir le jour sans le soutien matériel, le dévouement et les suggestions avisées de Jean-Louis Morgan, auteur, traducteur et conseiller littéraire à Montréal.

Les témoins de la vie de Gabrielle Roy au Manitoba et au Québec m'ont reçue à de nombreuses reprises, me confiant leurs souvenirs avec patience et émotion. Outre leur disponibilité, je salue la confiance qu'ils m'ont témoignée en me faisant don de documents personnels, de photographies et de lettres de Gabrielle Roy.

Que tous ceux et celles qui ont offert généreusement leur temps pour m'aider dans mes recherches trouvent ici l'expression de ma profonde reconnaissance : Réginald Hamel, professeur de lettres à l'Université de Montréal ; Paul-Émile Roy, écrivain (Montréal) ; sa femme, Ghislaine Roy, professeur de lettres et illustratrice ; Paul et Monique Genuist, professeurs émérites de littérature française et québécoise à l'Université de Saskatoon (Saskatchewan) ; Myo Kapetanovitch, professeur émérite de lettres canadiennes-françaises à l'Université de l'Alberta (Edmonton) ; Myrna Delson Karan, professeur de littérature québécoise à l'Université Fordham (New York), tous spécialistes de Gabrielle Roy ; le docteur Philippe Mailhot, résident en médecine familiale à l'hôpital Maisonneuve-Rosemont (Montréal) ; Jacques Bergeron, président de la section « Ludger-

Duvernay» de la Société Saint-Jean-Baptiste de Montréal (SSJBM) et fondateur du journal *L'Action indépendantiste*.

Je dois beaucoup à Chantal Lefebvre, directrice du journal *Le Moustique du Pacifique* (Victoria, Colombie-Britannique), du site Internet *Belle Île en Livres*, du Salon du livre de Victoria, et présidente de l'Association des écrivains francophones de l'Ouest et de la Colombie-Britannique, pour les informations qu'elle m'a communiquées, ainsi que pour le travail de promotion et de diffusion de la littérature qu'elle effectue dans tout le Canada.

Je n'oublie pas non plus sœur Yolande Crépeau, qui m'a accueillie à plusieurs reprises au sein de la communauté des religieuses SNJM d'Outremont (ouest de Montréal) et ménagé un coin tranquille pour travailler ; sa sœur, Hélène Crépeau, institutrice à Saint-Roch (Québec), qui m'a emmenée sur les traces des ancêtres maternels de Gabrielle Roy, dans les Laurentides ; Jean-Pierre Godin, propriétaire de l'auberge Rawdon Inn, à Rawdon (Laurentides), en compagnie duquel j'ai effectué une tournée des lieux favoris de Gabrielle Roy ; Antonio Artuso, traducteur-interprète et membre du Parti communiste canadien (Montréal), qui m'a permis de retrouver les traces de l'engagement communiste de la romancière.

J'aurai quelques mots pour Gil Gianone, historien-archéologue (Fréjus, Var, France) et membre de l'Institut de Genève, qui a accepté de relire mon manuscrit en lui apportant des corrections judicieuses.

Un merci tout particulier à l'écrivain Jacques Poulin pour sa simplicité, sa gentillesse et son intégrité.

Enfin, je remercie mon amie Irène Crites, agricultrice à Cardinal (Manitoba), pour ses encouragements.

AUTRES REMERCIEMENTS

Mesdames: sœur Thérèse Archambault (directrice du Centre de radiologie, communauté SNJM, Outremont, Québec); Thérèse Bélisle (Rawdon, Québec); sœur Jacqueline Bérard (bibliothécaire et enseignante, communauté SNJM, Outremont, Québec); Antoinette Bergeron-Nielsen (professeur d'histoire, Montréal); Marthe Bouchard (Québec); Nicole Bourbonnais (directrice du Département des études françaises, Université d'Ottawa); Micheline Cambron (directrice du Centre d'études québécoises, CETUQ, Université de Montréal); sœur Gisèle Choquette (bibliothécaire, communauté SNJM, Outremont, Québec); Manon Clément (agence artistique Ginette Achim, Montréal); Raymonde Cyrenne (Archives nationales du Canada, Ottawa); sœur Michèle Désormeau (administratrice, communauté SNJM, Outremont, Québec); Ginette Duphily (Éditions Beauchemin, Montréal); Suzette Frenette (Éditions Beauchemin, Montréal); sœur Marguerite Gamache (imprimeur-relieur, communauté SNJM, Outremont); sœur Paulette Gamache (administratrice, communauté SNJM, Outremont, Québec); sœur Laura Gosselin (directrice de la communauté SNJM, Saint-Boniface, Manitoba); Cécile Gratton (Saint-Henri, Montréal); Ida Grégoire (Saint-Henri, Montréal); Olive Grégoire-Bergeron (Montréal); Lise Hamelin (directrice du foyer Valade, Saint-Vital, Manitoba); Laurence Harel-Paquin (Montréal); Linda Hoad (Archives nationales du Canada, Ottawa); Annick Kapetanovitch (Montréal et Edmonton, en Alberta); Irène Kon (Parti communiste, Montréal); Laurence Lambert (directrice adjointe de la revue *L'Action nationale*, Montréal); sœur Rolande Latour (infirmière, communauté SNJM, Outremont, Québec); sœur Françoise Lefebvre (enseignante, communauté SNJM, Outremont, Québec); Françoise Le Grand (rédactrice, Outremont, Québec); Liliane Le Grand (Outremont, Québec); Marcelle Lemaire (enseignante, Saint-Boniface, Manitoba); sœur Yolande Marion (enseignante, communauté SNJM, Saint-Boniface,

Manitoba); Marie-Louise Mercier (travailleuse sociale, Saint-Boniface, Manitoba; Saint-Laurent, Québec); sœur Adèle Mousseau (enseignante, communauté SNJM, Saint-Boniface, Manitoba); sœur Marguerite Mulaire (institutrice, communauté SNJM, Saint-Boniface, Manitoba); Denise Paquette (Bibliothèque nationale du Québec, Québec); Louise Parizeau (Saint-Jacques-de-l'Achigan, Québec); Marguerite Paulin (docteur ès Lettres et Histoire, animatrice à Radio centre-ville Montréal); sœur Maria Phaneuf (enseignante, communauté SNJM, Outremont, Québec); sœur Élisabeth Pelletier (enseignante, communauté SNJM, Outremont, Québec); sœur Rachel-Éveline Pelletier (professeur de lettres, communauté SNJM, Outremont, Québec); Christine Racette (adjointe aux communications, CBC Radio-Canada, Montréal); Michèle Ratovonony (documentaliste, Centre d'études québécoises, Université de Montréal); Ginette Robert (Archives nationales du Québec, Québec); Geneviève Roy (journaliste et rédactrice au Conseil des arts et des lettres du Québec, Montréal); Hélène Saint-Denis (Hawksbury, Ontario); Lori Saint-Martin (professeur de lettres, Université du Québec à Montréal); sœur Bernadette Sylvain (institutrice, communauté SNJM, Outremont, Québec); sœur Rose-Anna Surprenant (enseignante, SNJM, Outremont, Québec); Christiane Talbot (recherchiste, Office national du film, Montréal); Danielle Thibault (Relations écrites avec l'auditoire, Radio-Canada); Andrée Tougas (Vancouver, Colombie-Britannique); Sylvie Toussaint-Cavan (Saint-Brieuc, France).

Messieurs: père Rosaire Arsenault (Port-Daniel, Québec); Gérard Brady (historien, Rawdon, Québec); Victor Charbonneau (président de la section « René-Lévesque », Société Saint-Jean-Baptiste de Montréal); Pierre Desmarais II (Gestion PDM inc., Montréal); Gilles Dorion (professeur de lettres, Université Laval, Québec); Jean Dorion (président de la Société Saint-Jean-Baptiste de Montréal); Gabriel Dufault (président de l'Union nationale métisse Saint-Joseph du Manitoba, Winnipeg-Saint-Boniface); Armand Farlon (recherchiste, Éditions Hurtubise, Montréal); Jacques Fontaine (agent artistique de Fontaine Lamirande, Montréal); Claude Forest (ancien président de l'Union nationale métisse Saint-Joseph du Manitoba, Winnipeg-Saint-Boniface); Pierre Fournier (Éditions Beauchemin, Montréal); Jean-Guy Gauthier (producteur, Montréal); Louis-Guy Gauthier (généalogiste, Saint-Jacques-de-l'Achigan, Québec); Serge Gauthier (président de la Société historique de Charlevoix, Québec); Guy Giasson (président de la Société historique de Saint-Henri, Montréal); Jean-Cléo Godin (professeur de lettres, Université de Montréal); Simon Guertin (directeur du *Bulletin des agriculteurs*, Montréal); David Hayne (professeur de lettres, Université d'Ottawa);

François Hébert (professeur de lettres, Université de Montréal) ; Kenneth Landry (professeur de lettres à l'Université Laval, Québec) ; Louis Le Grand (céramiste, Montréal) ; Réginald Martel (journaliste, Montréal) ; Joseph Mélançon (professeur de lettres, Université Laval, Québec) ; Axel Morgan (Montréal) ; Jean Morisset (écrivain et professeur de géographie à l'Université du Québec à Montréal) ; Pierre Nadeau (journaliste, Radio-Canada) ; Fernand Ouellette (poète, Montréal) ; Maurice Pedneault (directeur de l'école Madeleine-Bergeron, Québec) ; Robin Philpot (auteur, traducteur et directeur des communications, Montréal) ; Jean-Guy Pilon (poète, Montréal) ; Jean-Maurice Proulx (notaire, Saint-Henri, Montréal) ; Clément Richard (président du conseil d'administration de la Place-des-Arts, Montréal) ; Réjean Robidoux (professeur de lettres à l'Université d'Ottawa et auteur) ; Gaétan Roy (Éditions Beauchemin, Montréal) ; Yves Saint-Denis (Docteur ès Lettres, directeur du journal *L'Action indépendantiste*, Hawksbury, Ontario) ; Maurice Savignac (Saint-Antoine-sur-Richelieu, Québec) ; Guy Tessier (Division des archives sonores et photographiques, Archives nationales du Canada, Ottawa) ; Dr Roland Toussaint (Saint-Brieuc, France) ; commandant Aubry Toussaint (Archives du ministère de la Défense, Paris) ; Barthélemy Toussaint (paysagiste, Guingamp, France) ; Pierre Vadeboncœur (écrivain, Montréal).

Organismes : Archives de l'archidiocèse de Québec (Québec) ; Archives du Centre Saguenay-Lac-Saint-Jean (Chicoutimi, Québec) ; Archives nationales du Québec (Gouvernement du Québec, Montréal et Québec) ; Archives provinciales du Manitoba (Winnipeg) ; Archives du service psychiatrique de l'hôpital Hippolyte-Lafontaine (Montréal) ; Archives de l'université de Harvard (Massachussets, États-Unis) ; Bibliothèque de l'Assemblée législative (Winnipeg, Manitoba) ; Bibliothèque municipale de Charlesbourg (Québec) ; Bibliothèque du Musée des beaux-arts (Montréal) ; Bibliothèque nationale du Canada (Ottawa) ; Bibliothèque du parlement (Ottawa) ; Bibliothèque Samuel Bronfman de l'Université de Montréal ; Communauté urbaine de Montréal ; Communications et Société (Montréal) ; Département d'histoire de l'Université de Montréal ; Département de médecine de l'Université de Montréal ; Direction du Greffe, Archives de Montréal ; Division des archives privées de la Bibliothèque nationale du Québec (Montréal) ; Division des archives de l'Université de Montréal ; Division régionale de la gestion du territoire public de Montréal ; École nationale de théâtre (Montréal) ; Éditions : Beauchemin, des Forges, de l'Homme, Hurtubise (Montréal), McClelland & Stewart (Toronto, Ontario) ; Journaux *Le Soleil* (Québec), *La Terre* (Longueuil, Québec) ; Maison Basile Moreau des religieux de Sainte-Croix

(Saint-Laurent, Québec) ; Mairie de Port-Daniel (Québec) ; ministère de la Culture et des Communications (Québec) ; ministère de la Culture, du Patrimoine et de la Citoyenneté (Winnipeg, Manitoba) ; The MacLennan library (Université McGill, Montréal) ; The Montreal Presbitary ; municipalité de Rawdon (Québec) ; Office national du film (Montréal) ; Parti léniniste-trotskyste (Montréal) ; Revue *Écho Vedettes* (Montréal) ; secrétariat du Département de français de l'Université de Carleton (Toronto) ; secrétariat du Théâtre du Rideau Vert (Montréal) ; Société d'histoire régionale de Lévis (Québec) ; Société historique de Saint-Henri (Montréal) ; Société Radio-Canada (Montréal) ; Télé-Québec (Québec) ; Union des artistes (Montréal) ; Union nationale des écrivains québécois (UNEQ, Montréal).

Table

III
PETITES RACINES DE RAWDON

IV
UN OISEAU SE POSE À PERCÉ

V
CES ENFANTS TERRIBLES DE QUÉBEC

VI
LES VISITEURS DE PETITE-RIVIÈRE-SAINT-FRANÇOIS

Annexe
Gabrielle Roy intime